Roland Kaltenegger

Die Operationszone „Adriatisches Küstenland“

Roland Kaltenegger

Die Operationszone „Adriatisches Küstenland“

Der Kampf um
Triest, Istrien und Fiume
1944 – 1945

FLECHSIG

Umwelthinweis:
Dieses Buch und der Umschlag wurden auf chlorfrei gebleichtem Papier gedruckt.
Die Einschrumpffolie – zum Schutz vor Verschmutzung – ist aus umweltverträglichem und recyclingfähigem PE-Material.

Für das vorliegende Werk wurde Bildmaterial aus unzähligen Nachlässen zusammengetragen. Dabei war es oft schwierig festzustellen, wer der Inhaber des Urheberrechts ist. Sollte bei der einen oder anderen Reproduktion unwissentlich das Coypright verletzt worden sein, so bitten Autor und Verlag, dieses Versäumnis zu entschuldigen.
Eine Haftung des Autors oder des Verlages und seiner Beauftragten für Personen-, Sach- und Vermögensschäden ist ausgeschlossen.

Flechsig Verlag
Internet: www.verlagshaus.com
Einbandgestaltung: Silberwald Agentur für visuelle Kommunikation, Rimpar
www.silberwald.biz
Gesamtherstellung: Himmer GmbH Druckerei und Verlag, Augsburg
www.himmer.de
ISBN 978-3-8035-0107-3

Inhalt

Vorwort

„Balkanische Angelegenheiten sind nicht die Knochen eines einzigen pommerschen Grenadiers wert."

Fürst Otto von Bismarck

Man schrieb das Jahr 1957: Erst jetzt, zwölf Jahre nach Ende des Zweiten Weltkriegs, wurde italienischen Arbeitern gestattet, einige Felshöhlen des unwirtlichen Karstgebirges auf den kahlen Höhenzügen um Triest mit Schanzwerkzeugen zu betreten. Sie hatten den Auftrag, den meterdicken Müll der Hafenstadt abzutragen, um zu den stummen Zeugen eines der größten Nachkriegsverbrechen vorzustoßen: den sterblichen Überresten von rund 7.000 Deutschen und Italienern, die einer vierzigtägigen Schreckensherrschaft jugoslawischer Partisanenverbände zum Opfer gefallen waren.

Was war geschehen?

Es war in den letzten Apriltagen des Kriegsjahres 1945, als Triest von alliierten Truppen und Titos Partisanenverbänden besetzt wurde. Nicht weniger als vierzig Tage lang überließen die Neuseeländer die Hafenstadt an der Adria der Mordjustiz der jugoslawischen Partisanen, die Tausende deutsche Kriegsgefangene umbrachten. Man trieb sie an die Ränder der Dolinen und stieß sie dann mit den Gewehrkolben in die Tiefe. Andere wurden gefesselt, bevor sie hinabgeworfen wurden. Nicht grundlos fand man während der Ausgrabungsarbeiten Skelette, die mit verrostetem Stacheldraht umwickelt waren.

Bis 1954 hatte die italienische Regierung vergeblich versucht, das alliierte Oberkommando in Triest zur Öffnung der Felshöhlen, in denen sich Titos Katyn verbarg, zu bewegen. Es vergingen abermals drei Jahre, bis die Gesuche der Kriegsgräberverbände, aber auch die der Stadtbevölkerung, die nur zu genau wusste, dass der Blutrausch der mordgierigen Partisanen auch vor ihren Frauen, Kindern und Greisen nicht Halt gemacht hatte, zum Erfolg führten.[1]

Abgründe des Hasses und des Schreckens, der Rache und der politischen Leidenschaften taten sich auf, als sich zwei deutsche Reporter von italienischen Höhlenforschern in die Karstlandschaft des Freistaates Triest führen ließen, wo 1945 deutsche Kriegsgefangene, Italiener und Slowenen zu Tausenden spurlos verschwunden waren. Sie ahnten nicht, was sie erwarten sollte, als sie vor einer scheinbar harmlosen Doline standen. Strickleitern wurden eilig hinabgelassen, die Schutzhelme mit hastigen Handbewegungen aufgesetzt und dann begann der atemberaubende Abstieg in die Dunkelheit der karstigen Höhlenlandschaft. Nach wenigen Metern öffnete sich die Doline zu einem tiefen Abgrund. Plötzlich waren die Mienen der Entdecker aufs Äußerste angespannt, die Gesichter wurden bleich, denn vor ihnen lagen die Gebeine der Ermordeten, die während der letzten Kriegstage in diese Höhle hinabgestürzt worden waren.[2]

Die italienischen Armeebehörden hatten eine Untersuchung eingeleitet, nachdem ein Höhlenforscher berichtet hatte, er habe in einer tiefgelegenen Grotte am Stadtrand von Triest Tausende menschlicher Skelette entdeckt. Die Bevölkerung der alten k. u. k. Hafenstadt erzählte schon seit Jahren, dass in dieser 250 Meter tiefen und in einer weiteren Höhle bei Opičina die Leichen ungezählter Opfer des grausamen jugoslawischen Partisanenkampfes lägen. In der Höhle bei Triest, so die erste Vermutung, befänden sich wahrscheinlich die sterblichen Überreste italienischer Soldaten und Zivilisten. In derjenigen bei Opičina sollten sich hingegen Leichenberge deutscher Wehrmachtsangehöriger, die von jugoslawischen Partisanen getötet worden waren, befinden.[3]

Wie war es zu einem derartigen Massaker gekommen? Welches war die Vorgeschichte dieses barbarischen Schlussaktes einer wahrhaft historischen Tragödie?

Infolge der Ende August 1944 ausweglos gewordenen militärischen Gesamtlage war in Rumänien der deutschfreundliche Marschall Antonescu gestürzt worden. Die neue Regierung Sanatescu schloss ein Militärbündnis mit der UdSSR ab, daher mussten sich die deutschen Verbände unter dem übermächtigen Druck der sowjetischen Armeen in erbitterten Kämpfen auf dem Balkan zurückziehen. Nach zersplitterten Operationen kamen sie arg dezimiert erst südlich des Plattensees wieder geschlossen zum Einsatz.

Während der winterlichen Stellungskämpfe zwischen der Drau und dem Plattensee vollzog sich in der Endphase des Zweiten Weltkriegs in Triest, auf der karstigen Halbinsel Istrien und im Raum von Fiume auch die Tragödie des LXXXXVII. Armeekorps des Generals der Gebirgstruppe Ludwig Kübler in der Operationszone „Adriatisches Küstenland". Sowohl das Generalkommando als auch die ihm unterstellten Divisionen hatten noch am Vorabend der bedingungslosen Kapitulation der Deutschen Wehrmacht offensive Kampfaufträge erhalten – gegen eine vielfache feindliche Übermacht regulärer Truppen und Partisanenverbände.

Im Brennpunkt der Kampfhandlungen im adriatischen Küstenland standen neben anderen Einheiten und Verbänden insbesondere die nur unzulänglich bewaffnete und wenig bewegliche 188. (Reserve-)Gebirgsdivision unter Generalleutnant Hans von Hößlin sowie – mit ähnlich großen Abstrichen – die 237. Infanteriedivision unter Generalleutnant Hans von Graevenitz, die 257. Infanteriedivision unter Generalleutnant Freiherr von Mauchenheim, die 392. deutsch-kroatische Infanteriedivision unter Generalleutnant Johann Mickl, die 278. Infanteriedivision unter Generalleutnant Harry Hoppe, die 162. (turkmenische) Infanteriedivision unter Generalmajor

Prof. Dr. Oskar Ritter von Niedermayer und die 24. Waffengebirgsdivision der SS „Karstjäger".

Nach vergeblichem Kampf musste das LXXXXVII. Armeekorps im Bereich der Operationszone „Adriatisches Küstenland" am 5. Mai 1945 kapitulieren. Tausende Angehörige der Wehrmacht und Waffen-SS starben im Hinterhalt der Partisanen, auf den menschenverachtenden „Sühne- und Todesmärschen" oder wurden zu Opfern der titoischen Partisanenjustiz. Triest und Istrien blieben aber weiterhin ein Spannungsfeld zwischen Ost und West. Die jüngsten politischen Vorgänge auf dem Balkan, der Zerfall des Systems von Versailles und das Auseinanderdriften der Slowenen, Kroaten und Serben, der Bosnier, Montenegriner und Mazedonier aus ihrem willkürlich zusammengeschweißten Vielvölkerstaat haben auch die ehemalige k. u. k. Hafenstadt und ihr wirtschaftliches Hinterland samt der strategisch überaus bedeutsamen Laibacher Pforte nicht unberührt gelassen.

Anhand von Kriegstagebüchern, die durch einen glücklichen Umstand in die Hände des Autors gelangten, nach jahrelangen Korrespondenzen mit Überlebenden aller Dienstgrade, die ihrerzeit in der Operationszone „Adriatisches Küstenland" im Einsatz standen, und zahlreichen sonstigen Recherchen war es möglich, viele erregende Details des Endkampfes um Triest, Istrien und Fiume eingehender zu erforschen. Nicht selten stand der Erfolg der Deutschen und ihrer Verbündeten im Kampf gegen die alliierten Truppen oder gegen die italienischen und titoischen Partisanenverbände auf Messers Schneide. Vergeblich versuchten auch hier die zerschlagenen, dezimierten und demoralisierten deutschen und verbündeten Kampftruppen der feindlichen Übermacht zu trotzen, doch letztlich schlug sich das Kriegsglück endgültig auf die Seite der Alliierten. Dieses letzte Kapitel des Zweiten Weltkrieges, das sich während der letzten Kriegsmonate 1944/45 an der strategisch überaus bedeutungsvollen Nahtstelle zwischen der unaufhaltsam näher rückenden Südost- und Südwestfront abspielte, wird hier in seinem ganzen Umfang dargestellt.

Für das Zustandekommen dieses Buches, das durch zahlreiche bisher unveröffentlichte Abbildungen und Faksimiles illustriert wurde, ist der Autor folgenden Damen und Herren zu besonderem Dank verpflichtet: Kameradschaftsobmann Walter Adelbrecht, Prof. Dr. med. Gerlach Bargon, Oberst a. D. Josef Brandl, Generalmajor a. D. Hans Buchner, Oberjäger a. D. Hans Daurer, Oberstleutnant a. D. Ludwig Denizot, Major a. D. Direktor Fritz Dittmann, Dr. Giuseppe Garzoni di Adorgnano, Gottfried Gebenetter, Hauptmann a. D. Diplomfinanzwirt Walter Gödde, Kurt Hanson, Bezirksdirektor Dr. Rudolf Heller, Dr. med. Alfred Helmholz, Senator h. c. Werner Hold, Major a. D. Toni Huber, Generalleutnant a. D. Carl-Gero von Ilsemann, Dr. Oskar Kaltenegger Ritter von Riedhorst, Studiendirektor i. R. Dr. Wolfgang Kellner, Wolf Kitterle, Volksschuldirektor i. R. Kurt Kolar, Siegfried Krätzel, Heinrich Kronabel, Major a. D. Jupp Kuhn, Julius Kupsa, Bruno Leimgruber, Karl

Leitgeb, Josef Lettenbichler, Ingeborg Lutz, Archivamtsrat Brün Meyer, Ruth Neuffer, Josef Neumayer, Stellvertretender Bürgermeister a. D. Leutnant a. D. Franz Otter, Hauptschuldirektor i. R. Peter Paar, Kameradschaftsobmann Siegfried Pirker, Ökonomierat Alois Pletzer, Hauptmann a. D. Karl Heinz Quarz, Regimentsarzt Dr. med. Egfried Rösser, Oberst i. R. Hans Rohr, Franz Sauper, Josef Schiffmacher, Kurt Seidel, Ingenieur Josef Stadler, Hedwig Uhl, Oberst a. D. Carl Völkl, Josef Walder, Emil Weis und em. o. Universitätsprofessor Dr. phil. Walter Zednicek sowie dem ehemaligen VdK-Präsidenten Staatssekretär a. D. Karl Weishäupl, der als Oberjäger zu Sicherungsaufgaben und Einsätzen der 188. Gebirgsdivision gegen die immer zahlreicher werdenden Partisanenverbände im oberitalienischen Raum im Einsatz stand. Anfang 1945 stand ihm dafür das Soldatenglück zur Seite, als er von der Partisanenfront nach Mittenwald versetzt wurde, wo er den Dienstgrad eines Leutnants erhielt.[4]

Der Dank des Autors gilt aber auch folgenden Institutionen: der Bayerischen Staatsbibliothek in München, dem Bayerischen Kriegsarchiv in München, dem Bundesarchiv/Militärarchiv in Freiburg im Breisgau, der Collection Angelini, dem Document Center Berlin, der Gebirgs- und Winterkampfschule Luttensee bei Mittenwald, dem Institut für Zeitgeschichte in München, der Kameradschaft der 188. Gebirgsdivision, der Kameradschaft des Gebirgsjägerregiments 139 in Klagenfurt, der Kameradschaft vom Edelweiß/Landesverband Steiermark, der Rainerbund-Gebirgsjäger-Kameradschaft in Salzburg sowie dem Reggimento Alpini „Tagliamento" in Spilimbergo/Italien.

Trotz dieser vielfältigen Unterstützung und Hilfe war es nicht ganz einfach, ein halbes Jahrhundert nach Kriegsende eine Chronik des Endkampfes um Triest, Istrien und Fiume zu verfassen. Aufgrund der umfangreichen Vernichtung von Aktenmaterial gab es zumeist keine andere Möglichkeit, als auf die noch erhalten gebliebenen persönlichen Kriegstagebücher, Aufzeichnungen und Nachlässe sowie auf die mündlichen Aussagen von Zeitzeugen zurückzugreifen.

Von besonderer Bedeutung war hierbei der stattliche Nachlass von Oberstleutnant d. R. Dr. Carl Schulze, dem seinerzeitigen Kommandeur des Reservegebirgsjägerregiments 137. Schulze war ein erfahrener Truppenoffizier, der bereits im Ersten Weltkrieg als Kompanieführer eingesetzt worden war. Im Kampf um den Hochkaukasus führte er während des Zweiten Weltkrieges ein Bataillon. Als Kampfkommandant von Triest stand er im Range eines Divisionskommandeurs. Schulze war aber auch ein ausgezeichneter Chronist und Kriegstagebuchführer. Dass dieser wertvolle Fundus nach seinem Tod nicht verloren ging, sondern dem Autor dieses Buches zugänglich gemacht wurde, dafür gebührt Frau Luise Kempinger-Gödde ein ganz besonderer Dank.[5]

Nicht weniger dankbar ist der Autor Herrn Regierungsrat a. D. Prof. Karl Piringer. Der langjährige Bürgermeister von Gmunden am Traunsee hat seine Erlebnisse während des Endkampfes in der Operationszone „Adriatisches Küstenland" in Kriegstagebüchern niedergeschrieben und diese dem Verfasser selbstlos zur Verfügung gestellt.

Abschließend ist es dem Autor mehr als eine angenehme Ehrenpflicht, wenn er dem Vier-Sterne-General Leopold Chalupa seinen aufrichtigen Dank abstattet. Er hat die Entwicklungsgeschichte dieses Buches in allen Phasen stets aufmerksam verfolgt, weil er seinerzeit als einer der jüngsten Rekruten der Deutschen Wehrmacht im Endkampf um Triest eingesetzt worden war. Rund drei Jahrzehnte später war er zunächst Kommandierender General des II. Korps der Bundeswehr und später Oberbefehlshaber der Alliierten Streitkräfte Europa Mitte.[6] Als solcher nahm er auch die offene und daher besonders verwundbare Flanke an der Reibungsfläche zwischen dem seinerzeit noch kommunistisch regierten Ostblock und der freien Welt im Raum Triest unter die Lupe.

Roland Kaltenegger
Kufstein/Tirol
im Sommer 2019

ORGANISATION DU TRAITÉ DE L'ATLANTIQUE NORD — NORTH ATLANTIC TREATY ORGANIZATION

LE SECRETAIRE GENERAL
SECRETARY GENERAL

BOULEVARD LEOPOLD III
1110 - BRUXELLES
TEL. 728.41.11 - 728.49.17
FAX 728.46.66

Dr. Manfred Wörner — Brüssel, den 21. Februar 1994

Herrn
Roland Kaltenegger
Diplom-Bibliothekar - Publizist
Gottfried-Keller-Strasse 3

D-83059 Kolbermoor/Obb.

Lieber Herr Kaltenegger,

haben Sie lieben Dank für Ihr Schreiben vom 18. Januar 1994 und das Buch über die "Operationszone Adriatisches Küstenland". Sie haben insofern einen günstigen Zeipunkt erwischt, als ich mich im Augenblick zur Rekonvaleszenz zu Hause aufhalte. Leider musste ich mich vor kurzem erneut einer Operation unterziehen, die ich aber ganz gut überstanden habe.

Nun habe ich etwas mehr Zeit als sonst, mich der Literatur zu widmen. Ich habe mir das Buch sofort vorgenommen und es intensiv durchgegangen. Ich muss Ihnen sagen, ich bin fasziniert. Allerdings ist der tragische Ausgang doch eher niederschlagend. Ich werde den Eindruck nicht los, dass die militärische Führung am Schluss grobe Beurteilungs- und Führungsfehler gemacht hat.

Ich wünsche Ihnen viel Erfolg mit dem Buch, bedanke mich noch einmal und verbleibe mit allen guten Wünschen
Ihr

Brief von Dr. Manfred Wörner an Roland Kaltenegger zur Erstauflage des Werkes „Operationszone Adriatisches Küstenland" vom 21. Februar 1994.

1. Aufstellung und Gliederung der Verbände

Eine der tragenden Säulen des Kampfes im Raum Triest, Istrien und Fiume war die 188. Gebirgsdivision. Ihre Vorläufer waren bereits im Partisanenkampf in Oberitalien und am Isonzo zum Einsatz gekommen. Wenn dieser Gebirgsgroßverband auch erst sehr spät in das Kampfgeschehen des Zweiten Weltkrieges einbezogen wurde, so kann er dennoch eine beachtliche Ahnentafel aufweisen: Division Nr. 188, 188. Reservedivision, 188. Reservegebirgsdivision und 188. Gebirgsdivision.

Um an seinen historischen Ursprung zu gelangen, müssen wir bis in das Jahr 1939 zurückgehen. Bei der Mobilmachung wurde für jedes der Stellvertretenden Generalkommandos (Wehrkreiskommandos) I bis XIII, XVII und XVIII ein „Kommandeur der Ersatztruppen im Wehrkreis ...“ aufgestellt, dem die vorhandenen Ersatz- und Ausbildungseinheiten unterstellt waren. Im alpenländischen Raum war dies im Wehrkreis VII (München) der Kommandeur der Ersatztruppen im Wehrkreis VII und im Wehrkreis XVIII (1939 Salzburg, 1941 vorübergehend Villach und ab 1943 Innsbruck) der Kommandeur der Ersatztruppen im Wehrkreis XVIII.

Nach dem Polenfeldzug wurde in einzelnen Wehrkreisen darüber hinaus noch ein zweiter derartiger Stab mit der Bezeichnung „Kommandeur der Ersatztruppen 2 im Wehrkreis ...“ gebildet. So gab es beispielsweise in München den Kommandeur der Ersatztruppen 2 im Wehrkreis VII, während hingegen im Wehrkreis XVIII kein derartiger Stab gebildet wurde.[7] Ende 1939 trat eine weitere Änderung ein. Nun wurden die vorgenannten Kommandostellen in „Division Nr. ...“ umbenannt. Also wieder auf unseren Raum bezogen: die Division 157 in München und die Division Nr. 188 in Salzburg. So entstand am 5. November 1939 in Salzburg die Division Nr. 188 aus dem am 26. August desselben Jahres aufgestellten Kommandeur der Ersatztruppen XVIII. Sie wurde am 16. April 1943 nach Innsbruck verlegt und war wie folgt gegliedert: Gebirgsjägerersatzregiment 136 mit den Bataillonen I. bis III., I. Bataillon/Gebirgsjägerersatzregiment 137 und 499 in Innsbruck, Gebirgsjägerersatzregiment 138 mit den Bataillonen I. und III. in Graz, das Gebirgsjägerersatzregiment 139 mit den Bataillonen I. und II. in Klagenfurt, Artillerieersatzregiment 112 mit den Abteilungen I./111 und III./112 in Villach, Panzerjägerersatzabteilung 48 in Graz, Pioniersatzbataillon 82 in Salzburg, Pioniersatzbataillon 83 in Schwaz, Nachrichtenersatzabteilung 18 in Salzburg, Fahrersatzabteilung 18 in Graz, Kraftfahrzeugersatzabteilung 18 in Bregenz sowie Bauersatzbataillon 18 in Graz.[8]

Kommandeur der Division Nr. 188 wie auch der späteren 188. Gebirgsdivision war Generalleutnant Hans von Hößlin. Am 20. September 1880 in Erbach geboren, wurde er wie so viele deutsche Soldaten, die bei Kriegsende von Titos Partisanenverbänden gefangen genommen wurden, 1947 in Belgrad hingerichtet. Zwischen diesen beiden Lebensstationen sind folgende Daten aus der Vita des langjährigen Kommandeurs dieser Division besonders hervorzuheben: Am 10. August 1898 Eintritt als dreijährig Freiwilliger, am 24. Oktober 1900 Leutnant im bayerischen 3. Infanterieregiment. In der Reichswehr zunächst als Oberstleutnant Kommandeur des II. Bataillons des 19. (bayerischen) Infanterieregiments, dann als Oberst Chef des Stabes der 7. (bayerischen) Division in München, seit dem 1. Oktober 1929 Kommandeur des Infanterieregiments 19 und seit dem 1. Februar 1931 Infanterieführer VII, bis er am 31. März 1932 mit dem Rang eines Generalleutnants verabschiedet und am 1. Februar 1941 zum Generalleutnant z. V. (zur Verwendung) befördert wurde. Während des Zweiten Weltkrieges war von Hößlin dann im fortgeschrittenen Alter – nicht umsonst nannten ihn viele seiner Generalstabsoffiziere einen „alten Knaben" – vom 1. Dezember 1939 bis zum 31. März 1943 und vom 20. Oktober 1943 bis zum Kriegsende Kommandeur der Division Nr. 188 beziehungsweise der 188. (Reserve-) Gebirgsdivision.[9]

Im Herbst 1942 wurden die Ersatz- und Ausbildungseinheiten voneinander getrennt und zu besonderen Verbänden zusammengefasst. Eine Anzahl der vorhandenen Divisionen Nr. ... und die Divisionskommandos z. b. V. (zur besonderen Verwendung) wurden zu Reservedivisionen umgebildet. Wie zielstrebig man sich bereits während der allerersten Aufstellungsphase an die Arbeit machte, kann man im Kriegstagebuch von Hauptmann Karl Heinz Quarz, der dem Aufstellungsstab angehörte, nachlesen.[10] Bereits während der Sommermonate 1942 führte Generalleutnant von Hößlin laufend Besuche und Besichtigungen bei den auszubildenden Truppenteilen seiner Division durch. So nahm er unter anderem vom 18. bis 20. September an einer Übung eines Ortskampfes in Arzl bei Innsbruck teil. Zwischen dem 30. September und 2. Oktober weilte er bei einer Rekrutenbesichtigung des Gebirgsjägerersatzregiments 139 in Klagenfurt und beim Wehrkreisunteroffizierslehrgang (WKUL) in Graz. Zwischen dem 2. und 6. November besuchte er Ausbildungseinheiten in Laak an der Zayer und in Villach. Den Winter 1942/43 verbrachte er unter anderem bei Wehrkreisunteroffizierslehrgängen in Admont und Innsbruck.

Den Reservedivisionen unterstellt, wurden nun die neuen Ausbildungsverbände größtenteils in die besetzten Gebiete verlegt. Dort hatten sie sowohl Besatzungs- als auch Sicherungsaufgaben zu erfüllen. In logischer Konsequenz wurden diese Verbände daraufhin vom Ersatz- zum Feldheer überführt. So entstand im Wehrkreis VII im Oktober 1942 unter anderem die 157. Reservegebirgsdivision für den Einsatz in Frankreich[11] und im Wehrkreis XVIII im Oktober 1943 die 188. Reservegebirgsdivision für den oberitalienischen Raum. Die Ersatzdivision verblieb im Heimatgebiet und bestand fortan aus dem Gebirgsersatz- und Ausbildungsregiment 136 in Innsbruck und Landeck, dem Gebirgsersatz- und Ausbildungsregiment 137 in Salzburg und Kufstein, dem Gebirgsersatz- und Ausbildungsregiment 138 in Leoben und Marburg

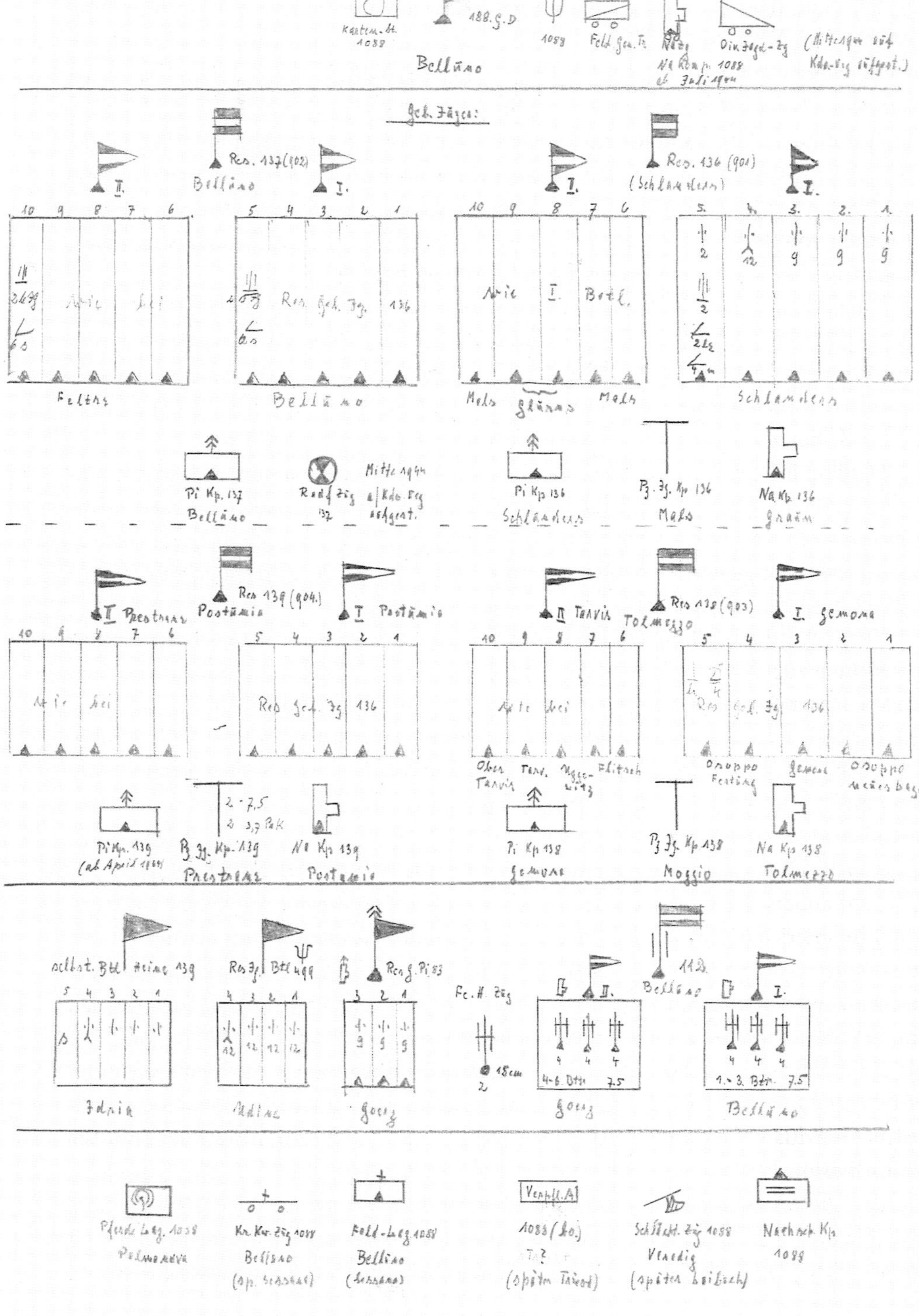

*Die Aufstellung und Gliederung
der 188. Reservegebirgsdivision.*

an der Drau, dem Gebirgsersatz- und Ausbildungsregiment 139 in Klagenfurt und Villach, dem Gebirgsersatz- und Ausbildungsregiment 112 in Schwaz sowie aus dem Pionierersatz- und Ausbildungsbataillon 83. Die Ersatzdivision hatte den personellen Ersatz für die 2., 3., 4. und 5. Gebirgsdivision sicherzustellen. Die Ausbildung lag zum größten Teil in Händen von Offizieren, Unteroffizieren und Mannschaften, die nach einer Verwundung oder Krankheit nicht mehr voll frontverwendungsfähig waren. Nach einer achtwöchigen Ausbildungszeit wurden die frontverwendungsfähigen Rekruten von der Division an das Feldheer abgegeben, um anschließend wieder mit jungen 17- bis 18-jährigen Rekruten aufgefüllt zu werden.

Der andere Teil der 188. Reservegebirgsdivision wurde in den Bereich der Heeresgruppe B nach Norditalien verlegt. Er war wie folgt gegliedert: der Stab der 188. Reservegebirgsdivision lag in Belluno, das Reservegebirgsjägerregiment 136 mit dem I. und II. Bataillon in Schlanders, das Reservegebirgsjägerregiment 137 mit dem I. und II. Bataillon in Belluno, das Reservegebirgsjägerregiment 138 mit dem I. und II. Bataillon in Tolmezzo, das Reservegebirgsjägerregiment 139 mit dem I. und II. Bataillon in Postumia, das Reservegrenadierbataillon 499 in Udine, das Reserveartillerieregiment 112 mit der Reservegebirgsartillerieabteilung I. und II. in Belluno, das Reservegebirgspionierbataillon 83 in Görz sowie die in Aufstellung begriffenen Versorgungstruppen 1088.[12]

Der 188. Reservegebirgsdivision oblag die weitere Ausbildung der nach der Grundausbildung zugeführten Rekruten für die Frontverwendung bei den Feldgebirgsdivisionen, ferner die Sicherung des oberitalienischen Raumes Belluno – Tarvis – Görz gegen Sabotage, die Offenhaltung der Nachschubwege und die Partisanenbekämpfung. Um diese Aufgaben durchführen zu können, wurden der Division Sicherungsbataillone und mussolinitreue italienische Truppenteile zugeführt. Am 27. Februar 1944 wurde die Division dem Befehlshaber der Operationszone „Adriatisches Küstenland" unterstellt. Dies geschah unter gleichzeitiger Herauslösung anderer Verbände.

Ganz anders geartet als die 188. Reservegebirgsdivision zeigte sich die 392. (kroatische) Infanteriedivision, die während des Endkampfes um Istrien und Fiume auf dem kroatischen Kriegsschauplatz eingesetzt wurde. Sie war als letzte von drei deutsch-kroatischen Legionsdivisionen aufgestellt worden. Bei den anderen beiden handelte es sich um die 369. (kroatische) Infanteriedivision des Generalleutnants Fritz Niedholdt, die als „Teufelsdivision" ab September 1942 auf dem Truppenübungsplatz Döllersheim im Waldviertel aufgestellt wurde, und die 373. (kroatische) Infanteriedivision des Generalleutnants Eduard Aldrian, die als „Tigerdivision" nach dem Abtransport der 369. Legionsdivision Ende Januar ebenfalls in Döllersheim und südlich davon aufgestellt wurde. Die 392. (kroatische) Infanteriedivision des Generalleutnants Johann Mickl, die „Blaue (Plava) Division", wurde ab September 1943 aufgestellt. Zur Hebung der kroatischen Wehrkraft gab Hitler am 7. September 1943 folgende Weisung heraus:[13]

„Der Führer und Oberste Befehlshaber der Wehrmacht

Führerhauptquartier, den 7. September 1943

Oberkommando der Wehrmacht/
Wehrmachtführungsstab/Operation (H) Nr. 005002/43

Geheime Kommandosache

39 Ausfertigungen
11. Ausfertigung

Betreff: Hebung der kroatischen Wehrkraft

I. Bei der gegenwärtigen Gesamtlage und insbesondere der Lage im Südostraum sind wir in vermehrtem Maße auf eine enge Zusammenarbeit mit dem kroatischen Staat und auf weitgehende Einspannung der kroatischen Wehrkraft angewiesen. Dies erfordert eine einheitliche, bejahende Einstellung aller deutschen Dienststellen zum kroatischen Staat. Die politische Grundlage hierfür ist die Anerkennung Kroatiens als selbstständiger Staat unter der Führung des Poglavnik mit eigener kroatischer Verwaltung, also keiner deutschen Militärverwaltung.
Die Anerkennung der Souveränität Kroatiens und unsere Absicht, die Wehrkraft dieses Volkes in Zukunft mehr als bisher für den gemeinsamen Kampf einzuspannen, machen eine energische und positive Mitarbeit der kroatischen Regierung an dem Aufbau ihrer Wehrmacht und allen ihr Land betreffenden militärischen Maßnahmen erforderlich.

II. Die kroatische Heeresleitung ist – soweit die Rücksichtnahme auf die Geheimhaltung militärischer Absichten dies gestattet – im stärkeren Maße als bisher über militärische Vorgänge im kroatischen Raum zu unterrichten und überdies zu erhöhter Aktivität beim Aufbau der kroatischen Wehrmacht zu veranlassen.
Diese Aufgaben fallen dem Deutschen Bevollmächtigten General in Kroatien zu, welcher unter seiner Verantwortung die Orientierung der kroatischen Heeresleitung in Führungsfragen übernimmt und auf Aufbau, Ausbildung und Versorgung der kroatischen Wehrmacht nachdrücklichen Einfluss übt.
Im Zusammenhang hiermit ist ausdrücklich zu erklären, dass die kroatischen Truppen – auch Legionsdivisionen und SS-Bosniakendivisionen – nur zur Verteidigung Kroatiens eingesetzt werden. Eine Verwendung im Osten oder Westen ist nicht beabsichtigt.

III. Folgende zusätzliche Maßnahmen sind, soweit notwendig, im Einvernehmen mit der kroatischen Regierung durchzuführen:

1. *Maßnahmen zur engeren Verbindung und einheitlichen gegenseitigen Unterrichtung.*

a) Der Deutsche Bevollmächtigte General in Kroatien muss über alle Vorgänge auf militärischem Gebiete sowohl von dem in Kroatien führenden Panzerarmeeoberkommando 2 wie auch von den in Frage kommenden Dienststellen der SS, gegebenenfalls auch durch das Oberkommando der Wehrmacht/Wehrmachtführungsstab, unterrichtet und damit in die Lage versetzt werden, in dem durch die Geheimhaltung gebotenen Umfange das kroatische Oberkommando über die militärischen Vorgänge in seinem Lande zu unterrichten.

b) Es bleibt dem Deutschen Bevollmächtigten General in Kroatien überlassen, beim Panzerarmeeoberkommando 2 als der in Kroatien befehlsführenden Kommandobehörde einen kroatischen Verbindungsstab einzusetzen, um einerseits die Wünsche des Poglavnik dem deutschen Oberbefehlshaber, andererseits die Maßnahmen der deutschen Führung im erforderlichen Umfange dem Poglavnik übermitteln zu können. Um eine einheitliche Unterrichtung der Kroaten sowohl durch Panzerarmeeoberkommando 2 wie durch den Deutschen Bevollmächtigten General in Kroatien sicherzustellen, ist diesem Verbindungsstabe ein Offizier des Deutschen Bevollmächtigten Generals anzugliedern, der die laufende Unterrichtung des Deutschen Bevollmächtigten Generals und seine enge Verbindung zum Panzerarmeeoberkommando 2 gewährleistet.

c) Um meine laufende und schnelle Unterrichtung über die militärischen Vorgänge in Kroatien sicherzustellen, sind in Abänderung der Ziffer 4) der Dienstanweisung für den Deutschen Bevollmächtigten General in Kroatien ab sofort Zweitschriften aller wesentlichen Meldungen und Berichte unmittelbar über das Oberkommando der Wehrmacht/Wehrmachtführungsstab vorzulegen.

Über den Fortgang der Aufstellungsmaßnahmen, insbesondere über die auftretenden Schwierigkeiten und Reibungen, hat Deutscher Bevollmächtigter General in Kroatien jeweils zum 1. jeden Monats an mich über Wehrmachtführungsstab zu melden. Dem Oberbefehlshaber Südost und dem Panzerarmeeoberkommando 2 sind Abdrucke dieser Meldungen zuzuleiten.

2. *Maßnahmen zur Erhöhung des Selbstvertrauens der kroatischen Wehrmacht.*

a) Soweit dies irgend möglich ist, muss angestrebt werden, den kroatischen Verbänden (Jäger- und Gebirgsbrigaden), sobald ihre Aufstellung und Umrüstung abgeschlossen sind, eigene Sicherungsabschnitte zu übertragen und ihnen hierbei auch die gegebenenfalls in diesem Abschnitt befindlichen deutschen Kräfte zu unterstellen.

b) Um der kroatischen Regierung die Möglichkeit zu geben, für besonders wichtige Aufgaben (Ernteerfassung und so weiter) Teile ihrer zurzeit völlig unter deutscher Führung stehenden Kräfte einsetzen zu können, sind die über den Deutschen Bevollmächtigten General in Kroatien beim Panzerarmeeoberkommando 2 vorgebrachten Wünsche für vorübergehende Verwendung kroatischer Truppenteile, soweit es die Gesamtlage gestattet, zu erfüllen.

c) Es ist anzustreben, dass auch in den Legionsdivisionen allmählich geeignete und bewährte kroatische Offiziere vermehrt als Führer von Einheiten und Verbänden eingesetzt werden. Sie sind in diesen Stellungen Disziplinarvorgesetzte aller zu ihrer Einheit beziehungsweise zu ihrem Verbande gehörenden deutschen und kroatischen Soldaten.

d) Zur Förderung der Ausbildung auch der noch nicht mit deutschem Lehrpersonal versehenen kroatischen Verbände ist General Juppe im Einvernehmen mit dem kroatischen Oberkommando auch für Ausbildung und Anleitung dieser Verbände zur Verfügung zu stellen.

e) Um den inneren Zusammenhang zwischen dem deutschen Führungs- und Ausbildungspersonal und den kroatischen Führern, Unterführern und Mannschaften zu erleichtern, ist der Erwerb wenigstens bescheidener kroatischer Sprachkenntnisse zu fordern.

f) In den vorzulegenden Lagekarten und Meldungen sind die kroatischen Verbände in der gleichen Weise wie deutsche Verbände zu erwähnen und einzuzeichnen.

g) Bekämpfung augenblicklicher Verfallserscheinungen:

   1. Alle deutschen Kommandostellen und Truppenteile sind dahingehend zu erziehen, abfällige Äußerungen über Mängel des kroatischen Staates und der kroatischen Wehrmacht zu unterlassen.
   2. Bei Fahnenflucht in stärkerem Maße sind genaue Untersuchungen unter Beiziehung kroatischer Offiziere durchzuführen und die Ergebnisse an mich zu berichten.
   3. Im Verhalten gegenüber der Bevölkerung ist darauf Rücksicht zu nehmen, dass die Stimmung und die Deutschfreundlichkeit der kroatischen Soldaten nicht Schaden leiden.

h) Falls kroatische Truppen (soweit es sich nicht um Legionstruppen handelt) lieber kroatische Uniform tragen, ist dem stattzugeben.

3. *Maßnahmen zum beschleunigten Aufbau des kroatischen Heeres durch Erhöhung des deutschen Einflusses auf Organisation und Ausbildung.*

a) Die deutsche Unterstützung des Aufbaues der kroatischen Wehrmacht ist Aufgabe des Deutschen Bevollmächtigten Generals in Kroatien. Er ist berechtigt, nicht nur in seiner Eigenschaft als Territorialbefehlshaber, sondern auch in Fragen des Ausbaues der kroatischen Wehrmacht mit den in Kroatien eingesetzten Generalkommandos unmittelbar zu verkehren. Er hat das Panzerarmeeoberkommando 2 laufend über den Fortgang der Aufstellung zu unterrichten.

b) Als Grundlage für den Aufbau eines zuverlässigen Heeres muss die kroatische Regierung veranlasst werden, Besoldung, Versorgung und Betreuung der Familien beziehungsweise Hinterbliebenen so zu regeln, dass das Heer auch ein wirtschaftliches Interesse an der Festigung des kroatischen Staates hat. Es ist festzustellen, ob und in welchem Umfang hier gegebenenfalls deutsche Hilfe erforderlich ist.

c) Die geistige und ausbildungsmäßige Erziehung des jungen kroatischen Offizierkorps und Offiziernachwuchses muss erheblich verstärkt werden. Hierzu Vermehrung der Kommandos kroatischer Offiziere und des Offiziernachwuchses an deutsche Schulen. Abstellen besonders geeigneter deutscher Lehrer an kroatische Schulen und Lehrgänge. Mehrmonatige Kommandos kroatischer Offiziere zur Ausbildung in deutschen Verbänden.

d) Zur Festigung der Ausbildung und zum Zusammenschweißen der Verbände ist anzustreben, dass in etwa vier- bis sechswöchentlichem Wechsel alle kroatischen Verbände, beginnend ab 1. Oktober 1943, auf deutsche Übungsplätze verlegt werden. Durchführung ist von Deutschem Bevollmächtigten General in Kroatien mit dem kroatischen Oberkommando zu prüfen und Absichten zu melden. Chef der Heeresrüstung und Befehlshaber des Ersatzheeres der Wehrmacht stellt einen geeigneten Truppenübungsplatz – möglichst in der Ostmark – zur Verfügung.

e) Zur Betonung des gemeinsamen Kampfes gegen den inneren und äußeren Feind sind im Kampf bewährten Angehörigen des kroatischen Heeres vermehrt deutsche Kriegsauszeichnungen zu verleihen.

gez. Adolf Hitler
Für die Richtigkeit
Freiherr von Buttlar
Oberst des Generalstabs."

Den Kader der 392. deutsch-kroatischen Legionsdivision bildeten Offiziere und Unteroffiziere aus Österreich und Bayern. Die freiwilligen und gezogenen Mannschaften sowie einige wenige junge Offiziere und Unteroffiziere rekrutierten sich aus Angehörigen des „Unabhängigen Staates" Kroatien. Werfen wir einen Blick auf die Gliederung und Stellenbesetzung dieser Division.[14]

Divisionsstab:	Ia Oberstleutnant im Generalstab Kobe (ab 20. März 1945 Major im Generalstab Lützow, ab Mitte April Major im Generalstab Hörmann?), Ib Hauptmann der Reserve von Jan, Ic Oberleutnant der Reserve Scheuer, IIa Hauptmann Jannsen, O 1 Oberleutnant Schröder (als Batteriechef im Artillerieregiment 392 gefallen, Nachfolger Oberleutnant Göhlert), Abteilung V (Kraftfahrzeuge): Hauptmann (Ing.) Weber, Waffen und Gerät: Hauptmann (W) Weidinger, Kommandant des Stabsquartiers Hauptmann der Reserve Lehninger
Infanterieregiment 846:	Kommandeur: Oberstleutnant Schürnbrandt, später Oberstleutnant Oehler (gefallen am 5. Mai 1945). Regimentsadjutant: Oberleutnant Suchan, später Oberleutnant Zmölnig. Ib, Waffen und Gerät: Leutnant Wagner. IVa: Oberzahlmeister Fels. Nachrichtenoffizier: Leutnant Zmölnig. Pionierzug: Leutnant Weit I. Bataillon: Hauptmann Krüger II. Bataillon: Hauptmann der Reserve Richter, Adjutant Leutnant Gründemann III. Bataillon: Hauptmann der Reserve Hohenadl 13. Kompanie: Hauptmann Ritter Stabskompanie: Hauptmann Reissig.
Infanterieregiment 847:	Kommandeur: Major Reisinger Regimentsadjutant: Oberleutnant Heinecker (gefallen 4. April 1945) I. Bataillon: Major der Reserve Köhler (Leipzig) II. Bataillon: Hauptmann der Reserve Hosa (verwundet November 1944, Nachfolger Hauptmann der Reserve Wittmütz, gefallen im April 1945) Abteilungsadjutant: Leutnant Saucek (gefallen), Nachfolger Leutnant Wagner 5. Kompanie: Oberleutnant Hirth 6. Kompanie: Leutnant Schmalhaus 7. Kompanie: Leutnant Holleis 8. Kompanie: Oberleutnant Wittmütz III. Bataillon: Hauptmann der Reserve Miksch
Aufklärungsabteilung 392:	Kommandeur: Hauptmann der Reserve Bransch Schwadronschefs: Rittmeister der Reserve Roth, ...

Panzerjägerabteilung 392 (2. Kompanie): Kommandeur: Major der Reserve Becherer (verlor im Sommer 1944 ein Bein)

Artillerieregiment 392: Kommandeur: Oberstleutnant Reindl.
I. Abteilung: Major der Reserve von Ernsthausen, ständiger Vertreter ab 8. März 1944 Hauptmann der Reserve Buchholz.
II. Abteilung: Hauptmann Brunner

Pionierbataillon 392 (3. Kompanie): Kommandeur: Hauptmann Schmitt, Nachfolger für Hauptmann Rademacher (2. Kompanie Oberleutnant Cremer)

Nachrichtenabteilung 392: Kommandeur: Major Hübner.
1. (Fernsprech-)Kompanie: Hauptmann Crayen (verwundet 1945, Nachfolger Oberleutnant Fahs)
2. (Funker-)Kompanie: Oberleutnant der Reserve Müller
Leichte Nachrichtenkolonne: Leutnant Branscheid

Feldersatzbataillon 392 (ab Mai 1944): Kommandeur: Major Dudda (war zuerst Schwadronschef in der Aufklärungsabteilung)

Divisionsnachschubtruppen: Kommandeur Hauptmann der Reserve Kälber.

Der Divisionskommandeur wurde am 18. April 1893 in Zelting als Sohn des südsteirischen Grenzlandes in eine Zeit hineingeboren, in der sein Heimatland wiederholt von Kampfhandlungen überzogen wurde. Als Soldat sollte sich Mickl in zwei Weltkriegen und in drei verschiedenen Armeen bewähren. Doch auch in der Zwischenkriegszeit, die allgemein als friedlich bezeichnet wird, war er am Schutz seiner Heimat beteiligt: So verteidigte er in den turbulenten Tagen nach dem Ersten Weltkrieg das Gebiet um die Grenzfeste Radkersburg gegen die Willkürmaßnahmen der südslawischen Truppen. Im Frühjahr 1919 nahm er als Adjutant des Abschnittskommandanten des Gebietes Lavanttal und als Kommandant einer Sturmkompanie am Kärntner Abwehrkampf teil. Im Einzelnen verlief sein militärischer Werdegang folgendermaßen:

Nach der Ausmusterung aus der Theresianischen Militärakademie in Wiener Neustadt trat er am 18. August 1914 als Leutnant in das k.k. Landwehrinfanterieregiment Nr. 4 ein. Nach dem Ersten Weltkrieg folgte die Übernahme in das österreichische Bundesheer. Zunächst in Klagenfurt und später beim Feldjägerbataillon Nr. 5 in Villach. Nach dem Eintritt in die Deutsche Wehrmacht wurde er am 1. September 1939 Kommandeur der Panzerabwehrabteilung 42, dann ab 10. Dezember 1940 als Oberst Kommandeur des Schützenregiments 7, am 1. Juni 1941 Kommandeur des Infanterieregiments 155 sowie der 12. Schützenbrigade vom 15. März 1942 bis 25. Januar 1943. Er war somit am Polen- und Frankreichfeldzug beteiligt sowie auf dem nordafrikanischen und russischen Kriegsschauplatz eingesetzt. Als Generalmajor wurde Mickl zunächst vom 15. März bis 12. August 1943 Führer der 11. Panzerdivision und schließlich als Generalleutnant ab dem 13. August 1943 Kommandeur der neu aufzustellenden 392. (kroatischen) Infanteriedivision.

„General Mickls überragende, eigenartige und auch eigenwillige Persönlichkeit gab nicht nur der von ihm geführten Division weitgehend das Gepräge, sondern wirkte sich beispielgebend im gesamten kroatischen Kampfraum aus", schrieb sein damaliger Ia, der Oberstleutnant im Generalstab und spätere Generalmajor der Bundeswehr Gerd Kobe.[15] „Seine Taten führten, wie häufig bei außergewöhnlichen Gestalten, schon zu seinen Lebzeiten zur Legendenbildung unter den Soldaten und der kroatischen Bevölkerung.

Schon sein äußeres Erscheinungsbild war bemerkenswert. Ein Hüne von Gestalt, dabei trotz seiner fünfzig Jahre schlank und muskulös, angetan mit Berghose, österreichischer Litewka und dem kleinen Eichenlaub zum Ritterkreuz am Kragen, das Schnellfeuergewehr in der Hand, mit Riesenschritten über das Karstgebirge kletternd, so ist er allen in Erinnerung, die ihn als Kommandeur in Kroatien erlebten.

Wie kaum ein anderer besaß er alle Voraussetzungen und Gaben für die schwierige Aufgabe der Führung einer deutsch-kroatischen Division. Seinem Charakter, seinen militärischen Gaben, seinem Wesen, in dem sich die Ideen eines Feldherrn mit der Spannkraft und Einsatzfreude eines Stoßtruppenführers in oft eigenartiger Weise trafen, seinem Verständnis für Land und Leute im Einsatzraum war hier das unbegrenzte Wirkungsfeld gegeben. Hinzu kam, dass er zu den kroatischen Soldaten in deren Landessprache sprechen konnte, wodurch er von Anbeginn an deren volles Vertrauen besaß.

Im Einsatz war Mickl stets ‚bei den Gewehren', wie er selbst den Aufenthalt in der vordersten Linie bezeichnete. Nicht selten fuhr er in seinem kleinen Volkswagen vor den Angriffsspitzen, klärte weit voraus auf und kam dann seinen erstaunten Männern aus einem Seitental entgegen.

Unermüdlich und von großer Härte gegen sich selbst, verlangte er auch von seinen Leuten das Äußerste. Hier ging er zuweilen auf der Grenze, doch der Erfolg gab ihm meist Recht. Und die von ihm verlangten gewaltigen physischen Leistungen, welche die Soldaten bei dem ständigen Bewegungskrieg auf sich nehmen mussten, um dem Feind die Initiative zu entreißen, waren die Grundlage für die großen Erfolge der Division.

In seiner eigenen Lebensführung war er mehr als preußisch einfach, wie er überhaupt, obwohl Österreicher, in vielem preußischer war als die Preußen. Dass sich General Mickl trotz der schweren Verhältnisse des Partisanenkrieges auch mit großem Erfolg für eine anständige Kriegsführung einsetzte, dass er den zuweilen aufflackernden Streit zwischen Kroaten und Serben in der Lika, soweit es in seinen Kräften stand, unterband, lag zutiefst in seinem ganzen Wesen begründet."[16]

Es war am 2. Januar 1944, als der Abtransport und Vormarsch der 392. deutsch-kroatischen Infanteriedivision zur Küste begann. Das Infanterieregiment 846 marschierte am 4., die Nachrichtenabteilung 392 am 5. und zum Schluss das Infanterieregiment 847 in der Nacht vom 10. auf den 11. Januar ab. Erste Aufgabe der Division wurde die Sicherung der Adriaküste von Kraljevica (zehn Kilometer südöstlich Rijeka, Fiume) bis Karlobag (neunzig Kilometer südöstlich davon) einschließlich der vorgelagerten Inseln, außer Krk, gegen zu erwartende angloamerikanische Landungen, ferner die Sicherung des Hinterlandes der Küste in etwa sechzig Kilometer Tiefe, dabei insbesondere der wichtigsten Nachschubstraße zur Küste, der Straße Karlovac – Senj gegen jugoslawische Partisanen.

Dieser Küstenstreifen und das darunter liegende Hochland der Lika, das kroatische Kernland, waren seit dem Abzug der Italiener im Herbst 1943 ungestört in den Händen der Partisanen gewesen, besonders die Hafenstadt Senj war ein starkes Partisanenzentrum geworden.[17] Bevor die Division zum Endkampf im Raum von Fiume antrat, hatte sie unter anderem noch aufreibende Kämpfe bei Drežnica und Senj, bei der Küstenverteidigung und der Besetzung von Rab sowie während des Unternehmens „Florett“ und bei der jugoslawischen Frühjahrsoffensive im Kriegsjahr 1945 zu bestehen.

Die 237. Infanteriedivision wurde im Rahmen der 27. Aufstellungswelle der Deutschen Wehrmacht zwischen dem 26. Juni und 25. Juli 1944 auf dem böhmischen Truppenübungsplatz in Milowitz aufgestellt. Sie gehörte zu jenen fünf bodenständigen Infanteriedivisionen, die laut Befehl vom 22. Juni 1944 ursprünglich zur Verwendung auf dem westlichen Kriegsschauplatz vorgesehen waren. Alle fünf Divisionen wurden aufgrund der sogenannten „Aktion Urlauberreserve“ mit rund 40.000 Urlaubern der Ost- und Südostfront aufgefüllt – mit Marschbataillonen und rund 800 Mann der III. Abteilung der Deutschen Versuchsanstalt für Luftfahrt (DVL). Verantwortlicher dieser außergewöhnlichen Aktion war der unbeliebte General der Infanterie Walter von Unruh, dem seine Tätigkeit als Sonderbeauftragter für die Überprüfung des zweckmäßigen Kriegseinsatzes den Spitznamen „Heldenklau“ einbrachte. Denn auf Befehl Hitlers vollzog er unter den Stäben, Trossen und Urlaubern eine rücksichtslose Aushebung, um sie so schnell als irgend möglich der Fronttruppe zuzuführen. Daher kam den Truppen auch nur eine verkürzte Ausbildungszeit zwischen drei und sechs Wochen zu.

Die 237. Infanteriedivision umfasste die Grenadierregimenter 1046, 1047 und 1048 mit je zwei Bataillonen, das Artillerieregiment 237, das Divisionsfüsilierbataillon 237, das Feldersatzbataillon 237, das Pionierbataillon 237, die Nachrichtenabteilung 237, die Panzerjägerkompanie 237 sowie die Versorgungstruppen mit der Nummer 237. Die stärksten Truppenteile der Division waren die drei Grenadierregimenter und das Divisionsfüsilierbataillon. Von den insgesamt 11.219 Divisionsangehörigen entfielen nicht weniger als 7.343 Soldaten auf diese Einheiten, deren Bewaffnung aufgrund der desaströsen militärischen und wirtschaftlichen Verfassung Deutschlands allerdings sehr dürftig ausfiel. Aufgrund der angespannten militärischen Lage in der Operationszone „Adriatisches Küstenland“ erfolgte der Marschbefehl der 237. Infanteriedivision jedoch nicht wie beabsichtigt Richtung Westen, sondern auf den Balkan.

Die 278. Infanteriedivision wurde im Rahmen der 22. Aufstellungswelle der Deutschen Wehrmacht im Januar 1944 aus den Resten der in der Ukraine zerschlagenen 332. und 333. Infanteriedivision sowie dem vollaufgefüllten motorisierten III. Bataillon/Grenadierregiment 870 mit einer Stammstärke von rund 2.000 Mann im oberitalienischen Raum von Bologna zusammengestellt. Ihre Gliederung umfasste die drei Grenadierregimenter 992, 993 und 994, das Artillerieregiment 278, die Panzerjägerabteilung 278, die Nachrichtenabteilung 278, das Pionierbataillon 278, das Feldersatzbataillon 278 sowie die Versorgungstruppen mit der Nummer 278.

Am 6. April 1945 wurde die 278. Infanteriedivision in 278. Volksgrenadierdivision umbenannt. Zu ihren Kriegseinsätzen zählten zunächst die Sicherung im rückwärtigen Gebiet der Heeresgruppe C in ihrem Aufstellungsraum sowie der Schutz der italienischen Adriaküste südlich von Venedig und in der Operationszone „Adriatisches Küstenland“ zwischen Triest und Fiume.

Das SS-Karstwehrbataillon war seit dem September 1944 als Waffengebirgsbrigade der SS „Karstjäger“ im Einsatz. Mit der Verfügung vom 18. Juli 1944 wurde die „Karstjägerdivision“ ab 1. August im Bereich des Höheren SS- und Polizeiführers „Adriatisches Küstenland“ des Kärntner Gauleiters Dr. Friedrich Rainer aus Angehörigen der in diesem Gebiet lebenden Völker und Volksgruppen mit deutschem Rahmenpersonal aufgestellt. Allerdings kam sie über eine Stärke von 2.000 Mann nie hinaus. Das im Winter 1942/43 aufgestellte SS-Karstjägerbataillon (vielfach auch als Polnisches Freiwilligenbataillon Karstwehr bezeichnet) wurde das I. Bataillon des Regiments. Die Division sollte die volle Waffengebirgsgliederung einer Gebirgsdivision mit zwei Jägerregimentern (59 und 60), einer Aufklärungsabteilung, einer Panzerjägerabteilung, einem Artillerieregiment mit vier Abteilungen, einem Pionierbataillon, einer Nachrichtenabteilung, einem Feldersatzbataillon sowie Nachschub- und Verwaltungstruppen erhalten. Da sich die Auffüllung des Verbandes als unmöglich erwies, wurde sie mit Befehl vom 5. Dezember 1944 in eine Waffengebirgs-(Karstjäger-) Brigade der SS zurückgegliedert. Im Februar 1945 erfolgte die Umbenennung in 24. Waffengebirgsdivision der SS „Karstjäger“.[18]

Die „Karstjäger“ waren dazu vorgesehen, in den unwegsamen und zerklüfteten Karstregionen Südosteuropas – insbesondere jedoch in den Grenzgebieten zwischen Slowenien, Kroatien und Friaul – bei der Bekämpfung der Partisanen eingesetzt zu werden. Der Kampf in diesem Gelände und gegen diesen unberechenbaren Gegner

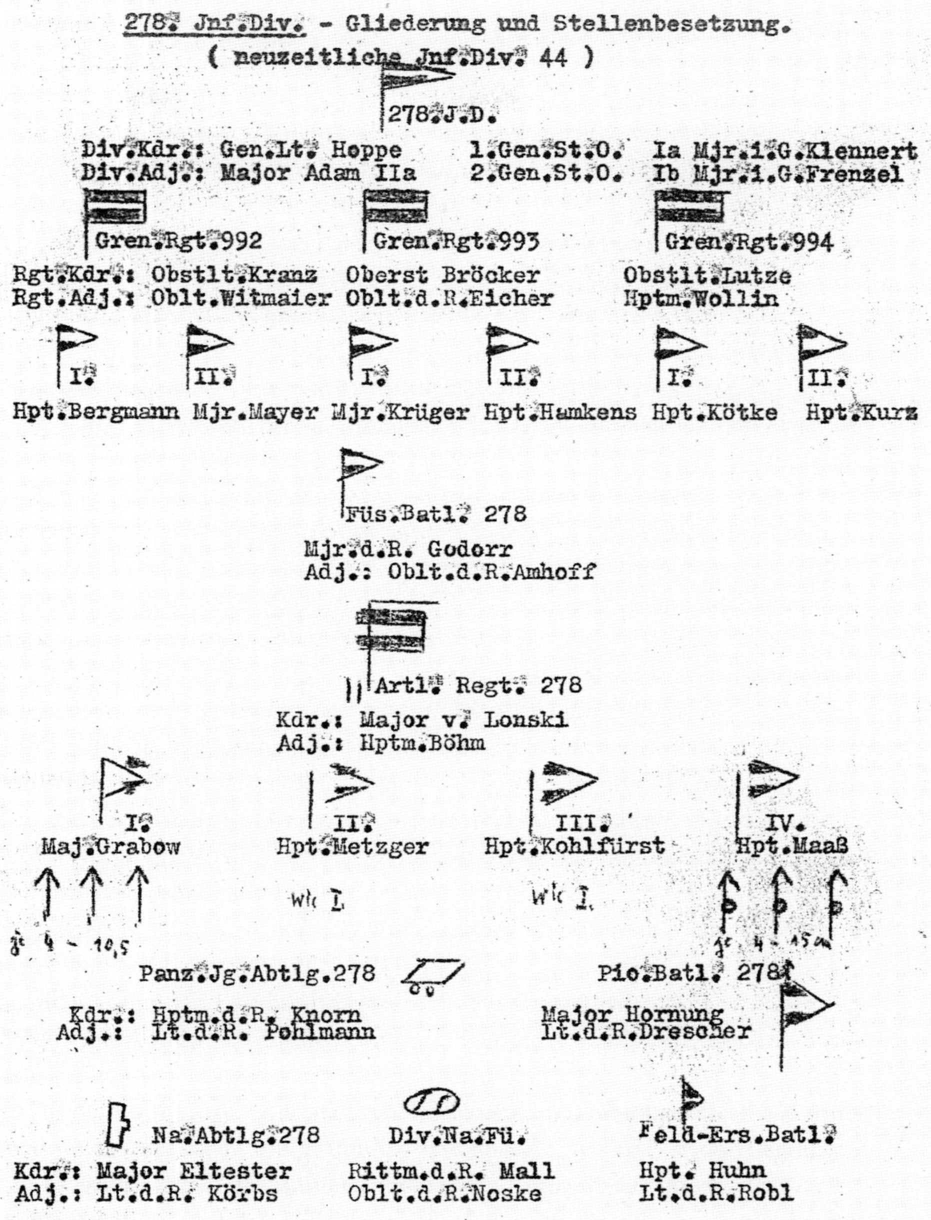

278. Jnf.Div. - Gliederung und Stellenbesetzung.
(neuzeitliche Jnf.Div. 44)

278.J.D.

Div.Kdr.: Gen.Lt. Hoppe 1.Gen.St.O. Ia Mjr.i.G.Klennert
Div.Adj.: Major Adam IIa 2.Gen.St.O. Ib Mjr.i.G.Frenzel

Gren.Rgt.992 | Gren.Rgt.993 | Gren.Rgt.994

Rgt.Kdr.: Obstlt.Kranz | Oberst Bröcker | Obstlt.Lutze
Rgt.Adj.: Oblt.Witmaier | Oblt.d.R.Eicher | Hptm.Wollin

I. | II. | I. | II. | I. | II.

Hpt.Bergmann Mjr.Mayer Mjr.Krüger Hpt.Hamkens Hpt.Kötke Hpt.Kurz

Füs.Batl. 278

Mjr.d.R. Godorr
Adj.: Oblt.d.R.Amhoff

Artl. Regt. 278

Kdr.: Major v. Lonski
Adj.: Hptm.Böhm

I. | II. | III. | IV.

Maj.Grabow Hpt.Metzger Hpt.Kohlfürst Hpt.Maaß

Panz.Jg.Abtlg.278 | Pio.Batl. 278

Kdr.: Hptm.d.R. Knorn | Major Hornung
Adj.: Lt.d.R. Pohlmann | Lt.d.R.Drescher

Na.Abtlg.278 | Div.Na.Fü. | Feld-Ers.Batl.

Kdr.: Major Eltester | Rittm.d.R. Mall | Hpt. Huhn
Adj.: Lt.d.R. Körbs | Oblt.d.R.Noske | Lt.d.R.Robl

Die Gliederung und Stellenbesetzung der 278. Infanteriedivision, die ab dem Jahre 1944 zunächst an der Front in Mittelitalien eingesetzt wurde.

erforderte eine spezielle Ausbildung, die im Salzkammergut und auf der Fränkischen Alb betrieben wurde. Die Waffengebirgsbrigade der SS „Karstjäger" war ab dem September 1944 im Dreiländereck Slowenien – Italien – Kärnten sowie auf Istrien im Einsatz gegen die vielfältigen Partisanenverbände. 1945 erfolgte die Verlegung nach Italien in den Raum von Tarvisio und in das obere Isonzotal sowie in den Ostteil der stark verkarsteten Julischen Alpen. Ihr letzter Einsatz lag im Waldgebiet um Ternova am Isonzo. Im Mai 1945 kapitulierte die SS-Brigade am Isonzo und geriet in britische Kriegsgefangenschaft.

Schneller als allgemein erwartet, wurde auch die 188. Reservegebirgsdivision in den Sog der militärischen Ereignisse hineingezogen. Dies lag daran, dass das Deutsche Reich um die Jahreswende 1943/44 endgültig auf allen Kriegsschauplätzen in die strategische Defensive gedrängt worden war. In den weiten Ebenen Russlands kämpften die stark dezimierten deutschen Divisionen chancenlos gegen die Übermacht der Roten Armee. Auf dem Balkan standen keine ausreichenden Kräfte mehr zur Verfügung, um Titos Partisanenarmee auszuschalten. Dieser hatte „vom Walde aus" die jugoslawische Föderation proklamiert.[19]

Nach Pressemeldungen vom 30. Dezember 1943 verkündete Tito eine aus mehreren Punkten bestehende Verfassung, die eine staatsrechtliche Grundlage für die provisorische jugoslawische Regierung bilden sollte. Für die Dauer des Krieges wurde als oberstes gesetzgebendes und ausführendes Verfassungsorgan der sogenannte „Antifaschistische Rat der nationalen Freiheitsbewegung" ins Leben gerufen. Ferner sah die Verfassung die Bildung eines „Nationalen Komitees" vor, das als höchstes ausführendes Organ den Charakter einer nationalen Regierung tragen und dem Präsidium des antifaschistischen Rates verantwortlich sein sollte. Später, im November 1944, erklärte Tito, das neue Jugoslawien werde aus sechs autonomen Ländern bestehen, nämlich Serbien, Kroatien, Slowenien, Mazedonien, Bosnien mit Herzegowina und Montenegro.

Währenddessen hatte Deutschland die Überlegenheit über seinen eigenen Luftraum verloren. Besonders die großen Städte und die Rüstungsindustrie standen daher fortwährend unter dem massierten Bombardement der angloamerikanischen Luftflotten. Die deutsche Hochseeflotte war vernichtet oder in ihre Heimathäfen zurückgedrängt worden, der U-Bootkrieg war verloren.

In Nordafrika war die Front unter den harten Schlägen der Alliierten zusammengebrochen. Sizilien und Süditalien mussten geräumt werden und darüber hinaus hatte Italien sein Bündnis mit Deutschland gelöst und am 3. September 1943 einen Waffenstillstand mit den ehemaligen Kriegsgegnern geschlossen, sodass im Herbst desselben Jahres die in Nord- und Mittelitalien stehenden Verbände der königlichen italienischen Armee auf Weisung Hitlers nach Durchgabe des Stichwortes „Achse" rasch entwaffnet werden mussten. In Nordostitalien lag die 8. Armee des Generals

Italo Gariboldi in Padua mit dem XXXV. Armeekorps (Bozen) des Generals Alessandro Gloria, das sich von der Alpengrenze bis zum Po erstreckte und die Provinzen Bozen, Trient, Verona und Mantua umfasste, dem XXIV. Armeekorps (Udine) unter General Licurgo Zannini, das das Gebiet vom Tagliamento im Westen bis Piedicolle und Caccia im Osten, von Tarvisio im Norden bis in die Nähe der adriatischen Küste im Süden abdeckte sowie dem XXIII. Armeekorps (Triest) des Generals Alberto Ferrero, dessen Befehlsbereich entlang der Adria von Grado über Triest bis circa Piran und von dort quer durch Istrien bis Fiume reichte. Diese 8. italienische Armee „glich im Grunde genommen eher einem Territorialkommando als einem operativen Großverband. Ein entschlossenes Aufbäumen gegen den deutschen Angriff blieb jedoch aus."[20]

Bereits am 10. September war sie in sich zusammengebrochen, was Generalfeldmarschall Rommel dazu veranlasste, medienwirksam geringschätzig von einem „beschämenden Ende" der italienischen Armee auf dem norditalienischen Kriegsschauplatz zu sprechen.[21]

Im Oktober 1943 wurde daraufhin das deutsche Einflussgebiet über die Alpengrenze hinaus erweitert, indem man die Provinzen Bozen, Trient, Belluno, Udine, Görz, Triest, Pola, Fiume und Laibach unter deutsche Verwaltung stellte und Deutsch als Amts- und Unterrichtssprache einführte.[22]

Gauleiter des Alpenraumes übernahmen als „Hohe Kommissare" die Verwaltung der besetzten Gebiete von Istrien bis Südtirol, deren Besetzung ohne Kampfhandlungen vollzogen wurde. Es gab damals sogar Pläne, Venedig dem Deutschen Reich einzuverleiben.[23] Die Provinzen Friaul, Görz, Triest, Istrien, Fiume und Laibach umfassten fortan die Operationszone „Adriatisches Küstenland" und die Provinzen Bozen, Trient und Belluno bildeten die Operationszone „Alpenvorland", um die deutsche Bevölkerung in Tirol sicherzustellen und das Minoritätengebiet in Norditalien dem Einfluss der italienischen Regierung zu entziehen.[24] In beiden Operationszonen, die bis zur Verlegung des Kommandos der Heeresgruppe B nach Frankreich zum Befehlsbereich des Generalfeldmarschalls Erwin Rommel gehörten, lebte – besonders im Raum Fiume – die Bandentätigkeit auf.[25]

„Die klarste Lösung bei Respektierung des italienischen Nationalgefühls wäre die Wiederherstellung der österreichisch-italienischen Grenze von 1914", telegrafierte der Gauleiter und Reichsstatthalter von Kärnten Dr. Rainer am 9. September 1943 aus Klagenfurt.

„Diese Grenze verläuft von den Karnischen Alpen südlich des Kanaltales zwischen Pontafel und Pontebba hindurch über die Ausläufer der Julischen Alpen westlich des Isonzo und erreicht bei Aquileja die Adria. Die Ostgrenze wäre die alte kroatisch-krainische Grenze von der Save südwestlich über den Kamm des Uskokengebirges

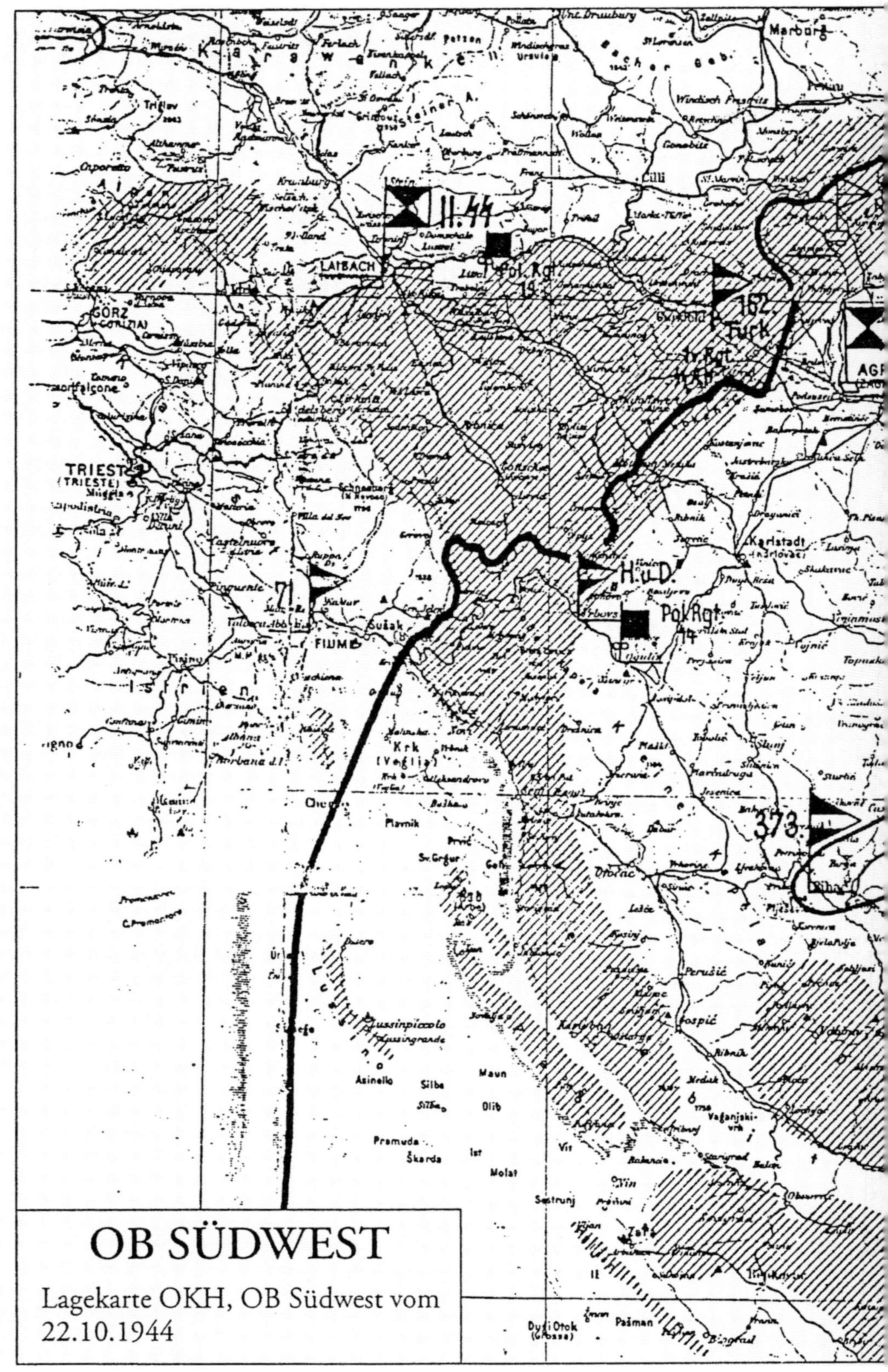

Diese Karte des Oberbefehlshabers Südwest vom Oktober 1944 informiert über die Truppenverläufe zur Partisanenbekämpfung an der norditalienischen Hafenstadt Triest und auf der Halbinsel Istrien.

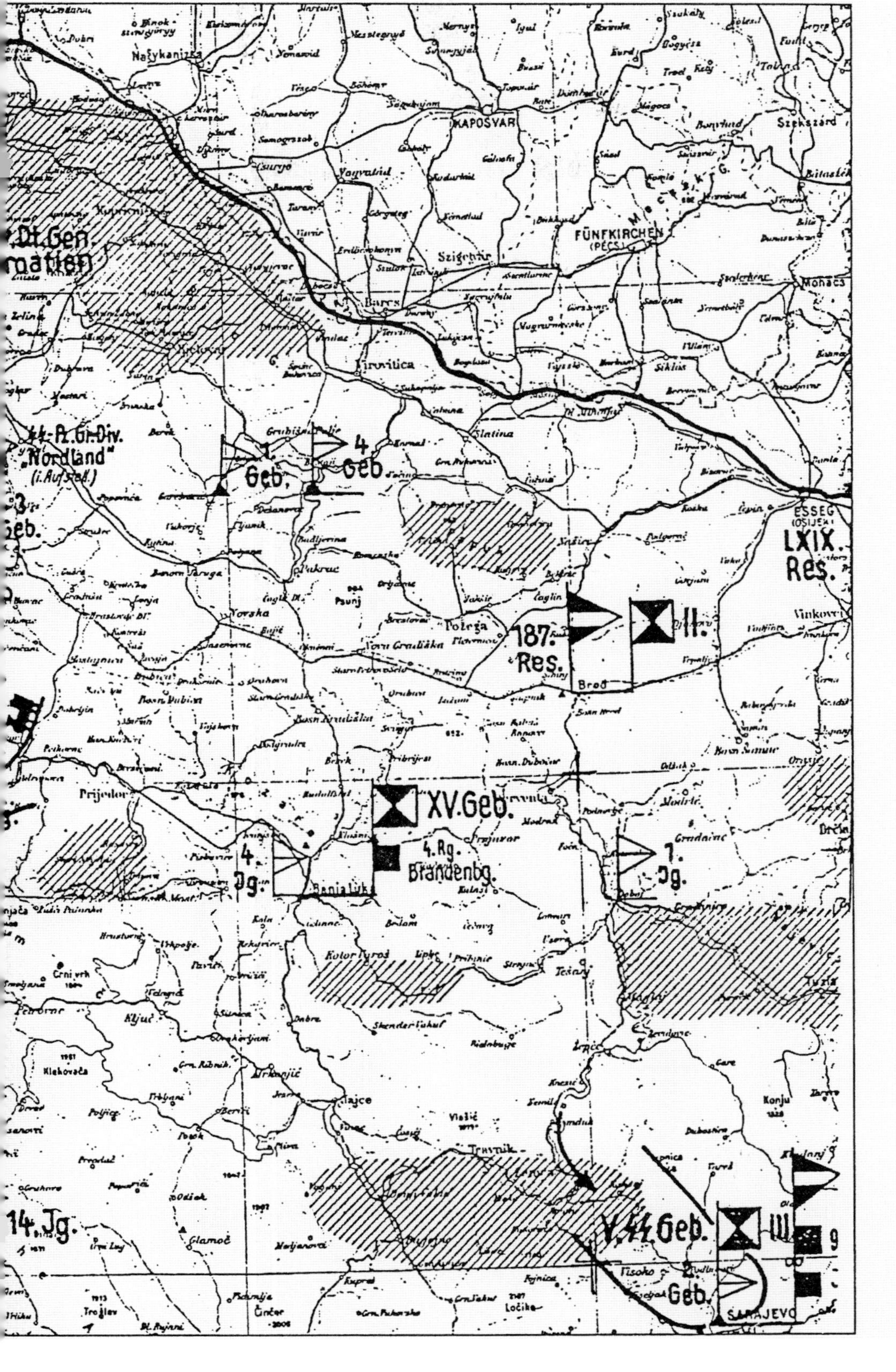

Nagykanizsa
KAPOSVAR
FÜNFKIRCHEN (PÉCS)
Mecsek G.
Szekszárd
Mohács
Szigetvár
Barcs
Virovitica
Slatina
ESSEG (OSIJEK)
LXIX. Res.
SS-Fr.Gr.Div. "Nordland" (i.Aufstell.)
1. Geb.
4. Geb.
Psunj
Požega
187. Res.
II.
Brod
Vinkovci
Prijedor
XV.Geb.
4. Rg. Brandenbg.
4. Jg.
Banja Luka
1. Jg.
Doboj
Tuzla
Crni vrh
Ključ
Klekovača
Jajce
Vlašić
Travnik
Zenica
Konju
V.SS Geb.
III.
9
2. Geb.
Visoko
SARAJEVO
14.Jg.
Glamoč
Troglav
Čincer
Ločika

zum Lauf der Kulpa und zur Adria östlich Fiume. Einer Regelung mit Kroatien wäre vorzubehalten die Rückgabe von Susak und auch die Übergabe von Fiume an den kroatischen Staat, während Kroatien als Gegenleistung das 1941 von Krain abgetrennte Gebiet von Tschernembl (alte deutsche Sprachinsel) dem deutschen Verwaltungsgebiet zurückgibt. Bis zur Grenzregelung mit Kroatien empfehle ich, einfach die bestehende kroatisch-italienische Grenze als Ostgrenze des deutschen Verwaltungsgebietes zu übernehmen. Die Nordgrenze ist die bestehende Reichsgrenze, die Südgrenze die Adria.

Das Truppenkennzeichen der 188. Gebirgsdivision mit dem Steinbock.

Innerhalb dieses Raumes würde das Kanaltal wieder an Kärnten zurückfallen. In ihm wohnen rund 7.000 Volksdeutsche. Die Hauptstadt ist Tarvis. Wichtig ist der Bleibergbau in Raibl. Das Gebiet ist seit heute Mittag, mit Ausnahme von Raibl, durch deutsche Truppen besetzt. Die Volksdeutschen haben die Verwaltung in ihre Hand genommen.

Das übrige deutsche Verwaltungsgebiet zerfällt in folgende drei Teile:

1. Die Provinz Laibach mit rund 400.000 Einwohnern, lauter Slowenen. Hier würde ich in weiterer Folge die Wiedervereinigung von Ober-, Inner- und Unterkrain zu einem deutschen Schutzgebiet Krain vorschlagen.
2. Die ehemalige Grafschaft Görz und Gradisca mit rund 300.000 Einwohnern und der Hauptstadt Görz, wovon etwa 100.000 Slowenen, etwa 50.000 Italiener und etwa 150.000 Furlaner sind.

3. Das alte Istrien mit der Hauptstadt Triest mit rund 500.000 Einwohnern, von denen rund 150.000 Slowenen, rund 100.000 Italiener und der Rest Tschitzen und Morlaken mit serbokroatischer Sprache sind.

In diesem ganzen Gebiet wird die italienische Herrschaft von der Bevölkerung scharf abgelehnt. Die Erinnerung an die österreichisch-ungarische Monarchie und an die tausendjährige Reichsverbundenheit ist noch lebendig. Die Italiener sind mit der Widerstandsbewegung nicht fertig geworden. Diese steigerte sich im letzten Jahre zur organisierten Bildung kommunistischer Banden. Die Sprachgrenzen zwischen Slowenen, Furlanern, Italienern und Serbokroaten sind nicht ausgeprägt. Das Mischungsverhältnis ist ortschaftsweise verschieden, das Gebiet ist daher seit dem Zerbrechen der Reichsgewalt dauerndes Unruhegebiet und kann während des Krieges und späterhin nur dann befriedet werden, wenn es unter deutsche Herrschaft kommt. Eine deutsche Herrschaft würde allenthalben auf Ansatzpunkte der österreichischen Tradition stoßen. Altösterreichische Beamte, Lehrer und Offiziere aller vier Nationalitäten sind vorhanden und könnten im Rahmen der deutschen Zivilverwaltung zur Mitarbeit herangezogen werden.

Ich schlage vor, für dieses Gebiet deutsche Zivilverwaltung einzurichten und als Chef der Zivilverwaltung den Gauleiter in Kärnten mit dem Sitze in Klagenfurt zu bestimmen. Ich würde dann vorschlagen, das CdZ-Gebiet entsprechend den historischen, geographischen und volkspolitischen Verhältnissen in drei Unterverwaltungsgebiete unterzuteilen, und zwar:

- Krain mit der Hauptstadt Laibach,
- Görz mit der Hauptstadt Görz und
- Istrien mit der Hauptstadt Triest.

Aufgabe der Zivilverwaltung wäre es, die nationalen Verhältnisse zu ordnen und zu beruhigen, den Selbstschutz der Bevölkerung gegen den Bolschewismus zu organisieren und die ganze wirtschaftliche Kraft des Verwaltungsgebietes für den deutschen Endsieg zu mobilisieren. Die Durchführung dieses Programms erkläre ich für möglich, wenn der Chef der Zivilverwaltung mit entsprechenden Vollmachten durch den Führer ausgestattet wird. Die spätere Gestaltung dieses Gebietes, die Rückgewinnung des germanischen und deutschen Blutes sowie die endgültige Grenzziehung gegenüber Oberitalien können der Zeit nach dem Kriege vorbehalten bleiben. Ich rate dringend ab, Militärverwaltung in diesen Gebieten oder in Teilen davon zu errichten, da die schwierige Nationalitätensituation die Führung mit politischen und propagandistischen Mitteln erfordert. Ich rate weiter dringendst ab, das Gebiet in zwei CdZ-Gebiete aufzuteilen, da es zwar in sich verschieden ist und daher mit beweglicher Hand regiert werden muss, aber als Ganzes eine einheitliche, von einer Stelle aus gesteuerte Anwendung der Politik des Reiches erfordert. Die Küstengebiete müssen durch die Wehrmacht in Verbindung mit der Organisation Todt beschleunigt verteidigungsfähig hergerichtet werden. Zum Küstengebiet gehören auch die Inseln des Quarnero, Veglia, Cherso und Lussin, die auch seinerzeit nicht zu Kroatien gehörten und auch jetzt mit dem CdZ-Gebiet vereinigt bleiben sollen. Die Wiedervereinigung von Oberkrain mit dem übrigen Krain steht nicht im Vordergrund und ist im Augenblick nicht dringend. Ich würde diese Frage zum Gegenstand eingehender Prüfungen und eines gesonderten Vortrages machen. Es schwebt mir allerdings die Bildung der Reichsmarken Krain, Görz und Istrien als Endzustand vor.

Der Vollständigkeit halber erwähne ich in diesem Zusammenhang, dass auch Friaul nicht italienischer Volksboden ist, sondern bei einer Gesamteinwohnerzahl von rund 700.000 bewohnt ist von etwa 200.000 Slowenen, 100.000 Italienern und dem Rest von rund 400.000 Furlanern. Diese sind rassisch und sprachlich von den Italienern verschieden und gehören zur Gruppe der Alpen- und Rätoromanen, die in der Schweiz Graubündener, in Tirol Ladiner und in Friaul Furlaner heißen. Die furlanische Sprache und das furlanische Bewusstsein sind erhalten. In der Öffentlichkeit ist die Italienisierung weit fortgeschritten. Der Volksboden der Furlaner ist im Westen begrenzt durch die Liwenza, im Norden durch die Karnische Kette, im Osten durch den Isonzo und im Süden durch die Adria. Der südliche Teil ist mit Italienern, der nördliche mit Slowenen durchsetzt. Eine namhafte Autonomiebewegung hat sich seit dem 25. Juli 1943 geltend gemacht. Die Regierung Badoglio ist mit Verhaftungen dagegen eingeschritten. Viele Bevölkerungskreise erwarten die Aufrichtung der deutschen Verwaltung. Der Faschismus wird von ernstzunehmenden Leuten abgelehnt. Ob allerdings in diesem Gebiete eine weitere Entwicklung im Sinne des Reiches schon aktuell ist, vermag ich nicht zu beurteilen.

Die Besetzung des Kanaltales ist vollzogen, ebenso der gesamten Provinz Laibach, eines Teiles von Istrien und Görz. Es ist anzunehmen, dass das gesamte Gebiet bis heute Mitternacht in deutscher Hand sein wird. Der die Besetzung durchführende Kommandeur der 71. Division, Generalmajor Raapke, hat mich heute gebeten, in Laibach einen Teil der Verwaltung provisorisch zu übernehmen und propagandistisch auf die Bevölkerung einzuwirken. Dieser propagandistisch-politische Einsatz ist deshalb so unerhört dringend, weil die Bevölkerung seit langer Zeit unter dem Terror der Kommunisten steht, die sich jetzt natürlich bemühen, ein Chaos zu erzeugen. Da die Division vor allem den Schutz der Adriaküste durchführen soll, bittet mich der General, durch Übernahme der Verantwortung für das ganze Hinterland ihm den Rücken freizumachen. Ich glaube daher, darauf hinweisen zu dürfen, dass die Einsetzung der Zivilverwaltung dringend ist. Ich erhalte weiters Meldung, dass in Krain Lebensmittelvorräte nur bis zum 20. vorhanden sind. Es müssen daher ungesäumt Maßnahmen zur Versorgung der Bevölkerung eingeleitet werden. Die vorhandenen Lebensmittel- und Warenvorräte sind über meine Weisung bereits sichergestellt."[26]

Alliierter Bombenangriff auf Triest
im Juli 1944.

Generaloberst Alexander Löhr,
Oberbefehlshaber Südost.

Generalfeldmarschall Albert Kesselring,
Oberbefehlshaber Südwest.

Friedrich Rainer, Gauleiter und Oberster Kommissar in der Operationszone „Adriatisches Küstenland".

Odilo Globocnik, Gauleiter und „Höherer SS-und Polizeiführer für das Adriatische Küstenland“.

General der Gebirgstruppe Ludwig Kübler, Kommandierender General des LXXXXVII. Armeekorps und Befehlshaber der Operationszone „Adriatisches Küstenland".

2. Die Sicherung des oberitalienischen Raumes

In Oberitalien bildete der vom Gran Sasso nach einer Überraschungsaktion deutscher Fallschirmjäger befreite Benito Mussolini eine „Italienische Faschistische Republik", die vom Dritten Reich abhängige „Repubblica Sociale Italiana"[27], die eigene Truppen aufstellte und Deutschland im Kampf gegen die Alliierten eher unzureichend unterstützte. Trotz dieser Widrigkeiten kam die Front auf dem italienischen Kriegsschauplatz zum Stehen. Die 10. Armee des Generalobersten Heinrich von Vietinghoff stand in der allgemeinen Linie Gaeta – Cassino – Majella – Ortona der 5. amerikanischen Armee des Generals Mark Clark und der 8. englischen Armee des Generals Leese, die beide der 15. Armeegruppe des Feldmarschalls Sir Harold Alexander unterstanden, gegenüber. Die Schwäche dieser Stellung lag im Westen in den langen, unzureichend gesicherten Küstenabschnitten des Tyrrhenischen und Ligurischen Meeres und im Osten an der Flachküste der Adria. Der deutsche Nachschub über die Alpen und den Apennin einerseits und auf den offenen Küstenstraßen andererseits war bei der eigenen Luftunterlegenheit äußerst schwierig und verlustreich, insbesondere deshalb, weil zum einen die Küstenschifffahrt und zum anderen die Eisenbahnen bald lahmgelegt wurden.

Im Bewusstsein dieser Schwächen sah sich die deutsche Führung bereits frühzeitig nach einem günstigeren rückwärtigen Stellungssystem um, um so die Gefährdung der Flanken auszuschalten und die Verbindungslinien abzukürzen. Eine solche Linie, die sogenannte „Gotenstellung", wurde im Apennin in der allgemeinen Linie südostwärts von La Spezia – nördlich von Florenz – Pesaro festgelegt. Um den Fortgang des Ausbaues dieser offiziell als „Grünlinie" genannten Stellung ungestört zu betreiben, hatte die Heeresgruppe Südwest des Generalfeldmarschalls Albert Kesselring den Befehl, sich in der Linie südlich Rom – Ortona so lange wie irgend möglich zu verteidigen. Für diese Aufgabe stand der Heeresgruppe außer der 10. Armee noch die in Aufstellung befindliche 14. Armee des Generalobersten Eberhard von Mackensen zur Verfügung.[28]

Wie sahen nun die Verteidigungsmaßnahmen in der Operationszone „Adriatisches Küstenland" aus?

„Während von 1943 ab der Oberbefehlshaber Südwest dafür sorgte, dass Triest mit dem vorgelagerten Istrien und Fiume gegen Seelandungen gesichert wurde, waren die Verteidigungsmöglichkeiten im jugoslawischen und italienischen Raum gegen einen Angriff von Osten und Süden bewusst vernachlässigt worden. Als die russisch-jugoslawische Gefahr im Herbst 1944 sichtbar wurde, wurden", so Kesselring, „auf meine Veranlassung Stellungen in dem für eine Verteidigung nicht ungünstigen Gelände vorwärts und rückwärts Laibach zur Abwehr von Angriffen von Osten und Süden und zur Sicherung des Alpeneingangs erkundet, ihr Ausbau wurde trotz erheblicher Bandentätigkeit begonnen."[29] Zur Sicherung des oberitalienischen Raumes wurde neben anderen auch die 188. Reservegebirgsdivision des Generalleutnants von Hößlin um Görz, das um das Jahr 1000 gegründet wurde und noch heute vom mächtigen Kastell beherrscht wird, sowie Tarvis, Verkehrsknotenpunkt und Hauptort des 1919 von Österreich an Italien abgetretenen Kanaltals und Belluno, eingesetzt.

Die Hauptaufgabe der Gebirgsjäger bestand zunächst in der Heran- und Ausbildung von frontverwendungsfähigen Rekruten für die bereits genannten Gebirgsdivisionen des Feldheeres. Im Gegensatz zu jenen fehlten bei der 188. Reservegebirgsdivision schwere Panzerabwehrwaffen. Sie besaß nur zwei Artillerieabteilungen, ein Pionierbataillon, eine Nachrichtenkompanie beim Reservegebirgsjägerregiment 139, eine Pionierkompanie beim Reservegebirgsjägerregiment 137 und eine Panzerjägerkompanie beim Reservegebirgsjägerregiment 136.

Als taktisches Zeichen hatte sich die Division einen Steinbock auf den Drei Zinnen auserwählt. Und das hatte seinen guten Grund: Denn während ein Teil als Ersatzdivision im Heimatkriegsgebiet bestehen blieb, wurde der andere als Feldausbildungsdivision mobil gemacht und in das Herzstück des mächtigen, dreischiffigen Felsendomes der Dolomiten verlegt. Hauptaufgabe der Division war es, neben der weiteren Rekrutenausbildung den zugewiesenen Raum gegen Sabotageaktionen der Partisanen zu schützen und die Nachschubwege offenzuhalten. Um diesen Aufgaben auch gewachsen zu sein, wurden der „Steinbockdivision" neben deutschen Sicherungsbataillonen auch mussolinitreue italienische Sicherungs- und Baubataillone unterstellt.

Es liegt auf der Hand, dass die Aufgabe, Rekruten auszubilden und mit diesen Sicherungs- und Kampfaufträge im schwierigen Gelände gegen einen fanatischen und grausamen Gegner durchzuführen, nicht einfach war. Werfen wir daher an dieser Stelle einen Blick auf die Stellenbesetzung der 188. Reservegebirgsdivision, um zu erfahren, welche Kommandeure mit der Führung der entsprechenden Verbände betraut waren: Kommandeur des Reservegebirgsjägerregiments 136 war Oberst Berger, ein Österreicher; Kommandeur des Reservegebirgsjägerregiments 137 war Oberst Götz, ebenfalls ein Österreicher; Kommandeur des Reservegebirgsjägerregiments 138 war Oberst Brandl, ein Bayer; Kommandeur des Reservegebirgsjägerregiments 139 war Oberst Christl, ebenfalls ein Bayer; Kommandeur des Reservegebirgsartillerieregiments 112 war Oberst Steinmayer; die I. Abteilung führte Major Laurin, die II. Major Auer; Kommandeur des Reservegebirgspionierbataillons 83 war Major Oberndorfer.

Obwohl Generalleutnant von Hößlin, selbst ein begeisterter und anerkannter Ausbilder, immer und immer wieder den Ausbildungsauftrag seiner Division besonders hervorhob, musste er sich zunehmend mit den Übergriffen der Partisanen befassen. So erfolgte bereits vom 15. bis 21. Januar 1944 das Partisanenunternehmen „Edelweiß", an dem das Ersatzbataillon „Heine" im Raum Tolmein – Volaria – Cividale beteiligt war. Hier wurden die meisten Führer, Unterführer und Mannschaften zum ersten Mal in die Art und Weise des Partisanenkampfes eingeführt. Man war erstaunt, wie viele Überfälle die Bandenverbände sich leisteten und welche Erfolge sie dabei erzielten.[30]

Über die Bandenlage in der Operationszone „Adriatisches Küstenland" und den Ablauf des Unternehmens „Edelweiß" liegen uns folgende interessante Dokumente vor:

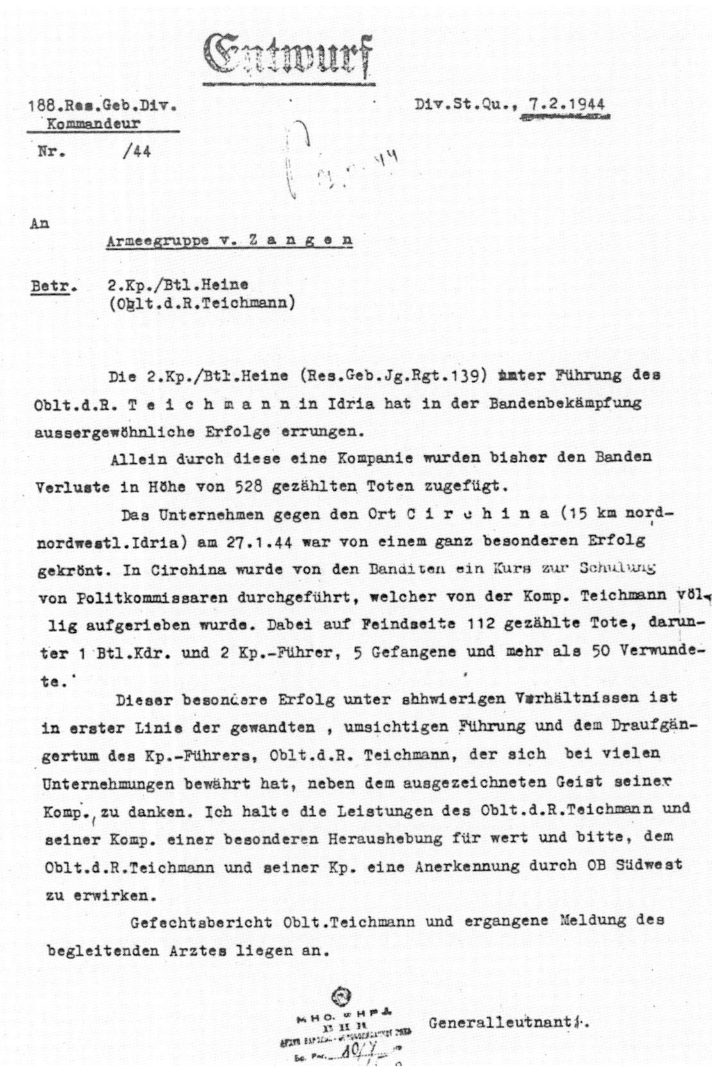

Entwurf

188.Res.Geb.Div.
Kommandeur

Nr. /44

Div.St.Qu., 7.2.1944

An
Armeegruppe v. Z a n g e n

Betr. 2.Kp./Btl.Heine
(Oblt.d.R.Teichmann)

Die 2.Kp./Btl.Heine (Res.Geb.Jg.Rgt.139) unter Führung des Oblt.d.R. T e i c h m a n n in Idria hat in der Bandenbekämpfung aussergewöhnliche Erfolge errungen.

Allein durch diese eine Kompanie wurden bisher den Banden Verluste in Höhe von 528 gezählten Toten zugefügt.

Das Unternehmen gegen den Ort C i r c h i n a (15 km nord-nordwestl.Idria) am 27.1.44 war von einem ganz besonderen Erfolg gekrönt. In Circhina wurde von den Banditen ein Kurs zur Schulung von Politkommissaren durchgeführt, welcher von der Komp. Teichmann völlig aufgerieben wurde. Dabei auf Feindseite 112 gezählte Tote, darunter 1 Btl.Kdr. und 2 Kp.-Führer, 5 Gefangene und mehr als 50 Verwundete.

Dieser besondere Erfolg unter shhwierigen Verhältnissen ist in erster Linie der gewandten , umsichtigen Führung und dem Draufgängertum des Kp.-Führers, Oblt.d.R. Teichmann, der sich bei vielen Unternehmungen bewährt hat, neben dem ausgezeichneten Geist seiner Komp. zu danken. Ich halte die Leistungen des Oblt.d.R.Teichmann und seiner Komp. einer besonderen Heraushebung für wert und bitte, dem Oblt.d.R.Teichmann und seiner Kp. eine Anerkennung durch OB Südwest zu erwirken.

Gefechtsbericht Oblt.Teichmann und ergangene Meldung des begleitenden Arztes liegen an.

Generalleutnant.

Der Entwurf eines Berichts über die erfolgreiche Partisanenbekämpfung der Gebirgsjäger.

188.Res.Geb.Division
Abt. Ic

Div.St.Qu.,den 15.2.1944

Anlage zu 188.Res.Geb.Div.
Nr.600 /44 geh.vom 17.2.1944

G e h e i m !

Bandenlage-Nachrichten.

I. Organisation der slowenischen Bandenbewegung.

1.) Die politische Organisation.

a) Der "antifaschistische Rat zur Volksbefreiung Jugoslawiens".

Die gesamte Aufstandsbewegung im jugoslawischen Raum wird vom "Antifaschistischen Rat der nationalen jugoslawischen Befreiung" (Avnoj) geleitet ; auf einer Tagung,die gegen Ende November v.J. in Jaice in Bosnien stattfand, hat eine slowenische Delegation Tito in feierlicher Weise die Ernennung zum Marschall überreicht.

Der Rat besteht aus 67 Mitgliedern, deren einflussreichste sind : Dr.Iwan Ribar, Moses Pijade, Anton Augustincic und Josef Rus. An der Spitze des "Nationalen Befreiungsausschusses", welcher die "Regierung" darstellt, steht als Vorsitzender und Kriegssekretär Josef Broz = Tito.

Dem Exekutivkomittee unterstehen die serbische,kroatische und slow. Befreiungsfront.

b) Die slowenische Befreiungsfront.

Ziel : Durch bewaffneten Aufstand die vonm Slowenen besiedelten Gebiete in einem freien Slowenien zu vereinigen und dieses als Bundesstaat dem neu zu gründenden jugoslawischen Staat anzuschliessen. Beansprucht werden hierfür ausser der Krain, der Südsteiermark und dem adriatischen Küstenland auch ganz Kärnten, ein Teil der Mittelsteiermark und das Gebiet der Venezianer-Slowenen um Udine = Cividale. Theoretisch respektiert die Aufstandsbewegung alle Parteien ; praktisch wird sie ausschliesslich von den Kommunisten geführt.

2.) Die militärische Organisation.

a) Führung .

Das kommunistische Bandenheer in Slowenien führt die Bezeichnung:

Heer der nationalen Befreiung und der slowenischen Bandenregimenter (Osobeldina Vojsk in Partizanskin Odredor Slovenjo; Abkürzung : NOV in POS).

Marschall Tito als Befehlshaber des obersten Kommandos des jugoslawischen Befreiungsheeres der Partisanen unterstehen die Partisanenheere Serbiens, Montenegros, Kroatiens und Sloweniens.

b) Gliederung und Stärke .

Dem Generalkommando des slowenischen Heeres sind 5 operative Zonen unterstellt, die nach ihrem räumlichen Einsatz benannt sind, z.B. Operative Zone Ober=,Inner=,Unterkrains, des Küsten - landes.

Gliederung des slowenischen Heeres :
10 Divisionen (z.T. noch in Aufstellung begriffen) ;

Dieses Dokument, das im Rahmen der Partisanenbekämpfung der 188. Reservegebirgsdivision erstellt wurde, gibt nicht nur Aufschluss über die strategische und strukturelle Organisation der slowenischen Banden, sondern auch über besondere Vorkommnisse mit selbigen. – Teil 1.

Zu jeder Div. gehören 2-3 Angriffsbrigaden (mit römischen Ziffern bezeichnet, daneben aber auch ein besonderer Name). Die Brigaden bestehen aus 3-5 Btlnen. und einer Artl.-Gruppe (mittl.Kaliber), die Btlne. aus 3-4 Kpen., die Kpen. aus 3 Zügen, die Züge aus 2 Gruppen.

<u>Stärke</u>:			
	2 Gruppen zu 1o Mann	=	1 Zug (20)
	3 Züge	=	1 Kp. (6o)
	3-4 Kpen.	=	1 Btl. (24o)
	3-5 Btlne.	=	1 Brigade (1ooo)
	2-3 Brigaden	=	1 Div. (2ooo-3ooo)

c) <u>Territorialformationen</u>:

<u>Regimenter</u> sind Territorialformationen mit dem Charakter eines Wehrbezirkes. Sie sammeln die Rekruten, stellen Schuleinheiten zusammen und geben die ausgebildeten Mannschaften an die Angriffsformationen ab. Eingezogen werden Männer von 18-45 Jahren, Frauen nur auf Grund freiwilliger Meldung.

Zur Nachrichtenübermittlung haben die Rgter. einen weitverzeigten Kurierdienst eingerichtet. Die Kurierstellen sind meist in Privathäusern untergebracht.

<u>Bodenkompanien</u> sind Einheiten von Ortseinwohnern, die an Ort und Stelle tätig sind und sonst ihrer gewöhnlichen Beschäftigung nachgehen. Sie stellen sich dem "Nationalen Befreiungskomittee" oder den "Örtlichen Komittees" zur Verfügung, wo Stör- und Sabotagearbeit für erforderlich gehalten wird.

3.) <u>Rangabzeichen der Banditen.</u>
(Nach Angabe eines gefang.Kp.-Kommissars erst vor kurzer Zeit in Kraft getreten).

Gruppenführer :	1 Stern
Zugkommandant :	2 Sterne
Kp.-Führer :	1 Stern und 2 senkrechte Streifen
Kp.-Fhr.-Stellvertr.:	1 Stern, 3-4 (je nach Stärke d.Btl.) senkr.Streif.
Btl.-Fhr.-Stellvertr.:	1 Stern, 2 waagrechte Str.
Brig.-Führer :	3 Sterne Gold, 1 Ärmelstr. Gold
Brig.-Fhr.-Stellvertr.:	Anzahl der Sterne nach Rang, 1 Ärmelstreifen Gold.

Kommissare tragen die gleichen Rangabzeichen, jedoch haben sie zur Unterscheidung von den milit.Führern am linken Oberarm ein "OF" = Anfangsbuchstabe des Wortes "Freiheit".

II. <u>Einzellagenberichte.</u>

1.) <u>Raum Tarvis, Flitsch, Tolmezzo, Gemona, Udine.</u>
a) <u>Gemeldete Vorkommnisse seit 1.1.1944.</u>

In Tolmezzo wurde dreimal hintereinander die elektr.Leitung zu einem Kühlraum durchschnitten; nach veranlasster Bewachung durch Zivilisten hat die Gemeinde von sich aus die Verlegung der Leitung so vorgenommen, dass die Beschädigung der Leitung ausgeschlossen ist.

In Flitsch Sabotageakt an der Filmapparatur des Lichtspieltheaters.

Umsägen der Fernsprechleitung Flitsch/Flitscherklause, 4 km südwestl. Flitsch Durchschneiden des Fernkabels Berlin-Rom und Verschleppung von 3o Meter des Kabels.

Im Raum von Gemona in der Zeit vom 22.11.43 - 24.1.44 5mal Schüsse od. Handgr.Würfe auf reitende Offiziere und Posten. In

Dieses Dokument, das im Rahmen der Partisanenbekämpfung der 188. Reservegebirgsdivision erstellt wurde, gibt nicht nur Aufschluss über die strategische und strukturelle Organisation der slowenischen Banden, sondern auch über besondere Vorkommnisse mit selbigen. – Teil 2.

Luftschutzgräben deutsche Handgranaten , als Tretminen hergerichtet, vorgefunden.

b) Bandenlage.

Im engeren Raum des Res.Geb.Jg.Rgt.138 seit 1.1.44 kein geschlossenes Auftreten von Bandenkampfgruppen gemeldet. Im Nordteil der Prov.Udine gemeldete Bandenkräfte bestehen, abgesehen von einzelnen Gruppen slow. Banden, aus den durch Desertierungen stark geschwächten Resten der ital.Banden-Btlne. Garibaldi , Mazzini und Frtuli, von denen Teile auch noch im Colliogebiet, nordwestl.Görz, gemeldet wurden.

Nach vorliegenden Meldungen finden Ansammlungen in Trasaghis (3 km nördl.Osoppo) , in Montenars (3 km südostw.Gemona), statt. Hier dürfte es sich um die Wiederversammlung des Btl. Matcotti handeln.

Weitere Ansammlungen derzeit in Gegend Clauzetto (12 km ~~südostw.~~ Osoppo) und S. Francesco (11 km nord~~ostw.~~ Osoppo).

Lebhafte und umfangreiche Bewegungen in kleinen Trupps aus dem Raum nordwestl.Görz über dem Tagliamento bis in die Gegend Vittorio Veneto festgestellt. Es handelt sich um Slowenen und Kroaten (Letztere werden in der Meldung ausdrücklich als grausam bezeichnet). Die Banden sind gut mit s.MG. und Gr.W. ausgerüstet. Es ist damit zu rechnen, dass in nächster Zeit Verbände in deutscher Uniform auftreten.

Am 11.2. erfolgte ein Bandenangriff auf Faedis (9 km nordwestl.Cividale). Ein Milizoffizier gefallen, 3 Feindtote.

Am 6.2. Überfall auf Wehrmacht-LKW bei Pulfero (28 km nordostw. Udine) ; Insassen (2 Gruppen und 3 Verwundete) vermisst.

In Attimis (4 1/2 km nord~~ostw.~~ Faedis) und Nimis (3 km nordostw. Attimis) Auftreten von Banden mit Requirierungen.

2.) Raum Görz.

a) Gemeldete Vorkommnisse seit 1.1.44

Teilnehme vom 15. - 21.1.44 an dem Unternehmen "Edelweiß" und zwar

2 Bttr. II./Res.Geb.Art.Rgt.112

Eigene Verluste	:	3 Gefall.,1o Leichtverwund.
Feindverluste	:	20 Gefallene

1 Kp./Res.Geb.Pi.Btl.83

Eigene Verluste	:	1 Schwerverwundeter, 2 Leichtverwundete
Feindverluste	:	20 Gefallene,50 Verwundete.

b) Bandenlage .

Gegen den seit längerer Zeit bedrohlichen Aufmarsch stärkerer Bandenkräfte gegen Görz und deren Tätigkeit in unmittelbarer Nähe der Stadt richtete sich zwischen dem 15.1.-21.1.44 das Unternehmen "Edelweiss" . Es hat zuerst den Raum südlich der Straße Görz-Aidussina gesäubert; dann im energischen Zupacken starke Bandenansammlungen im Raum Lokve,Predneia,Chiapovano, 14 km nordostw. Görz, nach zähem Widerstand vernichtet.

Das Unternehmen brachte im Gebiet Görz-Aidussina keinen nachhaltigen Erfolg. Die dort stehenden Bandenkräfte wurden rechtzeitig gewarnt und wichen nach Norden, Richtung Tarnowanerwald , aus. Im weiteren Verlauf des Unternehmens mussten sich die Banditen bei Lokve, Chiapovano, zur Wehr setzen, weil sie von Norden her durch eine Kampfgruppe des Btl.Heine/Res.Geb.Jg.Rgt.139 abgeriegelt wurden. Die Banden hatten bei diesem Unternehmen insgesamt über 5oo Tote. Die eigenen Verluste waren gering. Erfaßt wurden hauptsächlich die "Gregorčič" (XVII), XVIII,"Kosovel" (XIX) und "Gradnik" (III) Brigaden. Die Masse der Bandenkräfte wich nach Osten aus .

Dieses Dokument, das im Rahmen der Partisanenbekämpfung der 188. Reservegebirgsdivision erstellt wurde, gibt nicht nur Aufschluss über die strategische und strukturelle Organisation der slowenischen Banden, sondern auch über besondere Vorkommnisse mit selbigen. – Teil 3.

Nach Abzug der deutschen Truppen haben sich nach vorliegender Agentenmeldungen Bandenkräfte zum grossen Teil wieder in die früheren Räume verschoben. So sollen in der Umgebung von Chiapovano (34 06-08/51 00-02) auf dem Bainsizzaplateau (33 98-34 02/51 02-04) unter Führung kroat. Offiziere gegen 400 Mann stehen. Dort sollen sich auch neuerdings die "Bodenkompanien" in der durchschnittlichen Stärke von 50 Mann bilden. Sie setzen sich aus Einwohnern der Gegend zusammen, die Führer sind ortsfremd. Nach der gleichen Meldung treten neue Banden im Gebiet von Tarpava (34 02-04/50 92-94), in Carbonari (34 02/50 94-96) und in Dol Ottelza (34 14-16/50 88-90) auf.

Nach Agentenmeldungen greift auch in der Umgebung von Monfalcone mit Ronchi (33 82-84/50 76-78) als Hauptort das Bandenwesen um sich. Es handelt sich um ital. Elemente, die mit slavischen Banden in der Umgebung von Doberdò (33 86-88/50 78-80) in Verbindung stehen.

Ausser Eisenbahnsprengungen und sonstigen Sabotageakten ist zu nennen der Überfall am 2.2. auf eine Polizei-Abteilung (2 Offz., 20 Mann, 38 Miliz-Soldaten) auf 2 LKW, 2 km ostw. Comeno (18 km no. Triest). Die Abteilung wurde eingeschlossen und ermordet.

3.) Raum Karfreit-Tolmein-Cividale.

Im Raum Tolmein-Volaria-Karfreit soll die Tolmeiner Brigade stehen. Sie hält Bunker der ital. Befestigungslinie besetzt.

Nach einer verlässlichen Agentenmeldung vom 27.1.44 sollen im Raum Karfreit-Bergognia-Platischtisch (33 74-92/51 24-28) 2 vollständige slow. Brigaden eingetroffen sein. Auf den Bergen sollen sie Bunker und Beobachtungsstellen haben; ferner sollen sie über ital. MG. verfügen sowie einen Troß von Wagen und Pferden haben. Sie stehen angeblich unter dem Befehl eines 45-jährigen Mannes namens Kralj. Er ist Kroate und anscheinend erstmaliger jugoslavischer Oberstleutnant, der bis vor wenigen Monaten in Italien kriegsgefangen war.

Nach der gleichen Meldung soll eine Korrespondenzstelle der Partisanen in Karfreit unter der Leitung eines jungen Ortseinwohners, der Uffz. in der Brigade Sessari war, bestanden haben.

Erwähnenswerte Vorfälle seit 1.1.44:

4.1.44	Angriffe stärkerer Bandenkräfte bei Auzza (Bahnstrecke Görz-Piedicolle).
1.1.44	Eisenbahnsabotage beim Bahnhof Canale.
12.1.44	Gleissprengung zwischen Canale (16 km nördl. Görz) und Salone (3 km südl. Canale).
	Zwischen Canale und Auzza (4 km nordostw. Canale) 2 Brückenpfeiler von Banditen gesprengt.
25.1.44	Feuerüberfall auf Tolmein, Bahnhof, Kaserne und Tunnel mit s.Gr.W.-Feuer belegt. (Nicht Tolmein sondern St. Lucia oder Piedicolle)
6.2.44	Strassensprengung zwischen Karfreit und Tolmein. 5 eigene Verwundete.
11.2.44	Steinbrücke zwischen Karfreit und Tolmein erneut gesprengt. Störung voraussichtlich 2 Tage.
11.2.44	Strassensprengung bei Canalutto (6 km nord. Cividale).

4.) Raum Postumia-Idria.

a) Gemeldete Vorkommnisse seit 1.1.44:

I. und II./Res.G.J.R.139 (neb. der Ausbildung)

2.1.44	Nahkampf um Zolla. (Eig. Verl.: 2 Geff., 1 Leichtverw. Feindverl: 11 Gefallene)
4.1.44	Propagandaaktion im Raum Villa Slavigna-Proval-Zolla-Postumia.
4.1.44	Feindberührung bei Saiecce. (Feindverl.: 1 Gefallener, 2 Gefangene)
13.1.44	Einsatz im Raum Podikrei del Piro-Montenero-Zolla (Feindverl.: 4 Gefallene, 2 Gefangene).

Dieses Dokument, das im Rahmen der Partisanenbekämpfung der 188. Reservegebirgsdivision erstellt wurde, gibt nicht nur Aufschluss über die strategische und strukturelle Organisation der slowenischen Banden, sondern auch über besondere Vorkommnisse mit selbigen. – Teil 4.

19.1.44 Einsatz Osthang Nanos-S.Michele-Strane.
22.1.44 Einsatz S.Michele und Waldlager.
19.1.44 Einsatz gegen Bucuie (Feindverl.: 2 Gefangene).
27.1.44 Einsatz gegen Monte Baba.
28.1.44 Überfall auf ein Stroheinkaufskommando bei Obliska.
(Eigene Verl.: 15 Gefallene, 1 Schwerverwundeter, 1 Vermisster).
29.1.44 Einsatz gegen s.Pietro del Carso
29.1.44 Durchsuchung Obliskas.
31.1.44 Einsatz gegen Palice.
8. 2.44 Durchsuchung des Raumes Abbissa del Pinca-Schwarze Grotte.

Btl. H e i n e :
5.1.44 Einsatz Sairach. (Eig.Verl.: 1 Leichtverwundeter, Feindverl. 23 Gefallene).
6.1.44 Montenero im Sturm genommen.
(Feindverl.: 152 Gefallene)
9.1.44 Beschiessung Idrias mit s.MG. und s.Gr.W.
15.1.44 Entsatz von Gottedrasizza.
(Eig.Verl. : 1 Gefallener, 3 Schwerverw., 2 Leichtverw.
Feindverl.: 26 Gefallene, 1 Gefangener)
18.1.44 Einsatz Voscia (Feindverluste 18 Gefallene)
19.1.44 Einsatz Voscia-Tribussa (Eig.Verl.: 1 Offz.gef., 4 Schwerverw., 1 Leichtverw.)
26.1.44)Einsatz beim Unternehmen
31.1.44)"Edelweiss"
28.1.44 Vernichtung des Unterführerlehrganges für Polit-Kommissare in Circhina.
(Feindverl.112Gefallene , 5o Verw., 5 Gefangene)
3. 2.44 Einnahme Neu-Oselica (Feindverl.: 37 Gefallene
Eig.Verl. : 3 Leichtverw.)
7. 2.44 Sabotage-Akte im Bergwerk Idria .

b) Bandenlage . (Nach Meldung Hptm. Heine) .

Idria zählt 4.5oo Einwohner. Das Quecksilberbergwerk hat eine Belegschaft von 55o Arbeitern und deckt den Bedarf des Reiches bis zu 80 %.

Die Bevölkerung ist durchaus slowenisch. Vor der Besetzung durch deutsche Truppen sind einige Italiener geflohen, andere wurden von den Slowenen verschleppt und sind später erschossen aufgefunden worden. Die Werkarbeiter sind sehr zuverlässig ; nur haben sie vor den Banditen Angst, die ihnen für den Fall ihrer Rückkehr Vergeltung angedroht haben.

Zweimal versuchten die Banditen Idria zu nehmen. Weil es ihnen nicht gelingt, wollen sie das Interesse der deutschen Behörden an Idria dadurch ausschalten, dass der Betrieb des Werkes eingestellt werden muss. Dazu sollen Sabotageakte führen. Der letzte erfolgte durch einen Stollen, der wohl der Werkleitung, nicht aber dem Btl.Heine bekannt war. Die Werkleitung hielt ihn für verschüttet und ungangbar. Sie ist sonst sehr gut, an ihrer Spitze steht ein Triestiner als Direktor, der vielleicht nur etwas zu alt ist.

Durch den letzten Anschlag wurden 2 elektr.Pumpen restlos vernichtet ; die Durchführung des Anschlages erfolgte von einem Mann mit Brillen, der ein ausgezeichneter Fachmann sein muss. Eine dritte vorbereitete Sprengung versagte. Bei ihrem Gelingen wäre das Werk stillgelegt gewesen.

Der tiefste Stollen geht 357 m unter die Erde ; nach der Sprengung stieg sofort das Wasser. Es wurde eine Dampfpumpe angeschlossen, das Werk ohne nennenswerten Ausfall weiterarbeiten kann.

Dieses Dokument, das im Rahmen der Partisanenbekämpfung der 188. Reservegebirgsdivision erstellt wurde, gibt nicht nur Aufschluss über die strategische und strukturelle Organisation der slowenischen Banden, sondern auch über besondere Vorkommnisse mit selbigen. – Teil 5.

Zum Betrieb der Dampfpumpe sind täglich 27 m3 Holz nötig, die von den Arbeitern unter milit. Schutz geholt werden müssen; für diese Sicherung müssen 3o-4o Mann angesetzt werden.

Im Raum Idria - Circhina liegt derzeit die 31. (Triglav) - Div. Der Div.-Stab selbst in Planina di Circhina ; für die Sicherung des Stabs-Quartiers sorgt eine Stabs-Patrouillevon 40-50 Mann ; die Gesamtstärke beträgt 2.000 Mann (davon 1.000 Zwangsrekrutierte).

An Brigaden liegen im Raum Idria : In der Umgebung von Idria verblieb die Vojko-Brigade ; sie ist 5oo Mann stark und wandert alle 48 Stunden um Idria herum. In Sairach (Ziri) liegt die VII (Franzetta Preschern) Brigade. Teile sollen vom Westen her bis auf 1o km an den Bahnhof von Longatec herangerückt sein. Nach Agentenmeldungen plant sie die Besetzung von Gottedrasizza, Longatec u. Rovte; es liegen aber auch Meldungen vor, dass sie in die nähere Umgebung Idrias gezogen werden soll.

Von Neu-Oselica (12 km nordostwärts von Idria) und dem südwestlich davon gelegenen Ermanovec werden 2 - 3oo Mann der Iderska-Brigade gemeldet; andere Teile der gleichen Brigade befinden sich im Canonlagebiet, 8 km nordwestlich Idria.

Im Raum Salloga d'Idria (6 km südlich Idria), - Montenero (8 km südlich Idria) - Vodice (5 km südostwärts Montenero) und Gottedrasizza (5 km nordwestlich Vodice) wird die XX.Brigade gemeldet.

Schliesslich soll sich noch im Norden von Idria, abgesetzt, die Oberkrainer Brigade befinden. Im Gebiet Tribussa di Monte Sanvito (14 km nordwestlich Idria) - Slappe (4 km nördlich von Tribussa) die Primorskabrigade

Strasse von Postumia nach Idria :

Von Postumia nach Kalce ungefährlich; von Kalce nach Gottedrasizza ist noch niemand beschossen worden, obwohl die Wälder an die Strasse reichen. Im 3.Teil - von Gottedrasizza über Godovice nach Idria - ist dagegen immer mit Bandeneinwirkung zu rechnen. Glücklicherweise schiessen die Banditen immer zu hoch. Der Wald schiebt sich ganz nahe an die Strasse heran ; dazu das schluchtartige Tal zwischen Godovici und Idria. Der Stützpunkt Godovici hat den Befehl, zur Sicherung von Nachschubfahrzeugen (LKW und Bespannfahrzeugen) Spähtrupp im Tale selbst und beiderseits auf den Höhen vorwärtszutreiben. Trotzdem lässt es sich nicht vermeiden, dass die Banditen an die Strasse heran und zum Schiessen kommen; auch bei Tage. Die Stärken der Banditen für diesen Zweck sind 6 - 7 Mann.

Strasse Idria - Santa Lucia :

Eine sehr schöne Strasse, nur muss sie instandgesetzt werden. Sie ist infolge Sprengungen derzeit nicht passierbar. Vor allem ist ein Stück der Strasse an einer Stelle abgesprengt. Die Sprengstelle ist in der Nähe von Slappe.

Erfahrungen Btl. Heine im Kampf mit Banden :

Die Banden haben inzwischen viel gelernt. Sie kämpfen nicht mehr so massiert wie früher. Man muss in sie hineinstossen und nicht mehr zur Ruhe kommen lassen. Am besten hält man sie sich vom Hals, wenn man täglich Spähtrupps in 1/2 oder Zugstärke ansetzt. Die Partisanen sind letzten Endes feig ; erst in letzterer Zeit hat sich stärkerer Widerstand gezeigt.

Die 2.Kompanie der Brigade Preschern liegt seit 28.1.44 in Novachi, 6 km nordostwärts von Circhina. Die Stärke der Kompanie beträgt 3o - 4o Mann; als Bewaffnung hat sie 2 Maschinenpistolen und pro Mann 1 Gewehr. Jeder Mann hat gegen 5o Schuss Munition.

Die Division ist nach Meldungen schlecht ausgerüstet. Die Stimmung ist im allgemeinen schlecht, weil die Partisanen

Dieses Dokument, das im Rahmen der Partisanenbekämpfung der 188. Reservegebirgsdivision erstellt wurde, gibt nicht nur Aufschluss über die strategische und strukturelle Organisation der slowenischen Banden, sondern auch über besondere Vorkommnisse mit selbigen. – Teil 6.

feuernd vor den Deutschen zurückweichen müssen.

Verpflegung : Am Morgen Mus, mittags Kartoffel, Fisolen, manchesmal Fleisch ; am Abend dasselbe, mitunter Zigaretten. Zum Kochen sind grosse und kleine Kessel vorhanden, die Nahrungsmittel werden durch einen Verpflegungsmeister requiriert. Untergebracht ist die Kp. in Stallungen und Häusern in ungeheizten Räumen. Jeder Mann verfügt über eine Decke, mitunter auch 2. In Ruhestellung wird Exerzierdienst gehalten ; Schiessübungen gibt es wegen Munitionsmangel nicht.

. Im allgemeinen halten sich die Partisanen in den Dörfern auf, nur bei drohender Gefahr werden diese verlassen ; dann suchen sie Wälder auf und hausen in verlassenen Almhütten und Häusern. Obwohl Zelte ital. Herkunft vorhanden sind, werden sie nicht gebraucht .

Geld erhalten die Partisanen nicht.

Jede Kp. sichert sich durch Ausstellen von Posten und Spähtruppe in der Stärke von 2-3 Mann . Ihre Aufgabe ist, jeden Fremden anzuhalten und zu untersuchen. Alarmierung erfolgt in der Weise, dass einer der Posten zurückläuft und meldet. Als Parolen werden 2 Ortsnamen verwendet. Der Anruf lautet : "Stoj ! Snaka! (Halt ! Kennwort!)

Früheren Meldungen zufolge zogen starke Bandenkräfte durch das Waldgebiet von Longatico und Idria in die Gegend von S. Lucia - Tolmein - Karfreit - Canale. Dort haben sich im Höhengelände der Isonzoschleifen Banden (vermutlich Teile der Gregorič - Brigade) gesammelt, die ursprünglich ostw. von S. Lucia zwischen Slappe und Mte. Sanvito standen und einem eigenen Unternehmen der Sicherungsgruppe le Fort auswichen.

Ständige Bewegungen der Partisanen finden auch im Waldgebiet von Hrusice zwischen Longatico-Montenero-Podikraj del Piro und Godovici statt.

Agentennachrichten bestätigen die Meldung, dass sich die Partisanen aus dem Bereich von Postumia und Prestrane soweit zurückgezogen haben, dass sie nur mehr in längeren Anmärschen erreicht werden können, die aber rechtzeitig gemeldet werden.

Für das Gebiet Postumia-Villa del Nevoso wird gemeldet, dass jedes Dorf 1 - 3 Vertrauensleute der Partisanen hat, welche nachts regelmässig mit Streifen der Partisanen zusammentreffen. Diese Vertrauensleute haben die Aufgabe, die Zonenkommandos ständig über das Verhalten der Bevölkerung und über die deutschen Truppenbewegungen auf dem laufenden zu halten.

So lässt sich auch der Überfall auf das Str. . . . . kommando der 10.s./Res.Geb.Jg.Rgt.139 bei Obliska erklären. Es muss daher unumstösslicher Grundsatz sein :Auch im scheinbar befriedeten Gebiet ist ein Überfall jederzeit möglich und es sind infolgedessen ausreichende Sicherungsmassnahmen notwendig .

3.) Raum Villa del Nevoso-Castelnuovo.

In dem Gebirgsstock des Mte. Nevoso befindet sich nach wie vor die Sercer-Brigade der 14. Div. mit dem ital. Btl. Trieste. Sie treten derzeit aktiv wenig in Erscheinung und sind von der Bandenführung offenbar in dem schwer zugänglichen Gebirgsstock zusammengezogen, um als Eingreifs-Reserve und an vielleicht künftig entstehenden Schwerpunkten eingesetzt zu werden.

Nach einer früheren Meldung versorgen im Gebiet des Mte. Nevoso englische Flugzeuge die Partisanen mit Waffen. Auch Männer werden mit Fallschirmen abgesetzt. Einige Banden stehen unter dem Befehl früherer englischer Kriegsgefangener.

Bandenstreifen und Beobachter sollen sich bis Zabice, Castel Jablanizza, Villa del Nevoso usw. verschieben. Sie werden von der Bevölkerung unterstützt. "In Villa del Nevoso kann die ganze Bevölkerung als Partisanen gelten " , so berichten Agenten.

Dieses Dokument, das im Rahmen der Partisanenbekämpfung der 188. Reservegebirgsdivision erstellt wurde, gibt nicht nur Aufschluss über die strategische und strukturelle Organisation der slowenischen Banden, sondern auch über besondere Vorkommnisse mit selbigen. – Teil 7.

Die Banden in Villa del Nevoso werden von einem gewissen Skof befehligt, der früher im Ort ein Manufakturwarengeschäft hatte ; er dürfte der Befehlshaber der "Terenske oetc" sein, da seine Männer auch Kleider und Lebensmittel sammeln.

So wie im Raum Postumia haben auch im Raum Mte. Nevoso die Banden in jedem Dorf 1-3 Vertrauensleute. Sie treffen nachts regelmässig mit Streifen der Partisanen zusammen. Diese Vertrauensleute haben die Aufgabe, die Zonenkommandos ständig über das Verhalten der Bevölkerung und über die deutschen Truppenbewegungen auf dem Laufenden zu halten. Auf Anraten dieser Leute werden die Personen ermordet, die als deutschfreundlich gelten und die Einberufungskarten verteilt.

In Villa del Nevoso fährt das Partisanen-Kommando in der Anwerbung von Krankenwärterinnen fort ; es wird dabei sehr vorsichtig zu Werke gegangen, um nicht auf Leute zu stossen, die ein doppeltes Spiel spielen. Vorderhand erhalten sie ein Monatsgehalt und müssen sich bereithalten, auf Abruf sofort abzureisen.

Zwischen Castua und Villa del Nevoso werden auf den Bergen starke Kräfte zusammengezogen., die über Cabar aus Kroatien herkommen.

Eine aus Kroatien eingesetzte Bandengruppe in Stärke von etwa 300-400 Mann entfaltet starke Aktivität. In diesem Raum sind insbesondere an der Eisenbahnstrecke Villa del Nevoso-Cognon und an den Strassen Triest-Fiume und Villa del Nevoso- Fiume zusammengezogen. Im Laufe des Jan. sind nicht weniger als 20 Sabotageakte an Strassen und Eisenbahnen und Überfälle auf einzelne Fahrzeuge sowie auf Geleise verübt worden.

Die Banditen treten hier meistens in grösseren Kampftrupps auf.

Im Raum von S. Pietro operiert eine weitere starke Bandengruppe unbekannter Zugehörigkeit. Sie gefährdet und stört den Verkehr auf der Strasse nach Villa del Nevoso und auf der Eisenbahnstrecke nach Triest.

9) Gesamtverluste und Gesamterfolge der Div.Einheiten

Eigene Verluste :

Gefallene	45	(darunter 2 Offz.)
Schwerverwundete	25	
Leichtverwundete	40	
Vermisste	10	

Feindverluste :

Gefallene	[illegible]27
Verwundete	1[illegible]7
Gefangene	[illegible]

Beute :

[illegible]	s.MG.
27	le.MG.
[illegible]	M.Pi.
4	s.Gr.W.
209	Gewehre
32	Pferde und Muli.

Munition verschiedener Art, 110 Rucksäcke mit Bekleidung und Ausrüstung, Nachrichtengerät, Fahrräder, 2 Bespannfahrzeuge.

Dieses Dokument, das im Rahmen der Partisanenbekämpfung der 188. Reservegebirgsdivision erstellt wurde, gibt nicht nur Aufschluss über die strategische und strukturelle Organisation der slowenischen Banden, sondern auch über besondere Vorkommnisse mit selbigen. – Teil 8.

III. Stimmung der Bevölkerung.

Im allgemeinen ängstlich und gedrückt. Sie leidet sehr unter der Teuerung und den geringen Löhnen. Beides drückt die Lebenshaltung auf einen unhaltbaren Tiefstand herab, der den Boden für den Kommunismus besser bereitet als jede Propaganda.

Die von deutscher Seite veranlasste Aktion und Razzien machen Eindruck. Requirierungen und Vergeltung seitens der Partisanen werden gefürchtet. Dem Bauern ist es von den Partisanen verboten, Lebensmittel zu verkaufen. Jeder muss nach Einschätzung der Vertrauensleute wöchentlich eine gewisse Menge Lebensmittel, Kleider und Geld an die Partisanen abführen. Wer diesem Befehl nicht gehorcht, wird gemeldet und bestraft. Zurzeit finden mancherorts Faschingsunterhaltungen statt, an denen die Partisanen teilnehmen; der Betrag fliesst ihnen zu.

Im Einzelnen:

1.) Raum Tarvis, Flitsch, Tolmezzo, Gemona, Udine.

Flitsch. Das vorwiegend slowenische Flitsch hat die deutsche Belegung im allgemeinen dankbar begrüsst; zurzeit sollen sich Banditen auf Urlaub "in Flitsch, Mittel und Oberprot" befinden.

Tarvis. Der deutsche Teil freundlich und entgegenkommend und den Anschluss wünschend. Der italienische Teil abwartend.

Pontebba. Seiner halb deutsch und halb italienischen Vergangenheit entsprechend zersplittert; es wird aber auch bei den Volksdeutschen Kleingläubigkeit und Kriegsmüdigkeit festgestellt.

Moggio. Kriegsmüde.

Tolmezzo. Die Bewohner zum Teil freundlich und entgegenkommend. Vertrauen zu den deutschen Soldaten. Neigung zur Angliederung an Deutschland vorhanden.

Gemona und Osoppo. Unsicher. Zurzeit scheint eine feindliche Propagandawelle durch die Bevölkerung zu gehen.

Udine. Die Haltung der Bevölkerung ist unterschiedlich, teilweise abwartend und zurückhaltend, dem deutschen Soldaten gegenüber aber nicht abweisend. Ablehnend verhalten sich die geistig und wirtschaftlich führenden Schichten.

2.) Raum Görz.

Die Achtung vor dem deutschen Soldaten nimmt sichtlich zu. Sie verhält sich grösstenteils freundlich und zuvorkommend, scheint aber öfters gehemmt durch die Angst vor den Partisanen. Eine gewisse Vorsicht ist immer am Platz.

3.) Raum Postumia – Idria.

Sie verhält sich ängstlich und zurückhaltend und steht in Fühlungnahme mit den Partisanen. Wo die deutsche Wehrmacht ihr einen sicheren Schutz gewährleistet, ist das Verhältnis besser. Man kann ihr aber nicht Vertrauen schenken. Ihr Grundsatz ist: Die Deutschen dulden, mit den Partisanen gut auskommen und wo es geht, diesen helfen.

Die Bevölkerung von Idria wird im allgemeinen als deutschfreundlich gemeldet. Agentendienst für die Banden ist nicht auszurotten.

Dieses Dokument, das im Rahmen der Partisanenbekämpfung der 188. Reservegebirgsdivision erstellt wurde, gibt nicht nur Aufschluss über die strategische und strukturelle Organisation der slowenischen Banden, sondern auch über besondere Vorkommnisse mit selbigen. – Teil 9.

Wie wir bereits erfahren haben, kam bei derartigen Einsätzen dem geschlossen operierenden Bataillon „Heine“ eine besondere Bedeutung zu. Es lag in Idria und schützte das dortige Quecksilberbergwerk, das einzige, das der deutschen Kriegswirtschaft noch uneingeschränkt zur Verfügung stand und aus diesem Grunde den gesamten Quecksilberbedarf der Deutschen Wehrmacht zu decken hatte. Das Reservegebirgsjägerbataillon „Heine“ wurde im Sommer 1944 von Idria nach Süden bis zur Straße Fiume – Triest vorgezogen und dort für Partisaneneinsätze bereitgestellt. Anfang September wurde es dann im Bahntransport über Villach, Bozen, Mailand, Chivasso und Aosta in den Einsatzraum der 157. (Reserve-)Gebirgsdivision verlegt und in diese eingegliedert. In Jugoslawien blieb lediglich ein Jagd- beziehungsweise Wachzug zurück.[31]

Es war naheliegend, dass die Partisanen nun mit allen Mitteln versuchten, das Bergwerk in ihren Besitz zu bekommen oder zumindest die Förderung durch Sabotageakte nachhaltig zu stören. Das zu verhindern, war vorläufig noch die Aufgabe des Bataillons „Heine“. So kam es fortwährend zu Tag- und Nachtgefechten gegen sehr bewegliche Partisanenverbände. Da das Bataillon fast ununterbrochen im Einsatz stand, hatte es bei den verschiedenen Unternehmungen auch entsprechende Ausfälle zu verzeichnen.[32]

Ansicht der Berge bei Gorizia,
die Schauplatz heftiger Gefechte waren.

Sehen wir uns an dieser Stelle einige aufschlussreiche Gefechtsberichte des Reservegebirgsjägerbataillons „Heine“ etwas genauer an:

Auszug aus dem Gefechtsbericht
des Res.Geb.Jäg.Btl. H e i n e
für das Unternehmen gegen Circhina am 29.2.1944.

Vom Feind war bekannt, daß er sich am Monte Ben, Höhe 1o5o, nordostwärts Ottales in Stärke von 200 - 300 Mann festgesetzt hat. Nach glaubwürdigen Zivilistenaussagen sollten die Banditen in Circhina aus Oberkrain Verstärkung erhalten, um sich dort zu dem seit langem geplanten Angriff auf Idria bereitzustellen.

Das Btl. entschloß sich daher, am 28.2.44 einen überraschenden Vorstoß nach Circhina durchzuführen und zwar mit der 1.u.2.Kompanie.

Stärke der ausgerückten Teile:

1.Kp.:	2 : 7 : 131,	Führer:	Lt.Schmiermaul
2.Kp.:	1 :17 : 125	" :	Lt.Paternioner
Stab:	2 : 2 : 1o	" :	Oblt.Krois
zusam.:	5 :36 : 266		

Bewaffnung:

22 le.M.G.
4 s.M.G.
5 le.Gr.W.
2 m.Gr.W.
9 Gew.Gr.Geräte.

Führer des Unternehmens: Oblt. K r o i s

Die beiden Kompanien marschierten am 29.2.44 um 3.3o Uhr von Idria ab und erreichten ohne Feindberührung die Ausgangsstellungen bei Punkt 873 (NZ 2o) und Ottales (NZ 3/NZ 1).

Durch die von den Ausgangsstellungen aus getrennt vorgehenden Stoßtrupp wurden im Vorgehen die Höhe 1o47 (NY 5d,) die Ortschaft Cladie (NY 5o) ferner die Höhe 87o (NY 8b), die Höhe 957 (NY 7d) genommen; Sturmangriffe, die die Banditen mit lauten Hurra-Rufen gegen eine Sperrlinie unternahmen, wurde durch zusammengefaßtes Feuer abgewiesen; ein anderer Stoßtrupp hatte 3oo m nordostw. Laco (NY 9d) Feindberührung und schlug ihn in die Flucht.

Unter Wirkung des zusammengefaßten Feuers von M.G. und m.Gr.W. räumte der Gegner seine tadellos ausgebauten Feldstellungen auf Höhe 953 (NY 7b).

Der Angriff auf Circhina selbst erfolgte in 3 Stoßgruppen: Einer Gruppe gelang es trotz heftigem Banditenfeuer aus Richtung Punkt 974 (NY 2c) und den Höhen oberhalb Coples Planina di Circhina im Nahkampf gegen sich im Ort selbst zäh verteidigende Banditen zu nehmen. Ebenso wurde im äußerst schneidigem Zupacken eines Feldwebels Coples im Sturm genommen. Von dort aus wurde eine nicht eingesehene Stellung mehrerer feindlicher M.Gr.W. ausgemacht und durch zusammengefaßtes Feuer niedergerungen.

Auszüge aus dem Gefechtsbericht des Reservegebirgsjägerbataillons „Heine“ zur Partisanenbekämpfung – Teil 1.

Ein Angriff auf die Höhenstellungen selbst (8oo m Entfernung, Höhenunterschied 15o m) war nicht möglich, denn der Feind hatte sich in ausgezeichnet ausgebauten, überhöhten Stellungen so zur Verteidigung eingerichtet, so daß ein Angriff über die freie Fläche bergauf nicht durchgeführt werden konnte.

Einer anderen Gruppe gelang es, über Punkt 728 (MY 4o) entlang des Bachbettes nach Niederkämpfung mehrerer feindlicher s.M.G. - und le.M.G.-Stellungen bis an den Ortsrand von Circhina vorzustoßen. Die gleichen Teile erstürmten als erste das vom Feind noch zäh verteidigte Circhina; unterstützt wurde die Einnahme durch die von der Höhe 953 über die Talsenke rechts des Monte grande bis 6oo m an Circhina herangekommene Gruppe. Diese nahm später auch die aus dem jenseitigen Ortsrand hinausdrängenden Banditen unter Feuer.

3 vom Gegner aus dem Raum Sacris - Tretence herangeführte Kompanien wurden ebenfalls unter Feuer genommen und flüchteten in ihre Ausgangsstellungen.

Chirchina wurde schließlich von den Banditen rücksichtslos unter Granatwerfer und M.G.-Feuer genommen. Es gelang, auch die letzten Reste des Gegners aus dem südlichen Ortsteil hinauszuwerfen.

Von den Gruppen wurden mehrere Häuser in Brand geschossen; in einem davon mußte ein Mun.-Lager gewesen sein (langanhaltende Detonation von Handgranaten, sowie s.M.G. und Gewehrmunition), in einem anderen wurde eine M.G.-Stellung und ein Ma.Pi.-Schütze vorgefunden.

Nach etwa 6 stündigem Kampfe um 18.3o Uhr wurde im Norden der Stadt der letzte feindliche Stand gebrochen. Circhina war fest in der Hand der Kampfgruppe.

Die umliegenden Höhen wurden in der Zwischenzeit von den Banditen besetzt, die das Feuer auf die Stadt bis 19.15 Uhr anhielten.

Zur Verteidigung von Circhina hatte der Feind etwa 16 s.M.G., mindestens 16 - 2o le.M.G., 8 - lo mittlere Gr.Werfer eingesetzt. Aus den mittleren Werfern wurde zum Großteil mit überschweren Granaten geschossen.

Um 2o.oo Uhr, bei Dunkelheit traten beide Kompanien den Rückmarsch an. Das Verlassen von Circhina erfolgte unbemerkt vom Feinde. Erst nach etwa 45 Minuten versuchte er den Rückmarsch durch Granatfeuer zu stören.

Die beiden Kompanien erreichten am 1.3.44 um 6.3o Uhr ohne weitere Feindberührung Idria.

<u>Verluste:</u>

<u>Eigene:</u> 4 Tote,
6 Schwerverwundete,
8 Leichtverwundete.

<u>Feindliche:</u> 195 festgestellte Tote, dürften aber um ein erhebliches höher sein.

<u>Beute:</u> Vernichtet: 2 s.M.G.
etwa 5o vollbepackte Rucksäcke verbrannt, da verlaust.
1 Kiste ital. Handgranaten gesprengt, in einer Waldschlucht ostw. Circhina 12 Kisten ital. Gewehrmun. durch Versenken vernichtet.
3 Tragtiere.

Auszüge aus dem Gefechtsbericht des Reservegebirgsjägerbataillons „Heine“ zur Partisanenbekämpfung – Teil 2.

Erfahrungen:

Die Banditen haben in letzter Zeit anscheinend russische Ausbildungsvorschriften oder Ausbilder, denn ihre Kampfweise hat sich in letzter Zeit sehr verbessert. Entgegen dem bisher meist planlosen Herumschießen konnte diesmal eine straffe und taktische geschickte Führung in der Verteidigung festgestellt werden. Der Bau der Feldbefestigungen ist ausgesprochen russisch.

Um die Banditen um und in Circhina restlos zu vernichten, wäre der Einsatz eines größeren Verbandes notwendig.

Die Banditen haben in großem Umfang Explosivgeschosse (ital.) verwendet als Gewehr- und M.G.-Munition, ähnlich der deutschen B-Munition. Ebenfalls wurden Dum-Dum-Geschosse festgestellt.

F.d.R.:

Hauptmann u. Ia.

Auszüge aus dem Gefechtsbericht des Reservegebirgsjägerbataillons „Heine" zur Partisanenbekämpfung – Teil 3.

Btl.Heine
Res.Geb.Jg.Rgt.139

133. Res. Geb. Div.
15. APR. 1944

O.U., den 13.4.1944

Gefechtsbericht des verstärkten Btl. Heine
von der Einschliessung der Bandenkräfte im Raum Ledine.
(Unternehmen " Renate ")

1.) Vom Feind war bekannt, dass er sich mit stärkeren Kräften im Raum Ledine hielt, und diesen als Ausgangsbasis für Unternehmen gegen Idria benützte.

2.) Das Btl. hatte den Auftrag, den bandenbesetzten Raum in der Nacht von 10. auf 11.4. unbemerkt vom Feind zu erreichen, sich in mehreren Kampfgruppen zum umfassenden Angriff bereitzustellen, und den dadurch eingeschlossenen Feind zusammenzudrängen und zu vernichten.
Hierzu wurde befohlen:

a) Komp. Nemeth erreicht von Idria aus ostw. über Gora Traboni Raune, von Raune in nördl. Richtung über Bresovica aus vorgehend Ziri.
b) Komp. Paternioner erreicht von dem von Traboni nach Osten führenden Karrenweg die Höhe 677 (etwa 3 km nordostw. Traboni)
c) Pion.Kp., Lt. Steinbacher erreicht von Idria nach Osten vorgehend Gora.
d) Kp. Bruckbacher erreicht über Idria di Sotto und über den eineinhalb Kilometer südl. Verscevo nach Nordosten führenden Karrenweg die Höhe 790.
e) Komp. Krois erreicht auf dem gleichen Weg wie Kp. Bruckbacher die Höhe 790 und weiter nach Osten vorgehend die Höhe 1006; nach Möglichkeit einen Zug weiter nach Osten bis Zarklariza vorschiebend.

Die Kompanien haben die Bereitstellungsräume so zu erreichen, dass sie am 11.4.44 um 06.00 Uhr zum Angriff antreten.

Die Geb.Bttr. Ludwig wird zugweise eingesetzt und zwar so, dass der erste Zug (Oblt.Ludwig) der Kp. Krois unterstellt wird, der zweite Zug (Lt.Heller) der Kp. Paternioner unterstellt ist.

Nachrichtenverbindungen : Funkverb.
1. Btl.Heine - Kampfgruppe Strohmaier (Tourn. b-Gerät) in Idria.
2. Btl.Heine - Kp.Krois (Tourn. b - Gerät)
3. Btl.Heine - Kp.Nemeth (Tourn.d - Gerät)

Der Btl.Stab geht mit Pi.Kp. über Gora vor. Kampfgruppengefechtsstand verbleibt in Idria.

Auszüge aus dem Gefechtsbericht des Reservegebirgsjägerbataillons „Heine" zur Partisanenbekämpfung – Teil 4.

Stärke des Btl.:

1 Komp.	2	10	145
2 Komp.	1	9	153
4 Komp.	2	10	121
Kp. Nemeth	1	12	166
1 Zug 3.Kp.	1	7	68
Stab.	2	2	10
Minensuchtr.		1	2
	9	51	665

dazu 2 Geschützzüge des Art.Rgt.112, und 1./Res.Geb.Pi.Btl.83 ohne 1 Zug.

Bewaffnung : ohne zugeteilte Einheiten
1 le.Inf.Geschütz,
5 m.Gr.W.
6 le.Gr.W.
7 s.Mg.
47 le.Mg.
15 Schiessbecher

Führer : Oberst Strohmaier

3.) Durchführung : Die 1./Btl.Heine hatte beim Anmarsch gemeinsam mit dem Geschützzug Oblt. Ludwig grosse Baumsperren und Sprengungen zu überwinden, erreichte trotzdem rechtzeitig die Höhen südostw. Jasne , von wo sie entfaltet zum Angriff übergeing. Der 1.Zug griff beiderseits der Strasse an und sicherte gleichzeitig den Vormarsch des 1.Zuges der Geb.Bttr. Ludwig. Der 2.Zug ging über die Höhen parallel zur ital. slowenischen Grenze vor und bekam sofort, nach seiner Entfaltung Gewehrfeuer von der Höhe 1006. Gleichzeitig eröffneten die Banditen von der Höhe aus das Feuer auf den in südostwärtiger Richtung vorgehenden 3.Zug. Der 2.Zug umfasste die Höhe und warf den Feind im Nahkampf. Ein Teil der Banditen, der nach Südwesten auszuweichen versuchte, wurde vom 3.Zug vernichtet. Dieser stürmte die Höhe 969 nördl. Ledine und warf den Feind, der nach Südosten flüchtete.
Bei diesem Gefecht wurden von den Banditen ital.und engl. Handgranaten benützt.
Im Nahkapmf wurde der Zugsführer des 3.Zuges und ein Gruppenführer schwer verwundet. Die vom 2.Zug nach Südwesten abgedrängten Feindkräfte versuchten nun mit wildem Hurregeschrei die Höhe wieder in ihrem Besitz zu bekommen. Vom Komp.Führer wurde hierauf der 1.Zug, der bis unmittelbar an Ledine herangekommen war, angesetzt und dieser warf auch diese Feindgruppe zurück.
Besonders wirksam wer die Unterstützung durch die schweren Waffen, insbesondere des Geb.Geschützes, dass 300 m westl. Ledine in Feuerstellung gegangen war.
Gemeinsam stiessen dann alle 3 Züge unter Niederkämpfung des sich im stark durchschnittenen Gelände gut eingebauten Feindes bis nach Ledine vor.
Die s.Mg. und m.Gr.W. Gruppe erreichte entlang der Strasse Ledine ohne grössere Feindberührung und besetzte die Ortschaft.
Das Btl. sammelte in Ledine. Während dieser Zeit zogen sich schwächere, feindliche Kräfte auf den Höhen 911 und 995 susammen und schossen Störungsfeuer auf die sich vom Feind absetzenden

Auszüge aus dem Gefechtsbericht des Reservegebirgsjägerbataillons „Heine" zur Partisanenbekämpfung – Teil 5.

Einheiten.
Die 2./Geb.Jg.Btl.Heine stiess von der Höhe 677 auf Versenico di Sotto vor. Es gelang, diesen Ort überraschend zu nehmen. In einem Stall wurden etwa 20 Banditen schlafend angetroffen; die Türe wurde unter Feuer genommen, sodass niemand den Stall verlassen konnte, und das Gebäude angezündet. Die Banditen verbrannten. Bei der Durchsuchung der Ortschaft wurden fasst in jedem Haus Banditenunterschlupfe gefunden. Vom Stall breitete sich das Feuer schliesslich über den ganzen Ort aus, der völlig niederbrannte.
Beim Vorrücken auf Versenico di Sopra erhielt die Komp. starkes s.Mg.- und Werferfeuer von den Höhen 763, 724 und der Kirche. Der Feind versuchte hier einen Gegenstoss, der jedoch mit sehr wirksamer Unterstützung der Geb.Art. blutig abgewiesen wurde. Hierauf wurde der Vorstoss auf Ledine fortgesetzt. Dabei erhielt die Komp.neuerlich von der Höhe 621 heftiges Feuer. Auch diese Höhe wurde gestürmt und restlos gesäubert. Dabei wurde ein höherer Dienstgrad - vermutlich Btl.Kdr. erschossen. Weiters befanden sich noch zwei Komp.Führer sowie ein serbischer Kommissar unter den Gefallenen. Auch 1 Turkmene sollte unter den Toten sein. Von der Höhe 621 weiter vorrückend wurden noch die Höhen 635, 775 und 821 erstürmt und unter schweren blutigen Verlusten der Banditen gesäubert. Nunmehr kam die Komp. fast ungehindert über Carnizza di Ledine nach Ledine hinein.

Komp. Nemeth erreichte auf dem befohlenen Weg ohne Feindberührung Ziri, von wo aus sie gegen Bresnizza vorstiess. Dabei gingen von Ziri aus der 1. und 2.Zug rechts, der 3.Zug links der Strasse vor. Der der Komp. angeschlossenen Zug der 3.Komp. folgte mit den schweren Waffen längs der Strasse. 500 m südwestl.Ziri stiess sie auf eine Feindgruppe, die bis auf kleine Teile vernichtet wurde. Pferde und Gefangene wurden eingebracht. 1,5 km südwestl.Ziri hatten die Banditen ihre Widerstandslinie aufgebaut, die mit ausgezeichneter Unterstützung der schweren Waffen erstürmt wurde. Da der 1.Zug in Bresnizza auf sehr starken Feind stiess, wurde der 2.Zug, der bis dahin noch keine Feindberührung hatte, zur Unterstützung herangezogen und der Zug der 3.Komp. rechts daneben angesetzt. Bresnizza wurde mit Schwung genommen. Der Angriff entlang der Strasse ging, trotz des sich zäh verteidigenden Feindes, der gut getarnte und ausgebaute Stellungen inne hatte, und obwohl sich der Kampf im Wald abspielte und das ganze Gelände durchsucht werden musste, zügig weiter. Die schweren Waffen hatten das Vorwärtskommen entschieden erleichtert und dem Feind auch viele blutige Verluste beigebracht. Die Säuberung von Bresnizza und die Erstürmung des letzten Höhenrückens rechts und links der Strasse wurden so rechtzeitig durchgeführt, dass die Komp. die Punkte zur befohlenen Zeit erreichte.
4./Geb.Jäg.Btl.Heine stiess vom Punkt 790 in südostwärtiger Richtung nach Carnizza und von dort nach Carita vor. DasStellungssystem vor Carnizza wurde vom Feind durch längere Zeit zäh verteidigt und die Banditen mussten zum grössten Teil im Nahkampf geworfen werden. Der Feind zog sich in nördlicher Richtung zurück. Während des Abmarsches des Btl. von Ledine nach Idria di sotto sicherte der 3.Zug und die s.Mg.-Gruppe der 1.Komp. den Marsch. Bei Raspotie wurde die 1.Komp. von den Höhen 608 und 995 unter starkes Feuer genommen. Daraufhin wurde durch Melder von Unteridria aus Unterstützung durch schwere

Auszüge aus dem Gefechtsbericht des Reservegebirgsjägerbataillons „Heine" zur Partisanenbekämpfung – Teil 6.

Waffen angefordert, die auch sofort durchgeführt wurde. Unter diesem Feuerschutz wurde die Strasse nach Idria erreicht.

1./Res.Geb.Pi.Btl.83 schloss den Kessel um Ledine von Süden und Südwesten. Der 1.Zug erreichte gegen 08.30 Uhr vom Bereitstellungsraum Gora aus über die Höhen 720 und 723 Serovenza von Südwesten kommend ohne Feindberührung. Der Zug verliess aur Sicherheitsgründen die Ortschaft und bezog Stellung auf den Hängen südlich des Ortes. Gegen 11.00 Uhr wurde eine Banditengruppe in Stärke von 65 Mann und 3 Muli (Bekleidung ital.Uniform, Mantel und volle Rucksäcke; Bewaffnung : 2 le.M.G. und Gewehre), von der Strasse Versenico – Raspotie in Richtung Serovenza kommend, beobachtet. Auf halber Hanghöhe bog die Bandengruppe nach Westen ab und wurde beim Verlassen des Waldes unter Feuer genommen. Der Feind hatte empfindliche Verluste. Der Zug sicherte weiterhin den Raum Serovenca – Serovenca di sotto bis 13.30 Uhr ohne Feindberührung. Um 13.30 Uhr Rückmarsch über Gora nach Idria. Der 2.Zug erreichte gegen 07.00 Uhr auf dem Karrenweg nördl.Gora das Gehöft 1 km südlich Raspotie. Er sicherte auf den Höhen nördl. des Gehöftes und beobachtete stärkere Bandengruppen, die sich im Raume Ledine bewegten, und nahm sie unter Feuer. Der Zug stiess auf die Höhen nördl. Raspotie vor, um den Kessel zu verengen und ein Ausweichen der Banden nach Südwesten zu verhindern. In zügigem Nachstossen erreichte der Zug Carnizza di Ledine und sicherte auf Höhe 837 nach Osten und Suden. Dabei beobachtete er starke Bandengruppe auf Höhe 755 und nahm sie unter Feuer, worauf sie sich in Richtung Bresnizza zurückzogen. Um 13.15 Uhr löste sich der Zug vom Feinde und zog sich über Ledine – Raspotie nach Idria zurück. Die Bereitstellungsräume wurden unter Schutz des Frühnebels unbemerkt vom Feind bis 06.00 Uhr erreicht. Komp.Nemeth etwa 06.30 Uhr.

4.) Verluste : Eigene : 2 Tote, 14 Verwundete .

Feindliche : 373 Tote gezählt, 33 Gefangene, 3 Ueberläufer .

5.) Beute : 2 Pak 5 cm, 1 engl. Panzerbüchse, 1 Masch.Pistole
1 s.M.G., 14 le.M.G.,
101 Gewehre und anderes Kriegsgerät(teilweise vernichtet, da nicht abzutransportieren .)
5 Pferde, 6 Muli .

Beute und Verluste ohne zugeteilte Einheiten.

6.) Erfahrungen :
Abschirmung der einschliessenden eigenen Kräfte nach Aussen notwendig, damit die Aktion unbehindert von herangeführten, bzw. durchgebrochenen Bandenkräften durchgeführt werden kann. Die Banditen sind in der Verteidigung von Stellungen geschickt und zäh, jedoch einmal in Bewegung geraten, schlechtes gefechtsmässiges Verhalten.

Heine

Hptm.u.Btl.Kdr.

Res.-Geb.-Jäg.-Rgt. 139
Eingelangt 14. April 1944
Rj. ____ Anl. ____ Abt. ____

Auszüge aus dem Gefechtsbericht des Reservegebirgsjägerbataillons „Heine“ zur Partisanenbekämpfung – Teil 7.

Btl. Heine
Res.Geb.Jg.Rgt.139

O.U., den 12. Juni 1944

Gefechtsbericht des Btl.Heine
vom 3.6. -11.6.1944

1.) Feind : Säuberungsaktion des Höheren SS und Polizeiführers.

2.) Auftrag: Btl. Heine stösst mit allen verfügbaren Teilen aus Idria nach Nordosten über Reichsgrenze bis Sairach vor, verhindert Bandenabzug nach Provinz Görz.

Hierzu wurde befohlen :

Btl. Heine bezieht mit 2.,3.,4.Kp. und Teilen des Stabes Sperrlinie Punkt 842 bis Fuzine - Ziri - Lošcar.

Stärke des Btl. :

Stab	2	6	17
2.Kp.	2	12	143
3.Kp.	2	11	141
4.Kp.	2	7	115
Gesamtstärke	8	36	416

Bewaffnung :

29 le.Mg.,
6 s.Mg.,
3 m.Gr.W.,
3 le.Gr.W.
73 M.Pi.,
17 Gewehrgranatgeräte,

58 Pferde.

Führer : Hptm. Heine

3.) Durchführung des Auftrages :

Das Btl. marschierte am 3.6. 04.30 Uhr von Idria in die befohlenen Räume. Um 09.30 Uhr war die Sperrlinie, Pkt. 842, Planqu. OY 4a, Lošcar (PZ, 7d) erreicht. Btl. Gefechtsstand Ziri. Ein Spähtrupp der 2.Kp. stiess 200 m südwestl. Ziri auf Banditenspähtrupp. 2 Fahrräder wurden erbeutet, die Banditen entkamen im Wald. Gegen Mittag Verlegung des Btl. Gefechtsstandes nach Dobroševa. Die 4.Kp. meldet um 15.00 Uhr Gefechtsberührung mit stärkeren Bandenkräften bei Neu Oselica. Sovoden, durch einen Zug der 4.Kp. besetzt, lag bis in die frühen Morgenstunden unter fdl. Granatwerferfeuer. Der Feind verlor 4 Tote. Die Verbindung mit dem linken Nachbar (Zollgrenzschutz) wurde um 19.00 Uhr aufgenommen. In den Morgenstunden des 4.6. wurde Neu Oselica und Umgebung durch 4.Kp. freigekämpft. Der Feind verlor 1 Toten. Ein Gewehr wurde erbeutet. Die Banditen zogen sich in den Raum Circhina zurück. Da die 4.Kp. bei Neu - Oselica keine Verbindung aufnehmen konnte, wurde sie bis Fuzine zurückgenommen und im Raum Fuzine - Podgara - Hotavlje neu aufgestellt. Der Zollgrenzschutz der bis zur Verbindungsaufnahme nichts von einem Einsatz des Höheren SS und Polizeiführers wusste, verlängerte diese Linie bis Cabrace, und weiter nach Norden. In Ziri wurden im Laufe des

Auszüge aus dem Gefechtsbericht des Reservegebirgsjägerbataillons „Heine“ zur Partisanenbekämpfung – Teil 8.

nachmittags zwei Mädchen beim Abfassen einer Meldung an die Banditen, welche die Stärke des Btl. und die Bewaffnung enthielten, verhaftet. Feindmaterial wurde sichergestellt.
Um 14.oo Uhr traf der 70 Watt Sender des Höheren SS Führers in Ziri ein. Der Betrieb wurde aufgenommen.
Am 5.6. um 03.05 Uhr wurde die Sperrlinie bei Fuzine von 30 bis 40 Banditen angegriffen. Nach sofortigen Gegenstoss zogen sich die Banditen zurück.
Eigene Verluste 1 Toter. 1 Gefangener wurde schwerverwundet eingebracht. Durch die Funkstelle in Goreinavas erfuhr das Btl., dass das Unternehmen verschoben sei. Auf Anfrage trifft am 13.oo Uhr endlich dieser Spruch ein : Btl. Heine zieht sich am 4.6. den Vormarschraum in breiter Front durchkämmend auf Idria zurück und hält sich ab 7.6. 12.oo Uhr einsatzbereit. Anweisung über Neueinsatz der Kräfte und Verbindungsaufnahme durch Polizeiregiment Todt. Unterschrift : Pol.Rgt.Todt.
Die Kompanien werden daraufhin aus den Sperrräumen gelöst. Abmarsch des Btl. am 5.6. 15.oo Uhr nach Idria. Am 6.6. trifft von Chef BKV Laibach folgender Funkspruch ein : Kräfte treten am 6.6. aus Baccia di Modrea und Selzachertal nach Süden an. Btl. Heine hält Sperrlinie besetzt und treibt starke Gefechtsaufklärung gegen Neu-Oselica. Da die Kompanie aber teils als Höhensicherungen und Begleitschutz für die Verpflegskolonne nach Laibach eingesetzt wären, konnte ein Abmarsch erst um 17.30 Uhr erfolgen. Diese Versorgungsfahrt wurde eingeschoben, weil es im Befehl vom 4.6. ausdrücklich hiess, das Btl. hält sich ab 7.6. 12.oo Uhr einsatzbereit. Um 19.30 Uhr hatte das Btl. die alten Sperräume Ziri – Fuzine – Podgora – Hotavlje – Cabrace bezogen. Btl. Gefechtsstand Ziri. Auf die Meldung des Btl. beim Chef BKV Laibach, dass das Btl. erst nach Eintreffen der Versorgungsfahrt in Marsch gesetzt werden kann, kommt am 7.6. endlich die Antwort : Auf Grund ihrer Meldung verbleibt Btl. bis 7.6. in Idria, ab 8.6. Einsatz in Linie Ziri – Unteridria geplant. Befehl folgt. Chef BKV . 2 Stunden später, um 21.oo Uhr trifft ein Geheimbefehl ein, der besagt, dass das Btl. mit Einrücken der Ablösungskräfte der Kampfgruppe Rösner über Ziri in den neuen Sperrabschnitt im Allgemeinen Linie Strasse Ziri – Unteridria – Versevo, einrückt. Um 00.45 Uhr meldet das Btl., Bereitstellung eingenommen. Btl. Gefechtsstand Raspotje, zwischen Ziri und Unteridria.
Der neue Auftrag ist, aus Linie Ziri – Versevo beiderseits angelehnt vorzustossen bis zur Reichsgrenze. Von Mars kommt der Spruch : Antreten am 8.6. in den frühen Morgens-tunden. Auf Anfrage, was Morgenstunden heisst, wurde als x Zeit 12.oo Uhr angegeben. Das Btl. erreicht mit allen Teilen um 14.05 Uhr das Tagesziel, die Reichsgrenze, ohne Feindberührung. Um weiteren Auftrag wurde gebeten, keine Antwort. Erst am 9.6. kam der Befehl : Btl. nach Idria entlassen.
Für den 9.6. bekam das Btl. den Auftrag mit kampfkräftigen Spähtrupps rechts der Idria aus Linie Ledine, Pkt. 720 gegen Ottalze – Plusina – Lasce vorzustossen, und links der Idria aus Linie Unteridria – Masura – Pissanza gegen Lagrisca südlich Sebregge – Tribussa.
Btl. Gefechtsstand Unteridria. Gegen 11.oo Uhr Verlegung desselben nach Basunico.
Die Aufklärungsergebnisse des Tages : Masura, Planqu. MZ 9, Höhe 1107, MZ 6 , Licari Höhe 1016, MZ 4, stark Feindbesetzt.

Auszüge aus dem Gefechtsbericht des Reservegebirgsjägerbataillons „Heine“ zur Partisanenbekämpfung – Teil 9.

1 Bandit wurde gefangen, 1 le.Mg. erbeutet. In einem Bauernhaus wurde ein Munitionslager entdeckt, das Gehöft wurde angezündet. Zwei Züge der 2.Kp. wurden nach Ottales zur Verbindungsaufnahme mit dem SS Karst - Wehrbtl. entsandt.
Am 10.6. verstärkte Spähtrupptätigkeit nach folgenden Punkten : Grapari NZ 7, al Lago MZ 3, Höhe 1055 MZ 9b, Pkt. 593 MZ 5b und Pissanza LZ 6 ohne Feindberührung.
Die Unternehmen am 11.6. rechts der Idria, Ottales - Monte Ben, links der Idria Masura MZ 6, Siannizza MZ 4 verlief ohne Feindberührung. Der Spähtrupp nach Navorzi LZ 6 hatte auf Höhe 1050 MZ 9 Gefechtsberührung. 3 Gefangene wurden eingebracht, ein le.Mg., 2 Gewehre und 2 Kisten Munition erbeutet. Die Gefangenen wurden sofort dem von Sebreglje in das Cenomlatal vorstossende SS Karstwehrbtl. übergeben. Zwei derselben wurden mit einem Beil geköpft. Da das Tagesziel um einen Tag verkürzt war, rückte das Btl. selbstständig mit Teilen des SS Karst-wehrbtl. nach Idria ein.

4.) Verluste : Eigene : 1 Toter,
Feindliche :5 Tote,
5 Gefangene, davon 1 schwerverwundet verstorben und zwei durch SS geköpft.
2 Agentinnen wurden der [illegible] Oberdorf übergeben.

5.) Beute : 2 le.Mg., 4 Gewehre, 2 Kisten Munition, 2 Fahrräder.

6.) Erfahrungen :

Die Befehle und Aufträge der Polizei waren mehr als mangelhaft. Es ist mir unverständlich, dass Funksprüche die taktisch wichtig sind, um einen vollen Tag verspätet eintreffen können, und ausserdem Widersprüche enthalten. In den meisten Fällen musste ich aus eigenem Entschluss handeln.

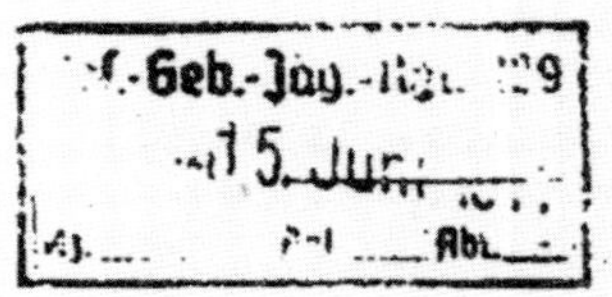

Heine

Hptm.u.Btl.Kdr.

Auszüge aus dem Gefechtsbericht des Reservegebirgsjägerbataillons „Heine" zur Partisanenbekämpfung – Teil 10.

Wenden wir uns nun dem Gebirgsjägerregiment 137 zu, das am 22. Januar 1944 von Oberst Götz an Major der Reserve Dr. Carl Schulze übergeben wurde. Bei diesem Kommandowechsel kam man auch auf die taktischen Aufgaben zu sprechen, die dem Regiment im Falle einer Feindlandung im oberitalienischen Raum zugedacht waren: das Beziehen von Verteidigungsstellungen an der Piave, nördlich von Belluno, in der Gegend von Longarone und beiderseits des Piavetales. Dort hatte 1917 der damalige württembergische Offizier Erwin Rommel bei Longarone eine ganze italienische Division zur Übergabe gezwungen.[33]

Ebenso erwarben sich hier beim Angriff des Deutschen Alpenkorps während der 12. Isonzoschlacht und beim Übergang und Vorstoß der österreichisch-ungarischen Kräfte über den Tagliamento bis zum Monte Grappa die späteren Generalfeldmarschälle Schörner, der seinerzeit dem Bayerischen Infanterieleibregiment angehört hatte, und Rommel, der in den Reihen des Württembergischen Gebirgsbataillons gestanden hatte, den preußischen Orden „Pour le Mérite".[34]

In Anlehnung an das Stellungssystem aus dem Ersten Weltkrieg sollten die Stellungen jetzt als Verlängerung der „Reichsschutzstellung"[35] ausgebaut werden – genauso wie jene Befestigungsanlagen zwischen Laibach und Istrien (mit Schwerpunkt bei Pola, Fiume und Triest), die sogenannte „Karststellung", von der noch die Rede sein wird. Für den Ausbau der „Voralpenstellung" hatte Hitler am 27. Juli 1944 die Weisung Nr. 60 erlassen:[36]

„1. Ich befehle den Ausbau eines rückwärtigen Stellungssystems in Norditalien.
2. Es sind auszubauen:
   a) Die bereits im Großen erkundete Voralpenstellung,
   b) Die anschließende Karststellung (Tschitschenboden),
   c) Eine Riegelstellung von Ala zum Golf von Venedig,
   d) Eine Riegelstellung von Belluno zum Golf von Venedig.
3. Den Ausbau leiten verantwortlich:
   a) Der Oberste Kommissar der Operationszone Alpenvorland in der Voralpenstellung von der Schweizer Grenze bis Piavetal südlich Longarone (einschließlich),
   b) Der Oberste Kommissar der Operationszone Adriatisches Küstenland in der Voralpenstellung vom Piavetal südlich Longarone (ausschließlich) bis Triest (ausschließlich) und in der Karststellung (Tschitschenboden) bis zum Golf von Fiume.
      Die Arbeitskräfte und Mittel sind durch ein Volksaufgebot ähnlich wie in Ostpreußen aufzubringen.
   c) Der Oberbefehlshaber Südwest in den beiden Riegelstellungen zwischen der Voralpenstellung und dem Golf von Venedig mithilfe der Organisation Todt.

4. Die rein militärischen Aufgaben für alle Stellungen obliegen dem Oberbefehlshaber Südwest. – Er bestimmt mithilfe der dafür zu bildenden taktischen und pioniertechnischen Stäbe:
   a) Die operative und taktische Linienführung der Stellungen,
   b) Die Dringlichkeit im Ausbau der einzelnen Abschnitte,
   c) Die Art des Baues aufgrund der taktischen Lage, den taktischen und technischen Kampferfahrungen und den verfügbaren Mitteln.
5. Über die beabsichtigte Organisation des Stellungsbaues und die aufzubringenden Arbeitskräfte ist mir sobald als möglich, über den Fortschritt der Arbeiten nach Beginn zum 1., 10. und 20. jeden Monats zu melden.
6. Die näheren Ausführungsbefehle erlässt das Oberkommando der Wehrmacht.

gez. Adolf Hitler."

Ergänzend zum Befehl über den Ausbau eines rückwärtigen Stellungssystems in Norditalien hieß es dann:

„Bezug: Führerbefehl Oberkommando der Wehrmacht/Wehrmachtführungsstab Operation Nr. 772598/44 geheime Kommandosache/Chefsache vom 26. Juli 1944. –
Der Führer hat zu Ziffer 2 und 3 des genannten Befehls über den Ausbau eines rückwärtigen Stellungssystems folgende Änderungen und Ergänzungen befohlen:

1. Neben den beiden in Ziffer 2 des Befehls vom 26. Juli aufgeführten Riegelstellungen sind unter Ausnutzung der Flussläufe möglichst viele weitere Riegelstellungen zu bauen, um dadurch dem Feinde das Vordringen in das Becken von Udine zu erschweren, die dortige Luftbasis zu schützen und den Zeitgewinn für den Ausbau der Voralpenstellung zu schaffen.
2. Den Ausbau sämtlicher genannter Stellungen, auch der Riegelstellungen auf italienischem Boden, leiten die Obersten Kommissare der beiden Operationszonen. Der Oberbefehlshaber Südwest behält den Ausbau der tief zu gliedernden Apenninstellung und der Küstenbefestigung.
3. Die Grenzziehung beim Ausbau der Riegelstellungen zwischen den beiden Operationszonen regeln die beiden Obersten Kommissare im unmittelbaren Einvernehmen.
   Soweit die Stellungen außerhalb der Operationszonen, also auf italienischem Gebiet, liegen, haben die Obersten Kommissare dort für die Zwecke des Stellungsbaues dieselben Befugnisse wie in ihren Operationszonen. Hierzu sind sie in

jeder Hinsicht durch den Bevollmächtigten General der Deutschen Wehrmacht in Italien und die diesem unterstellten Dienststellen zu unterstützen.
Auswärtiges Amt wird gebeten, dem Duce die militärische Notwendigkeit dieses Stellungsbaues und der dazu erforderlichen Maßnahmen, die rein militärischer, nicht politischer Natur sind, auseinanderzusetzen.

4. An Baukräften der Organisation Todt und Festungsbaustäben stehen den Obersten Kommissaren zur Verfügung:
   a) Alle schon in ihrem bisherigen Bereich eingesetzten Kräfte,
   b) Die Baukräfte der Luftwaffe, die zum Ausbau der Flugplätze nordostwärts der Linie Verona – Pomündung eingesetzt sind. Ausnahmen (zum Beispiel kurzfristige Fertigstellung schon begonnener Arbeiten, die für den jetzigen Einsatz der Luftflotte 2 wichtig sind) beantragt Oberkommando der Luftwaffe.
   c) Die später in der Apenninstellung frei werdenden Kräfte.
   Die schon bisher an den Küstenbefestigungen eingesetzten Kräfte der Organisation Todt verbleiben dem Oberbefehlshaber Südwest.
5. Befehl über Unterstützung durch die in der Operationszone Alpenvorland liegenden Stäbe und Dienststellen aller Wehrmachtteile für die Sicherung der Bauarbeiten folgt.

Gez. i. A.: Jodl – Oberkommando der Wehrmacht/
Wehrmachtführungsstab Operation Nr. 772641/44
geheime Kommandosache/
Chefsache."

Monate vorher, Mitte Dezember 1943, hatten der Kommandeur der Gebirgsjägerschule Mittenwald Oberst Adolf Seitz und der Ritterkreuzträger Hans Rohr den Auftrag erhalten, eine Sehnenstellung von Abbazia quer durch Istrien nach Capodistria zu erkunden, nachdem bereits Mitte September 1943 vom Oberkommando des Heeres befohlen worden war, den „Gebirgserkundungsstab Italien" zu bilden. Kommandeur dieses Stabes war Oberst Seitz. Der ganze Stab war nicht stärker als dreißig Mann und mit entsprechenden Fahrzeugen ausgestattet. Er wurde dem Oberbefehlshaber in Italien unterstellt und hatte zur weiteren Aufgabe, Stellungen südlich der Alpen von der schweizerischen Grenze nach Osten hin zu erkunden. Am 16. Dezember meldete sich der Erkundungstrupp beim Kommandeur der 188. Reservegebirgsdivision. Die schwierigen und oft unter Feindeinwirkung gefährlichen Erkundungsaufgaben hat der ehemalige Narvikkämpfer Hans Rohr in seinem Tagebuch festgehalten:

„16. Dezember 1943: Der Divisionskommandeur gibt uns eine kurze Übersicht zur Lage. Dazu bedient er sich eines Reliefs aus diesem Gebiet. Oberst Seitz meldet, dass

wir uns im Gelände schon kurz umgesehen haben. […] Der General will uns für den Erkundungsauftrag […] eine Gruppe zur Sicherung mitgeben.
17. Dezember 1943: Wir beginnen mit unserer Arbeit ostwärts von Capodistria. Aus Sicherheitsgründen bleibt der Stab immer zusammen. Wir haben es mit einem Hochplateau zu tun, das spärlich mit Gestrüpp bewachsen ist und stellenweise dreißig bis fünfzig Meter steil nach Süden abfällt. Es ist schon sehr unangenehm kalt und stark windig, dass die Arbeit mit Karten mit sehr großen Schwierigkeiten verbunden ist. […]
18. Dezember 1943: Um 07.00 Uhr meldet der Fahrer des Kommandeurs, dass der Wagen nicht einsatzbereit ist. […] Ich schlage deshalb vor, den Trupp ohne uns auf Erkundung zu schicken und wir könnten dann später ja nachkommen. Die Zeit für die Beischaffung eines Ersatzfahrzeuges sollten wir dazu benutzen, einmal beim Reichskommissariat vorzusprechen. Vielleicht können wir für Weihnachten etwas für unsere Leute herausschlagen. Oberst Seitz ist damit einverstanden und wir grasen einige Dienststellen mit gutem Erfolg ab. Um 10.00 Uhr kommt ganz aufgeregt der Kradfahrer des Stabes und meldet, dass alle vier Offiziere, die im vordersten Wagen gefahren sind, gefallen waren. […]

Die Rekonstruktion des Überfalles ergab Folgendes: Ein Partisan hatte sich im Gestrüpp unmittelbar neben der Straße versteckt, hat den Wagen auf zehn Schritte an sich vorbeifahren lassen und dann ein ganzes Magazin auf dieses Fahrzeug abgeschossen. Ich melde den Vorfall sofort bei der Division und bitte die Bergung der Toten und des Wagens veranlassen zu wollen. Weil wir annehmen, dass die Bewohner eines kleinen Ortes bei S. Servolo an diesem Überfall beteiligt sein könnten, erbitte ich von der Division eine Kompanie, um die Gegend säubern zu können. Der General ist grundsätzlich bereit, die Kompanie zu stellen, rät mir aber dringend von einer derartigen Aktion ab, weil wir deshalb große Schwierigkeiten mit […] Dr. Rainer bekommen würden. Er hält schützend die Hand über dieses Land. […]
19. Dezember 1943: Unser Auftrag kann wegen des Zwischenfalles natürlich nicht abgebrochen werden. Aber unser Schutz wird durch einen schweren Maschinengewehrzug, auf zwei Kraftwagen verteilt, und einem italienischen Panzerspähwagen, befehligt von einem Marschallo (Feldwebel), gewährleistet. Die geschlossene Kolonne fährt ab nun in der Gliederung: Panzerspähwagen, ein schwerer Maschinengewehrhalbzug, der Erkundungsstab und am Schluss ein zweiter schwerer Maschinengewehrhalbzug. So fahren wir heute in die Ortschaft S. Servolo ein. Ich beauftrage den Marschallo, als ältesten Dienstgrad, die Fahrzeuge zur Kote 490, westlich Podgorje, zu bringen und dort auf uns zu warten. Gegen Mittag müssen wir die Geländeerkundung abbrechen, weil die Bora so stark weht, dass wir uns kaum noch auf den Füßen halten können und uns zum Teil an den Sträuchern festhalten müssen. Wir marschieren deshalb zum befohlenen Sammelpunkt, und weil die Fahrzeuge noch nicht da sind, weiter in Richtung S. Servolo. Auf halbem Wege kommt uns die Kolonne entgegen

und der Marschallo meldet: ‚Ich habe den Dorf bestraft.' Ich befürchte Schlimmes und der Marschallo erzählt uns, dass er die Dorfbewohner im Friedhof versammeln ließ und ihnen erklärte, er müsse sie bestrafen, weil gestern fünf deutsche Soldaten in der Nähe der Ortschaft umgebracht wurden und die Banditen im Ort Unterstützung und Verpflegung gefunden hätten. Damit dies nicht noch einmal geschehen könne, hätten die Bewohner Lebensmittel abzuführen. [...]
20. Dezember 1943: Wegen der tobenden Bora können wir die Stadt nicht verlassen. Damit haben wir einmal Gelegenheit, uns in Triest umzusehen. [...]
21. Dezember 1943: Weil sich die Bora etwas beruhigt hat, können wir die Arbeiten im Gelände wieder aufnehmen. Heute fahren wir nach Crnotic und von hier erkunden wir zu Fuß über die Höhen in Richtung Zazid. Der Marschallo erhält Befehl, die Kolonne nach Jelovice zu führen und dort auf uns zu warten. Von der Kote 895 sehen wir mit dem Fernglas die Kolonne stehen. Von einer westlich davon gelegenen Ortschaft sehen wir Einwohner zu den Fahrzeugen pilgern und auch wieder zurückgehen. Nichts Gutes ahnend, brechen wir die Erkundung etwas vorzeitig ab und eilen zur Wagenkolonne. Vor dem Panzerspähwagen sehen wir schön aufgereiht Weinflaschen stehen und der Marschallo kommt uns mit Räucherspeck, Käse und Brot entgegen. Noch ehe wir etwas sagen können, meint er, dass die Leute dies alles aus ‚Liebe' zu uns und freiwillig gebracht hätten. Nachdem wir uns gestärkt haben, fahren wir die Straße zurück nach Rasovizza, Villa Opičina nach Triest.
22. Dezember 1943: Die Erkundung wird ohne besondere Vorkommnisse entlang der Bruchlinie fortgesetzt, immer den Tschitschenboden vor uns. Wir gehen über Sbevica (1.014 Meter) – Kote 794 südlich Racjavas-Oscae (1.209 Meter)– Monte Gomilla (1.031 Meter) – Rucavac und Bertznik (1.095 Meter). Da ich morgen für einige Tage Urlaub bekomme, fahre ich schon zu Mittag allein wieder zurück nach Triest, um die Karteneintragungen fertig zu machen."[37]

Genaue Pläne und Stellungsskizzen lagen Major Dr. Schulze zwar bald vor, doch es fehlte an genügend Arbeitskräften und dem notwendigen Baumaterial, um die Arbeiten zu forcieren. Da jederzeit mit Luftangriffen auf Belluno zu rechnen war, hatte Oberst Götz bereits in der Nähe der Unterkünfte in der Kaserne der Alpini einige Splittergräben bauen lassen. Allerorten gab es eine Menge zu tun, da die Planungen vieles vorgesehen hatten. Dem Tatendrang waren durch zu geringe personelle Kräfte und noch weniger Material enge Grenzen gesetzt.

Jedem Gebirgsjägerbataillon stand westlich beziehungsweise östlich von Cortina d'Ampezzo ein Hochgebirgsstützpunkt zur Gebirgsausbildung zur Verfügung: dem I. Bataillon des Reservegebirgsjägerregiments 137 auf dem Falzáregopass und dem II. Bataillon des Reservegebirgsjägerregiments 137 auf dem Passo Tre Croci. Das Ausbildungspersonal setzte sich etwa zu dreißig bis vierzig Prozent aus Deutschen zusammen, während die Rekruten – alle acht Wochen eingezogen – zu sechzig Prozent aus Slowenen und Kroaten bestanden, die teils früher in der jugoslawischen Armee gedient und so den Krieg in Jugoslawien 1941 auf der gegnerischen Seite mitgemacht hatten.

Nur zum Teil verstanden sie Deutsch und waren zudem in der Mehrzahl deutschfeindlich, weil sie sich und ihre Angehörigen von Seiten der deutschen politischen Leiter, die in ganz Jugoslawien eingesetzt worden waren, vielfach falsch behandelt fühlten. So musste man mehr oder weniger davon ausgehen, dass viele von ihnen mit den Partisanen sympathisierten. Es blieb auch nicht aus, dass sämtliche Befehle und Kommandos durch Dolmetscher erst ins Jugoslawische beziehungsweise Serbokroatische übersetzt werden mussten.

„Wie sollte da eine vernünftige Ausbildung erzielt und das Ausbildungsziel innerhalb von acht Wochen erreicht werden? Ein Ding der Unmöglichkeit!", entfuhr es einmal Schulze.[38]

Immer häufiger bekamen die Deutschen in ihren Einsatzräumen nunmehr auch die italienische Bandentätigkeit zu spüren. Die ihnen zugeteilten italienischen Zivilangestellten erhielten Drohbriefe mit der Aufforderung, ihre Tätigkeit für die Wehrmacht einzustellen, sonst würden sie später einmal dafür zur Rechenschaft gezogen werden. Unterzeichnet waren derartige Pamphlete mit einer schwarzen Hand. In der Folge wurde die Ausbildung mit scharfen Patronen in der Tasche ins Gelände verlegt. Den Gegner stellten fortan also die Partisanen dar.

So wurden die jungen Rekruten gleich vom ersten Tage an hautnah am Gegner ausgebildet. Wenn einmal geübt wurde, dann unter entsprechender Sicherung durch Vorgeschobene Posten. Die Exerzierausbildung hatte generell zu unterbleiben, groß geschrieben hingegen wurden nun der Gefechtsdrill und Übungen im scharfen Schuss. Derartige Übungen, bei denen auch die Tragtierführer mit ihren Tragtieren einbezogen wurden, fanden rund um die Uhr statt. Daran schlossen sich zwei Ruhetage mit einer internen Ausbildung an.[39]

Eines Tages wurde der 188. Reservegebirgsdivision befohlen, sich enger um Görz und Triest zusammenzuschließen, da aus diesem Raum mehrere Einheiten für eine andere Verwendung im Süden herausgezogen werden sollten. Jedoch wurde dieser Abschnitt zusehends von Partisanen heimgesucht, da lebenswichtige Nachschublinien durch dieses Gebiet führten.[40]

Aus diesem Grund war das Reservegebirgsjägerregiment 137 in den Raum Cividale – Karfreit (Caporetto) – Tolmein zu verlegen. Sofort wurden Vor- und Erkundungskommandos dorthin entsandt, um die Unterkunftsmöglichkeiten zu erkunden und mit den dort liegenden Einheiten Verbindung aufzunehmen. Da Dr. Schulze damit rechnete, dass die Partisanen sofort mit Zersetzungsversuchen beginnen würden und es zu Desertionen kommen würde, stellte er an die Division den Antrag, sämtliche slowenische und kroatische Rekruten aus dem Regiment zu entlassen und anderen Einheiten zuzuweisen. Generalleutnant von Hößlin war damit einverstanden. Unverzüglich begannen die Vorarbeiten für deren Abstellung und die Aufstellung von mobilen Verbänden innerhalb des Regiments.

Am 19. Februar 1944 stellte sich heraus, dass die Kompanien nach Abgabe der fremdländischen Rekruten durchschnittlich nur noch circa fünfzig bis sechzig Mann stark sein würden. Doch, so Schulzes Überlegungen, lieber wenige Leute, auf die man sich hundertprozentig verlassen kann, als unzuverlässige Mannschaften in den eigenen Reihen. Während die ersten Vorkommandos nach Karfreit, St. Lucia, Tolmein und Cividale in Marsch gesetzt wurden, wurden in den Dolomiten die beiden Stützpunkte an den Pässen Tre Croci und Falzárego aufgelassen und abgebaut.

Erwin Rommel als Oberleutnant in der Reichswehr mit Pour le Mérite, der höchsten Tapferkeitsauszeichnung im Ersten Weltkrieg.

3. Partisaneneinsätze am Isonzo

Der Abschnitt Karfreit – Tolmein – Görz war nicht erst seit 1944/45 ein politisch heiß umstrittenes Gebiet. Alte österreichische und italienische Gebietsansprüche seit dem Ersten Weltkrieg standen dort neuen Forderungen der Jugoslawen diametral entgegen. Was den deutschen Einfluss anging, so führte hier die NSDAP das erste und letzte Wort durch ihren Obersten Kommissar in der Operationszone „Adriatisches Küstenland", den Kärntner Gauleiter Dr. Friedrich Rainer, mit seinen politischen Leitern und Landräten. Erst in zweiter Linie hatte das Militär hier das Sagen. Hinzu kamen verschiedene Unterstäbe und Behörden, ferner ein Nebeneinander von deutschen und italienischen Dienststellen, in denen deutsche Verbindungsoffiziere saßen, sodass auch die Italiener nicht mehr so recht wussten, wie weit sie ohne entsprechende Rückfragen bei den Deutschen selbstständige Entscheidungen treffen konnten.[41]

Auf deutscher Seite war man sich unsicher, ob man den Italienern weiterhin vertrauen konnte oder ob diese womöglich mit den Partisanen zusammenarbeiteten. Man denke in diesem Zusammenhang nur an die Irredenta des Freiheitskämpfers Giuseppe Garibaldi mit seiner Freischärlertruppe, die seit 1870 die Vervollständigung der nationalen Einigung Italiens durch die noch bei Österreich-Ungarn verbliebenen Landesteile mit italienischsprachiger Bevölkerung forderte – und zwar Trentino, Görz, Triest, Istrien, Fiume und Dalmatien. Diese siedelte von der Küstenlinie der Adria bis einige Kilometer in das Landesinnere, wo vorwiegend Slowenen und Kroaten anzutreffen waren. An diese Stelle trafen nun die Interessen des faschistischen Italiens und des kommunistischen jugoslawischen Staates direkt aufeinander. Auf der einen Seite versuchte Tito, den Partisanenkrieg auf diese Interessensphäre auszudehnen und möglichst große Teile der Bevölkerung auf seine Seite zu bringen. Auf der anderen Seite arbeitete die Regierung in Oberitalien diesen Bemühungen entgegen, indem sie die Deutschen in ihre nationalen Bestrebungen einzuspannen versuchte.

In dieses militärpolitisch äußerst labile Gebiet wurden nun deutsche Einheiten wegen der in viel zu geringer Zahl vorhandenen Kraftfahr- und Bespannfahrzeuge im stetigen Pendelverkehr verlegt. Die Einlade- wie auch die Ausladezeiten waren viel zu kurz bemessen, da die Bahnhofsoffiziere glaubten, mit den normalen Verladezeiten wie bei der Fronttruppe, bei der Waffen, Gerät und Gepäck auf den eigenen Fahrzeugen verladen war und diese nur auf die Eisenbahnwagen hinaufgeschoben zu werden brauchten, auszukommen. Aber hier, in der Operationszone „Adriatisches Küstenland", musste unzählige Male aus- und eingeladen und das Gerät erst in den Waggons verstaut werden.

Die Folge war, dass die Transportzüge massiv verspätet abfuhren. In direkter Konsequenz konnten auch die Ankunftszeiten fast nie eingehalten werden. So entstanden oft Verspätungen von bis zu zwölf und mehr Stunden. „Dies“, so Schulze voller Bitterkeit, „wirkte sich wieder auf meine vorbereitenden Maßnahmen bezüglich Bereitstellung von Transportmitteln (Lkw) auf den Entladebahnhöfen aus. Habe ich nun von anderen Dienststellen nach langem Betteln Kraftwagen zur Verfügung gestellt bekommen, so konnten diese auch nicht ewig warten, bis die Züge eingetroffen waren, sondern mussten zurück, um ihre Transportaufgaben zu erfüllen. Auf diese Weise entstanden Reibereien nach und nach, Auseinandersetzungen mit den einzelnen Dienststellen, zumal meine Bataillonskommandeure – insbesondere der vom I. Bataillon – und auch die Kompaniechefs nicht die nötige Einstellung und Initiative mitbrachten, weil sie schon zu lange im Ersatzheer Dienst leisteten. Auf den Ausladebahnhöfen häufte sich das Gepäck und Material zu Bergen, die Bahnhofsoffiziere drängten ihrerseits auf alsbaldige Freimachung der Entladerampen, auf denen auch Munition gelagert werden musste und von Rekruten bewacht wurde, die auf diesem Gebiet nicht geschult waren.“[42]

So trafen schließlich die Truppentransporte erst am 2. und 3. März 1944 mit mehr oder weniger Verspätung ein. In Cividale bezogen die Einheiten zuerst die dort leer stehende Alpinikaserne, da die Aufklärungsabteilung 236 noch nicht abgerückt war. Am 6. und 7. März wurden die Transporte des II. Bataillons vom Reservegebirgsjägerregiment 137, die über Görz geleitet wurden, in S. Luccia ausgeladen. In vielen Pendelfahrten musste das gesamte Umzugsgut in das vier Kilometer entfernte Tolmein gebracht werden. Zur Vorbereitung weiterer Schritte informierte man sich anschließend über das allgemeine Sicherungssystem in der Operationszone. Dieses sah folgendermaßen aus:[43]

Triest: Befehlshaber der SS- und Polizeisicherungskräfte im adriatischen Küstengebiet: SS- Oberführer Nowornik in Triest, Vertreter Obersturmbannführer Dr. Weimann. Unterstellt:

Sicherungsabschnitt Udine: SS-Oberführer Feil
Adjutant: Untersturmbannführer Steutel
Adresse: Via Porta nuova Nr. 19
Telefon der Standortverwaltung: Udine Gefährte

Sicherungsabschnitt Görz: Sturmbannführer Taus Görz Via Roma 4 T 24
Obersturmführer Alwang Via Diaz T 154

Sicherungsabschnitt Udine: Südost-Außenstelle unter Sonderführer Kobler
Stellvertreter Untersturmbannführer Müller
(Adresse: Via de Baldo Circone 26

Telefon der Standortverwaltung: Udine Gefährte)
Müller hat Verbindungsleute in Cividale, St. Oietro, Tarcento, Nimis, Paipana.

Die Sicherungsabteilungen im Sicherungsabschnitt Udine unterstehen Feil, dessen Beauftragter ist Major Erhard mit

Regiment Tagliamento (Oberst Zaliani – Alpinikaserne in Udine für Raum
Gemona – Cividale;
Auftrag: Sicherung der Bahn Tarcento – Udine und südlich.
Adresse: Major Erhard Udine Gymnasium (Pellzo)

Allgemeines Verteidigungssystem:

Polizei und Höherer SS-Führer in Triest: Ic Dr. Petic
Telefon: Triest Nr. 8241
Abwehrmäßig untersteht das Gebiet der Abteilung II in Klagenfurt unter Major von Usta mit

Abwehrstelle Laibach:	Sonderführer Gissmann
Abwehrstelle Tarvis:	Leutnant Münz
Abwehrstelle Görz:	Leutnant Ziborca, Tarnname: Wehrmachteruierungsstelle Görz; Telefon der Standortverwaltung 134
Abwehrstelle 255:	Leutnant Köpke in Tolmein, J. V. Leutnant Kohl, Tarnname: Pionierversuchskommando 54, Adresse: H. V. Görz-Mechaniker
Abwehrstelle Gemona:	Oberführer Dr. Keilholz, Tarnname: Straßenkommission?

Lokales Verteidigungssystem:

Cividale: Übernahme durch I. Bataillon/Reservegebirgsjägerregiment 137 – Hauptmann Schau – von Aufklärungsabteilung 236 (Köpke).
Dieser hat die sichersten Leute herausgenommen und zur Aufklärung angesetzt (Rad, Zivilkleider).

Karfreit: Übernahme von 2. Kompanie/Aufklärungsabteilung 236 (Leutnant Jeschenberger) durch Klöbl.

U. Kabel Berlin – Rom

Feldschaltabteilung z. b. V. Nr. l in Verona
Nebenstelle in Udine Viale Duodo Nr. 39
Sonderführer Z Liehr (Stärke: 1–2–16)

überwacht Strecke Udine – Triest
– Tarvis
– Padua/Pozzio

ungeschützte Stellen: a) S. Quirino nördlich Cividale
b) Saga (Holzbrücke)
c) zwei Kilometer nordwestlich Saga (Gesprengte Betonbrücke, ersetzt durch Holzbrücke)

Veränderungen der eigenen Lage:

Bataillon Weber herausgezogen: ersetzt durch Feldersatzbataillon Jütner;
zwei Kompanien auf Strecke Plava – Auzza (Isonzotal)
eine Kompanie (15.) Auzza – S. Luccia
italienische Betriebskompanie Cavaletti (= 4. Kompanie) und
Kompanie Käfer auf Strecke S. Luccia – Piedeco

Cividale: Verteidigungssystem in Stadt durch Wachzug und neunzehn Carabinieri alle zwei Tage die italienischen Offiziere bestellen zur Anweisung.
Miliz prüfen: diese bewacht Einwohner von Rubignacco und Waisenhaus.
untersteht Major Erhard
Ternente (Leutnant) Maria bewacht Minenlager Spes südlich Applis.
(Fernverbindung mit Staatsfernsprecher)

Görz: Geheime Feldpolizei (Telefon: 34 694) unter Inspektor Freygang
über Heeresverwaltung Görz Stärke 1–1–9
später 2–2–70
Adresse: Via Vattarini 31 (Bei Nordbahnhof).

Zu einer gründlichen Ausbildung kam die Truppe am Isonzo kaum mehr. Stattdessen gerieten die Deutschen im Gebiet von Fiume, Triest, Görz und Udine mehr und mehr mit den Partisanen in grausame und hart geführte Gefechte. Den Grundstock der Partisanen bildeten aus der italienischen Armee in die Berge desertierte Soldaten und entflohene Kriegsgefangene.[44]

Je länger der Krieg dauerte, desto organisierter und wirkungsvoller wurde die Kampfführung der Widerstandsbewegungen. Schneller als erwartet wurden die Erfahrungen eines Tages in die Kampfstrategie umgesetzt. Im oberitalienischen Hinterland der deutschen Hauptkampflinie gärte es heftig, nachdem der italienische General Raffaele Cadorna, ein Sohn des Marschalls Graf Luigi Cadorna, nach dem Vorbild des italienischen Freiheitskämpfers Garibaldi Partisanenverbände aufgestellt hatte,

General Kübler beim Kartenstudium während eines Einsatzes.

Kübler mit seinem Stab beim gemeinsamen Mittagsmahl in einer Holzbaracke.

Generalleutnant Hans von Hößlin, Kommandeur der 188. Reserve- beziehungsweise Gebirgsdivision, die mit einer zeitweiligen Verpflegungsstärke von rund 40.000 Mann die Hauptlast des Kampfes in der Operationszone „Adriatisches Küstenland" zu tragen hatte.

Generalleutnant Ernst Schlemmer als Kommandeur der Division Nr. 188 beim Tiroler Landesschießen im Sommer 1943 in Innsbruck.

Der Stab der Division Nr. 188
in Salzburg
vor seiner Teilung.

Der Stab der Division Nr. 188 nach seiner Teilung. Von links nach rechts: Oberst Treipl, Hauptmann Horbach (später Kommandeur der 1. Gebirgsdivision der Bundeswehr), Generalleutnant von Hößlin und Major von Kirnbauer.

General von Hößlin besichtigt den 15. Offizierslehrgang in der Kaserne in Salzburg-Glasenbach.

Generalleutnant von Hößlin vor dem Stabsgebäude der 188. Gebirgsdivision in Sesana.

Der erste Mitarbeiter namens Widmer des Stabsintendanten Dr. Lutz.

Major Kuhn, der Ia mit dem Deutschen Kreuz, und Hauptmann Scherf, der IIa der 188. Gebirgsdivision.

Generalleutnant Fritz Neidholdt, der Kommandeur der deutsch-kroatischen 369. Infanteriedivision, mit dem kroatischen Kriegsminister Vokoć.

Offizier mit einer Regimentsfahne während einer Parade der deutsch-kroatischen 392. Infanteriedivision.

Offizier mit Kartenmaterial während einer Erkundungsfahrt.

Im Oktober 1944 wurde General Georg Reinicke nach Jugoslawien befohlen. Dort übernahm er als Kommandeur die 369. (deutsch-kroatische) Infanteriedivision, die er in die kräftezehrenden Kämpfe gegen Titos Partisanen führte.

Kampfgebiet Balkan
im November 1943.

Generalleutnant Otto Lüdecke, ebenfalls Pionier, in seiner Funktion als Divisionskommandeur der 264. Infanteriedivision auf dem Balkan und Georg Reinicke.

Bei der Verleihung des Eisernen Kreuzes II. Klasse treten die Soldaten einzeln vor und der Orden wird ihnen von Divisionskommandeur Georg Reinicke angeheftet.

Stolz trägt dieser Soldat das Eiserne Kreuz II. Klasse auf der Brust.

Georg Reinicke im Rang eines Generals und Divisionskommandeur der 369. (deutsch-kroatischen) Infanteriedivision im Jahre 1945.

Generalleutnant Johann Mickl, der Kommandeur der deutsch-kroatischen 392. Infanteriedivision.

Angehörige der deutschen Gebirgstruppe und der deutsch-kroatischen 392. Infanteriedivision bei einer Geländebesprechung.

Generalleutnant Eduard Aldrian, der Kommandeur der deutsch-kroatischen 373. Infanteriedivision.

Der kroatische Ustaschaführer Dr. Ante Pavelić.

Generalmajor Erich Schmidt-Richberg als Chef des Generalstabes der Heeresgruppe mit seinem Oberbefehlshaber Alexander Löhr beim Kartenstudium.

Oberstleutnant der Reserve Dr. Carl Schulze, der ein ausgezeichneter Chronist und Kriegstagebuchführer war.

Major Karl Zednicek während eines Partisaneneinsatzes.

Stabsintendant Dr. Walter Lutz.

Gebirgsjäger, die nach entsprechender Ausbildung in der Operationszone „Adriatisches Küstenland" eingesetzt wurden – und zwar: Hauptmann Leopold Berger.

Siegfried Pirker, Angehöriger der 8. Kompanie des Gebirgsjägerregiments 903.

Jäger Helmut Skumautz.

Jäger Karl Leitgeb.

Leopold Chalupa als Angehöriger der 188. Gebirgsdivision, später als Vier-Sterne-General Oberbefehlshaber der Alliierten Streitkräfte Europa Mitte.

Hans Daurer, Küblers langjähriger Bursche, der seinen General in die jugoslawische Kriegsgefangenschaft begleitete.

Hauptmann Walter Gödde war einer von Küblers Bataillonsführern in der Operationszone „Adriatisches Küstenland".

Oberstleutnant Scholl vom Stab des LXXXXVII. Armeekorps in der Operationszone „Adriatisches Küstenland".

um mit ihnen den großen nationalen Volksaufstand vorzubereiten. Als geistiger Vater des italienischen Bandenwesens muss Oberst Graf Montezemolo, der Adjutant des Marschalls Badoglio, angesehen werden.[45] Eine Direktive der Italiener vom Juli 1944 zur Bildung von taktischen Partisaneneinheiten gewährt uns einen Einblick in die paramilitärische Struktur des Gegners. Dort heißt es wortwörtlich:[46]

„In der gegenwärtigen Situation und ihrer voraussehbaren raschen Entwicklung erscheint es immer notwendiger, dass die patriotischen Kräfte ihren Offensivgeist weiter erhöhen und sich darauf vorbereiten, auf ausgedehnteren Territorien in wirklichen Kriegsunternehmungen zu operieren. Man muss es so machen, dass, während die Besetzung von Dörfern und Tälern sowie die Befreiung größerer Gebiete immer weitergeführt wird, ihre Besetzung und Herrichtung zur Verteidigung nicht offensive Unternehmungen größeren Ausmaßes beeinträchtigen noch die Möglichkeit, den Feind auch mit verhältnismäßig bedeutenden Kräften dort anzugreifen, wo er am wenigsten darauf gefasst ist und wo ihn unsere Schläge am empfindlichsten treffen. Es darf jenseits der ersten Berghänge überhaupt keine absolute Sicherheitszone für die Befehlsstellen, Besatzungen, Depots und Verbindungswege des Feindes mehr geben. Daher ist es notwendig, dass man – während die normalen Partisanenkräfte dazu verwendet werden sollen, die Stützpunkte und die von ihnen kontrollierten Gebiete besetzt zu halten und innerhalb eines bestimmten Aktionsradius zu operieren – beweglichere Einheiten bildet, das heißt zuverlässige, schlagkräftige und leicht verlegbare taktische Einheiten, die zwar an besondere Zonen gebunden sind, jedoch keine Besatzungsaufgaben zu erfüllen haben, sondern deren spezielle Fähigkeit darin besteht, den Feind ausfindig machen zu können. Dazu ist Folgendes erforderlich:

1. Die taktischen Einheiten müssen aus besonders ausgewählten und für offensive Aktionen geschulten Männern und Abteilungen bestehen, die so ausgerüstet sind, dass sie sich schnell bewegen und mit beachtlicher Stoßkraft operieren können. Sie werden in einer oder mehreren Abteilungen mit einer Gesamtzahl von 200 bis 300 Mann aufgestellt und so gegliedert, dass einzelne Abteilungen nötigenfalls auch selbstständig handeln können.
2. Die taktischen Einheiten werden ihren Standort in Gebieten haben, die schon von anderen Abteilungen besetzt sind. Ihre Kommandos treffen dort mit den Gebietskommandos Abmachungen über Verpflegung, Unterbringung und so weiter und überlassen ihnen auch die Regelung der Beziehungen zu den örtlichen Behörden, zur Generalintendanz und so weiter. Von diesen Gebieten aus gehen sie auf Anweisung der Oberkommandos zum Einsatz. Der Übergang von einem Gebiet in ein andersartiges ist in Betracht zu ziehen und genau zu überlegen, genauso wie der Rückzug in eine andere als die Ausgangszone. Die Kommandos müssen vor allem für die Erkundung des Terrains und der Lage

des Feindes im breiten Umkreis sorgen, wobei sie – falls nötig – zweckdienliche Verbindungen zu benachbarten Kommandostellen aufnehmen.

3. Die taktischen Einheiten, die sich in von anderen Partisanenkräften besetzten Gebieten aufhalten, operieren in Übereinstimmung mit ihnen auch beim Rückzug im Falle einer allgemeinen Offensive des Gegners. Sie können von den höheren Kommandostellen immer als bewegliche Reserve betrachtet und im Bedarfsfall eingesetzt werden.
4. Die Ziele, die sich die taktischen Einheiten vornehmen, müssen den Charakter offensiver Vorstöße in weitem Umkreis haben, die mit großer Schnelligkeit so geführt werden, dass nach Vernichtung feindlicher Kräfte und Erbeutung von Kriegsmaterial der Rückzug auf schon vorbereitete und von anderen Kräften besetzte Stützpunkte möglich ist. Die Einheiten müssen so geschult und ausgebildet sein, dass sie auch bedeutende Sabotageakte in kürzester Zeit ausführen und auf der Grundlage zuverlässiger und eingehender Information handeln können."

Nachdem der Partisanenkampf nicht nur auf dem Balkan, sondern auch auf der Apenninenhalbinsel immer mehr um sich griff, erließ der Oberbefehlshaber der deutschen Truppen in Italien am 1. Juli 1944 einen rigorosen Befehl, in dem unter anderem zu lesen steht:

„In meinem Aufruf an die Italiener habe ich den Bandenkampf mit den schärfsten Mitteln angekündigt. Diese Ankündigung darf keine leere Drohung sein. Ich mache es allen Soldaten [...] meines Befehlsbereichs zur Pflicht, im Tatfall zur Anwendung zu bringen:

Jeder Gewaltakt der Banden ist sofort zu ahnden. Aus der eingereichten Meldung muss auch die eigene Gegenmaßnahme zu ersehen sein.

Wo Banden in größerer Zahl auftreten, ist der in diesem Bezirk wohnende jeweils zu bestimmende Prozentsatz der männlichen Bevölkerung festzunehmen und bei vorkommenden Gewalttätigkeiten zu erschießen. Dies ist den Einwohnern bekanntzugeben.

Werden Soldaten und so weiter aus Ortschaften beschossen, so ist die Ortschaft niederzubrennen. Täter und Rädelsführer sind öffentlich aufzuhängen [...]"

Trotz der drakonischen Maßnahmen forcierten die Partisanen ihre subversive Kriegsführung. In den Sog dieser Partisanenkämpfe wurden nun mehr und mehr auch die deutschen Verbände in Ober- und Mittelitalien hineingezogen.

Schlimmer noch: Auf der Apenninenhalbinsel wurden in den Kriegsjahren 1944/45 Tausende von deutschen Soldaten, aber auch rund 300.000 Italiener Opfer heimtückischer Anschläge, grausamer Terrorkommandos und blutrünstiger Lynchjustiz, der sogenannten „Revolutionstribunale" der kommunistischen Partisanen. So ermordeten sie in Como 700 wehrlose Italiener, in Reggio Emilia 1.600, in Bologna 900 und in der Provinz der Stadt 3.000, in Mailand 2.500 und in Turin 2.000. Allein in Rom und Umgebung töteten die Partisanen unter teils bestialischen Begleitumständen an die 60.000 Menschen. Im Raum Udine – Belluno – Treviso, dem sogenannten „Dreieck des Todes", stieg die Zahl der Massakrierten innerhalb kurzer Zeit auf sage und schreibe 80.000.

Auch die deutschen Soldaten mussten sich von Tag zu Tag immer mehr der italienischen Partisanen, von denen sie aus dem Hinterhalt angefallen wurden, erwehren. Diese furchtbare und allen Regeln des Kriegs- und Völkerrechts widersprechende Kriegsführung kostete einer großen Anzahl von Soldaten das Leben.

Angesichts des aggressiver und subversiver werdenden Auftretens der italienischen Freischärler erließ der Oberbefehlshaber Südwest, der die Anzahl der Partisanen auf der Apenninenhalbinsel 1944 auf rund 100.000 schätzte, überaus scharfe Befehle, für die er sich später vor einem alliierten Sondergericht zu verantworten hatte. Hinzu kamen noch rund 4.000 Italiener, die sich in Kroatien und im dalmatinischen Küstenabschnitt den Banden angeschlossen hatten. Zu welcher Bedrohung die kommunistischen Partisanen im rückwärtigen deutschen Frontgebiet wurden, schildert der Hitler stets loyale Generalfeldmarschall Kesselring in seinem Erinnerungswerk wie folgt:

„Die Individualität konnte sich austoben, das südländische Temperament tat das Seinige dazu. Wo die an sich überspitzt konstruierte, ‚vaterländische Aufgabe' noch Hemmungen bestehen ließ, wussten sich die verbrecherischen Instinkte der Kriminellen in solchen zusammengewürfelten Haufen weitgehend durchzusetzen. So konnte die verabscheuungswürdige, hinterhältige Kampfführung Orgien feiern, zu der sich die Struktur des italienischen Raumes geradezu anbot. In kleineren Gruppen oder auch einzeln auftretend, wüteten die Banden hemmungslos. Sie übten überall, im Gebirge wie in der Poebene, in Wäldern wie auf den Straßen und bei Nacht und Nebel – aber nie offen – ihre lichtscheue Tätigkeit aus. Diesen Gruppen sind in der Hauptsache die vielen Sabotageakte an Wehrmachtseinrichtungen, Lagern, Bahnen, Straßen, Brücken, Nachrichtenanlagen und die ebenso häufigen, gegen die Menschlichkeit verstoßenden Rohheitsverbrechen zuzuschreiben. Es gibt in der Skala vom heimtückischen Abschießen, Erhängen, Ertränken, Verbrennen, Erfrieren, Kreuzigen, Martern jeder Art, Attentate gegen einzelne und Gemeinschaften bis zur Brunnenvergiftung keines, das nicht einmal oder viele Male, ja laufend vorgekommen wäre. Der immer wiederkehrende Missbrauch des ‚Roten Kreuzes' muss hier betont werden.

Dies wurde erleichtert, da die Bandenangehörigen fast durchwegs keine Abzeichen und ihre Waffen verborgen trugen oder auch völkerrechtswidrig deutsche oder faschistische Uniformen benutzten. Das Verpflichtende der Uniform fehlte. Durch all das entstand auf der deutschen Seite erhebliche Unruhe, da der deutsche Soldat in den bandenbesetzten Zonen in jedem Zivilisten beider Geschlechter einen fanatischen Meuchelmörder vermuten musste und aus jedem Haus angeschossen werden konnte. Daneben vollzog sich der Späh- und Meldedienst unter Mitwirkung oder Duldung der gesamten Einwohner, wodurch die stete Gefährdung des deutschen Soldaten überhaupt erst möglich wurde.

Zum offenen Kampf stellten sich die Banditen nur in ganz seltenen Ausnahmefällen. Hatten sie ihre heimtückische Aufgabe aus dem Hinterhalt erfüllt oder mussten sie aus dem Gefühl der Unterlegenheit den Kampf abbrechen, so verschwanden sie als Bürger unter Bürgern oder als harmlose Waldläufer im Gelände.

Dort, wo sie sich zum Kampf stellten oder stellen mussten, nahmen sie entgegen allen humanen Grundsätzen keinerlei Rücksicht auf die im Kampfgebiet wohnende Bevölkerung, sodass auch häufig unter den nicht kämpfenden alten Männern, Frauen und Kindern bedauernswerte Verluste entstanden."[47]

In Jugoslawien – die Tradition des Partisanenkampfes reicht auf dem Balkan bis in die Zeit der Türkenherrschaft zurück – zersplitterten sich die Widerstandskämpfer in verschiedene, sich gegenseitig bekämpfende Gruppen. Mehr noch: Es war in diesem Vielvölkerstaat ein Kampf aller gegen alle, der auch in jüngster Vergangenheit wieder unbarmherzig entbrannt ist:

„Serben mit Kroaten gegen Deutsche, Italiener mit Kroaten gegen Serben, Deutsche und Italiener mit Kroaten und Serben gegen Titos Partisanen, Albaner und Italiener mit Deutschen gegen Tito, Mihailovic-Tschetniks gegen Partisanen, die Veteranen der russischen Zarenarmee gegen Tito, Tschetniks mit Deutschen gegen Partisanen, Mazedonier gegen Slowenen, und die deutsche Führung holte sogar Freie Araber zur Hilfe, außerdem Christen gegen Mohammedaner, Katholiken gegen Orthodoxe, Griechen gegen Griechen, Kosaken und SS-Verbände gegen Partisanen und nicht zuletzt Engländer gegen Griechen. Dazu spielten sich hinter den Kulissen erbarmungslose Duelle der Geheimdienste und verwegener englischer, deutscher, amerikanischer und sowjetischer Sonderkommandos ab, die kein Pardon kannten"[48], während Josip Broz Tito sich aus den Interessenkämpfen zwischen den Kroaten, Serben und Muselmanen geschickt heraushielt und schließlich eine stattliche bewegliche Streitmacht, die häufig von britischen Luft- und Seestreitkräften sowie mit Panzern und Artillerie wirkungsvoll unterstützt wurde, unter seinem Kommando vereinigen konnte.

Dabei bildete die bereits Ende Dezember 1941 aufgestellte „Erste Proletarische Brigade" den Kern der späteren „Volksbefreiungsarmee Jugoslawiens", die im Herbst 1944 rund eine halbe Million Mann zählte. Es war eine Partisanenstreitmacht, die auch den Kampf gegen die Deutschen in der Operationszone „Adriatisches Küstenland" aufnahm. Der Befehlshaber reagierte nicht nur prompt, sondern auch besonders hart, wie man seinen berüchtigten Richtlinien für die Bandenbekämpfung aus dem Korpsbefehl Nr. 9 vom 24. Februar 1944 entnehmen kann, womit er eindeutig und auf unmenschliche Weise gegen die Haager Landkriegsordnung verstieß:[49]

„I. Mit dem Abtransport der 71. Infanteriedivision und dem Einsatz der 162. Infanteriedivision an der Küste haben die Banden Luft bekommen.
Sie terrorisieren die Bevölkerung,
rauben Vieh und Lebensmittel und
rekrutieren in großem Umfang durch Zwangsaushebung.
Sie morden deutsche Soldaten aus dem Hinterhalt,
überfallen Kraftfahrzeuge und Kolonnen,
sprengen Bahnen und Brücken,
plündern Lebensmitteltransporte,
zerstören Kabel und Drahtverbindungen,
schänden die Leichen deutscher Soldaten.
Die anderthalb Monate vom 1. Januar bis 15. Februar 1944
haben uns 503 Opfer an Toten, darunter drei Kommandeure, gekostet.
Gezählt wurden:
181 Überfälle auf die Wehrmacht
125 Attentate gegen die Eisenbahn
22 Brückensprengungen an Bahnen und Straßen
25 Großsabotagen an Kabeln und Fernsprechleitungen
68 zerstörte oder stark beschädigte Kraftfahrzeuge.

II. Das ist Großkampf auf Befehl der Feindmächte.
Es steht ferner aus erbeuteten Papieren fest, dass die Bandenführung den allgemeinen Volksaufstand planmäßig vorbereitet für ‚den Tag', das ist der Tag, an dem die Angloamerikaner an unserer Küste landen wollen. […]

IV. Da gibt es nur Eines:
Terror gegen Terror,
Auge um Auge,
Zahn um Zahn! […]

V.6 Im Kampf ist alles richtig und notwendig, was zum Erfolg führt. Ich werde jede Maßnahme decken, die diesem Grundsatz entspricht.

V.7 […] Gefangene Banditen sind zu erhängen oder zu erschießen. Wer die Banden durch Gewährung von Unterschlupf oder Verpflegung, durch Verheimlichung ihres Aufenthaltes oder sonst durch irgendwelche Maßnahmen freiwillig unterstützt, ist todeswürdig und zu erledigen. […]

V.10 Kollektivmaßnahmen gegen Dörfer und so weiter dürfen nur im unmittelbaren örtlichen und zeitlichen Zusammenhang mit Kampfhandlungen und nur

> von Offizieren vom Hauptmann an aufwärts verhängt werden. Sie sind am Platz, wenn die Einwohnerschaft in ihrer Masse die Banden freiwillig unterstützt hat. Die Kampfanweisung für die Bandenbekämpfung im Osten gilt in ihren Grundsätzen auch für die Operationszone des Armeekorps. […]
> Handelt danach!
>
> gez. Kübler, General der Gebirgstruppe
>
> Dieser Befehl ist bis zu den Kompanien zu verteilen.
> Seine Grundsätze sind allen Offizieren, Unteroffizieren und Mannschaften immer wieder einzuhämmern."

Nach derartigen drakonischen Befehlen eskalierten die Kampfhandlungen noch mehr, zumal Kübler darüber hinaus noch gefordert hatte, „dass im Kampf bisweilen auch Unschuldige mit Gut und Blut unter die Räder kommen, ist bedauerlich, aber nicht zu ändern. Sie mögen sich bei den Banden bedanken. Nicht wir haben den Bandenkrieg eröffnet."[50]

Fortan waren die Deutschen in der Operationszone „Adriatisches Küstenland" gezwungen, sich ihren Weg sowohl gegen den Widerstand der italienischen als auch der jugoslawischen Partisanen zu erstreiten. „Bemerkenswert ist der Einfluss, den der Oberste Kommissar auf den die Kollektivmaßnahmen betreffenden Teil des Korpsbefehls nehmen konnte. Rainer war der Meinung, dass Kollektivmaßnahmen an nicht nachweisbar am Bandenkampf Beteiligten nur neuen Zulauf zu Partisanengruppen brächten und außerdem zu deutlichem Prestigeverlust der Deutschen führten. Er bewog daher den Befehlshaber zum Verzicht auf nachträgliche Kollektivmaßnahmen."[51]

Mehr noch: „Der entsprechende Abschnitt im Korpsbefehl des Befehlshabers bestimmte daher, dass Kollektivmaßnahmen nur mit Zustimmung des Befehlshabers selbst durchgeführt werden dürften. Im Übrigen versicherte der Befehlshaber dem Obersten Kommissar, dass er in allen Fällen, in denen Kollektivmaßnahmen vorgesehen wären, diese erst nach vorheriger Zustimmung durch den Obersten Kommissar durchführen ließe."[52]

Das bedeutete im Klartext: Nicht Hitlers „politischer General" Dr. Rainer, sondern der Wehrmachtsgeneral Kübler war in der Operationszone „Adriatisches Küstenland" der energischere von beiden. Küblers Härtemaßnahmen wären noch um einiges übertroffen worden, wäre er nicht ein um das andere Mal von anderen, die mehr Menschlichkeit als er an den Tag legten, gebremst worden. So löste das „räumlich und zeitlich nicht begrenzte Amnestieversprechen des Obersten Kommissars […] bei den militärischen Stellen größere Verärgerung aus."[53] Die Partisanen erstrebten jetzt nicht nur mehr bloß die Unterbrechung der deutschen Nachschublinien, sondern sie machten es sich zum Ziel, die Unterstützung der Bevölkerung zu gewinnen, was ihnen im Raum Fiume – Triest – Görz – Udine auch größtenteils gelang. Weiterhin bot sich die geologische Struktur dieses Gebietes in weiten Teilen für den Partisanenkampf geradezu an.

Nicht umsonst bekannte Generalfeldmarschall Kesselring: „Im Bereich Generalkommando Kübler (LXXXXVII. Armeekorps) war die bisherige Bandentätigkeit ein starkes Hemmnis für Ausbildung und Stellungsbau. Das Vorrücken der Titokräfte südlich Fiume erforderte Aufmerksamkeit. Mit Truppen wie mit Nachschub war dieser Frontteil stiefmütterlich versorgt."[54]

Am 11. März 1944 führte Oberleutnant Jansen im Zuge der Geländeausbildung ein erstes Unternehmen gegen Bergogna durch. Bei dieser Gelegenheit gelang es ihm, sieben Partisanen gefangen zu nehmen, die er beim Regimentsstab zum Verhör ablieferte. In diesem Zusammenhang ist es angebracht, sich kurz über die Organisation der slowenischen Bandenbewegung zu informieren, deren verlängerter Arm, die slowenische Volksgruppe Kärntens, auch in diesem österreichischen Bundesland aktiv war, um ihr Ziel – ein Großslowenien von Triest bis zum Herzogstuhl – zu verwirklichen:

1. Politische Organisation:

a) Leitung: Sie oblag im jugoslawischen Gebiet der Avnoj (= Antifaschistischer Rat der nationalen jugoslawischen Bewegung). Tito wurde Ende November 1943 in Jaice/Bosnien von einer slowenischen Delegation zum Marschall ernannt. Er war zugleich Vorbild, Führer und Idol der slowenischen Partisanen in Kärnten, die nur deshalb in der Ostmark kämpften, „um Österreich nach der Befreiung um einen Teil dieses Staatsgebietes berauben zu können."[55]
Nicht umsonst enthielt bereits im Jahre 1941 die Proklamation für die „Slowenische Befreiungsfront" die Aussage, dass der Kampf für ein Vereinigtes Slowenien unter der Führung der Kommunistischen Partei auszutragen sei. Der Rat bestand aus 67 Mitgliedern (unter anderem Dr. Iwan Ribar, Moses Pijade, Anton Augustincic und Josop Rus). An der Spitze der Regierung stand Tito. Ziel der Slowenischen Befreiungsfront war es, durch einen bewaffneten Aufstand Slowenien zu vereinigen.
Beansprucht wurden die Krain, die Südsteiermark, das adriatische Küstenland, ein großer Teil Kärntens einschließlich seiner Landeshauptstadt Klagenfurt, die Mittelsteiermark und das Gebiet der Venezianer Slowakei um Udine und Cividale. [...]

2. Militärische Organisation:

Nov in Pos = Heer der nationalen Befreiung und slowenische Bandenregimenter.
Gliederung und Stärke: fünf Operationszonen: Oberkrain, Innerkrain, Unterkrain, Küstenlande.

Gliederung des slowenischen Heeres:

1.–10. Division (zum Teil in Aufstellung)

	I. Brig.	circa 1.000 Mann	1. Batl.		1. Kp.		1. Zug		1. Gr.
1. Division	II. Brig.	je	2. Batl.	je	2. Kp.	je	2. Zug	je	2. Gr.
	III. Brig.		3. Batl.		3. Kp.		3. Zug		
2-3.000 Mann			4. Batl.		4. Kp.				
			5. Batl.						
			à 240 Mann		à 60 Mann		à 20 Mann		à 10 Mann
			Artilleriegruppe						

Territorialformation:

Regiment = Territorialformation = Wehrbezirk mit weitverzweigtem Kurierdienst in Privathäusern.

Bodenkompanien = Einheiten von Ortseinwohnern.

Rangabzeichen der Partisanen:

1 Stern	= Gruppenführer
2 Sterne	= Zugkommandant
1 Stern, 2 senkrechte Streifen	= Kompanieführer
1 Stern 2 waagrechte Streifen	= Bataillonsführerstellvertreter
3 Sterne gold, 1 Ärmelstreifen gold	= Brigadeführer
Anzahl der Sterne nach Rang	
1 Ärmelstreifen gold	= Brigadeführerstellvertreter

Kommissare trugen die gleichen Rangabzeichen, jedoch hatten sie zur Unterscheidung von den militärischen Führern am linken Oberarm ein „OF“ = Anfangsbuchstabe des Wortes „Freiheit“.

Partisanen hier, Partisanen dort, Partisanen auf einsamen Almhütten und im unwegsamen Karst, im wasserarmen Boden, kahlen Fels und Latschengestrüpp. Und wie seinerzeit, während der zwölf Schlachten am Isonzo, so galt auch jetzt wieder „das Grundelement für die Karstverteidigung“. Es konnte, schrieb schon seinerzeit der damalige Chef der Generalstabsabteilung der k u. k. 5. Armee, Generalmajor Pitreich, „nichts anderes bilden wie das natürliche Karstloch in seiner ganz verschiedenen Lage, Tiefe und Ausdehnung. Eine Reihe von solchen unregelmäßigen Vertiefungen und seichten Löchern erhielt als Brustwehr und zur Verbindung untereinander eine aus losen Steinen zusammengetragene Mauer in sechzig bis achzig Zentimetern Dicke vorgelagert, die allenfalls noch mit Sandsäcken gekrönt war und so eine verdeckte Schartenhöhe von durchschnittlich 1,2 Metern erreichte. Das war die Kampflinie. Jede einfallende Granate warf diese Mauer ein und verursachte Steinsplitterung. Um sich gegen diese etwas zu schützen, wurden diese Mauern durch die Kampftruppen mit der Zeit so reichlich traversiert, dass sich zwei bis vier, oft auch nur einzelne Plänkler gewissermaßen in einem eigenen Steinkasten befanden. Teilweise waren diese ‚Nester‘ zum Schutz gegen Witterungseinflüsse mit Brettern und Dachpappe eingedeckt. Die Verankerung des vorgelagerten, dürftigen Hindernisses begegnete stets den größten Schwierigkeiten. Aber selbst diese Steinriegel boten in den kommenden Schlachten keinen ausreichenden Schutz. Waren hinter der Kampflinie keine größeren Löcher vorhanden, so boten wieder nur Mauern und Steinriegel mit Flugdächern den zunächst bereitzuhaltenden Reserven Unterstand. Mauern mussten die sonst üblichen Lauf- und Verbindungsgräben ersetzen, sollten gegebenenfalls ein Rückhalt sein. Hinter losen Mauern und Steinriegeln erfolgten der Verkehr und die Versorgung der Kampftruppe. Und unter solchen Mauern fand manches Menschenleben ein unerwartetes Ende."[56]

Und doch: „Selbst in dieser Steinwüste gab es", schrieb Pitreich, „auch Oasen, die für die Karstverteidiger die größte Rolle spielten. Das waren die großen und tiefen Karstlöcher, ‚Dolinen' genannt. Dort gab es, an die feindwärtigen Steilränder angeklammert, doch einigen Schutz gegen das höllische Feuer. Dort fand man stellenweise sogar auf dem Grunde des Bodens einigen Humus, der einerseits lebendes Grün sprießen ließ und andrerseits entschwundenes Leben notdürftig zu verhüllen vermochte. Dort wurden die bescheidensten Existenzbedingungen zur köstlichsten Quelle des dringendsten Lebenserfordernisses. Dort rückwärts in der Doline war vor allem, zum Unterschiede von der furchtbaren Wüste vorne, ‚Leben' zu finden. Von dort aus leiteten die niederen Kommandostellen Tag und Nacht die Verteidigung und Versorgung der ihnen anvertrauten Kampfzonen. Aus den dort nächtlicherweile aufgestapelten Vorräten war der Bedarf an Wasser, Verpflegung, Munition und sonstigem Kriegsmaterial zu decken. Dort fand der wunde Krieger erst sachgemäße Hilfe, die seine Abgabe in rückwärts gelegene Heilanstalten ermöglichte oder ihm wenigstens die Qual seiner letzen Stunde erleichterte … Nichts war unter solchen Umständen natürlicher, als gerade im Bereiche dieser Kraftzentren durch tieferes Eindringen in die umschließenden Felswände die beschränkte Zone sicheren Daseins zu erweitern. Dort wurde also mit besonderem Eifer gehämmert, gebohrt und gesprengt. Wie schwer es aber war, auf diese einzig mögliche Art endlich bombensichere Unterkünfte zu schaffen, zeigt der Umstand, dass bis zum Beginn der nächsten Schlacht [der dritten] auf der ganzen Karsthochfläche – eingerechnet die dort erschlossenen Höhlen – erst knapp 2.000 Mann auf diese Weise Schutz finden konnten. Alles Übrige hatte sein Leben unter einfachen Bretterdächern mit Erd- und Sandsackauflage – kaum regen- und splittersicher – zu fristen."[57]

Das waren die äußeren Rahmenbedingungen, die im karstigen Gelände während des Zweiten Weltkrieges nicht anders waren als im Ersten. Verschlimmert hatte sich jedoch die Art der Auseinandersetzung, denn es gab 1944/45 am Isonzo keinen Fleck, auf dem die Deutschen nicht auf die subversive Kampfesweise der Partisanenbewegungen gestoßen wären. So zum Beispiel bei Sella. Bei dem kurzen Feuergefecht fielen drei Partisanen, einer entkam, vier wurden gefasst und dem Sicherheitsdienst

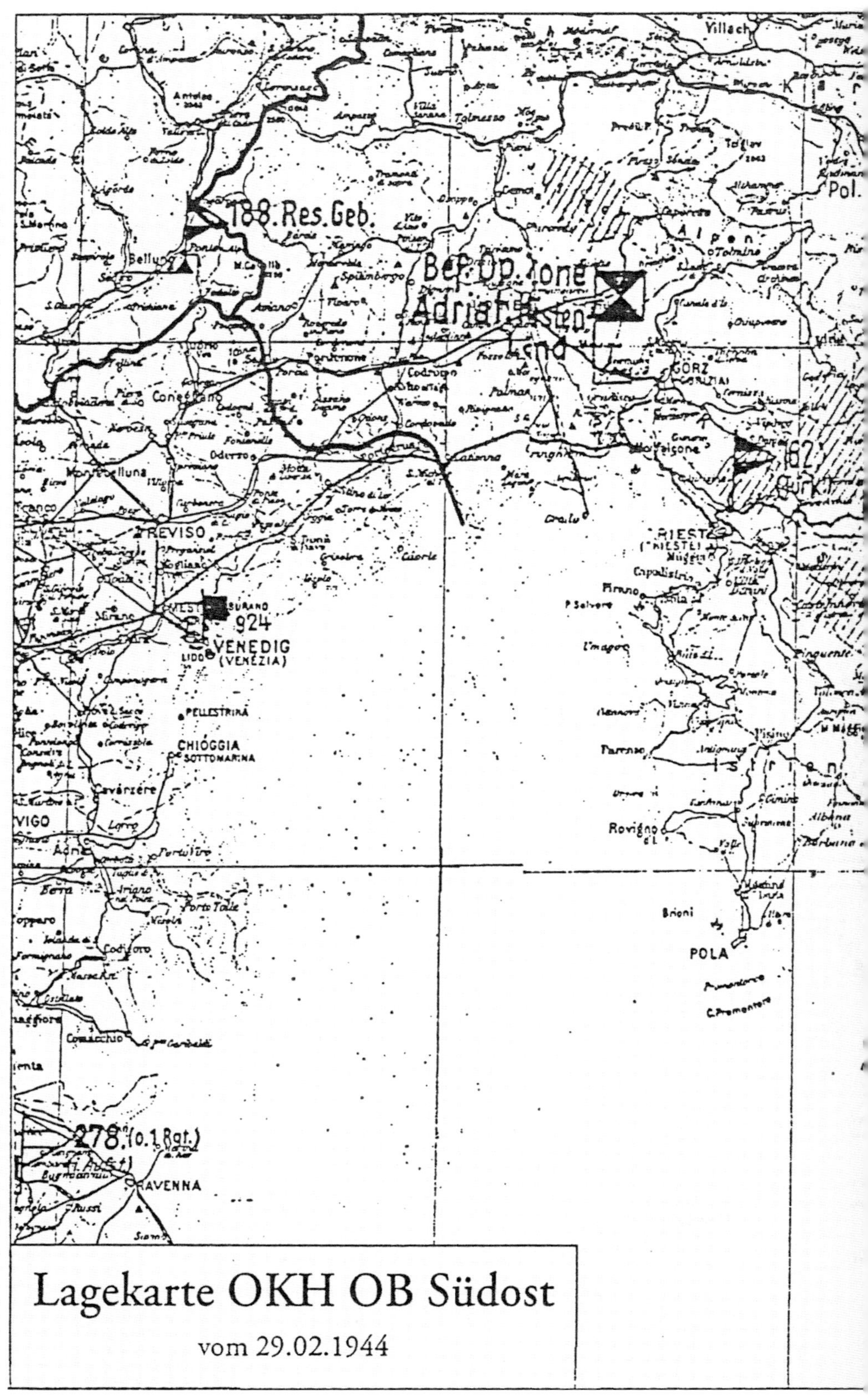

Die Lagekarte zur Operationszone „Adriatisches Küstenland" des Oberkommandos des Heeres, Oberbefehlshaber Südost.

Marburg
Cilli
Gurkfeld
Varaždin
Nagykanizsa
Bev.Dt.Gen. i.Kroatien
Sljeme
AGRAM
Pol.Rgt.19
Jg.Res.Rgt.
Karlstadt
1. Kos.
Sisak
Petrinja
1.Geb.
392
Ogulin
Topusko
Slunj
Bosn.Novi
Prijedor
373
Bihac
Krupa
Rab (Arbe)
Perušić
Gospič
Karlobag
Udbina
Crni vrh
Kijevo
92

überstellt. Oft war den jungen Landsern gar nicht bewusst, in welch hoffnungs- und aussichtslosen Lagen sie sich vielerorts befanden. So verdient auch das festgehalten zu werden: Ohne eine intakte Frontkameradschaft wäre es gar nicht möglich gewesen, die Schrecken des Partisanenkrieges physisch und psychisch zu verarbeiten, denn auf den geschundenen Schultern des armen „Frontschweines", das nur wenig oder gar nichts von der allgemeinen Lage wusste und überwiegend von Befehlen und Gerüchten lebte, ruhte die Hauptlast des Kampfes. Auch hier galt das schlichte Wort des älteren Moltke: „Guter Wille, Ausdauer und Mannesmut überwanden alle Schwierigkeiten."[58]

Am 13. März 1944 schließlich zerstörte die 2. Kompanie des Reservegebirgsjägerregiments 137 bei Bergogna, im Walde westlich von Grado, eine Partisanenunterkunft. Zurück blieben 42 gefallene Freischärler. Tags darauf wurde ein Kurier der Partisanenbewegung mit Befehlen, Anweisungen und Propagandamaterial gefangen genommen. Dagegen erwies sich ein Unternehmen gegen Robidischi, wo ein Lazarett der Partisanen im Walde vermutet wurde, als ein Schlag ins Leere. Dafür konnte am 16. März wieder ein Erfolg verbucht werden: Der 2. Kompanie gelang nämlich abermals ein Überfall auf die Partisanen, bei dem 25 Banden vernichtet wurden. Ein abermaliger Angriff gegen die beiden Lazarette blieb jedoch wieder erfolglos.

Dafür wurde in der Nacht vom 22. auf den 23. März 1944 bei Jesseniag, vier Kilometer südwestlich von Tolmein, ein Lazarett der Banden ausgehoben. Drei Partisanen wurden dabei erschossen, vier konnten entkommen. Schon wurden Befehle für ein neues Säuberungsunternehmen ausgefertigt und letzte Vorbereitungen zum Unternehmen „Enzian" getroffen. Hierzu wurden eingesetzt: Zwei Kompanien vom Reservegrenadierbataillon 499 aus Gemona, die 1., 2., 3. und 6. Kompanie des Reservegebirgsjägerregiments 137, der Stab des I. Bataillons des Reservegebirgsjägerregiments 137 und der Reserveoffizierbewerberlehrgang.

„In Karfreit überwachte ich selber die Ausführung, dass keine vorzeitigen Vorbereitungen erkennbar waren", erfahren wir von Major Schulze, dem Führer des Unternehmens. „Den Regimentsstab beziehungsweise meine Führungsstaffel ließ ich erst kurz vor 24.00 Uhr auf Lkw verladen und fuhr mit ihm nach Stuppizza, wo ohne Lärm und Licht ausgestiegen und sofort mit dem Aufstieg auf den Monte Jauer begonnen wurde. Hinter einer Sicherung schaltete ich mich ein, dann kam der Reserveoffizierbewerberlehrgang. Fünf Stunden ging's nun bei fast stockdunkler Nacht auf circa 1.900 Meter hinauf, lautlos, wie die Indianer, ohne Rast. Bei Tagesanbruch waren wir irgendwo an Ort und Stelle. Einen herrlichen Rundblick hatten wir, über die Bergkette nördlich Karfreit. Es war eine Lust, wieder auf den Bergen zu sein."[59]

Schon dämmerte der 24. März 1944 von Osten herauf. Punkt 05.45 Uhr lief das Unternehmen „Enzian" an. „Zunächst ereignete sich nichts", schreibt Schulze. „Programmgemäß sah ich dann verabredete Leuchtzeichen, die den ungefähren Raum angeben, wo die eingesetzten Einheiten waren. Kein Gefechtslärm, nichts. Sollten die Partisanen Lunte gerochen haben? Es galt auch, auf dem Monte Jauer ein Partisanenverwundetennest auszuheben. Trotz Beschreibung der Lage konnten wir es nicht finden. Und fanden es auch nie! – Gegen 10.00 Uhr wurde Blickverbindung mit dem aus Süden angesetzten I. Bataillon/Reservegebirgsjägerregiment 137 aufgenommen, das sehr weit auseinander gezogen in dem fast deckungslosen Gelände vorgehen konnte. Auch mein Führungsstab und die Reserveoffizierbewerber näherten sich Robidischi langsam. Doch auf einmal musste ich feststellen, dass uns ein fast 200 Meter tiefer Einschnitt des Natisonetales, das bei Robidischi ein scharfes Knie aus seiner Nord-Süd-Richtung in eine reine Ost-West-Richtung machte, vor weiterem Vorgehen nach Robidischi hinderte. Da hinuntersteigen und drüben wieder hinauf hätte mir zuviel Zeit gekostet und uns auch die Übersicht genommen. So ließ ich halten, nahm Funkverbindung mit der nördlichen Gruppe Knack/Jansen (2. und 6. Kompanie) auf und dirigierte diese per Funk nach Bergogna. Schön sahen wir über drei Kilometer das Gelände ein, ferner, wie einige Zivilisten den Ort in unserer Richtung verließen und entkommen wollten. Ein Feuerstoß von einem Maschinengewehr ließ die Zivilisten wieder zurückgehen und hinter größeren Misthaufen Deckung nehmen. Funkmeldung hinüber und kurze Zeit darauf waren sie geschnappt. Der 1. Kompanie/Reservegebirgsjägerregiment 137 gelang es, aus einem Versteck drei englische Offiziere zu holen. […] Ob deren Aussagen stimmten, bezweifelte ich stark. Sie werden sich wohl einen Roman zusammengedacht haben für eine eventuelle Festnahme. Da ich mit meinen Leuten die Nacht über nicht im Gelände bleiben wollte, stieg ich ins Natisonetal ab, durchwanderte es und kam abends nach Karfreit zurück. Es war ein tief eingeschnittenes Tal, von keiner Seite einzusehen und sehr geeignet, wunderbare Verschiebungen mit Einheiten vorzunehmen."[60]

Am 25. März 1944 standen die Einheiten abermals im Partisaneneinsatz. Wiederholt wurde das Gelände durchsucht, aber von den Gesuchten war weit und breit nichts zu sehen und zu hören. So konnte das Ergebnis nicht befriedigen, es sei denn, man betrachtete es aus einer andern Perspektive als eine aufschlussreiche Übung im Zusammenwirken von verschiedenen Verbänden. Jetzt hatten es alle Einheiten fast wöchentlich irgendwo mit Partisanen zu tun. Dabei kam es unter anderem auch zu Unternehmungen nördlich von Görz, Tolmein, Loqua, der Halbinsel Muggia, nördlich von Fiume, Clana, im Quecksilberbergwerkgebiet von Idria, nördlich von Sesana und der Bahnlinie Klagenfurt – Postumia – Triest, der einzigen Nachschubstrecke für die Heeresgruppe C in Oberitalien.

Ein Beispiel für die Schwierigkeiten, mit denen sich die Deutschen im Partisaneneinsatz in der Operationszone „Adriatisches Küstenland" konfrontiert sahen, veranschaulicht folgender Bericht des Reservegebirgsjägerregiments 137 über das Unternehmen „Wendelstein I bis IV", das vom 17. bis zum 24. April 1944 durchgeführt wurde.

4. Das Unternehmen „Wendelstein“

Mit dem Unternehmen „Wendelstein“ sollte der Raum um Chiapovanno mit der Nordgruppe Schulze (Reservegebirgsjägerregiment 137) und der Südgruppe Christl/Strohmeier (Reservegebirgsjägerregiment 139) gesäubert werden. Es war dabei beabsichtigt, die Einheiten des im Tal von Chiapovanno vermuteten Stabes des IX. Partisanenkorps von Norden und Süden her auszuheben. In der Planung unberücksichtigt blieb bei diesem Unternehmen allerdings unverständlicherweise, dass der Gegner durch die offenen Flanken nach Westen und Osten ausweichen könnte, um sich so den beiden deutschen Angriffskeilen zu entziehen. Daher kam Schulze auf die Idee, zur Schließung der Ostflanke den deutschen Zollgrenzschutz an der italienisch-deutschen Grenze mit heranzuziehen. Denn dieser, so dachte er, müsse doch sicherlich auch das größte Interesse an der Ausschaltung von Banden auf italienischem Boden haben.[61]

Die Gesamtleitung des Unternehmens „Wendelstein“, das im Anschluss an das Unternehmen „Oberland“ durchgeführt wurde, hatte Generalleutnant von Hößlin von Görz aus übernommen. Die Gesamtführung lag in den Händen von Oberst Strohmeier. Als Beginn des Unternehmens wurde der 16. April 1944 bestimmt. Bereits am 14. April wurden die entsprechenden Befehle ausgearbeitet und die an dem Unternehmen beteiligten Einheiten in einem Vorbefehl eingewiesen. Hierbei musste in allererster Linie auf strikte Geheimhaltung hingewiesen werden. Das heißt: keine auffälligen Fahrten, keine außergewöhnlichen Bewegungen oder Beladungen von Fahrzeugen, denn alle deutschen Maßnahmen wurden schon seit geraumer Zeit von gegnerischen Kräften aufmerksam registriert und auf irgendwelchen undurchsichtigen Wegen an die Partisanen weitergegeben.

Nachdem es Schulze gelungen war, die deutschen Zollkräfte bei Piedicolle unter dem Polizeirat Dr. Raff zur Mitwirkung zu gewinnen und sich der Polizeigrenzschutz im Zollgrenzgebiet Wurzen mit drei Kompanien zu je 140 Mann beteiligte, bildete er zwei Gruppen: eine Ostgruppe, die vom Kommandeur des I. Bataillons (Hauptmann Krenkl) geführt wurde und aus Santa Piedra durch die verstärkte 3. Kompanie mit Teilen der 4. Kompanie (schwere Maschinengewehre), aus Greda durch die verstärkte 2. Kompanie (Jansen) sowie durch den zugeteilten Zug Betz der Kompanie Kefer des Reservegebirgsjägerregiments 139 verstärkt wurde. Auf dem motorisierten Weg nach Villa Lusina wurde eine Westgruppe, die vom Kommandeur des II. Bataillons (Major Jenne) geführt wurde, herangezogen. Aus Tolmein stieß auf dem Landweg zum Bahnhof Gracova die verstärkte 6. Kompanie (Mack) und die ebenfalls verstärkte 7. Kompanie (Hetzenauer) hinzu.

Die erste Phase des Unternehmens – „Wendelstein I“ – lief nun wie folgt ab: Die Heranführung der Ostgruppe nach Santa Luccina erfolgte am 16. April 1944 bis

17.00 Uhr reibungslos. Das Natisonetal, Karfreit und Tolmein wurden rasch durchfahren, um dem Feind keinen Anhaltspunkt für die Einsatzräume zu geben. Die Westgruppe rückte bis 18.00 Uhr über Polubino, teilweise aber auch über Santa Luccia zum Bahnhof Gracova vor. Der Regimentsstab kam mit Kraftfahrzeugen nach Gracova Ost und zog in einem Gasthaus unter. Um 19.00 Uhr erfolgte nochmals eine Verbindungsaufnahme mit dem Zollgrenzschutz.

Wie verhielt sich nun der Gegner?

Während der Aufmarsch der Nordgruppe Schulze überraschend durchgeführt wurde, schien das Heranführen der Südgruppe unter Christl, das im Anschluss an das bereits laufende Unternehmen „Oberland" erfolgte, dem Feind schon seit dem 14. April bekannt gewesen zu sein, denn die nachträgliche Aussage eines Gefangenen ergab, dass die bisher in Gorij, nördlich von Chirchina gelegene Offiziersschule schon am 14. April in die Gegend von Lokavizza abgerückt sei, wo am 17. April in einem abgelegenen Haus Unterrichtsmaterial, Dienstsiegel, Vorschriften und ein Namensverzeichnis erbeutet wurden. Es wird aber noch interessanter, denn eine Genossin Vijolka meldete am 16. April 1944 dem Genossen Leban: „Habe die Nachricht aus Santa Luccia erhalten. Sie sagt, dass die Deutschen nicht nach Lom kommen werden, da sie dort keine Partisanen erwischen. Unten bei Santa Luccia sind 100 Deutsche, 150 Italiener und 50 Krauswächter (Domobransci)."

Und am 18. April 1944 meldet der Genosse Slowako an den Genossen Leban: „Habe keine Nachrichten aus Santa Luccia. Man spricht, dass die Deutschen nach Circhina gegangen sind und dass sie heute zurückkommen. Dass sie gestern zwei in Paniqua gefangen haben, die aber entkommen sind. Ob dies der Wahrheit entspricht, weiß ich nicht. Was die Skizze betrifft, wirst Du sie vielleicht schon morgen, ganz gewiss aber übermorgen bekommen."

Soweit die in jeder Hinsicht aufschlussreichen Feindmeldungen. Wie bereits erwähnt, war der Regimentsstab der Nordgruppe Schulze in einer Wirtschaft untergebracht. Der Soldat Flaschberger beobachtete von dort aus die Gegend. Plötzlich rief er seinen Kommandeur ans Scherenfernrohr und zeigte ihm in einer Entfernung von rund vier Kilometern zwei Mann, die an einem Straßeneinschnitt Posten standen. Der eine saß auf einem Baum, der andere ging unruhig hin und her und deutete dabei auch nach rückwärts. Keine Frage: Es handelte sich bei den beiden um einen Sicherungsposten der Partisanenabteilung.

Größte Vorsicht war also geboten, als am 17. April, um 05.00 Uhr morgens, die einzelnen deutschen Abteilungen den Vormarsch antraten. Auf der Straße nach Buccova wurde eine Pioniergruppe mit Minensuchgeräten vorgezogen, um auf alle Fälle Ausfälle von Fahrzeugen durch hochgehende Minen zu vermeiden. Nach etwa einer halben Stunde wurden tatsächlich einige Minen an der Straße ausgegraben und entschärft. Um 07.00 Uhr wurde Orecca erreicht und Blickverbindung mit den beiden Ost- und Westgruppen aufgenommen. Das Gelände war einzusehen. Das hieß, auch Partisanenbewegungen konnten wahrgenommen werden. Und in der Tat hatten die Gebirgsjäger schon um 07.10 Uhr Feindberührung in Orecca. Fluchtartig verließen die Partisanen diese Ortschaft mit etwa zehn bis zwölf Mann, sodass sie nicht mehr gefasst werden konnten. Um 08.00 Uhr kam die Verbindung mit dem Bataillon „Heine“ in Treschenza zustande. Damit war der Anschluss zum Ostflügel der Südgruppe Christl hergestellt, nicht zuletzt auch deshalb, weil das gebirgige Gelände im Wesentlichen baumfrei war. Nur die Mulden, die nicht immer einzusehen waren, erschwerten die Übersichtlichkeit etwas.

Lageskizze zum
Unternehmen „Wendelstein I“.

Obwohl die Straßen und Wege beim weiteren Vorgehen immer schlechter wurden und eine Brückenunterbrechung das Nachziehen der Fahrzeuge bis etwa 10.00 Uhr aufhielt, wurde um 11.00 Uhr das Höhengelände bei Sacris – Trebence – Labigna erreicht. Hier hatte man einen herrlichen Rundblick bis nach Circhana, das im Tal liegt. Von hier aus konnte der Kommandeur seinen Einheiten per Funk Befehle für das Vorgehen und Informationen über Feindbewegungen erteilen. Mehr noch: von hier aus konnte er sogar eine Verbindung mit den Zolleinheiten an der deutsch-italienischen Grenze, die diese nicht überschreiten, sondern nur abriegeln durften, herstellen.

Trotz einer Funkanfrage bei der Südgruppe Strohmeier/Christl über das Vorgehen ihres Westflügels konnte Schulze keine aufschlussreichen Erkenntnisse gewinnen, sodass er den Entschluss fasste, die 8. Kompanie Mack über den Monte Cucco auf die Sopra einzusetzen, um einerseits entweichende Feindkräfte nach Westen abzufangen, und um andererseits mit der Südgruppe im Idriatal eine Verbindung herzustellen. Dieses Tal war tief eingeschnitten, nicht einzusehen und bot daher dem Feind die Möglichkeit zu entweichen. Das Idriatal bei Zellin sollte bei Tag durch Feuer und bei Nacht mit Truppen gesperrt werden. Auf dem Monte Cucco kam es zu einem Schusswechsel mit zwei Gefangenen. Am Monte Bucce stieß man auf zahlreiche schwer ausgebaute Bunker, die sehr wahrscheinlich aus der italienischen Besatzungszeit stammten. Hier wurde eine Waffenmeisterei der Partisanen mit acht bis zehn Mann und einer Frau ausgehoben.

Um 13.00 Uhr erreichte man Sacris, um 14.30 Uhr den Friedhof westlich von Circhina durch die 7. Kompanie, während Circhina-West durch die 2. Kompanie erobert wurde. Dort traf man Einheiten der Südgruppe. Dieser Ortsteil musste später auf Anordnung von Oberst Christl wieder aufgegeben werden, sodass die 2. Kompanie nach Trebenze zurückgenommen wurde. Von der Ostgruppe wurden bei Correani eine Menge Munition und Waffen gefunden, die jedoch, da sie nicht mitgenommen werden konnten, samt den Hütten dem Feuer zum Opfer fielen. Währenddessen war von der Westgruppe die besagte Waffenmeisterei am Monte Cucco in Besitz genommen worden. Ein gefangener Partisan, der sich Kramjz Stanislaus nannte, machte folgende Aussage:

Nach dem Zusammenbruch Italiens, den er als Pionier miterlebt habe, sei er entlassen und zu den Banden einberufen worden. Als Fernsprecher sei er mit sehr interessanten Aufgaben über die Einteilung des IX. Partisanenkorps in Circhina, bei dessen Korpsstab sich auch zwei bis drei Engländer aufhielten, betraut worden. Eine Offiziersschule sei bis zum 14. April 1944 in Circhina gewesen und dann abgerückt. Wohin, darüber machte er keine Aussagen.

Der 18. April 1944 war ausgefüllt mit der Durchsuchung und Durchkämmung des besetzten Raumes Circhina-West – Monte Cucco – Sacris – Goriani – Poce –

Trebence. Hierbei wurde noch allerlei gefunden und zerstört, unter anderem auch sieben Seidenfallschirme, mit denen Versorgungsgüter abgeworfen worden waren. In der Waffenmeisterei fand man sechs italienische Maschinengewehre, 34 Infanteriegewehre, eine 47-mm-Pak, 50.000 Schuss Infanteriemunition, 32 englische Druckminen, fünfzehn Kilogramm Sprengstoff, zwanzig englische Militärmäntel, sieben Fallschirme, einen Koffer Propagandamaterial, 3.920 Lire und ein Fass Öl für einen Transformator, der für einen Abtransport zu schwer gewesen war und daher an Ort und Stelle zurückgelassen wurde.

Die ausgebauten Bunker am Monte Cucco interessierten den Kommandeur freilich am meisten. So machte er sich auf den Weg zum Berg, der unterhöhlt und mit Betonbunkern gewaltigen Ausmaßes ausgebaut worden war. Durch einen Entlüftungsschacht konnte man in die dunklen Kavernen hineinkriechen. Diese hätten nach Schulzes Aussagen jedem Beschuss mit schweren und allerschwersten Kalibern und Bomben standgehalten. Teilweise war eine Felsendecke bis zu hundert Metern festzustellen. Ein ausbetonierter Gang von über zweihundert Metern Länge wurde erkundet. An einer anderen Stelle fand man den Eingang zu einem Bunker, der von den Partisanen zu einer Waffenmeisterei mit Küche umfunktioniert worden war. Hier lagen viele Waffen und Ersatzteile für Geschütze und Granatwerfer herum. Sogar der Waffenmeister wurde noch bei seiner Arbeit angetroffen. Stark beeindruckt von den Milliardenwerten, die von den Italienern am Monte Cucco verbaut worden waren, kehrte Schulze zu seinem Stab zurück. Unterdessen war dort ein Funkspruch von Oberst Christl eingetroffen: Schulze werde wieder aus der Kampfgruppe Strohmeier, der er vorübergehend unterstellt gewesen war, entlassen. Damit war das Unternehmen „Wendelstein I" abgeschlossen. Es folgte nun „Wendelstein II".

Obwohl Schulze am Abend des 18. Aprils 1944 entlassen worden war, wollte er für den Rückmarsch keine reine Marschübung ansetzen, sondern die Einheiten in der gegenseitigen Zusammenarbeit schulen. Damit sollte eine weitere Durchkämmung des Geländes einhergehen. Am 19. April rückte das II. Bataillon des Reservegebirgsjägerregiments 137 unter Jenne in die neuen Bereitstellungsräume Corito – Svenzice – Sella. Das I. Bataillon zog unter Krenkl in den Raum Buccova – Coizza. Der Auftrag lautete: Durchkämmung des Geländes und gedeckte Verschiebungen. Das Wetter war sehr schlecht geworden. Es regnete unaufhörlich. Die Wege versumpften zusehends. Jedoch kamen diese Widrigkeiten den Deutschen in diesem Fall gelegen, denn man ging davon aus, dass die Partisanen nicht damit rechnen würden, dass sie sich unter solchen Bedingungen bewegen würden. Total übermüdet, erreichten die Gebirgsjäger am 20. April ihre Unterkunft: das I. Bataillon im Bahnhof S. Luccia, das II. Bataillon in Slappe. Der Pionierzug wurde mit der Bahn ebenfalls nach S. Luccia verlegt, erhielt aber noch einen Erkundungsauftrag für die Anstiegsverhältnisse auf das Höhengelände bei Gradenza und die Straßen nach Chiapovanno. Nun fuhr Major

Schulze schnellstens zum Divisionsstab nach Görz, um das Unternehmen „Wendelstein III" vorzubereiten. Bei seiner Rückkehr lieferten die Pioniere ein gutes Erkundungsergebnis ab:

a) Brücke in Slappe nur für Tragtiere gangbar;
b) Restlose Unterbrechung der Straße Slappe – Tribussa; bei P 174 Kilometer nordwestlich Tribussa sehr schwierige und zeitraubende Umgehung;
c) Unterbrechung der Straße S. Luccia – Chiapovanno – ein Kilometer westlich Slappe; Umgehung für Tragtiere unmöglich, für Gebirgsjäger nur durch Umklettern;
d) Feindbesetzung des Höhengeländes südlich von Slappe;
e) Anbringung von vier bis fünf Sprengkammern mit elektrischen Zündern in den Felswänden oberhalb der Straße westlich von Slappe;
f) Serpentinenweg Slappe – Gradenza sehr steil; für Tragtiere ungangbar.

Diese Werte waren für den Ansatz der Truppe nicht nur wichtig und brauchbar, sondern sie beinhalteten auch die eine oder andere Überraschung, welche man nicht aus dem bescheidenen Kartenmaterial hatte herauslesen können. Wäre ein Ansatz der Verbände ausschließlich kartenmäßig befohlen worden und diese Fakten erst nach dem Anlaufen der Bewegungen bekannt geworden, hätte das gesamte Unternehmen mit einem Fiasko geendet und den Gebirgsjägern schmerzhafte Verluste beschert. Vor derlei Überraschungen gefeit, sah man nun dem Unternehmen „Wendelstein III" mit etwas mehr Zuversicht entgegen. Ihm lag folgender Divisionsbefehl zugrunde:

„Gruppe Schulze: Einkesselung und Säuberung des Raumes Chiapovanno (Führerstab) – Locavizza (Lehrgänge) – Poggio di Chiapovanno (Bandenverkehr). Abmarsch hierzu 19. April."

Die Ergebnisse des Pionierzuges, das Kartenstudium und der erteilte Auftrag stimmten den Regimentskommandeur alles andere als zuversichtlich. Bei ihm tauchten nämlich Zweifel auf, ob seine Kräfte hierzu ausreichen würden. Kampfmäßig wohl, aber zur Sicherung und Absperrung des Geländes unter Berücksichtigung des gut und schnell funktionierenden Bandenmeldewesens sah er sich nach zusätzlichen Kräften um – und fand diese auch: ein Zug mit 35 Mann der Kompanie Kefer wurde dem I. Bataillon, ein Zug Turkmenen der Kompanie Kefer unmittelbar dem Reservegebirgsjägerregiment 137 unterstellt. Ein Zug Domobranen des Pionierversorgungskommandos 54 wurde ebenfalls dem Regiment unterstellt.

Nun wurde das I. Bataillon von S. Luccia über Lom in das Höhengelände westlich von Loccavizza und das II. Bataillon auf der Straße nach Chiapovanno auf der Höhenstraße Gradenza – Spillenza – P 960 angesetzt. Der Turkmenenzug Kohl sowie eine Gruppe der 7. Kompanie/Reservegebirgsjägerregiment 137 erhielten den Auftrag, über Tribussa – Poggio di Chiapovanno auf den Sattel 1,5 Kilometer südlich des Monte Copilza vorzustoßen, diesen von Osten her zu erreichen und zu sperren, um ein eventuelles Ausweichen von Partisanen aus Chiapovanno zu verhindern. Noch am 20. April um 23.00 Uhr rückte das I. Bataillon ab und erreichte am nächsten Tag um 10.00 Uhr die Absperrlinie bei Lokavizza.

Das II. Bataillon, dem sich der Stab des Reservegebirgsjägerregiments 137 angeschlossen hatte, war ebenfalls um 22.00 Uhr aus Slappe aufgebrochen. Auf der steilen Serpentinenstraße erreichte man auf einem äußerst schwierigen Saumpfad in stockdunkler Nacht einen Bauernhof, wo aufgeschlossen wurde. Nun musste die Tragtierstaffel zurückgelassen und das Gerät getragen werden. Sie wurde in aller Frühe auf einem anderen Weg nachgezogen. Wie sich schon bald herausstellte, war diese Entscheidung eine richtige gewesen, denn der weitere Aufstieg gestaltete sich so schwierig, dass Gradezza erst um 05.30 Uhr im Morgennebel auftauchte. Dicht aufgeschlossen, Mann hinter Mann, durchquerten die Gebirgsjäger bei tiefster Nacht einen Steilhang, dessen Neigung man nicht einmal schätzen konnte. Eine ganz gewaltige Leistung, die die jungen Rekruten mit ihrem schweren Gepäck und Rucksack, mit ihren leichten und schweren Maschinengewehren sowie mit den schweren Munitionskästen vollbrachten.

In der Morgendämmerung wurden die verstärkte 7. Kompanie und der Regimentsstab an einer Straßengabelung auf dem Höhenweg belassen, während die Masse des II. Bataillons wieder absteigen musste. Diese Teile stießen um 06.30 Uhr im Tal auf die zurückgelassenen Nachhuten des Feindes, der in einem einstündigen Gefecht nach Süden zurückgeworfen werden konnte. Im zügigen Vorgehen erreichte nun das II. Bataillon von Jenne eine Höhenkuppe 800 Meter nördlich von Chiapovanno und stellte sich zu einem weiteren Angriff auf den Ort bereit.

Unterdessen durchsuchte die 7. Kompanie ein sehr stark durchschnittenes, dolinenreiches und bergiges Gelände. Mit Erfolg, wie sich rasch herausstellte, denn um 11.00 Uhr stieß man westlich von Naprolo auf Feindstellungen, aus denen den Gebirgsjägern ein ziemlich starkes Maschinengewehrfeuer entgegenschlug. Unter dem Feuerschutz der aufgebauten schweren Maschinengewehre arbeitete sich die Kompanie ohne Verluste vor. Aber die Partisanen waren auf der Hut, sodass sie die gut getarnten Stellungen verlustlos räumen und hinter einem Höhenzug in dem vertrauten Gelände verschwinden konnten.

Nachdem Naprolo durchschritten worden war, wurde das Gelände immer unübersichtlicher. Aber nicht nur das – es wurde auch wärmer und wärmer. Trotz einer Ruhepause schwanden die Kräfte bei der Truppe zusehends. Mittlerweile gingen Teile von Jenne gegen Chiapovanno vor. Es war 12.00 Uhr geworden. Ein Melder des I. Bataillons berichtete, dass eine Kompanie bereits um 10.50 Uhr Lokavizza kampflos besetzt habe, ohne dass sie einen einzigen Partisanen gesehen hätte. Vorsichtshalber wurde auch die Talstufe gegen Chiapovanno in südlicher Richtung besetzt und auf diese Weise abgeriegelt.

Ein wahres Husarenstück leistete sich der Turkmenenzug. Bereits tags zuvor war er um 20.30 Uhr auf einem Lkw von Baccia aufgebrochen und ohne Schwierigkeiten bis zur Straßenunterbrechung einen Kilometer nordwestlich von Tribussa gekommen. Die Umgehung dieser Straßenunterbrechung erforderte einen Zeitaufwand von zweieinhalb Stunden, sodass Tribussa erst gegen 03.00 Uhr erreicht werden konnte. Aufgrund einer erbeuteten Fernsprechskizze schaltete sich der mitgeführte Fernmeldetrupp an das Netz der Partisanen an und konnte so rund zwanzig Minuten lang mit dem Stab in Chiapovanno sprechen. Dabei erfuhr er, dass dieser schon am Vorabend nach Süden abgezogen war. Nun rückte der Zug auf dem Höhenrücken vor und konnte bis 05.00 Uhr morgens den Sattel 1,5 Kilometer südlich des Monte Copilza gewinnen. Dort stieß er auf einen Feind in Stärke von etwa 100 bis 120 Mann, die aus Chiapovanno entwichen waren. Kohls Zug wurde hart bedrängt, vorübergehend sogar eingeschlossen, konnte sich aber wieder vom Gegner lösen und damit die taktische Handlungsfreiheit zurückgewinnen. So entspann sich ein Gefecht, das bis in die Abendstunden dauerte und fünfzig Partisanen das Leben kostete.

Die Kehrseite des Partisanenkampfes sah für die Deutschen oft aber anders aus. Nicht selten inszenierten die Freischärler spektakuläre Überfälle. Dann wieder verschwanden deutsche Soldaten spurlos und mussten als vermisst gemeldet werden. In diesen Fällen konnte man nur mehr hoffen, dass sie nicht grausam verstümmelt, ermordet und in eine der zahlreichen Karstdolinen geworfen wurden. Es war in der Tat ein grausamer Krieg, dieser Partisanenkampf, mit seinen ganz besonders hinterhältigen und erbarmungslosen Methoden von beiden Seiten, bei denen die Deutschen meist den Kürzeren zogen.

Bald war Chiapovanno, wo nur wenige Menschen wohnten, zur Gänze in der Hand der deutschen Gebirgsjäger. So war der 22. April 1944 mehr oder weniger ein Rasttag für die Truppe, ein Tag, der aber auch zur Durchkämmung und Säuberung der Umgebung der Ortschaft genutzt wurde. Dabei fanden die Landser reichlich Propagandamaterial, Befehle und sonstiges Beutegut.

Als Hauptmann Klöbl mit dem Verpflegungs- und Munitionsnachschub eintraf, berichtete er unter anderem auch über die Straßenverhältnisse von Baccia über Lom di Canale und den Ostraum des Bainsizzaplateaus. Hier hatten die k. u. k. Truppen während der 1. bis 11. Isonzoschlacht gekämpft, die sich vom 23. Juni 1915 bis zum 1. September 1917 in äußerst verlustreichen Gefechten gegen die verschiedenen Angriffswellen der Italiener aus dem Isonzotal hingezogen hatten. Um der Truppe das Gelände näherzubringen, hieß es: Heim- und Rückmarsch durch dieses kampferfüllte, blutgetränkte Gebiet als Ausbildungs- und Führungsmarsch in einem möglicherweise feindbesetzten Raum in breiter Front über das gesamte Bainsizzaplateau beiderseits des Auzzatales, Schulung der Führer in Zusammenarbeit mit ihrer Truppe sowie Durchkämmen und Säubern der gesamten Hochfläche. So entstand als nächstes das Unternehmen „Wendelstein IV".

Mit dem Aufspüren von versprengten oder verborgenen Feindkräften musste gerechnet werden. Nachdem der Raum um Chiapovanno wenigstens für einige Tage unter größeren Feindverlusten freigekämpft worden war, musste das Isonzotal samt seiner Eisenbahnlinie S. Luccia – Görz und ihren zahlreichen Viadukten, Brücken und Tunnels verstärkt gesichert werden. Dies hatte seinen guten Grund, denn die entwichenen Partisanen konnten nur einen Fluchtweg benützt haben, nämlich westwärts, ins Tal des Isonzo, das nun in gewisser Linie abgeriegelt werden sollte. Und so geschah es dann auch. Die Absperrung stand am 23. April, Punkt 05.00 Uhr, in der Linie einen Kilometer südlich Celenico-Osthänge der Monte Celenico-Höhe 608 sowie einen Kilometer ostwärts von Villa Morsca. Der Streckenschutz von Selle und Salona war zur verstärkten Aufmerksamkeit angehalten und zur Entsendung von Spähtrupps von Roncina auf Seniza und von Longa bis einen Kilometer südlich davon eingewiesen worden.

An jenem 23. April, noch in der Morgendämmerung, brach das I. Bataillon von Lokavizza auf und durchkämmte in breiter Front das Gelände nördlich des Auzzatales. Doch die Ausbeute war mehr als gering. Es fielen nur einige Schüsse auf leichtfüßige Gestalten, die schon lange zuvor davongelaufen waren und sich in Sicherheit bringen konnten. Ein verstärkter Zug der 7. Kompanie wurde noch weiter nördlich, nach Lipizza, abgezweigt – aber auch hier ohne Erfolg.

Das II. Bataillon durchsuchte die Gegend südlich des Auzzatales mit den winzigen Ortschaften Cusceri, Breghi und Trusnia. Der Weg über das Bainsizzaplateau wurde nun immer unübersichtlicher. Man stieß abermals auf einen Ort: Loca, der sogar eine Kirche hatte. „Der Pfarrer", so Major Schulze nicht ganz unvoreingenommen, war „ein selten schmieriger Mann. Er begann auf uns einzureden in einem Kauderwelsch, dass sogar mein Dolmetscher ratlos war. Er beteuerte für sich und seine Schäflein jegliche Unschuld und beschwor uns das Blaue vom Himmel herunter. Na, sollte er sich wegen seiner Lügen später vor seinem Herrgott verantworten! Dieser Pharisäer und Lump!"

Das Durchkämmen ging unverdrossen weiter. Ein äußerst schwieriges und unübersichtliches Karstgelände mit dornigem Unterholz musste dabei mühevoll durchschritten werden. Alte österreichische Stellungen und Grundmauern von Baracken aus dem Ersten Weltkrieg tauchten auf und ließen die Härte des damaligen Kampfgeschehens erahnen. Felskanzeln, brüchiges Gestein und Dornengebüsch, das auf keine zehn Meter zu durchschauen war, steinige Gräben, Mulden, Felsrisse und -blöcke versperrten immer wieder den Weg, den die Gebirgsjäger eingeschlagen hatten. Nur mehr schwitzend, schimpfend, fluchend, rufend, und gegenseitig Verbindung hal-

„Sieg heil 1944!" – Eine zynische Karikatur, auf der aus Dutzenden Totenköpfen gefallener Wehrmachtssoldaten eine Stichwaffe herausragt, an deren Ende Hitlers Kopf aufgespießt ist.

tend, ging es vorwärts. Dabei kam es zu einer Schießerei mit einem Partisanen, der zwar entkommen konnte, jedoch bei der Flucht seine Meldetasche verlor, die etliche Befehle, Propagandamaterial und Benachrichtigungen der Bevölkerung enthielt. Bei dem Geflüchteten handelte es laut den erbeuteten Dokumenten um den Politkommissar Legam.

Die 6. Kompanie wurde noch nach Auzzana ins Auzzatal, das sich mehr und mehr verengte und immer steiler und tiefer wurde, abgezweigt, wo sie Partisanen aufspüren sollte. Das Ergebnis war gleich Null. Gegen 16.00 Uhr rückten die Gebirgsjäger in Verco di Canale ein, eine kleinere Ortschaft, in der sie gerade noch eine Herberge fanden. Die gesamte Kampfgruppe sicherte für die kommende Nacht. Am 24. April wurden mehrere Einheiten nach dem Gefechtsschießen am Bahnhof von Auzzana verladen, teils auf den Lkw, teils auf die Bahn. Hierbei wurden befehlsgemäß Rinder mitgenommen, wodurch die Lebensmittelversorgung der Partisanen erschwert werden sollte. Von dieser Maßnahme profitierte nicht nur die Kampftruppe, sondern auch der Befehlshaber der Operationszone „Adriatisches Küstenland“ und General der Gebirgstruppe Ludwig Kübler, dem ein Kalb der Partisanen nach Spessa geschickt wurde.

Das war in jeder Hinsicht der Abschluss des Unternehmens „Wendelstein“, zu dem durch einen glücklichen Umstand der als „Geheim!“ eingestufte Durchschlag des Gefechts- und Erfahrungsberichts vom Autor wiederentdeckt und gerettet werden konnte.[62] – Siehe Seite 115 bis 120 als Faksimiles.

Diese Darstellung zeigt, wie schwierig es war, in einem von Banden besetzten Gebiet der eigentlichen Aufgabe der 188. Reservegebirgsdivision, der Ausbildung des Feldersatzes, gerecht zu werden. Andererseits hatten Einsätze wie das Unternehmen „Wendelstein“ einen enormen Ausbildungswert, denn die jungen Rekruten wurden so von Anfang an sehr wirklichkeitsnah mit dem erbarmungslosen Alltag des Partisanenkampfes konfrontiert. Schon am 25. April 1944 ging es um 07.30 Uhr morgens wieder los. Oberleutnant Ulrich war mit seinem Reserveoffiziersbewerberkurs wie üblich in aller Früh zur Geländeausbildung auf dem Weg nach Villa Svina abgerückt. Hierbei musste eine kleine Brücke überschritten werden. An diesem Tag geschah dort jedoch noch etwas anderes: Zwei Minen, die während der Nacht eingegraben worden waren, gingen hoch. Zwei Offiziersanwärter wurden leicht verwundet. Das allein wäre weiter nicht nennenswert gewesen, hätte sich unter ihnen nicht der Neffe des Sonderbeauftragten für die Überprüfung des zweckmäßigen Kriegseinsatzes, des als „Heldenklau“ apostrophierten Generals der Infanterie Walter von Unruh, befunden. Sein Name: Böselager.

An der folgenden Reaktion erkennt man einmal mehr den schonungslosen Umgang einiger Soldaten der Deutschen Wehrmacht gegenüber unbeteiligten Zivilisten. Dieser setzte sich oftmals bis in die Führungsstäbe fort, wie die nachstehende Erin-

KDR.

Geheim!

Res.-Gebirgsjägerregiment 137 2.
Az.11 . . Ia O.U., am 26.4.1944.

Gefechts- und Erfahrungsbericht über das Unternehmen "Wendelstein" v.16.-24.4.44.

I.

Auf Grund einer Besprechung bei 188.Res.Geb.Div. am 13.4.44. hatte das Regiment zur Fortführung des Unternehmens "Oberland" (in Gegend Idria) möglichst starke Kräfte freizumachen zur Einkesselung der Banden in und um Circhina.

Leitung des Gesamtunternehmens: Oberst Strohmeier, Kdr.R.A.R.112.
Führung der infant.Kräfte: Oberst Christl, Kdr. R.G.J.R.139 (zugl.Führer Kampfgruppe Süd);
als Führer der Kampfgruppe Nord wurde Kdr. R.G.J.R.137, Major Dr. Schulze bestimmt.

Kräfte und Gliederung der Kampfgruppe (Nord) Schulze:
Ostkolonne: Führer Hptm.Krenkl mit verst. 2.u.3.Kp., mit unterstellten Zug Betz der Komp.Kefer (Rgt.139).
Westkolonne: Führer Major Jenne mit verst. 6., 7.u.8.Komp.

Zur ostwärtigen Absperrung (etwa in Linie der Landesgrenze, wurde auf Veranlassung Kdr.R.G.J.R.137 noch der deutsche Zollgrenzschutz unter Zollrat Dr.Raff (Zollgrenzbezirk Wurzen) in Stärke von 3 Kompanien mit je 140 Mann herangezogen.

16.4. Heranführung der Ostgruppe aus S.Pietro und Greda auf dem Not-Wege, Tragtierstaffel auf dem Landmarsch so, dass Bereitstellung um 17.oo Uhr in Villa Lasina vollzogen war.
Westgruppe erreichte bis 18.oo Uhr ihre Ausgangsstellung bei Bhf. Gracova.
Rgts.Gef.Stand war Gracova-Ort.
Zu den beiden Gruppen bestand mit Dora-Gerät, zur Kampfgruppe Strohmeier/Christl durch ein 5-Watt-Gerät Funkverbindung.
Vom Führer Kampfgruppe Nord wurde um 19.oo Uhr noch Verbindung mit den Zolleinheiten unter Zollrat Dr. Raff in Calle Pietro aufgenommen und das Zusammenarbeiten am 17.4. festgelegt.
Die nach Pieve Buccova vorgetriebene Aufklärung meldete 4 Strassensperren und Verminungen auf der noch gut fahrbaren Fahrstrasse 1 km nordwestl. Pieve Buccova. Im Laufe des Abends wurden 7 Minen ausgegraben und die Westkolonne Jenne noch bis Pieve Buccova vorgeschoben, das 23.15 Uhr feindfrei erreicht wurde.
Für das ganze Unternehmen "Wendelstein" war Strasse Bhf. Gracova - Pieve Buccova - Coizza - Orecca als Nachschubbasis vorgesehen. Um im Falle einer Feindbesetzung Pieve Buccova bestimmt, sicher und rasch in die Hand zu bekommen, hatte Westgruppe Jenne eine verst.Kp.(7.) von Baccia di Modrea über Paniqua - Svintace auf Pieve Buccova als Umgehungskolonne angesetzt; diese erreichte 4.oo Uhr (17.4.44.) die Gegend 1 km westl. Pieve Buccova ohne Feindberührung.
Ostkolonne Krenkl besetzte gegen 23.oo Uhr feindlos Punkt 812 (1 km westl. M. Porsena).
Während der Nacht wurden die Strassensperren noch beseitigt und die Strasse fahrbereit gemacht.

17.4.

Ein eindrücklicher Gefechts- und Erfahrungsbericht des Unternehmens „Wendelstein", das unter der Ägide des Generalleutnants von Hößlin stand und darauf abzielte, die feindlichen Partisanenkorps im Raum um Chiapovanno auszuheben – Teil 1.

2.)

17.4. 5.oo Uhr Antreten der beiden Kolonnen. 7.oo Uhr war Orecca bzw. Gessenizza erreicht und damit die Verbindung zwischen Ost- und Westkolonne hergestellt. Eine neue Strassensperre, 500 m ostw. Coizza bereitete den Fahrzeugen bis 10.oo Uhr Aufenthalt.
Bis 11.oo Uhr war das Höhengebiet 1 km westl. Sacris - Trebenze und Labigna erreicht, sowie Blickverbindung mit Zolleinheiten aufgenommen, die aber die Landesgrenze noch nicht überschritten hatten.
Schwache Feindberührung 7.10 Uhr in Orecca, der mit etwa 12 - 15 Mann nach Süden, Richtung Sabrinizza entfloh. Etwas später konnte vom vorverlegten Rgts.Gef.St. westl. Orecca abziehender Feind in Stärke von 15 Mann in westl. Richtung nach Poglizze beobachtet werden.
8.45 Uhr war mit 2 Einheiten des Batls. Heine in Trechenza und Sabigna Verbindung aufgenommen worden und damit der Anschluß mit dem Ostflügel der Südgruppe hergestellt.
Zug Betz der Komp. Kefer war um diese Zeit mit der Durchkämmung des Gebietes ostw. Poce und nördl. Trebence beschäftigt.
Der um 14.o9 Uhr eingetroffene Befehl von der Südgruppe Christl "Besetzung und Sicherung von Goriani und Poce" war längst überholt.
Trotz Anfrage über Vorgehen des Westflügels der Südgruppe erhielt Führer der Kampfgruppe Nord keinen Bescheid. Er entschloß sich daher, die verst. 8.Kp. von Sattel 1 km westl. Sacris über den M.Cucco auf Rauna di sopra anzusetzen, um ein Entweichen von Feindkräften in westl. Richtung zu unterbinden mit dem zusätzlichen Auftrag, Verbindung mit der Südgruppe herzustellen, gegebenenfalls das Idria-Tal bei Zelin bei Tag mit Feuer, bei Nacht mit Truppen zu sperren. Auf dem M.Cucco kam es zu kurzem Kugelwechsel, wobei 2 Gefangene eingebracht wurden. (Im Höhengelände des M.Cucco - Höhe 1,5 km westl. Sacris - befinden sich ca. 25 - 30 schwer ausgebaute ital. Bunker, Cavernen, Geschützstände und Befestigungsanlagen, die aber von den Partisanen nicht benützt worden waren. Lediglich 1 Bunker, der zu einer Waffenmeisterei eingerichtet war, und bei dem ein großes Waffenersatzteillager, 1 4,7cm Pakgeschütz und Sprengmunition gefunden wurde; sowie 1 Öl-isolierter Transformator zu 3 Phasen, dazu ca 100 Liter Öl, das nach Karfreit abtransportiert wurde.)
Der gegebene Auftrag fand seine Erledigung in dem Antreffen einer Einheit von Kampfgruppe Pichler in Rauna di sopra (14.25 Uhr).
Um 13.oo Uhr wurde nach 1-stündiger Rast und Aufklärung von der Westkolonne Jenne Sacris, 14.30 Uhr von der vorgeschobenen 7.Kp. der Friedhof westl. Circhina und von der verst. 2.Kp. Circhina Mitte erreicht. (Verst. 2.Kp. wurde etwa 16.30 Uhr auf Befehl Oberst Christl wieder aus Circhina nach Trebenza zurückgenommen.)
Damit war die gegenseitige Verbindungsaufnahme allerseits hergestellt.

18.4. Der 18.4. war ausgefüllt mit der Durchsuchung, Durchkämmung des besetzten Raumes: Chirchina-West - M.Cucco - Sacris - Goriani - Poce - Trebence.

Das Ergebnis ...

Ein eindrücklicher Gefechts- und Erfahrungsbericht des Unternehmens „Wendelstein“, das unter der Ägide des Generalleutnants von Hößlin stand und darauf abzielte, die feindlichen Partisanenkorps im Raum um Chiapovanno auszuheben – Teil 2.

Das Ergebnis der beiden Tage war:
Keine Eigenverluste,
6 ital. sMG, 34 Inf.Gew.
1 4,7cm Pak-Geschütz, 120.000 Schuß Inf.Mun.
30 Schuß m.Gr.W.-Mun., 32 engl. Druckminen
150 kg Sprengstoff
1 Waffenmeisterei mit gr.Ersatzteillager
42 engl. Milit.-Mäntel, 5 engl. Fallschirme
18 Felsbunker zerstört
3 km Fernsprechleitung zerstört
1 Koffer Propagandamaterial und Befehle
3920 Lire, 1 Transformator, 1 Fass Öl
2 Feindtote, 6 Gefangene und 1 Weib.
1 feindl. Fernsprechnetz-Skizze.

Der gefangene Fernsprecher sagte aus, dass Stab IX.Korps am 14./15.4. nach Chiapovano abmarschiert sei.

II.

19.4. Nach Entlassung aus der Kampfgruppe Strohmaier ~~suchte~~ rückte Kampfgruppe Schulze um 6.oo Uhr in die neuen Bereitstellungsräume für das Unternehmen "Wendelstein 2" und zwar II.Batl.(Jonne) in dem Raum Corito - Sventice - Sella;
I.Batl.(Krenkl) in dem Raum Pieve Bucoova - Coizza, um den Anmarsch für ein neues Unternehmen (Wendelstein 3) mit der Säuberung und Durchkämmung des Raumes Corito - M. Sanvito - Slappe - Paniqua zu verbinden.
Wetter: sehr schlecht, Regen, versumpfte Wege.

20.4. Ansatz:
I.Batl. durchkämmt und säubert in breiter Front das Gebiet beiderseits des Weges Corito-Paniqua - Baccia di Modrea, bezieht Unterkunft bei Bhf. S.Lucia,
II.Batl. umstellt bis 5.30 Uhr M.Sanvito, durchkämmt und säubert Raum M.Sanvito, Prapeno, Tribussa, Slappe; Unterkunft in Slappe.
Zusammengefasster Pi.Zug (mit Bahntransport von Bhf.Gracova nach Baccia) erreicht bis 12.00 Uhr Slappe, sperrt Talstrasse 2 km südostw. Slappe gegen Nordosten, klärt auf und erkundet Anstiegsverhältnisse auf das Höhengelände bei Gradenza und Strasse nach Chiapovano.
Rgts.Kdr. begibt sich zur Div. zur Rücksprache für das Unternehmen "Wendelstein 3".

Ausführung:
Schulmäßige Erkundung und Beziehen der Bereitstellungsräume während der Nacht gegen M. Sanvito durch II.Batl., und Entwicklung des I.Batls. zur Durchführung der Aufträge.

Ergebnis: Kein Feind wurde angetroffen.

Zwischenspiel:
Ohne Verständigung des Rgts.Kdrs. R.O.J.R.137 unternahm am 20.4., 5.oo Uhr das Pion.Vers.Kdo.54 (Abw.St. Köppke) eigenmächtig ein Unternehmen von Slappe her gegen M. Sanvito; obwohl Abw.St. Köppke von der Anwesenheit der Gruppe Schulze im gleichen Raum wissen mußte. Es wäre fasst zu einem gegenseitigen Beschießen gekommen.

Die Batle.

Ein eindrücklicher Gefechts- und Erfahrungsbericht des Unternehmens „Wendelstein", das unter der Ägide des Generalleutnants von Hößlin stand und darauf abzielte, die feindlichen Partisanenkorps im Raum um Chiapovanno auszuheben – Teil 3.

Noch
20.4. Die Batle. erreichten auftragsgemäß gegen 12.oo Uhr ihre neuen Unterkunftsräume.

Aufklärungsergebnisse des Pi.Zuges und der B-Stelle des Rgts. in Baccia bis 17.oo Uhr:
a) Brücke in Slappe noch für Tragtiere gangbar,
b) restlose Unterbrechung der Strasse Slappe-Tribussa bei Pkt.174 (1 km nordw.Tribussa); sehr schwierige und zeitraubende Umgehung !!
c) Unterbrechung der Strasse S.Lucia Chiapovano, 1 km westl. Slappe; Umgehung für Tragtiere unmöglich, für Geb.Jäger nur durch Umklettern,
d) Feindbesetzung des Höhengeländes südw. Slappe,
e) Anbringung von 4 - 5 Sprengkammern mit elektr. Zündung in den Felswänden oberhalb der Strasse, westl.Slappe,
f) Serpentinenweg Slappe-Gradenza sehr steil, für Tragtiere ungangbar.

III.

Für das Unternehmen "Wendelstein 3" hatte Gruppe Schulze folgenden "mitgehörten" Div.-Befehl am 19.4. gegen 13.oo Uhr empfangen:

"Gruppe Schulze: Einkesselung und Säuberung des Raumes Chiapovano (Führerstab) - Locavizza (Lehrgänge) - Poggio di Chiapovano (bandenverkehr). Abmarsch 19.4.".

Zur Durchführung des Auftrages und in Anbetracht der schwierigen Strassen- und Wegeverhältnisse wurde die Kompanie Kefer veranlasst, einen Zug in Stärke von 35 Mann dem I.Batl. zu unterstellen und einen weiteren Zug (Turkmenen) an das Regiment abzustellen; ferner wurde das Pi.Vers.Kdo.54 (Abw.St. Köpke) ebenfalls zur Abstellung eines Trägerzuges (Domobranen) mit Unterstellung unter das Regiment veranlasst. In Durchführung des erhaltenen Auftrages wurde das I.Batl. von S.Lucia über Lom di Tolmino - Lom di Canale - Strassengabel 2 km nordostw. Cal di Canale in das Höhengelände westl. Locovizza,
das II.Batl. über Gradenza auf Chiapovano angesetzt.
Das II.Batl. hatte mit Masse auf der Strasse nach Chiapovano mit einer verst. Kp. auf der Höhenstrasse Gradenza - Spilenza, Naprevola, Pkt. 960, vorzugehen.
Der Turkmenen-Zug unter Lt. Kohl (von Kp.Kefer) mit zugeteilter 1 Jäg.Gruppe der 7./RGJR 137 erhielt auftrag, über Tribussa - Poggio di Chiapovano den Sattel 1,5 km südl. des M. Copilza von Osten her zu erreichen, um ein Ausweichen des Feindes aus Chiapovano nach Osten zu verhindern.
a) I.Batl. rückte 23.oo Uhr (20.4.) auf der befohlenen Marschstraße ab und hatte am
21.4. 5.oo Uhr Malcopa ohne Feindberührung erreicht. Bis 10.oo Uhr war das Gelände beiderseits Pkt. 832 (1 km westl. Locovizza) so erreicht, dass ein Entweichen des Feindes nach Westen und Südwesten ausgeschlossen war.
b) II.Batl. rückte 22.oo Uhr aus Slappe auf dem erkundeten Serpentinenweg und anschließendem äusserst schwierigem Saumpfad nach Gradenza ab. Die Tragtierstaffel wurde nach Erreichen der Hauptstrasse (1 km westl. Slappe) zurückgelassen und später über S.Lucia - Traga - Spilenza nachgeführt. Der Aufstieg in stockdunkler Nacht gestaltete sich so schwierig, dass Gradenza erst 5.30 vormittags erreicht werden konnte. An der Gabelung

der beiden

Ein eindrücklicher Gefechts- und Erfahrungsbericht des Unternehmens „Wendelstein", das unter der Ägide des Generalleutnants von Hößlin stand und darauf abzielte, die feindlichen Partisanenkorps im Raum um Chiapovanno auszuheben – Teil 4.

5.)

Noch
21.4. der beiden Wege, 800 m südl. Gradenza wurde die verst. 7. Kp. am 21.4., 6.30 Uhr über Spilenza auf ihr Angriffsziel abgezweigt, während die Masse gegen die im Tal verlaufende Hauptstrasse nach Fratta abstieg.
Etwa zu gleicher Zeit, 6.30 Uhr stiessen die beiden Kolonnen des II. Batls. nördl. Spilenza bzw. bei Fratta auf zurückgelassene Nachhuten des Feindes, die in einem etwa 1-stündigen Gefecht nach Süden zurückgeworfen wurden. Teilweise wurde der Feind stürmend aus seinen günstig gewählten Stellungen geworfen. Die Masse des II. Batls. erreichte in zügigem Vorwärtsgehen und eingehender Säuberung der vielen Einzelgehöfte bis 8.30 Uhr die Höhenkuppe 800 m nördl. Chiapovano und stellte sich ohne Feindeinwirkung zum Angriff auf Chiapovano bereit.
Die verst. 7.Kp. - hier der Rgts.Kdeur. - mußte sehr stark durchschnittenes dolinenreiches und kuppiertes Gelände durchsäubern und war 9.30 Uhr auf der Höhe 1069 angekommen; die verst. Kp. erreichte bis 11.00 Uhr die Höhe westl. Naprevolo. Einige versprengte Banditen entflohen in dem unübersichtl. Gelände nach Süden.

6) Turkmenen-Zug unter Lt. Kohl und beigegebener 1 Gruppe der 7.Kp. war um 20.30 Uhr (20.4.) auf LKW von Baccia aufgebrochen und bis zur Strassenunterbrechung 1 km nordwestl. Tribussa vorgefahren. Die Überwindung der dortigen Sprengstellen erforderte während der Nacht etwa 21/2 Stunden, so dass Tribussina erst gegen 13.00 Uhr erreicht und gesäubert werden konnte. - Feind wurde nicht angetroffen.
Der mitgegebene Fernsprechtrupp schloß auf Grund der erbeuteten Fernsprechnetz-Skizze an der feindl. Fernsprechleitung an und konnte ein Gespräch von etwa 20 Min. Dauer mit Chiapovano führen. Es wurde herausgebracht, dass die Masse des Feindes (Stärke unbekannt) bereits am Abend vorher nach Süden abgezogen war. - Zug Kohl konnte widerstandslos den Sattel 1,5 km südl. M. Copilza bis 5.00 Uhr erreichen und stieß bei Tagesgrauen auf Feind in Stärke von 100 - 120 Mann, der von Chiapovano aufsteigend durch den Sattel nach Osten entweichen wollte. - Zug Kohl wurde vorübergehend eingeschlossen, konnte jedoch die Feindabsicht vollkommen vereiteln. Es gelang ihm, die Einschließung zu durchbrechen und den Feind in südl. Richtung nach Lassna ein Stück zurückzuwerfen. Der Führer gewann den Eindruck, dass der Feind von einem fanatischen Führer zu diesem Widerstand angehalten worden war.

Nach eingegangener Funkmeldung über die erreichten Linien setzte der Rgts.Kdr. I. und II.Batl. zum Angriff auf Chiapovano an. Es stellte sich nachträglich heraus, dass der Führer des I.Batls. bereits mit einer Kompanie Locovizza um 10.50 Uhr und die Steilhänge ins Chiapovano-Tal um 12.00 Uhr aus eigenem Entschluß erreicht hatte. Von diesen Höhen aus wurde der Feind gegenüber Zug Kohl nachdrücklichst unter s.MG und m.Gr.W.-Feuer genommen. - Es hatte aber auch der Führer des II.Batls. bereits frühzeitig die verst. 8.Kp. über Poggio di Chiapovano, Westhänge des M.Copilza zur Entlastung des Zuges Kohl gegen den Sattel angesetzt.
15.00 Uhr war Chiapovano in eigener Hand. Die Kämpfe auf dem Höhenzug und Sattel südl. des M.Copilza zogen sich noch bis zum Einbruch der Abenddämmerung hin.

Eigene Verl...

Ein eindrücklicher Gefechts- und Erfahrungsbericht des Unternehmens „Wendelstein", das unter der Ägide des Generalleutnants von Hößlin stand und darauf abzielte, die feindlichen Partisanenkorps im Raum um Chiapovanno auszuheben – Teil 5.

Noch 21.4.

Eigene Verluste: Lt. Kohl leicht verwundet
2 Mann der 7.Kp. (bei Zug Ko

Feindverluste: 51 Feindtote
mehrere Verwundete,
1 Schreibstubenkoffer (Locovi

Für die Nacht wurde der gewonnene Raum igelförmi

22.4. Dieser Tag wurde von allen Einheiten benützt, um
M.Copilza - Lessna - M. Volni - Napprevolo nach Fe
suchen.
Nachschub an Mun. und Verpflegung wurde bis 17.oo
anfangs sehr schlechten, aber doch fahrbaren Stra
Lom di Canale - Locovizza durchgeführt.

IV.

23.4. Durchführung des Unternehmens "Wendelstein 4" hatt
des Bainsizza-Plateau und das Höhengelände und der
IV c 4 Cal di Canale - Pieve di Leupa - Verco di Canale z
säubern. Hiezu war an die Div. der Antrag auf Abr
Bainsizza-Plateaus in der Linie M.Celenico - Villa
der Div.erbeten und auch gestellt worden.
Die Abriegelung stand am 23.4., 5.oo Uhr in Linie 1
Celenico - Osthänge M. Celenico - Höhe 608 (1 km os
Morsca). Auch war der Streckenschutz von Selle und
zur erhöhten Aufmerksamkeit und Entsendung verst. Sp
von Ronzina nach Seniza und von Loga bis 1 km südl.
wiesen worden.
I.Btl. hatte Auftrag, von Locovizza aus in sehr breit
nördl. des Auzza-Tales das Gelände bis Cal di Canale
di Leupa zu durchsuchen. Dieser Auftrag wurde unter s
Feindwiderstand bis 14.oo Uhr durchgeführt. Ein verst.
wurde ~~[illegible]~~ nach Lipizza (nördl. Cal di Canale) zur
suchung des dortigen Geländes - allerdings ohne Erfolg
zweigt.
II.Batl. hatte Auftrag, über Osteria a Naclanzorücken
Orte Cusceri und Breghi, sowie Trusnia bei Tagesanbruc
stellen. Diese Aufgabe war unter Brechung schwächeren
Widerstandes gelöst worden.
Die weitere Aufgabe: Säuberung des übersichtlichen Gel
um Rocca verlief rasch. Das Batl. durchstieg anschließ
äußerst schwieriges unübersichtliches Karsthöhengelän
nach Verco di Canale, das 15.oo Uhr erreicht wurde. -
Durchkämmung des von einigen Banditen besetzten Karsthö
geländes wurde der Polit-Kommissar Legam schwer verwund
dessen Befehlstasche mit sehr aufschlußreichen Befehlen
pagandamaterial und Benachrichtigung von seiten der Bev
kerung aus dem Isonzotal erbeutet.
Eigene Verluste: Keine
Feindverluste: 3 Verwundete, mehrere erbeutete Gewehr
Im Laufe des Nachmittags (16.oo Uhr) wurde die verst. 6.
nach Auzana ins Auzza-Tal abgezweigt und mit der Durchsuc
dieses Tales beauftragt. Die Durchkämmung verlief ergebnis
Die Kampfgruppe Schulze sicherte während der Nacht den err
Raum und rückte unter Durchkämmung des restlichen Geländes
am Ostufer des Isonzo am

24.4. bis 13.oo Uhr nach Auzza bzw. Ronzina, von wo die Einheit
auf Land, teils mit mot.Marsch noch am gleichen Tage ihre U
künfte erreichten.

Verteiler im Entwurf.

Ein eindrücklicher Gefechts- und Erfahrungsbericht des Unternehmens „Wendelstein", das unter der Ägide des Generalleutnants von Hößlin stand und darauf abzielte, die feindlichen Partisanenkorps im Raum um Chiapovanno auszuheben – Teil 6.

nerung an den Beispielen der Generäle Kübler und Hößlin verdeutlicht. „Ulrich rückte wutentbrannt weiter nach Villa Svina, schnappte dort die erste beste Frau – Mrjie Volaric – und ließ sie erschießen“, schildert Major Schulze das, was dann geschah. „11.30 Uhr kam er zurück und meldete mir den Vorfall. Ich ging mit ihm an die Sprengstelle hinaus und stellte fest, dass die beiden Minen genau der Länge des Zuges entsprechend eingegraben worden waren und mittels einer langen Zündschnur, die entlang eines kleinen Wassergrabens etwa fünfzig Meter weit seitab führte, gezündet worden sein mussten, wahrscheinlich von einem Partisanen, der nach der Detonation sofort das Weite gesucht hatte. Ich stellte Ulrich wegen seines eigenmächtigen Vorgehens sofort zur Rede, enthob ihn des Dienstes unter Meldung an das Stellvertretende Generalkommando nach Salzburg. Dort wurde er später verhandelt und mit vierzehn Tagen Stubenarrest bestraft. Ich hatte aber die Scherereien mit Hößlin und Kübler. Da soll man sich nicht ärgern! Da soll man durchgreifen und deutsches Blut schonen und schützen und nicht eingreifen dürfen, wie es notwendig wäre!“

Generalleutnant Hans von Hößlin war der Kommandeur der 188. Gebirgsdivision, die zeitweise eine Verpflegungsstärke von rund 40.000 Mann in der Operationszone „Adriatisches Küstenvorland“ umfasste.

5. Die Kampfgruppe Triest

Am 8. März 1944 hatte Hitler den „Führerbefehl Nr. 11“ in seinem Hauptquartier unterschrieben. Darin hieß es:

„Der Führer
Oberkommando des Heeres
Generalstab des Heeres/Operationsabteilung (I) Nr. 2434/44

Führerhauptquartier, den 8. März 1944

Geheime Kommandosache!

Führerbefehl Nr. 11
(Kommandanten der festen Plätze und Kampfkommandanten)

Aufgrund verschiedener Vorfälle befehle ich:

1. Es ist zu unterscheiden zwischen:
   ‚festen Plätzen‘ unter je einem ‚Kommandant des festen Platzes‘ und ‚Ortsstützpunkten‘ unter je einem ‚Kampfkommandant‘.
   Die ‚festen Plätze‘ sollen die gleichen Aufgaben wie die früheren Festungen erfüllen. Sie haben zu verhindern, dass der Feind diese operativ entscheidenden Plätze in Besitz nimmt. Sie haben sich einschließen zu lassen und dadurch möglichst starke Feindkräfte zu binden. Sie haben dadurch mit die Voraussetzung für erfolgreiche Gegenoperationen zu schaffen.
   Die ‚Ortsstützpunkte‘ sollen bei feindlichen Durchbrüchen zäh verteidigte Stützpunke in der Tiefe der Kampfzone sein. Bei ihrer Einbeziehung in die Hauptkampflinie sollen sie den Rückhalt der Abwehr und bei feindlichen Einbrüchen die Angelpunkte und Eckpfeiler der Front und die Ausgangspunkte für Gegenangriffe bilden.
2. Der ‚Kommandant des festen Platzes‘ soll ein besonders ausgesuchter harter Soldat sein und möglichst im Generalsrang stehen. Seine Ernennung erfolgt durch die betreffende Heeresgruppe. Der ‚Kommandant des festen Platzes‘ ist persönlich durch den Oberbefehlshaber der Heeresgruppe zu verpflichten.
   Der ‚Kommandant des festen Platzes‘ haftet mit seiner Soldatenehre für die Erfüllung seiner Aufgabe bis zum Letzten.
   Nur der Oberbefehlshaber der Heeresgruppe persönlich kann mit meiner Genehmigung den ‚Kommandanten des festen Platzes‘ von seinen Aufgaben entbinden und eine Aufgabe des festen Platzes anordnen.

Der ‚Kommandant des festen Platzes' untersteht dem Oberbefehlshaber der Heeresgruppe, beziehungsweise der betreffenden Armee, in deren Bereich der feste Platz liegt. Eine weitere Unterstellung unter Kommandierende Generäle darf nicht erfolgen.
Dem ‚Kommandanten des festen Platzes' unterstehen außer der Sicherheits- und Gesamtbesatzung alle darüber hinaus in dem festen Platz befindlichen oder sich sammelnden Personen, ganz gleich ob Soldaten oder Zivilisten und unbeschadet ihres Dienstranges oder ihrer Dienststellung.
Der Kommandant des festen Platzes hat Wehrmachtsbefugnisse und die Disziplinarstrafgewalt eines Kommandierenden Generals. Zur Durchführung seiner Aufgaben sind ihm fliegende Kriegsgerichte und Standgerichte beizugeben.
Der Stab des ‚Kommandanten des festen Platzes' ist durch die betreffende Heeresgruppe auf dem Kommandowege zu bilden. Die Besetzung der Chefstelle erfolgt durch Oberkommando des Heeres auf Antrag der Heeresgruppe.

3. Die Besatzung des festen Platzes gliedert sich in
Sicherheitsbesatzung und
Gesamtbesatzung.
Die Sicherheitsbesatzung muss dauernd in dem festen Platz vorhanden sein. Ihre Stärke ist von dem Oberbefehlshaber der Heeresgruppe festzulegen. Sie richtet sich nach der Größe des Platzes und nach den ihr obliegenden Aufgaben (Vorbereitung und Ausbau der Verteidigung, Halten des festen Platzes gegen handstreichartige Überfälle oder örtliche Teilangriffe des Feindes).
Die Gesamtbesatzung muss dem ‚Kommandanten des festen Platzes' so rechtzeitig zugeführt werden, dass sie vor drohendem planmäßigen Angriff des Feindes die Verteidigungsstellungen in Ordnung bezogen hat und eingewiesen ist. Ihre Stärke ist von dem Oberbefehlshaber der Heeresgruppe je nach der Größe des festen Platzes und der ihr zufallenden Aufgabe (entscheidende Verteidigung des festen Platzes) festzulegen.
4. Der ‚Kampfkommandant' ist ein Organ des Truppenführers. Er wird von diesem eingesetzt, untersteht ihm und bekommt von ihm seinen Kampfauftrag. Sein Rang richtet sich nach der Bedeutung des Ortes in der Kampfzone und der Stärke der Besatzung. Seine Aufgaben verlangen besonders energische und krisenbewährte Offiziere.
5. Die Stärke der Besatzung des ‚Ortsstützpunktes' richtet sich nach der Bedeutung des Ortes und den zur Verfügung stehenden Kräften. Sie ist durch die dem ‚Kampfkommandanten' vorgesetzte Dienststelle zu befehlen.
6. Aufgaben der ‚Kommandanten der festen Plätze' und der ‚Kampfkommandanten' sowie ein Verzeichnis der festen Plätze und die von den Heeresgruppen einzureichenden Meldungen enthalten die Anlagen.

7. Alle bisher über ‚Kampfkommandanten‘ gegebenen Befehle treten hiermit außer Kraft.

(gez.) Adolf Hitler.“

Am 16. Mai 1944, dem Tag, an dem die Überführung des Reservegebirgsjägerregiments 137 von Opičina in den neuen Einsatzraum eingeleitet wurde, wurde Schulze Kampfkommandant von Triest und mit der Verteidigung der Küste zwischen der Isonzomündung und Triest einschließlich der Halbinsel Muggia beauftragt, denn immer mehr rückten nun die zu treffenden Abwehrmaßnahmen bei einer eventuellen Anlandung amerikanischer und britischer Truppen im Golf von Triest in den Vordergrund. Es sollte eine Zeit intensiver Zusammenarbeit mit dem Obersten Kommissar in der Operationszone „Adriatisches Küstenland“, dem Kärntner Gauleiter Dr. Friedrich Rainer, mit den Polizeikräften, der Marine, der Organisation Todt und den Luftabwehrkräften werden.

„Aufgaben traten an mich heran, die ich nie und nimmer bei meiner Ausbildungszeit früherer Jahre kennengelernt hatte. Alles musste ich aus eigenen Überlegungen schaukeln. Also, auf ging's in Gottes Namen ...“, vertraute Schulze seinem Kriegstagebuch an.[63]

Tags zuvor hatte er mit Oberst Bröcker bei dessen Stab am Ostrand von Opičina Verbindung zwecks Übernahme der Kampfgruppe Triest aufgenommen. Dieser war Kommandeur des Grenadierregiments 993 der 278. Infanteriedivision des Generalleutnants Harry Hoppe. Diese war zwischen dem 21. März und dem 14. Mai 1944 dem Befehlshaber „Adriatisches Küstenland“ unterstellt worden. „Einmal sollten die Stellungen an der Küste ausgebaut werden und durch Alarmübungen die reibungslose Zusammenarbeit mit den bodenständigen Truppen des Marinebefehlshabers sichergestellt werden, zum anderen sollte der Bandenkrieg aktiv geführt werden. Da die Division aber ihre Ausbildung für den späteren Einsatz vorwärts treiben und bedacht sein musste, ihre Bewaffnung und Ausrüstung zu vervollständigen, so entstand in den nächsten Wochen das zwiespältige Gefühl, zwei Herren zu dienen.“[64] In dieser Beziehung erging es Hoppes Division nicht anders als der 188. Reservegebirgsdivision, mit der er auf Tuchfühlung lag. Nachdem die 278. Infanteriedivision die 162. (turkmenische) Division abgelöst hatte, wurde sie wie folgt eingesetzt:

Das Grenadierregiment 993 lag rechter Hand im Abschnitt Monfalcone – Triest – Muggia mit der unterstellten 2. Kompanie des Pionierbataillons 278, das Grenadierregiment 992 in der Mitte, im Abschnitt Insel Brioni – Pola – Insel Lusino, mit der unterstellten 1. Kompanie des Pionierbataillons 278 und der IV. Abteilung des Artillerieregiments 278. Die II. Abteilung/Artillerieregiment 278 wurde zum Bahnschutz Triest – Pola in Pisino herangezogen. Linker Hand war die III. Abteilung des

Artillerieregiments 278 mit der 3. Kompanie des Pionierbataillons 278 um Fiume für das später nachzuziehende Grenadierregiment 994 eingesetzt. Der Stab des Artillerieregiments 278 lag in Lipizza mit der II. Abteilung um Muggia. Die Panzerjägerabteilung 278 lag in Aurisina zur Einrichtung einer Divisionspanzernahkampfschule, der Stab des Pionierbataillons 278 in Divaccia, zehn Kilometer ostwärts von Sesana, zur Einrichtung der Divisionsstoßtruppschule. Das Feldersatzbataillon 278 lag im Abschnitt Monfalcone – Palmanova, der Divisionsstab und die Nachrichtenabteilung 278 in Sesana, wo auch die Divisionsfunkschule eingerichtet wurde. Das Füsilierbataillon 278 lag mit der unterstellten 1. Kompanie der Panzerjägerabteilung 278 in Görz. In allen Abschnitten unterstanden den Abschnittsführern außerdem italienische Bataillone und Batterien.[65]

Das Füsilierbataillon 278 wurde der 188. Reservegebirgsdivision taktisch zum Bandeneinsatz unterstellt, denn im April 1944 trat neben der Ausbildung immer mehr der Bandenkampf in den Vordergrund und bildete neben Bataillonsübungen, Lehrvorführungen, Belehrungs- und Gefechtsschießen die Truppen zu harten Kämpfern aus. Teile des II. Bataillons/Grenadierregiment 992, des II. Bataillons/Grenadierregiment 993, der II. und III. Abteilung/Artillerieregiment 278 und die 3. Kompanie/Pionierbataillon 278 nahmen an der Säuberungsaktion des Höheren SS- und Polizeiführers Globocnik teil, die auf dem Tschitschenboden und am Monte Maggiore durchgeführt wurde.[66]

Das enge Zusammenwirken zwischen der 188. Reservegebirgsdivision und der 278. Infanteriedivision hatte bald ein besonderes Vertrauensverhältnis zwischen den jeweiligen Truppenführern hergestellt. Und das war gut so, denn am 15. Mai 1944 traf bei den Infanteristen und Grenadieren der folgende Befehl ein: „Fertigmachen! Ein Regiment im motorisierten Transport über Padua – Ferrara – Ancona nach Pescara. Der Rest der Division folgt im Bahntransport."[67]

Bei der Ablösung der Verbände kam es zu keinen nennenswerten Friktionen. In überaus kameradschaftlicher Weise wurde Major Schulze von Oberst Bröcker anhand des Kartenmaterials in den neuen Einsatzraum eingewiesen: Von der Mündung des Isonzo in die Adria über Monfalcone, Duino, Sistiana und das Schloss Miramare bis Triest und von der Bucht von Zaule zur Halbinsel Muggia bis zur Straße Triest – Pola. Anschließend übergab der Oberst dem neuen Kampfkommandanten von Triest die notwendigen schriftlichen Informationen und Kampfaufträge:

Geheim!

I Feindlage

Die Küstenverteidigung unterscheidet sich von dem Kampf an festen Landfronten durch das Fehlen ständiger Feindberührung und Feindeinwirkung, ausgenommen feindl. Luftwaffeneinwirkung und im Abschnitt der Kampfgruppe Triest noch der Kampf mit Banden.

Mit einer feindl. Großlandung im Raum von Triest muß jederzeit gerechnet werden. Mit der Jnbesitznahme des Hafens Triest und der Bildung eines Landekopfes um Triest als Ausgangspunkt für weitere Operationen kann der Feind folgende 3 Ziele erstreben wollen:

1.) Abschneiden der Versorgungslinien der auf der Halbinsel Jstrien eingesetzten Truppen, oder

2.) Vorstoß von Triest in Richtung NordNordOst über Görz, Villach nach Kärnten, oder

3.) Vorstoß in Richtung Norden und Nordosten nach Ungarn, Rumänien.

Unmittelbare Angriffe gegen die Häfen Monfalcone und Triest sind nur in Form handstreichartiger Kommandounternehmungen bis in Rgt.-Stärke zu erwarten, da angenommen werden kann, daß der Feind davon unterrichtet ist, daß der Raum um Triest Abwehrschwerpunkt ist.

Es ist jedoch damit zu rechnen, daß der Feind bei einer Großlandung die eigenen Abwehrschwerpunkte nicht frontal, sondern durch Landung abseits der Schwerpunkte unter gleichzeitiger frontaler Fesselung, umfassend zu nehmen versuchen wird.

Bei einer Feindlandung werden die Banden im Hinterland gleichzeitig die eigene Truppe im Rücken angreifen. ~~Die z.Zt. von den Banden durchgeführten Überfälle und Sabotageunternehmen haben nur den Charakter von Vorpostengeplänkeln.~~

Oberst Bröcker übergab dem Kommandanten der Kampfgruppe Triest Dr. Schulze die vorliegenden Geheimdokumente, die in das operative Gelände des Kampfraumes einwiesen, über die Feindlage Aufschluss gaben und schließlich einen Kampfauftrag beinhalteten – Teil 1.

Geheim!

II. Kurze Geländebeschreibung und Geländebeurteilung.

Die Küste weist im Verteidigungsabschnitt der Kampfgruppe Triest alle Übergänge von der Flachküste bis zur schroff ins Meer abfallenden Steilküste auf.

Das Karst-Bergland verläuft durch den Verteidigungsabschnitt von Nordwesten in südostwärtiger Richtung (Höhen um etwa 500 m). Das Gelände ist meist steinig und nur wenig mit Wald bewachsen. Kulturen sind nur im ganz geringen Umfang anzufinden.

Landungen und Ausbootungen können in der Hauptsache an folgenden Orten des Küstenverteidigungsabschnittes Triest erwartet werden:

1.) Hafen Monfalcone und Umgebung (Bucht von Panzano)
2.) Hafen von Triest und Umgebung (Barcola - Bucht von Zaule)
3.) West- und Südwestteil der Halbinsel Muggia
4.) Westküste der Halbinsel Jstrien.

Oberst Bröcker übergab dem Kommandanten der Kampfgruppe Triest Dr. Schulze die vorliegenden Geheimdokumente, die in das operative Gelände des Kampfraumes einwiesen, über die Feindlage Aufschluss gaben und schließlich einen Kampfauftrag beinhalteten – Teil 2.

Geheim!

III. Kampfauftrag

Die Kampfgruppe Triest -

verstärktes Gren.Rgt.993 mit
Stab A.R.278 mit II./A.R.278
I./Geb.Res.Art.Rgt.112
III./Küst.A.R.13 (it.)
2./Pi.Btl.278 und 2.Pi.Bau-Btl. (it.)
Stab Pz.Jg.Abt.278
[illegible] mit 5. - 8.Battr.(5 bis jetzt eingesetzt)
Hako.Triest mit unterstellten Mar.-Einheiten u.Dienststellen
9./L.-Nachr.Rgt.2oo
Sich.Btl.5o9 und
alle sonstigen im Abschnitt der Kampfgruppe Triest eingesetzten Wehrmacht-Dienststellen und Zivil-Dienststellen -

hat folgenden Kampfauftrag:

a) Verteidigung der Küste von der Jsonzo-Mündung bis zur Halbinsel Muggia einschließlich (feindl. Landungen zu verhindern, gelandeten Feind zu vernichten).

b) Überwachung der Küste von Capodistria bis zur Quieto-Mündung.

c) Sicherung der rückwärtigen Versorgungswege (Eisenbahn und Straßen) im Hinterland des Küstenverteidigungsabschnittes.

Zur Durchführung dieses Kampfauftrages der Kampfgruppe Triest sind folgende allgemeine Einzelkampfaufträg gegeben:

1.) Jnfanterie des Heeres (G.R.993 und 3./Feld-Ers.-Btl.278) und infanteristisch eingesetzte Teile der Kampfgruppe Triest (Alarmeinheiten usw.)
verteidigen aus Stützpunkten und Widerstands-nestern die Küste an den geeignetsten Stellen.

Oberst Bröcker übergab dem Kommandanten der Kampfgruppe Triest Dr. Schulze die vorliegenden Geheimdokumente, die in das operative Gelände des Kampfraumes einwiesen, über die Feindlage Aufschluss gaben und schließlich einen Kampfauftrag beinhalteten – Teil 3.

Bedingt durch den Einsatz (des Rgt. (4.Komp.mit allen ihren schweren Waffen in Cosina Erpelle zur Sicherung des Hinterlandes !)kann nur ein Teil der eigenen schweren Maschinen-Gewehre (Gerippe der Verteidigung) in der Küstenverteidigung eingesetzt werden.Ein Behelf bilden bodenständig eingesetzte s.M.G. it.,die von Grenadieren der Gren.Kompanien bedient werden.

Das gleiche gilt für den Einsatz der m.Gr.W. Einsatz der m.Gr.W.-Gruppen der Gren.Komp.ist vorgesehen,zur Zeit aber noch nicht möglich,da Ausstattung mit m.Gr.W.für Gren.Komp.noch nicht erfolgt ist.

Einsatz der le.M.G.so,daß sie flankierend und frontal vor die H.K.L.wirken können,um den Gegner schon bei der Anlandung auf günstigste Schußentfernung wirkungsvoll bekämpfen können.

13./G.R.993 bekämpft mit 1 le.J.G.-Zug und 1 s. J.G. aus Stellungen im Raum von Banne - Opicina mit beobachtetem Feuer landenden bezw.gelandeten Feind im wesentlichen im Bereich Stadt und Hafen. Bei weiterer Ausstattung mit le.- und s.J.G. werden im Alarmfall Stellungen im Unterabschnitt Nord und Süd bezogen mit ähnlichen Kampfauftrag.

14./G.R.993,z.Zt.in Sesana zur Sicherung eingesetzt,bereitet Panzerabwehr mit s.Pak-Zug und 2 Panzerzerstörerzügen so vor,daß bei hinreichend Zeit Bekämpfung gepanzerter Landungsfahrzeuge und an Land gehender Panzer möglich ist,bei geglückter Landung an den wichtigsten Verbindungsstraßen ein Durchbruch feindlicher Panzerkräfte verhindert wird.

Die Kommandanten der Stützpunkte und der Widerstandsnester verteidigen die Stützpunkte bezw.Widerstandsnester gegen jeden Feind von See,von Land und aus der Luft bis zum letzten Mann und zur letzten Patrone.Das Gelände zwischen den Stützpunkten bezw.Widerstands-

Oberst Bröcker übergab dem Kommandanten der Kampfgruppe Triest Dr. Schulze die vorliegenden Geheimdokumente, die in das operative Gelände des Kampfraumes einwiesen, über die Feindlage Aufschluss gaben und schließlich einen Kampfauftrag beinhalteten – Teil 4.

Geheim!

nestern wird durch Feuer und Spähtrupps (Streifen) gesichert. Jn jedem Stützpunkt bezw. Widerstandsnest, bei jeder in der Küstenverteidigung eingesetzten Komp. und bei jedem Unterabschnitts-Kommandeur ~~müssen~~ Reserven gebildet sein, die durchgebrochenen Feind im Gegenstoß bezw. Gegenangriff vernichten können.

2.) <u>Artillerie.</u>
Die im Küstenverteidigungsabschnitt eingesetzte Artillerie unter Führung des Art.-Führers der Kampfgruppe Triest, Kommandeur A.R. 2/8, hat folgenden Auftrag:

a) Mit beobachtetem Feuer anlandenden und gelandeten Feind zu bekämpfen;

b) Sperrfeuerräume an den am meisten gefährdeten Punkten der Küsten-H.K.L. festzulegen;

c) Feuerzusammenfassung und Vernichtungsfeuer vorzubereiten auf Räume, die dem Gegner im Falle einer geglückten Landung zur Bereitstellung dienen können und auf Straßen, auf die der Gegner im Falle einer geglückten Landung für seine Versorgung und zum weiteren Vorstoß mit mot- (gepanzerten) Kräften angewiesen wäre.

3.) <u>Marine-Artillerie.</u>
Die M.A.A. bekämpft mit ihren Zwei-Zweck-Geschützen (Seeziel- und Flugabwehr-Geschütze) fdl. Luft- und Seeziele und bereitet Einsatz der Geschütze gegen gelandeten Feind vor.

4.) <u>Pioniere.</u>
Die 2./Pi.Btl. 278 und das 2. Pi.Bau-Btl. (it.) haben den Auftrag, landegefährdete Räume durch Minenfelder zu sichern, zur Verhinderung des Vordringens gelandeten Feindes Schnellsperren aller Art ~~nach Weisung des Kampfkommandanten~~ vorzubereiten und die übrigen Truppenteile pioniertechnisch vor allem auch beim Stellungsbau zu unterstützen. Daneben unterstützen die Pionierkräfte die Jnfanterie bei der Durchführung von Gegenstößen und Gegenangriffen und bei der Vernichtung von feindl. Panzern.

Oberst Bröcker übergab dem Kommandanten der Kampfgruppe Triest Dr. Schulze die vorliegenden Geheimdokumente, die in das operative Gelände des Kampfraumes einwiesen, über die Feindlage Aufschluss gaben und schließlich einen Kampfauftrag beinhalteten – Teil 5.

Geheim!

5.) <u>Hafenkommandant Triest.</u>

Der Hafenkommandant verteidigt nach infanteristischen Grundsätzen mit den ihm unterstellten Alarmeinheiten I und II der in Triest eingesetzten Marineeinheiten und Marine-Dienststellen den Hafen Triest. Ferner ist der Hafenkommandant verantwortlich für die Vorbereitung und Durchführung der Hafenzerstörung (Korpsbef.Nr.8 des Befh.i.d.Op.Zo. Adria.Küstl. v.8.2.1944).

6.) <u>Militärkommandantur Triest.</u>

Der Militärkommandant Triest verteidigt die Stadt Triest mit den von ihm aufgestellten Alarmeinheiten I und II des Standortes Triest.

7.) <u>Sicherungs-Btl.509</u> und <u>Teile der 278.J.D.</u>

(Teile Gren.Rgt.993,Versorgungstruppen 278.J.D., 9./L.Nachr.Rgt.200 usw.) haben den Auftrag,das Hinterland sowie die rückwärtigen Versorgungslinien (Eisenbahnen,Straßen) gegen Banden und Angriffe von feindlichen Fallschirmtruppen zu sichern. Sicherungs Btl.509 wird nach Ablösung durch Polizei als Reserve der Kampfgruppe je nach Lage zusammengezogen.

8.) <u>Höherer SS- und Polizei-Führer.</u>

Der Höhere SS- und Polizei-Führer mit den ihm im Bereich der Kampfgruppe Triest unterstellten deutschen und landeseigenen Polizeikräften hat folgenden Auftrag (Befh.i.d.Op.Zo.Adria.Küstl., Ia Nr.1034/44 g.Kdos. vom 28.4.44):

a) Aufrechterhaltung von Ruhe,Sicherheit und Ordnung.
b) Sicherung der Hauptnachschubwege.
c) Evakuierung der Zivilbevölkerung.
d) Steuerung des Flüchtlingsverkehrs.

Oberst Bröcker übergab dem Kommandanten der Kampfgruppe Triest Dr. Schulze die vorliegenden Geheimdokumente, die in das operative Gelände des Kampfraumes einwiesen, über die Feindlage Aufschluss gaben und schließlich einen Kampfauftrag beinhalteten – Teil 6.

Geheim!

IV. Gliederung

Die Kampfgruppe Triest ist in 4 Unterabschnitte gegliedert:

a) K.V. - Unterabschnitt Monfalcone.

b) K.V. - Unterabschnitt Nord.

c) K.V. - Unterabschnitt Stadt und Hafen.

d) K.V. - Unterabschnitt Süd.

Oberst Bröcker übergab dem Kommandanten der Kampfgruppe Triest Dr. Schulze die vorliegenden Geheimdokumente, die in das operative Gelände des Kampfraumes einwiesen, über die Feindlage Aufschluss gaben und schließlich einen Kampfauftrag beinhalteten – Teil 7.

Geheim!

V. Kampfaufträge für die K.V.-Unterabschnitte

1.) K.V.-Unterabschnitt Monfalcone.

a) Feindlage.

Der Hafen von Monfalcone ist mit den für die Landung geeigneten Mündungen des Timavo und des Jsonzo ein erstrebenswertes Ziel für feindliche Landungskräfte, sowohl als Ausgangspunkt für einen Vorstoß nach Westen in die Venizianische Ebene, wie für eine Operation nach Südosten gegen Triest.

Der Raum zwischen der Halbinsel Panzano und Jsonzo ist wegen der dort durchgeführten Überflutungen für Landungen weniger geeignet.

b) Kampfauftrag im allgemeinen.

Der Kommandeur der K.V.-Untergruppe Monfalcone verteidigt mit den ihm unterstellten Kräften den Hafen Monfalcone, verhindert das Anlanden von Feindkräften und das Eindringen von leichten feindl. Seestreitkräften in den Hafen Monfalcone und in die Flußmündung und überwacht den Raum zwischen Hafen Monfalcone und Jsonzo-Mündung.

c) Hierzu sind eingesetzt:

3./Feld-Ers-Btl.278

Hafenkapitän Monfalcone	Alarm-einheit	(etwa 26 Mann)
Werftüberwachung		(etwa 8o ")

Alarmeinheit der 4./Sich.Btl.5o9

Kommandeur des K.V.-Unterabschnittes Monfalcone:
Hptm.Melchers (4./Sich.Btl.5o9) Monfalcone.

d) Kampfauftrag im einzelnen:

Jm K.V.-Unterabschnitt Monfalcone sind die Widerstandsnester Halbinsel Panzano, Terme Romane und die Hafenmole zu besetzen. Das Widerstandsnest beim Polder X ist zur Überwachung und Sicherung des Raumes zwischen Hafen Jsonzo-Mündung ebenfalls ständig besetzt zu halten. Jn Monfalcone sind Reserven bereitzuhalten, um gelandeten Feind im Gegenstoß vernichten zu können.
(Res.: eigene Komp. = 1 Zug + Alarmeinheiten der Komp., Werftüberwachung = etwa 8o Mann)

Oberst Bröcker übergab dem Kommandanten der Kampfgruppe Triest Dr. Schulze die vorliegenden Geheimdokumente, die in das operative Gelände des Kampfraumes einwiesen, über die Feindlage Aufschluss gaben und schließlich einen Kampfauftrag beinhalteten – Teil 8.

Geheim!

2.) K.V.-Unterabschnitt Triest Nord.

a) Feindlage:

Der K.V.-Unterabschnitt Triest Nord ist auf Grund der dort vorhandenen, meist sehr steilen Felsküste wenig für feindl. Anlandungen und Ausbootungen geeignet. Jedoch muß jederzeit damit gerechnet werden, daß nach einer im Raum von Monfalcone geglückten Landung ein Angriff auf Land aus Richtung Nordwest nach Triest erfolgen kann.

b) Kampfauftrag im allgemeinen.

Der Kommandeur der K.V.-Untergruppe Triest Nord verhindert mit den ihm unterstellten Truppenteilen das Anlanden von Feindkräften an der Küste des Abschnittes und vernichtet gelandeten Feind im Gegenstoß. Das Ablösen der eingesetzten infanteristischen Einheiten durch Alarmeinheiten zur Bildung von Reserven ist vorzubereiten, sodaß mit diesen Reserven der Kampfgruppen-Kommandeur Gegenangriffe führen bezw. Riegelstellungen gegen Monfalcone oder Stadt und Hafen Triest beziehen kann.

c) Hierzu sind eingesetzt:

2./Gren.Rgt.993
3./Gren.Rgt.993
Verschiedene Alarmeinheiten. (Mar.Bordflak.Abt.22
5 : 22 : 63)

Kommandeur des K.V.-Unterabschnittes Triest - Nord: Kommandeur I./Gren.Rgt.993

d) Kampfauftrag im einzelnen.

Jm K.V.-Unterabschnitt Triest Nord sind folgende Stützpunkte bezw. Widerstandsnester zu besetzen:

Duino	2./G.R.993
Sistiana	2./G.R.993
Wasserwerk Aurisina	2./G.R.993
Schloß Miramare (mit Grignano) und Barcola.	3./993

Jn den Widerstandsnestern bezw. Stützpunkten, bei den Kompanien und beim K.V.-Unterabschnitts-Kommandeur sind Reserven zu bilden, um jederzeit gelandeten Gegner im Gegenstoß zu vernichten.
(Res.: je Kp. 1 Zug, Stab Pz.Jg.Abt.278 und Gendarmerie).

Oberst Bröcker übergab dem Kommandanten der Kampfgruppe Triest Dr. Schulze die vorliegenden Geheimdokumente, die in das operative Gelände des Kampfraumes einwiesen, über die Feindlage Aufschluss gaben und schließlich einen Kampfauftrag beinhalteten – Teil 9.

Geheim!

3.) K.V.-Unterabschnitt Stadt und Hafen Triest.

a) Feindlage.

Jm K.V.-Unterabschnitt Stadt und Hafen Triest muß jederzeit mit Feindlandungen größten Ausmaßes gerechnet werden. Diese Großlandungen können folgende Ziele haben:

aa) Einnahme des Hafens Triest als Basis für einen Vorstoß in Richtung Nordost auf Görz, Villach, Klagenfurt.

bb) Einnahme des Hafens Triest als Basis für einen Vorstoß in Richtung Osten nach Ungarn und Rumänien.

cc) Einnahme des Hafens Triest als Basis zum Vorstoß nach Fiume und damit Abschneiden der auf der Halbinsel Jstrien eingesetzten deutschen Truppen.

b) Kampfauftrag im allgemeinen.

Der Kommandeur des K.V.-Unterabschnittes verteidigt mit den ihm unterstellten Truppenteilen Stadt und Hafen Triest, verhindert das Anlanden und Ausbooten von Feindkräften und vernichtet gelandeten Feind im Gegenstoß.

c) Hierzu sind eingesetzt:

Alarmeinheiten des Heeres (Kopfstärke etwa 300 M.)
Alarmeinheiten der Marine (" " 1400 M.)

Kommandeur des K.V.-Unterabschnittes Stadt und Hafen Triest: Oberst Erdmann, (Milit.-Kdtr.1001).

d) Kampfauftrag im einzelnen.

Jn der K.V.-Untergruppe Stadt und Hafen Triest sind im Alarmfalle die Stützpunkte des Hafens von Alarmeinheiten der Marine unter Führung des Hafenkommandanten zu besetzen. Die Alarmeinheiten der Milit.-Kdtr. sichern die wichtigsten Anlagen und Straßen des Stadtgebietes. Sowohl im Hafen als auch in der Stadt sind Gegenstoßreserven zu bilden.

Oberst Bröcker übergab dem Kommandanten der Kampfgruppe Triest Dr. Schulze die vorliegenden Geheimdokumente, die in das operative Gelände des Kampfraumes einwiesen, über die Feindlage Aufschluss gaben und schließlich einen Kampfauftrag beinhalteten – Teil 10.

Geheim!

4.) K.V.-Unterabschnitt Süd.

a) Feindlage.

Jm K.V.-Unterabschnitt Süd muß jederzeit mit Landungen auf der Halbinsel Muggia gerechnet werden – vor allem in dem dafür am besten geeigneten Südwestteil – ,da Voraussetzung für eine erfolgreiche Großlandung im Hafen Triest der Besitz der Halbinsel Muggia ist.Die an der Küste der Halbinsel Jstrien im K.V.-Unterabschnitt Süd gelegenen kleinen Häfen sind ebenfalls für Feindlandungen geeignet.Da diese Häfen nur durch schwache Postierungen gesichert sind,ist es jederzeit möglich,daß es dem Feind gelingt,in diesen Häfen zu landen,um dann auf dem Landwege in Richtung Triest vorzustoßen.

b) Kampfauftrag im allgemeinen.

Der Kommandeur der K.V.-Untergruppe Süd verteidigt mit den ihm unterstellten Truppenteilen die Halbinsel Muggia,verhindert das Anlanden und Ausbooten von Feindkräften und vernichtet gelandeten Feind im Gegenstoß.Die Küste südlich der Halbinsel Muggia bis zur Quieto-Mündung ist zu überwachen.

c) Hierzu sind eingesetzt:

6./Gren.Rgt.993
7./Gren.Rgt.993
8./Gren.Rgt.993
Verschiedene Alarmeinheiten. (Marinelazarett Triest,Transportgruppe Ehlers).

Kommandeur des K.V.-Unterabschnittes Süd:
Hptm. Hamkens (II./Gren.Rgt.993).

Jn den Häfen Capodistria,Jsola d'Jstria,Pirano und Umago sind Hafenkapitäne bezw.Wachen zur Sicherung eingesetzt,in Pitrovia (4 km ostw.Umago) die 9./L.W.Rgt.2oo.

d) Kampfauftrag im einzelnen.

Jm K.V.-Unterabschnitt Süd sind die Stützpunkte West und Südwest zu besetzen,der Hafen Muggia ist durch eine Alarmverteidigung zu sichern.Jn den

Oberst Bröcker übergab dem Kommandanten der Kampfgruppe Triest Dr. Schulze die vorliegenden Geheimdokumente, die in das operative Gelände des Kampfraumes einwiesen, über die Feindlage Aufschluss gaben und schließlich einen Kampfauftrag beinhalteten – Teil 11.

Stützpunkten, bei den Kompanien und beim K.V.-Unterabschnitts-Kommandeur sind Reserven zu bilden, um jederzeit gelandeten Feind im Gegenstoß zu vernichten. Für den Fall, daß die schwach geschützten kleinen Häfen Capodistria, Jsola d' Jstria, Pirano und Umago vom Feind überraschend genommen werden, setzt Kommandeur Unterabschnitt Süd durch Eingreifreserven (Herauslösung durch Alarmeinheit) Gegenangriffe an, bezw. riegelt nach Süden ab.

Oberst Bröcker übergab dem Kommandanten der Kampfgruppe Triest Dr. Schulze die vorliegenden Geheimdokumente, die in das operative Gelände des Kampfraumes einwiesen, über die Feindlage Aufschluss gaben und schließlich einen Kampfauftrag beinhalteten – Teil 12.

Geheime Kommandosache!

Durchführung der Alarmierung.

Die Alarmierung der Kampfgruppe Triest erfolgt nach Fernspruch oder durch Melder mit schriftl.Befehl des Kampfgruppen-Kommandeurs oder durch Funk. (K.V.-Unterabschnitt Nord und K.V.-Unterabschnitt Süd).

Der Kampfgruppen-Kommandeur alarmiert:

1.) Den Kommandeur der K.V.-Untergruppe Triest Stadt und Hafen.

2.) Den Kommandeur der K.V.-Untergruppe Nord.

3.) Den Kommandeur der K.V.-Untergruppe Süd.

4.) Den Kommandeur der K.V.-Untergruppe Monfalcone.

5.) Den Kommandeur A.R.278.

6.) Den Seekommandanten Jstrien.

7.) Die Stabs-Kompanie G.R.993.

8.) Die 13./Gren.Rgt.993.

9.) Die 14./Gren.Rgt.993.

1o.) Den Höheren SS- und Polizei Führer Triest.

Jm Alarmfalle sind durch die Vermittlung sofort alle Gespräche zu trennen,damit die Alarmierung schnellstens als Ausnahmegespräch durchgegeben werden kann.Sind die Fernsprechleitungen gestört,erfolgt Alarmierung von 2 und 3 durch Funk,von 1,1o, und 8,9 durch Kradmelder,von 5,6,7 durch Radmelder und 4 durch Kradmelder durch 2.

Jst Funkverkehr nicht möglich,dann erfolgt auch die Alarmierung von 2 und 3 durch Kradmelder.(Die Melder sind mit allen Örtlichkeiten vertraut).

Oberst Bröcker übergab dem Kommandanten der Kampfgruppe Triest Dr. Schulze die vorliegenden Geheimdokumente, die in das operative Gelände des Kampfraumes einwiesen, über die Feindlage Aufschluss gaben und schließlich einen Kampfauftrag beinhalteten – Teil 13.

1.) <u>A l a r m o r d n u n g.</u>

a) Die <u>Alarmierung</u> der Kampfgruppe Triest erfolgt in 4 Alarmstufen :

1. Erhöhte Abwehrbereitschaft,
2. Alarmstufe 1,
3. Alarmstufe 2,
4. "Kampfeinsatz".

Grundlage für die Alarmierung ist die "Dauernde Abwehrbereitschaft". Jede weitere Alarmstufe bedeutet demgegenüber eine Erhöhung der Kampfbereitschaft der Truppe.

b) <u>Dauernde Abwehrbereitschaft = "Normalzustand".</u>

1. Ständige Beobachtingen. Bei Nacht zusätzlich Streifen.
2. Ständige Alarmbesetzung in Widerstandsnestern und Stützpunkten.
3. Bei allen Stäben ist Kommandeur oder Adjutant bezw. Ord.-Offz. erreichbar. Fernsprecher muß durch Offizier, bei allen übrigen Stellen durch einen Dienstgrad besetzt sein.

c) <u>Erhöhte Abwehrbereitschaft.</u>

<u>Massnahmen :</u>Verstärkung der Posten und Streifen. Beobachtungsorgane erhöhte Wachsamkeit in der Dunkelheit und bei unsichtigem Wetter sowie Überwachung nicht.besetzter Küstenabschnitte.

Übungen außerhalb des Standortes unterbleiben. Der Dienst geht weiter. Jede beabsichtigte Bandenunternehmung vor Durchführung beim Kampfgruppenkommandeur zur Genehmigung anmelden.

Nicht zum Küstenschutz eingeteilte Truppenteile machen sich marsch- und gefechtsbereit, dass Abmarsch innerhalb kurzer Zeit möglich ist.

Führer müssen erreichbar sein.

d) <u>Alarmstufe 1.</u>

<u>Massnahmen :</u> Volle Besetzung aller Widerstandsnester, Stutzpunkte und B-Stellen. Alle Waffen feuerbereit, alle Geschützstellungen voll gefechtsbereit.

Fischerboote dürfen nicht auslaufen.

Oberst Bröcker übergab dem Kommandanten der Kampfgruppe Triest Dr. Schulze die vorliegenden Geheimdokumente, die in das operative Gelände des Kampfraumes einwiesen, über die Feindlage Aufschluss gaben und schließlich einen Kampfauftrag beinhalteten – Teil 14.

Wichtige Objekte durch Wachen vermehrt sichern

Alle Fernsprechverbindungen mindestens halbstündlich überprüfen.

Alle Funkstellen gehen auf Empfang. Falls Funk- und Fernsprechverbindungen gestört sind, haben nicht zum Küstenschutz eingesetzte Truppenteile Verbindungsoffiziere zum Kampfgruppen-Kommandeur zu entsenden.

Alarmeinheiten I machen sich marsch- und gefechtsbereit.

Versorgung läuft weiter.

e) Alarmstufe 2.

Masnahmen : wie bei Alarmstufe 1.

Zusätze:

Beabsichtigte Übungen und jeder andere Dienst entfallen.

Alarmeinheiten I besetzen die wichtigsten Verteidigungsanlagen.

Reserven in vorgesehenen Bereitstellungsräumen versammeln.

Versorgung läuft eingeschränkt weiter.

Nicht für die Beteiligung am Abwehrkampf vorgesehene ital.Einheiten aus der Kampfzone herausführen.

Urlaubssperre (ohne Zurückholen von Urlaubern).

Oberst Bröcker übergab dem Kommandanten der Kampfgruppe Triest Dr. Schulze die vorliegenden Geheimdokumente, die in das operative Gelände des Kampfraumes einwiesen, über die Feindlage Aufschluss gaben und schließlich einen Kampfauftrag beinhalteten – Teil 15.

Gebirgsjäger vor ihrer Hütte in ihrem Verteidigungsabschnitt.

Das Grenadierregiment 993 des Obersten Bröcker war stützpunktartig an und rückwärts der Adriatischen Küste eingesetzt. Neben der Wiederauffrischung seiner Einheiten war es in Zusammenarbeit mit der Organisation Todt mit dem Bau von Verteidigungsstützpunkten und der Herstellung von Hindernissen beschäftigt. Alle Stützpunkte, Verteidigungsanlagen, Postierungen und Feuerpläne der Artillerie, die Heranziehung von Alarmeinheiten und dergleichen wurden auf der Karte in einer sogenannten „Stellungslegende" zusammengefasst. Dieses Kartenwerk erleichterte Schulze die Einarbeitung in sein neues Aufgabengebiet ganz wesentlich.

Darüber hinaus wurde er vom Regimentsstab 993 über folgende Kräfteverteilung informiert: Oberst Hahn, Kommandeur Heeresküstenartillerieregiment 1103, unterstand die Artillerie; Major Thiele, Pionierkommandeur der Gruppe III./30, unterstanden die Festungspioniere; Oberst Erdmann stand in der Villa Gaillinger der Militärkommandantur 1001 vor. Dr. Fuchs hatte das Sagen über den Organisation Todt-Einsatzstab „Alpen".[68]

Wie die Angehörigen der Wehrmacht und Waffen-SS, so gerieten ab 1943 auch die Arbeiten der Organisation Todt auf dem Balkan immer häufiger in die Wirren des Partisanenkrieges.[69] Dennoch war es der Organisation Todt seit Juni 1944 gelungen, nicht weniger als 5.000 Kubikmeter Fels zu sprengen und 2.100 Kubikmeter Beton zu verbauen, um Felsunterstände für Schnellboote und Fähren zu schaffen.[70] Über den Einsatz der Organisation Todt im Festungsabschnitt Triest liegen uns die folgenden Dokumente vor:

Geheim

Kampfkommandant von Triest
Nr. /44 geh.

O.U., am 27.7.44.

Betr.: OT-Einsatz; deutsche Zivilverwaltung

An die
188. Res. Geb. Division.

Bei der Überprüfung der OT-Bauten in der Gedanken-Großfestung Triest konnte ich folgendes feststellen:

1.) Die von der OT verpflichtete Firma Jordan ist zur Zeit mit dem Bau der Panzersperren 16., 17., 18., 19. (Strasse Fiume - Opicina) beauftragt. Hierzu hat Firma Jordan 90 OT-Leute eingesetzt. Davon arbeiten nur 7 Mann an den 4 Sperren;
30 Mann am Luftschutzstollen für NSKK bei der Universität;
15 Mann in Barcola für Baracken- und Büroeinrichtung;
10 Mann Barackenaufbau für Stollen "Gef.Stand Kampfkommandant, Seeko, Artl.Fhr." in Opicina;
8 Mann Verwaltungspersonal.

Unmittelbar sind also nur 7 Mann an den Bauvorhaben beteiligt. Die Wegziehung von 30 Mann Luftschutzstollenbau NSKK erfolgte vermutlich unter der Hand; auch die Beschäftigung von 15 Mann Baracken- und Büroeinrichtung dient nicht dem unmittelbaren Ausbau der Festung.
Damit kann natürlich die OT die zeitlich festgesetzten Arbeiten in keiner Weise erfüllen und der Ausbau wird weitgehendst hinausgezögert. Der Luftschutzstollen für NSKK dient nur persönlichen Interessen, für eine Dienststelle, die im Alarmfalle an der Verteidigung gar nicht teilnimmt. Dieser Stollen wird dann von der zurückgebliebenen Bevölkerung ausgenutzt, wie auch vom Feinde bei der Anlandung im Stadt- und Hafengebiet. Meines Erachtens sind die vordringlichsten Arbeiten die für den Ausbau der geplanten Festung.

2.) Eine weitere von der OT verpflichtete Firma Hahn oder Herk arbeitet unterhalb der Universität, am Justiz-Palast an 4 - 5 Luftschutzstollen mit ca. 120 Mann.

3.) Firma Stückl stellt für eine SS-Dienststelle einen Privat-Luftschutzstollen und einen für Deutsche und Italiener getrennten Hohlbau des Ob. Kommissar her.

4.) Zum Katastropheneinsatz vom Donnerstag 13.7. bis Dienstag 18.7. wurden 300 OT-Baustellen aus den milit. Festungsbauten ohne Verständigung des Fest.Pi.Bau-Stabes III/30 weggezogen zur Wiederherstellung von Fliegerschäden (Abräumen von Schutt, Beseitigung der Einsturzgefahr bei Häusern, Ausfüllen von Bombentrichtern!!)
Ich habe bereits nach dem 2. Bombenangriff am 27.6.44. dem deutschen Berater mitgeteilt, dass ein Wegziehen von OT-Arbeitern zum Katastropheneinsatz aus milit. Gründen (Ausbau der Festung) unter keinen Umständen mehr in Frage kommen dürfe, während 9000 - 10000 Italiener Fußballspielen beiwohnen.

Ein im deutsch-jugoslawischen Partisanenkrieg verfasstes Dokument über die Stellung der Organisation Todt, die als Bauorganisation für militärische Anlagen und Schutz- und Rüstungsprojekten diente – Teil 1.

5.) Alle Insassen des OT-Lagers in Prosecco (ca. 140 Mann) sind in der Nacht vom 25./26.7. entwichen, bis auf den Koch.
Die von mir befohlene Überprüfung durch den Rgt.Adj. hat ergeben: [illegible]
Im Laufe des Nachmittags des 25.7. wurde der Carabinieri-Posten beim OT-Lager, neben anderen Carabinieri-Posten (siehe Ziffer 7.) durch den Höh. SS u.Pol.Führer Triest abgezogen, ohne vorherige oder anschließende Verständigung der beteiligten Dienststellen. Ich selbst hatte zur Bewachung des OT-Lagers bis einschließlich Sonntag früh, 23.7.44. bei Nacht entgegenkommenderweise ständig eine Gruppe dorthin kommandiert. Infolge des Unternehmens Ackermann in Buie mußte diese Gruppe für die Dauer von 3 Tagen (bis einschl. 26.7. früh) zur Verstärkung des Abschnittes Süd abgestellt werden. Hiervon wurde der dortige deutsche OT-Leiter verständigt; durch den Abzug der Carab.-Posten war somit das OT-Lager in der Nacht vom 25./26.7. ohne jede Bewachung.
Fehler der dortigen verantwortlichen OT-Leute war es, das Abziehen des Carab.-Postens nicht sofort zu melden, bzw. nicht einmal die ungefähr 300 m entfernte Stützpunktbesatzung des Bhf. Prosecco des Sich.Batl. 509 zu verständigen.
Das gesamte deutsche OT-Personal schläft in Privatquartieren in Prosecco, sodass das OT-Lager ohne jede deutsche Aufsicht war. Das deutsche OT-Personal hat das Lager am 25.7.44 zwischen 19.00 und 20.00 Uhr verlassen. Gegen 6.00 Uhr früh des 27.7. ging der Koch des Lagers, der ebenfalls in Prosecco übernachtete, zum Lager zur Bereitung des Morgenkaffees. Nach kurzer Zeit meldete er, dass das gesamte Lager leer sei.
Die Besichtigung des Lagers ergab den Eindruck eines überraschenden, plötzlichen und fluchtartigen Verlassens seitens der Insassen, - nach Angab des deutschen OT-Personal etwa gegen 21.00 Uhr, also noch bei Tageslicht -.
Ein Entweichen dieser 140 Mann nach Ost bzw. Nordost über die Eisenbahnlinie hinaus war unmöglich, da diese von den Sich.-Posten des Sich.Batl. 509, in einer Entfernung von 200 m aufgestellt, unbedingt hätte bemerkt werden müssen. Es wird vielmehr vermutet, dass die OT-Leute nach Nordwest, Richtung Monfalcone bzw. nach Südost, Richtung Triest entwichen sind. Ein Durchkämmen und Durchsuchen des Raumes Grotta Gigante - [illegible] - Prosecco - Contovello und dieser Orte blieb ohne Ergebnis.

6.) Anliegend ein Schreiben der OT-Unternehmung Doersch - Abschnitt Süd vom 16.7.44 und der OBL - Istrien X vom 24.7.44. - Hierzu bemerke ich:
Es ist nicht Sache meiner Einheiten, den Schutz der OT-Baustellen zu übernehmen; hierzu ist der B.d.S. zuständig. Was im Rahmen der Ausbildung in dieser Hinsicht vom Rgt. verantwortet werden konnte, ist geschehen; z.B. vorübergehende Verstärkung der Miliz für ihre Bewachungsaufgaben in Prosecco und Albaro Vescova. Wenn der B.d.S. diesen Aufgaben nicht gewachsen ist, hat er keine Daseinsberechtigung oder muß seine Kräfteverteilung umorganisieren.

7.) Verschiedene OT-Baustellen (Prosecco, Albaro Vescova, Ancaran, Muggia) waren bisher durch Carabinieri (B.d.S.) bewacht. Nicht nur diese, sondern auch andere Stützpunkte (Aurisina)

Ein im deutsch-jugoslawischen Partisanenkrieg verfasstes Dokument über die Stellung der Organisation Todt, die als Bauorganisation für militärische Anlagen und Schutz- und Rüstungsprojekten diente – Teil 2.

wurden ohne jegliche Verständigung des Kampfkommandanten oder OT vom 24. auf 25.7. ohne Angabe der Gründe abgezogen und durch andere Sicherungskräfte nicht ersetzt.
Das ist keine Zusammenarbeit zwischen dem Höh.SS u.Pol.Fhr. mit OT und Wehrmacht. - Die Nachteile hat nur die Wehrmacht zu tragen. -

Zusammenfassung:

Das Nebeneinanderarbeiten der deutschen Zivilverwaltung, des Höh. SS u.Pol.Führer und der Wehrmacht ist im Interesse der Gesamtverteidigung von Triest untragbar geworden. Ich bin mit viel Takt und Entgegenkommen allen Dienststellen gegenüber aufgetreten, mußte allerdings im Laufe meiner hiesigen Tätigkeit feststellen, dass viele Vorbereitungsmaßnahmen als ein Eingriff in den Machtbereich dieser Dienststellen angesehen werden.
Die entgegenkommende Behandlung der italienischen Bevölkerung und damit auch der inbegriffenen Arbeitsverpflichteten seitens der deutschen Zivilverwaltung wird von der ital./slov. Bevölkerung als Schwächemoment ausgelegt und weitgehendst ausgenützt. Mit unserer deutschen Humanität kommen wir hier nicht weiter. Die zu Sicherheitsdiensten herangezogenen regionalen Miliz- usw-Verbände haben in jeder Weise versagt. Auf sie ist kein Verlass.
Die Wehrmachtdienststellen verspüren die zivilen Anordnungen als Hindernis und hemmend. Die Bevölkerung macht was sie will. Dieser Zustand wirkt sich mehr und mehr negativ aus. Solange kein Ausnahmezustand verfügt wird mit der entsprechenden Todesstrafe für Verlassen von Arbeitsstätten, mit Einführung der Zwangsarbeit für die gesamte Bevölkerung, mit einem rücksichtslosen Einschreiten gegen die Unterstützung und Duldung von Sabotageakten, mit anderen Worten, solange kein Militär-Gouverneur oder keine Militär-Diktatur eingesetzt wird, so lange tritt im jetzigen Kriegsentscheidungsstadium auf Seiten der laxen ital. Bevölkerung keine Änderung ein.
Die beabsichtigte Festung Triest bleibt eine Gedanken-Festung, die niemals verteidigt oder nur unzulänglich unter Opferung wertvollsten Personals und Materials gehalten werden kann.

2 Anlagen.

[Unterschrift]

Ein im deutsch-jugoslawischen Partisanenkrieg verfasstes Dokument über die Stellung der Organisation Todt, die als Bauorganisation für militärische Anlagen und Schutz- und Rüstungsprojekten diente – Teil 3.

Abschrift

Organisation Todt
Einsatzgruppe Italien
OBL - Istrien (X)

O.U., 24.7.1944.

Bauleitung Triest Lb/Wa

An den Herrn Kampfkommandanten Major Dr. Schulze **Opicina**

Betr.: Militärischer Schutz für Baustellen Villa de Cani
Bezug: Mein Schreiben vom 29.6.1944

Ich teile Ihnen noch mit, dass die OT über ein Schutzkommando verfügt, das jedoch nur unter Deutscher Führung und deutschen Begleitern eingesetzt werden darf. Vielleicht kann dadurch eine beiderseitige Unterstützung zur Bewachung der auswärtigen Baustellen in Ihrem Bereich möglich sein.
Näheres über das SK können Sie bei Hauptfrontführer Kruettner, Einsatzgruppe Alpen, Hauptstelle Triest, Telefon 8366 erfahren.

F.d.R.d.A.
Maus
Oberleutnant

Der Bauleiter
gez. Unterschrift

Ein im deutsch-jugoslawischen Partisanenkrieg verfasstes Dokument über die Stellung der Organisation Todt, die als Bauorganisation für militärische Anlagen und Schutz- und Rüstungsprojekten diente – Teil 4.

Abschrift von Abschrift.

OT-Unternehmung
Boersch
Abschnitt - Sued

O.U., den 16.Juli 1944

An die
Bauleitung Triest

Da die Partisanentaetigkeit in den letzten Tagen in unserem Bauabschnitt sehr stark zugenommen hat, ebenso die Faelle an Sabotageakten, so sehe ich mich veranlasst, Sie darauf aufmerksam zu machen, dass ohne militaerischen Schutz die Bautaetigkeit, sowie die Einhaltung der Termine sich sehr verzoegert, abgesehen von den Schaeden, die dazu noch entstehen.

In der Nacht vom 14./15.Juli haben die Partisanen 2 Arbeiter aus Villa Decani entfuehrt, die bei uns arbeiten. In den gestrigen Morgenstunden gegen 7.30 wurden auf der Strasse Albaro Vescova-Capdistria 5 Radfahrer von den Partis. angehalten und ebenfalls mitgenommen.

Am 15.Juli abends gegen 18.30 stellte der Oberpolier Wibbels am Friedhof Villa Decani fest, wie sich 3 Partisanen den Berg herunter bewegten und sich dem von uns betonierten Bunker naeherten. Dieselbe trugen auf der Schulter ein M.G. mit.

Dass unter diesen Umstaenden die Arbeiter bald auf wenige zusammenschmelzen, duerfte als sicher gelten. Ich bitte darum die Bauleitung diese Angelegenheit ernstlich ins Auge zu fassen und die notwendigen Sicherungsmassnahmen zu ergreifen.

Den 16.Juli 1944
gez. Schlotterer

Abschrift:
Du. fuer Befehlshaber der Operationszone Adriatisches Kuestenland
Abt. Ia Pi.
" " Fest.Pi. Abschn.Gr. III/30
" " Kampfkommandantur Triest-Opicina
mit der Bitte Kenntnisnahme
" " OBL - Akte "K"

F.d.R.d.A.:

Oblt.u.Rgts;Adj.

Ein im deutsch-jugoslawischen Partisanenkrieg verfasstes Dokument über die Stellung der Organisation Todt, die als Bauorganisation für militärische Anlagen und Schutz- und Rüstungsprojekten diente – Teil 5.

Hinsichtlich der Bandenlage wurde dem neuen Kampfkommandanten von Triest noch eine Übersichtskarte der in seinem Befehlsbereich tätigen Partisanenkräfte übergeben. Diese waren in Korps, Divisionen, Brigaden und Stoßtruppen gegliedert. Sie sollten den deutschen Einheiten, die hierher verlegt wurden, noch schwer zu schaffen machen. Die Zeit lief Schulze förmlich davon, denn bereits in der Nacht zum 16. Mai 1944 traf der Ablösungsbefehl für das Grenadierregiment 993 ein. Immer mehr Einheiten und Offiziere des Regimentsstabes wurden abtransportiert, sodass er sich beeilen musste, um noch offene Fragen zu klären. „Denn", so Schulze „waren diese Herren erst einmal fort, lastete die ganze Verantwortung auf meinen Schultern. Zudem musste jederzeit mit einer Feindanlandung der Angloamerikaner in der Bucht von Triest gerechnet werden."[71]

Der Kampfkommandant beauftragte Hauptmann Knaack vom Reservegebirgsjägerregiment 137 mit der Übergabe des bisher von seinem Regiment gesicherten Raumes an seinen Nachfolger, Major Dietrich, den Kommandeur des I. Bataillons/ Reservegebirgsjägerregiment 136. Ferner gab er Anweisungen über den einzuleitenden Abtransport des Regiments 137 und dessen neuen Einsatzraum per Bahn und zum Teil auch im Landmarsch: das II. Bataillon/Reservegebirgsjägerregiment 137 nach Divaochia mit Lkw, die Pioniere des Reservegebirgsjägerregiments 137 nach Opičina, die 2. Kompanie/Reservegebirgsjägerregiment 137 mit der Bahn nach Auresina/Duino, der Stab sowie die 1., 3., und 4. Kompanie des Reservegebirgsjägerregiment 137 mit der Bahn nach Triest/Muggia, ebenso die 5. Kompanie/Reservegebirgsjägerregiment 137 nach Triest/Opičina und mit Lkw der Stab des Reservegebirgsjägerregiments 137 nach Opičina. Den zur Küstenverteidigung im Raum Triest zusammengezogenen Kräften der 188. Reservegebirgsdivision wurden folgende Standorte zugewiesen:[72]

Sessana:	Divisionsstab/188. Reservegebirgsdivision, Bataillon Heine, Panzerjägerkompanie/Reservegebirgsjägerregiment 139;
Erpelle:	II. Bataillon/Reservegebirgsjägerregiment 137 als Divisionsreserve (Teile in Divaccia);
Görz:	Regimentsstab, II. Bataillon, Nachrichtenkompanie und Panzerjägerkompanie des Reservegebirgsjägerregiments 136 (alle dem Generalkommando LXXXXVII. Armeekorps unmittelbar unterstellt);
Raum Cividale – Karfreit:	I. Bataillon/Reservegebirgsjägerregiment 136;
Triest:	Regimentsstab, I. Bataillon, II. Bataillon (Divacchia, Teile), Pionierkompanie/Reservegebirgsjägerregiment 137, I. Abteilung/Artillerieregiment 112;
Pola:	Bataillonsstab I. Bataillon und Panzerjägerkompanie/Reservegebirgsjägerregiment 138, Pionierbataillon 83, Regimentsstab, II. Abteilung und Haubitzenzug (zwei 15-cm-Haubitzen)/Artillerieregiment 112;

Fiume:	Regimentsstab, II. Bataillon und Pionierkompanie/Reservegebirgsjägerregiment 138;
Raum Laibach – Postumia:	Regimentsstab, I. und II. Bataillon (ohne 7. Kompanie) und Nachrichtenkompanie/Reservegebirgsjägerregiment 139;
Postumia – Prestana:	7. Kompanie/Reservegebirgsjägerregiment 139.

Ferner war vorgesehen, überall aus den Einheiten, Trossen und so weiter Alarmeinheiten zum schnellen Einsatz gegen eventuell auftretende Partisanen und angloamerikanische Luftlandetruppen zu bilden. Außerdem wurden der 188. Reservegebirgsdivision zur Sicherung des Hinterlandes und als Bahnschutz folgende Verbände unterstellt:[73]

Tarvis – Pontebba:	Sicherungsbataillon (M) 1209;
Moggio – Gemona:	Sicherungsbataillon (M) 1207;
Udine:	Bodenständige Alarmeinheiten;
Cervignano – Palmanova:	Sicherungsbataillon 499;
Görz:	Bodenständige Alarmeinheiten, 1. Kompanie des Italienischen Festungsbataillons 16;
Santa Luccia – Baccia:	Italienisches Festungsbataillon 15, Kompanie Kefer/Reservegebirgsjägerregiment 139 und Einheit Defferi;
Triest:	Sicherungsbataillon 509 (Major Hafner);
Laibach – Postumia:	Sicherungsbataillon 705;
Musici – Clana:	Italienisches Festungsbataillon 14.

Aufgaben, Kompetenzen und Einsatzraum des Kampfkommandanten von Triest stellten sich aus der Sicht Dr. Schulzes,[74] folgendermaßen dar: „Die Adriatische Küstenzone war als Operationszone erklärt worden, war also keine Kampfzone, und unterstand dem Obersten Kommissar von Triest, dem Gauleiter Rainer von Klagenfurt. Ihm war die politische Führung, die Sicherung und Befriedung des adriatischen Hinterlandes übertragen worden. Er hatte den Wehrmachtseinheiten den Rücken freizuhalten. Zu diesem Zweck waren ihm verschiedene Polizeieinheiten unterstellt, die unter dem Höheren SS- und Polizeiführer Globocnik, zusammengefasst waren und der mit diesen Einheiten die Partisanenbekämpfung übertragen bekommen hatte. Diese Polizeikräfte reichten aber zumeist nicht aus und so kam es, dass oftmals Wehrmachtsteile zur Verstärkung der Polizeieinheiten herangezogen werden mussten.

Die militärische Verteidigung und deren Vorbereitung auf eine eventuelle Landung feindlicher Truppen war dem Befehlshaber der Adriatischen Küstenzone, General Kübler, der in Cormons saß, übertragen worden. Dieser besaß aber keine Befehlsgewalt über die in der Küstenzone liegenden Wehrmachtsteile. Erst im Ernstfall – bei einer Landung von Feindkräften – hatte er unbeschränkte Befehlsbefugnis über alle Heeres-, Luftwaffen-, Marine- und Organisation Todt-Einheiten. Zusätzlich war er noch für den Ausbau der Küstenverteidigung verantwortlich. Er bestimmte, wo und welche Verteidigungsanlagen hergestellt werden sollten. Zum Ausbau war er jedoch lediglich auf die Organisation Todt angewiesen, die das Technische zu erledigen hatte. Hierbei konnte er auch auf die militärischen Einheiten zurückgreifen, die im Zuge ihrer Ausbildung nebenher Verteidigungsanlagen errichten mussten. Mehr oder weniger war Kübler immer auf den guten Willen der zuständigen Einheitsführer angewiesen.

So kam es schließlich, dass zur Durchführung von Bandeneinsätzen, bei denen der Polizeiführer Globocnik mit seinen Kräften nicht auskam, sich der Oberste Kommissar an Kübler um Abstellung weiterer Kräfte wandte und dieser wiederum die Einheitsführer zur Überlassung von Kampfkräften drängen musste. Dies verzögerte stets den Einsatz der Truppen enorm und bot daher den Banden immer wieder Gelegenheit zu allen möglichen Sabotageakten. Ein selbstständiges Eingreifen war ihnen sogar verboten, jedes Mal war vorher Küblers Einverständnis einzuholen. Und bis dann dieses Einverständnis eingetroffen war, waren die Partisanen bereits über alle Berge und wir hatten das Nachsehen. Dies führte oftmals zu Unzuträglichkeiten und Reibungen.

Man einigte sich daher auf folgenden Modus zur Durchführung: Waren mehr Polizeikräfte als Wehrmachtsteile eingesetzt, führte der Polizist beziehungsweise umgekehrt. Was waren da an Einsatzbesprechungen und Dispositionen nötig, bis man sich auf den jeweiligen Führer einigte. Es war zum Kotzen – der ewige Zuständigkeitenstreit, jeder wollte befehlen, keiner die Verantwortung übernehmen. Es war ein Jammer, ein ewiges Hindurchwinden und Betteln und Bitten!!!

Hinter diese Verhältnisse kam ich so nach und nach und musste oftmals bitteres Lehrgeld zahlen, zum Nachteil meiner Truppe. Ich konnte ja keine klaren, sofortigen Befehle geben. Es war ja alles in der Schwebe – und letzten Endes hatte der Oberste Kommissar immer das letzte Wort, auch über den militärischen Führer."[75]

Am 17. Mai 1944 trafen die ersten Transporte ein. Den Stab des Reservegebirgsjägerregiments 137 dirigierte Schulze nach Opičina beziehungsweise Boggio Reale, wo er sich ein schönes Quartier ausgesucht hatte. Nachmittags unternahm er dann eine Erkundungsfahrt nach Barcola, einem Vorort von Triest, unterhalb von Opičina liegend, ferner zum Schloss Miramare, das einst Erzherzog Maximilian von Österreich, der spätere Kaiser von Mexiko, der in Queretaro auf Anweisung seines Widersachers Benito Juarez standrechtlich erschossen wurde, im Jahre 1871 erbauen ließ, und das jetzt unter anderem eine Schulungsstätte der Nationalsozialistischen Führungsoffiziere war. Weiter ging Schulzes Erkundungsfahrt zum Dorf Prosecco, das, da es von See her nicht einzusehen war, zu einem rückwärtigen Hauptverteidigungsstützpunkt zur

Rundumverteidigung mit schwersten Bunkern und Kampfstellungen ausgebaut werden sollte, und zwar auch deshalb, weil es sich als Lieblingsobjekt des Generals der Gebirgstruppe Ludwig Kübler entpuppte.

Anschließend begann Schulze mit der Ausarbeitung des Kampfauftrages für die ihm als Kampfkommandanten von Triest unterstellten Einheiten. Hierzu war nach dem Abzug der 278. Infanteriedivision eine Neugliederung des Triester Abschnitts unter der gleichzeitigen Heranführung des Reservegebirgsjägerregiments 137 und dessen Einweisung in die verschiedenen Kampfräume erforderlich. Schließlich gliederte sich die Kampfgruppe Triest in drei Küstenverteidigungsunterabschnitte: Küstenverteidigungsunterabschnitt Triest Nord (Anton und Berta), Triest-Mitte (Cäsar) und Triest-Süd (Dora und Emil). Zum besseren Verständnis seien hier die Positionen, Feindlagen, Gliederungen und Kampfaufträge der jeweiligen Küstenverteidigungsunterabschnitte vorangestellt.[76]

A) Küstenverteidigungsunterabschnitt Triest-Nord.

a) Feindlage - Abschnitt Anton

Der Hafen von Monfalcone ist mit den für die Landung geeigneten Mündungen des Isonzo und Tomavo ein erstrebenswertes Ziel für feindliche Landungskräfte, sowohl als Ausgangspunkt für einen Vorstoß nach Westen in die Venezianische und Friaulische Ebene, wie für eine Operation nach Südosten gegen Triest.

In der Werft von Monfalcone sind circa 12.000 Werftarbeiter beschäftigt, die sich aus einem Drittel Kommunisten und aus zwei Dritteln Partisanen zusammensetzen. Diese Feindtruppe im unmittelbaren Rücken bedeutet eine ausgesprochene Gefahr, die in der Lage ist, die Hauptkampflinie von rückwärts anzugreifen und den Nachschub zu unterbinden. Die Isonzomündung ist bis 3,5 Kilometer nordwestlich Alberone für Kanonenboote bis drei Meter Tiefgang befahrbar, daher auch für Speziallandungsboote mit Panzern.

Der Raum bis zwei Kilometer ostwärts des Isonzo ist panzergefährdet, anschließend nach Osten gegen Idrovora (A 1) wegen der dort durchgeführten Überflutungen für Landungen weniger geeignet, doch muss mit solchen gerechnet werden (Amphibienfahrzeuge).

Es muss ferner damit gerechnet werden, dass vor einer beabsichtigten Feindlandung eine erhöhte Bandentätigkeit eintreten wird: Versuche von Eisenbahnunterbrechungen, Vorstoß bis zur Küste, um Feindanlandungen in bestimmten Abschnitten (Duino, Sistiana, Miramare) zu begünstigen und zu ermöglichen. Eventuell Zerstörung der Wasserwerke.

Abschnitt Berta
Der Küstenverteidigungsabschnitt Berta ist aufgrund der dort vorhandenen, meist sehr steilen Felsküste für größere Feindanlandungen und Ausbootungen weniger geeignet. Die Anlandungen sind jedoch nicht unmöglich.
Es muss jederzeit damit gerechnet werden, dass nach einer im Raume von Monfalcone geglückten Landung ein Landangriff aus Richtung Nordosten nach Triest erfolgen kann.

b) Kampfaufträge im Allgemeinen
Der Unterabschnittskommandant Triest-Nord (Anton und Berta)
verhindert mit den ihm unterstellten Kräften das Eindringen von leichten feindlichen Seestreitkräften in den Hafen von Monfalcone und in die Flussmündung Timavo, das Anlanden an der Küste,
verteidigt den Hafen von Monfalcone und das Küstengebiet in seinem Abschnitt;
vernichtet gelandeten Feind im Gegenstoß;
überwacht den Raum zwischen Monfalcone und Isonzomündung;
bereitet vor das Ablösen der eingesetzten infanteristischen Einheiten durch Alarmeinheiten zur Bildung von Reserven, sodass mit diesen Reserven Gegenangriffe geführt und Riegelstellungen gegen Monfalcone oder Abschnitt Mitte (Cäsar) bezogen werden können.

c) Hierzu sind eingesetzt:
Stab II. Bataillon/Reservegebirgsjägerregiment 137
6. Kompanie/Reservegebirgsjägerregiment 137
8. Kompanie/Reservegebirgsjägerregiment 137
Verstärkt durch schwere Maschinengewehre, Granatwerfer, Jagdgeschwader und Pak der 9. und 10. Kompanie/Reservegebirgsjägerregiment 137
Hafenkapitän Monfalcone
Werftüberwachung } Alarmeinheiten
Verschiedene Alarmeinheiten.
Führer: Kommandeur II. Bataillon/Reservegebirgsjägerregiment 137 als Unterabschnittskommandant Triest-Nord.

d) Kampfaufträge im Einzelnen
Im Küstenverteidigungsabschnitt Triest-Nord sind die Widerstandsnester Panzano (a 2), Therme Romane (a 3) und Duino (a 4) zu besetzen. Widerstandsnest Idrovora (a 1) ist zur Überwachung und Sicherung des Raumes zwischen Isonzomündung und Hafen bestimmt und ständig besetzt zu halten. Ferner sind zu besetzen:

Widerstandsnest Sistiana (b 1),
Widerstandsnest Wasserwerk Aurisina (b 2),
Schloss Miramare (b 3) Widerstandsnest
Widerstandsnest Barcola (b 4).
In allen Widerstandsnestern, bei den Kompaniegefechtsständen und beim Unterabschnittskommandanten sind starke Reserven zu bilden, um jederzeit gelandeten Feind im Gegenstoß zu vernichten.

B) Küstenverteidigungsunterabschnitt Triest-Mitte

Kampfkommandant war Oberst Erdmann mit seinen Alarmeinheiten des Heeres und der Marine. Er erhielt besondere Anweisungen.[77]

C) Küstenverteidigungsunterabschnitt Triest-Süd

a) Feindlage

Im Küstenverteidigungsunterabschnitt Süd muss jederzeit mit Landungen auf der Halbinsel Muggia gerechnet werden – vor allem in dem dafür am besten geeigneten Südwestteil –, da Voraussetzung für eine erfolgreiche Großlandung im Hafen Triest der Besitz der Halbinsel Muggia ist. Die an der Küste der Halbinsel Istrien gelegenen kleinen Häfen Capodistria, Isola d'Istria, Pirano und Umago sind ebenfalls für Feindlandungen geeignet. Da diese Häfen nur durch schwache Postierungen (Hafenkommandos) gesichert sind, ist eine Feindlandung jederzeit möglich, um dann auf dem Landwege in Richtung Triest vorzustoßen.
Es muss auch damit gerechnet werden, dass vor einer beabsichtigten Feindlandung erhöhte Bandentätigkeit eintreten wird: Versuche von Straßen- und Brückensprengungen, Vorstöße bis zur Küste zur Vorbereitung und Erleichterung von Feindlandungen in bestimmten Abschnitten (Muggia, San Bartolomea, San Nicolo, Capodistria).

b) Kampfauftrag im Allgemeinen

Der Unterabschnittskommandant Triest-Süd (Dora und Emil) verhindert mit den ihm unterstellten Kräften das Anlanden und Ausbooten von Feindkräften an der Küste;
verteidigt das Küstengebiet in seinem Abschnitt;
vernichtet gelandeten Feind im Gegenstoß;
überwacht südlich der Halbinsel Muggia die Küste bis zur Quiettomündung;

bereitet vor das Ablösen der eingesetzten infanteristischen Einheiten durch Alarmeinheiten zur Bildung von Reserven, sodass mit diesen Reserven Gegenangriffe und Abriegelung nach Süden geführt werden können.

c) Hierzu sind eingesetzt:

Stab I. Bataillon/Reservegebirgsjägerregiment 137
1. Kompanie/Reservegebirgsjägerregiment 137
3. Kompanie/Reservegebirgsjägerregiment 137
verstärkt durch schwere Maschinengewehre, Granatwerfer und Pak der 4. und 5. Kompanie/Reservegebirgsjägerregiment 137.
Verschiedene Alarmeinheiten.
Führer: Kommandeur I. Bataillon/Reservegebirgsjägerregiment 137 als Unterabschnittskommandant Triest-Süd.
In den Häfen Capodistria, Isola d'Istria, Pirano und Umago sind Hafenkommandos beziehungsweise Marinewachen zur Sicherung eingesetzt.
In Petrovia (vier Kilometer ostwärts Umago) die 9. Kompanie/Luftnachrichtenregiment 200

d) Kampfaufträge im Einzelnen

Im Küstenverteidigungsunterabschnitt Süd sind die Widerstandsnester P. Rocco (d 1), Sottile (d 2), Lazaretto (d 3), P. Grossa (d 4), Ospizio (e 1), S. Nicolo (e 2) und Sanatorio (e 3) zu besetzen; Hafen Muggia durch eine Alarmverteidigung zu sichern.
In allen Widerstandsnestern sind starke Reserven zu bilden, um jederzeit gelandeten Feind im Gegenstoß zu vernichten.
Für den Fall einer überraschenden Besetzung der kleinen Häfen Capodistria, Isola d'Istria, Pirano und Umago setzt der Unterabschnittskommandant durch Eingreifreserven (Herauslösen durch Alarmeinheiten) Gegenangriffe an, beziehungsweise riegelt nach Süden ab.

Dass man sich bei all diesen Planungen insbesondere mit der Möglichkeit von feindlichen Landungen in der Operationszone „Adriatisches Küstenland" befasste, erwies sich spätestens seit der Invasion der Amerikaner und Engländer in der Normandie am 6. Juni 1944 als Notwendigkeit. In der Tat: Am 8. Juni 1944 unternahmen dreißig britische Schiffe von Ancona aus einen Vorstoß gegen Pola. So war es naheliegend, dass der Kampfkommandant von Triest den Befehlshaber der in der Adria eingesetzten Marinestreitkräfte aufsuchte. Dort erfuhr Schulze von Admiral Loyvke, dass er an der dalmatinischen Küste nur mehr über drei Torpedoboote und zwei Lazarettschiffe verfüge, die in Fiume stationiert waren. Er halte aber seine drei Torpedoboote weitgehend zurück und lasse eigentlich nur die dalmatinische Küste überwachen, um die Nachschubtransporte zu den verschiedenen, von den Deutschen noch nicht besetzten Inseln zu schützen. Zu größeren Unternehmungen seien die drei Boote viel zu schwach. Die beiden Lazarettschiffe „Tübingen" und „Reutlingen" seien in der Adria, um die Verwundeten aus Nordafrika abzutransportieren. Von den Engländern wurden diese Schiffe schon ein- bis zweimal aufgebracht, zur Durchsuchung nach Kairo überführt, um dann nach dem Von-Bord-Gehen der Leichtverwundeten mit englischen U-Booten als Geleit wieder nach Italien entlassen zu werden. Diese Schiffe, so der Admiral, fahren hell erleuchtet durch das Mittelmeer, weil sie derart gekennzeichnet am besten einer gegnerischen Torpedierung entgingen.[78]

In der Nacht zum 9. Juni 1944 wurden von alliierten Flugzeugen mehrere Leuchtbomben über Muggia abgeworfen. Sie erleuchteten den gesamten Triester Hafen, in dem nur ein paar Fischerboote lagen, sodass man erwartete, dass schon bald ein Luftangriff auf die alte k. u. k. Hafenstadt mit ihren Instandsetzungswerkstätten, Erdölraffinerien in der Zaulebucht und die dort vor Anker liegenden sechs Öltanker erfolgen würde. Der Leuchtbombenabwurf, so Schulzes Einschätzung, diente wohl als erste Erkundung der Alliierten für weitere Angriffe.

Am 10. Juni 1944, es war ein Sonnabend, war für 07.00 Uhr morgens eine Inspektionsfahrt entlang der Küste mit Generalleutnant von Hößlin, den Offizieren des Stabes der 188. Reservegebirgsdivision und dem Kampfkommandanten von Triest angesetzt. Die Abfahrt erfolgte von Monfalcone und ging etwa ein bis zwei Kilometer seewärts an der Küste entlang. Dabei besuchte man die Stützpunkte Therme Romano, Duino, Sistiana und Miramare. Schulze hat diese Tour wie folgt festgehalten:[79]

„Wir beobachteten die Küste und prüften die getarnten Verteidigungsanlagen mit dem Feldstecher. Manchmal näherten wir uns mehr der Küste, dann waren wir wieder weiter weg. Es war ein schöner Tag, die Adria lag spiegelglatt da. Auf einmal sahen wir mehrere Delphine spielenderweise um das Boot herumschwimmen, wobei sie gelegentlich meterweite Überwassersprünge ausführten. Für uns Landratten war dies natürlich eine Neuigkeit, für die Mariner ein alltägliches Vorkommnis. Lange schauten wir ihnen zu. Gewandt und schnell huschten sie durchs Wasser und näherten sich bisweilen bis auf wenige Meter. Sie waren ohne jede Scheu und spielten miteinander. In dem klaren Wasser konnten wir die Delphine auch in weiterer Entfernung ausmachen.

Ganz nahe fuhren wir an Miramare und Barcola vorbei und näherten uns allmählich der Hafeneinfahrt von Triest, die zum Teil vermint war. Der Oberbootsmann wusste genau Bescheid über die verschiedenen Sperren und steuerte das Boot etwa 1.500 Meter vor der Einfahrt vorbei. Auf einmal – wir glaubten unseren Ohren nicht – gab es Luftalarm mit großem Sirenengeheul. General von Hößlin befahl sofortiges Anlandgehen. Der Bootsmann hörte aber gar nicht auf ihn und steuerte seewärts, da seien wir viel sicherer wie auf Land. Einige Schwimmwesten hatte er an Bord, die an die Herren des Divisionsstabes ausgeteilt wurden. Alles spähte in die Luft und ließ Küstenverteidigung Küstenverteidigung sein.

Und schon brummte es: Etwa vierzig Bomber näherten sich von Süden über See Triest, leerten ihre Schächte und schätzungsweise fielen zweihundert Bomben. Ein schöner Reihenwurf ging zwischen Molen der Einfahrt ins Wasser, warfen mächtige Wasserfontänen auf, richteten aber keinen Schaden an. Der Reihenwurf war etwa fünfzig Meter lang und schüttelte unser Boot, das etwa fünfhundert Meter vom Einfall entfernt war, mächtig zur Seite. Alle Kavaliere lagen sofort auf dem Schiffskörper, um Deckung zu nehmen. Nur einige Wenige blieben stehen und betrachteten die Einschläge mit dem Feldstecher. [...]

Es war eigentlich ein recht imposanter Anblick, wo und wie viele Bomben einschlugen. Es wurden getroffen: die Kaianlagen im Haupthafen, die Eisenwerkstätten in San Servolo, einige Bomben lagen in der Nähe des in der Zaulebucht in der Abmontage begriffenen italienischen Kreuzers ‚Imperator' mit seinen schweren Schiffsgeschützen. Halb lag er schon auf Land im Schlamm der Bucht. Armes stolzes Schlachtschiff. Weitere Einschläge konnten wir im rückwärtigen Stadtgebiet und am Stadtrand feststellen, doch nicht alle, weil wir nicht über die vorgeschobenen Höhen sehen konnten.

Der Angriff dauerte von 09.25 Uhr bis 09.45 Uhr, dann hauten sie wieder in einer großen Schleife über Monfalcone nach Süden ab. Unsere Flak schoss zwar einige Lagen, traf aber nichts. Es war jämmerlich, wie wenig Geschütze eigentlich im Einsatz waren.

General von Hößlin war die Lust an der Weiterfahrt vergangen und so ließ er sich in San Nicolo an Land setzen. Fernmündlich wollte er die Kraftfahrzeuge heranbestellen, aber die Leitungen waren zerstört. Endlich gegen 12.00 Uhr trafen sie ein und wir versuchten nun die Rückfahrt.

Zuerst ging's der Küstenstraße entlang über Lazaretto nach Muggia. Aber, oh weh! Am Westeingang von Muggia waren sechs mächtige, nicht überfahrbare Straßentrichter geschaffen worden. Die italienische Bevölkerung stand gestikulierend umher und kümmerte sich einen Teufel um die Schäden.

Nun ging's wieder zurück nach P. Rocco, Sanatorio auf die große Straße nach Triest. In Taule rauchte noch allerhand, zwei Öltanks waren getroffen, die eine unheimliche Hitze ausstrahlten, Trümmer lagen umher, unter der Straße ging ein Stollen durch zu einem Luftschutzbunker, der voll besetzt war. Auf den Stolleneingang war eine Bombe gefallen, aber sie war ein Blindgänger. Erkundungen ergaben, dass im Stollen etwa zweihundert Arbeiter Zuflucht gesucht hatten. [...]

An der Einfahrt beziehungsweise Straßengabel bei M. Castiglione, an der einige Betonpanzersperren von italienischen Carabinieri bewacht wurden, war ebenfalls die

Straße durch mehrere Treffer zerstört und eine Weiterfahrt ausgeschlossen. Also neuer Umweg über San Dorligo. Dort waren vier Bomben mitten in die Ortschaft und neben die Kirche gefallen, mitten auf die Straße. Einige Trichter, die wir umfahren konnten und weiter ging's über Bagnoli durch das steile S. Antonio in Bosco und S. Giuseppe, wo wir die von Fiume kommende Straße erreichten. Dort halt und ausgestiegen und einen Überblick gewonnen. Um ganz Triest qualmte [...] es.

Ich hatte den Eindruck, dass der Angriff lediglich den Zufahrtsstraßen galt, um Triest vom Hinterland abzuriegeln. Dieser Eindruck wurde später noch verstärkt, als ich alle Einschläge auf eine Karte übertrug, die tatsächlich alle Zufahrtsstraßen getroffen hatten. Das war Maßarbeit!“[80]

Einen Tag später, am 11. Juni 1944, hatte Schulze für den Nachmittag eine Fahrt zur Zaulebucht angesetzt, um die dort zerstörten Öltanks in Augenschein zu nehmen, um dann eventuell Hilfsmaßnahmen in die Wege zu leiten. Die dortigen Arbeiter waren noch immer über die angerichteten Zerstörungen erschüttert. Schlimmer noch: Der Kampfkommandant stellte eine nicht zu übersehende Kriegsmüdigkeit der italienischen Bevölkerung fest, die die Deutschen für die Verwüstungen verantwortlich machte und dies auch eindeutig zum Ausdruck brachte. Wurden diese Menschen noch zu zusätzlichen Arbeitsdiensten herangezogen, so vergrößerten sich ihr Widerstand und ihre Abneigung gegen die deutschen Anordnungen naturgemäß weiter. Das waren keine guten Aussichten für eine weitere Zusammenarbeit zwischen den Deutschen und Italienern gegen die alliierten Kriegsgegner und die von ihnen teilweise unterstützten und immer unverhohlener auftretenden Partisanenverbände auf der Halbinsel Istrien. Überdies wurde die Bevölkerung durch die feindlichen Fliegerangriffe von Tag zu Tag mehr und mehr demoralisiert. So griffen am 26. Juni 1944 nicht weniger als sechzig gegnerische Flugzeuge Triest an und verursachten erhebliche Zerstörungen. Zwei Tage später erfolgte ein feindlicher Luftangriff auf Grado, dessen mächtige Rauchpilze bis Triest zu sehen waren.

Am 20. Juni 1944, einen Monat vor dem Stauffenberg-Attentat auf Adolf Hitler, war um 14.00 Uhr eine Besprechung zwischen dem Kampfkommandanten von Triest und den Führern der SS- und Polizeiabschnitte der Provinz Triest angesetzt. Hierüber liegt uns folgende Aktennotiz vor:

A k t e n n o t i z

über die Besprechung mit den Führern der SS - und Pol.Abschnitte der Provinz T r i e s t.

Tag: 20.6.44 Zeit: 14.oo Uhr.

Anwesende: Major Dr. S c h u l z e als Kampfkommandant,
Hptm. K n a a c k, Mjr. b. Stab Dr.Schulze,
Hptm.d.Gend. L e h n i c h des Abschn.Adelsberg,
O.U. in Storie,
Ustuf. F r a n z des Abschn. San Daniele, O.U. in Görz,
fernmdl. zu erreichen über Pol.V. Triest beim SS- u.Pol.Kdr.Görz (SS-Stuf. Thauß),
Hptm. K ö l n e r des Abschn. Küstenstraße. O.U. in Monfalcone, fernmdl. zu erreichen über K.V. Monfalcone,
Hptm.d.Pol. M a y des Abschn. Mezzit, O.U. in Pisino,
SS- Ostuf. W a l t e r, Ia bei SS- u.Pol.Fhr. - Brigadefhr. von Malsen.

Zweck der Besprechung: Die Besprechung war zu dem Zwecke anberaumt, um den Kampfkommandanten über folgende Punkte Aufschluß zu geben:

1.) Um über die Besetzung der für die Festung Triest wichtigen Nachschublinien dem Kampfkommandanten Klarheit zu verschaffen,
2.) um die für die Festung Triest wichtigen Nachschublinien den Herren der Pol.Abschnitte bekannt zu geben,
3.) die Einteilung in Einheiten und Stützpunkten in diesen Abschnitten klarzustellen,
4.) dem Kampfkommandanten jene SS- u.Pol.Stützpunkte namhaft zu machen, deren Kampfauftrag sich auf die Küstenverteidigung im Falle einer Feindlandung erstreckt. Diese Stützpunkte unterstehen im Falle einer Feindlandung dem Kampfkommandanten bzw. dem Kommandanten des U.A., in dessen Bereich der betr. Stützpunkt gelegen ist.

Zu 1.) u.2.): Der Abschn. Adelsberg hat den Auftrag die Sicherung der Straße Opicina (auschl.) - Sesana - Postumia - Planina und der Eisenbahn Opicina (ausschl.) - Postumia - Rakek (ausschl.) durchzuführen.

Der Abschn. San Daniele hat die Aufgabe die Eisenbahn u. Straße Görz - Montespino - Reifenberg - S.Daniele - Opicina (einschließlich) zu sichern.

Dem Abschn. Küstenstraße obliegt die Sicherung der Straße und Eisenbahn von Görz (ausschl.) - Gradiska - Sagrado - Ronchi - Monfalcone - Aurisina - Miramare bis Parcola (ausschl.).

Der Kampfkommandant legt in diesem Abschn. besonderen Wert auf die Freihaltung der Straße Sistina - Aurisina - S.Croce - Proseko - Opicina. Sehr wichtig wäre in diesem Abschn. ferner die Sicherung der Straße Ronchi - Cave di Selz - Lago die Pietrarossa - Medeazza - Malchina - Prepoto - Gabrovizza - Opicina, da diese einerseits hinter dem ersten Höhenrücken gegenüber der Küste und auch schon mehr landeinwärts gelegen ist.

Ostuf. Walter zeichnete sich diese, sowie die in den Abschnitten S.Daniele u. Adelsberg bereits genannten zu sichernden Straßen in seine Karte ein. Weiters legt der Kampfkommandant Wert auf die Sicherung der Eisenbahn und Straße von Divacca über Erpelle nach Pola, sowie auf die Sicherung der Eisenbahn und Straße von Postumia über S.Pietro del Carso nach Fiume.

Die Hauptanliegen der Besprechung zwischen dem Kampfkommandanten von Triest und den Führern der SS- und Polizeiabschnitte der Provinz Triest – Teil 1.

Der Abschn. Bauxit fällt nur mit dem Teil Istrien – Nord in das Gebiet des Kampfkommandanten Triest und wurde als Trennungslinie zwischen Abschn. Istrien-Nord und Istrien-Süd Citanova – Visinada (einschl.) – Pinguente (einschl.) festgelegt. Letzterer Ort wurde wegen der dortigen Straßengabel noch einbezogen.

Diesem Abschn. obliegt in erster Linie die Sicherung der Eisenbahn und Straße Divacca – Erpelle – Pola.

Zu 3.): a) Abschn.Adelsberg. Hptm. Lehnich wird bei seiner nächsten Standesmeldung an seine vorgesetzte Dienststelle einen Durchschlag an den Kampfkommandanten einsenden, aus welchem die Einteilung der Einheiten, Stützpunkte, die Führer derselben namentlich, die Stärke, getrennt nach Offz., Uffz. u.Mannsch., sowie nach Verbänden unter Angabe der Volkszugehörigkeit, ferner die Bewaffnung der Stützpunkte zu ersehen ist. Vorläufig konnte Hptm. Lehnich folgende diesbezgl. Angaben machen:

St.P.Storie: SS – Wachmannschaft:
Stärke: 1 Offz., 1 Uffz., 47 Mann.
Bewaffnung: 3 sMG./it.
1 leMG./it.
3 mGrW./it.
1 MPi./it.
44 Gewehre
69 Handgranaten

5.slov.Kp. (Domobranzen):
Stärke: 1 Offz., 76 Mann.
Bewaffnung: 4 leMG./it.
1 leGrW./it.
6 MPi./it.
77 Gewehre
158 Handgranaten

Ferner sind 4 deutsche Unterfhr. in Storie zu seiner Verfügung.

St.P. S.Pietro del Carso: 1 Kp. Nähere Angaben folgen.

St.P. Adelsberg (Postumia): 1 Kp. Nähere Angaben folgen.

b) Abschn. S. Daniele: Die nächste Meldung wird der Kampfkommandant mit 27.6.44 im Wege des Rgts.136 und der 188.Res.Geb.Div. als Durchschlag der gleichlautenden Meldung an Stuf. Thauss erhalten. Gegenwärtig konnte Ustuf.Frans tiefer stehende Angaben machen:

St.P. S.Pietro b. Görz: Fhr. Major de Ferri,
Stärke: 1 Offz., 26 ital. Miliz-Soldaten.

St.P. S.Marco: Stärke: 1 Offz., 5 Uffz., 77 Mann Alpini des Regiments Tagliamento.

St.P. Prevacina:
Stärke: 4 Uffz., 33 Alpini des gleichen Rgts.

St.P. Montespino:
Stärke: 1 Offz., 10 Uffz., 85 Mann Alpini des gleichen Rgts.

St.P. Tabor: Stärke: 2 Offz., 3 Uffz., 48 Mann Alpini des gleichen Rgts.

St.P. Reifenberg (Rifembergo): Fhr. Capitano Veterino.
Stärke: 3 Offz., 40 Mann ital.Miliz.

St.P. Sasetto: Stärke: 1 Offz., 32 Mann ital.Miliz.

St.P. Viadotto: Stärke: 1 Offz., 50 Mann ital.Miliz.

Die Hauptanliegen der Besprechung zwischen dem Kampfkommandanten von Triest und den Führern der SS- und Polizeiabschnitte der Provinz Triest – Teil 2.

St.P. Duttogliano:
Stärke: 1 Offz., 50 Mann ital.Miliz.

St.P. Crepegliano:
Stärke: 26 Mann ital.Miliz.

St.P. Monrupino:
Stärke: 2 Offz., 46 Mann ital. Miliz.

Ustuf. Frans nennt als Kommandeur des Alpini-Batl.Tagliamento den iatl. Major Botteri und als Kommandeur des Miliz-Batl. Friaul den iatl. Cap. Tomasetti in Triest.

c) Abschn. Küstenstraße. Die Meldung über die Besetzung der Stützpunkte liegt laut Karteneinzeichnung vor und wird laufend durch Einsendung eines Durchschlages der Meldung des Abschn.Führers an SS u. Pol.Fhr. von Malsen an den Kampfkommandanten Triest auf dem laufenden gehalten.

d) Abschn. Baurit. Für den Abschn. Istrien-Nord erhält der Kampfkommandant ebenfalls einen Durchschlag der nächsten Standesmeldung an die, Hptm. May vorgesetzte Dienststelle.
Hptm. May nennt als Führer des St.P. Puje Pol.Hptm.Mojsche, Führer der dortigen Ldsch.Kp.

Zu 4.): Ostuf. Walter sagt zu, bis 22.6.44 jene Stützpunkte schriftlich festzulegen, welche mit rein Küstenverteidigungsaufgaben betraut sind und demgemäß dem Kampfkommandanten unterstehen, Einheitszugehörigkeit, Name der Führer (Einheits- u.Stützpunktführer), Stärke, Truppenteil, Volkszugehörigkeit und Bewaffnung an Hptm. Knaack auszufolgen.

Nachdem Klarheit über die noch offenen Fragen bei allen Anwesenden festgestellt war, wurde die Besprechung nach Dauer von etwa 1 1/2 Stunden beendet.

Die Hauptanliegen der Besprechung zwischen dem Kampfkommandanten von Triest und den Führern der SS- und Polizeiabschnitte der Provinz Triest – Teil 3.

Einen Monat später, am 20. Juli 1944, notierte der Kampfkommandant von Triest in seinem Kriegstagebuch: „Das verbrecherische Attentat auf den Führer ruft im Regiment allgemeine Abscheu vor den Verbrechern hervor. Ich spreche vor dem gesamten Regimentsstab, den Führern der 5. Kompanie und allen erreichbaren Unterführern über diese verwerfliche Handlungsweise der Täterclique und stelle fest, dass jeder Angehörige des Regiments der Vorsehung dankt, dass der Führer unverletzt blieb und dass jeder Angehörige des Regiments sich nun erst recht für Führer, Vaterland und Volk bis zum Letzten einsetzt."[81]

Am 29. Juli 1944 war beim Kampfkommandanten hoher, ja höchster Besuch angemeldet: Generalfeldmarschall Kesselring, der Oberbefehlshaber auf dem italienischen Kriegsschauplatz, besichtigte den Küstenverteidigungsabschnitt Triest von der Terme Romane bis zur Villa Decani und gab dabei in Bezug auf den Stellungsbau und seine neuesten Erfahrungen besondere Hinweise. Die Flächendrahthindernisse, so der populäre Heerführer, dürften nicht höher als sechzig Zentimeter sein. Sie müssten eine Mindestbreite von sieben Metern haben und sollten sich dem Gelände anpassen, um von der Beobachtung aus der Luft nicht wahrgenommen zu werden. Das Schussfeld müsse weitgehend freigemacht werden – bis zu einem Kilometer vor der Front. Irgendwelche Rücksichtnahmen auf Baumbestände seien hier fehl am Platze. Kesselring fragte den Kampfkommandanten unter anderem auch nach der Anzahl seiner Verwundungen.

„Zweiundzwanzig Verwundungen, Herr Generalfeldmarschall", antwortete Schulze, worauf er von Kesselring gefragt wurde, ob er denn noch nicht genug hätte?[82]

Im September 1944 stattete der Oberbefehlshaber Südwest der Kampfgruppe Triest wiederum einen Besuch ab. Als Kesselring im historischen Schloss Miramara eintraf, erwarteten ihn dort bereits die Generäle Kübler und von Hößlin, der Gauleiter Dr. Rainer und mehrere Kommandeure des Heeres und der Marine, insbesondere der Artillerie und Flak. Bei dieser Besprechung machte der Generalfeldmarschall erstmals einige aufsehenerregende Ausführungen über die „Alpenfestung", insbesondere darüber, aus welchen Räumen die Truppen hierfür herangeführt werden sollen, über deren beabsichtigte Verteilung und dergleichen mehr.

In seinen „Gedanken zum Zweiten Weltkrieg" äußerte er sich wie folgt: „Hitler hat niemals an den Befestigungsvorhaben des Oberbefehlshabers Süd, des späteren Oberbefehlshabers Südwest, in Italien Anstoß genommen, sie sogar durch reichliche Zuführung von Bautruppen, Baumaschinen und Material unterstützt.

Auch die Gauleiter von Tirol [...] und Steiermark [...] bauten unter taktischer Anleitung des Oberbefehlshabers Südwest mit großem Erfolg starke, tief gegliederte Befestigungsanlagen in der Poebene, in Istrien und dessen Hinterland bis nach Laibach und am Südrand der Alpen."[83] Dass es trotz des harten Einsatzes nicht immer nur ernst zuging, veranschaulicht uns folgende Begebenheit.

A b s c h r i f t

Ü b e r s e t z u n g .

Übersetzung einer Partisanenmeldung, welche im Besitze einer Kp. des Res.Geb.Jäg.Rgt.137 gelangte.

Für V.O.S. am Karst. Dem Genossen Nanos, Stützpunkt 23.7.44.

Gestern früh um ca. 6 bis 7 Uhr passierte eine deutsche Kolonne bestehend aus etwa 500 Mann mit 4 Inf.Geschützen Kaliber 48 kurzes Rohr aus 30 35 bespannten Fahrzeugen aus etwa 30 35 Tragtieren, die ihr Gepäck und Ausrüstung trugen, die Strecke Barsovizza Trebiciano Banne Opicina und Proseccо. Bewaffnung: Gewehr, M.Pi. auf 15 - 20 Mann le.MG. Die Kolonne kehrte Nachmittags auf der fleichen Straße nach Basovizza zurück. Beim Rückmarsch wurde gesungen. Die Mannschaft bestand aus sehr jungen Leuten, darunter waren auch ältere Soldaten bis 50 Jahren. Die Mannschaft begleitete 7 - 8 berittene Offze, auch 15 Soldaten waren zu Pferd.
Gestern Nachmittag fuhren aus Triest nach Sesana 4 deutsche Autos, die Munition führten. Inhalt Gewehr-und Geschütz-Munition, kleines Kaliber.
Ständig wird die Gasmaske getragen? Früher vor 2 Monaten wurde in Gruppen und einzeln mit der Gasmaske geübt, nochmals: man sieht die Deutschen immer mit der Gasmaske.
Die Kasernen in Banne sind zurzeit mit 500 Mann +) (deutsche) belegt, dazu noch zwanzig Paar Pferde und Fahrzeuge.
Die Kasernen auf der Straße nach Prosecco sind mit etwa 400 Italiener, 30 Deutschen und ca. 25 Paar Pferden und Fahrzeugen belegt.
Es wird folgendes herumgesprochen, kann aber nicht bestätigt werden: Durch unser Gebiet sollen 3 Divisionen nach der Südfront transportiert werden. Eine direkt aus Deutschland und 2 vom Balkan, d.h. eine aus Kroatien und eine aus Griechenland. Transportweg: Strecke Laibach-Triest.
Wo Marineoffiziere in den Villen untergebracht sind, wurden alle Eingangstoren mit Doppelschlüssel versehen, um nachts den Streifen den Eintritt zu ermöglichen.
In der Villa, wo sich die Kommandostelle des Dr. Schulze befindet, wird fortwährend durch Streifen kontrolliert.
In der Villa, wo sich die Radiostation der SS befindet, sind augenblicklich nur 5 - 6 Männer, da die anderen 7 - 8 nach Deutschland geschickt wurden.
Die Militärstärke der im … Villa stationierten Einheiten beträgt zurzeit 1400 Mann, Autos wenig, Panzer - Flak und schwere Fahrzeuge gar keine. Am Mittwoch, Donnerstag und Freitag wurden Schießübungen am Schießplatz von ca. 250 Mann der Triester Guardia Civica unter Führung deutsche Gestapoleute durchgeführt. Beim Rückmarsch durch Villa Opicina wurde gerade bei der Milizkaserne ein Lied gesungen, welcher Refrain die Faschisten beleidigte. Der Einheitsführer schrie sie an und es wurde aufgehört mit dem Singen.

Tod dem Faschismus ! Freiheit dem Volke !

F.d.R.d.A.

Marius

Oblt.u.Rgt.Adj.

+) übertrieben! dabei meine Pi.-Kp. m. ca. 130 Mann
Polizei m. ca. 150 Mann

Diese Partisanenmeldung gelangte in den Besitz des Reservegebirgsjägerregiments 137 und wurde anschließend übersetzt.

Am 31. Juli 1944 hielt Major Laurin am Monte Sermino eine Geländebesprechung, an der auch die Generäle Kübler und von Hößlin teilnahmen. Das Thema lautete: Abwehr einer feindlichen Anlandung sowie Kampf um die Halbinsel Muggia unter besonderer Betonung des Zusammenwirkens zwischen der Infanterie und der Artillerie. Laurin begann mit einer gekonnt vorgetragenen Lagebeurteilung.

Aber dann bediente er sich eines Taschenspielertricks, auf den selbst der abgebrühte General Kübler hereinfiel. Der Major zog nämlich eine zerknitterte Zeichnung hervor und sagte im Brustton der Überzeugung, dass diese in der vorgestrigen Nacht bei einem toten Partisanen gefunden worden sei. Gut sichtbar waren rote und blaue Striche eingezeichnet, die eine beabsichtige Feindlandung darstellen sollten.

Küblers Neugierde war geweckt. Er winkte seinen Ia, den Oberstleutnant Wittstein ungeduldig herbei und ließ diesen notieren, warum und weshalb ihm diese Meldung noch nicht vorgelegt worden sei. Jetzt blieb Laurin nichts anderes mehr übrig, als den Täuschungsversuch einzugestehen. Alles erwartete nun ein Donnerwetter des Befehlshabers der Operationszone „Adriatisches Küstenland". Aber Kübler war alles andere als erzürnt. Vielmehr freute er sich – höchst selten bei diesem humorlosen General –, dass auch er auf Laurins Trick hereingefallen war und sagte:

„Wenn man selbst den Kommandierenden hereinlegt, dann müsste die Meldung schon stimmen!" – Er zollte dem Major seine volle Anerkennung für dessen Geländebesprechung.[84]

7./Res.Geb.Jäg.Rgt.137

O.U.,den 27.7.1944

Betr.: Meldung zur Bandenlage
Bezug: Res.Geb.Jäg.Rgt.137 Ic

An
Res.Geb.Jäg.Rgt.137

Zu o.a. Bezug meldet die Kompanie :

Eigener Spähtrupp vom 27.7.44 über Crepegliano nach Verzogliano ohne Feindberührung und Beobachtung.

Am 27.7.1944 beigefügtes fdl. Flugblatt ca. 1,5 km südlich Tomadio (Übungsplatz) gefunden.

nachr. an II./RGJR.137
I./RGJR.139

[illegible]
Oberleutnant u.Kp.-Führer

Ein Schriftstück an das Reservegebirgsjägerregiment 137, dem ein von Partisanen angefertigtes Flugblatt angefügt ist (siehe rechts).

DEUTSCHE OFFIZIERE
UND SOLDATEN!

IHR WERDET ZUR RECHNUNG GEZOGEN WERDEN!

Der Kommandant der Adriatischen Operationszone Generaloberst von Zangen, Kommandant Kübler, der Kommandant der XVI. SS Division der Panzergrenadiere im Adriatischen Küstenland Simon und der SS Gruppenführer in Gorica Globočnik sind von der Komission zur Feststellung der Verbrecher beim Präsidium des SNOS in die Liste der Kriegsverbrecher eingetragen worden.

Nach der Beendigung des Krieges wird man sie bis ans Ende Welt verfolgen und dem slowenischen Volksgericht zur Aburteilung ausliefern.

Ihre Namen wurden schon England, Sovjetrussland und den Vereinigten Staaten bekannt gemacht.

Die genannten Kommandanten sind Mitschuldige der Verbrechen, welche von den deutschen Räubern und Mördern in letzter Zeit im slowenischen Adriatischen Küstenland verübt werden. Sie werden für alle das vergossene unschuldige Blut unserer Zivilbevölkerung und für alle niedergebrannten und ausgeplünderten Heime vom slowenischen Volk verurteilt werden. England, Sovjetrussland und Amerika sind Bürgen, dass die genannten Verbrecher tatsächlich in die Hände des slowenischen Volkes ausgeliefert werden, auch wenn sie sich ans Ende der Welt verkriechen würden.

Deutsche Offiziere und Soldaten!

Hitlers Deutschland steht dem Zusammenbruch bevor! Die Tage sind ihm gezählt! Der Hitlerismus wird mit allen Wurzeln ausgerottet werden.

Derjenige, dessen Hände noch nicht vom unschuldigen Blut befleckt sind, soll sich in dieser letzten Minute in Acht nehmen. Wir wissen für alle Verbrecher und kennen alle Verbrechen.

Deutsche Blutsäuger, die Ihr der Verbrechen schuldig seid, sollt aber wissen, dass Euch nichts in der Welt vor dem Urteil bewahren kann. Das slowenische Volk baut schon den Galgen für Euch!

Deutsche Offiziere und Soldaten!

Seid klug, sabotiert die Befehle Eurer verbrecherischer Führer; damit rettet Ihr Euch das Leben. Das Ende des Krieges steht bevor. Hitlers Deutschland ist bereits in die Knie gezwungen! Falls Ihr die Befehle Eurer verbrecherischen Führer ausführt, stürzt Ihr Euch selbst und Eure Familien ins Verderben!

Die Stunde der Vergeltung hat geschlagen! Alle Verbrecher werden bald die verdiente Strafe ernten!

TOD DEN FASCHISTISCHEN VERBRECHERN UND IHREN KOMPLIZEN!

Das dem Schriftstück angefügte Flugblatt der jugoslawischen Partisanen, das den deutschen Besatzern mit Vergeltungsaktionen droht.

Am 17. August waren die Generäle Kübler und von Hößlin abermals beim Kampfkommandanten von Triest. Dieses Mal ging es bei der Besprechung um die neuen Wehrmachtsverhältnisse bezüglich der Unterstellung unter die SS beim Bandeneinsatz. Die Aufgaben, die die 188. Reservegebirgsdivision und das Reservegebirgsjägerregiment 137 hierbei zu erfüllen hatten, waren dreierlei: 1. Küstenverteidigung, 2. Bandenbekämpfung und 3. Ausbildung.

Dies war auf Dauer natürlich untragbar. Nicht zuletzt auch deshalb, weil die Wehrmachtseinheiten bei ihren Bandeneinsätzen stets die besseren Erfolge gegenüber denen der Polizei aufweisen konnten. Auf Vorstellungen des Höheren SS- und Polizeiführers Globocnik beim Oberbefehlshaber Südwest hatte dieser entschieden, dass in der rückwärtigen Operationszone die Polizei für Bandenbekämpfung allein verantwortlich sei. Hierbei betonte Globocnik jedoch, dass er dazu nicht in der Lage sei und daher den Antrag stelle, zu seinen Unternehmungen Einheiten der Wehrmacht unterstellt zu bekommen. Dies wurde nun aber mit ganz entschiedener Entrüstung von den Generälen Kübler und von Hößlin als auch von Major Schulze abgelehnt. So kam man überein, dass jedes Regiment einen gewissen Abschnitt zugewiesen bekam, für den es bei der Bandenbekämpfung allein verantwortlich war. Im nervenaufreibenden Frontalltag sah das dann so aus:[85]

Die 8. Kompanie des Reservegebirgsjägerregiments 136 lag in Gabrovizza San Primo, ein kleiner Ort im Hinterland von Triest. „Es war Anfang Oktober 1944", erinnert sich Seppl Schiffmacher, „und unsere Ausbildung war fast abgeschlossen. Von diesem Zeitpunkt an musste eine Bunkerlinie, die Triest gegen das Hinterland schützen sollte, nachts besetzt werden. Zwei Bunker waren unserer Kompanie zugeteilt. Jeweils die Gruppen 1 der Züge 1 und 2 waren die ersten Auserwählten zur Wahrnehmung dieser Aufgabe. Und so zogen wir bei Einbruch der Dämmerung also los. Etwa drei bis vier Kilometer von unserer Ortschaft entfernt mögen die Bunker gewesen sein. Uns Jüngeren fiel der entferntere Bunker zu. Als wir dort ankamen war es schon dunkel und bis wir uns in dem Bunker erstmal auskannten richtig finster. So begann dann die Wache. Meinen Kameraden und mich traf es als erste. Wir standen zu dieser Wache in einem mannshoch ausgeschaufelten circa zwanzig Meter langen Bunkergang. Ringsum war Stille. Da war es uns doch, ob wir in allernächster Nähe flüstern, ja fast sprechen hörten. Unsicher geworden weckten wir unseren Gruppenführer Oberjäger Rehrl, der natürlich nichts hörte, weil es zwischenzeitlich wieder ruhig geworden war. Mit aufmunternden Worten für uns zog er sich wieder in den Bunker zurück. Es ging aber nicht lange, da war es wieder da: Flüstern, sprechen, andere Geräusche wie das Rollen von Steinen. Wir wieder in den Bunker, der Oberjäger raus, auch er hörte jetzt die Geräusche, fordert die Parole und schon ging unser Feuerzauber los. Nichts rührte sich. Da kam auch schon Verstärkung von unserer Nachbargruppe. Ja was nun – nichts und so verging dann halt die Nacht. Als es am anderen Morgen hell wurde, sahen wir dann zum ersten Mal unsere Umgebung. Hinter uns, also auf der Seite gegen Triest, war eine tiefe Geländemulde, etwa fünfhundert Meter dahinter die Fahrstraße von Prosecco nach Sesana, direkt dahinter ein hoher Wald. Und da es nun schon hell geworden war, klärten sich auch die Geräusche auf. Immer wenn eine Personengruppe oder Fahrzeuge die Strecke vor dem Wald gingen oder fuhren entstanden die Geräusche, die für uns so nahe und erschreckend waren. So wurden wir das Opfer einer Geländesituation. [...] Klar, dass wir nach Rückkehr beim nächsten Appell als ‚Helden' gefeiert wurden."[86]

Mehr noch: Aufgrund seiner taktischen Erfolge auf dem Gefechtsfeld und seiner unverbrüchlichen Treue zu seinem Führer und Obersten Befehlshaber wurde der Kampfkommandant von Triest vorzugsweise zum Oberstleutnant befördert und zum Kommandeur des Reservegebirgsjägerregiments 137 ernannt.

Generalfeldmarschall Albert Kesselring war als Oberbefehlshaber Süd für den italienischen Kriegsschauplatz zuständig.

6. Die Unternehmen „Prien", „Zugspitz-Höllental" und „Dachstein"

Nicht alle Einsätze und Sicherungsaufgaben liefen in der Operationszone „Adriatisches Küstenland" derart glimpflich ab. Im Gegenteil: Trotz des Ausbildungs- und Sicherungsauftrages der 188. Reservegebirgsdivision wurden ihre verschiedenen Regimenter, Bataillone und Abteilungen immer und immer wieder zu gewagten Unternehmungen gegen Partisanenverbände im Raum Friaul – Görz – Triest herangezogen: für Unternehmen, die Decknamen wie „Prien" (7. bis 10. August 1944), „Isonzo" (19. bis 22. August 1944), „Zugspitz-Höllental" (21. bis 22. August 1944), „Dachstein" (29. bis 30. August 1944) oder „Habicht" (23. bis 25. September 1944) und andere mehr trugen.

Unterstützt wurden sie dabei unter anderem von der Flak-Erdkampfschule (FES) Spilimberge und dem Luftwaffenjagdausbildungs- und Ersatzbataillon z. b. V. So beteiligten sich beispielsweise die Luftwaffenjagdbataillone z. b. V. 4 und 5 mit Teilen der Flak-Erdkampfschule an einem Unternehmen der Gebirgsjäger unter der Führung des Oberstleutnants der Reserve Baron von Le Fort an der Jagd auf den kommunistischen Partisanengeneral Josip Broz Tito, der kurz vor seiner Gefangennahme aus einem slowenischen Pfarrhaus in den nahegelegenen Wald entkommen konnte.

Greifen wir aus der Fülle derartiger Einsätze zunächst das Unternehmen „Prien" heraus. An ihm beteiligte sich auch das Luftwaffenjagdbataillon z. b. V. 8 unter dem Hauptmann Fiedler und Teile des Luftwaffenjagdbataillons z. b. V. 4 unter dem jungen Leutnant Lemke mit Kommandoeinheiten des 3. Regiments „Brandenburg" in der Karstlandschaft um Triest. Als Art der Durchführung ließen sich die verantwortlichen Führer etwas Besonderes einfallen. Es wurden nämlich lauter kleinere Kampfgruppen gebildet, die während der Nacht angesetzt wurden, jedoch bei Tag wieder einen Haken schlagen mussten, um überraschend ganz woanders aufzutauchen. Für das Unternehmen „Prien" wurden die dafür eingesetzten Kräfte folgendermaßen gegliedert:[87]

I. Führer: Major Lerch mit Teilen des Stabes des Reservegebirgsjägerregiments 137.

II. Truppen:

- 1. Gruppe Oberleutnant Noak
  - 3. Kompanie/Reservegebirgsjägerregiment 139 verstärkt durch 1 schwere Maschinengewehrgruppe
  - Divisionsjagdzug (Teile)
  - 2 Tornisterfunktrupps

2. Gruppe Oberleutnant Vögl

5. Kompanie/ Reservegebirgsjägerregiment 139 (Teile: 1 schwerer Infanteriegeschützzug, 1 schwere Granatwerfergruppe)

1 Zug/Panzerjägerkompanie 139 (1-7,5-cm- und 2-3,7-cm-Pak)

1 Zug/Pionierkompanie/Reservegebirgsjägerregiment 137

1 Zug italienische Miliz Capodistria

1 Tornisterfunktrupp

3. Gruppe Oberleutnant Jansen

2. Kompanie/Reservegebirgsjägerregiment 137 verstärkt durch 1 schwere Maschinengewehrgruppe und 1 mittlere Granatwerfergruppe

1 Gruppe/Pionierbataillon 83

1 Fünfwattfunkwagen

2 Tornisterfunktrupps

4. Gruppe Oberleutnant Fuchs

1 gemischter Zug 9. Kompanie/Luftnachrichtenregiment 200

5. Gruppe Hauptmann Fiedler

2 gemischte Kompanien/Luftwaffenjagdbataillon z. b. V. 8

Die 4. und 5. Gruppe nahmen an den Unternehmen nur am 8. und 9. August beziehungsweise am 9. August teil.

Typisch für andere Partisaneneinsätze von Verbänden der 188. Reservegebirgsdivision lässt sich das Unternehmen „Prien“ am besten anhand des am 12. August 1944 herausgegebenen Gefechtsberichts verfolgen. Die Auszüge des folgenden Dokuments gehen auch auf die geographischen Besonderheiten des Einsatzraumes, auf die Infrastruktur sowie auf das Bandenproblem ein:[88]

Ein zwischen Obstbäumen platziertes Artilleriegeschütz in Idria, aufgenommen im Mai 1944.

2. Kompanie/Reservegebirgsjägerregiment 137 Q.U., den 12. August 1944

Betreff: Gefechtsbericht.

An das
Reservegebirgsjägerregiment 137
nachrichtlich an
I. Bataillon/Reservegebirgsjägerregiment 137
I. Bataillon/Reservegebirgsjägerregiment 139
Als Führer der Ostgruppe im Rahmen der Unternehmung Prien gebe ich nachstehend
den Gefechtsbericht vom 8. August bis 10. August 1944
Führer Oberstleutnant Jansen.
Stärke:

2. Kompanie	2 Jägerzüge à 4 Gruppen
	1 schwere Maschinengewehrgruppe,
5. Kompanie	1 mittlere Granatwerfergruppe,
	Funktrupp à 2 Linien,
	1 Fernsprechtrupp,
Pionierkompanie 83	1 Pionierzug mit 2 Gruppen,

insgesamt 37 Tragtiere.

Der Abmarsch erfolgte am 7. August 1944 gegen 20.30 Uhr von Erpelle über S. Sergio nach Covedo. Etwa gegen 00.15 Uhr wurde die gesprengte Brücke im Risanotal bei Punkt 65 (zwei Kilometer nördlich Covedo) erreicht. Aufklärung zur Erkundung einer Übergangsstelle vorgesandt, wobei der Führer, ein Unteroffizier, ganz überraschend auf drei bis fünf Meter auf eine Postenstellung in Stärke von drei Banditen stieß, die sich in der Nähe der Mühle ganz versteckt im Schatten aufhielten. Er wurde angerufen mit ‚stoi!', wobei aber sofort auf ihn geschossen wurde. Der Schuss streifte jedoch nur seinen Rucksack.

Der Unteroffizier ging sofort mit zwei Handgranaten gegen die Postenstellung los. Unter Zurücklassung von Rucksäcken und Munition konnten die Banditen in der Dunkelheit entkommen. Die eingesetzte Überwachungsgruppe eröffnete sofort das Feuer auf die Mühle und auf das um das Haus herumstehende Gebüsch. Eine Gruppe wurde angesetzt zum Umstellen in größerer Entfernung. Bei der Durchsuchung der Mühle wurde ein flüchtender Zivilist erschossen. Die Durchsuchung ergab sonst nichts. Die Mühle war noch im Betrieb. Der bis dahin begleitende Funkwagen wurde entlassen.

Der Vormarsch wurde dann in Richtung Covedo, Popetra fortgesetzt. In Popetra wurden einige Frauen und Knaben herausgeholt und vernommen. Dabei stellte sich heraus, dass die Banditen am 7. August 1944 gegen 20.00 Uhr in Stärke von etwa hundert Mann die Ortschaft Popetra in Richtung Osten passiert hätten. In den frühen Morgenstunden wurde die Ortschaft Bucciai, die Ortschaften Truscolo, Giurassi erreicht, umstellt und durchsucht, während weiter die Ortschaft Tersecco durch zwei Gruppen umstellt und beobachtet wurde. Die Durchsuchungen ergaben nichts Nennenswertes. Bei den durchgeführten Vernehmungen ergab sich wiederum das Bild, dass die Banditen am 7. August 1944 gegen 18.00–19.00 Uhr nach Osten weggezogen wären.

Im Anschluss an die Untersuchungen der Ortschaften wurde das sehr unübersichtliche Gelände planmäßig durchkämmt, wobei uns ein Italiener in der Ortschaft Giurassi verriet, dass sich in der in der Nähe gelegenen Ortschaft Versice bis zum 7. August 1944 eine Platz- beziehungsweise Kreiskommandantur der Banditen befand. Der Italiener sagte weiter aus, dass die Banditen am 5./6. August in der gesamten Gegend rekrutiert haben, dass sie aber am 7. August 1944 nachmittags die Mitteilung erhielten, dass am 8. August 1944 Truppen von Capodistria und Triest in den Raum kommen würden. Die Banditen waren dann auch am 7. August 1944 gegen 20.00 Uhr abgezogen nach Osten. Gegen die Ortschaft Versice wurde sodann ein Jägerzug angesetzt, während die anderen Teile der Kompanie den Vormarsch fortsetzten gegen den Raum um Toppolo. Dabei wurde in der Nähe der Ortschaft Paulizi ein Bandenspähtrupp in Stärke von drei Mann beobachtet, worauf sofort das Feuer eröffnet wurde. Zwei Banditen wurden erschossen. Gegen 02.00 Uhr wurde die Ortschaft Toppolo erreicht und mit der Durchsuchung und Durchkämmung der nächsten Umgebung begonnen.

Etwa gegen 17.00 Uhr erreichte der gegen Versice eingesetzte Zug Toppolo. Ergebnis: Platzkommandantur in Versice ausgehoben, keine Männer anwesend. Die Banditen halten alles in der näheren Umgebung in Sträuchern, Fuchslöchern, Erdbunkern, Feldmauern versteckt. Vernichtet wurden zahlreiche italienische Uniformstücke-Ausrüstungssachen, ein beschädigtes Motorrad (500 cm^3) italienischer Herkunft, eine selbst hergestellte Druckmine. Erbeutet wurden 180 Schuss Gewehrmunition, zwei Fahrräder, eine große Menge Propagandamaterial, drei kleinere Tragtiere – Muli. Nach Aussagen der dort noch kümmerlich lebenden älteren Frauen hätten die Banditen von Capodistria und Triest die Mitteilung bekommen, dass wir in Anmarsch sind, und sie waren am 7. August 1944 gegen 20.00 Uhr gegen Osten abgerückt. Sie hätten alles ziemlich schnell versteckt und fluchtartig das Gebiet verlassen.

Funkverbindung war am 8. August 1944 mit der Westgruppe nicht zu bekommen. In der Nacht vom 8./9. August 1944 wurde gegen 01.30 Uhr der Vormarsch fortgesetzt und dabei in der Morgendämmerung gegen 04.00 Uhr die Ortschaften Chervoi, Seni und Vergnacco umstellt. Die Durchsuchungen ergaben nichts Wesentliches, die Vernehmungen zeigten die gleiche Feindlage wie am Vortage. In Vergnacco wurden vier mit Rucksäcken ausgerüstete Zivilisten, die versuchten, in dem dichten Buschgelände aus unserem Umstellungsraum auszubrechen, erschossen. Alle trugen geringe Mengen Verpflegung mit sich. In Vergnacco selbst wurden in zahlreichen Löchern außerhalb der Unterkünfte zahlreiche versteckte Zivilbekleidungssachen und italienische Uniformstücke, sowie auch ein großes Zivilbekleidungslager aufgefunden. Die italienischen Ausrüstungsstücke wurden vernichtet. Während der Zug in Vergnacco das gesamte dichte Busch- und Waldgelände durchkämmte, wurde mit den anderen Teilen der Kompanie der Vormarsch in breiter Front über den M. Sicanie, M. Ustiacco gegen die Ortschaft Cuberton fortgesetzt und Cuberton gegen 11.00 Uhr erreicht.

In Cuberton selbst wurden zwei Banditen mit Ausweisen in der Tasche – einer auf Urlaub, einer mit Ausweis vom Partisanenkommando Grignano zur Abholung eines Gewehrs unterwegs – festgenommen. Sie wurden, da sie trotz mehrmaliger Drohungen und sonstiger Methoden nichts aussagten, erschossen. Von Cuberton aus wurde Aufklärung gegen Busletti, Goiachi, M. Slopici, Sterzai und Giuauzi vorgetrieben. Diese Aufklärung erbrachte nichts Wesentliches, da sämtliche Häuser verlassen waren. Gegen 13.00 Uhr wurde der Marsch über Colalto bis Briz fortgesetzt, wo sämtliche Teile der Kompanie zusammentrafen. Funkverbindung mit der Westgruppe war bis zum Mittag nicht vorhanden. In Briz selbst war der Führer des Unternehmens, Major Lerch, dem ich Meldung über den bisherigen Verlauf der Unternehmung machte. Dort erfuhr ich auch erst den bisherigen Verlauf der Westgruppe und den derzeitigen Standpunkt.

Von Briz aus wurde gegen 17.00 Uhr der Vormarsch fortgesetzt gegen Laura, wobei besonders das Dragonatal durchkämmt wurde. Dabei wurde ein bewaffneter Partisane bei Punkt 89 (1,5 km südwestlich) im Dragonatal gefangen genommen. Beute: ein italienisches Gewehr, hundert Schuss Munition, zwei italienische Handgranaten. Gegen 19.30 Uhr wurde die Ortschaft Laura erreicht und planmäßig mit der Säuberung und Durchkämmung der nächsten Umgebung begonnen.

In der Nacht vom 9./10. August 1944 wurde gegen 03.30 Uhr der Vormarsch fortgesetzt bis in den Raum Babicci. Die Umstellung und Durchsuchung der Ortschaft selbst blieb ergebnislos. Von hier aus wiederum Aufklärung in einem Umkreis bis zu fünf Kilometern, besonders im Raum Maresego, Geme, Figarola, Centora, wobei planmäßig das schluchtenreiche Gelände durchkämmt wurde. Die Aufklärung ergab keinerlei Feindberührung und Feindbewegung.

Gegen 12.00 Uhr waren sämtliche Teile nach Babicca zurückgekehrt. Gegen 16.00 Uhr traf dann der Rückmarschbefehl ein. Der Rückmarsch erfolgte um 18.00 Uhr über Maresego, Villa Decani, Risanotal, S. Sergio wieder mit allen Teilen. Ankunft in Erpeile gegen 05.00 Uhr am 11. August 1944.

Gesamtergebnis: 9 Feindtote, 1 Bandit gefangen genommen. Erbeutet wurden: 3 italienische Gewehre, 350 Schuss Munition, 2 italienische Handgranaten, zwei Fahrräder, drei kleine Tragtiere – Muli, große Mengen Propagandamaterial. Vernichtet wurden: größere Mengen italienischer Uniform- und Ausrüstungsstücke, ein beschädigtes Motorrad (500 cm^3, ital. Herkunft), eine selbst hergestellte Druckmine. Eigene Verluste: keine.

Nachsatz:

1.) *Feindlage*. Die laufend durchgeführten Erkundungen und Ermittlungen der Zivilbevölkerung ergaben in fast allen Fällen die gleiche Lage, dass sich tatsächlich in dem von der Kompanie durchgekämmten Raum bis zum 7. August 1944 Banditen aufgehalten haben. Wenn die Unternehmung, wie eindeutig klar feststeht, nicht durch irgendwelche Stellen verraten worden wäre, dann wäre bestimmt ein größerer Erfolg da gewesen. So aber sind die Banditen vorzeitig gewarnt worden. Der gefangene Bandit Milo sagt aus, dass sie sich in vielen kleinen Gruppen zerteilt haben mit dem Auftrag, in dem Raum von Pinquente dort in die umliegenden Wälder zu ziehen und dort zu sammeln. Eine wesentlich strengere Geheimhaltung ist unbedingt am Platze.

2.) *Verbindung*. Die Funkverbindung zwischen den beiden Gruppen war außerordentlich schlecht und infolge der Verbindungsaufnahme zu den gegebenen Sendezeiten für die Kompanie außerordentlich zeitraubend. Die Apparate scheinen für das mittlere Gebirgsgelände zu schwach zu sein. Die Bedienung muss wesentlich besser aufeinander eingespielt sein.

Das Gruppenfoto zeigt junge Gebirgsjägersoldaten. Entstanden ist das Foto während einer Ruhephase ihrer Einheit.

2./Res.Geb.Jäg.Rgt.137.
Betr.: Gefechtsbericht.

O.U., den 12.8.1944

An das

Res.Geb.Jäg.Rgt.137.
nachrichtlich an

I./Res.Geb.Jäg.Rgt.137,
I./Res.Geb.Jäg.Rgt.139.

Als Führer der Ostgruppe im Rahmen der Unternehmung Prien gebe ich nachstehend den Gefechtsbericht v.8.8.-lo.8.1944.

Führer Oblt.Jansen, Stärke : 2.Kompanie 2 Jägerzüge à 4 Gruppen,
1 s.M.G.-Gruppe,
5.Kompanie 1 m.Gr.W.Gruppe,
Funktrupp à2Linien,
1 Fernsprechtrupp,
Pi.Kp.83 1 Pionierzug mit 2 Gruppen,
insgesamt 37 Tragtiere.

Der Abmarsch erfolgte am 7.8.1944 gegen 2o.3o Uhr von Erpelle über S.Sergio nach Covedo. Etwa gegen oo,15 wurde die gesprengte Brücke im Risanotal bei Pkt.65 (2 km nördl. Covedo) erreicht. Aufklärung zur Erkundung einer Übergangsstelle vorgesandt, wobei der Führer, 1 Unteroffizier, ganz überraschend auf 3-5 m auf eine Postenstellung in Stärke von 3 Banditen stieß, die sich in der Nähe der Mühle ganz versteckt im Schatten aufhielten. Er wurde angerufen mit "stoi !", wobei aber sofort auf ihn geschossen wurde. Der Schuß streifte jedoch nur seinen Rucksack. Der Unteroffizier ging sofort mit 2 Handgranaten gegen die Postenstellung los. Unter Zurücklassung von Rucksäcken und Munition konnten die Banditen in der Dunkelheit entkommen. Die eingesetzte Überwachungsgruppe eröffnete sofort das Feuer auf die Mühle und auf das um das Haus herumstehende Gebüsch. 1 Gruppe wurde angesetzt zum Umstellen in grösserer Entfernung. Bei der Durchsuchung der Mühle wurde ein flüchtender Zivilist erschossen. Die Durchsuchung ergab sonst nichts. Die Mühle war noch im Betrieb. Der bis dahin begleitende Funkwagen wurde entlassen.
Der Vormarsch wurde dann in Richtung Covedo,Popetra fortgesetzt. In Popetra wurden einige Frauen und Knaben herausgeholt und vernommen. Dabei stellte es sich heraus, dass die Banditen am 7.8.1944 gegen 2o.oo Uhr in Stärke von etwa loo Mann die Ortschaft Popetra in Richtung Osten passiert hätten. In den frühen Morgenstunden wurde die Ortschaft Bucciai, die Ortschaften Truscolo, Giurassi erreicht, umstellt und durchsucht, während weiter die Ortschaft Tersecco durch 2 Gruppen umstellt und beobachtet wurde.
Die Durchsuchungen ergaben nichts Nennenswertes. Bei den durchgeführten Vernehmungen ergab sich wiederum das Bild, dass die Banditen am 7.8.44 gegen 18.oo-19.oo Uhr nach Osten weggezogen wären. Im Anschluß an die Untersuchungen der Ortschaften wurde das sehr unübersichtliche Gelände planmässig durchkämmt, wobei uns 1 Italiener in der Ortschaft Giurassi verriet, dass sich in der in der Nähe gelegenen Ortschaft Versice bis zum 7.8.1944 eine Platz -bzw. Kreiskommandantur der Banditen befand. Der Italiener sagte weiter aus, dass die Banditen am 5./6.8. in der gesamten Gegend rekrutiert haben, dass sie aber am 7.8.1944 nachmittags die Mitteilung erhielten, dass am 8.8.1944 Truppen von Capodistria und Triest in den Raum kommen würden. Die Banditen waren dann auch am 7.8.1944 gegen 2o.oo Uhr abgezogen nach Osten. Gegen die Ortschaft Versice wurde sodann 1 Jäger-Zug angesetzt, während die anderen Teile der Kompanie den Vormarsch fortsetzten gegen den Raum um Toppolo. Dabei wurde in der Nähe der Ortschaft Paulizi 1 Bandenspähtrupp in Stärke von 3 Mann beobachtet

Der Gefechtsbericht zum Unternehmen „Prien“, das im Rahmen der 188. Reservegebirgsdivision zur Partisanenbekämpfung und Geländesicherung durchgeführt wurde.

Die Zusammensetzung und Gliederung der Kräfte beim Unternehmen „Zugspitz-Höllental" sah folgendermaßen aus:[89]

I. Führer: Major Lerch mit Teilen des Stabes des Reservegebirgsjägerregiments 137, dazu 1 Fünfwattfunkgerät.

II. Truppen:

1. Gruppe Oberleutnant Jansen
   - 2. Kompanie/Reservegebirgsjägerregiment 137 verstärkt durch 1 schwere Maschinengewehrgruppe
   - 1 Gruppe der Pionierkompanie/Reservegebirgsjägerregiment 137
   - 1 Tornisterfunktrupp
2. Gruppe Oberleutnant Zörnig
   - 1. Kompanie/Reservegebirgsjägerregiment 137 verstärkt durch 1 schwere Maschinengewehrgruppe
   - 1 Tornisterfunktrupp
3. Motorisierte Gruppe Oberleutnant Vögl
   - 1 Zug der 5. Kompanie/Reservegebirgsjägerregiment 137 (1 schwere, 2 mittlere Gruppen)
   - 1 Gruppe der Pionierkompanie/Reservegebirgsjägerregiment 137
   - 2 Tornisterfunktrupps.

Nach dem Gefechtsberichts der Gruppe Lerch lief das Unternehmen „Zugspitz-Höllental" folgendermaßen ab:[90]

Eine Kampfeinheit auf dem Kriegsschauplatz „Adriatisches Küstenland".

Lerch, Major O.U., den 24.08.1944
kommandiert zum Reservegebirgsjägerregiment 137

Gefechtsbericht

der Gruppe Lerch über das Unternehmen „Zugspitz-Höllental" in der Zeit vom 21. bis 22. August 1944

I. Einsatzkräfte

Siehe Anlage 1 [siehe oben]

II. Verlauf des Unternehmens

1) *Auftrag* der Gruppe Lerch für den 21. August („Zugspitz"): Vernichtung aller Banden in dem zugewiesenen Gefechtsstreifen.
2) *Durchführung*

Der Gruppe Jansen (rechts) und Gruppe Zörnig (links) wurde je ein Gefechtsstreifen zugewiesen. Trennungslinie: Straße Villa Decani-Straßengabel südostwärts Strolci (Straße zur Gruppe Jansen) – Besovizza (zu Zörnig)-Punkt 541 (zwei Kilometer südwestlich Piedimonte) (Karte 1 : 100.000). Auftrag für beide Gruppen: Durchkämmung der zugewiesenen Räume in breiter Front, Vernichtung gestellter Banditengruppen, allgemeine Bandenaufklärung (Feldstellungen, Straßen- und Objektszerstörungen, Aushören der Bevölkerung über Bandenbewegungen und so weiter)

Motorisierte Gruppe Vögl (dort auch Stab) hatte den Auftrag, entlang der Straße Villa Decani – S. Sergio – Cernotti – Piedimonte del Taiano vorzugehen und aus Feuerstellungen nahe der Straße das Vorgehen der Gruppe Jansen und Zörnig zu überwachen und erkannte Feindziele niederzukämpfen.

Am 21. August um 05.00 Uhr gingen aus ihren Ausgangstellungen vor: Gruppe Jansen aus Raum Villa Decani, Gruppe Zörnig aus Raum beiderseits Albaro Vescovà di Sopra, Stab und motorisierte Gruppe Vögl um 06.00 Uhr aus Villa Decani. Bis 08.30 Uhr wurde ohne Feindberührung folgende Linie erreicht: Höhe 285-Risano-Bach 1.200 Meter westlich Rosariol. Bis zu diesem Zeitpunkt wurden 25 im wehrfähigen Alter stehende männliche Zivilisten festgenommen und zum Divisionsgefechtsstand nach Albaro Vescovà abgeschoben. Als auffällig wurde beobachtet, dass aus den Schornsteinen einzelner Häuser in den Ortschaften: Risano, Carnizzo und Stepani dicker, weißer Rauch aufstieg. Durchsuchungen der in Frage kommenden Häuser konnten nicht einwandfrei ergeben, ob es sich hierbei um Warnsignale handelte.

Etwa 13.00 Uhr wurde die Linie: Covedo – S. Maria-Prelocca überschritten. Ab 12.30 Uhr Gefechtsstand bei Brücke 1.500 Meter nördlich Covedo; dort auch der Granatwerferzug der Gruppe Vögl in Stellung. B. Stelle auf Höhe 169. Gegen 13.30 Uhr wurde der Zug Lt. Schwager, der über die Höhen südlich des Risanotals auf Covedo vorgegangen war und dort nur einzelne flüchtende Personen – anscheinend Zivilisten – beobachtet und auf größere Entfernung unter Feuer genommen hatte, bei S. Maria aus Gegend Covedo unter Feuer genommen. drei bis vier Mann, die auf der Straße etwa ein Kilometer ostwärts Covedo beobachtet wurden, zogen sich, nachdem der Zug Schwager das Feuer seinerseits eröffnet hatte, in Richtung auf Covedo zurück. Der Zug Leutnant Schwager hatte keine Verluste.

Um 15.00 Uhr wurde die Linie: Christoglie – Popecchio – Lonche ohne weitere Feindberührung erreicht.

Um 15.30 Uhr wurde von einer Bandengruppe von den Höhen hart nördlich Covedo aus ein Feuerüberfall auf den Stab und die Gruppe Vögl bei Brücke 1.500 Meter nördlich Covedo, die eben die Vorbereitungen zum Stellungswechsel in den Raum Piedimonte del Triano trafen, ausgeführt. Feindstärke nach Aussagen der Bewohner von Covedo und einzelnen Passanten etwa dreißig bis fünfzig Mann; zwei Maschinengewehre und eine Maschinenpistole konnten festgestellt werden. Das Feuer wurde sofort erwidert und Oberleutnant Vögl nach vorangegangenem kurzen Einschießen des Granatwerferzuges mit einer Gruppe der Pionierkompanie des Reservegebirgsjägerregiments 137 und einer aus dem Granatwerferzug rasch zusammengestellten Gruppe zum Angriff über die Höhe 273 auf Covedo angesetzt. Etwa vier bis fünf Banditen wurden von Gruppe Vögl im Rückszug auf Covedo beobachtet und unter Feuer genommen.

Die Masse der Bandengruppe war bereits – offenbar unter der Wirkung des gut liegenden Feuers des Granatwerferzugs – über Covedo nach Süden ausgewichen. Ein bewaffneter Bandit in italienischer Uniform wurde auf Höhe 273 tot aufgefunden. Papiere wurden bei ihm nicht mehr vorgefunden. Mit Erreichen von Covedo durch Gruppe Vögl war der Ort feindfrei.

Nach Aussagen der Bewohner von Covedo hatten die Banditen den Ort kurz vorher verlassen und waren nach Süden abgezogen. Außer einem italienischen Gewehr, das neben dem gefallenen Banditen aufgefunden worden war, wurden nur einige Stücke Kleinvieh erbeutet, die in einigen von den Banditen benützten und von ihren Bewohnern verlassenen Häusern von Covedo vorgefunden worden waren. Da die Zeit bereits drängte und die Erfüllung des Hauptauftrages nicht gefährdet werden durfte, wurde von einer Verfolgung der Banditen über Covedo hinaus abgesehen. Eigene Verluste waren nicht eingetreten.

Gegen 19.00 Uhr wurde die Bahnlinie Pinguente – Erpelle zwischen Sasseto und Piedimonte-Bahnhof erreicht und Verbindung mit den Bahnsicherungen des Luftwaffenjägerbataillons z. b. V 4 und des I. Bataillons/Reservegebirgsjägerregiment 139 sowie mit dem Milizstützpunkt in Piedimonte-Bahnhof aufgenommen.

3) *Auftrag* der Gruppe Lerch für den 22. August („Höllental"):

In der allgemeinen Linie Sasseto – M. dei Tigli – M. Caucizze – Olmeto abzuriegeln und ein Ausweichen der Banditen in südwestliche Richtung zu verhindern. Die Gruppe hat sich mit dem rechten Flügel dem Vorgehen des Reservejägerbataillons 499 anzuschließen.

4) *Durchführung*

Am 22. August um 08.00 Uhr wurde durch Gruppe Jansen und Gruppe Zörnig aus den am Vortage erreichten Endräumen aufgebrochen, die befohlene Riegelstellung bis 05.00 Uhr bezogen. Rechter Flügel der Gruppe Jansen im Nordwesthang des M. Sbeunizza, linker Flügel der Gruppe Zörnig bei Sasseto-Bahnhof; Abschnittsgrenze zwischen Gruppe Jansen und Zörnig: der Sattel zwischen M. Caucizze und M. dei Tigli. Der Granatwerferzug der Gruppe Vögl war um 06.00 Uhr am Nordfuße des M. Cavallo in Stellung. B. Stelle und Gefechtsstand der Gruppe Lerch am M. Cavallo. Auftrag für Gruppe Jansen und Gruppe Zörnig: Ein Entweichen von Banditen gegen Südwesten zu verhindern und mit rechtem Flügel der Gruppe Jansen beginnend, im Anschluss an den linken Flügel des Reservejägerbataillons 499 über M. Acuto-Höhe 905 auf M. Cavallo vorzugehen.

Gruppe Jansen hatte bereits in den frühesten Morgenstunden des 22. Augusts Stazione di Acquaviva Valmorasa und Acquaviva dei Vena durchschritten und feindfrei festgestellt.

Um 06.15 Uhr hatte Gruppe Jansen Verbindung mit linkem Flügel des Reservejägerbataillons 499 hergestellt.

Gegen 07.30 Uhr nahm Gruppe Jansen vier verdächtige männliche Zivilpersonen in Gegend M. Acuto fest, die offenbar vor dem Reservejägerbataillon 499 geflüchtet waren und gegen Olmeto auszuweichen suchten. Sie wiesen Ausweise einer Luftwaffeneinheit vor, in denen ihnen bestätigt wurde, dass sie Arbeiter des Kohlenbergwerks Sicciole (acht Kilometer südostwärts Pirano) seien. Die Ausweise waren im Oktober 1943 ohne zeitliche Gültigkeitsbeschränkung ausgestellt. Wie sich nachträglich herausstellte, handelte es sich tatsächlich um Arbeiter des Kohlenbergwerks Sicciole, die vor einiger Zeit von den Banditen zwangsrekrutiert worden waren, den Banditen entfliehen konnten und nun angeblich die Absicht hatten, wieder nach Sicciole zurückzukehren. Sie wurden dem Reservegebirgsjägerregiments 137/Abteilung Ic zur weiteren Einvernahme vorgeführt.

Um 09.30 Uhr schwenkte Gruppe Jansen mit rechtem Flügel beginnend im Anschluss an Reservejägerbataillon 499 gegen Nordwesten ein und erreichte über M. Calvo vorgehend, mit Masse gegen 13.00 Uhr ohne Feindberührung den M. Cavallo. Gruppe Zörnig, die sich im Laufe des weiteren Vorgehens der Gruppe Jansen dieser anschloss, erreichte ebenfalls ohne Feindbeobachtung gegen 15.00 Uhr den Raum M. Cavallo. Nach Eintreffen des Divisionsbefehls über die Beendigung des Unternehmens „Höllental“ wurde die Gruppe Lerch in Piedimonte-Bahnhof versammelt und um 20.00 Uhr von dort in die Unterkünfte in Marsch gesetzt. Diese wurden von Gruppe Jansen um 24.00 Uhr, von Stab und Gruppe Vögl am 23. August um 01.30 Uhr, von Gruppe Zörnig am 23. August um 05.30 Uhr erreicht.

III. Bandenlage

Der durchkämmte Gefechtsstreifen wurde im Wesentlichen als feindfrei festgestellt. Auch konnten weder Feldstellungen in nennenswertem Umfange, noch neu angelegte Straßensperren und Objektszerstörungen, noch verlassene Lagerstätten der Banditen größeren Ausmaßes festgestellt werden, die darauf schließen ließen, dass sich stärkere Bandengruppen in diesem Raum ständig aufhalten würden. Es scheint dieser Raum demnach nur ein Durchzugsgebiet der Banden zu sein. Auch als Rekrutierungsraum für die Banden kommt dieser nur in seinem westlichen Teil in Frage, das Gebiet ostwärts der Bahnlinie Sasseto – Erpelle kommt hierfür wegen seiner Armut an größeren Ortschaften, die überdies von allen wehrfähigen männlichen Personen fast restlos verlassen und zum Teil zerstört sind, kaum in Betracht.

Nach Aussage der am M. Acuto festgenommenen ehemaligen Arbeitern des Kohlenbergwerks Sicciole soll eine starke Bandengruppe (angeblich 500–600 Mann) die im Raume Merischie rekrutiert hatte, nachts vom 18. auf 19. August von Merischie (fünf Kilometer nordostwärts Buie) aufbrechend in allgemein nordostwärtiger Richtung (in den Raum Villa del Nevoso – Priman – Progara ?) abmarschiert sein. Bei der Bandengruppe, die am 21.08. nachmittags bei Covedo den Feuerüberfall auf Teile der Gruppe Jansen sowie auf Stab und Gruppe Vögl durchgeführt hatte, könnte es sich um eine Seiten- oder Rückensicherung jener gemeldeten starken Bandengruppe gehandelt haben.

Sonstige Feststellungen

Das Schulhaus von Risano ist durch Brustwehren aus Feldsteinen an Türen und Fenstern, die mit Schießscharten versehen sind, zur Verteidigung eingerichtet worden. Es ist allerdings zu vermuten, dass dies durch eine deutsche Einheit ausgeführt worden ist (Auffinden von Resten deutscher Zeitungen und Zigarettenschachteln deutscher Herkunft).

Die Risanotal-Wasserleitung ist bereits seit längerer Zeit bei der Straßengabel 800 Meter südostwärts Strolci gesprengt.

Ebenso ist die Straßenbrücke 1.500 Meter nördlich Covedo bereits seit längerer Zeit gesprengt. Unmittelbar westlich der Brücke befindet sich jedoch eine für Pkw und Lkw befahrbare Furt. Eine weitere gesprengte Brücke 800 Meter südostwärts der vorher genannten Brücke ist durch Auffüllung des Bachbettes mit Feldsteinen wieder voll befahrbar gemacht worden. Nach Einwohneraussagen ist die Straße Covedo – Pinguente auch für Kfz wieder in vollem Umfange befahrbar. Westlich Cornizza befindet sich angeblich noch eine Steinriegelsperre, die jedoch bereits wieder soweit beiseite geräumt ist, dass sie kein Hindernis mehr bieten soll. Am Gipfel des M. Cavallo wurden flüchtige Steinbrustwehren vorgefunden, sowie einige italienische Handgranaten und ein Feindflugblatt, das die Tendenz verfolgt, die Wirkung der „V I"-Waffe zu bagatellisieren.

Unter den Ortschaften konnte nur Covedo einwandfrei als häufiger Bandenstützpunkt festgestellt werden. Auch die Bewohner dieses Ortes sagten aus, dass der Ort fast täglich von Banditen aufgesucht wird, die sich dort meist einige Zeit aufhalten, um sich dann wieder gewöhnlich in südlicher Richtung zurückziehen. Von den Höhen westlich und südostwärts Covedo aus sind die von Norden und Nordwesten heranführenden Straßen leicht und mit geringen Kräften wirksam zu sperren.

IV. Erfahrungen

Sehr bewährt hat sich der Einsatz der Granatwerfer während des feindlichen Feuerüberfalls bei Covedo. In erster Linie der moralischen Wirkung des Feuers des Granatwerferzuges war es zuzuschreiben, dass es gelang, in kurzer Zeit das feindliche Maschinengewehr- und Maschinenpistolenfeuer zum Schweigen zu bringen. Da die Stellungen der feindlichen MG in dem Kusselgelände nicht genau zu erkennen waren, wäre ein Niederkämpfen der MG oder auch nur ein Vertreiben der Banditen von den beherrschenden Höhen ohne eigene Verluste wahrscheinlich nicht möglich gewesen. Da mit derartigen Feuerüberfällen aus deckungsreichem Gelände heraus bei Bandenunternehmungen stets gerechnet werden muss, sollte jede selbstständige Kampfgruppe mit mindestens einem mittleren Granatwerfer oder einem leichten Infanteriegeschütz ausgestattet werden, um diese zu befähigen, rasch die Feuerüberlegenheit gewinnen zu können.

Der Funkverkehr hat sich diesmal – sowohl beim 5-Watt-Gerät als auch bei den Tornisterfunktrupps d – nahezu reibungslos abgespielt. Es wurde aufgrund früherer Erfahrungen zwischen den Tornisterfunktrupps d nahezu ausschließlich im Klartext gefunkt. Für die Ortsnamen waren vorher Tarnziffern festgelegt worden. Das Schlüsseln bzw. Entschlüsseln ist sehr zeitraubend, führt häufig zu Fehlern und damit zu Unklarheiten und nimmt den Funktrupps – und damit den einzelnen Kampfgruppen – selbst bei nur zweistündlichen Verkehrszeiten seht viel Zeit und hemmt somit die notwendige Beweglichkeit der Kampfgruppen.

Es erscheint ferner notwendig, neben den üblichen Parolen für jeden Einsatz besondere Erkennungszeichen festzulegen, mittels welchen es möglich ist, Feind und Freund auch auf größere Entfernungen einwandfrei unterscheiden zu können. (zum Beispiel Anruf: grünes Leuchtzeichen, Antwort: weißes Leuchtzeichen).

Zur Erschwerung des feindlichen Kurierdienstes wäre es angezeigt, in den bandenverseuchten Gebieten Fahrräder grundsätzlich zu beschlagnahmen. – Ebenso müssten in ausgesprochenen Bandengebieten die Hunde erschossen werden, da diese durch ihr Gebell schon frühzeitig eigene überraschende Bewegungen – besonders nachts – verraten. Derartige Maßnahmen wären als veterinärpolizeiliche Maßnahmen gegen die Tollwut unschwer zu tarnen.

(gez.) Lerch
Major.

Partisanendenkmal oberhalb von Trenta im Isonzotal.

Lerch, Major
kdt.z. Res.Geb.Jg.Rgt.137.

O.U., den 24.8.1944.

Gefechtsbericht

der Gruppe Lerch über das Unternehmen "Zugspitz-Höllental" in der Zeit vom 21.-22.8.1944.

I. Einsatzkräfte

Siehe Anlage 1

II. Verlauf des Unternehmens

1) Auftrag der Grp.Lerch für den 21.8. ("Zugspitz"):

Vernichtung aller Banden in dem zugewiesenen Gefechtsstreifen.

2) Durchführung

Der Grp.Jansen (rechts) und Grp.Zörnig (links) wurde je ein Gefechtsstreifen zugewiesen. Trennunslinie: Straße Villa Decani - Straßengabel südostw.Strolci (Straße zur Grp.Jansen) Besovizza (zu Zörnig) - Punkt 541 (2 km südw. Piedimonte) (Karte 1:100.000). Auftrag für beide Gruppen: Durchkämmung der zugewiesenen Räume in breiter Front, Vernichtung gestellter Banditengruppen, allgemeine Bandenaufklärung (Feldstellungen, Straßen- und Objektszerstörungen, Aushören der Bevölkerung über Bandenbewegungen usw.)

Mot.Grp.Vögl (dort auch Stab) hatte den Auftrag, entlang der Straße Villa Decani - S.Sergio - Cernotti - Piedimonte del Taiano vorzugehen und aus Feuerstellungen nahe der Straße das Vorgehen der Grp.Jansen und Zörnig zu überwachen und erkannte Feindziele niederzukämpfen.

Am 21.8. 5.00 Uhr gingen aus ihren Ausgangsstellungen vor: Grp.Jansen aus Raum Villa Decani, Grp.Zörnig aus Raum beiderseits Albaro Vescova di sopra, Stab und mot.Grp.Vögl um 6.00 Uhr aus Villa Decani. Bis 8.30 Uhr wurde ohne Feindberührung folgende Linie erreicht: Höhe 285 - Risano - Bach 1200 m westl.Rosariol. Bis zu diesem Zeitpunkt wurden 25 im wehrfähigen Alter stehende männliche Zivilisten festgenommen und zum Div.Gef.St.nach Albaro Vescova abgeschoben. Als auffällig wurde beobachtet, daß aus den Schornsteinen einzelner Häuser in den Ortschaften: Risano, Carnizzo und Stepani dicker, weißer Rauch aufstieg. Durchsuchungen der in Frage kommenden Häuser konnten nicht einwandfrei ergeben, ob es sich hierbei um Warnsignale handelte.

Etwa 13.00 Uhr wurde die Linie: Covedo - S.Maria - Prelocca überschritten. Ab 12.30 Uhr Gefechtsstand bei Brücke 1500 m nördlich Covedo; dort auch der Gr.W.Zug der Grp.Vögl in Stellung. B.Stelle auf Höhe 169. Gegen 13.30 Uhr wurde der Zug Lt.Schwager, der über die Höhen südlich des Risanotals auf Covedo vorgegangen war und dort nur einzelne flüchtende Personen - anscheinend Zivilisten - beobachtet und auf größere Entfernung unter Feuer

Ein Auszug des Gefechtsberichts der Gruppe Lerch über das Unternehmen „Zugspitz-Höllental".

Während des Unternehmens „Dachstein“ war die Gruppe Lerch wie folgt zusammengesetzt und gegliedert:[91]

I. Führer: Major Lerch mit Teilen des Stabes des Reservegebirgsjägerregiments 137 dazu 1 Fünfwattfunktrupp

II. Truppen:

1. Gruppe Oberleutnant Jansen
   - 1 verstärkte Kompanie des I. Bataillons/Reservegebirgsjägerregiment 137 (Teile der 2. und 1. Kompanie/Reservegebirgsjägerregiment 137, 3 Züge, verstärkt durch 1 schwere Maschinengewehrgruppe der 4. Kompanie)
   - 1 Tornisterfunktrupp
2. Gruppe Oberleutnant Mark
   - 8. Kompanie verstärkt durch 1 schwere Maschinengewehrgruppe der 4. Kompanie/Reservegebirgsjägerregiment 137
   - 1 Tornisterfunktrupp
3. Gruppe Oberleutnant Vögl
   - 1 mittlere Granatwerfergruppe der 5. Kompanie/Reservegebirgsjägerregiment 137
   - 2 Gruppen der Pioniere/Reservegebirgsjägerregiment 137
   - 1 Tornisterfunktrupp
4. Gruppe Leutnant Lemke
   - 2. Kompanie/Luftwaffenjagdbataillon z. b. V. 4
   - 1 Tornisterfunktrupp

Verfolgen wir abschließend den Verlauf des Unternehmens „Dachstein“ anhand des Gefechtsberichts der Gruppe Lerch:[92]

Lerch, Major O. U., den 02.09.1944.
kommandiert zum Reservegebirgsjägerregiment 137.

Gefechtsbericht

der Gruppe Lerch über das Unternehmen „Dachstein“
vom 29. bis 30. August 1944.

I. Einsatzkräfte
siehe Anlage 1 [siehe oben]

II. Verlauf des Unternehmens
1) *Auftrag* der Gruppe Lerch für den 30. August („Dachstein“):
In der Absperrungslinie an der Bahnlinie Castel – Lupogliano – Carbocici, die bis 30. August, 04.00 Uhr eingenommen sein muss, ein Entweichen des Feindes nach Südwesten verhindern.
2) *Durchführung*
Gemäß persönlicher Rücksprache mit dem Ausländischen Kommando Triest sollte mit der Bahnverladung des Stabes, der Gruppe Jansen und der Gruppe Vögl in Triest-Centrale am 29. August 13.00 Uhr, mit der Verladung der Gruppe Mark am Bahnhof Aurisina um 14.00 Uhr begonnen werden. Zufolge Verzögerung der Wagengestellung und längerer Schwierigkeiten in der Bereitstellung einer Dampflokomotive – E-Loks konnten wegen Strommangels nicht eingesetzt werden – verzögerte sich die Abfahrt von Triest trotz mehrfacher Rücksprachen und Vorstellungen beim Ausländischen Kommando Triest, dessen Unterstützung im Rahmen des Möglichen jedoch hervorgehoben werden muss, und bei der Zugleitung des Bahnhofs Triest-Centrale, bei welcher auf die Dringlichkeit des Transportes im Hinblick auf den taktischen Einsatz ausdrücklich hingewiesen wurde, bis 13.15 Uhr. Während meiner Rücksprache mit der Zugleitung wurde mir außerdem mitgeteilt, dass die Bahnstrecke Erpelle – Rozzo zur Zeit noch nördlich der Station Acquaviva-Valmorasa gesperrt sei (Entgleisung einiger Lok und Wagen zufolge eines Jabo-Tiefangriffs auf einen Transportzug am 28. August nachm.). Die Streckensperrung sollte voraussichtlich am 29. August um 20.00 Uhr behoben sein. Tatsächlich waren die Aufräumungsarbeiten jedoch erst gegen 24.00 Uhr beendet, sodass sich die verspätete Abfahrt von Triest praktisch nicht auswirkte, da die Strecke nach Rozzo vor 29. August, 24.00 Uhr nicht passierbar gewesen wäre. Der Division/Ia wurde die Verzögerung des Abtransportes sowie die Streckensperrung bei der Station Acquaviva-Valmorasa gemeldet.

Auch während des Transportes war es nur durch dauernde energische Vorstellungen auf den Zwischenstationen und durch ständige scharfe Überwachung des italienischen Zugpersonals, welches bei Nacht die Strecke durch das bandenverseuchte Gebiet nicht fahren wollte, möglich, den Transport so zu beschleunigen, daß die teilweise Verspätung, mit der die befohlene Riegelstellung bezogen wurde, relativ gering blieb und den Ablauf des Gesamtunternehmens in seinem Erfolg nicht beeinträchtigte.

Nach Ausladung in Pinguente beziehungsweise Rozzo war die befohlene Absperrungslinie bezogen:

durch Gruppe Lemke (Abschnitt Ost) bis 30. August 04.00 Uhr
Gruppe Jansen (Abschnitt Mitte) bis 30. August 06.00 Uhr
Gruppe Mark (Abschnitt West) bis 30. August 05.00 Uhr

Erster Gefechtsstand ab 30. August 05.00 Uhr: Rozzo-Bahnhof.

Um etwa 06.00 Uhr wurde Oberleutnant Hiller, der als Adjutant eingeteilt war, zur Verbindungsaufnahme zu Leutnant Lemke, dem Führer der Kampfgruppe des Luftwaffenjägerbataillons z. b. V. 4, nach Castel-Lupogliano entsandt mit dem Auftrag, sich den genauen Verlauf der vorderen Linie des Abschnittes des Luftwaffenjägerbataillons z. b. V. 4 geben zu lassen, den Leutnant Lemke über die Besetzung der Stellung im Mittelabschnitt (Oberleutnant Jansen) zu orientieren, sowie dem Leutnant Lemke eine „Tarnzifferkarte“ (für die Abwicklung des Funkverkehrs) zu überbringen. Außerdem wurde zur Verbindung mit Leutnant Lemke diesem ein Funktrupp d zugeführt.

Um 06.45 Uhr war durch den linken Flügel der Gruppe Lerch (Gruppe Mark) Verbindung mit dem 3. Regiment Brandenburg aufgenommen worden.

Vom Gefechtsstand Rozzo-Bahnhof aus wurde bis 11.00 Uhr versucht, die ersten Meldungen über die Besetzung der Absperrungslinie auf dem Funkwege an die Division abzusetzen. Nach Meldung des Funktruppführers war die Durchgabe dieser Meldungen jedoch wegen des sehr regen Funkverkehrs der anderen Funkstellen nicht möglich. Es konnte nur die Meldung über die erfolgte Besetzung der Stellung „blind“ durchgegeben werden.

Um 11.30 Uhr wurde der Gefechtsstand auf den M. Scherbina (Höhe 715) verlegt.

Mit Reservejägerbataillon 499 war um 08.30 Uhr Verbindung hergestellt. Das weitere Vorgehen des Reservejägerbataillons 499 konnte jedoch nur bis etwa 12.00 Uhr bis in den Raum Lanischie beobachtet werden. Von hier ab bestand keine Sichtverbindung mehr zu diesem Bataillon, obwohl von den besetzten Höhen Beobachtungsmöglichkeit nach Nordosten bis auf die Höhe des Calafarirückens vorhanden war. Auch durch Funk gelang es nachmittags nicht mehr, mit dem Reservejägerbataillon 499 in Verbindung zu treten. Gruppe Mark und Gruppe Vögl wurden deshalb noch bis 31. August um 06.30 Uhr in ihren Stellungen belassen. Gruppe Lemke wurde um 17.30 Uhr entlassen, Gruppe Jansen erhielt um 19.30 Uhr den Befehl im Raume Rozzo-Bahnhof zu sammeln und dort zu nächtigen. Gefechtsstand ab

21.30 Uhr: Rozzo-Bahnhof. Durch Ausfall der für den Rücktransport bestimmten Lokomotive verzögerte sich der Rücktransport der Gruppe Lerch trotz wiederholter fernmündlicher Lok-Anforderungen beim Bahnhof Pisino sowie bei der Zugleitung Triest-Centrale bis 31. August um 24.00 Uhr. Eintreffen der Gruppe Lerch in den Unterkünften am 1. September in der Zeit von 06.30 bis 13.30 Uhr.

3) *Feindbeobachtungen*

Um 05.30 Uhr wurden nördlich der Höhe 745 (südlich Bergozza) durch Gruppe Lemke 2 bewaffnete Banditen, die neben einer Viehherde (zehn Rinder) schliefen, überrascht und festgenommen. Die Viehherde, die nach Aussage der Bevölkerung von Viehbeitreibungen seitens der Banditen während der vorhergehenden Tage herstammen dürfte, wurde durch Gruppe Lemke beschlagnahmt.

Um etwa 11.00 Uhr kurzes Feuergefecht am linken Flügel der Gruppe Lemke mit etwa zwanzig Banditen nördlich des M. Falko (Trig. 754) von denen vermutlich zwei verwundet wurden. Die Banditen zogen sich in nördlicher Richtung zurück. Kurz darauf wurde durch den linken Flügelzug der Gruppe Lemke ein Verbindungsspähtrupp (zwei Mann) zur Verbindungsaufnahme mit dem rechten Flügel der Gruppe Jansen nach Höhe 706 (drei Kilometer südwestlich Lanischie) entsandt, wo durch Gruppe Lemke unmittelbar vorher ein weißes Leuchtzeichen beobachtet worden war. Das Leuchtzeichen war durch den rechten Flügelzug der Gruppe Jansen abgeschossen worden.

Die beiden Verbindungsleute der Gruppe Lemke erhielten in Gegend Höhe 697 auf nahe Entfernung Feuer. Ein Mann wurde getötet (Bauchschuss), der zweite verwundet (Oberschenkelschuss). Ob das Feuer von der genannten Bandengruppe herrührte oder von der rechten Flügelgruppe der Gruppe Jansen, die etwa zur gleichen Zeit einzelne in nordostwärtiger Richtung sich zurückziehende Zivilisten (?) unter Feuer genommen hatte, ließ sich trotz eingehender Rücksprache mit Oberleutnant Jansen und Leutnant Lemke nicht feststellen. Kurze Zeit darauf wurden durch Gruppe Lemke weitere fünf verdächtige Zivilisten festgenommen.

Um 11.30 Uhr wurde am Nordosthang des M. Scherbina (Höhe 715) durch Gruppe Jansen ein Bandit festgenommen, der nach Süden ausweichen wollte. Er gab an, von einer etwa zwanzig Mann starken Bandengruppe, die am 23. August sich im Raume K. Aquila – M. Bucovizza aufgehalten hatte, abgesprengt worden zu sein. Neben etwas Gewehrmunition wurde bei ihm eine von einem Bandenstab am 29. August ausgestellte „Vergleichsmitteilung“ vorgefunden. Der Bandit wurde kurz darauf bei einem Fluchtversuch erschossen. Im Laufe des Nachmittags sowie in der Nacht zum 31. August wurden keinerlei weitere Feindbeobachtungen mehr gemacht.

Gesamtergebnis: 3 Gefangene (davon 1 erschossen), 5 verdächtige Zivilisten festgenommen; Beute: 1 Karabiner (ital.), 1 Handgranate (ital.), 40 Schuss Gewehrmunition (ital.), 10 Stück Rindvieh. Eigene Verluste: 1 Toter, 1 Verwundeter.

III. Erfahrungen

Der Funkverkehr mit der Division war schlecht. Die notwendigsten Meldungen konnten nur mit großen Verspätungen, ab 19.00 Uhr wegen eines englischen Störsenders überhaupt nicht mehr abgesetzt werden. Bei einem Sternverkehr mit mehr als drei Nebenstellen erscheint es erforderlich, den einzelnen Nebenstellen Funkzeiten zuzuweisen. Für die Dauer dieser Funkzeiten müsste für die anderen Nebenstellen Funkverbot erlassen werden. Der Funkverkehr müsste insbesondere für die ersten Stunden nach Anlaufen des Unternehmens in dieser Weise geregelt werden.

Porträtfoto eines Partisanen. An seiner Kopfbedeckung der rote Stern mit Hammer und Sichel.

Lerch, Major
kdt.z. Res.Geb.Jg.Rgt.137.

O.U., den 2.9.1944.

Gefechtsbericht

der Gruppe Lerch über das Unternehmen "Dachstein"
vom 29. – 30.8.1944.

I. Einsatzkräfte

siehe Anlage 1

II. Verlauf des Unternehmens

1) Auftrag der Grp. Lerch für den 30.8. ("Dachstein"):

In der Absperrungslinie an der Bahnlinie Castel-Lupogliano – Carbocici, die bis 30.8. 4.00 Uhr eingenommen sein muß, ein Entweichen des Feindes nach Südwesten zu verhindern.

2) Durchführung

Gemäß persönlicher Rücksprache mit dem Ausl.Komm.Triest sollte mit der Bahnverladung des Stabes, der Grp.Jansen und der Grp.Vögl in Triest-Centrale am 29.8. 13.00 Uhr, mit der Verladung der Grp.Mark am Bahnhof Aurisina um 14.00 Uhr begonnen werden. Zufolge Verzögerung der Wagengestellung und längerer Schwierigkeiten in der Bereitstellung einer Dampflokomotive – E-Loks konnten wegen Strommangels nicht eingesetzt werden – verzögerte sich die Abfahrt von Triest trotz mehrfacher Rücksprachen und Vorstellungen beim Ausl.Komm.Triest, dessen Unterstützung im Rahmen des Möglichen jedoch hervorgehoben werden muß, und bei der Zugleitung des Bahnhofs Triest-Centrale, bei welcher auf die Dringlichkeit des Transportes im Hinblick auf den taktischen Einsatz ausdrücklich hingewiesen wurde, bis 19.15 Uhr. Während meiner Rücksprache mit der Zugleitung wurde mir außerdem mitgeteilt, daß die Bahnstrecke Erpelle – Rozzo zur Zeit noch nördlich der Station Acquaviva-Valmorasa gesperrt sei (Entgleisung einiger Lok und Wagen zufolge eines Jabo-Tiefangriffs auf einen Transportzug am 28.8.nachm.). Die Streckensperrung sollte voraussichtlich am 29.8. um 20.00 Uhr behoben sein. Tatsächlich waren die Aufräumungsarbeiten jedoch erst gegen 24.00 Uhr beendet, so daß sich die verspätete Abfahrt von Triest praktisch nicht auswirkte, da die Strecke nach Rozzo vor 29.8. 24.00 Uhr nicht passierbar gewesen wäre. Der Division / Ia wurde die Verzögerung des Abtransportes sowie die Streckensperrung bei der Station Acquaviva-Valmorasa gemeldet.

Auch während des Transportes war es nur durch dauernde energische Vorstellungen auf den Zwischenstationen und durch ständige scharfe Überwachung des ital. Zugpersonals, welches bei Nacht die Strecke durch das bandenverseuchte Gebiet nicht fahren wollte, möglich, den Transport so zu beschleunigen, daß die teilweise Verspätung, mit der die befohlene Riegelstellung bezogen

Der Gefechtsbericht der Gruppe Lerch über das Unternehmen „Dachstein“.

7. Der Küstenverteidigungsunterabschnitt Triest-Süd

Alles das, was ab Herbst 1944 bis zu den schweren Endkämpfen des Kriegsjahres 1945 bei den jeweiligen Küstenverteidigungsunterabschnitten geschah – vorwiegend Unternehmungen gegen die Partisanenverbände, die von Monat zu Monat heftiger auftraten –, kann wegen der Vielfalt der Ereignisse nicht bis ins Detail behandelt werden. Beschränken wir uns daher auf den Küstenverteidigungsunterabschnitt Triest-Süd. Dorthin wurde das Reservegebirgsjägerregiment 137 verlegt, um das Reservegebirgsjägerregiment 136 von Oberst Berger, insbesondere aber dessen II. Bataillon, abzulösen. Mit dieser Verlegung gab Dr. Schulze seine Aufgabe als Kampfkommandant von Triest an die 188. Reservegebirgsdivision ab und übernahm nun den Unterabschnitt Triest-Süd. Der Grund dieser Verlegung war folgender: Zahlreiche Nachrichten ließen eine baldige Feindlandung an der Küste in der Operationszone „Adriatisches Küstenland" für wahrscheinlich erscheinen. Daher verstärkte man den Küstenverteidigungsabschnitt Triest durch das Hereinführen des Reservegebirgsjägerregiments 136 in den Unterabschnitt Triest-Nord. Das II. Bataillon/Reservegebirgsjägerregiment 137 wurde herausgelöst. Damit war das gesamte Reservegebirgsjägerregiment 137 im Unterabschnitt Triest-Süd eingesetzt.

Der Regimentsbefehl vom 7. September 1944 regelte die neue Gliederung und die neuen Aufgaben der jeweiligen Einheiten:[93]

Vorgeschobener Beobachtungsposten der Gebirgsjäger im Adriatischen Küstenland.

Reservegebirgsjägerregiment 137 O. U., 7. September 1944
Az. 11 Nr. 264/44 geheim Ia

Regimentsbefehl

für den Küstenverteidigungsabschnitt Triest-Süd

1. Reservegebirgsjägerregiment 137 verteidigt die Halbinsel Muggia und die Südfront der Insel Triest bis S. Sergio (einschließlich).
   Schwerpunkt der Abwehr: Muggiarücken
   Sattel von Albaro Vescovà
   Sattel von S. Sergio.
   Es überwacht den Küstenabschnitt Mt. Sermino (einschließlich) bis Isola d'Istria (ausschließlich).
2. Anschlusstruppen:
   Rechts: Militärkommandantur 1001 mit Alarmeinheiten
   Abschnitt Triest Mitte
   linke Grenze Zaule (einschließlich)
   Links: südlich beziehungsweise ostwärts von II. Bataillon/Regiment 137 erkundet 3. Regiment Bandenburg Einsatzmöglichkeiten in der allgemeinen Linie Cernotti – Mt. Tajano.
   Südlich vom Regiment 137 ist das Grenadierregiment 1046 der 237. (bodenständigen) Infanteriedivision eingesetzt, mit dem Auftrage, aus Stützpunkten im Abschnitt Punta Salvore – Cittanova die Landung des Feindes zu verzögern, den Küstenabschnitt Isola – Pirano – Dragognamündung zu verteidigen und den Dragognaabschnitt gegen feindliches Vordringen über den Raum in Richtung Triest zu verteidigen.
3. Es werden eingesetzt (zugleich Abschnittsgrenzen)
   I. Bataillon/Regiment 137 im Abschnitt Kempten (Dora und Emil)
   II. Bataillon/Regiment 137 im Abschnitt Graz (Frieda und Gustav)
   Abschnittsgrenzen: für I. Bataillon/Regiment 137 rechts
   links
   für II. Bataillon/Regiment 137 rechts
   links
   Abschnittsreserve: Grenze zwischen I. und II. Bataillon/Regiment 137:
   zwischen Frieda und Gustav:
4. Kampfaufträge
   für I. Bataillon/Regiment 137: wie bisher, zusätzlich:
   überwacht den Küstenabschnitt M. Sermino – S. Michele – P. Villisan;

hält Verbindung mit Haka Capodistria.
2/137 Bataillonsreserve ist mit Teilen hinter dem linken Flügel vom Abschnitt Emil zur Sicherung des Raumes zwischen Emil und linker Abschnittsgrenze in Zusammenarbeit mit II. Bataillon/Regiment 137 einzusetzen.

für II. Bataillon/Regiment 137: bildet Abwehrschwerpunkte beiderseits des Sattels von Albaro Vescovà und S. Sergio;
verteidigt die Hauptkampflinie in der festgelegten Linie
baut Antignano zum Stützpunkt aus
verhindert feindlichen Durchbruch, insbesondere an den beiden Sätteln
sichert sich bis zum Eintreffen der linken Anschlusstrupps in seiner linken Flanke.

5. Der Artillerieführer Triest
Dem Kommandeur des Reservegebirgsartillerieregiments 112 untersteht:
I. und II. Abteilung/112 mit italienischem Verbindungskommando IX (29., 30., 31. Batterie)
Heeresküstenartillerieabteilung 1109 zum Erdbeschuss
Marineflakabteilung 821 und 730 und
Marineküstenartillerieabteilung 626 zur Bekämpfung von Erdzielen.
weitere zuzuführende Heeresküstenabteilungen.
Auf Zusammenarbeit werden eng angewiesen:

I. Bataillon/Reservegebirgsjägerregiment 137	mit I. Abteilung des Artillerieregiments 112
II. Bataillon/Reservegebirgsjägerregiment 137	mit II. Abteilung des Artillerieregiments 112 und Haubitzenzug 112.

Sperr- und Vernichtungsfeuer sind von II. Bataillon des Reservegebirgsjägerregiments 137 zu erkunden und alsbald mit dem Regiment mit Planpause 1: 25.000 zur Überprüfung und Weitergabe an Artillerieführer Triest einzureichen.

6. Befestigungsanlagen
   a) Der Schwerpunkt der Verteidigungsanlagen ist auf den Sattel Albaro Vescovà und S. Sergio zu legen.
   b) Der Sattel von S. Sergio ist beschleunigt stützpunktartig auszubauen.
   c) Schaffung eines Tiefenfeldes in der Hauptkampflinie.
   d) Ausbau des Bergnestes Antignano zum Stützpunkt mit befestigter Beobachtungsstelle.
7. Dem Abschnitt Triest-Süd – Frieda und Gustav – werden zum raschen Ausbau Pionierkräfte (Pioniere/Reservegebirgsjägerregiment 137 und 1 Kompanie/Pionierbataillon 83) zugeführt. Minenfelder sind zu erkunden und Vorschläge einzureichen.

8. Pioniere/Reservegebirgsjägerregiment 137 wird als Regimentsreserve in den Raum S. Andrea verlegt.
9. Regimentsarzt erkundet …
10. Regimentsgefechtsstand Häusergruppe ein Kilometer nördlich Albaro Vescovà (dazu Radfahrer und Nachrichtenzug).
11. Regimentsnachrichtenzug stellt Draht und Funk zum I. und II. Bataillon/Reservegebirgsjägerregiment 137 her, ferner Querverbindung zu I. und II. Abteilung/Artillerieregiment 112 in Zusammenarbeit mit diesen Abteilungen.
12. Meldungen …

Für die Richtigkeit
Oberleutnant und Regimentsadjutant.

Das Kampfgeschehen spielte sich aber auch in der Luft ab. Zwischen Juli 1944 und April 1945 wurden deutsche Schiffe vor und im Hafen sowie die altehrwürdige Adriastadt Porec mit alliierten Bordwaffen, Raketen und Bomben angegriffen und teils erheblich beschädigt. Am 10. September 1944 erfolgte um 10.45 Uhr ein alliierter Luftangriff mit einundsechzig Flugzeugen auf Triest. Mitten im Höhengelände bei Elleri sitzend, beobachtete der Unterabschnittskommandant von Triest-Süd den Angriff des Geschwaders, das sich von Südosten genähert hatte.

„Die einzelnen Flugzeuge scherten immer paarweise aus ihrer Formation aus und mit dem Feldstecher konnte ich ganz deutlich das Ausklinken der Bomben verfolgen und mir den ungefähren Einschlagsort ausrechnen. Die Bombenteppiche legten sich auf S. Andrea an der Zaulebucht. Die Mehrzahl ging aber ins Wasser und wühlte dieses mächtig auf.“[94]

Die Deutschen waren gewarnt. Nun schlossen sie einen baldigen Angriff der Alliierten nicht mehr aus. Doch vorläufig kam es wieder einmal ganz anders. Am 22. September fand beim Stab der 188. Reservegebirgsdivision die Einsatzbesprechung für das Unternehmen „Habicht“ (Gefechtsbericht siehe rechts) statt. Es wurde eine Kampfgruppe zusammengestellt mit dem Stab des Reservegebirgsjägerregiments 137 und dem Radfahrzeug, dem I. Bataillon des Reservegebirgsjägerregiments 138 unter Hauptmann Semmer, dem Reservejägerbataillon 499 unter Major Völkl, dem I. Bataillon des 3. Regiments der Division z. b. V. 800 Brandenburg unter Rittmeister Mertens sowie drei Halbbatterien vom Artillerieregiment 112 unter Hauptmann Sauerwein.

Das Unternehmen führte die Deutschen in die Gegend nördlich von Fiume nach Clana und ins Gebirge. „Es war“, so Schulze, „eine nette Abwechslung meiner Tätigkeit. Es kam aber nicht viel dabei heraus, weil die Polizei zu rasch vorging und ich infolge bergigen Geländes nicht rasch genug den Ring schließen konnte. Die Truppe

12

Kampfgruppe Schulze

O.U., den 26.9.1944.

52

14

G e f e c h t s b e r i c h t

der Kampfgruppe Schulze über den Bandeneinsatz "Habicht"

vom 23. bis 25.9.1944.

Führer der Kampfgruppe: Obstlt.Dr.Schulze, Kdeur/Res.Geb.Jg.Rgt.137

Truppen: Rgt.Stab/RGJR.137 u.Teile Radf.Zug.137
I./Res.Geb.Jg.Rgt.138, Hptm.Semmer
Res.Jg.Btl.499, Mjr. Völkl
I./3.Rgt.Brandenburg, Rittmstr.Mertens
3 Halbbattr. Res.Geb.Art.Rgt.112,
Abt.Fhr. Hptm. Sauerwein
2./Res.Geb.Pi.Btl.83, Oblt.Rainer

Wetter: 24. u. 25.9.44: starker Nebel,(teilw. nur 50 m Sicht) mit ständig wechselnden Regenschauern, Bora.

Gelände: stark durchschnitten, Karst, sehr dichtes Unterholz.

23.9.44: Zwischen 14.00 und 18.00 Uhr waren die Truppen in ihren Versammlungsräumen eingetroffen:
Stab/RGJR.137: in Mucici,
I./RGJR.138: bei Permani,
Res.Jg.Btl.499: in Rucici,
Abt.Sauerwein: in Sapiane,
I./Brandenburg: abmarschbereit in Sappiane,
2./Res.GPBtl.83 wurde den Btln. erst 23.50 Uhr im mot-Marsch aus Fiume zugeführt.

Anl.1 17.00 Uhr Befehlsausgabe in Mucici für den Nachtmarsch von Rucici nach Clana unter Bildung von 3 Marschgruppen:
Marschgruppe I: Führer: Rittm.Mertens mit I.Brandenburg hatte bis 5.30 Uhr im Bereitstellungsraum westlich Monte Boglin (als rechte Stoßgruppe) einzutreffen,
Marschgruppe II: Führer Mjr.Völkl mit Res.Jg.Btl.499, 2 Halbbattrn., 2/3 Pi.83 und Stab/137 hatte bis 3.15 Uhr im Bereitstellungsraume beiderseits 604 einzutreffen,
Marschgruppe III: Führer Hptm.Semmer mit I./RGJR.138, einer Halbbattr. und 1/3 Pi.83 hatte bis 3.00 Uhr im Bereitstellungsraum westl. Cima Verescine einzutreffen.

24.9.44: Abt.Sauerwein hatte Befehl bis 00.15 bei Pkt.537 (1 1/2 km südwestl. Clana) zur Einfädelung in die Marschgruppen bereitzustehen.
Marschgruppe III u. II trafen 02.00 Uhr Pkt.537 reibungslos ein.
Auf dem Vormarsch in den Bereitstellungsraum trat die Abt. Sauerwein erstmals am 23.9.44 21.05 Uhr dicht südostw. Lippa in Feindberührung, der aus NO in einer geschätzten Stärke von 50 Mann sich der Hauptstraße näherte. Das Feuergefecht von 21.05 bis 22.35 Uhr verlief ohne eigene Verluste. Feind verschwand nach NO. Bis 23.50 Uhr wurde die Abt.Sauerwein noch 3-mal durch Feind beschossen, das letzte Mal am Westeingang von Scalnizza. Durch eine geschlossene Feindgruppe. Keine eigenen Verluste.

Der Gefechtsbericht des Unternehmens „Habicht“ unter der Führung des Oberstleutnants Dr. Schulze – Teil 1.

Der Feind dürfte ca. 10 bis 15 Verwundete gehabt haben.

Infolge der dunkeln Nacht erreichte die Marschgruppe III erst um 03.oo Uhr Clana. Aufgeschlossen von Marschgruppe II.

Auf Grund der durch Mjr.Zednischek gegebenen Feindlage: "Höhen dicht ostw. Clana von stärkeren Teilen der Wladimir-Gortan-Brigade besetzt", konnte der vorgesehene Bereitstellungsraum Monte Boglin - Cima - Verescine in der Dunkelheit wohl nicht ohne Feindberührung erreicht werden. Kampf-Gruppenführer entschloß sich zum Angriff auf die feindbesetzten Högen bei Tagesanbruch mit Art.Unterstützung.
I./138 erhielt Auftrag südlich des Monte-Sucova vorzustoßen und in Höhe des Monte Sucova einzuschwenken in seinem Bereitstellungsraum.

Batl.499 wurde angesetzt südlich I./138 mit Auftrag den Feind auf den Höhen südostw. Clana anzugreifen und zu vernichten.

I.Brandenburg erhielt Auftrag hinter 499 vorzugehen und sich von Westen her in den Besitz des Monte Boglin zu setzen.

Als um 6.15 Uhr der Angriff begann, eröffnete der Feind stärkeres Inf. u. MG.-Feuer (6.25 Uhr). Nach einstündigem Feuergefecht, unterstützt durch s.Gr.W.-Feuer von Brandenburg und Abt.Sauerwein wich der Feind aus. Btl.Branden burg und 499 erreichten darauf bis 9.53 Uhr ihre Bereitstellungsräume, während I.138 durch die Umgehung und das sehr schwierige Gelände zurückhing.

Das Antreten von Btl.Brandenburg und 499 erfolgte um 10.15 h

I.138 befand sich im Aufstieg auf das stark zerklüftete und selbst für Häger fast ungangbare Gelände an den Westabhängen des Verescine. Im weiteren Verlauf des Tages wurde daher I/138 hinter 499 nachgezogen.

Bis 12.00 Uhr wurde die Linie Sorgente - del Recina - Pkt.690 - erreicht. Feindverluste: 1 Toter, 1 Überläufer.

Während des Vormarsches (11.2o Uhr) traf der Div.Befehl über rasches Vordringen der Kampfgruppen Schulze und
Anl.2 Kretschmar zur Entlastung der in schwerem Kampfe stehenden Gruppe Neuschitzer ein.

Befehl: Batl.Brandenburg setzt sich beschleunigt in den Besitz der Höhe 573 (May);
499 gewinnt beschleunigt Podcilavac.

Da zu dieser Zeit der Eindruck bestand, daß stärkere Feindkräfte bereits nach NO ausgewichen seien 499 auf dem Feldweg Draga, Pkt.414, Podcilavac zusammengezogen zum beschleunigten Vorrücken auf Podcilavac, das von 499 mit den vordersten Teilen 14.15 Uhr erreicht wurde (Feindverluste durch 499 1 Toter). Auf Grund des raschen Vormarsches von 499 und dem Nachhinken von I./138 war eine größere Lücke entstanden, durch die zersprengte Feindteile nach Osten entweichen konnten. Durch Aufgreifen eines Überläufers bekam I./138 die Mitteilung, daß 30 Banditen sich unmittelbar neben der Vormarschstraße versteckt hielten. Das durch das Aufstöbern der Feindgruppe hervorgerufene Feuergefecht von 80 min. brachte 6 Feindtote und 10 Gefangene. Beute: 1 engl.Funkapparat, 1 Fernsprechstörungssuchapparat, Funkunterlagen.

Der Gefechtsbericht des Unternehmens „Habicht" unter der Führung des Oberstleutnants Dr. Schulze – Teil 2.

Durch Einwohneraussagen aus Podcilavac konnte das Entweichen des Feindes in Stärke von 600 Mann herausgebracht werden. Jäg.Batl.499 durchkämmte das Gelände in breiter Front ergebnislos.

Auf Grund des um 17.5o Uhr eingetroffenen Div.Befehles hatte die Kampfgruppe Schulze als nächstes Ziel Kamenjak befohlen erhalten. Daraufhin wurde 499 über Podhum, km 125, Pkt.330 (km 122) auf Kamenjak angesetzt. 19.30 Uhr wurde km 122 erreicht. I.Brandenburg erreichte 19.oo Uhr Jelenje. I./138 ging in Podcilavac zur Ruhe über.

Um ein Ausweichen des Feindes bei Kamenjak nach O und NO zu verhindern, wurde von der bei Podcilavac in Stellung gegangenen Abt.Sauerwein Störungsfeuer auf km 121, km 118 abgegeben (ca 40 Schuß).

<u>25.9.44:</u> Der um 23.oo Uhr aufgegebene Div.Befehl für rücksichtslose Verfolgung erreichte die Rgts.Gruppe um 6.50 Uhr. Daraufhin wurde I./Brandenburg , dessen Fahrzeuge erst herangeführt werden mußten bis 10.oo Uhr nach km 125 zur weiteren Auftragserteilung befohlen, 499 erhielt Auftrag bis Pkt.639,(ostw. Kamenjak), die Verfolgung durchzuführen.

In der Annahme, daß Feindkräfte von Kamenjak aus nach N ausweichen und sich ferner versprengte Feindkräfte (600) im Höhengelände südl. des Kuk aufhalten wurde I./138 von Podcilavac aus mit einer Halbbattr. über Caplja Vrh , 745 , 977 , 840 , 812 auf Kamenjak angesetzt,um diese Kräfte zu stellen, zu vernichten oder 499 zuzutreiben. Auf dem Marsche wurde von I./138 im Talkessel 500 m ostw. des Kuk ein großes verlassenes Bandenlager aufgefunden, sowie ein gut getarnter Brunnen festgestellt (1 Feindtoter).

499 erreichte 11.oo Uhr Kamenjak und traf dort mit Teilen der Kampfgruppe Neuschitzer zusammen.

Um 10.5o Uhr erfolgte Befehlsausgabe für das bei km 125 eingetroffene I./Brandenburg,mit dem Auftrage, beschleunigt auf Mrzla Vodica vorzustoßen und mit Teilkräften die Straße von Grn.Jelenje,Levurdica abzuriegeln und über 1129, 970, Ml.Plis das Gelände zu durchkämmen; ferner erhielt 499 den Befehl mit Teilkräften über Zbelac die Linie 1085 - 1053 zur Abriegelung und zum Auffangen des vor I./138 ausweichenden Feindes zu gewinnen.

Über diese Maßnahmen wurde der um 10.20 Uhr bei km 125 eingetroffene Div.Kdeur. mündlich verständigt.

Die Verbindung zwischen 499 und I./138 erfolgte 16.oo Uhr auf dem Sattel westl. Zbelac. Feind wurde von I./138 nicht mehr angetroffen.

Wegen des Verdachtes einer Verminung der Vormarschstraße Kamenjak, Mrzla Vodica, sowie 5-facher Straßenunterbrechungen erfolgte das Vorgehen des I./Brandenburg äußerst langsam, sodaß diese Gruppe erst 16.15 Uhr Grn.Jelenje erreicht hatte. Feindzusammenstoß bei Gst. westl. Ml.Plis (1 Feindtoter, 5 flüchtende Part.)

Der um 16.40 Uhr eintreffende Div.Kdeur. gab dem bei Grn. Jelenje befindlichen KGr.Fhr. die Weisung, bei Antreffen starker Feindkräfte in Mrz.Vodica diese noch weiter zu verfolgen. Auf der Vormarschstraße wurden 2 engl. S-Minen entfernt.

Der Gefechtsbericht des Unternehmens „Habicht“ unter der Führung des Oberstleutnants Dr. Schulze – Teil 3.

Nach Eintreffen einer Meldung von I./Brandenburg über Feindfreiheit westl.Mrz.Vodica wurde daraufhin befehlsgemäß das Unternehmen "Habicht" abgebrochen.

I./Brandenburg wurde 17.30 Uhr in die Unterkunft Sappiane,
I./138 nach seiner Versammlung in Kamenjak-Ort nach Fiume,
499 nach Zurücknahme der am Zbelac belassenen Sicherungen
mit der Abt.Sauerwein nach Castav aus der KGr.Schulze
entlassen.

Rgt.Stab/137 u. Teile Radf.Zug 137 übernahm die Sicherung der abfließenden Teile bei km 125 bis zum 26.9.44 08.ooUhr.

Während der Nacht erfolgte schwache Feindaufklärung gegen km 125.

Festgestellte Geländeveränderungen:

a) Straßenunterbrechungen
b) Nicht auf der Karte eingetragene Straßen
c) Getarnte Wasserstelle
d) Zerstörte Kasernen
e) Festgestellte jugosl.Grenzbunker

Beute:

10 Feindtote
10 - 15 Feindverwundete
2 Überläufer
10 Gefangene
1 engl.Funkgerät mit Funkunterlagen
1 Fernsprechstörungssuchapparat (ital.)
1 Fallschirm
1 Gewehr (ital.)
mehrere Kisten Munition (ital.Inf.)
1 San.-Ausrüstung
Stabsbefehle der Gordan-Brigade u. der I.istr.Brigade.

Festgestellte Feindverbände, bei Clana: Wladimir-Gordan-Brigade;
bei Podcilavac: III.(Bau-?) Batl. der 43.Division;
Feindtote der I.istr.Brigade.

Gefangenenvernehmungen folgen.

Der Gefechtsbericht des Unternehmens „Habicht“ unter der Führung des Oberstleutnants Dr. Schulze – Teil 4.

selbst leistete Ausgezeichnetes, besonders am letzten Tage, als sie nochmals ins Gebirge hetzte und die sehr scharfe und kalte Bora auftrat. Das wesentlichste der Beute war ein englischer Funkapparat, den ich mit allen Funkunterlagen erbeutete zusammen mit dem Funker."[95]

Am 2. Oktober 1944 schrieb Schulze einige Bemerkungen über die Nationalsozialistischen Führungsoffiziere (NSFO), die in Schloss Miramare geschult wurden, in sein „Persönliches Kriegstagebuch"[96]:

„Ihre Aufgabe ist es, den Soldaten im Sinne des Führers zu erziehen, ihn zu einem fanatischen Kämpfer zu machen, der lieber sein Leben lässt als sich gefangen zu geben. Meines Erachtens ist das gar nicht notwendig. Wir sind alle zum Führer eingestellt und wie wir im letzten Kriege für unsern Kaiser und König, auf die wir vereidigt waren, unser Leben gelassen haben, so kämpfen wir jetzt eben für unsern Führer. Nur dass das Kind einen andern Namen hat. Allerdings sind die Methoden auch andere geworden und passen sich sehr an die sowjetischen Methoden an. Jeder wird nach seiner Weise selig. Endziel ist und bleibt: unser Sieg. Wie der erreicht wird, ist letzten Endes gleich. Denn verlieren wir, wandern wir alle nach Russland und werden dort liquidiert."[97]

Nein, nach Russland in die Lager des Grauens und Schreckens sollten die letztlich unterlegenen Deutschen der Operationszone „Adriatisches Küstenland" nicht kommen. Vielmehr wurden diejenigen, die in die jugoslawische Kriegsgefangenschaft gerieten, nach den „Sühne- und Todesmärschen" in Titos Gefängnisse gesperrt und dort Opfer der Partisanenjustiz. Aber greifen wir den Ereignissen nicht voraus. Am 5. Oktober 1944 musste das Reservegebirgsjägerregiment 137 eine neue Kampfgruppe für einen neuerlichen Bandeneinsatz aufstellen. Das Bataillon Schwarz wurde hierzu dieses Mal dem Reservegebirgsjägerregiment 136, das eine Aktion durch den Tarnovanerwald durchzuführen hatte, unterstellt.

„In den letzten Tagen", erfahren wir von Schulze, „wurden viele feindliche Propagandaschriften eingebracht, die teilweise in entfernten Ortschaften angeschlagen worden waren, teilweise aber auch aus Flugzeugen abgeworfen wurden. Sie alle sprechen von einer bevorstehenden baldigen Landung der Engländer und der baldigen Vernichtung des Deutschen Reiches, aus ihnen spricht geradezu der fanatische Hass der Serben und Slovenen gegen uns. Auch sie bilden ein interessantes Zeitdokument und bringen klar die Verletzung durch die jüdisch-sowjetischen Machthaber zur Darstellung. Viel wird versprochen: Freiheit, Brot, Arbeit und darauf werden auch diese Völker [...] hereinfallen. Aber auch wir bleiben nicht müßig und betreiben die entsprechende Gegenpropaganda: Bei allen meinen Spähtrupps und kleineren Unternehmungen müssen Flugblätter [...] auf dem Lande ausgestreut werden. Sie verfehlen auch nicht ihre Wirkung und manch einer ist schon mit einem derartigen Zettel in der Hand zu uns gekommen und hat sich freiwillig zurückgemeldet. Ob aus innerer Überzeugung oder aus Not getrieben, mag doch dahingestellt bleiben. Auf jeden Fall wird es wohl so kommen, dass wir all diesen Verbänden nach gut deutscher Art vertrauen und ihnen zu Futtern geben. Dann kommt eines Tages der Moment, wo sie abhauen zum Gegner und uns auslachen!"[98] Wenn die Wirkung der psychologischen Kriegsführung auch vielfach im Ungefähren lag, so verfehlte sie dennoch ihre Wirkung nicht. Nicht umsonst hieß es in einer Verfügung an die Wehrmacht: „Wer als deutscher Soldat seine Seele und seinen Geist dieser feindlichen Propagandawaffe aussetzt, begeht seelische Selbstverstümmelung. Sie ist nicht minder verächtlich als die feige körperliche Selbstverstümmelung."[99]

Drakonische Maßnahmen, für die der Befehlshaber der Operationszone „Adriatisches Küstenland" wiederholt eintrat, sollten wankelmütige Landser abschrecken, ins Lager der Alliierten zu wechseln, nachdem die Amerikaner in Millionenauflage Passierscheine gedruckt hatten, die General Eisenhowers Unterschrift trugen:

„Der deutsche Soldat", hieß es dort, „der diesen Passierschein vorzeigt, nutzt ihn als Zeichen seines ehrlichen Willens, sich zu ergeben. Er ist zu entwaffnen. Er muss gut behandelt werden. Er hat Anspruch auf Verpflegung und, wenn nötig, ärztliche Behandlung. Er wird sobald wie möglich aus der Gefahrenzone entfernt."

Aber weder diese Passierscheine noch Berichte über eine geradezu idyllische Lage der deutschen Soldaten in den US-amerikanischen Kriegsgefangenenlagern fanden eine nennenswerte Resonanz. Ganz zu schweigen von den scheinbar verlockenden Angeboten der kommunistischen Kriegsgegner, deren Flugschriften von der Fronttruppe alles andere als ernst genommen wurden. Aufgrund des grausamen Partisanenkrieges wusste man nämlich allzu genau, was einen in Titos Todeslagern erwartete.[100]

Anfang Oktober 1944 spitzte sich die politische und militärische Lage auf dem Balkan dermaßen zu, dass die 188. Reservegebirgsdivision erneut umgruppiert werden musste. Danach waren die vorhandenen Kräfte wie folgt eingesetzt: der Divisionsgefechtsstand in Sesana nördlich von Triest, das Reservegebirgsjägerregiment 136 mit seinem I. Bataillon im Küstenverteidigungsunterabschnitt Triest-Nord und seinem II. Bataillon als Korpsreserve in Görz, das Reservegebirgsjägerregiment 137 im Küstenverteidigungsunterabschnitt Triest-Süd, das Reservegebirgsjägerregiment 138 im Küstenverteidigungsunterabschnitt Fiume, das Reservegebirgsjägerregiment 139 mit seinem Regimentsstab, dem II. Bataillon und Teilen des I. Bataillons im Raum Postumia, sowie mit Teilen des I. Bataillons in Sesana zur Sicherung des Divisionsgefechtsstandes, das Reservegebirgsjägerbataillon „Heine" weiterhin zum Schutz der Quecksilberbergwerke in und um Idria, das Reservejägerbataillon 499 im Raum Mattuglie bei Fiume. Noch im November 1944 hatte die 188. Reservegebirgsdivision infolge des Abrückens der 71. Infanteriedivision wieder den Küstenverteidigungsunterabschnitt Triest-Nord bis einschließlich der Mündung des Isonzo in die Adria zu übernehmen.

Diesen Abschnitt übertrug die Division dem Reservegebirgsjägerregiment 136. Bis das Sicherungsbataillon 509 aus dem Bahnschutz herausgelöst war, stellte das Reservegebirgsjägerregiment 137 die 2. Kompanie zu einem kombinierten Bataillon, das Oberst Behrendt zu übernehmen hatte, ab. Als Befehlsübermittler fungierten Teile des Radfahrzuges. Ende November wurde vom Oberbefehlshaber Südwest eine Bandenbekämpfungswoche angesetzt. Hierzu wurde folgender Befehl erlassen: „Das Reservegebirgsjägerregiment 137 säubert in freier Jagd den Abschnittsbereich zwischen dem 29. November und 6. Dezember 1944."

Über die Art der Durchführung äußerte sich Schulze wie folgt: „Die Einheiten entsenden zusammengesetzte Bandenbekämpfungstrupps unter Führung bandenerfahrener Offiziere, Feldwebel und Oberjäger in verschiedener Zusammensetzung. Die Banden sind zu jagen und es ist ihnen keine Ruhe zu lassen. Es sind die unmöglichsten Wege zu wählen, Hacken zu schlagen und Ortschaften und vermutete Verstecke aus der 5. Dimension anzugehen. Ein richtiger Karl-May-Krieg ist nach dem Motto: ‚Nur kein Schema!' zu führen."[101]

Das Ergebnis war, gemessen an den Vorbereitungen, mager. Den Banden war es wieder einmal gelungen, rechtzeitig Reißaus zu nehmen. Es waren allesamt keine verheißungsvollen Unternehmungen, die die Deutschen gegen die Partisanen zu führen hatten. Aber auch in anderer Hinsicht häuften sich die Schwierigkeiten. So machte anlässlich einer Besprechung beim Einsatzstab Pöll der Höhere SS- und Polizeiführer Globocnik am 29. November 1944 scharfe Ausführungen gegen die Deutsche Wehrmacht. In Bezug auf den Stellungsbau führte er aus, dass hierfür die Wehrmacht nicht zuständig sei und der Ausbau sie daher nichts anginge. Er, Globocnik, würde die Anzahl der zu bauenden Stellungen bestimmen und verbiete, dass keine einzige Stellung mehr wie vorgesehen gebaut werden dürfe. Er wolle dafür sorgen, dass der NSDAP vom Führerhauptquartier kein Vorwurf gemacht werden könne, wenn die Stellungen nicht fertig geworden seien!

„Dabei ist es aber so", notierte Schulze später voller Bitterkeit, „dass die Erkundungsergebnisse innerhalb fünf Tagen fertig waren und der Zentralen Planungsstelle vorgelegt werden konnten. Anfang Februar 1945 war in allen meinen Abschnitten noch keine einzige Stellung zu bauen begonnen worden. Und Warum? Weil während des ganzen Dezember und Januar nur gezeichnet, berechnet und Papierarbeit gemacht wurde, statt mit der Arbeit zu beginnen. Dann ließ man zu, dass die Arbeiter über Weihnachten und Neujahr gleich vierzehn Tage beurlaubt wurden und erst nach weiteren sechs oder acht Tagen, je nach Belieben der Arbeiter selbst, von ihrem Urlaub oder überhaupt nicht zurückkehrten."[102]

8. Die Operationszone „Adriatisches Küstenland“

In der Operationszone „Adriatisches Küstenland“ kamen vor allem Hitlers unbeugsame und skrupellose Generäle zum Einsatz. Neben dem betagten Generalleutnant Hans von Hößlin zählte auch der General der Gebirgstruppe Ludwig Kübler zu jener abgehalfterten Generalsgarde, die bereits auf dem Abstellgleis stand. Dabei hatte für den eiskalten Kübler, den in seinen besten Tagen hohe Führungseigenschaften, eine harte Entschlossenheit und eine furchtlose Unerschrockenheit zugeschrieben worden waren, alles sehr glanzvoll begonnen.

In Anerkennung seiner Leistungen beim Aufbau der deutschen Gebirgstruppe während der Friedenszeit und aufgrund der militärischen Erfolge seiner „Blumenteufel“ während der sogenannten „Sturmfahrt auf Lemberg“ im Polenfeldzug war er als einer der ersten Divisionskommandeure des Heeres mit dem Ritterkreuz des Eisernen Kreuzes ausgezeichnet worden. Nach dem Siegeslauf durch Frankreich erhielt er im Oktober 1940 den ehrenvollen Auftrag, das XXXXIX. Gebirgsarmeekorps aufzustellen und im Kriegsjahr 1941 zu führen. Auch als Kommandierender General war Kübler siegreich – zunächst während des kurzen Feldzuges gegen Jugoslawien und anschließend im Russlandfeldzug. Der zweiten Eroberung von Lemberg folgten der Stoß durch die Stalinlinie, die Schlacht um Winniza und die Kesselschlacht von Uman-Podwyssokoje, als sein Gebirgskorps rund 60.000 Gefangene, darunter die Oberbefehlshaber der aufgeriebenen 6. und 12. sowjetischen Armee, einbrachte. Es schlossen sich die Eroberung des kohlereichen Donezbeckens, der Nogaischen Steppe und der Vorstoß zum Mius und an die Ssamara an.

Küblers XXXXIX. Gebirgsarmeekorps, zu dem unter anderem die 1. und 4. Gebirgsdivision zählten, war dermaßen erfolgreich, dass Hitler ihn nach dem Rückschlag vor Moskau im bitterkalten Winter 1941/42 überraschend zum Oberbefehlshaber der 4. Armee, die ihr operatives Ziel verfehlt hatte, ernannte. Das war jedoch eine Aufgabe, der er von Anfang an nicht gewachsen war. Das abrupte Ende seines Aufstiegs bescherte ihm allerdings weniger sein mangelnder Erfolg auf dem Schlachtfeld, als vielmehr die Tatsache, dass seine Frau Küblers pessimistische Sicht über die Gesamtlage an der Ostfront und seine defätistischen Äußerungen im Münchner Stellvertretenden Generalkommando des VII. Armeekorps dem General von Waldenfels mitteilte. Da sich dieser aus dienstlichen Gründen gezwungen sah, den Vorfall nach oben zu melden, wurde Kübler nach nur sechs Wochen als Armeeoberbefehlshaber wieder abgelöst.[103]

Erst eineinhalb Jahre später wurde er wieder mit einem Kommando betraut. Mitte 1943 wurde der verbitterte Kübler zunächst als Befehlshaber im rückwärtigen Heeresgebiet der Ostfront im Abschnitt der Heeresgruppe Mitte eingesetzt, wo er durch drakonische Maßnahmen und Befehle auffiel, die sogar sein Oberbefehlshaber nicht decken konnte und daher verwarf. Bald darauf, im Herbst 1943, wurde er zum Befehlshaber „Adriatisches Küstenland“ mit den Provinzen Udine, Görz, Triest, Fiume, Istrien und Laibach ernannt, nachdem er vorübergehend für eine Verwendung an der Alpenfront vorgesehen gewesen war.[104]

Hierfür standen ihm anfangs neben der 188. Reservegebirgsdivision auch die nur unzulänglich bewaffnete und mit wenig Artillerie ausgestattete 257. Infanteriedivision unter Generalleutnant Freiherr von Mauchenheim, genannt von Bechtoldsheim, und die deutsch-kroatische 392. Infanteriedivision unter Generalleutnant Mickl, zeitweise aber auch die im Frühjahr 1944 aus dem Stab und den Resten der in Russland bei der 1. Panzerarmee zerschlagenen 332. und 333. Infanteriedivision neu aufgestellten 278. Infanteriedivision unter Generalleutnant Hoppe, die aus rund 8.000 turkmenischen Freiwilligen und Kriegsgefangenen gebildete 162. (turkmenische) Infanteriedivision unter Generalmajor Ritter von Niedermayer und später die 24. Waffengebirgsdivision der SS „Karstjäger“ und die 237. Infanteriedivision unter Generalleutnant von Graevenitz sowie das italienische Regiment Alpini „Tagliamento“ zur Verfügung.

Die Italiener wurden in der Operationszone „Adriatisches Küstenland“ von Oktober 1943 bis Anfang Mai 1945 als Teil des LXXXXVII. Armeekorps zur Entlastung der Sicherungsaufgaben der Deutschen eingesetzt. Sie operierten vorwiegend im Karst in den Räumen Isonzo – Görz – San Daniele del Carso und in Montespino. Das „Reggimento Alpini Tagliamento“ setzte sich im Flachland aus Bersaglierisoldaten und in den gebirgigen Kampfabschnitten aus den Alpinisoldaten zusammen. Sie hatten Stützpunkte zu errichten, zwischen denen sie das Gelände mit Spähtrupps durchstreiften.

„Ich versprach mir wenig Erfolg seitens dieser heldenhaften Truppe, die sich wohl gut zu verbarrikadieren verstand, bei der Nacht überhaupt nicht aus ihren Stützpunkten herauszubringen war, aus Furcht, sie könnte überfallen und massakriert werden, und nur hohe Verpflegungsansprüche zu stellen gewohnt war. Ich erreichte“, so der Kommandeur des Gebirgsjägerregiments 902, „dass sich die Bataillonsführer und Kompaniechefs alle zwei Tage in irgendeiner Form bei mir zu melden hatten zur Entgegennahme von Aufträgen.“[105]

Durch die immer stärker werdende Kampfkraft der Tito-Partisanen wurden die italienischen Stützpunkte 1944 eingeschlossen und mussten daher wiederholt im zähen Kleinkrieg von den deutschen Soldaten freigekämpft werden – unter anderem durch das Gebirgsjägerersatzregiment 136 und sein I. Bataillon bei Karfreit und sein II. Bataillon bei Görz. Bei anderen Gefechten um Loque und Tarnova wurden auch Panzerjäger des Regiments „Alpini Tagliamento“ eingesetzt.

Die 162. (turkmenische) Division war nicht nur wie eine Infanteriedivision gegliedert, sondern auch ebenso bewaffnet. Niedermayer, der ihre Aufstellung angeregt hatte, war lange Jahre in Turkestan gewesen und hielt sehr viel von seinen Männern. Dass er mit dieser Meinung in der Minderheit war, zeigt unter anderem die abschätzige Meinung des Generals der Kavallerie Siegfried Westphal. Denn dieser hatte „keinen günstigen Eindruck von diesen finster blickenden Männern, die sicher schon wussten, dass es um unsere Sache nicht mehr gut stand." Dagegen schätze er das 6.000 Mann starke deutsche Stammpersonal als vorzüglich ein. Als die Division schließlich unter dem enormen feindlichen Druck versagte, ließ Kesselrings Generalstabschef verlauten: „Sicher wäre es effektiver gewesen, diesen deutschen Stamm allein zu einer kampfkräftigen Brigade zusammenzufassen."[106]

Mit von der Partie war in der Operationszone „Adriatisches Küstenland" auch das 3. Regiment der Division „Brandenburg", das ab März 1944 im Abschnitt Triest – Fiume erfolgreich kämpfte. Die 1. Küstenjägerkompanie „Brandenburg" unter Oberstleutnant Langbein lag im Frühjahr 1944 in der adriatischen Küstenstadt Bar, im südlichsten Zipfel Jugoslawiens in ständiger Bereitschaft. Von der Halbinsel Istrien im Norden bis zur griechischen Insel Zakynthos im Süden reichte ihr Einsatzgebiet.[107] Unter der Tarnbezeichnung „Baulehrstab z. b. V. 800" war sie in diesen Einsatzraum verlegt worden. Ihre Angehörigen trugen zur Tarnung Uniformen der Organisation Todt.

Küblers Befehlsgewalt war etwas kompliziert: In der strittigen Frage, ob Gauleiter Rainer oder der Höchste SS- und Polizeiführer für die Bandenbekämpfung zuständig sei, wurde entschieden, dass in Istrien und in einem dreißig Kilometer breiten Küstenstreifen, in dem die Bandenbekämpfung nicht von der Küstenverteidigung zu trennen war, dies Aufgabe des Generals sei. Der Höchste SS- und Polizeiführer, dem keine Kräfte für Istrien zur Verfügung standen, erklärte sich mit dieser Lösung nicht einverstanden. Für den Fall einer Landung sollten die Zivilorgane bis zur vordersten Linie in Tätigkeit bleiben, dann aber die militärischen Stellen ein Weisungsrecht an die örtlichen Stellen erhalten, falls es nicht mehr möglich wäre, ihnen über den Reichskommissar Befehle zukommen zu lassen.[108]

In der Praxis hatten jedoch die Befehlsverhältnisse in der Operationszone „Adriatisches Küstenland" für den Befehlshaber zu einer eigenartigen Lage geführt. Von der alten vorgesetzten Stelle, der Heeresgruppe Südwest, war ihm aufgetragen worden, am Isonzo beiderseits von Görz eine Abwehrstellung mit Front nach Westen zu erkunden und zu besetzen. Das Oberkommando der Kriegsmarine aber verlangte von ihm den Schutz seiner Kriegshäfen, vor allem von Pola an der Südspitze Istriens. Der Oberbefehlshaber Südost hatte außerdem um Aufnahme der geschlagenen 392. Legionsdivision und um die Sperrung der Landpforte von Fiume gegen den nachdrängenden Gegner in Richtung Laibacher Senke und Triest ersucht.[109]

Schließlich oblag Kübler sowohl der Küstenschutz an der langen Nordküste der Adria, am Golf von Triest, in Istrien und Fiume als auch die Sicherung im Landesinnern. Die Kräfte seiner Operationszone lagen hauptsächlich in Görz (Generalkommando), in Triest, Postumia und Fiume. Im Bereich des LXXXXVII. Armeekorps waren nicht nur die Küsten befestigt und artilleristisch stark bewaffnet, es bestand auch eine Abwehrlinie entlang des Tschitschenbodens zwischen Triest und Fiume. Am Isonzo selbst war eine Stellung, Front nach Osten, im Bau. Die „Reichsschutzstellung", aus einer Kette feldmäßig ausgebauter Stützpunkte bestehend, war fertig, die Fortsetzung durch die Krain ziemlich fortgeschritten. An der Enge westlich Agram gab es eine ausgedehnte Sperrstellung.[110]

Um klarzustellen, dass General Kübler in der Operationszone „Adriatisches Küstenland" als Truppenführer das Sagen hatte, wurde sein Stab zwischen dem 10. und 28. September 1944 in das Generalkommando LXXXVII. Armeekorps umgegliedert, durch den Artilleriekommandeur 497 und die Korpsnachrichtenabteilung 497 verstärkt und von Oktober 1944 bis März 1945 der Heeresgruppe C (Oberbefehlshaber Südwest) sowie im April und Mai 1945 der Heeresgruppe E (Oberbefehlshaber Südost) unterstellt.

Werfen wir dabei einen Blick auf die Stellenbesetzung:

Kommandierender General	General der Gebirgstruppe Ludwig Kübler
Stabschef	Oberst im Generalstab Bennecke, Oberst Bussmann
Ia	Oberstleutnant Wittstein, Major Dittmann
Ic	Hauptmann Dr. Langen
IIa	Oberstleutnant Karbe
01 beim Ia	Hauptmann Dr. Lange
02 ist der Ic	
03 beim Ic	Oberleutnant Hass
04 beim Kommandierenden General	Hauptmann Gilka-Bötzow
05 beim Ia	Leutnant Gödecke
Artillerie	Oberst Gropper, Hilfsoffizier Leutnant Dr. Siller
Pioniere	Oberst Schlosser, Hilfsoffizier Leutnant Diefenbacher
Panzerabwehr	Major Wintmoelle
Gasabwehroffizier	Oberstleutnant Ebert
italienische Einheit	Hauptmann Löberbauer
Marineverbindungsoffizier	Korvettenkapitän Klusemann
Mess	Leutnant Sälzer
Verwaltung	Sekretär Polch
Kommandeur/Nachschubabteilung 497	Oberstleutnant Blum

Quartiermeister	Oberstleutnant von Dresky
Feldgendarm Truppe	Oberleutnant Dotzauer
Fliegerverbindungsoffizier	Leutnant Stumpe
Ia Geschäftszimmer	Wachtmeister Anke, Gefreiter Sala
Ic Dolmetscher	Oberleutnant Gasser (italienisch), Leutnant Sacher
Leiter des Nachrichtendienstes	Leutnant Dach
Nationalsozialistischer Führungsoffizier	Oberleutnant Horn

Erschwert wurde die deutsche Kampfführung in der Operationszone „Adriatisches Küstenland" nicht nur durch die gegnerischen Attacken, sondern nach wie vor auch in einem erheblichen Maße durch das Durcheinander aus gegensätzlichen Befehlssträngen und Anordnungen. Im territorialen Bereich der Operationszonen unterstanden dem Höchsten SS- und Polizeiführer der Höhere SS- und Polizeiführer im Wehrkreis XVIII für die Provinz Laibach, Roesener – die übrigen fünf Provinzen des „Adriatischen Küstenlandes" waren dem Höheren SS- und Polizeiführer in Triest, Globocnik, unterstellt. Beide erhielten jedoch auch Weisungen direkt vom Befehlshaber der Sicherheitspolizei und des Sicherheitsdienstes in Italien mit Sitz in Verona, Harster.[111]

Wie das im militärischen Alltag aussah, veranschaulicht das Kompetenzgerangel bei der 188. Reservegebirgsdivision. Ausbildungsmäßig unterstand sie dem Stellvertretenden Generalkommando XVIII. Armeekorps in Salzburg. Sie hatte gut ausgebildete Rekruten zu liefern und musste in erster Linie die dort herausgegebenen Befehle ausführen. Andererseits unterstand die Division dem Befehlshaber der Operationszone „Adriatisches Küstenland" hinsichtlich der Verteidigung und dem Ausbau der Küste. Im Falle einer alliierten Landung würde sie General Kübler restlos unterstellt. Drittens sollte der Befehlshaber im Auftrag des Obersten Kommissars, dem Gauleiter Rainer, mit Wehrmachtstruppen das rückwärtige Gebiet bandenfrei halten. Viertens sollten die in rückwärtigen Teilen des Landes liegenden Wehrmachtsteile in Ruhe ihre Ausbildung betreiben und durch die Partisanen keine Ausfälle erleiden, weshalb sie eine Art Selbstschutz betrieben und durchführten. Hierzu war die Division an die Befehle von General Kübler gebunden. Je nach Belieben konnte sich ihr Kommandeur von Hößlin nach der einen oder nach der anderen Seite drehen und wenden. Das wiederum bedeutete, dass die Regimentskommandeure je nachdem eine Anerkennung oder eine Abmahnung bekamen.[112]

Was sich bisher im Einzelnen in der Operationszone „Adriatisches Küstenland" ereignet hatte und welche Überlegungen hinsichtlich der Verteidigung von Istrien und Triest angestellt worden waren, geht aus dem „Kriegstagebuch des Oberkommandos der Wehrmacht" hervor. Darin heißt es:[113]

„Im Zusammenhang mit den Überlegungen, wo der Gegner landen könne, war auch immer die Adria einbezogen worden und in ihr wieder vornehmlich Istrien, da der Gegner von hier aus nicht nur operativ weitreichende Möglichkeiten gewann, sondern in der bandenverseuchten Halbinsel von vornherein auf Unterstützung rechnen konnte.

Am 19. Mai war befohlen worden, die aus Istrien weggezogene 278. Infanteriedivision durch das Alarmregiment sowie weitere Teile der Division ‚Brandenburg' zu ersetzen.

Am 10. Juni wurde dem Gauleiter Rainer auf seine Vorschläge zur Verstärkung von Istrien mitgeteilt, dass die 71. Infanteriedivision (Division Raapke) in der Front nicht entbehrt und (abgesehen von der Zuführung von Teilen der Division ‚Brandenburg' und eines SS-Fallschirmjägerbataillons) an eine Verstärkung Istriens erst gedacht werden könne, wenn die Front in Italien wieder zum Stehen gebracht worden sei.

Über die Verteidigung Istriens legte der Wehrmachtführungsstab am 21. Juni eine Studie vor, die davon ausging, dass eine erfolgreiche Feindoperation zur Save und Donau hin den Südostraum der Festung Europa aufreißen, also unabsehbare Folgen haben würde. Außerdem würde sie auch hinter die Voralpenstellung fassen. Nach den vorliegenden Nachrichten bestehe beim Feind ein stärkeres Interesse für Istrien und Kräfte für eine Operation seien vorhanden. Landungsschiffe seien jedoch noch nicht erkannt. Die West- und Südküste eigne sich für Landungen, die Ostküste weniger, drei gute Häfen könnten den Gegner anlocken. Der Stand des Ausbaus war auch in den Hafenbereichen noch unbefriedigend. Die Küstenartillerie reichte nicht aus. Für die Verteidigung standen zurzeit nur Teile der sehr bedingt geeigneten 188. Reservedivision sowie drei Bataillone von Sicherungskräften und Teile der Division ‚Brandenburg' zur Verfügung. Daher müsse sich die Verteidigung auf die Schlüsselstellungen beschränken, nämlich Pola und die Karststellung (einschließlich Triest) nach Abbazia, die ausgebaut werden müsse. Als erforderlich für eine Verteidigung der ganzen Küste wurden fünf Divisionen angesehen, für die Karststellung drei. Da mit Zunahme der Banden zu rechnen sei, würden im Falle einer Landung auch stärkere Polizeikräfte erforderlich sein. Die Frage der Verstärkung der Artillerie werde geprüft. Vorgeschlagen wurde, die zwei Bataillone ‚Brandenburg' nach Pola zu verlegen. In Betracht komme die Verlegung der bei Agram eingesetzten 98. Infanteriedivision, einer Südwestdivision oder eines Verbandes aus Ungarn. Dazu wurden Vorschläge für die Befehlsgliederung gemacht.

(Am 10. Juli übersandte der Befehlshaber Adriatisches Küstenland seine Stellungnahme zu dieser Studie.)

Am 23. Juni wies der Chef des Wehrmachtführungsstabes in seinem Vortrag beim Führer daraufhin, dass nach dem Abzug der 278. Infanteriedivision aus Istrien die Besetzung der Halbinsel äußerst dünn geworden sei. Eine unmittelbare Bedrohung liege noch nicht vor. Sie würde aber eintreten, sowie Ancona in Feindeshand falle. Die Überführung einer der aufzufrischenden Krimdivisionen komme in Frage.

Am 6. Juli trug der Chef des Wehrmachtführungsstabes erneut die Kräftegruppierung in Istrien vor und wies dabei darauf hin, dass sie zu einer Verteidigung der Halbinsel in keiner Weise genüge und der Verlust Anconas eine besondere Gefährdung bedeute. Nach dem Urteil des Oberbefehlshabers Südwest seien etwa fünf Divisionen zu einer erfolgreichen Verteidigung erforderlich. Der Chef des Wehrmachtführungsstabes wies auf die dringende Notwendigkeit einer demnächstigen Verstärkung hin und verwies dafür auf die in Aufstellung befindliche 98. (Krim-)Division, ferner entweder auf die gleichfalls in Auffrischung befindliche 71. Infanteriedivision oder eine bodenständige Infanteriedivision.

Am 8. Juli verlangte der Chef des Wehrmachtführungsstabes einen zusammenfassenden Befehl über die Verteidigung von Istrien, in dem die vom Oberbefehlshaber Südwest bei seinem Vortrag im Führerhauptquartier am 3. Juli gemachten Vorschläge und die Absichten des Wehrmachtführungsstabs zusammengefasst waren. Die Fertigstellung zog sich noch zwei Wochen hin.

Am 24. Juli (abgegangen am 26. Juli, 14.20 Uhr) erging dann an den Oberbefehlshaber Südwest und den Oberbefehlshaber Südost eine Weisung für die Kampfführung im Adriatischen Raum. Als Möglichkeit wurde (aufgrund der Aufstellung der feindlichen Reserven und der Luftwaffe und im Hinblick auf den Abzug von Divisionen aus Nordafrika nach Italien) vorausgesetzt, dass der Feind auf eine Landung in Südfrankreich verzichten und eine Entscheidung mit großer operativer Auswertung in Italien anstreben könne. Nach der Besetzung der Häfen Livorno und Ancona müsse mit Landungen im Rücken der Apenninstellung zum Einbruch in die Poebene gerechnet werden. Das starke Aufleben der Banden in Nordgriechenland, Albanien und Montenegro könne der Fesselung deutscher Kräfte und der Vorbereitung einer Landung polnischer und sonstiger slawischer Verbände dienen. Damit gewinne Istrien als Eckpfeiler der Verteidigung des Kampfes im Südwesten und im Südosten und als Einfallspforte in den Donauraum an Bedeutung. Sein Verlust werde nicht nur die Verteidigung des Apennins, sondern auch die der Alpenränder unmöglich machen und schnell die wichtigsten Verbindungen in den Südostraum durchschneiden. Dementsprechend müsse sich der Oberbefehlshaber Südost in erster Linie auf eine Landung in Südalbanien und Norwestgriechenland einstellen. Die derzeitige Gruppierung seiner Kräfte entspreche dieser Aufgabe. Der Oberbefehlshaber Südwest müsse spätestens nach Erreichen des Apennins mit einer Landung im Golf von Genua oder an der Venezianischen Küste und in Istrien rechnen, wobei möglich sei, dass der Feind durch das Likagebiet unmittelbar auf Agram durchstoßen wolle. Zur Verteidigung dieser zurzeit gefährdeten Küste habe der Führer befohlen: schwerpunktmäßige Verstärkung des Ausbaues der Küstenverteidigung, Verstärkung

Die stärkste Partisanengruppe waren die kommunistisch geprägten Tito-Partisanen. Tito (rechts im Bild) war geradezu legendär und wurde von Russland und England gleichermaßen unterstützt. Hier in einer Besprechung mit seinen Getreuen.

Baron von Le Fort befragt aus seinem VW-Schwimmkübel Einheimische nach dem ständig wechselnden Aufenthaltsort vom Partisanenführer Tito.

Gebirgsjäger im Partisanenkampf in Oberitalien im Sommer 1944.

Motorisierte leichte Flak sichert gegen die Partisanenbanden Titos im Mai 1944.

der Küstenartillerie mit Schwerpunkt im Adriatischen Küstenland unter Einsatz der wieder einsatzbereiten Küstenartillerieabteilungen von der Krim, möglichst aktive Bekämpfung der Banden, und zwar in Südalbanien und Nordgriechenland durch den Oberbefehlshaber Südost, in Istrien durch die aus dem Raum von Agram heranzuführende 98. Infanteriedivision (an Stelle der nach Udine zu verlegenden 94. Infanteriedivision und unter Verlegung der dadurch frei werdenden Teile der 188. Reservedivision nach Süden).

Ferner solle nach Istrien bis 15. August eine bodenständige Division zugeführt und die Kampfkraft der 188. Reservedivision auf gleicher Höhe gehalten werden. Die Kampfführung auf der Naht sei in unmittelbarem Einvernehmen zu regeln. Außerdem wurden die Aufgaben der Kriegsmarine und der Luftwaffe, die Versorgungsführung und die territoriale Befehlsführung geregelt.

Am 5. August bezeichnete der Oberbefehlshaber Südwest sieben Divisionen für erforderlich, um die Küste zu verteidigen, und zwar vier allein für Istrien. Zur Verfügung stünden jedoch nur drei, wobei die 94. Division, die gerade nach Udine verlegt wurde und erst wieder aufgefüllt werden musste, und die 237. (bodenständige) Infanteriedivision, die bis zum 20. Juni zu einem Drittel eingetroffen war, mitgerechnet waren. Mit diesen Kräften könne die Halbinsel nur auf der Sehne Triest – Fiume verteidigt werden. Der Oberbefehlshaber schlug den Ausbau dieser Stellung sowie des Hafens Pola als vorgeschobene Stellung vor. Dafür sprach nach seiner Ansicht die Tatsache, dass eine Versorgung über Land wegen der Banden zurzeit nicht möglich war und die Versorgung über See von der feindlichen Luftwaffe abhängig blieb.

Dieser Vorschlag wurde am 6. August genehmigt.

Von der aus Mislowitz herankommenden 231. (bodenständigen) Infanteriedivision war bis 13. August in Istrien ein Regiment eingetroffen. Am 14. August wurde die Zuführung der Schattendivision ‚Schlesien' zur Auffrischung der 94. Infanteriedivision befohlen.

Ein weiterer Schutz für das Adriatische Küstenland bestand darin, dass die 98. Infanteriedivision jetzt im Raum von Rimini lag. Bis zur Landung im westlichen Mittelmeer ergaben sich keine Anzeichen, dass der Feind auch in der Adria ein größeres Unternehmen vorbereitete. [...]

Am 28. August trug der Chef des Wehrmachtführungsstab dem Führer vor, dass nach den in letzter Zeit sich häufenden Nachrichten vermehrt mit einer Landung im Raum von Venedig und Triest gerechnet werden müsse. Diese Operation würde dem Feinde wesentlich größere Vorteile bringen als eine Landung bei Genua, da sie sofort hinter den Apennin fasse und die Verbindung von Italien nach dem Balkan unterbinde. Der Oberbefehlshaber Südwest sei angewiesen, möglichst viele Kräfte aus der Front herauszuziehen und hinter dem linken Flügel zu versammeln. Sollten sich die Anzeichen verdichten, werde ein Ausweichen auf die ‚Grüne Linie' erwogen, um noch mehr Kräfte freizumachen. Dies wurde unter den vom Oberbefehlshaber geltend gemachten Gesichtspunkten genehmigt. Die Frage des Chefs des Wehrmachtsführungsstabes, ob der Oberbefehlshaber nicht doch noch eine Division nach Istrien abgeben könne, verneinte dieser.

Als Unterlage für die Kampfführung im Adriatischen Raum legte der Wehrmachtführungsstab am 31. August eine Notiz vor, die davon ausging, dass nach Meldung der Seekriegsleitung nur leichte Seestreitkräfte sowie nur leichte und mittlere Küstenbatterien, Torpedobatterien und Minensperren vorhanden seien, jedoch die Absicht bestehe, diese Kräfte zu verstärken. Die Seekriegsleitung hielt es für ausschlaggebend, dass Triest und Fiume dem Feinde vorenthalten blieben, wenn – wie anzunehmen sei – eine Großlandung nicht verhindert werden könne. Nach Ansicht des Wehrmachtführungsstabs waren die Wünsche der Kriegsmarine nicht in vollem Umfange erfüllbar.

Es erging daher am 31. August an die Seekriegsleitung und den Oberbefehlshaber Südwest die Weisung dahin, die Verteidigungsstellung: Halbinsel Salvore – Fianona nicht auszubauen, da die Linie Punta Grossa – Riva di Moschiena bereits ausgebaut werde. Um Triest und Fiume zu sichern, solle Triest durch ein tiefgegliedertes Minensystem gesperrt und in der Linie Umago – Monte Calvo eine dieses schützende Stellung ausgebaut werden. Die Durchfahrten nach Fiume sollten bei Persezia und zwischen Krk und Cherso gesperrt und die Batterien gesichert werden. Im Golf von Fiume sollten Minen gelegt und die Batterien verstärkt werden (über die Frage der Verteidigung von Pola siehe den folgenden Abschnitt. [...]

Auch nach der Beurteilung der Abteilung Fremde Heere-West war Ende August vermehrt mit einer Landung in Istrien zum Stoß in das Wiener Becken oder die ungarische Tiefebene zu rechnen. Greifbare Anzeichen waren jedoch noch nicht festgestellt. Vielmehr wiesen die Häfen zwischen Termoli und Brindisi eine normale Belegung auf, und in Neapel hatte sie sich vermindert.

Vorerst war in Italien auch nur mit vier bis fünf, meist slawischen Verbänden für ein solches Unternehmen zu rechnen. Falls also nicht Kräfte aus dem ostwärtigen Mittelmeer herangeholt wurden, konnte die Gefahr daher vorerst als nicht unmittelbar drohend angesehen werden. Jedoch wurde der Oberbefehlshaber Südwest am 31. August angewiesen, für den Fall eines Angriffs, hinter dem alle anderen Gefahren zurückzutreten hätten, drei schnelle Verbände bereitzuhalten, und zwar sollte er nach Eintreffen der 5. Gebirgsdivision die 90. Panzergrenadierdivision aus dem Alpengebiet zurückholen und die 16. SS-Panzergrenadierdivision beschleunigt herauslösen. Als dritten Verband nahm der Oberbefehlshaber die 29. Panzergrenadierdivision in Aussicht, von der ein Regiment bereits in der Abwehr bei Cesena gebunden war.

Am 5. September legte der Oberbefehlshaber Südwest – unter Berufung auf seinen am 5. August vorgelegten und vom Führer genehmigten Vorschlag für die Verteidigung Istriens auf der Sehnenstellung – weitere Vorschläge vor (Sicherung des Golfes von Triest, Besetzung der Insel Cherso und so weiter).

In der ersten Septemberhälfte wurde die abgekämpfte 71. Infanteriedivision in das Adriatische Küstengebiet gezogen und dort wieder aufgefrischt. Um eine bessere Verbindung zum Oberbefehlshaber Südost herzustellen, wurden am Schluss der ersten Septemberdekade die bereits entbehrlichen Teile derselben bis Fiume vorgezogen. In der zweiten Septemberhälfte kam die 188. Reservedivision nach Triest und nicht, wie anfangs vorgesehen, nach Fiume. Die 90. Panzergrenadierdivision war inzwischen in die Ostlombardei verlegt, sodass sie auch im Adriaabschnitt eingreifen konnte. Ende September wurde die 94. Infanteriedivision aus dem Adriatischen Küstenland nach Ferrara gezogen. In Istrien lagen nunmehr die 71. Infanteriedivision, die 188. Reservedivision und die bodenständigen Kräfte [...]

Die Frage, ob Pola verteidigt werden sollte, wurde nunmehr geklärt, sie hatte eine längere Vorgeschichte:

Am 6. August war der Vorschlag des Oberbefehlshaber Südwest, bei einer feindlichen Landung im Adriatischen Küstenland die Linie Tschitschenboden zu verteidigen und Pola als vorgeschobene Stellung zu halten, durch den Führer genehmigt worden.

Am 19. Oktober erhielt der Oberbefehlshaber den Befehl, das Küstenland im Falle einer Landung in der Linie Golf von Triest – Tschitschenriegel – Fiume zu verteidigen.

Am 24. Oktober wurde er durch den Chef Wehrmachtführungsstab darauf hingewiesen, dass dadurch der Befehl zur Verteidigung von Pola nicht hinfällig geworden sei. Darauf meldete der Oberbefehlshaber, dass Pola zwar eine gute Basis zur Störung des britischen Nachschubs an der Adriaküste sei, jedoch durch andere Häfen ersetzt werden könne. Für den Feind sei Pola als Nachschubhafen nicht von großer Bedeutung. Der Oberbefehlshaber beantragte deshalb, von einer selbstständigen Verteidigung als vorgeschobenem Stützpunkt anzusehen. Der Wehrmachtführungsstab sprach sich am 29. Oktober im gleichen Sinne aus und schlug vor, Pola gegen Handstreiche zu halten und bei einer Großlandung so lange zu verteidigen, bis auf den Riegel Triest – Fiume zurückgegangen werde.

Auch die Seekriegsleitung sprach sich ähnlich aus. Am 10. November wurde der Seekriegsleitung mitgeteilt, dass Pola nicht zur Festung erklärt werde, aber bis zum letzten Mann zu halten sei. Zum Ausbau fehlten die Kräfte, doch solle für Verbesserung durch den Oberbefehlshaber Südwest gesorgt werden, der auch einen Kommandanten zu bestimmen und für Bevorratung zu sorgen habe. Die Entscheidung des Führers wurde dem Oberbefehlshaber am 5. November mitgeteilt: Danach war Pola als Seefestung zu verteidigen und auch gegen starke Angriffe zu halten. Ob die Oberste Führung sich je nach Lage für die Preisgabe entscheide, bleibe offen.

Am 19. November wurde der Kapitän zur See Waue durch das Oberkommando der Wehrmacht zum Kommandanten ernannt und dem Oberbefehlshaber Südwest unterstellt. Am 29. November wurde Pola zum ‚Festen Platz' erklärt. Einen Befehl zur Räumung behielt sich der Führer vor. Der Kommandant wurde dem Generalkommando LXXXXVII. Armeekorps unterstellt."

Dass Pola nach langem Hin und Her schließlich zu einem Festen Platz erklärt wurde, lag darin begründet, dass der Hafen während des Zweiten Weltkrieges zu einem Marine- und U-Bootstützpunkt ausgebaut worden war. Die Hafenstadt war bereits in der k. u. k. Doppelmonarchie ein Hauptstützpunkt der österreichisch-ungarischen Marine gewesen und besaß daher zahlreiche alte Festungssysteme, sodass man zwischen einem inneren und äußeren Festungsring unterschied. Neben ihrer Bedeutung als Küstenschutz besaßen die drei Hafenstädte Triest, Fiume und Pola noch weitere wichtige Funktionen, die für die deutsche Kriegswirtschaft überlebenswichtig waren: Die Adriahäfen dienten nämlich als Verladevorrichtungen für zahlreiche Fabrikationsgüter und Bodenschätze. Hierzu zählten insbesondere das Quecksilber aus dem Bergwerk von Idria sowie rund 33.000 Tonnen Bauxit, die jeden Monat aus der auf der Istrien anzutreffenden roten Erde – allerdings in sehr unterschiedlicher Konzentration – gewonnen wurden. Bauxit ist nämlich der wichtigste Grundstoff für die Herstellung von Aluminium, dem bedeutendsten Metall beim Bau von Flugzeugen.

Darüber hinaus besaß Pola auch eine wichtige Bedeutung als Hafen für die Wasserflugzeuge, die zwischen der Hafenstadt und dem verträumten Fažana im Schutz der vorgelagerten Insel Brioni starteten und landeten. Bereits im Ersten Weltkrieg existierte im Südteil von Porec ein Seefliegerhorst der k. u. k. Marineflieger. Die österreichisch-ungarischen Wasserflugzeuge starteten von dort zur Seeaufklärung über der nördlichen Adria und zu Fliegerangriffen nach Norditalien. Am 3. Dezember 1944 fand eine Erkundung einer Zwischenhauptkampflinie am Dragognaabschnitt durch General Kübler, den Kommandeur des Grenadierregiments 1046, Oberst Falkner, und den Kommandeur des Reservegebirgsjägerregiments 137, Major Dr. Schulze, statt. Es ging darum, dass das Grenadierregiment 1046 im Falle eines Angriffs den Dragognaabschnitt als eine Art vorgeschobene Hauptkampflinie zu verteidigen hatte.

Kübler, der wie stets mit seinen Wickelgamaschen und einer abgetragenen Windjacke erschienen war, war an diesem Tag besonders gut aufgelegt und sprang wie seinerzeit bei den Gebirgsübungen in den Bayerischen Alpen über Stock und Stein, sodass er seinem alten Namen „Latschennurmi" nochmals alle Ehre machte. Doch jetzt hatte er zudem noch einen neuen Spitznamen erhalten, der seinen harten Führungsstil und schonungslosen Umgang mit dem Gegner betonte: „Adriaschreck."[114]

Anfang Dezember 1944 legte das Reservegebirgsjägerregiment 137 der 188. Reservegebirgsdivision folgenden Bericht zum Abschluss der Bandenbekämpfungswoche vor:

„Im Sicherungsraum des Regiments wurden bis zum 2. Dezember sechs stärkere Spähtrupps entsandt. Der Raum ist von stärkeren, bewaffneten Banden vollkommen

NATIONALSOZIALISTISCHE DEUTSCHE ARBEITERPARTEI
OPERATIONSZONE „ADRIATISCHES KÜSTENLAND"
PROVINZGRUPPE TRIEST

GEDENKFEIER
FÜR DIE GEFALLENEN DER BEWEGUNG

TRIEST

THEATER VERDI, 12. NOVEMBER 1944, 18 UHR

FEIERSTUNDE DER NSDAP
ZUM
9. NOVEMBER 1944

GEDENKTAG FÜR DIE GEFALLENEN DER BEWEGUNG

Das Deutsche Volk wird zu seinen toten Helden kommen um sich in Zeiten der Not neue Kraft zu holen für das Leben! Denn wenn selbst die letzte Spur dieses Leibes verweht sein sollte, wird der Name noch unsterblich sein.

ADOLF HITLER

FEIERGESTALTUNG

Leonoren Ouverture Nr. 3
von Ludwig van Beethoven

Führerwort

Lied - „Wenn alle untreu werden"

Totenehrung

„Mahnung"
Lied vom guten Kameraden

„Heilig Vaterland"

Ansprache des Hoheitsträgers

Bekenntnis

Lieder der Nation

Es spielt ein Musikkorps der Kriegsmarine und das ständige Orchester der Stadt Triest. Ein Soldatenchor singt.

Gedenkfeier für die Gefallenen der Bewegung am 9. November 1944 in der Operationszone „Adriatisches Küstenland".

frei. Eine Abwanderung aus dem Gebiet des Monte Maggiore – Albaro – Pinguente konnte nicht festgestellt werden. Die Banden scheinen in größerem Maße den Raum des Regiments zu meiden. Lediglich ein Bandentrupp in Stärke von sechs Mann trat in der Nacht vom 30. November auf den 1. Dezember in Strolci auf. Er wollte einen Pionierposten ausheben."[115]

Unabhängig von der Bandenbekämpfungswoche wurde in Gabrovizza ein verstecktes Propagandamateriallager, in dem reichliches Material vom Juli 1944, Verzeichnisse von örtlichen Partisanenkräften sowie zwei Maschinengewehre und vier Gewehre gefunden wurden, aufgespürt. Die Auswertung der Verzeichnisse ergab, dass sich derzeit sowohl im Sicherungsbereich des Reservegebirgsjägerregiments 137 als auch im Abschnitt des südlich davon gelegenen Grenadierregiments 1046, zwischen Truscolo und S. Quirico, etwa fünfzig örtliche Partisanengruppen aufhielten. Gegen diese Banden sollte bis Mitte Dezember ein Gesamtschlag vorbereitet werden.

Am 4. Dezember 1944, um 16.00 Uhr, wurde überraschend Alarmstufe I durchgegeben. Gegen die Insel Lussin erfolgte ein feindliches Landeunternehmen, wobei zwei Geschütze der dort postierten deutschen Batterie durch alliierte Artillerie außer Gefecht gesetzt wurden. Das verwundert nicht, befanden sich doch auf der ganzen Insel lediglich eine deutsche Batterie und zwei Sicherungskompanien. Diese alliierten Landungsunternehmungen verfolgten zweifellos den Zweck, durch ständige gewaltsame Aufklärung ein Bild von der deutschen Kräfteverteilung zu erhalten. Darüber hinaus gewann der Gegner durch derartige Aktionen einen zusätzlichen Einblick in die Stärke der deutschen Luftabwehr, zumal die ausgezeichnete 8,8-cm-Flak auch zur Abwehr von Landungsbooten und im Erdbeschuss wirkungsvoll eingesetzt werden konnte. Hauptaufgabe der 188. Reservegebirgsdivision war jedoch nach wie vor die Bandenbekämpfung. So gewann man am 14. Dezember 1944 nach Auswertung des gesammelten Propagandamaterials folgendes Bild: Die Zusammenarbeit und der Austausch der Bandenlisten mit dem Grenadierregiment 1046 der 237. Infanteriedivision hatte ergeben, dass sich im Raum Capodistria – Castelvenere – Portole – Quirico – Mt. Cavallo – Villa Decani noch eine größere Anzahl an Partisanenkräften aufhielten, nämlich 120 bis 150 ortsgebundene OF-Gruppen und kommunistische Bandenführer, deren Namen mittels des aufgefundenen Materials identifiziert werden konnten. So beschloss man, das gesamte Gebiet mit dem Reservegebirgsjägerregiment 137 und dem Grenadierregiment 1046 in der Nacht vom 16. auf den 17. Dezember in vielen Einzelunternehmen zu durchkämmen. Das Unternehmen führte Major Jenne.

Das Ergebnis konnte sich später sehen lassen. Schon trafen am 17. Dezember 1944 die ersten gefangenen Partisanen ein. Hauptmann Klöbl, der Ic, hatte nun mit deren Einvernahme wieder alle Hände voll zu tun. Beim Reservegebirgsjägerregiment 137 wurden 86 örtliche Führer abgeliefert. Ihre Vernehmungen ergaben, dass sie zu al-

Res.Geb.Jäg.Rgt.137
Kommandeur

Rgts.Gef.St., den 20.12.1944

Sonderbefehl.

Zum 6. Kriegsweihnachten, das wir alle, wenn auch fern der Heimat, frohen, starken Herzens und in herzlicher, kameradschaftlicher Verbundenheit erleben wollen, entbiete ich allen Angehörigen des Regiments meine besten Grüße und aufrichtigsten Wünsche.

Inmitten des härtesten Kampfes um Sein oder Nichtsein, den das deutsche Volk je zu bestehen gehabt hat, haben nur die Waffen zu sprechen. Und dennoch dürfen und wollen wir Weihnachten feiern, Weihnachten das Fest der deutschen Seele!

Wir stehen aber auch an der Schwelle eines neuen Jahres. Stolz blicken wir auf die Erfolge des Regiments im verflossenen Jahre zurück. Trotz mannigfacher Schwierigkeiten wurde die Ausbildungsarbeit weiterbetrieben. In hartem, unerbittlichen Bandenkampf haben wir den Feind aufgespürt und vernichtet. In unermüdlicher Arbeit haben wir den derzeitigen Einsatzraum des Regiments für die Verteidigung vorbereitet und ausgebaut.

Für diese beharrlich und zäh geleistete Arbeit und für die stolzen Erfolge danke ich allen Angehörigen des Regiments aufrichtig.

Unser Gedenken und mein besonderer Dank gilt jedoch an der Schwelle des neuen Jahres unseren toten Kameraden. In stolzer Ehrfurcht und Trauer neigen wir uns vor ihren Taten und vor ihrem Heldentod. Ihr Sterben soll uns weitere Verpflichtung sein!

So treten wir in das neue Jahr in unerschütterlichem Glauben an unseren Sieg mit dem Gelöbnis:

Alles für den Führer und für Deutschland!

Unser der Sieg!

Schulze

In einem Sonderbefehl wünscht der Kommandeur des Reservegebirgsjägerregiments 137 Dr. Schulze seinen unterstellten Soldaten eine besinnliche Weihnachtszeit und nutzt zugleich die Gelegenheit, sie für ihre militärischen Errungenschaften zu beglückwünschen.

188. Res. Geb. Division
Kommandeur

O. U., den 23. Dezember 1944

An

Kommandeur/Res.Geb.Jäg.Rgt.137.

Haltet treue Wacht an der Adria!

Meinem bewährten Regiment und seinem Kommandeur

e i n e n h e r z l i c h e n W e i h n a c h t s g r u ß.

v. Hößlin

Generalleutnant

Auch Generalleutnant von Hößlin sendet dem Kommandeur und den Angehörigen des Reservegebirgsjägerregiments 137 herzliche Weihnachtsgrüße.

len möglichen Aufgaben herangezogen worden waren: Der eine war Militärreferent und hatte laufend Waffen zu sammeln, der andere war Wirtschaftsreferent und hatte Lebensmittel für die Banden aufzutreiben, ein anderer war Richter und musste die Bevölkerung unter Druck halten. Wiederum ein anderer Partisan regelte die Kurierpost und unterhielt eine Art Feldpost. Sie alle versuchten durch Lügen im Verhör ihre Haut zu retten, doch war das in Gabrovizza gefundene Material so eindeutig, dass diese Bandenführer allesamt überführt werden konnten. Infolge eines Erlasses mussten alle diese Gefangenen dem Sicherheitsdienst übergeben werden.[116]

Die letzte Kriegsweihnacht stand vor der Tür. Zu den Feiern im Divisions-, Regiments-, Bataillons- und Kompanierahmen wurden zahlreiche Einladungen ausgesprochen. Am 20. Dezember 1944 besichtigte Generaloberst von Vietinghoff, der für den verletzten Generalfeldmarschall Kesselring die Heeresgruppe Südwest führte, die Stellungen im Küstenverteidigungsunterabschnitt Triest-Süd. Es war ein schöner Tag, als der Oberbefehlshaber mit einem Heer von Generalstabsoffizieren an der Straßenkreuzung Villa Decani Muggia – Triest – Capodistria eintraf. Nach einer kurzen Vorstellung ging die Fahrt nonstop entlang des Abschnitts Görz nach Covedo.

24. Dezember 1944: Die langersehnte Weihnachtspost traf auch am Heiligen Abend nicht ein, da die Durchgangsbahnhöfe München, Rosenheim, Salzburg, Villach und Udine bei den zahlreichen Luftangriffen zerstört worden waren und im ober-

KRIEGSWEIHNACHTEN
1944

188. RES. GEB. DIVISION

GENERALLEUTNANT U.
DIV. KOMMANDEUR.

Kriegsweihnachten in der Operationszone „Adriatisches Küstenland" 1944.
Der Steinbock war das Truppenkennzeichen der 188. Reservegebirgsdivision.

italienischen Raum weitere Bahnstrecken, wie etwa Udine – Görz, und die Übergänge über den Tagliamento bei Latisana und Cervigliano bombardiert wurden. Umso mehr wurde nun überall gebastelt, wurden Christbäume geschmückt und die Weihnachts- und Neujahrswünsche verschickt.

„Um 16.00 Uhr fahre ich mit Oberleutnant Rössle in den Abschnitt des I. Bataillons zur 3. Kompanie Oberleutnant Ackermann, um an dessen Feier teilzunehmen", notierte Dr. Schulze am 24. Dezember 1944. „Er hatte sie sehr schön aufgezogen in Val d'Oltra, eine sehr schöne Feierstunde. Dann ging es weiter in das Widerstandsnest Lenzzunge zu Oberfeldwebel Lenz der 1. Kompanie. Auch hier hielt Oberleutnant Zörnig eine gute Ansprache an den Rekrutenzug Lenz. Man merkte aber schon die Schwerfälligkeit der jetzigen ‚Göbbelsrekruten': die Mehrzahl sind 35 bis 38 und Familienväter, untermischt mit 18-jährigen Buben, die fast noch Kinder sind. In Muggia kam dann die 4. Kompanie von Oberleutnant Dryer dran und endlich war ich wieder zuhause. Hier hatte Maus eine sehr nette Feier aufgezogen. Der Gabentisch war voll von Geschenken: es hatte eine 13. Marketenderzuweisung gegeben, ferner vom Verpflegungsamt, von General Kübler, vom Obersten Kommissar, also in Hülle und Fülle. An einzelne sehr gute Arbeiter des Regimentsstabes verteilte ich Extratüten, die viel Freude machten. Dann kam der Clou des Abends: Die Moritaten einzelner Offiziere und Mannschaften des Stabes. Wir alle ließen es uns nicht nehmen, unsere alten vertrauten Weihnachtslieder ‚Stille Nacht, heilige Nacht' und den ‚Tannenbaum' zu singen. Still gedachten wir unserer Lieben."[117]

Zum Jahresabschluss erfolgte der nächste Rückschlag für die Deutschen, als am 29. Dezember 1944 beim letzten Luftalarm nicht weniger als sieben Fahrer des Obersten Kommissars von Partisanen entführt wurden: Beim Fliegeralarm hatten die Fahrer Triest mit ihren Pkw verlassen und auf die Entwarnung außerhalb der Stadt auf der Straße nach Fiume gewartet. Um sich die Wartezeit zu verkürzen, waren sie in eine Gaststätte gegangen. Dort traten sechs junge, tadellos gekleidete Männer auf sie zu, hielten ihnen plötzlich Pistolen vor die Nase und zwangen sie, in ihre bereitstehenden Personenwagen einzusteigen und mit ihnen wegzufahren. Dabei hatten die sieben Fahrer noch das Pech, dass sie 1.500.000 Lire bei sich hatten, die ihnen die Partisanen abnahmen. Die Wagen stellten sie später bei San Dorligo ab, wobei einer noch die Kühnheit besaß, am Nachmittag mit einem Pkw nach Triest zu fahren, um dort noch etwas zu holen. Dabei wurde er jedoch von der deutschen Polizei aufgegriffen. Später entkam ein Fahrer und berichtete von diesem Husarenstück der Partisanen.[118]

Am Silvestertag 1944 verbreitete sich wieder Zuversicht. Abends verfolgte man nämlich die Führerrede zum Jahreswechsel. Es war Hitlers letzter derartiger Aufruf.

„Was wird das neue Jahr 1945 wohl bringen?", notierte Schulze in seinem Tagebuch. „Einen herrlichen Jahresabschluss hatte der Führer uns ja bereits gegeben: Die

Offensive im südbelgischen Raum. Hoffentlich geht sie gut weiter. Wir sollten halt jetzt weitere Kräfte haben, um noch an anderer Stelle einen kräftigen Keil vortreiben zu können.“[119]

DER MILITÄRKOMMANDANT

Triest, den 29. Dez. 1944

An

Kommandeur Res.Geb.Jäg.Rgt. 137
Herrn Oberstleutnant S c h u l z e

Sehr verehrter, lieber Herr Oberstleutnant !

Ihre mir ausgesprochenen Wünsche zum Weihnachtsfest und zum Jahreswechsel erwidere ich ebenso herzlich, wie sie mir zugedacht waren.

Mit den besten Grüßen und
Heil Hitler!
Stets Ihr
Sauerbrey

Der Militärkommandant Generalmajor Sauerbrey erwidert den Weihnachtsgruß von Oberstleutnant Dr. Schulze.

9. Der Jahresbeginn 1945 in der Operationszone

Seit Anfang August 1942 befehligte Generaloberst Alexander Löhr, der seinem Obersten Befehlshaber als zu weich galt, da er sich während des Balkanfeldzuges im Jahre 1941 Hitlers ausdrücklichem Befehl zur Zerstörung Belgrads vergeblich widersetzt hatte, von Saloniki/Arsakli aus die Heeresgruppe E. Diese war im Sommer 1943 der Heeresgruppe F des Generalfeldmarschalls Freiherr von Weichs in Belgrad unterstellt worden, der nun selbst zum Oberbefehlshaber Südost ernannt wurde. Als Oberbefehlshaber der Heeresgruppe F war ursprünglich Generalfeldmarschall Erwin Rommel vorgesehen gewesen. Doch nach Mussolinis Sturz hatte der „Wüstenfuchs" ein Kommando in Italien erhalten. Trotz aller Widrigkeiten war es Löhr, der von seinen Männern sehr verehrt wurde, gelungen, sich mit seiner Heeresgruppe durch den Sandschak, Südserbien, Montenegro und Bosnien in geordneter und disziplinierter Form in Richtung Westen zurückzuziehen.[120] Belgrad, das ursprüngliche Ziel, musste allerdings bald aufgegeben werden.[121]

Die Menschen-, insbesondere aber die Materialverluste überstiegen bei Weitem alle Erwartungen. Von 500 schweren Küstengeschützen gingen zum Beispiel nicht weniger als 497 verloren. Dennoch konnte Löhr am 27. Dezember 1944 in einem Tagesbefehl voller Zuversicht verkünden:

„Soldaten der Heeresgruppe E!

Das Jahr 1944, in dem die Heeresgruppe in harten und siegreichen Kämpfen gegen heimtückische Banden, den verräterischen ehemaligen Bundesgenossen und den bolschewistischen Todfeind ihre volle kämpferische Bewährung unter Beweis gestellt hat, geht dem Ende zu.

Eine einmalige Absetzbewegung teilweise über Tausende von Kilometern über schwierigste Straßen und Pässe liegt hinter uns. In Kämpfen schreiten wir in das neue Jahr, das uns vom ersten Tage an bereitfinden wird, unsere Heimat und gemeinsam mit unseren Waffenbrüdern die kroatische Erde vor dem Ansturm der Feinde zu bewahren.

Die Ägäischen Inseln werden weiter auf treuer Wacht stehen.

Der Geist unserer gefallenen Kameraden, das Vertrauen der Heimat, der Befehl unseres Führers werden auch im Jahre 1945 alle unsere Gedanken und Taten bestimmen und uns gläubige Verpflichtung sein.

Über Gräber vorwärts!
Es lebe der Führer!
Löhr
Generaloberst."

Nach den schweren Rückzugskämpfen der letzten Monate des Jahres 1944 erlebte Löhrs Heeresgruppe – der Generaloberst hatte inzwischen von Weichs wiederum abgelöst – nun eine Phase relativer Ruhe. Und diese war nach dem vorausgegangenen Aderlass auch dringend notwendig, um die jeweiligen Frühjahrsoffensiven der Deutschen in Ungarn und der Jugoslawen in Syrmien vorzubereiten. Mehr noch: Als sich neben der stets unbefriedigenderen Lage an der Naht zur nördlichen Front an der Drau nun auch Gefahren an der Naht zum südlichen Nachbarn, der Heeresgruppe Südwest, unter Feldmarschall Kesselring, abzeichneten, hatte Löhr beim Oberkommando der Wehrmacht auf die Dringlichkeit einer klaren Abgrenzung der Verantwortlichkeit in dem seit jeher umstrittenen jugoslawisch-italienischen Grenzraum hingewiesen.[122]

Generalkommando LXXXXVII. A.K.z.b.V. K.H.Qu, den 1. 1. 45.
Der Kommandierende General

Lieber Schulze,

ich danke Ihnen herzlich für die Weihnachts- u. Neujahrswünsche, die Sie mir geschickt haben.
Auch Ihnen zum neuen Jahr alles Gute, für Sie persönlich und für Ihr Regiment! Möge Ihnen jeder Sieg über den Feind und alles Soldatenglück beschieden sein!
Heil Hitler!
Kübler,
General d. Geb. Tr.

Der Bauherr und General der Gebirgstruppe Ludwig Kübler in einem Brief an Oberstleutnant Dr. Schulze.

Daher musste die Oberste Führung Oberitalien in ihre Verteidigungspläne mit einbeziehen, denn schon frühzeitig hatte sich neben der einen großen Stoßrichtung der allgemeinen jugoslawischen Offensive, die grob über Agram auf die Grenzen der Steiermark und Kärntens zeigte, für das Oberkommando der Wehrmacht eine zweite Stoßrichtung, und zwar an und nördlich der Adria mit dem Ziel Triest – italienische Grenze nördlich davon abgezeichnet. Sie hatte außer militärischem vornehmlich politischen Zweck. „Operativ musste ein solcher Stoß in den Rücken der Heeresgruppe E führen, wenn es gelang, sich vorzeitig des Raumes Laibach zu bemächtigen", schrieb

Löhrs Generalstabschef Erich Schmidt-Richberg. „Politisch sollte er die Ansprüche auf bisher italienisches Gebiet sicherstellen.“[123]

Zunächst einmal wurden Anfang Januar 1945 aufgrund der alles andere als hoffnungsvollen Lage an der Südwestfront, wo schwere Kämpfe bei Ravenna und Faenza tobten sowie wegen der starken Banden und bulgarischen Kräfte im Raum von Nordkroatien, in Oberitalien verschiedene Riegelstellungen am Tagliamento und an der Piave, am Fuß der Alpen, am Isonzo und an der Tschitschenbodenstellung durch italienische Hilfskräfte feldmäßig ausgebaut. Bauherr war die Deutsche Wehrmacht. Diese erkundete die zu bauenden Stellungen, legte den Verlauf derselben fest und bestimmte auch die Anzahl der Feldstellungen. Als Baufirma fungierte der Oberste Kommissar, der die italienische Bevölkerung zum Stellungsbau aufgerufen und verschiedene Abschnitte eingeteilt hatte, unter anderem auch die Südfront der Festung Triest.[124]

Kommandant
der Seeverteidigung Istrien

O.U., den 3. Januar 1945

An
Oberstleutnant und Rgt. Kommandeur des Res.Geb.Jäg.Rgt. 137
Herrn Dr. Schulze

Für die Glückwünsche zum Weihnachtsfest und Jahreswechsel danke ich herzlich. Ich erwidere sie aufrichtig.

Der Kommandant der Seeverteidigung Istrien Loyden in einem Brief an Oberstleutnant und Regimentskommandeur des Reservegebirgsjägerregiments 137 Dr. Schulze.

„Mit meinem I. Bataillon/Reservegebirgsjägerregiment 137 liege ich schon auf der Halbinsel Muggia, mit meinem II. Bataillon im Abschnitt Albaro Vescovà – San Serggio“, schreibt Schulze. „Zur Beaufsichtigung der Arbeiter hatte ich mich bereit erklärt, Aufsichtsorgane zu stellen. Dies hatte aber in der letzten Zeit einen derartigen Umfang angenommen, dass die Bataillone fast Aufsichtsbataillone geworden sind. In Anbetracht der immer stärker werdenden Futterknappheit und dem starken Einsatz meiner Bespannfahrzeuge ist der Futterzustand der Pferde ein solch schlechter geworden, dass ich den Einsatz meiner Pferde nicht mehr verantworten kann."[125]

Am Nachmittag des 4. Januars 1945 wurde ein interessantes Flugblatt, das die Amerikaner aus großer Höhe abgeworfen hatten und das in weiten Gebieten der Halbinsel Istrien gefunden wurde, beim Regimentskommandeur abgeliefert. Es enthielt einen Aufruf des Generalfeldmarschalls Paulus, der im Winter 1942/43 im Kessel von Stalingrad mit seiner 6. Armee untergegangen und dann in russische Gefangenschaft geraten war. Hierin wurden die Deutschen aufgefordert, den Krieg einzustellen, da er, wie es hieß, für das Deutsche Reich ohnehin verloren sei.

DER GAULEITER IN KÄRNTEN
OBERSTER KOMMISSAR IN DER OPERATIONSZONE
ADRIATISCHES KÜSTENLAND

TRIEST, AM 8.Jänner 1945

Herrn
Oberstleutnant Doktor Schultze
Kommandeur des Res.Geb.Jäg.Rgt.137

Über Militärkommandantur 1001
Durch Kurier

Sehr geehrter Herr Oberstleutnant!

Ich danke Ihnen für Ihre Glückwünsche und übermittle Ihnen und Ihren Männern meine besten Wünsche für das Neue Jahr. Vor allem wünsche ich Soldatenglück, Gesundheit und nach dem Sieg frohe Heimkehr!

Heil Hitler!

Rainer

Friedrich Rainer, der Gauleiter in Kärnten und Oberste Kommissar in der Operationszone „Adriatisches Küstenland", übermittelt Oberstleutnant Dr. Schulze die besten Wünsche für das Jahr 1945.

Der Dreikönigstag 1945 war im Einsatzraum der 188. Reservegebirgsdivision ein sehr unangenehmer Tag. Die Bora, ein heftiger, kalter Fallwind an der dalmatinischen Küste, blies den ganzen Tag über. Hinzu kam ein leichtes Schneegestöber und eine empfindliche Kälte, denn der Winter 1944/45 war in Norditalien und Istrien ungewöhnlich streng. Das war für die Kampftruppe umso schlimmer, da sie in selbstgebauten Bunkern untergebracht war.

Der 18. Januar 1945 löste bei der Truppe einen Schock aus. An diesem Tage erschien der Wehrmachtsbericht über den Beginn des großen sowjetischen Angriffs im Weichselbogen. Mit 155 Schützendivisionen und 15 Panzerkorps mit über 2.650 Panzern griffen die Sowjets auf ganzer Front von den Karpaten im Süden bis zur Memel im Norden an der Ostfront an. Denn scheinbar mühelos durchbrachen die Sowjets die deutsche Ostfront.

Am 17. Januar wurde Warschau durch die Rote Armee erobert, am 19. Januar Krakau von den Deutschen geräumt. Dann erfolgten die Angriffe der Sowjets gegen Ostpreußen, am 19. Januar wird auch Tilsit, am 25. Januar Allenstein und am 25. Januar Hindenburg in Oberschlesien geräumt. Weiter ergoss sich die rote Flut gegen Westen: Übergang der Russen über die Oder bei Steinau zwischen Glogau und Breslau, dann Abtrennung Ostpreußens und Räumung des oberschlesischen Industriegebiets durch die Deutschen. Es war mehr als erstaunlich, mit welchen Menschenmassen die Sowjets immer und immer wieder die deutsche Hauptkampflinie frontal berannten. Zu alledem griffen die Amerikaner an der Westfront derart massiv an, dass der deutsche Angriffskeil in den Ardennen nach und nach wieder abgestumpft werden konnte.

Nationalsozialistische Deutsche Arbeiterpartei

Operationszone „Adriatisches Küstenland" Provinzgruppe Triest

DER KREISLEITER.

Zum Gedenktage der Machtergreifung
findet am 30.1.1945 um 19 Uhr im Verdi-Theater in Triest ein
F E S T K O N Z E R T
statt.

Stabführung: Generalmusikdirektor R U D O L F M O R A L T
Es spielt das Städtische Orchester

Zum Vortrage gelangen Werke von Ludwig van Beethoven:
1. die Leonoren-Ouvertüre III,
2. das Violinkonzert,
3. die Fünfte Symphonie.

Einlass: 18 Uhr 50.
Ich erlaube mir, Sie zu dieser Veranstaltung einzuladen.

HEIL HITLER!
Pfeiffer
Oberbereichsleiter der NSDAP

1/20

Als Machtergreifung wird die Ernennung Adolf Hitlers zum Reichskanzler durch Reichspräsident Paul von Hindenburg am 30. Januar 1933 bezeichnet. In der Operationszone „Adriatisches Küstenland" fand zu diesen Ehren ein Festkonzert statt.

Dermaßen ernüchtert und nun fast aller Illusionen über die wahre militärische Lage beraubt, sahen die Angehörigen des LXXXXVII. Armeekorps in den letzten Tagen zahlreiche alliierte Bombergeschwader über sie hinweg ins untergehende Deutsche Reich einfliegen. Die Bomben, die sie dann abwarfen, galten den Städten in Süd- und Südostdeutschland vor allem aber München und Salzburg sowie dem Verkehrsknotenpunkt Villach, der abermals schwer getroffen wurde. Jabos tummelten sich wie die Möwen über dem Golf von Triest. Weit und breit hatten sie ja keinen Gegner mehr zu fürchten, ausgenommen die deutschen Flakbatterien, denen sie stets geschickt auszuweichen vermochten.

Am 4. Februar 1945, einem Sonntag, kam es wieder zu Luftangriffen auf Triest und die Werft von S. Rocco. Gegen 13.45 Uhr erschienen von Südwesten her anfliegende Geschwader über der nördlichen Adria. Dann warfen sie einen Bombenteppich auf die Schiffswerft von S. Rocco und auf den Bahnhof von Campo Mazzio, wo die Bahn getroffen und einige beladene Waggons in Brand gesteckt wurden. Von den Bomben, die auf der Werft niedergingen, traf eine den 10.000 Bruttoregistertonnen schweren Dampfer „Cita di Tunese", der zu einem Lazarettschiff umgebaut werden sollte. Von den rund 700 Rekruten, die im Bahnhof von Campo Mazzio für das Reservegebirgsjägerregiment 137 eingetroffen waren und dort auf das Einlaufen der sogenannten Muggiafähre warteten, wurde keiner getötet, da rund zwei Drittel der gesamten Bombenlast ins Wasser gefallen war. Diese Rekruten kamen aus ganz Süddeutschland und der Ostmark: ein Kontingent aus Unterfranken (Erlangen), eines aus Niederbayern (Landshut), eines aus Schwaben (Kaufbeuren und Memmingen) und eines aus Tirol-Vorarlberg. Unter ihnen befand sich auch Leopold Chalupa, der spätere Vier-Sterne-General der Bundeswehr und Oberbefehlshaber der Alliierten Streitkräfte Europa-Mitte.

Die Bora blies wie in den vergangenen Wochen noch immer recht unangenehm und sehr stark. Besonders die mitgeführte Kälte erinnerte die ehemaligen Russlandkämpfer immer wieder an den eiskalten Buran im Südabschnitt der Ostfront während der Monate Februar und März 1942. Am 8. Februar 1945 wurde das II. Bataillon/Reservegebirgsartillerieregiment 112 aus dem Abschnitt „Graz" herausgezogen und vorübergehend in die Gegend nach Sistiana und Prosecco verlegt, um dort eine Stellung für eine leichte Feldhaubitzabteilung zu errichten.

Der 10. Februar 1945 war wieder ein besonderer Tag. Kübler informierte sich über die Fortschritte im Stellungsbau. Er besichtigte dabei unter anderem die Bunker bei Villa Decani, in Ospicio und auf der Lenzzunge sowie die Stellungen der 5. Batterie/Marineartillerieabteilung 626. Der Kommandierende General war voll des Lobes. Dann äußerte er sich auch über den beabsichtigten Ausbau einer Tschitschenbodenstellung, die im Anschluss an den linken Flügel des Reservegebirgsjägerregiments 137, auf der Karsthöhe oberhalb von S. Sergio, erfolgen und im weiteren Verlauf dem

Höhenzug bei Madonna delle Neve – Monte Tajano (1.028 Meter) – Porta Piccola/Grande – Monte Basusizza (1.082 Meter) – Monte Trestenico (836 Meter) folgen sollte. Hinter dieser Linie verlief die von den Italienern gebaute Wasserleitung, die das gesamte Gebiet mit dem kostbaren Nass versorgte. Dieser Frontverlauf war nach dem deutschen Rückzug hinter die Polinie als neu zu bauende Zwischenfront vor der eigentlichen Alpenfront gedacht gewesen. Kübler orientierte dann Dr. Schulze über die militärpolitische Lage:

Wie bekannt, hätten die Alliierten Anfang 1945 ihren Vorstoß am rechten Flügel bis zum Po durchführen können. Wenn im Frühjahr diese Feindkräfte mit ihrer Überlegenheit in der Luft und auf der Erde erneut angriffen, müsse die morsch gewordene deutsche Front im Nordwesten des Apennin zerbrechen. In der Heeresgruppe C unter Kesselring wären die zwei deutschen Italienarmeen, die ständig Divisionen an andere Kampffronten abgeben mussten, zusammengefasst. Die Divisionen, die Mussolini nach seiner Befreiung auf dem Gran Sasso durch deutsche Fallschirmjäger in seiner verbliebenen „Faschistischen Sozialrepublik" hatte aufstellen lassen, wären aber kein Ersatz für diese abgegebenen deutschen Divisionen. Auch funktioniere der Nachschub für sie nicht mehr. Das Partisanenunwesen in den rückwärtigen Gebieten nähme immer mehr überhand. In dieser Lage gäbe es nur eines: Rückzug hinter den Po, wo angeblich eine neue Linie vorbereitet sei. Hitler sei generell gegen diesen Rückzug. Wenn er aber notwendig werden sollte, dann sollten in Norditalien jedoch alle Industrien, Verkehrswege, Nachrichtenzentralen und Versorgungsbetriebe zerstört werden. Generalfeldmarschall Kesselring und Marschall Graziani, der die neu aufgestellten italienischen Truppen befehligte, waren aber gegen eine solche Strategie der Verbrannten Erde.

Nicht anders dächten auch der deutsche Botschafter Rahn und der höchste SS- und Polizeiführer in Italien, General der Waffen-SS Wolf, der sogar einen seiner Vertrauten, den SS-Standartenführer Dollmann, bereits Ende 1944 als Fühler zu den Alliierten ausgestreckt habe. Dollmann habe sich aber, so Kübler, eine Abfuhr geholt. Trotz dieser Misere sei es die verdammte Pflicht und Schuldigkeit, sich weiter voll für die Verteidigung des Vaterlandes einzusetzen, da Hitler weitere Geheimwaffen besitze und durch diese den Krieg noch gewinnen wolle, wie sich Kübler abschließend ausdrückte.[126]

Der 10. Februar 1945 war aber auch ein Tag, an dem eine interessant V-Mann-Meldung beim Reservegebirgsjägerregiment 137 einlief:

„1. In Belnice (24 Kilometer nordöstlich von Fiume) erklärte ein politischer Kommissar am 26. Januar 1945 in einer Rede: An der russischen Front befindet sich kaum ein Drittel der gesamten russischen Streitmacht. Stalin will erst jetzt, auf dem Weg nach Berlin, seine Stärke zeigen. Sobald Deutschland niedergerungen ist, wollen die Russen den Engländern gegenüber loyaler auftreten. In Russland herrsche große Abneigung gegen Churchill, Stalin sei ihm kein Freund. Die Sowjets wollen auf alle Fälle den Krieg mit Japan vermeiden. Nach einer siegreichen Beendigung des Krieges gegen Deutschland sollen sie einer im kommunistischen Sinne errichteten europäischen staatlichen Organisation beitreten. Stalin habe schon den Krieg auf dem Schlachtfeld und auf diplomatischem Gebiet gewonnen. – Der Kampfgeist der Partisanen lebt wieder auf. Sie fordern alle, die den Einberufungsbefehl zur Organisation Todt erhalten haben, auf, dem Befehl nicht Folge zu leisten. Auch alle, die zurzeit bei der Organisation Todt arbeiten, werden aufgefordert, ihre Arbeitsstätten zu verlassen und sich bei den Partisaneneinheiten zu melden.

2. In Susak und Umgebung wird behauptet, dass die deutschen Truppen sich bis Mitte Februar aus dem Raume von Seny (55 Kilometer südsüdöstlich von Fiume) bis Susak, aus sämtlichen noch besetzten Inseln, ja sogar aus der ganzen Zone des adriatischen Küstenlandes zurückziehen werden. Das hiesige Partisanenkommando habe den Auftrag, die slowenischen Partisanengruppen anzuweisen, die deutschen Kolonnen bei der Rückführung des Materials zu stören. Anbringen von Sprengladungen an militärisch wichtigen Objekten wird von der Bevölkerung als Beweis des geplanten deutschen Rückzuges angesehen. Die Bevölkerung wendet sich mit der Bitte an das kroatische Heer und an die Ustaschen, die Sprengungen zu verhindern und fordert sie alle auf, gegen die Deutschen zu kämpfen. Es wurde auch festgestellt, dass das kroatische Heer damit einverstanden ist.
3. In Split befindet sich eine größere Anzahl deutscher Kriegsgefangener, die sehr schlecht behandelt werden und mit Aufräumungsarbeiten beschäftigt seien.
4. Ein Matrose, der vor zwei Tagen aus Dalmatien nach Susak zurückgekehrt ist und der bisher auf einem Dampfer fuhr, der zwischen Bari und Dalmatien verkehrte, behauptet, große Truppenbewegungen in Italien bemerkt zu haben, die darauf hindeuten, dass die Engländer in absehbarer Zeit eine größere Aktion an der italienischen Front unternehmen wollen.“[127]

Nun wussten die Deutschen in der Operationszone „Adriatisches Küstenland“ wieder ein wenig mehr, woran sie waren. Nicht umsonst wurde am 15. Februar 1945 eine große Besprechung beim Obersten Kommissar von Triest anberaumt. Es ging um den beschleunigten Ausbau der Stellungen unter Zusammenfassung aller Kräfte der Organisation Todt in der Hand und unter der Verantwortung des Obersten Kommissars. Die Organisation Todt hatte die Stellungsbauten zu übernehmen. Unterabschnitte wurden von Bauführern der Organisation Todt, die aus der Heimat gekommen waren, gebildet.

Bereits im Herbst 1944 war mit dem Bau eines großen Befehlsbunkers für den Kampfkommandanten von Triest an der Höhenstufe südostwärts von Opičina begonnen worden. In ihm sollten die leitenden Persönlichkeiten der Großfestung Triest – der Kampfkommandant, der Befehlshaber der Marine sowie der Artillerieführer – mit einem umfangreichen Nachrichtennetz ihre Befehlszentrale erhalten. Stollen waren bereits unter der Erde mit Sicht auf die Bucht von Triest vorgetrieben worden, stark betoniert und einkaverniert, mit Luftschächten, Sanitäranlagen, Entlüftungsstollen und anderem mehr versehen. Ebenso war rechts von der Straße nach Triest ein großer Luftschutzstollen für Zivilisten und Wehrmachtsangehörige im Bau, allerdings ohne Seitenanlagen. Der Bau schritt deshalb so langsam voran, weil man unter ständigem Arbeitskräftemangel litt und das Baumaterial fehlte. Ebenso langsam näherte sich der Befehlsbunker des Stadtkommandanten von Triest, der in der Villa Geillinger gebaut wurde, seiner Vollendung.[128]

Neue Artilleriestellungen wurden bei Cernotti erkundet und vermessen. Hier lernte man wieder einmal mehr das Karstgelände in seiner unangenehmsten Weise kennen: Steine, nichts als Steine, kein Tropfen Wasser und keine Anbaumöglichkeiten für die verarmte Bevölkerung. Ähnlich wie in Gibraltar war die Wasserversorgung in Cernotti. Außerhalb der Ortschaft war ein rund zwölf Quadratmeter großes Feld abgegrenzt und mit nach der Mitte zu verlaufenden Rillen ausbetoniert worden. Hier sammelte sich das Wasser bei Regenfällen, lief in einer Zisterne zusammen und sollte so die ganze Wasserversorgung für Cernotti sicherstellen.

Die Deutschen gingen davon aus, dass bei einem alliierten Angriff sehr starkes Artilleriefeuer und Bombenteppiche auf ihre Stellungen und Unterkünfte niedergehen würden. Was lag daher näher, als in die Erkundungen für ein gutes Stellungssystem auch alle vorhandenen Höhlen, die zum Unterziehen geeignet erschienen, mit einzubeziehen? So fand man in einer großen Höhle bei Ospo einen kleinen See mit trinkbarem Wasser. Die Höhle besaß ein Fassungsvermögen für rund 300 Mann. Auch konnte man dort eine gedeckte Geschützstellung errichten. In S. Servolo war bereits ein Luftschutzstollen für die Zivilbevölkerung im Bau. Auch er ließ sich nach Meinung der militärischen Dienststellen im Ernstfall für die Truppe nutzen.

Sorge ganz anderer Art bereitete den Kommandeuren und Führern das Überschwemmungsgebiet am Monte Sermino. Es bot nämlich ein ideales Landungsgebiet für die Alliierten. Man ließ daher vor dem Frontabschnitt des Reservegebirgsjägerregiments 137 alle Schleusen öffnen und setzte das ganze Gelände samt der Einmündung des Risanabaches einen halben Meter unter Wasser. Nachdem man auch dieses Problem gelöst hatte, tauchte schon ein neues auf. Mehr denn je musste man auf Seiten der Italiener mit Spionage- und Sabotageakten rechnen.

„Dieses Wort“, so schrieb Dr. Schulze, „wird jetzt groß geschrieben! Die Italiener sind schon derart kriegsmüde und versuchen auf alle mögliche Art sich von der Arbeit zu drücken, mit Krankheiten und Fernbleiben von der Arbeitsstätte, mit Murren und

Der Einsatzraum des „Reggimento Alpini Tagliamento“ in der Operationszone „Adriatisches Küstenland“.

Belluno, ein Einsatzraum der 188. Reserve- beziehungsweise Gebirgsdivision in Oberitalien.

Gebirgssoldaten auf einer Erkundungsfahrt in den oberitalienischen Alpen.

Der Gebirgsjäger Kurt Seidel während eines Partisaneneinsatzes am Isonzo.

An der Flitscher Klause – Hier erzwangen die Mittelmächte während der 12. Isonzoschlacht den Durchbruch.

Erkundungsfahrt in den Julischen Alpen.

Durchkämmen des Gebietes
Tolmein – Idria.

Befragung von mussolinitreuen
italienischen Streckenposten.

Marsch über die
Isonzobrücke bei Tolmein.

Partisaneneinsatz
im Karstgebiet.

*Das Tal des mittleren
und oberen Isonzo.*

*Durchkämmung des Raumes Tolmein – Idria
im Frühjahr 1944.*

Partisanenverbände werden westlich von Zirknitz unter Beschuss genommen.

Sammlung eines Kommandos nach der Durchkämmung des Partisanengebietes.

Tragtierkolonne
im Gelände.

Rückmarsch des Vortrupps nach dem Partisaneneinsatz
in Richtung Tolmein.

Angehörige des „Reggimento Alpini Tagliamento" im Val Baccia.

Italienische Alpini 1944 während einer Kampfpause.

Alpini des „Reggimento Alpini Tagliamento" und Bersaglieri des Bataillons „Mussolini" im Oktober 1944 in San Lucia di Tolmino.

Feldgottesdienst des III. Bersaglieri-Bataillons am 24. Oktober 1944 in Chiesa San Giorgio.

Das Bersaglieri-Bataillon „Natisone"
im Isonzotal 1944.

Alpini während einer Operation im Jahre 1945 in der
Operationszone „Adriatisches Küstenland".

*Angehörige des „Reggimento Alpini Tagliamento"
im Jahre 1945.*

*Alpini durchsuchen in der Operationszone „Adriatisches Küstenland"
eine Ortschaft nach Partisanen.*

Ein Gebirgsgeschütz wird am Isonzo in Feuerstellung gebracht.

Das gleiche Gebirgsgeschütz kurz vor dem Abschuss der ersten Granaten.

*Ausbildung am Fernsprecher
im Gebiet von Tolmein.*

*Gebirgsjäger während einer Gefechtspause
beim Unternehmen „Wendelstein".*

Gebirgsjäger beim Sammeln nach einem Einsatz gegen die Partisanen in Istrien im Frühjahr 1944.

Wuchtige Bergmassive der Julischen Alpen.

Erkundungstrupp im Flussbett des Isonzo bei Tolmein.

Generalleutnant von Hößlin mit seinem Stab während einer Gebirgsübung in den Dolomiten.

Dr. Kraus und Leutnant Naredy inspizieren die Tragtierstaffel der 188. Gebirgsdivision.

Dr. Kraus im Dezember 1943 am Monte Grappa.

Geschimpfe auf die wenige Verpflegung und auf die deutsche Besatzung, nur dieser hätten sie die Bombenangriffe zu verdanken.

So kursierten die unglaubwürdigsten Gerüchte in den Stellungen und auf der Halbinsel Muggia, jedermann sah Spione, alle Stellungen und Stellungsbauten wurden strengstens überwacht und doch kamen mir auch Meldungen zu Ohren, dass da und dort Sabotage bei den Arbeiten geübt worden sei: Zementvorräte waren von unbekannter Seite des Nachts mit Wasser übergossen und so unbrauchbar gemacht worden. Oder: ganze Holzladungen waren entweder gar nicht angeliefert oder wieder gestohlen worden. Wenn nicht beaufsichtigt und zur Arbeit angetrieben, saßen die italienischen Arbeiter der Organisation Todt arbeitsunwillig in den Stollen, rauchten nur und waren gar nicht gewillt, ihr Arbeitspensum zu erfüllen. Bisweilen verließen sie vor der offiziellen Zeit ihre Arbeiten und waren verschwunden.

Dass sich im Abschnitt auch getarnte Partisanen herumtrieben und von der Bevölkerung versteckt gehalten wurden, war mir klar. So ordnete ich schärfste Überwachung der Zivilbevölkerung an, mit Ausweiskontrolle, Verbot von Betreten von Artilleriestellungen, Geschütz- und Panzersperren und so weiter. Niemand durfte Auskunft oder Wegebeschreibungen geben, wenn der betreffende Auskunftsbittende persönlich nicht bekannt war oder sich einwandfrei ausweisen konnte.

Unheimlich groß und zahlreich waren die durch die Halbinsel Muggia durchbrausenden Kraftwagen, deren Fahrer oder Insassen sich oftmals weigerten, meinen Sicherungsposten die Ausweise zu zeigen oder überhaupt anzuhalten, wenn sie dazu aufgefordert worden waren. Und meine armen, kleinen, unerfahrenen und jungen Gebirgsjäger hatten immer wieder das Nachsehen und beklagten sich bei ihren Wachhabenden über diese Disziplinlosigkeiten der Fahrer, der höheren Offiziere und Durchfahrenden. So erließ ich ganz scharfe Bestimmungen hinsichtlich der Überwachung, ließ Sperrbäume an den Straßen errichten, die erst nach eingehender Kontrolle aller Personen hochgehoben werden durften."

Ein eigenes Kapitel waren nach Schulzes Aufzeichnungen die ständigen Überfälle: „Obwohl ganz strenge Anordnungen und Befehle erlassen waren, sich nicht allein ins Gelände zu begeben, nur zu dritt auszugehen oder nur im Geleit zu fahren, kam es wiederholt vor, dass – auch bei Partisaneneinsätzen – einzelne Leute, ja sogar ganze Gruppen als vermisst gemeldet wurden. So und so viele Verwundete kamen nicht zurück oder zu den Verbandplätzen, einzelne Posten wurden überfallen und verschleppt, auf Nimmerwiedersehen. Nachforschungen blieben meist erfolglos, nicht einmal Uniformstücke, Ausrüstungsgegenstände wurden mehr gefunden, waren wie von der Erde verschlungen.

Niemand wusste Bescheid. Man kann doch nicht annehmen, dass Kameraden nichts aussagen wollten, um sich dadurch eventuell zu decken für einen Verstoß gegen die Befehle! Die Batteriechefs ließen ihre Leute nicht mehr aus den Batteriestellungen,

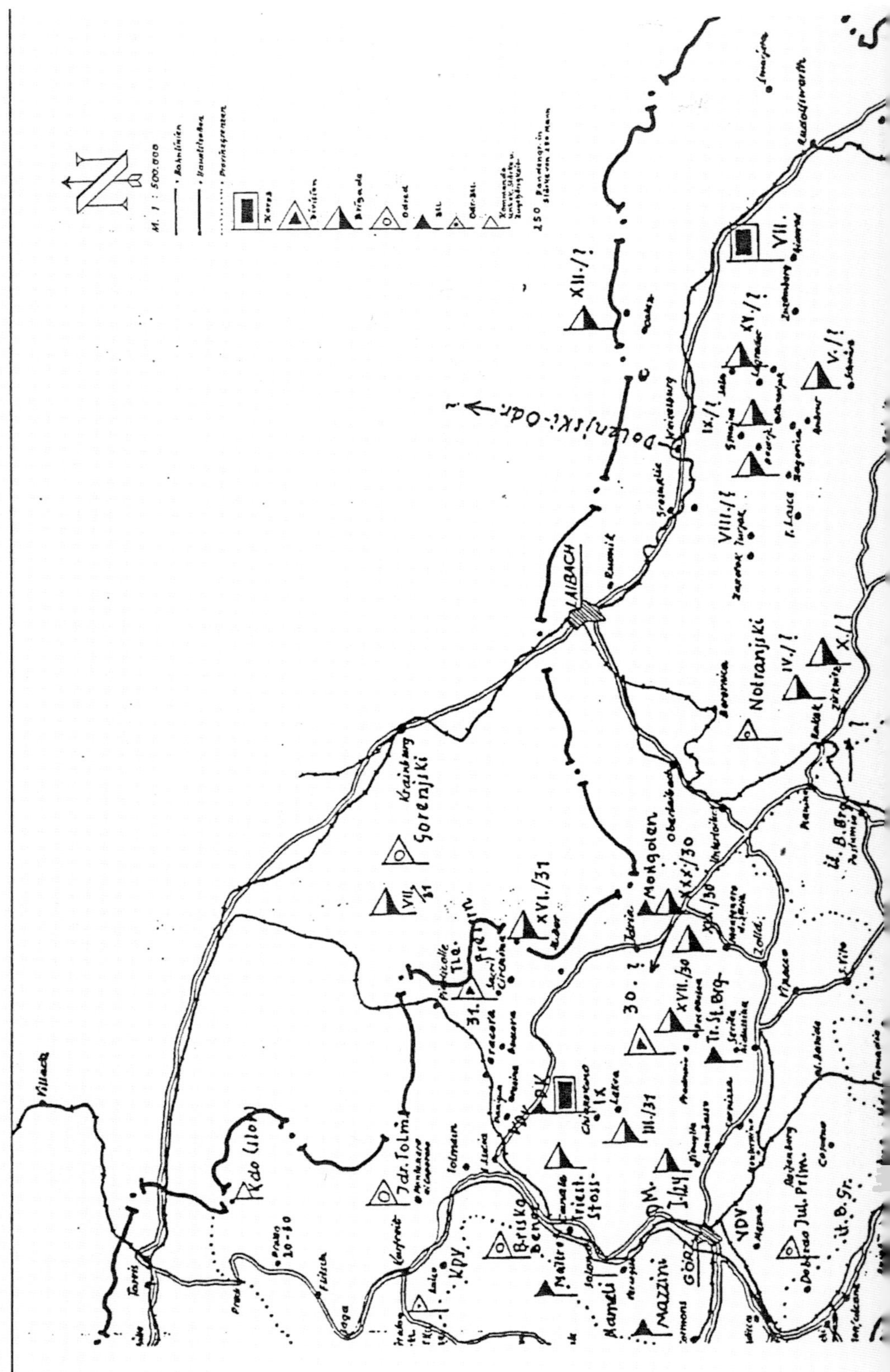

Die Bandenlage im Einsatzraum des LXXXXVII. Armeekorps 1944/1945.

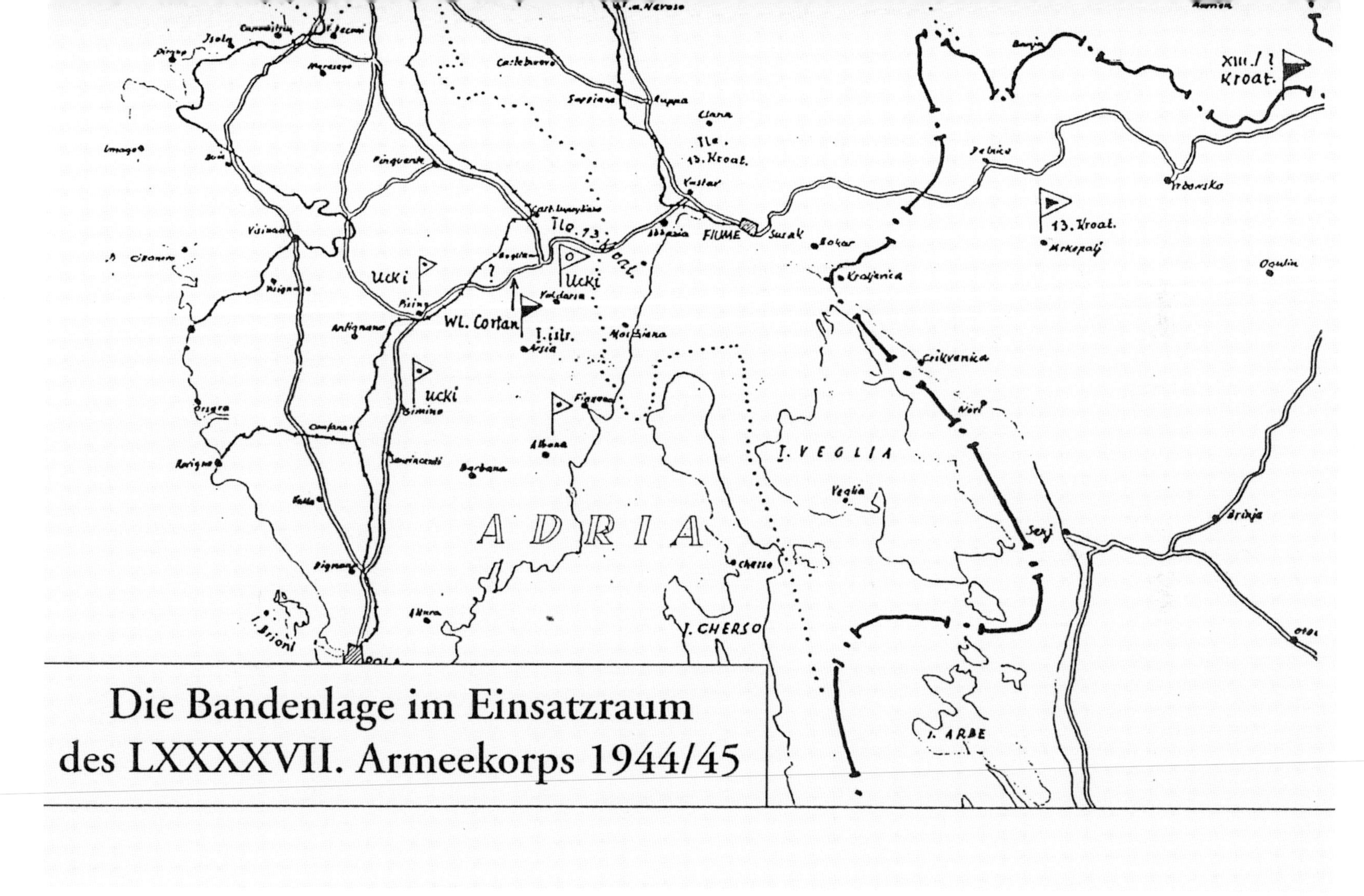

Die Bandenlage im Einsatzraum des LXXXXVII. Armeekorps 1944/45

Pferdebewachungsposten wurden doppelt und dreifach besetzt, überall standen Doppelposten.

Dies war natürlich eine ungeheure Belastung der Einheiten, die Ausbildung litt darunter, die Ausbildungsziele wurden nicht erreicht. Uns Kommandeuren blieb nichts anderes übrig, als stets auf Vorsicht bedacht zu sein und zu empfehlen, niemals ohne Schusswaffe auszugehen.

Viele Minenfelder waren angelegt, die natürlich keinen Wert besaßen oder diesen verlieren mussten, wenn sie nicht bewacht waren. Denn mit hundertprozentiger Sicherheit konnte angenommen werden, dass nach kürzester Zeit die Minen ausgebaut waren. Also Bewachung und abermals Bewachung. Aber woher die Leute nehmen und das Ausbildungsziel erreichen? Das waren die Schwierigkeiten, die zu meistern waren.

Hoffentlich verschwanden die Vermissten nicht in den zahlreichen Karstdolinen, von den Partisanen dort hineingeworfen und unseren Nachforschungen und Absuchen des Geländes auf diese Weise entzogen.“[129]

Indessen gingen Ende Februar 1945 die Stellungsbauten weiter. Dabei wurden alle fertiggestellten Bauten in eine sogenannte Stellungskarte eingetragen. Pferdebunker, die meisterlich ausgebaut und getarnt waren, wurden im Gelände angelegt, in den verschiedenen Schluchten, in der Nähe von Quellen oder in Behelfsstallungen. Unterhalb von Elleri wurde für den Arzt des Reservegebirgsjägerregiments 137, den Stabsarzt Dr. Hebein aus Hartberg in der Oststeiermark, ein Sanitätsbunker aus dem Gestein herausgesprengt und mit Pritschen, doppelten Eingängen, Fernmeldeanlagen, Behandlungs-, Operations- und Verbandsräumen versehen. Er konnte rund fünfhundert Verwundete aufnehmen.

„Unsere Versorgungslage wird immer schlechter und schlechter“, notierte Oberstleutnant Dr. Schulze in seinem Kriegstagebuch. „Der Nachschub sämtlicher Versorgungsgüter gerät immer mehr ins Stocken durch die fast täglich stattfindenden Bomben- und Tieffliegerangriffe auf die von Villach durchs Kanaltal nach Udine und nach Triest führenden Bahnen. Alle Augenblicke sind die Brücken oder der Bahnkörper auf ein bis zwei Tage unterbrochen und müssen immer wieder aufs neue instand gesetzt werden. Nach zwei Tagen wieder woanders eine Unterbrechung. Der Nachschub stockt und so sind wir immer mehr und mehr auf die Versorgung aus dem Lande angewiesen, das sowieso schon ausgelaugt ist und außerdem noch die Zivilbevölkerung zu versorgen hat. Es fehlt an allem, auch das Futter für die Pferde, das mehr oder weniger zur Gänze aus dem Lande sicherzustellen ist. Verpflegungssatz 3 steht meinen jungen Jägern zu und dieser ist herzlich gering, sodass ich stets Klagen über unzureichende Ernährung der immer hungrigen Jungen zu hören bekomme.

Und ich kann nicht helfen!!! Das tut mir weh. Ich rede halt gut zu und spreche viel vom Aushalten. Meinen Zahlmeister Schmitt halte ich zu ständigen Aufkäufen an, für Mann und Ross.

Auch der Munitionsnachschub leidet. Ich kann mir nicht vorstellen, woher die benötigte Munitionsmenge zu nehmen, wenn die Amis wirklich kommen! Hoffentlich kommt es nicht zu einer Katastrophe! Nicht nur die Nachschublage in allen Versorgungsgütern für die Wehrmacht (Verpflegung, Bekleidung, Munition, Baumaterial und so weiter) wurde durch die ununterbrochenen Luftangriffe auf die Nachschubstraßen und Bahnlinien aufs schwerste beeinträchtigt, sondern auch für unsere Tragtiere und Pferde traf kein Raufutter und Hafer mehr ein. Die Folge war, dass trotz unserer Aufkäufe auf der istrischen Halbinsel, auf der ja noch andere pferdebespannte Einheiten lagen und nicht nur mein Regiment, der Ernährungszustand der Pferde immer schlechter wurde. Wie oft kam der Regimentsveterinär, Dr. Söldner zu mir und bat um Abhilfe. Wie oft machten mich die verschiedenen Futtermeister der Einheiten bei meinen Stellungsbegehungen darauf aufmerksam und führten mich in die Behelfsstallungen im Gelände. – Ich hatte die Anlage von solchen Stallungen angeordnet, um bei eventuellen Luftangriffen keine Tierausfälle zu haben. Sie waren teilweise mustergültig ins Gelände verlegt worden und dort bisweilen mit allen Schikanen ausgebaut. Der Zustand der Tiere betrübte mich sehr und so wollte ich mal bei der Division in dieser Richtung vorstellig werden. Und warum? Die Futtermeister meldeten mir, dass beim Raufutterverpflegungsempfang nie die benötigte Menge ausgegeben werden konnte, weil eben keine da war. Dafür erhielten sie von der Ausgabestelle Gutscheine mit der Berechtigung, beim nächsten Empfang nachzufassen. In der Zwischenzeit sollten die Tiere wohl von der Luft leben. So machte ich eben einen Antrag an die Division, dreißig Pferde und Tragtiere schlachten zu dürfen!“[130]

Trotz der gewissenhaften Verteidigungsmaßnahmen konnten auch die tagtäglich immer wieder faszinierenden Farbstimmungen über der Bucht von Capo d'Istria nicht darüber hinwegtäuschen, dass den Männern des LXXXXVII. Armeekorps das Schlimmste noch bevorstand. Nicht umsonst berichtete die Agentur „Ulus“ am 4. April 1945 aus Ankara:

„Südlich der Drau beginnt für die Balkanarmee der letzte Akt einer langen Tragödie. Der Armee bleibt nur der Ausweg eines Rückzugs nach Kärnten oder eines Flankenstoßes gegen die südöstliche Steiermark. Da die zur Verfügung stehenden Straßen für beide Operationen nicht ausreichen, erscheint eine Einkreisung der deutschen Balkanarmee nicht ausgeschlossen.“[131]

10. Die Operationen des LXXXXVII. Armeekorps

Als die tragende Säule von Küblers LXXXXVII. Armeekorps stand die 188. Reservegebirgsdivision des Generalleutnants Hans von Hößlin im Raum Triest, Istrien und Fiume wiederholt im Mittelpunkt der Kämpfe. Die Sorgen um eine weitere alliierte Großlandung im Mittelmeer nach der Operation an der südfranzösischen Küste rissen nicht ab.

„Bei Fiume – Triest an Land gehender Feind hätte es leicht gehabt, in Richtung Budapest – Wien vorzustoßen, zumal die starken jugoslawischen Partisanenverbände ihn wirksam unterstützen und in den Flanken abschirmen konnten", schrieb Rommels ehemaliger Generalstabschef Siegfried Westphal. „Die deutsche Ostfront hätte ein solcher Stoß im Rücken bedroht und in ihren Grundfesten erschüttert. Von den rein militärischen Aspekten abgesehen, hätte die ganze politische Entwicklung der Nachkriegszeit, das politische Bild der Landkarte Südosteuropas, ein ganz anderes Gesicht angenommen."[132]

Aber der britische Premierminister, der eine Flottenlandung in Istrien forderte, scheiterte am Widerstand der Amerikaner, die auf dem Balkan zu viel Rücksicht auf die Sowjets und deren Verbündete nahmen – „zum unmittelbaren Vorteil für Hitler und zum endgültigen Gewinn für Stalin."[133]

Wie es dazu gekommen ist, schildert Winston Churchill in seinen Memoiren folgendermaßen:

„Was aber die mangelnde Elastizität der Kriegsplanung der Amerikaner und Roosevelts eigenen Argwohn gegen einen, wie er sagte, Feldzug auf dem Balkan enthüllte, das waren seine Einwände gegen eine Landung auf der Halbinsel Istrien und den Vorstoß durch die Laibacher Senke nach Wien. Alexander und Smuts, die meine Ansicht teilten, seien, so meinte der Präsident, aus mehreren natürlichen und sehr menschlichen Gründen geneigt, zwei wesentliche Überlegungen zu übersehen. Erstens störe die Operation die große Strategie. Zweitens nehme sie zu viel Zeit in Anspruch, und vermutlich könnten wir nicht über sechs Divisionen einsetzen. ‚Ich kann nicht einwilligen', schrieb er, ‚amerikanische Truppen in Istrien und auf dem Balkan zu verwenden, und ebenso wenig kann ich mir vorstellen, dass die Franzosen eine solche Verwendung französischer Truppen genehmigen werden. […] Aus rein innerpolitischen Gründen würde ich einen auch nur kleinen Rückschlag „Overlords" nie überleben, wenn bekannt würde, dass verhältnismäßig starke Kräfte in den Balkan entsandt worden sind.' Keiner der Teilnehmer an jenen Diskussionen hatte je daran gedacht, den Balkan mit Armeen zu überziehen, aber Istrien und Triest bildeten strategische und politische Positionen, die – besonders nach dem Vormarsch der Russen –

umfangreiche, starke Rückwirkungen haben mochten. Für den Moment resignierte ich und am 2. Juli erhielt General Wilson den Befehl, am 15. August Südfrankreich anzugreifen."[134]

Damit waren die Würfel um den entscheidenden Kräfteansatz im Mittelmeerraum gefallen. „Man hat es zugelassen, dass ein Feldzug versandete, nicht gerade in ein Nichts verrann, aber doch zu viel weniger einschrumpfte, als er hätte sein können – ein Feldzug, der möglicherweise die ganze Geschichte der Beziehungen zwischen der westlichen Welt und der Sowjetunion verwandelt hätte", konstatierte der US-General Mark W. Clark später und fuhr dann fort: „Nicht nach meiner Auffassung allein, sondern auch nach der einer Anzahl von Sachverständigen, die dem Problem unmittelbar gegenüberstanden, war es einer der größten politischen Fehler in diesem Kriege, den Feldzug in Italien abzuschwächen, um in Südfrankreich zu landen, statt weiter zum Balkan vorzustoßen. [...] Stalin wusste genau, was er politisch und militärisch wollte, und was er am entschiedensten wollte, das war, uns vom Balkan wegzuhalten. [...] Es ist daher leicht zu erkennen, weshalb Stalin in Teheran für ‚Arivil' eintrat [...] aber ich habe niemals einsehen können, weshalb Großbritannien und die Vereinigten Staaten, als sich die Verhältnisse und die Kriegslage änderten, es versäumten, sich zusammenzusetzen und die allgemeine Lage zu überprüfen. [...] Dass der Balkan die britischen Köpfe stark beschäftigte, steht außer Zweifel, aber [...] die obersten amerikanischen Planer waren nicht interessiert. Später in Österreich begriff ich, welche ungeheuren Vorteile wir haben fahren lassen, als wir es unterließen, nach dem Balkan weiter zu drängen. Hätten wir dort vor der Roten Armee gestanden, wäre nicht nur der Zusammenbruch Deutschlands eher eingetreten, sondern auch der Einfluss Sowjetrusslands stark verringert worden."[135]

Während die Alliierten noch um die weitere Marschrichtung im Mittelmeerraum stritten, wurde die 188. Reservegebirgsdivision am 1. März 1945 in eine Felddivision umgegliedert. Die Gebirgsjägerregimenter erhielten die Nummern 901 bis 904, das Gebirgsartillerieregiment und das Gebirgspionierbataillon bekamen die Nummer 1088. Das Jägerbataillon wurde zum Jägerbataillon 499. Damit wies sie folgende Gliederung auf: das Gebirgsjägerregiment 901 entstand aus dem Reservegebirgsjägerregiment 136 unter Oberst Berger, das Gebirgsjägerregiment 902 aus dem Reservegebirgsjägerregiment 137 unter Oberstleutnant der Reserve Dr. Schulze, das Gebirgsjägerregiment 903 aus dem Reservegebirgsjägerregiment 138 unter Oberst Brandl, das Gebirgsjägerregiment 904 aus dem Reservegebirgsjägerregiment 139 unter Oberst Christl, das Gebirgsartillerieregiment 1088 aus dem Reservegebirgsartillerieregiment 112 unter Oberstleutnant Laurin und das Gebirgspionierbataillon 1088 aus dem Reservegebirgspionierbataillon 83 unter Hauptmann Baumgartner. Ferner gehörten der 188. Gebirgsdivision noch die Gebirgsnachrichtenkompanie 1088 und die Versorgungstruppen 1088 an.[136] Aber diese Umgliederung hatte zunächst keine Auswirkungen auf die Truppe und ihre Aufgaben und Einsatzgestaltung in der Operationszone „Adriatisches Küstenland". Sie hatte sich vielmehr mit Problemen, die oft genug an den Nerven zerrten, auseinanderzusetzen. So zum Beispiel, als die Brücke über den Risanobach bei Strolci sowie die darüber hinwegführende Wasserleitung, die ganz Triest mit Wasser versorgte, von den Partisanen in einer Märznacht gesprengt wurde. Kurz darauf kam vom Stadtkommandanten von Triest die Aufforderung, die unterbrochene Wasserleitung alsbald wieder instand zu setzen. Das war jedoch leichter gesagt als getan, fragte sich nur, mit welchen Mitteln und Arbeitskräften?

Ende März 1945 machte sich bei den Truppenführern Resignation breit, nachdem sie erfahren hatten, dass die Sowjets in Schlesien standen und die Amerikaner am Po. „Es dürfte wohl nicht mehr lange dauern, bis unser Reich zusammenbricht", schrieb Schulze. „Und seine innerste Überzeugung darf man nicht einmal verlauten lassen, sonst wird man als Defätist an die Wand gestellt und der Wehrmachtszersetzung angeprangert. Auch soll man seinen Untergebenen mit gutem Beispiel vorangehen und sie zum Aushalten anspornen und nur vom kommenden Endsieg sprechen. Eine unerhörte psychische Belastung aller Vorgesetzten!"[137]

Der Ostersonntag als auch der Ostermontag, also der 1. und 2. April 1945, verliefen ruhig und beschaulich. Dennoch sank die Stimmung der Fronttruppe von Tag zu Tag. Gespannt und mit sorgenvollen Minen verfolgte man die Wehrmachtsberichte. Jetzt wurde die Hoffnungslosigkeit auch den ewigen Optimisten plastisch vor Augen geführt. Sie, die Männer des LXXXXVII. Armeekorps, sahen sich mit einem Mal von der Heimat abgeschnitten, nachdem der Norden Bayerns besetzt worden war und sich ein Stoßkeil von Titos Partisanenarmee bedrohlich westwärts vorschob. Wie sollte es weitergehen?

Es war nach den Osterfeiertagen, als Generaloberst Heinrich von Vietinghoff, der neue Oberbefehlshaber Südwest (zugleich Heeresgruppe C in Italien), in Begleitung der Generäle Kübler und von Hößlin die Stellungen der 188. Gebirgsdivision im Küstenverteidigungsunterabschnitt Triest-Süd besichtigte. Bei dieser Gelegenheit nahm der Kommandierende General den Kommandeur des Gebirgsjägerregiments 902, Dr. Schulze, beiseite und eröffnete ihm, dass im Auftrag des SS-Obergruppenführers und Generals der Waffen-SS Karl Wolff Ende 1944 der SS-Standartenführer Dollmann über Kardinal Schuster aus Mailand Fühler zu den Alliierten ausgestreckt habe, die aber unbeachtet geblieben seien. Anfang 1945 hätten der Botschafter Rahn und General Wolff im Einverständnis mit Generalfeldmarschall Kesselring, als dieser noch Oberbefehlshaber Südwest war, über einen italienischen Großindustriellen und einen päpstlichen Kammerherrn erneut Verbindungen zum amerikanischen Strategischen Geheimdienst in der Schweiz hergestellt. Wolff habe gehandelt, sei am 8. März nach Zürich gefahren und dort mit dem Leiter des ame-

„Es lebe der 3. Jahrestag der Gründung der OF“.
27. April 1944.

rikanischen Strategischen Geheimdienstes zusammengetroffen. Sogar Himmler und Hitler seien mit dieser Reise einverstanden gewesen. Ihr Zweck: Abschluss eines Waffenstillstandes mit den Westalliierten.

„Ein zweites Gespräch zwischen Wolff und Vertretern des alliierten Hauptquartiers – jetzt als Gesprächsführer der britische Feldmarschall Alexander als Nachfolger von US-General Eisenhower – habe unterdessen in der Schweiz stattgefunden, wobei Wolff Kesselring, der am 8. März Oberbefehlshaber West geworden war, zum Abschluss eines Sonderwaffenstillstandes an der Westfront zu überreden versuchte. Gleichzeitig sollte auch in Italien ein Waffenstillstand eintreten. Aber", so Kübler, „der Versuch einer Überredung Kesselrings sei fehlgeschlagen, weil sich dieser noch an seinen Eid gebunden gefühlt habe. Auch in Italien habe Wolff keinen Erfolg erzielen können, weil von Vietinghoff als Nachfolger Kesselrings gezögert habe. Er wollte Kesselring nicht im Stich lassen. Wolff habe daraufhin an die Alliierten ausweichenden Bescheid gegeben und die Verhandlungen seien gescheitert. Unser Kampf in Italien gehe daher weiter."[138]

Schulze war über Küblers Vertrauen zu ihm sehr erstaunt. „Na also", schrieb er dann voller Ironie in sein Kriegstagebuch, „wollen wir halt weiterkämpfen und schauen, was dabei herauskommt. Denn wir kleinen Leute müssen doch im Großen mittanzen. Für mich war aber alles außerordentlich interessant. Da konnte man sehen, was alles im Wehrmachtsbericht stand, wie das Volk zum Aushalten angekurbelt wird, mit welchen Strafen gedroht wird und die Großen bescheißen die Kleinen!"[139]

Ein paar Tage nach dieser Unterredung wurden sämtliche Regiments- und Divisionstruppenkommandeure zum Divisionsstab nach Sessana befohlen. Dort erfuhren sie von der vom Oberkommando des Heeres/Oberkommando der Wehrmacht verfügten Umgliederung der 188. Gebirgsdivision. Die jüngsten Rekruten eines jeden Regiments sollten zu einem Bataillon zusammengefasst und im Küstenverteidigungsabschnitt zurückgelassen werden. Aus den ausgebildeten, kampfkräftigen Teilen der einzelnen Regimenter sollte ebenfalls ein Bataillon für den Kampfeinsatz im Raum südostwärts von Villa del Nevoso zur Entlastung der Absetzbewegung der Heeresgruppe E aus dem Südosten sowie zur Verteidigung des Festen Platzes von Fiume gebildet werden. Ferner musste mit einer Herauslösung aus dem Küstenverteidigungsabschnitt gerechnet werden.

Die weitere Abgabe von ausgebildeten Rekruten an die 2., 3. und 5. Gebirgsdivision wurde ab sofort eingestellt. Die Zuführung von fehlenden Einheiten und die Umrüstung mit Waffen und Gerät kam allerdings nicht mehr zum Tragen.

Nun begannen die fieberhaften Vorbereitungen zur neuerlichen Umgliederung der „Steinbockdivision". Trotz der Herauslösung von Divisionsteilen aus dem Küstenverteidigungsabschnitt Triest sollte die Sicherung des Küstenverteidigungsabschnitts Isonzomündung – Triest – Fiume – Pola jedoch weiterhin gewährleistet bleiben. Hierzu hatte sich die neue 188. Gebirgsdivision im Raum südostwärts von Villa del Nevoso zu versammeln.

Wie sah nun die militärische Lage in Istrien und Dalmatien aus?

Zur allgemeinen Orientierung sei zunächst ein Blick auf die Kriegsgliederung der höheren Befehlsstellen und Truppenverbände der Heeresgruppe E (zugleich Oberbefehlshaber Südost) des Generalobersten Alexander Löhr im kroatischen Raum nach dem Stand vom 7. Mai 1945 geworfen:[140]

	XXXIV. Armeekorps (General der Flieger Felmy)	
	LXXXXVII. Armeekorps (General der Gebirgstruppe Kübler)	237. Infanteriedivision 188. Gebirgsdivision Reste der 392. kroatischen Division
	Stab des (serbischen) Freiwilligenkorps (General Musicki)	
	LXXXXI. Armeekorps z. b. V. General der Infanterie von Erdmannsdorf)	104. Jägerdivision 13. kroatische Division 4. kroatische Division
	XV. Gebirgskorps (General der Panzertruppe Fehn)	15. kroatische Division 373. kroatische Division Sicherungsregiment 639 41. Infanteriedivision
	LXIX. Armeekorps z. b. V. (General der Infanterie Auleb)	3. kroatische Division 181. Infanteriedivision 7. SS-Freiwilligen-Gebirgsdivision „Prinz Eugen“ 8. kroatische Gebirgsdivision 7. kroatische Gebirgsdivision
	XXI. Gebirgskorps (Generalleutnant von Ludwiger)	9. kroatische Division 369. kroatische Division 1. kroatische Sturmdivision
	XV. SS-Kosakenkavalleriekorps (Generalleutnant Hellmuth von Pannwitz)	22. Volksgrenadierdivision 11. Luftwaffenfelddivision 1. Kosakenkavalleriedivision 2. Kosakenkavalleriedivision

Die 188. Gebirgsdivision des Generalleutnants von Hößlin mit ihrem Stab in Sessana unterstand nach wie vor dem LXXXXVII. Armeekorps mit Gefechtsstand in Cormons/Görz. Das Gebirgsjägerregiment 901 lag mit einem Gebirgsjägerbataillon im Küstenverteidigungsunterabschnitt Triest-Nord und einem weiteren in Görz, das Gebirgsjägerregiment 902 mit zwei Bataillonen im Küstenverteidigungsunterabschnitt Triest-Süd, das Gebirgsjägerregiment 903 mit zwei Bataillonen im Abschnitt Fiume, das Gebirgsjägerregiment 904 mit zwei Bataillonen im Raum Postumia, der Jagd- und Wachzug des Gebirgsjägerbataillons „Heine" befand sich in Idria zur Sicherung der dortigen Quecksilbergruben.

Nachbar der „Steinbockdivision" war die 237. Infanteriedivision des Generalleutnants von Graevenitz – eine taktisch nicht ausgebildete Sicherungsdivision, die sich aus dem Grenadierregiment 1046 von Oberst Falckner, dem Grenadierregiment 1047 von Oberst Baur, dem Grenadierregiment 1048 von Oberstleutnant Rosenbeck, dem Artillerieregiment 237 von Oberst Koppke mit zwei leichten und einer schweren Artillerieabteilung, dem Divisionsfüsilierbataillon 237 sowie aus Divisionseinheiten (einschließlich Panzerjägerkompanie) mit der Nummer 237 zusammensetzte. Sollten diese Einheiten und Geschütze bewegt werden, so mussten erst Ochsen aufgetrieben werden, da die Italiener bereits alle Pferde in ihrem Kampfbereich ausgehoben hatten. Seit Anfang April 1945 wurde die 237. Infanteriedivision wegen der Bedrohung durch die Partisanenverbände von Fiume, von Südosten her unter Entblößung der Halbinsel Istrien im Großraum Fiume zusammengezogen. Die Grenadierregimenter 1046 und 1047 sollten den Raum für die Zeit des Baues einer Verteidigungsstellung nahe der Hafenstadt sichern.

An der dalmatinischen Küste zeichnete sich ein stärkeres Vorgehen von Partisanenverbänden entlang der Adria mit Stoßrichtung auf Fiume, ja sogar auf Triest ab. Diesem Vorstoß lagen weniger taktische, als vielmehr politisch-strategische Überlegungen zugrunde, nämlich die Abspaltung der Halbinsel Istrien zur Sicherstellung jugoslawischer Ansprüche auf bisherige italienische Gebiete unter gleichzeitiger Einverleibung Kroatiens in einen neuen jugoslawischen Staatsverband. Ferner würde das Gelingen eines derartigen operativen Stoßes zum Gewinn des Gebietes um Laibach und somit in den Rücken der Heeresgruppe E führen und diese empfindlich treffen. Im Norden sicherten fünf Polizeiregimenter und das Serbische Freiwilligenkorps[141] unter dem SS-Obergruppenführer Rösener sowie SS- und Polizeiverbände unter dem Höheren SS- und Polizeiführer Globocnik den Raum zwischen Monte Nevoso, Postumia und Laibach.

Nun begann auch die Umgruppierung im Küstenverteidigungsunterabschnitt Triest-Süd. Zum Herausziehen wurden zusammengestellt: der Stab des Gebirgsjägerregiments 902 unter Oberstleutnant Dr. Schulze, das II. Bataillon/Gebirgsjägerregiment 902 unter Hauptmann Koser mit 6., 7., 8., 9. und 10. Kompanie. Diese Einheiten erhielten alle ausgebildeten Rekruten des Gebirgsjägerregiments 902. Die unausgebildeten Mannschaften wurden dem I. Bataillon des Gebirgsjägerregiments 902 eingegliedert. Zur Sicherung und Verteidigung des Küstenverteidigungsunterabschnitts Triest-Süd blieben für den Regimentsstab 902 und als Kampfkommandant Hauptmann Knaack und Oberleutnant Klöbl mit Teilen des Unterstabes zurück, ferner die Pionierkompanie mit einem Zug der jüngsten Pionierrekruten sowie das I. Bataillon/Gebirgsjägerregiment 902 unter Hauptmann Schwarz mit seinen unausgebildeten Rekruten und jenen des II. Bataillons/Gebirgsjägerregiment 902 mit den Kompanien 1 bis 5.

Die zurückbleibenden Einheiten hatten den gesamten Küstenverteidigungsunterabschnitt Triest-Süd mit den Teilabschnitten „Kempten" (Dora und Emil) und „Graz" (Friede und Gustav) zu übernehmen. Sofort wurden Einweisungskommandos in ihre neuen Frontabschnitte abgestellt, sodass beim Abrücken des II. Bataillons/Gebirgsjägerregiments 902 eine reibungslose Übernahme gewährleistet war. Die motorisierten und Spannfahrzeuge des Gebirgsjägerregiments 902 wurden überholt und einsatzbereit gemacht. Eine große Sorge bereitete allen der große Mangel an Betriebsstoff. Etwa zwei Drittel der motorisierten Fahrzeuge waren bereits seit längerer Zeit wegen Benzinmangels auf Holzgasbetrieb umgerüstet worden. Dabei mussten die Gaskessel der Fahrzeuge vor ihrer jeweiligen Fahrt erst angeheizt werden. Das dauerte immerhin jeweils rund zwanzig Minuten. Kurzum: es war alles andere als eine zeitsparende Methode, wollte man nicht allzu lange auf den Abmarsch warten.[142]

Besonders verantwortungsvolle Aufgaben oblagen Hauptmann Knaack als neuem Küstenverteidigungsunterabschnittskommandanten. Hierzu zählten unter anderem die gründliche Einarbeitung in die Küstenverteidigungstaktik mit teilweiser Änderung der artilleristischen Feuerpläne der italienischen Küstenbatterien und der fest eingebauten Marine- und Flakbatterien hinsichtlich der Landungs- und Landsperrfeuerräume, die Verbindungsaufnahme mit dem neuen Kampfkommandanten in Triest, Oberst Berger vom Gebirgsjägerregiment 901, dem Stadtkommandanten von Triest, Generalmajor Sauerbrey, dem Kommandeur des Gebirgsartillerieregiments 1088, Oberstleutnant Laurin, dem Kommandanten der Seeverteidigung Istrien, Admiral Loyden, sowie dem Obersten Kommissar der Operationszone „Adriatisches Küstenland", Gauleiter Dr. Rainer.

Am 18. April 1945 traf der Befehl ein, dass Knaack unter anderem mit dem I. Bataillon/Gebirgsjägerregiment 902 den Küstenverteidigungsunterabschnitt Triest-Süd zu übernehmen, und die Kampfgruppe Schulz mit dem Stab des Gebirgsjägerregiments 902, mit dem II. Bataillon/902 und dem neu unterstellten I. Bataillon/Gebirgsjägerregiment 901 bis zum 20. April 1945 die Räume um Sappiane – Bergut grande – Russici – Bresa mit dem II. Bataillon/Gebirgsjägerregiment 902 auf dem Landmarsch und Elsane – Graccina – Ruppa – Lippa mit dem I. Bataillon/Gebirgsjägerregiment 901 mittels Eisenbahntransport zu erreichen habe. Letzterer war von der 188. Gebirgsdivision bereits eingeleitet worden.[143] Noch am 18. April erreichte Schulze mit dem Regimentsstab samt Nachrichtenzug und Radfahrzug über S. Sergio, Cosina/Erpelle, Matteria und Castelnuovo gegen 14.00 Uhr Sappiane, wo er den Befehl erhielt, die Kampfgruppe in den Raum Kastav, rund zehn Kilometer nordwestlich von Fiume, zu verlegen. Von Sappiane aus, das einen guten Überblick über das Gelände nach Südosten bietet, erkundete er die Gegend. Dabei stieß er auf den Gefechtsstand der 392. (kroatischen) Infanteriedivision, bei der sich neben Oberst Reindl auch Major Dittmann, ein alter Haudegen der deutschen Gebirgstruppe, in seiner neuen Funktion als Verbindungsoffizier des LXXXXVII. Armeekorps aufhielt.

Die Kroaten der 392. Legionsdivision leisteten kaum mehr nennenswerten Widerstand. Ihre Kampfkraft war restlos erschöpft. So sah man ganze Gruppen und schwache Züge dieses Verbandes in völliger Auflösung auf der Straße Ruppa – Lippa mit vollbepackten Karren heimwärts ziehen.[144] In der Nacht zum 19. April 1945 traf der Radfahrzug Rößle ein. Er wurde in Sappiane sogleich zum Schutze des Regimentsstabes herangezogen, nachdem die anderen Einheiten noch nicht eingetroffen waren.

Dr. Friedrich Rainer, Gauleiter und Oberster Kommissar in der Operationszone „Adriatisches Küstenland".

11. Die Kapitulation auf dem italienischen Kriegsschauplatz

Endzeitstimmung, obwohl Adolf Hitler noch Anfang April 1945 zum SS-Obergruppenführer und General der Waffen-SS Karl Wolff, dem Höchsten SS- und Polizeiführer in Italien, gesagt hatte: „Es ist jetzt nicht nötig, die Verteidigung aufzugeben. Man muss einfach durchhalten. Im Osten kann man noch zwei Monate gegen die Russen Widerstand leisten, und auch die italienische Front muss gehalten werden. In dieser Zeit muss es zu einem Bruch der Allianz zwischen den Russen und den Angelsachsen kommen. Wer von den beiden zuerst an mich gelangt, mit dem werde ich mich gegen die anderen verbünden.“[145]

Nach Kesselrings Aussage war der Führer und Oberste Befehlshaber der Wehrmacht noch immer von der „Idee irgendeiner Rettungsmöglichkeit geradezu besessen.“[146]

Die Wirklichkeit sah jedoch ganz anders aus. Denn auch auf dem italienischen Kriegsschauplatz war die militärische Lage für die Deutschen aussichtslos geworden. Briten und Amerikaner standen am 2. April 1945 vor Bologna und bereiteten ihre Frühjahrsoffensive vor.

Am Abend des 9. Aprils begann die alliierte Großoffensive, die Operation „Grapeshot“ – Alexanders letzter Sturm gegen die Apenninstellung. Der britische Heerführer war Eisenhowers Stellvertreter und Oberbefehlshaber der alliierten Truppen im Mittelmeerraum. Allein aus dem Abschnitt der britischen 8. Armee richtete sich ein gewaltiges Trommelfeuer aus nicht weniger als 1.200 bis 1.500 Geschützen aller Kaliber gegen die deutsche Hauptkampflinie. Etwa 800 schwere und 1.000 mittlere Bomber und Jabos warfen ihre tödliche Last auf die Stellungen der 10. Armee ab.

Während die alliierten Flugzeuge die deutschen Truppen aufgrund ihres massierten Bombardements weitgehend bewegungsunfähig machten, rückte die feindliche Infanterie, die von Flammenpanzern unterstützt wurde, unaufhaltsam vor. Von Tag zu Tag wurde nun der Gegner in seinen militärischen Aktionen unverfrorener. Aber auch die Partisanen, die – von kriminellen Elementen durchsetzt – sich immer häufiger zu unglaublichen Grausamkeiten und grässlichen Verstümmelungen an deutschen Soldaten hinreißen ließen. Schon bald, nachdem die italienische Hauptstadt von den deutschen Truppen geräumt worden war, erhielten die Partisanenverbände einen erheblichen Zulauf.

So erreichte die Gesamtstärke der Banden bald an die 100.000 Mann. Diese paramilitärischen Kräfte wurden dann von der alliierten Luftwaffe mit Waffen, Munition, Gerät und sonstigen Nachschubgütern versorgt. Nacht für Nacht warfen angloamerikanische Nachschubflugzeuge ausreichende Geldmittel und hochwertige Verpflegung ab, die den Kampfgeist der Partisanen beflügelten und ihre gute körperliche

Konstitution sicherten. So konnte erreicht werden, dass den deutschen Truppen allein von Juni bis August 1944 durch Partisaneneinwirkungen Verluste in Höhe von 5.000 Toten und annähernd 30.000 Verwundeten zugefügt werden konnten.

Umso erleichterter waren die Frontsoldaten, als die „Deutsche Adriazeitung" am 8. Februar 1945 verkündete, dass Oberitalien bandenfrei sei. Ergänzend zum Wehrmachtsbericht hieß es dort: „Faschistisch-republikanische Einheiten sowie Verbände des Heeres, der Waffen-SS und der Polizei unter Führung des Höchsten SS- und Polizeiführers und Bevollmächtigten Generals der deutschen Wehrmacht in Italien [...] haben in mehrwöchigen hartnäckigen Gebirgskämpfen größere Gebiete Oberitaliens von starken Bandenkräften gesäubert. Die Banden verloren dabei mehrere Tausend gezählte Tote. Über achtzigtausend Bandenkämpfer wurden zur Niederlegung der Waffen gezwungen. Durch diese Kampfhandlungen wurde das oberitalienische Gebiet im Wesentlichen vom Bandenterror befreit."[147]

Dass diese Nachricht vermutlich der Aufrechterhaltung der Moral der Truppe dienen sollte, zeigt uns der Eintrag vom 25. April 1945 im „Kriegstagebuch des Oberkommandos der Wehrmacht". Darin heißt es: „Starke kommunistische Bandenkräfte haben sich in dem Gebirgsgelände Nordwestdalmatiens bis in den Raum von Fiume vorgeschoben und stehen am Stadtrand im Kampfe mit unserer Besatzung."[148]

Wechseln wir wiederum den Schauplatz des Geschehens. Nach Alexanders letzter Offensive gegen die deutschen Stellungen im Apennin begann der Rückzug der geschlagenen deutschen 10. und 14. Armee auf den Po. Da alle Brücken über den hochgehenden Strom zerstört worden waren, konnten keine schweren Waffen mehr auf das nördliche Ufer gerettet werden.

Am 27. April 1945, an jenem Tage, an dem Hitlers Weisung über den Ausbau der Voralpenstellung erging, hatten die amerikanischen und britischen Verbände die deutschen Linien durchbrochen. Nun stießen sie, ohne ernsthaft daran gehindert zu werden, mit motorisierten Kampfgruppen durch die Lombardei in das Alpenvorland, dann durch die Täler der Südtiroler Bergwelt in Richtung Brenner vor. Die Heeresgruppe C war am Ende. Der vom Oberkommando der Wehrmacht befohlene Rückzug auf die teilweise ausgebaute Alpenstellung konnte daran kaum mehr etwas ändern.

Jetzt hatte Generaloberst von Vietinghoff, der im März 1945 an die Stelle des an die Westfront befohlenen „italophilen" Generalfeldmarschalls Kesselring getreten war, seine letzten Bedenken überwunden und war zur selbstständigen Kapitulation entschlossen. Am 24. April 1945 sandte er Karl Wolff mit allen Vollmachten nochmals in die Schweiz. Dort kam es zwischen dem Höchsten SS- und Polizeiführer in Italien und den Alliierten zu einer Einigung auf der Formel der „bedingungslosen Kapitulation". Churchill verständigte sofort Stalin und bat diesen, sowjetische Offiziere zur Unterzeichnung ins Hauptquartier des Feldmarschalls Alexander zu entsenden. Dieses Mal zeigte sich Moskau friedlich. Zwischenzeitlich war es am 27. April in Innsbruck zu einer Zusammenkunft zwischen von Vietinghoff und Kesselring gekommen, dem zu diesem Zeitpunkt als neu ernannten Oberbefehlshaber Süd alle gegen die Sowjetrussen oder Westalliierten kämpfenden Heeresgruppen in dem bereits vom Norden des Reichsgebietes abgetrennten Südraum unterstellt worden waren. Kesselring, der im Unklaren darüber gelassen wurde, dass praktisch nur noch die Unterschrift zur bedingungslosen Kapitulation der Heeresgruppe C in Italien zu vollziehen war, verbot jedoch jedes eigenmächtige Handeln. Das Finale hatte auf dem italienischen Kriegsschauplatz begonnen. Schlaglichtartig ziehen die ereignisreichen Tage an uns vorbei:

29. April 1945: Die letzten Übergabeverhandlungen wurden zwischen den Deutschen und den Alliierten geführt. Die Bevollmächtigten des Generalobersten von Vietinghoff sowie Vertreter des Höchsten SS- und Polizeiführers in Italien, der über eine Art „Privatarmee“ von militärischen und paramilitärischen Verbänden in einer Stärke von rund 150.000 Mann, darunter die 29. Waffengrenadierdivision der SS, gebot, unterzeichneten um 14.00 Uhr im Palazzo Reale von Caserta bei Neapel einen von der obersten Wehrmachtsführung nicht genehmigten Waffenstillstand mit den alliierten Streitkräften unter Feldmarschall Alexander.

30. April 1945: Selbstmord des Führers und Obersten Befehlshaber der Deutschen Wehrmacht in seinem Bunker unter der Berliner Reichskanzlei. Noch am 20. April hatte Hitler das in deutscher Hand verbliebene Gebiet des Deutschen Reiches in einen Nordraum unter Großadmiral Dönitz und in einen Südraum unter Generalfeldmarschall Kesselring aufgeteilt. Mussolini wurde auf der Piazza Loreto in Mailand mit seiner Maitresse Claretta Petacci kopfüber aufgehängt, nachdem er am 28. April bei einem Versuch, sich in die Schweiz abzusetzen, durch italienische Partisanen in der Nähe von Como erschossen und bis zur Unkenntlichkeit zugerichtet worden war. Die amerikanische 5. Armee eroberte Verona. Die deutschen Bevollmächtigten trafen mit der unterzeichneten Kapitulationsurkunde für den italienischen Kriegsschauplatz in Bozen ein. Der Tiroler Gauleiter Franz Hofer meldete diesen Vorgang Kesselring. Dieser setzte daraufhin von Vietinghoff, genannt Scheel[149], und dessen Generalstabschef, General der Panzertruppen Hans Röttinger[150], ab und ernannte als neuen Oberbefehlshaber der Heeresgruppe C den General der Infanterie Friedrich Schulz. Dessen Generalstabsoffizier wurde Generalleutnant Wentzell. Generaloberst von Vietinghoff resignierte. Er erwartete nun ein Kriegsgerichtsverfahren. Da schritt sein Generalstabschef Röttinger zur Tat. Er setzte die neuen Kommandierenden Generäle fest, übernahm selbstständig den Oberbefehl über die Heeresgruppe C in Italien und gab an die Armeeführer den Befehl heraus, das Feuer einstellen zu lassen. Die Generäle Lemelsen und Herr verweigerten jedoch den Befehl. Jetzt war auch Röttinger verzweifelt. Aber Wolff, der seit dem 8. März 1945 mit Vertretern

des alliierten Oberkommandos in Italien Geheimverhandlungen in der Schweiz mit dem Ziel geführt hatte, günstige Übergabebedingungen zu erreichen, stützte ihn. Er verhandelte mit den festgesetzten Generälen. Diese wurden freigelassen und billigten die Kapitulation unter der Voraussetzung, dass Generalfeldmarschall Kesselring zustimme. Währenddessen nahmen die Alliierten Oberitalien in ihren Besitz. Die Reste der deutschen Armeen, die sich in die „Alpenfestung" zurückgezogen hatten, waren am Ende ihrer physischen und psychischen Kraft.

1. Mai 1945: An diesem Tage wurde der Truppe bekannt, dass Adolf Hitler, wie es offiziell hieß, „im Kampf um Berlin gefallen" sei. 22.30 Uhr war ein denkwürdiger Augenblick im Befehlsstollen der Heeresgruppe Südwest in Bozen. Anwesend waren die Generäle Schulz, Röttinger, Wentzell, Herr, Lemelsen sowie Ritter von Pohl, der Befehlshaber der nicht mehr existierenden deutschen Luftwaffe, Vizeadmiral Löwisch, Oberst im Generalstab Josef Moll[151], Oberstleutnant im Generalstab von Schweinitz und die SS-Führer Dollmann und Wolff. Letzterer war seit August 1944 zugleich Deutscher Bevollmächtigter General in Italien. Es ging bei dieser Zusammenkunft um die von Feldmarschall Alexander per Funk übermittelte Kapitulationsaufforderung. Daraufhin rang sich der Oberbefehlshaber der 10. Armee, General der Panzertruppen Herr, zu dem entscheidenden Befehl durch, das Feuer einzustellen. Diesem Beispiel folgten nun auch die anderen Generäle. Damit war für die Amerikaner und Briten der Weg nach Kärnten und in die Steiermark, also in den Rücken der Heeresgruppe E, die in Istrien und Dalmatien noch im Kampfeinsatz stand, frei.

Über die militärische Lage auf dem oberitalienischen Kriegsschauplatz heißt es im Wehrmachtsbericht vom 1. Mai 1945: „In Oberitalien kämpfen sich unsere Divisionen weiter nach Norden zurück, erwehren sich fortgesetzter Angriffe überlegener feindlicher Kräfte und zerschlugen kommunistisch-terroristische Gruppen, die ihnen den Rückzug abzuschneiden versuchten."[152] Und tags darauf: „In Oberitalien drängt der Feind beiderseits des Gardasees weiter nach Norden. In den Gebirgsausläufern nördlich von Verona wurde er verlustreich abgewiesen. Die Besatzungen von Mailand und Novara verteidigten sich gegen konzentrische Angriffe des Gegners."[153]

Aber auch auf Istrien war man nicht müßig. „Mit genialer Planung und eiserner Faust"[154] hatte Generaloberst Löhr seine in Griechenland stehende Heeresgruppe E in einem Zuge nach Kroatien geführt. Aus der Zvonimirstellung drehte er das XXXIV. Armeekorps und das LXIX. Armeekorps z. b. V. nach Ostkärnten und Villach ab, „um alle einströmenden Truppenteile aufzufangen, zu reorganisieren und dann mit ihnen eine Abwehrfront entlang der Karawanken und der Karnischen Alpen aufzubauen",[155] während das LXXXXVII. Armeekorps noch offensive Aufgaben zwischen Fiume und Triest wahrzunehmen hatte. Mehr noch: In Abstimmung mit den Interessen der Heeresgruppen E und Ostmark wurde die Sicherung Südkärntens gegen Einwirkungen der Angloamerikaner und Tito-Verbände als vordringlichste Aufgabe

IZ NARODA HLAPCEV
V NAROD JUNAKOV

Die OF (Osvoboldilna Fronta = Befreiungsfront) machte das slowenische Volk aus einem Volk von Knechten zu einem Volk von Helden.

angesehen, denn Löhr wollte um jeden Preis eine Bolschewisierung Österreichs verhindern.[156]

Da tickerte am 2. Mai 1945 der Fernschreiber. Was er ausspuckte, das waren lauter Verhaftungsbefehle gegen die Generäle von Vietinghoff, Röttinger, Moll, von Schweinitz, Ritter von Pohl und andere sowie gegen den SS-Obergruppenführer und General der Waffen-SS Wolff zwecks Überführung an die Gerichtsbarkeit des Reichssicherheitshauptamtes unter dem SS-Obergruppenführer Dr. jur. Ernst Kaltenbrunner. Die Lage spitzte sich noch dramatischer zu. Botschafter Rahn beschwor Generalfeldmarschall Kesselring: „Jede Stunde bedeutet den Verlust weiterer Menschenleben, die Zerstörung weiterer deutscher Städte! Alle sind einig, dass es für Deutschland sinnlos und hoffnungslos ist, den Krieg weiterzuführen!"

Diese Worte verfehlten ihre Wirkung nicht. Kesselring gab nach, hob die Verhaftungsbefehle auf und setzte von Vietinghoff und Röttinger wieder in ihre Kommandos ein. So trat am 2. Mai 1945, um 12.00 Uhr mittags der Waffenstillstandsvertrag für den italienischen Kriegsschauplatz doch noch in Kraft – ganze sechs Tage vor dem Inkrafttreten der Gesamtkapitulation der Deutschen Wehrmacht am 9. Mai 1945, um 00.01 Uhr.

Stalin passte die Kapitulation der deutschen Heeresgruppe in Italien überhaupt nicht in sein Konzept. Er behauptete, damit würde es den Deutschen ermöglicht, Divisionen aus dem Süden nach dem Osten zu verlegen oder es würden gar seine antikommunistischen Gegner in den westlichen Demokratien die noch immer intakten deutschen Divisionen aus Italien für einen gemeinsamen Kreuzzug gegen den Bolschewismus geschlossen in der Hinterhand halten. Was ihn am meisten störte, erwähnte er allerdings nicht. Mit dem Partisanenführer Tito, der bereits große Teile Jugoslawiens beherrschte, hatte Stalin nämlich verabredet, dass die Rote Armee zu ihm und dann weiter westwärts durchstoßen würde. Nicht nur der ganze Balkan, nicht nur die Adria, auch ganz Italien und Südfrankreich würden solidarisch zusammenstehen, sobald die Rote Armee als Besatzungsmacht in die Poebene eingerückt sei. Gaben die Deutschen jedoch den Westmächten kampflos den Weg nach Venedig und Triest frei, dann misslang dieser Plan.[157]

So war es in der Tat: Der Zusammenbruch der deutschen Front auf dem italienischen Kriegsschauplatz eröffnete den Amerikanern und Briten nun doch noch den begehrten Weg durch die Laibacher Pforte nach Kärnten und in die Steiermark. „Dies war", nach Lidell Hart, „eine erstaunlich optimistische Einschätzung der Möglichkeit, die verschiedenen gebirgigen Hindernisse auf dem Weg zwischen Venetien und Wien schnell zu überwinden – umso erstaunlicher angesichts der wiederholten Rückschläge, die die Italiener dort im Ersten Weltkrieg schon im ersten Stadium erlitten hatten."[158]

Unterdessen war der Unabhängige Staat Kroatien von den kommunistischen Serben besetzt worden. Die noch rund 200.000 Mann starke kroatische Armee versuchte sich im Verband der Heeresgruppe E auf der Straße Agram – Cilli – Drauburg – Bleiburg – Klagenfurt nach Österreich zurückzuziehen, um der jugoslawischen Gefangenschaft zu entgehen. Nach dem Durchmarsch durch Cilli zwischen dem 9. und 11. Mai 1945 kam es, obwohl die Masse von Löhrs Heeresgruppe kapituliert hatte, am 12. und 13. Mai zu schweren Kämpfen mit Titos 51. Partisanendivision, die von den Kroaten bis Unter- und Oberlaibach zurückgedrängt wurde. Am 14. Mai eilte die jugoslawische 16. Division als Verstärkung aus Cilli über Laibach und den Seebergsattel herbei, um den Kroaten den Weg nach Bleiburg zu versperren. Nach geglücktem Durchbruch bot die kroatische Heerführung der britischen 8. Armee die Kapitulation an. Aber diese lieferte am 15. Mai die Masse des kroatischen Heeres mit siebzehn Domobranendivisionen und etwa 70.000 deutschen Kriegsgefangenen an Titos Schergen aus. Auf dem Marsch von Bleiburg nach Marburg an der Drau wurden rund 30.000, in der Umgebung von Marburg weitere 50.000 kroatische Soldaten sowie rund 30.000 Zivilisten – in der Mehrzahl wehrlose Frauen und Kinder – umgebracht.[159]

Riesige Massengräber befinden sich unter anderem bei Bleiburg (40.000 Tote), bei St. Vid (25.000 Tote) und bei Maribor (40.000 Tote). Viele dieser Morde wurden in der Nachkriegszeit ganz bewusst auf das deutsche Schuldkonto geschrieben, um vom Morden zwischen den traditionell verfeindeten Serben und Kroaten abzulenken.[160]

Nicht viel anders erging es den drei serbischen Regimentern der Staatswache, die auf deutscher Seite gegen Tito gekämpft hatten. Nachdem sie sich am 12. Mai 1945 in Unterdrauburg der britischen 8. Armee ergeben hatten, wurden sie drei Wochen später an ihren Henker Tito ausgeliefert und zusammen mit 11.000 Mann slowenischer Hilfsverbände in den Wäldern der Gottschee ermordet.[161] Es sollte aber noch schlimmer kommen: 280.000 gefangene kroatische Offiziere, Unteroffiziere und Mannschaften sowie 500.000 Zivilisten, unter ihnen 400 Priester und zwei Bischöfe, wurden ohne Anklageerhebung und Urteil auf bestialische Art ermordet. Eine unvorstellbare Zahl der Opfer war zuvor auf grausamste Weise gemartert und gequält worden.[162]

„Unmittelbar nach der Übernahme der Militärherrschaft durch Partisanengruppen in den deutschen Hauptsiedlungsgebieten Jugoslawiens, das heißt im Banat, in der Batschka und Baranja sowie in Syrmien, seit dem 10. Oktober 1944, setzten Massenexekutionen und schwerste Misshandlungen, verübt an den in diesen Gebieten Verbliebenen ein. Dabei ist von einer geschätzten Zahl von 200.000 Deutschen auszugehen. Die Verhafteten wurden unter Gewehrkolbenstößen in Gefängnisse oder verliesartige Kellerräume geschleppt, zu Verhören gerufen, die unter brutalsten Misshandlungen stattfanden, sodann geschlossen oder zum Teil zu einem vorher zur Exekution ausgehobenen Graben außerhalb der Gemeinde getrieben und dort erschossen. [...] In dieser und ähnlicher Weise wurden unter anderem in Werschetz mindestens 3.000, in Zerne an die 300 Deutsche, in Glogon 225, in Homolitz etwa 200, in Groß-Betscherek mehr als 300, in Filipovo 240, in Sombor und Umgebung circa 300, in Batschka-Palanka auch 300, in Neuwerbass circa 350 Menschen und in Hodschag 182 insbesondere in den Monaten Oktober und November getötet."[163]

Aber damit nicht genug. Aus dem Anfang Mai des Jahres 1945 besetzten Slowenien sind Massenerschießungen im Gebiet der Untersteiermark nach Verhaftungen der dort verbliebenen Deutschen überliefert, und zwar in der Gegend von Rann zusammen mit einer großen Anzahl von Kriegsgefangenen, darunter auch kroatischer und slowenischer Nationalität, am Stadtrand von Cilli und Gonobitz, in Windisch-Feistritz und Mahrenberg, in den Panzergräben bei Marburg-Tezno, bei einer Massenerschießung von kroatischen Ustaschen sowie in der Männerstrafanstalt Marburg an der Drau. Hier wurden am 6. Dezember 1945 als Vergeltung für die Explosion eines Munitionswaggons, die als deutscher Sabotageakt ausgelegt wurde, 200 bis 300 Deutsche erschossen.[164]

Trotz des Zusammenbruchs der deutschen Front auf dem italienischen Kriegsschauplatz, der den Westalliierten den Weg durch die Laibacher Pforte nach Österreich eröffnet hatte, ergab sich nochmals ein Rückschlag für den angloamerikanischen Vormarsch. Denn plötzlich zeichnete sich für die Alliierten an ihrem äußersten rechten Flügel, an der Nahtstelle zwischen der Heeresgruppe E (Oberbefehlshaber Südost Löhr) und der Heeresgruppe C (Oberbefehlshaber Südwest von Vietinghoff), deren Grenzlinie der Isonzo bildete, eine äußerst kritische Lage ab, die nicht einkalkuliert gewesen war: Die Gefahr drohte jetzt nicht mehr von den Deutschen, sondern von ihren Verbündeten, von Titos Partisanenarmee, die mit schnellen Truppen in Richtung Görz und Triest vorstieß, um ihr begehrtes Kriegsziel zu erreichen. Jetzt reagierte das Oberkommando der britischen 8. Armee unter General McCreery rasch und befahl der am weitesten im Osten stehenden neuseeländischen 2. Division so schnell wie irgend möglich nach Triest vorzustoßen und die Hafenstadt an der Adria einzunehmen. Damit war in den letzten Tagen des Zweiten Weltkrieges auf dem europäischen Kontinent der Startschuss für einen militärischen Wettlauf sondergleichen zwischen den deutschen Kriegsgegnern um die zukünftige Einflusssphäre im konfliktreichen jugoslawisch-italienischen Grenzgebiet ausgelöst worden.

12. Die letzten Tage von Triest

„Mit Mann und Muli und Gebirgskanone marschieren wir am frühen Morgen des 28. Aprils 1945 durch die Straßen von Triest nordwärts", schreibt Kurt Kolar über das Kriegsende des Gebirgsartillerieregiments 1088 in der ehemaligen k. u. k. Hafenstadt. „Von der etwas südlicher gelegenen Halbinsel Muggia kommend, sind wir überzeugt, uns geschlossen nach Nordwesten in die Heimat durchschlagen zu dürfen. In der morgendämmerigen Stadt beobachten wir nun motorisierte und gepanzerte Verbände der Polizei und (Waffen-)SS, die sich zum Abmarsch formieren. Wir staunen über die Nachricht, dass sie nach Westen bis Monfalcone fahren wollen, um sich dort den mit Panzern stehenden Engländern zu ergeben. Wir werden oberhalb Triests, auf der Straße des Karstplateauabhanges, nach Osten in Richtung Fiume umgeleitet.

Unter uns leuchtet in den ersten Sonnenstrahlen das Meer in tiefem Blau, und im weiten Umkreis erheben die Berge Istriens ihre dunklen Kuppen und Gipfel in das milde Frühlingsmorgenlicht. Bei Basovizza, einige Kilometer östlich von Triest, auf dem Karstplateau, beziehen wir Verteidigungsstellungen, in völliger Unkenntnis unserer militärischen Situation. Die 1. Batterie unserer Abteilung (von drei Batterien mit 7,5-cm-Gebirgsgeschützen), vor Basovizza in Feuerstellung gegangen, wird bereits am 28. April von den Panzern der von Osten und Nordosten heranrückenden Partisanenarmee überraschend angegriffen und überrollt. Unsere 3. Batterie wird, nach anhaltenden und wechselvollen Kämpfen um Basovizza, am späten 30. April, westlich dieses Ortes, im Endkampf zersplittert. Unser Abteilungskommandant, der junge Wiener Hauptmann Zeller, und unser Batteriechef, der noch jüngere Berliner Oberleutnant Lüttgens, verteidigen zum Schluss selbst als Panzernahkämpfer unsere Panzersperrmauer auf der Straße nach Triest. Vorher haben sich unsere Kanoniere auch im direkten Beschuss mit den Panzern bewährt. Nun schießen unsere beiden Offiziere mit der Panzerfaust aus nächster Nähe noch einige Feindpanzer ab. Der Übermacht der Partisanen bewusst, sucht und findet unser Hauptmann Zeller den Tod. Er kämpft an der Mauer neben unserem Batteriechef gegen die angreifenden Partisanenpanzer, zuletzt ungedeckt mit erhobenem Haupte stehend – Kopfschuss. Dieser Verteidigungseinsatz ermöglicht uns einzeln und in Gruppen den Rückzug nach Triest und Opičina. Unsere Batterie und Abteilung haben zu bestehen aufgehört. Bis spätestens 3. Mai geraten wir in die Gefangenschaft der Titopartisanen."[165]

Nun begannen für die Gebirgsartilleristen, die den Endkampf um Triest und Istrien überlebten, die berüchtigten „Sühne- und Todesmärsche". Der erste führte sie im Mai 1945 bei einer Marschleistung von mehr als achtzig Kilometern über Fiume hinaus, der zweite, nach Pfingsten, vom Meer über 130 Kilometer weit bis Karlovac und der dritte, im Juli 1945, bis nach Sisak. Unterwegs und in den Lagern wurden viele Kriegsgefangene kurzerhand gefoltert, niedergeschossen oder ermordet.[166]

Wie war es dazu gekommen?

Ende April 1945 saßen die deutschen Truppen in Triest in einer Falle. Sie wäre sehr wahrscheinlich nicht nur für den späteren Oberbefehlshaber der Alliierten Streitkräfte Europa Mitte, den Vier-Sterne-General Leopold Chalupa, sondern ebenso für den späteren UNO-Generalsekretär und österreichischen Bundespräsidenten Dr. Kurt Waldheim zugeschnappt, wenn sich der letztere bei Kriegsende nicht in die steirische Ramsau, wohin er seine schwangere Frau bei einer Bauernfamilie in Sicherheit gebracht hatte,[167] durchgeschlagen hätte. Denn der ehemalige Dolmetscher des Armeeoberkommandos 12 und Ordonnanzoffizier des Ic der Heeresgruppe E war noch im April 1945 zu einer Infanteriedivision in den Raum Triest versetzt worden.[168]

Die Versetzung vom elitären Stabsdienst in die Niederungen einer Kampftruppe war alles andere als nach dem Geschmack des humorlosen österreichischen Oberleutnants. Seine Frontverwendung wurde nur deshalb eingeleitet, weil der unbeliebte General der Infanterie Walter von Unruh, der bekanntlich als Sonderbeauftragter für die Überprüfung des zweckmäßigen Kriegseinsatzes zuständig war, auf Befehl Hitlers eine rücksichtslose Auskämmung in den Stäben und Trossen vorgenommen hatte. Daher musste sich Waldheim gezwungenermaßen von Zagreb auf den Weg zu seinem neuen Einsatzraum machen. In dem vom österreichischen Außenministerium herausgegeben Weißbuch „Kurt Waldheim's Wartime Years" heißt es hierzu:

„Die militärische Lage ließ die direkte Route Zagreb nach Triest unratsam erscheinen. Deshalb ging Dr. Waldheim über Klagenfurt, doch als er sich Triest näherte, stellte er fest, dass die Gegend in Auflösung begriffen und zumeist von den deutschen Linien abgeschnitten war. Da die Befreiung Österreichs unmittelbar bevorzustehen schien, war er daran interessiert, so rasch wie möglich nach Hause zu kommen. Deshalb kehrte er – wahrscheinlich am 1. Mai 1945 – aus Italien nach Kärnten zurück, das in der Zwischenzeit als rückwärtiger Raum für die Heeresgruppe E bezeichnet worden war."[169]

In seiner Autobiographie beschrieb Waldheim die Endphase des Krieges so: „Ich selbst war nach meinem Studienurlaub und nach der Heilung meines Beines wieder zum Dienst bei der Truppe einberufen worden. Knapp vor Kriegsende befand ich mich im Raume von Triest. Als die deutschen Truppen in Italien kapitulierten, bemühte ich mich, der Gefangennahme zu entgehen und in die Heimat zu gelangen. Unter heute unvorstellbaren Mühen schlug ich mich über Udine nach Kärnten durch und gelangte schließlich in die Ramsau bei Schladming."[170]

Nach eigenen Aussagen erreichte der ehemalige Wehrmachtsoffizier den Bauernhof am 10. Mai 1945, also nur ein paar Stunden nach der deutschen Gesamtkapitulation. Nur die wenigsten Angehörigen der Heeresgruppe E in der Operationszone „Adriatisches Küstenland“ mit den Eckpfeilern Fiume – Pola – Triest hatten ein solches Glück gehabt.[171]

Auf dieses Triest, Istrien und Görz hatte Tito bereits 1944 in einer Vielzahl von Erklärungen seine Ansprüche erhoben, indem er beharrlich versicherte, es handle sich hierbei um italisierte slawische Städte und Gebiete. Er hatte daher eine jugoslawisch-italienische Grenze gefordert, „welche den natürlichen und nationalen Bedingungen sowie den wirtschaftlichen Interessen und vor allem dem Willen der Mehrheit der betroffenen Bevölkerung entspricht.“[172]

Da Tito mit seinen Partisanenverbänden immer ungestümer in Richtung Triest drängte, kabelte Churchill am 27./28. April 1945 an Truman: „Es scheint mir wichtig zu sein, Triest zu bekommen [...] die große Sache ist, dort zu sein, bevor Titos Guerillas es besetzt haben. [...] Der künftige Status Triests kann in Ruhe bestimmt werden. Besitz ist neun Zehntel des Rechts.“[173]

Am 30. April 1945 telegrafierte der amerikanische Präsident an den britischen Premierminister, dass Feldmarschall Alexander, „bevor seine Kampftruppen Venetia Julia betreten [...] Marschall Tito über seine Absichten unterrichten und Tito erklären wird, dass, falls irgendwelche seiner Truppen in jenem Gebiet verbleiben, sie notwendigerweise unter Alexanders Kommando kommen müssten.“ Militärische Zusammenstöße wolle man vermeiden, hieß es dann weiter.[174]

Tito, der bei einer Zusammenkunft mit Alexander, der die alliierten Operationen in diesem Gebiet leitete, noch im Februar 1945 den Okkupationsplänen der Westalliierten zugestimmt hatte, „sagte sich aber nunmehr von der Vereinbarung los und wollte den alliierten Truppen nur noch den Gebrauch des Hafens von Triest und der Eisenbahnlinie nach Österreich gestatten. [...] Tito erklärte den Raum für sein ausschließliches Operationsgebiet und verhinderte die Einrichtung einer Militärverwaltung durch die Alliierten.“[175] So kam es zur Bildung einer slowenischen Regierung in Triest.

Zunächst aber der Reihe nach: Ende April 1945 waren die beiden von Triest nach Monfalcone und Opičina führenden Straßenverbindungen nicht mehr passierbar. Starke jugoslawische Partisanenverbände, die in Istrien eingefallen waren, standen auf den Höhen am Rande der altehrwürdigen Hafenstadt, deren Bedeutung im 19. Jahrhundert durch die Konkurrenz zu Fiume (Rijeka), das damals zur ungarischen Reichshälfte der k. u. k. Doppelmonarchie gehörte, stark angewachsen war. Durch den Friedensvertrag von Saint Germain war die ehemals österreichische Reichsstadt 1919 jedoch an Italien gefallen.

Fast zur gleichen Zeit, als Hitler sich in der Berliner Reichskanzlei das Leben nahm, drangen am 30. April 1945 Titos Partisanen mit Panzerunterstützung in die Vororte von Triest ein, nachdem die neuseeländische 2. Division unter Generalleutnant Freyberg im Verband der britischen 8. Armee bei Monfalcone und Görz zwei

Tage lang auf der Stelle getreten war, ehe sie dort am 1. Mai mit jugoslawischen Streitkräften zusammentraf.

Jetzt war Eile geboten, denn in der Nacht vom 1. auf den 2. Mai besetzten Titos Partisanen nach Straßenkämpfen mit versprengten deutschen Soldaten noch vor dem Eintreffen der von Südwesten herannahenden britischen 8. Armee den größten Teil von Triest, Görz und die Halbinsel Istrien mit Pola. Schon strömten von allen Seiten Partisanen in die Hafenstadt. Rund 250.000 Italiener beobachteten den jugoslawischen Einmarsch ratlos, misstrauisch und voll böser Vorahnungen. 50.000 Slowenen jubelten hingegen ihren Befreiern zu und ließen Titos Eliteverbände hochleben. Das war der Beginn des jahrelangen Konflikts um Triest.

Dass während der darauffolgenden Kampfhandlungen nicht alle deutschen Verbände und Einheiten sinnlos verheizt wurden, sondern nach der Niederlegung ihrer Waffen in die angloamerikanische statt in die jugoslawische Kriegsgefangenschaft geraten sind, veranschaulicht uns recht deutlich der Erlebnisbericht von Julius Kupsa vom I. Bataillon des Gebirgsjägerregiments 902, das während der Schlusskämpfe in der Operationszone „Adriatisches Küstenland" zweigeteilt wurde:[176]

„Es herrschte reges Leben wie immer in der Stadt, mit Ausnahme einer einzigen älteren Frau wurde ich von niemandem belästigt oder angestänkert. Am Stadtausgang war eine Karabinierisperre, die alles, was hereinkam, kontrollierte. Mir war aufgefallen, dass sie alle grüne Armbinden trugen. Das hatte ich bisher nie beobachtet. Später habe ich erfahren, dass damit die Nationali sich zu erkennen gaben, während die Fazzoletti rosso, die mit den roten Halstüchern, kommunistische Partisanen waren.

Es waren kaum Menschen auf der Straße und am Weg nach Muggia unterwegs, nach etwa zwei Stunden habe ich den Standort der Kompanie erreicht.

Alles war abmarschbereit, das ganze Bataillon setzte sich in Richtung Triest in Bewegung. Zum Umladen der Ochsenfahrzeuge war keine Zeit mehr, sie wurden in den Tross unserer Kompanie eingereiht und marschierten mit uns.

Die Hoffnung, wir würden durch Triest in Richtung Monfalcone und in weiterer Folge nach Norden in Richtung Heimat ziehen, erfüllte sich nicht. An der Stadtgrenze von Triest ging es nach rechts ab, den Hang hinauf und dann in Richtung Fiume.

Es ging schon auf den Abend zu als wir das Dorf Basovitza erreichten. Einsetzender Regen und später vermischt mit Schnee, dazu der Marsch in voller Ausrüstung, ließ keine Hochstimmung aufkommen. Dann hieß es seitwärts ab von der Straße in den Wald hinein und Zelte aufbauen, es wird hier biwakiert und übernachtet. Es war äußerst ungut, durchnässt, – da hatten auch unsere Anoraks nicht hundertprozentig geschützt, die Kälte machte sich bemerkbar und es gab kein warmes Essen.

Die Nacht verlief ohne Zwischenfälle, der anbrechende Morgen sah die meisten schon aus den Zelten heraus und dabei, sich durch Bewegung zu erwärmen. Inzwi-

Z BORBO IN DELOM
ZA II. KONGRES!

„Mit Kampf und Arbeit zum II. Kongress!“

schen hatte es aufgehört zu regnen und zu schneien. Dann kam eine Marschkolonne Tschetniks, abgekämpft, abgerissen mit struppigen Pferden, der Anblick war erbarmungswürdig wie Mann und Ross ausgesehen hatten. Die Einheit war aus dem Kampfgeschehen herausgezogen worden. Für unsere, erst im Februar eingezogenen und im März uns zugeteilten Rekruten, war das alles eher als ein aufmunterndes Ereignis, umso mehr als auch bei dieser Einheit sehr viele ganz junge Burschen dabei waren.

Wir, das waren die schwere Maschinengewehrkompanie 4 des Gebirgsjägerregiments 137 (902), hatten im März 1945 Nachersatz bekommen, alles junge Burschen von etwa siebzehn Jahren, genaugenommen alles noch Knaben, denen die kleinsten Uniformen zu groß waren. Das Stammpersonal, Mannschaftsdienstgrade und Unteroffiziere waren überwiegend ehemalige Angehörige des Gebirgsjägerregiments 100, ebenso Leutnant Wolak, Hauptmann Dreyer und der Rest waren vom Gebirgsjägerregiment 137.

Die Kompanie war überstark, wie auch das ganze Bataillon mehr als normale Kriegsstärke hatte. Unsere Bewaffnung war vor allem das Maschinengewehr 42 als schweres Maschinengewehr. Dazu noch einige Maschinengewehre 34 sowie ein paar italienische Beutemaschinengewehre. An Pferden hatten wir circa 160 Reit- und Zugpferde sowie Tragtiere.

Das Bataillon war noch verstärkt durch einen überschweren Granatwerfer unter Führung eines Leutnants sowie durch 2-cm-Flak und einige Pak.

In der Nacht hielt der Bataillonskommandeur Hauptmann Schwarz in einem nahe an der Straße liegendem Gasthaus mit den Offizieren eine Lagebesprechung und erteilte für den kommenden Tag die nötigen Befehle. So sollte das I. Bataillon/Gebirgsjägerregiment 137 (902) als Vorausabteilung fungieren, und die Straße in Richtung Fiume freihalten. Der Auftrag für das Bataillon war, die in Fiume eingeschlossenen Einheiten, vor allem Gebirgsjäger, zu entsetzen.

Ich wurde gleich am Morgen zum Kompaniechef Hauptmann Dreyer gerufen, sein Auftrag war, ich muss mich zu seiner persönlichen Verfügung halten, habe von niemand anderem als ihm Befehle entgegen zu nehmen, es sei denn von unserem Hauptfeldwebel.

Das hieß für mich, mich als erstes von meinem Zug abzumelden und mich dann ständig in der Nähe des Kompaniechefs aufzuhalten. Dadurch war es möglich, sehr wesentliche Teile der folgenden Entscheidungen und Ereignisse direkt zu erfahren und zu beobachten.

Nachdem die Vorausabteilung befehlsmäßig abrückte, wurden für die schweren Maschinengewehrzüge unserer Kompanie die Sicherungsaufgaben verteilt. Zug Bauer hatte das Gebiet links der Straße zu sichern, Zug Putzhammer das Gelände rechts der Straße. Bevor sich das übrige Bataillon in Marsch setzte, fiel die Funkverbindung mit der Division aus. Der Ausfall war ein totaler und konnte in weiterer Folge nicht mehr hergestellt werden. Dann kam die Meldung, dass die Vorausabteilung noch vor Herpele festsitze und starke Verluste habe. Hauptmann Schwarz hielt eine neuerliche Lagebesprechung, direkt auf der Straße ungefähr da, wo sich heute der jugoslawische Grenzposten befindet. Zuerst war aufgrund der neuen Lage, über das weitere Vorgehen in Richtung Fiume gesprochen worden, es gab da noch keinen Zweifel über eine Änderung des ursprünglich von oben her befohlenen Auftrages nach Fiume zu marschieren und dort den Eingeschlossenen zu helfen.

Noch stand die Gruppe Offiziere um Hauptmann Schwarz auf der Straße, als ein Hauptfeldwebel keuchend die Straße dahergelaufen kam. Er war von den ebenfalls in Fiume befindlichen 136ern. Er meldete sich beim Bataillonskommandeur und schilderte aus seiner Kenntnis der Umstände die Lage. Wortwörtlich sagte er: ‚Meine Herren, was wollen Sie da unten, da existiert nichts mehr, sehen Sie mich an, ich bin alles was von meinem Haufen übriggeblieben ist! Da unten ist nichts mehr, was nicht gefallen ist, ist in Gefangenschaft, – die Partisanen sind unmittelbar hinter mir!‘ Seine Schilderung war so eindringlich und glaubhaft, dass nicht der geringste Zweifel über die Wahrheit seiner Meldung aufkam.

Im Gegenteil, so war erklärlich, weshalb es keine Funkverbindung mehr gab. Die Gegenstellung war nicht mehr, wer also sollte da antworten?

Dann kamen ein paar Meldungen über nicht befohlene Absetzbewegungen, so eine, die da sagte, dass die Sanitätsstaffel mit dem einzigen Sanka den wir hatten, abgehauen sei. Auch einzelne Soldaten waren davongelaufen, und wie wir später erfuhren, alle den jugoslawischen Partisanen in die Hände. Der Sanka kam bis in die Gegend von Udine, dann war auch für diese die Fahrt zu Ende, ob einer von ihnen wieder nach Hause gekommen ist, weiß ich nicht, nur von einem weiß ich mit Sicherheit, dass er tot ist.

Hauptmann Schwarz entschloss sich sehr rasch und sagte: ‚Wir sind ein überstarkes Bataillon, aufgrund der jetzigen Lage ohne übergeordnete Führung, wir sind nun eine selbstständige Kampfgruppe – die Kampfgruppe Schwarz – ich habe mich entschlossen die Kampfgruppe in Richtung Heimat zu führen, wir marschieren über Monfalcone – Udine nach Kärnten und weiter in die Steiermark, dort können wir uns am Kampf gegen die eingedrungenen Russen beteiligen!‘

Diese Entscheidung fand allgemeine Zustimmung, was sollten wir auch hier uns verzetteln und am Ende aufreiben lassen, so schien es allen Verantwortlichen noch am besten! Ich bewunderte die schnelle Entscheidung des Kommandeurs.

Nachdem die der neuen Lage entsprechenden Befehle gegeben waren, wurde die Marschrichtung umgedreht und der Rückmarsch in Richtung Monfalcone hoch über der Stadt Triest angetreten.

Die 2. Kompanie unter Hauptmann Ackermann war nun als Vorausabteilung bestimmt worden und bereits abmarschiert. Da gab es Panzeralarm. Alles rechts und links hinein in den Wald, die Fahrzeuge, alles Bespannte, die Trag- und Reittiere soweit als möglich hinein und für alle volle Deckung.

Mit Oberfeldwebel Bauer kam ich als letzter zum Waldrand dicht an der Straße, aber gegen Sicht gut gedeckt zu liegen.

Stabsfeldwebel Bauer war speziell für die Panzerfaust ausgebildet, wir griffen uns jeder eine und warteten liegend auf das was kommen sollte und bereits zu hören war.

Er rief mir noch zu, ich solle warten bis er geschossen habe und dann erst den nächstfolgenden aufs Korn nehmen.

Schussbereit warteten wir, das Heranrollen der Panzer wurde immer deutlicher hörbar und sehr bald rasselte der erste, dicht gefolgt von einem weiteren um die Straßenbiegung herum. Den Finger schon am Abzug erkennen wir in letzter Sekunde die schwarzen Balkenkreuze auf den Panzern. Wir riefen uns gegenseitig zu ‚Eigene, nicht schießen!' und erhoben uns, um den Besatzungen zu zeigen, dass sie die eigene Linie erreicht hatten.

Die Panzer stoppten auch gleich und Hauptmann Schwarz besprach sich mit dem Führer der Panzerkolonne. Er wollte, dass diese sich seiner Kampfgruppe anschließen und verstärken. Der Einwand des Führers dieser Panzer, es waren insgesamt fünf oder sechs, war, sie müssten erst nach Triest, um Treibstoff und Munition aufzunehmen, sie seien bereits mit dem letzten Tropfen unterwegs. Gehandelt hatte es sich um deutsche Polizeipanzer.

Dann überstürzten sich die Ereignisse. Zuerst die Meldung, dass die Straße in Richtung Opičina – Monfalcone von den Partisanen abgeriegelt ist. Hauptmann Schwarz versucht mit den Panzern die Straße freizumachen.

Die Panzer kommen durch, Hauptmann Schwarz ist bei diesem Unternehmen gefallen, Hauptmann Ackermann, Kompaniechef der 2. Kompanie, übernimmt als dienstältester Offizier das Kommando über die Kampfgruppe und versucht mit seiner Kompanie den Durchbruch zu erzwingen. Es gelingt nicht, Hauptmann Ackermann wird auf offener Straße erschossen. Hauptmann Dreyer übernimmt die Führung der Kampfgruppe.

Rechts der Straße bekommt Stabsfeldwebel Bauer Feindberührung und mit seinem schweren Maschinengewehrzug geht er am nördlichen Waldrand in Stellung und hält mit seinem Feuer einen Flankenangriff der Partisanen auf.

Hauptmann Dreyer lässt das ganze Bataillon, soweit es noch vorhanden ist, links abbiegen, von der Straße weg und querfeldein über und durch eine wohl etwas flache, aber doch schwierige Senke im Gelände, dem Sperrriegel ausweichen und so eine Straße nach Triest hinunter zu erreichen. Da die Pferde allein nicht in der Lage waren diese Geländeschwierigkeit zu bewältigen, wurden die mitziehenden Ochsen den Pferden vorgespannt und mit Einsatz von Schiebekommandos brachten wir den gesamten Tross hinüber. Von Hauptfeldwebel Weis erhielt ich den Befehl, für die

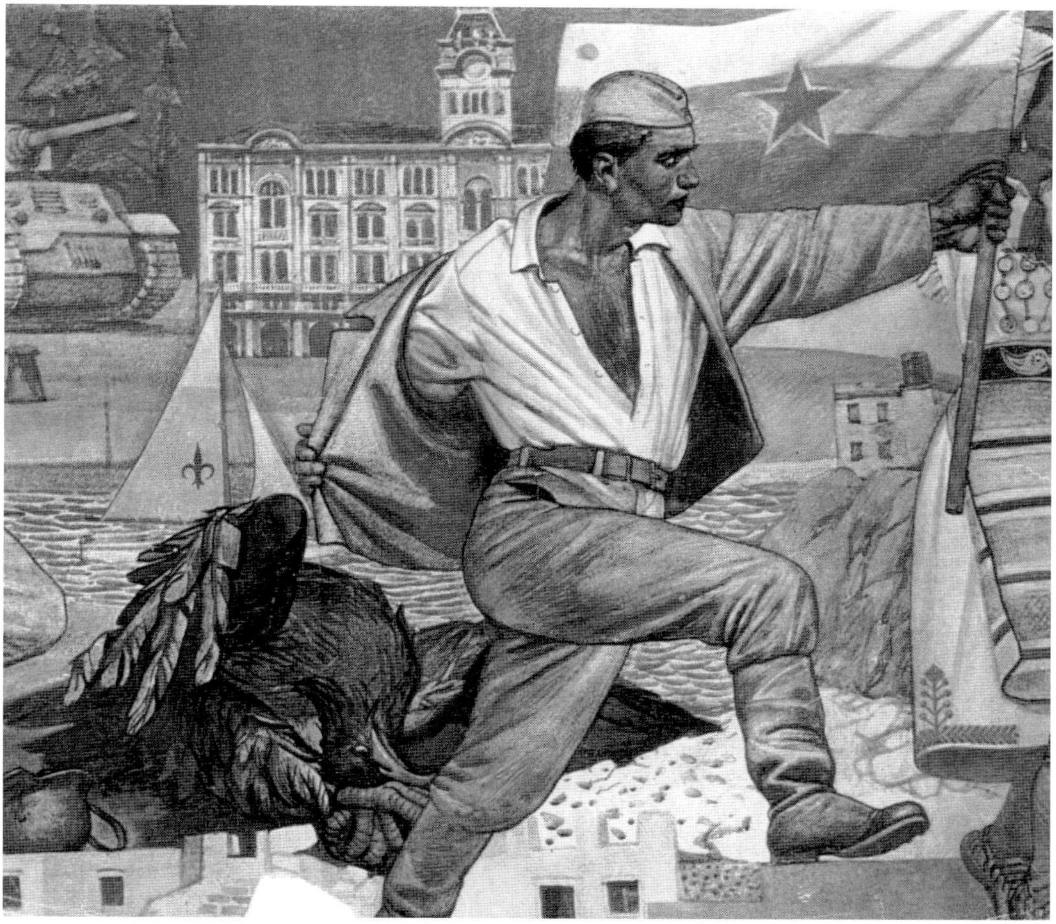

Ein Titelbild der slowenischen Zeitschrift „Naša Obramba“, erschienen im April 1970.

„Naša Obramba“ ist eine militärische Kriegszeitschrift aus Slowenien.

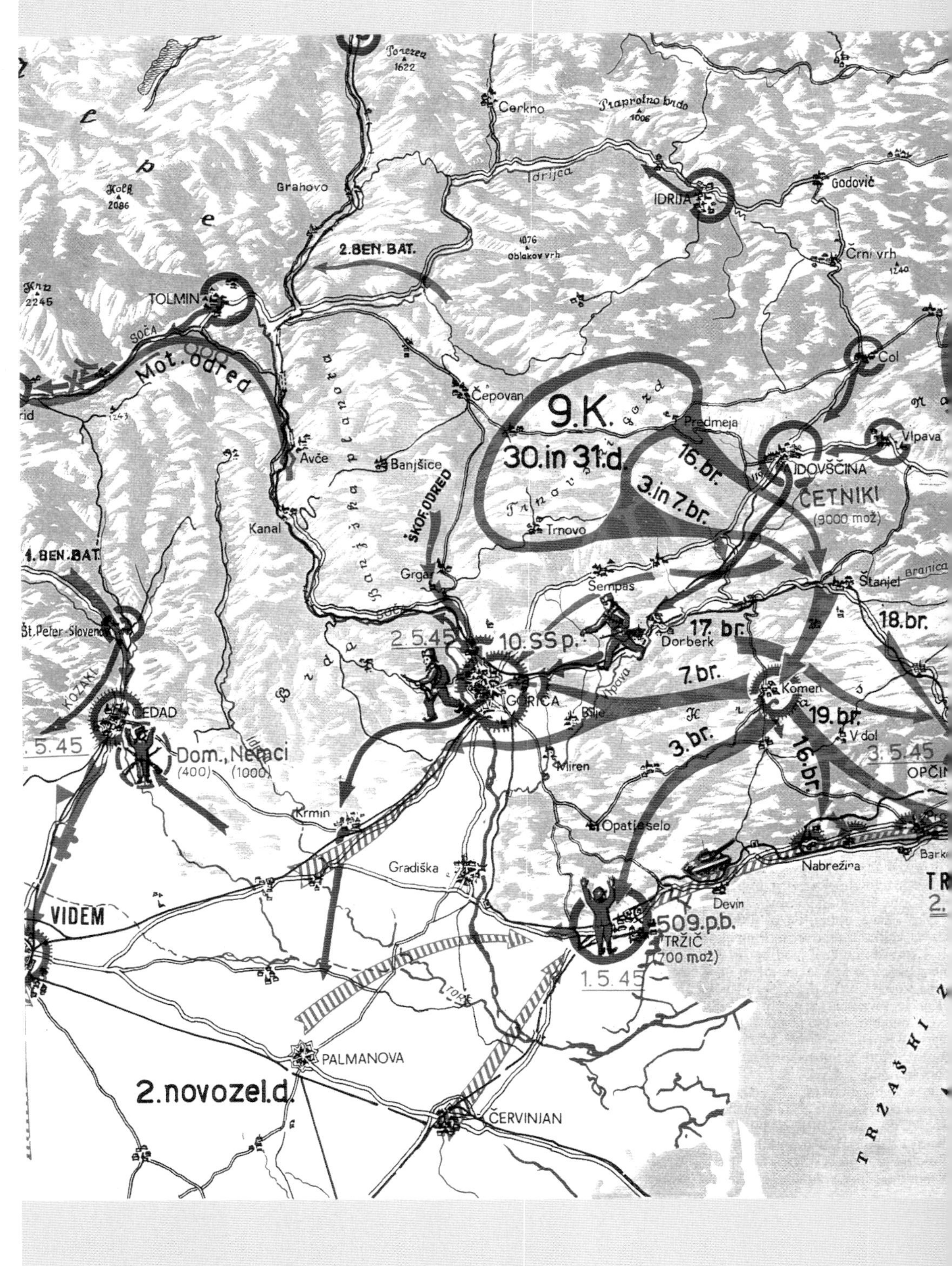

Die Karte zeigt die deutschen und alliierten Operationen 1945 in der Operationszone „Adriatisches Küstenland" zwischen Fiume und Triest.

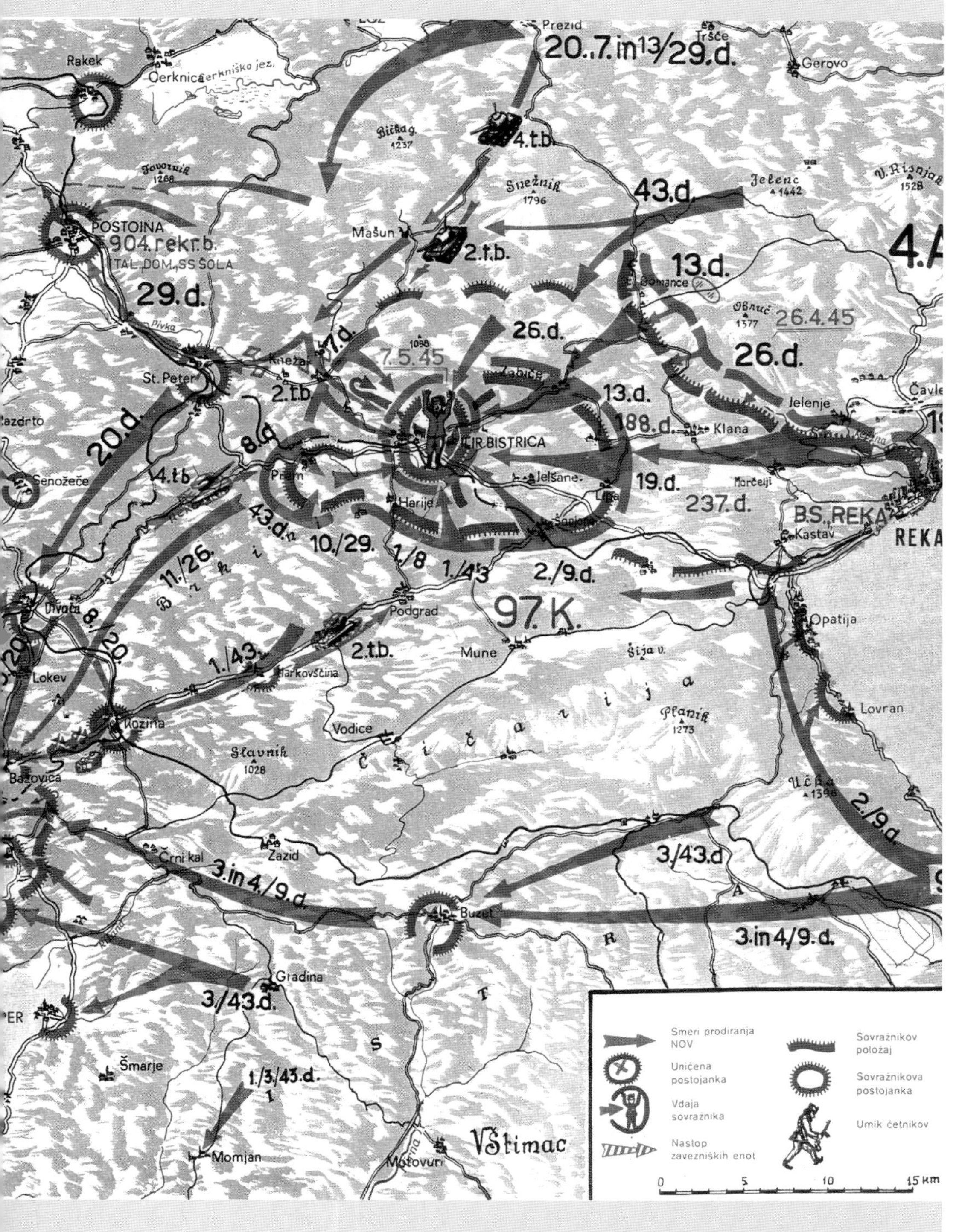

Prezid
Tršće
20.7. in 13/29.d.
Gerovo
Rakek
Cerknica
Cerkniško jez.
Bička g. 1237
4.t.b.
Javornik 1268
Snežnik 1796
43.d.
Jelenc 1442
V. Risnjak 1528
POSTOJNA
904. rekr. b.
ITAL, DOM, SS ŠOLA
Mašun
2.t.b.
4.A
29.d.
13.d.
Gomance
Obruč 1377
26.4.45
Pivka
26.d.
26.d.
7.5.45
1098
Knežak
7.d.
St. Peter
Zabiče
2.t.b.
13.d.
Čavle
Jelenje
Razdrto
20.d.
188.d.
Klana
IL. BISTRICA
8.d.
Senožeče
4.t.b.
Prem
Jelšane
19.d.
Marčelji
Harije
Lipa
237.d.
43.d.
Šapjane
B.S. REKA
10./29.
Kastav
REKA
11./26.
1/8
1./43
2./9.d.
Brkini
Divača
8./20.
Podgrad
97.K.
Opatija
2.t.b.
Mune
Šija v.
1./43.
Markovščina
Lokev
Ćićarija
Kozina
Lovran
Vodice
Planik 1273
Slavnik 1028
Bazovica
Učka 1396
2./9.d.
Zazid
3./43.d
Črni kal
3. in 4./9.d.
Buzet
3. in 4./9.d.
Gradina
3./43.d.
KOPER
Šmarje
1./3./43.d.
Momjan
Motovun
Vštimac
Smeri prodiranja NOV
Uničena postojanka
Vdaja sovražnika
Nastop zavezniških enot
Sovražnikov položaj
Sovražnikova postojanka
Umik četnikov
0
5
10
15 km

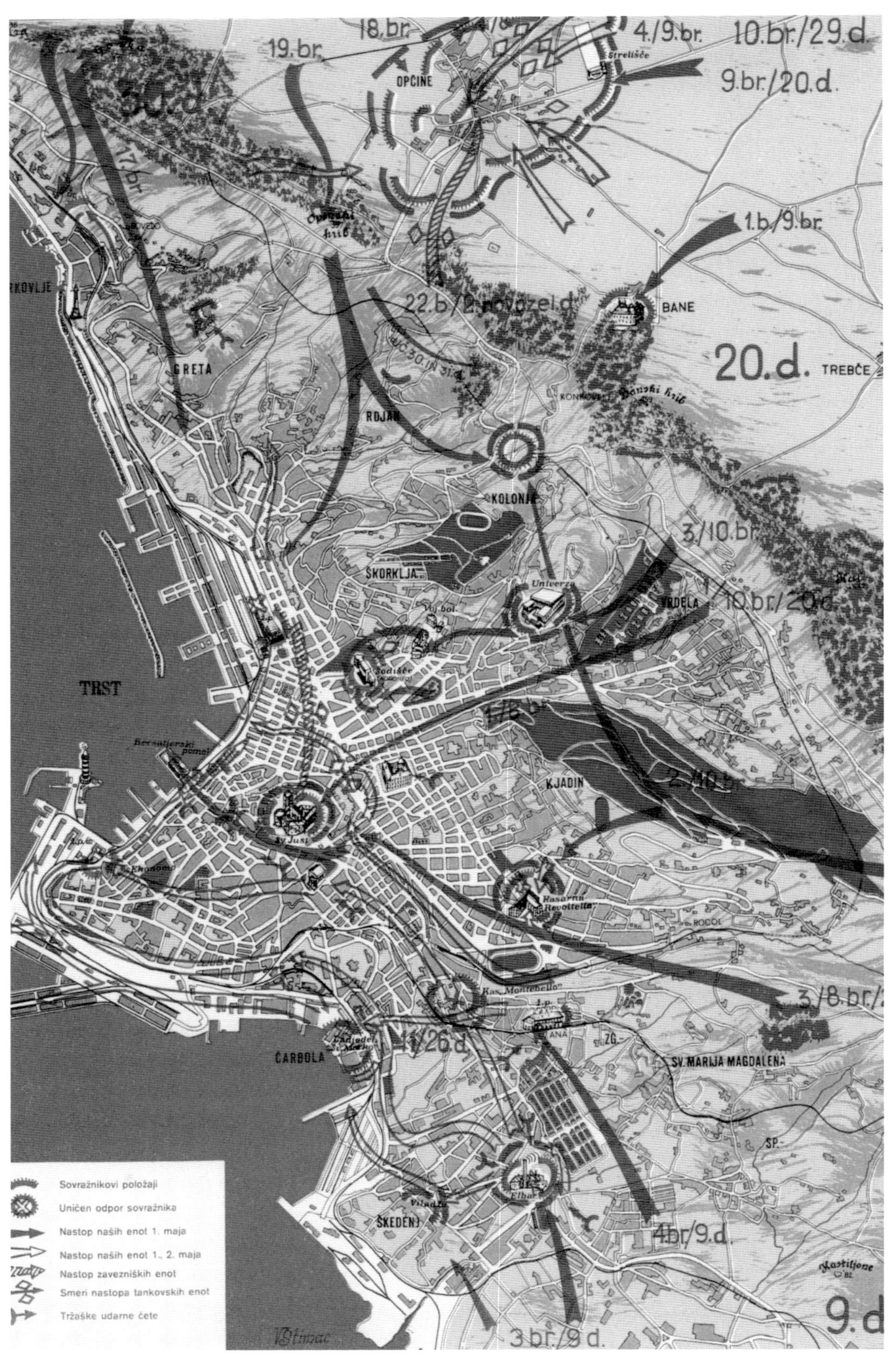

Die Karte der Kämpfe um Triest zeigt die Stellungen und Stoßrichtungen der Angreifer und Verteidiger der Stadt.

*Panorama der Bucht
von Triest.*

Die altehrwüdige k. u. k. Hafenstadt Triest vor ihrer Zerstörung während der Endkämpfe an der Adria.

Das Kastell mit der Heldengedenkstätte und Kathedrale von Triest.

Schloss Miramare im Golf von Triest, einst Wohnsitz des späteren Kaisers Maximilian von Mexico, im Dritten Reich Schulungsstätte der Nationalsozialistischen Führungsoffiziere (NSFO).

Das Kastell La Rocca in Monfalcone.

Erkundungsfahrt entlang der Adriaküste unterhalb des Schlosses Duino.

Deutsche Ausweich-B-Stelle auf dem Turm des Thurn-und-Taxis-Schlosses Duino.

Alliierter Angriff auf Triest
im Juli 1944.

Beerdigung der bei einem alliierten Bombenangriff
auf Triest gefallenen Soldaten.

Das Lazarettschiff „Stockholm“ im Hafen von Triest.

Die „Stockholm“ beim alliierten Bombardement im Sommer 1944.

Im Albergo Palazzo Terme von Portorož war zeitweise ein Stab der 188. Gebirgsdivision einquartiert.

Angehörige des Stabes der 188. Gebirgsdivision vor dem Kasino in Senana im Juli 1944.

In diesem Haus in Villa Opičina war einst der Stab des Reservegebirgsjägerregiments 136 untergebracht. Nach der Kapitulation wurde hier ein Teil des Kriegsgefangenenlazaretts eingerichtet.

Villa Opičina. Im Hintergrund links die Eingänge zum Kommandobunker und dem unterirdischen Hauptverbandsplatz.

Das alte Kastell von Görz vor der Bombardierung.

Wehrmachtssoldaten 1944 in Görz.

Beerdigung der Opfer des alliierten Luftangriffs auf Görz.

Die ersten durch die Partisanen getöteten deutschen Soldaten im Dezember 1943 in Görz.

Soldaten auf dem Weg zur Gedenkfeier für die gefallenen Kameraden.

Gebirgssoldaten während eines Partisaneneinsatzes auf Istrien.

Kampfpause während eines Unternehmens gegen die Partisanen auf Istrien.

Gebirgssoldaten auf dem italienischen Soldatenfriedhof von Redipuglia, wo die sterblichen Überreste von über 90.000 Soldaten der Schlachten am Isonzo liegen.

Der Schriftsteller Josip Vidmar ist Gründungsmitglied der Partisanenorganisation Osvobodilna Fronta, die gegen die Besetzung Jugoslawiens durch die Achsenmächte opponierte.

Protestmarsch der jugoslawischen Bevölkerung in Belgrad auf dem „Platz der Republik" gegen die Beschlüsse der Londoner Triestkonferenz.

Amerikanische Truppenparade am 6. April 1948 in Triest.

Amerikanisches Militär pariert hinter den vorneweg getragenen amerikanischen Flaggen.

Schiebekommandos zu sorgen, und vor allem dafür, dass auch das allerletzte Fahrzeug von uns durchkommt.

Es waren nicht nur unsere Fahrzeuge sondern auch fremde, denen wir geholfen hatten hinüberzukommen. Unter anderem war auch ein landesübliches Fahrzeug, gezogen und geschoben von Angehörigen der Deutschen Reichsbahn, alle in Feldgrau mit den goldenen Knöpfen.

Der Anblick dieser Gruppe war so komisch, dass ich mich nicht enthalten konnte zu bemerken: ‚Die Deutsche Reichsbahn im Mannschaftszug!' Während wir den unbewaldeten Streifen zu überwinden hatten, bekamen wir plötzlich von Norden her Granatwerferfeuer. Es gab gleich ein paar Tote, zwar nicht von meiner Kompanie, auch Verwundete waren Opfer des Granatwerferüberfalls geworden.

Bei meiner Tätigkeit, die mich immer wieder mit den Schiebekommandos hin und zurück führte, sah ich den Gefreiten Landner mit seinem leichten Infanteriegeschütz in Stellung gehen, er war von der 5. Kompanie/Gebirgsjägerregiment 137 (902).

Wenig später kam er mit seiner Bedienungsmannschaft an mir vorbei, auf meine Frage was los sei, gab er zur Antwort: ‚Ich war soeben beim Einrichten, als ich einen Volltreffer auf das Geschütz bekam!' Alle seine Männer waren verletzt, einer bekam einen Splitter durch die Wange ins Gesicht, die Wange war dick aufgeschwollen, ansonsten waren die Verwundungen alle leichter Natur, der Gefreite Landner blieb wie durch ein Wunder unverletzt.

Irgendwo mussten die Partisanen einen Beobachter haben, denn das Feuer, mit dem sie unsere Absetzbewegung empfindlich störten, war gut geleitet und lag genau im Zentrum unserer Bewegungen.

Ein besonders tragischer Fall ist mir in Erinnerung geblieben, einem Jäger, ebenfalls ein ganz junger Bursche, wurde durch einen Granateinschlag, ein Bein am Knie abgerissen. Notdürftig, mit einigen Binden aus den Verbandspäckchen verbunden, trugen ihn zwei Kameraden in einer Zeltbahn. Sanitäter waren weit und breit keine zu sehen, alles was ich tun konnte, ich ließ ihn auf einen Heeresfeldwagen 40 betten und versuchte ihn dahingehend zu trösten, dass wir sehr bald Triest erreichen und ihn dann sofort ins Lazarett bringen würden. Dazu ist es aber leider nicht mehr gekommen, noch bevor wir die Stadt erreichten, hatte man ihn schon am Straßenrand abgelegt, er war verblutet.

Nachdem die Geländesenke von allen Fahrzeugen überwunden war, ging es kurz danach auf die Straße, die asphaltiert war und für uns der kürzeste Weg nach Triest war. In mehreren Kurven ging es den Berg hinab, die Bahnlinie Triest – Fiume wurde überquert und dann ging es leicht abfallend aber nicht steil der Stadt zu.

Von oben herunter bis nach der Bahnüberführung, wo dann schon die ersten Häuser waren, waren wir wie auf einem Präsentierteller und bekamen auch gleich Einzelfeuer von irgendeinem aus dem Verborgenen schießenden Heckenschützen.

Ich ließ die Fahrer vom Bock absteigen und gedeckt durch die Fahrzeuge daneben hergehen, ebenso die noch bei mir gebliebenen Männer vom Schiebekommando, um Verluste zu vermeiden.

Trotz aufmerksamster Beobachtung, konnte ich den Schützen nicht ausmachen. Wahrscheinlich schoss er aus einem etwas entfernten Haus, wo sämtliche Fenster geöffnet waren, aber es war weder ein Mündungsfeuer noch ein Abschussknall zu sehen oder zu hören. Der Schütze musste bemerkt haben, dass ich ihn suche, denn plötzlich konzentrierte sich sein Feuer auf mich, und nur durch einen raschen Sprung in einen etwas tieferen ausgewaschenen Graben bin ich seinen Absichten entronnen.

Einen Verletzten hatten wir, es war der Fahrer des Ochsenfahrzeuges und ausgerechnet unser Quartierherr aus Valdoltra. Er hatte eine Schussverletzung am linken Oberschenkel und es gelang, ihn dann sofort ins Lazarett zu bringen, nachdem wir die Stadt erreicht hatten.

Das Zentrum der Stadt glich einem Hexenkessel, tausende Zivilisten säumten unseren Weg, außer einem starken Stimmengewirr blieben wir unbehelligt und konnten unseren Marsch in Richtung Hafen fortsetzen.

Die ursprüngliche Absicht des Kampfgruppenführers Hauptmann Dreyer, die Sperren oberhalb von Triest zu umgehen und durch die Stadt dann weiter in Richtung Monfalcone zu marschieren, wurde aufgegeben in der Hoffnung, dass ein Arrangement mit der Marine ein weniger verlustreiches Herauskommen aus der bereits rundum von Partisanen eingeschlossenen Stadt ermöglicht. Hauptmann Dreyer wollte so viele als möglich seiner Soldaten unversehrt herausbringen.

An der Straßenkreuzung in Richtung Bahnhof und Hafen, sowie hinauf in Richtung Opičina, bekam ich von Hauptfeldwebel Weis den Befehl hier zu warten und alle Landser die noch kommen würden, in Richtung Hafen einzuweisen. Es ging ihm vor allem darum, dass zum Beispiel die von Oberfeldwebel Purzhammer abzulösende Gruppe des Obergefreiten Pratscher sicher zur Kompanie findet.

Auf der linken Straßenseite in Richtung Hafen, stand ich, mir gegenüber war die Einmündung der etwas schmalen und steilen Gasse hinauf nach Opičina. Da war auch ein kleiner Maschinengewehrbunker, davor standen einige Karabinieri, alle ebenfalls mit grünen Armbinden – es war zum zweiten Mal, dass ich diese Armbinden zu sehen bekam. Welche Bedeutung diese hatten, war mir nicht klar, aber ich war auch nicht sonderlich interessiert, es zu erfahren.

Meine Italienischkenntnisse waren sehr gut, ich kam mit den umstehenden Leuten zu sprechen, irgendeine Gefahr schien mir nicht gegeben, es war so, als würden sie alle mehr oder weniger den Marsch der Truppe sehen und begaffen wollen.

Kleinere Trupps sowie einzelne Landser kamen daher, ich schickte alles weiter zum Hafen hin. Oberfeldwebel Putzhammer, seine Maschinenpistole schussbereit umgehängt, ging seinen Leuten voran durch die Menschenmenge die Gasse in Richtung

Opičina hinauf, ohne von den hier postierten Karabinieri behindert oder belästigt zu werden.

Es dauerte einige Zeit, bis der Obergefreite Pratschner mit seiner schweren Maschinengewehrgruppe herunter kam, inzwischen waren immer wieder Angehörige der Wehrmacht aus der Stadt heraus und die Opičinagasse herunter gekommen. Da oben befand sich unter anderem auch ein Soldatenheim, eine gemischte Gruppe, es waren auch Leute von der Marine dabei, kam und stand unschlüssig bei den Karabinieri mir gegenüber. Die Straße überquerend, ging ich zur Gruppe und sagte ihnen, wohin sie sich wenden sollten, nämlich zum Hafen hin.

Dabei kam ich dann auch mit den Karabinieri zu sprechen und auf meine Frage was die grünen Armbinden bedeuten, wurde mir in aller Ruhe erklärt, das sei das Zeichen für die Nationali, die Kommunistischen Partisanen hätten rote Halstücher, das seien die ‚Fazzoletti rosso'. Ich nahm an, dass die Nationali auf unserer Seite und keine Partisanen seien. Diese Annahme war unrichtig, wie sich einige Tage später bei der Kapitulation herausstellte.

Plötzlich war ein Stimmungsumschwung bei den Menschenmassen feststellbar. Es fielen vereinzelt Schimpfworte und auch an Drohungen fehlte es nicht.

Die Straße, ich glaube es war das die Via Carducci, war dicht von Zivilisten gefüllt, die immer näher an die Kreuzung herandrängten. Für einzelne Landser war da wohl kaum mehr ein Durchkommen möglich, eine letzte Gruppe kam die Gasse herunter, es war der Leutnant vom überschweren Granatwerfer mit seiner Mannschaft. Alle entwaffnet von Zivilisten. Wie mir der Leutnant erzählte, war nun auch die ganze westliche Seite von Triest in Richtung Monfalcone von Partisanen abgeriegelt und ein Durchkommen nicht mehr möglich.

Mit dieser Gruppe zog dann auch ich mich in den Hafenbereich zurück. Es war nicht schwierig meine Kompanie zu finden.

Wenig später fielen auch schon die ersten Schüsse auf uns. Wir mussten uns in die Lagerhallen an den Piers zurückziehen und in Deckung gehen, es gab bereits die ersten Verwundeten, unter anderem bekam ein Mann aus unserer Schreibstube, sein Name ist mir entfallen, er war ein Vorarlberger, einen Brustschuss. Es war möglich ihn auf ein Schiff zu bringen, welches Verwundete versorgte und dann nach Ancona in ein Lazarett brachte.

Am 1. Mai bekamen wir dann Granatwerferfeuer, von unserem schweren Granatwerfer. Ein paar Einschläge im Hafenbecken die keinen Schaden anrichteten. Ein Schiff lag in der Hafeneinfahrt, es diente zur Sperre gegen ungebetene Gäste. Auf dieses hatte es die Bedienung des Werfers scheinbar abgesehen. Denn die Einschläge kamen immer näher heran, bis es dann auch wirklich einen Volltreffer bekam und auch bald darauf voll in Brand war. Wir saßen zu dritt auf einer Kiste und sahen dem ganzen Treiben zu. Wir, das war rechts der Stabsgefreite Fürholzner mit sechseinhalb

Jahren Dienstzeit, links saß ich mit etwas über fünf Jahren Dienstzeit und zwischen uns saß der Jäger Finger aus Dortmund, er war im Feber 1945 eingezogen worden und im März zu uns gekommen. Eine Granate schlug etwa zehn Meter vor uns auf den betonierten Flakstand eines am Pier liegenden Frachters ein, ohne einen größeren Schaden anzurichten, aber ein winzig kleiner Splitter traf den Jäger Finger genau in der Stirnmitte. Der Mann war sofort tot, wir hatten Mühe festzustellen, wo er getroffen wurde. Der Splitter hatte ungefähr die Größe eines Stecknadelkopfes. Die besondere Tragik: er war der einzige Sohn einer Kriegerwitwe.

Angehörige der Kriegsmarine brachen das Marineverpflegungslager auf, ein Matrose wurde bei dieser Aktion von einem Kriegsverwaltungsinspektor erschossen.

Ein Offizier der Luftwaffe, ich weiß es nicht mehr ob Major oder Oberstleutnant, beziehungsweise Oberst, verlangte als Hafen- oder Stadtkommandant, auch das weiß ich nicht mehr so genau, dass der Führer der Gebirgsjägergruppe, seine Mannschaft zur Säuberung der Stadt Triest gegen die Partisanen zu führen habe.

Hauptmann Dreyer hatte genug Überblick und Erfahrung, um zu wissen, dass dies nur ein Abschlachten der Jäger bedeutet hätte und weigerte sich, diesem Befehl nachzukommen. Wie richtig diese Überlegung war, kann man ermessen, wenn man weiß, dass am 30. April bereits die Partisanen nicht nur am Stadtrand sondern schon in der Stadt selbst waren. Dazu kamen noch unzählige Zivilisten die sich bewaffnet hatten und aus Häusern heraus auf alles geschossen hatten, was deutsche Uniform trug.

Mit gezogener Pistole rannte der Offizier herum und verlangte zu Hauptmann Dreyer gebracht zu werden. Auch mir hielt er, unter anderen, die Pistole unter die Nase und verlangte sofort zum Bataillonsführer gebracht zu werden. Alles was ich tun konnte, war, den nervösen Helden zu Leutnant Wolak, unserem Kompanieführer von der 4. Kompanie/Gebirgsjägerregiment 137 (902) zu bringen. Leutnant Wolak wusste wo Hauptmann Dreyer sich befand, es gelang ihm aber den Offizier abzuwimmeln.

Dann hieß es verladen, auf Schiffe, alles ging an Bord nur die Pferde und Wagen blieben zurück. Wenig später kam der Befehl, herunter von den Schiffen, sie laufen erst in der Nacht aus.

Unsere Feldküche kochte Reisfleisch, es gab wieder einmal warmes Essen, und das, soviel jeder nur wollte. Dann wieder untätiges Warten. Die verschiedensten Gerüchte und Latrinenparolen kamen in Umlauf, es war ein unangenehmes Warten auf etwas, von dem niemand wirklich wusste, was uns bevorstand.

Es war schon Nacht als Oberjäger Gollackner kam und uns zu einem Schiff brachte, das noch Leute aufnahm. Er hatte das erfahren und rasch gehandelt. Nachdem wir alle an Bord waren, Mann an Mann, dicht gedrängt auf dem Deck, lief das Schiff mit uns dann auch wirklich aus. Vorbei am brennenden Schiff, welches am Tag in Brand geschossen worden war und wie eine Riesenfackel unsere Ausfahrt mit einem gespenstischen schaurigen Licht beleuchtete. Die Nachtfahrt verlief ruhig und ohne

Zwischenfälle, ich saß mit einem Kameraden direkt unter dem Flakstand des Schiffes, beide mit einer Decke über die Köpfe hinweg zugedeckt, die Schuhriemen und das Koppel geöffnet, für den Fall, dass wir auf eine Mine auflaufen oder sonstwie angegriffen werden sollten und über Bord gehen müssten.

Wir schliefen tief und fest bis plötzlich ein starkes Rummsen und darauffolgendes Flakfeuer uns aus dem Schlaf rissen. Durch das Megafon rief der Kapitän: Alle Mann über Bord und weg vom Schiff, in fünf Minuten wird es gesprengt!

Das Schiff war auf Grund gesetzt worden, das Meer war hier etwas weniger als zwei Meter tief, sodass wir relativ leicht an Land kommen konnten.

Einige Jabos waren über uns, aber ohne die Schiffe anzugreifen, vielleicht hatte das Flakfeuer sie davon abgehalten, oder sie beobachteten die Schiffe nur. Es waren viele Schiffe, alle mit Wehrmacht beladen, das Mündungsgebiet des Tagliamento angelaufen und wie schon erwähnt auf Grund gesetzt worden.

Das erste war nun einmal unsere Sachen zu trocknen, wir waren bis zum Halse im Wasser an Land marschiert, sowie gleich einmal nachzusehen, wer da war und wer nicht. Wir von der 4. Kompanie/Gebirgsjägerregiment 137 hatten durch die Landung keine Verluste, es schwammen einige Tote weiter draußen im Meer, diese aber waren von anderen Wehrmachtsteilen, sie waren als Nichtschwimmer und vollbepackt mit ihren Habseligkeiten ertrunken.

Als nächstes tauchte die Frage auf, was nun?

Versuche Einzelner auf dem Landwege zwischen den Lagunen hindurch in Richtung Heimat zu kommen, scheiterten an den Partisanen, die hier schon das ganze Gebiet abgesperrt hatten. Ein Versuch, die Lage zu erkunden, endete damit, dass ich auf dem schmalen Wegstreifen, der nur ein Damm zwischen zwei Wässern war, auf eine Gruppe schwer bewaffneter Zivilisten traf. Das war nur einige hundert Meter vom Wald entfernt, der als Schutz gegen Sicht sich im Halbkreis um die Landungsstelle zog. Man konnte von der Stelle aus, die ich erreicht hatte, das Geschehen am Strand nicht erkennen.

Die martialische Aufmachung dieser, eher an Operettenfiguren erinnernden, Räuber in Zivil, verursachten mehr Schmunzeln als etwa Respekt oder gar Angst. Umringt von diesen Partisanen, die mit Gewehr im Anschlag da standen, entschloss ich mich nach einem längeren Gespräch mit dem Anführer, mein Gewehr und die Munitionstaschen sowie die beiden Eierhandgranaten in das Wasser neben der Straße zu werfen. Ganz gegen die Absicht der Räuber in Zivil, aber schließlich fanden sie sich damit ab, wie mir schien, froh darüber, dass ich keinen Gebrauch davon – besonders von den Handgranaten – machte.

Ich ging anschließend noch ein Stück landeinwärts, traf noch einige von der 4. Kompanie/Gebirgsjägerregiment 137 (902) mit denen ich dann den Weg zurück zum Strand nahm. Kurz vor dem Wald hörten wir Schüsse, die Partisanen schossen

Löcher in die Luft, wahrscheinlich um sich selbst etwas Mut zu machen. Als wir die Gruppe dann erreichten, gab es nochmals ein Palaver mit dem Bandenführer, welches damit endete, dass ich ihm zusagte, weitere Kameraden vom Strand zu holen und ihm zu bringen. War sehr naiv solches anzunehmen!

Wieder am Strand, waren schon Engländer mit zwei Panzerspähern da. Die Kapitulation hatte inzwischen stattgefunden, die Waffen und Munition wurden getrennt auf einen Haufen geworfen, auf einem provisorischen Tisch mit Sitzgelegenheiten wurden die Namen der Landser notiert, Lastwagen kamen, um die nun Gefangenen abzutransportieren. Als Bewacher kamen kleine knabenhafte Ghurkas, deren Rifles beinahe größer waren als sie selbst."[177]

Noch hielt die Masse der deutschen Verbände ihre letzten Widerstandsnester in Triest besetzt, während es zwischen westalliierten Soldaten und jugoslawischen Guerillakämpfern zu fast einem Dutzend regelrechter Gefechte kam. Mehr noch: Über die Verwaltung des gemeinsam besetzten Gebietes kam es zwischen der alliierten Militärregierung und den Jugoslawen zu Auseinandersetzungen, die sich bei der Vermischung der englischen und jugoslawischen Verbände zu offenen Feindseligkeiten auszuweiten drohten. Obwohl auch Truman das einseitige Vorgehen Titos verurteilte, war er nicht bereit, den Rückzug der Jugoslawen durch den Einsatz amerikanischer Verbände zu erzwingen,[178] denn diese sollten auf dem schnellsten Wege vom italienischen Kriegsschauplatz in den Pazifik und nicht auf den Balkan verlegt werden.

Bevor die Kriegsgegner endgültig die Oberhand erhielten, sammelten sich um den deutschen Stadtkommandanten von Triest, Generalmajor Hermann Linkenbach, bei seinem Gefechtsstand in der Villa Geiringer, kampfkräftige Truppen aller Waffengattungen. Seine Parole lautete ganz unmissverständlich: „Keine Übergabe an die Partisanen!"

Bis zum Eintreffen der Westalliierten wurde daraufhin jeder Stützpunkt bis zum letzten Mann verteidigt – auf dem Bahnhofsgelände und im Justizpalast ebenso wie im Hafengelände, auf dem Monte Contovello und auf dem Castell San Giusto. Hier, in der alten Festung, hatte sich Fregattenkapitän Groschopf mit sechzig Mann verschanzt. Die Partisanen ließen es auf einen Sturmangriff erst gar nicht mehr ankommen, nachdem ihre Parlamentäre knallhart zurückgeschickt worden waren.

Nun lenkten die jugoslawischen Partisanen ihre Aufmerksamkeit auf die Italiener, die unterdessen den ersten Schock über die sich überstürzenden Ereignisse während der letzten Tage und Stunden überwunden hatten und sich wieder auf die Straßen wagten. Triester Patrioten, die zunächst mürrisch den deutschen Zusammenbruch abgewartet hatten, gerieten jetzt sogar aus dem Häuschen und in Siegesstimmung. Das „Freiwilligenkorps des Freistaates Triest" mit seinen Divisionen „Giustica" und „Libertà" sowie mit seinen Brigaden „Garibaldi", „Venetia Giulia", „San Giusto",

Od nas ni zrna žita ne dobiš v roké!
Ob lastno kost si brusi - lačni pes - zobé!

„ERNTE! VERSTECKE!
Von uns bekommst du nicht ein Korn Getreide in die Hände!
Am eigenen Knochen schleife – hungriger Hund – die Zähne!"

„San Sergio" und „Timavo" marschierte mit bunten Armbinden gekennzeichnet auf, schwenkte Fahnen, sang patriotische Lieder und zerrte die Faschisten aus ihren Verstecken.

Das Gleiche hatten jedoch auch Titos Partisanen vor. Darüber gerieten die Verbündeten, die sich jeweils als die wahren Sieger fühlten, in Streit. Sie rissen sich die aufgegriffenen Faschisten gegenseitig aus den Händen, weil jeder von ihnen für sich das Recht auf Strafe und Rache in Anspruch nahm und griffen nach ihren locker sitzenden Waffen. So kam es in den Vororten zu regelrechten Straßenkämpfen zwischen den Italienern und Jugoslawen, an denen die Deutschen weder direkt noch indirekt beteiligt waren. Titos Soldaten behielten die Oberhand und nahmen mit den Faschisten auch gleich die gefährlichen italienischen Widerstandskämpfer mit. Triest stand jetzt unter der Herrschaft des Roten Sterns.

In ihrer Verzweiflung erinnerten sich die italienischen Patrioten plötzlich wieder an die deutschen Soldaten. Parlamentäre der Italiener erschienen sogar vor den deutschen Stützpunkten. Sie forderten aber nicht deren Übergabe, sondern sie baten den besiegten Feind von gestern um Waffenhilfe gegen den siegreichen Verbündeten von heute. Das alles geschah gleichzeitig in einer Stadt: Sieges- und Blutrausch, Angst und Verfolgung, Hass und Vergeltung, italienische Patrioten gegen jugoslawische Kommunisten, Patrioten und Kommunisten gegen Faschisten, Italiener und Slowenen gegen Deutsche, Deutsche und Italiener gegen Slowenen, Slowenen und italienische Patrioten gegen Titos Partisanen, Befreite gegen Befreier! In diesem Endkampf um Triest wurde auf Seiten aller Beteiligten gelitten und gestorben, geplündert und gemordet, vergewaltigt und massakriert. Leider waren diese Vorgänge kein schreckliches Einzelbeispiel, sondern sie spielten sich in ähnlicher Form in ganz Istrien ab.

Der letzte Stadtkommandant von Triest, Generalmajor Hermann Linkenbach, lehnte die von den italienischen Parlamentären geforderte Einmischung in den Streit der Verbündeten ab. Um Schadensbegrenzung zu betreiben, war es sein Ziel, seine Soldaten in die Kriegsgefangenschaft der westlichen Alliierten zu führen. Diese aber erreichten erst am 2. Mai 1945, gegen 17.00 Uhr, mit einer Panzervorausabteilung der neuseeländischen 2. Division die Hafenstadt. Es galt, das Problem der deutschen Übergabe unter möglichst guten Konditionen zu lösen. Linkenbach verlangte nach wie vor die Zusicherung, dass seine Einheiten nicht an die jugoslawischen Partisanen ausgeliefert würden. Dem neuseeländischen General Freyberg waren jedoch die Hände gebunden. Er konnte keine eigenen Zusicherungen und Versprechungen machen, denn zwischen Churchill und Tito bestand die Abmachung, wonach jegliche Kriegsbeute und die Kriegsgefangenen östlich des Isonzo an die Jugoslawen auszuliefern waren.

Der Kommandeur des Gebirgsartillerieregiments 1088, Oberstleutnant Laurin, war nicht gewillt, sich den Alliierten auszuliefern. Er war ein Mann der Tat und noch dazu ein überzeugter Nationalsozialist, der über sein Schicksal bis zum Ende selbst bestimmen wollte und die Folgen seines Handelns im Kriege kannte. In logischer Konsequenz zog er deshalb beim Obelisken oberhalb von Triest vor den anwesenden deutschen, englischen und jugoslawischen Parlamentären nach seinen Gedenk- und Dankesworten beim letzten Appell seine Dienstpistole und erschoss sich

Aus Angst vor einer erneuten Eskalation der Lage hielten sich alle anwesenden Soldaten kampfbereit. Freyberg beriet sich währenddessen über Funk mit seinem Oberkommando. Dort fand man die Lösung: Die Abmachung mit Tito musste befolgt werden, denn, so hieß es, das sei mit Brief und Siegel verabredet worden. Allerdings handle es sich bei den auszuliefernden Kriegsgefangenen nur um solche Soldaten, die sich östlich des Isonzo kampflos ergeben hätten. Deutsche Truppenteile, die jedoch von den Westalliierten im Gefecht entwaffnet würden, seien an diese Regelung nicht gebunden. Um diese Gefechte zu simulieren, ließ der neuseeländische General seine Panzer und Geschütze feuern. Und auch die deutschen Soldaten schossen eine Salve als Entgegnung in den Himmel über der Adria. Damit war für sie der Endkampf um Triest beendet. Mit erhobenen Händen marschierten sie in die alliierte Kriegsgefangenschaft.

Mit derartigen Scheingefechten gaben sich die jugoslawischen Partisanen um Tito jedoch nicht zufrieden. Sie beschwerten sich weder bei dem neuseeländischen General, noch klagten und verhandelten sie mit den Westalliierten, sondern griffen rasch zu und holten sich die entwaffneten Deutschen, wo sie ihrer habhaft werden konnten wieder zurück. Sie ergriffen die in die Gefangenschaft marschierenden deutschen Kolonnen und räumten das Bunkerlazarett gnadenlos aus. Das Gros der deutschen Besatzung fiel den jugoslawischen Partisanen beim Abtransport im Raum Opičina in die Hände. Lastkraftwagen wurden mit Kranken, Verwundeten und Gesunden derart vollgepfercht, dass deren Seitenwände nachgaben und zerbrachen. Auf den Trittbrettern standen die Partisanen mit gezogenen Maschinenpistolen. Ein Militärjeep mit einem aufgebauten Maschinengewehr folgte der Kolonne.

Die Fahrt ging jedoch nicht allzu weit. Auf der Höhe vor dem Obelisk zwischen Triest und Opičina hielten die Wagen an. Mit wildem Geschrei wurden die Gefangenen rechterhand vom Weg in die ehemaligen unterirdischen Kampf- und Luftschutzstollen getrieben. Schubweise wurden nun Tag und Nacht immer neue Gefangene dort hineingedrängt, andere wiederum nach nicht ersichtlichen Gesichtspunkten herausgeholt und abgeführt: Offiziere aller Dienstgrade und Mannschaften aller Waffengattungen, Gesunde und Kranke, Deutsche, Italiener und Slowenen, aber auch Zivilisten, Frauen und Kinder, die verstört und hilfesuchend um sich starrten.

Vor und nach dem 18. Mai 1945 begann Tito Tabor zu spielen. Tabor war ein Partisanenführer, der von seinen Freischärlern so genannt wurde, weil er angeblich ein Albaner war. Sein besonderes Kennzeichen waren seine stechenden Augen. Der Gürtel und die Pistolen, die er um seinen Oberkörper geschnallt hatte, stammten offensichtlich von italienischen Offizieren. Eine deutsche Kradmeldertasche hing an seiner Brust. Die schweren Pistolen baumelten von seiner Hüfte. Ein Fliegerkompass und eine Armbanduhr vervollständigten seine skurrile Ausrüstung. In wenigen Minuten trieben nun Tabor und seine johlende Meute die Gefangenen auf bereitstehende Lastkraftwagen. Dort wurden sie an den Fußgelenken aneinandergefesselt und so eng zusammengedrängt, dass keiner sich bücken konnte, um die Fesseln zu lösen. Dann ging die Schreckensfahrt nach Bassovizza und von dort auf einem Feldweg in östlicher Richtung auf den Monte Castelloro. Vor einem Geröllhaufen wurde abgeladen. Auf ihm stand Tabor. In jeder Hand hielt er eine Pistole. Mit den Schusswaffen wies er auf eine rechteckige Grube und befahl in deutscher Sprache: „Springen!"

Die Grube war vier Meter breit. Jetzt begriffen die erbärmlichen Opfer: Um in die angebliche Freiheit zu gelangen, sollten sie zuerst über diesen vier Meter breiten Erdriss springen. Er war die schauerliche Öffnung zu einem 230 Meter tiefen Schacht! Sollten sie in den sicheren Tod springen? Nein, sie mussten! Denn starr vor Schrecken, schaffte niemand den rettenden Sprung. Zappelnd hingen sie am jenseitigen Grubenrand, krallten ihre blutigen Finger in das scharfkantige Gestein, hielten sich endlos lange Sekunden im Todeskampf fest und stürzten schließlich doch in den Abgrund, aus dem es kein Entrinnen mehr gab. Auf dem Feldweg hupte währenddessen pausenlos ein Lkw, um die Todesschreie der Opfer zu übertönen. Auf diese Weise endeten Tausende von Deutschen, Italienern und Slowenen. Soldaten wie Zivilisten.[179]

Einige Jahre lang bargen die Höhlen und Schächte in der Umgebung von Triest dieses schaurige Geheimnis. In der ehemaligen k. u. k. Hafenstadt und in den kleinen ärmlichen Dörfern des Karstes ließen sich die Gerüchte von Titos letztem Blutbad nicht lange unterdrücken. Bereits 1947 fanden die „Pipistrelli", die Triester Höhlenforscher, die auf ihrem Vereinsabzeichen die Fledermaus (= Pipistrello) trugen, Unterstützung beim Chef der örtlichen Kriminalpolizei, der seinerzeit dem Oberbefehl der alliierten Besatzungsmächte unterstand. Aber ohne deren Zustimmung durfte Umberto di Georgi nichts unternehmen. So dauerte es noch bis Ende 1947, bis er die Genehmigung für eine planmäßige Durchforschung einiger Karsthöhlen erhielt.

Unauffällig hatte er jedoch den „Pipistrelli" schon vorher den diskreten Wink gegeben, in der Pozzo di Groppada zu suchen. Und auch auf andere solche Grotten des Grauens und Schreckens machte er die wagemutigen Triester Höhlenforscher aufmerksam. Diese stiegen nun, allen voran der Student Arrigo Maucci und seine Mitarbeiter, über Strickleitern hinab und machten dabei unvorstellbar grausame Funde. Bei der Durchsuchung von einer Reihe von Grotten, Karsthöhlen und Brunnen entdeckten sie unter anderem:[180]

Den 72 Meter tiefen Pozzo di Groppada, die 115 Meter tiefe Pipenza zwischen Duttogliano und Cruscevizza mit 23 getöteten deutschen Soldaten, die 88 Meter tiefe

Jelenca Jama bei Cruscevizza mit 60 getöteten Soldaten und 90 ermordeten Zivilisten, darunter 7 Frauen und 2 Kinder, die Grotte von Volci, die 120 Meter tiefe Abisso di Prosecco, mit 7 getöteten Italienern und 25 erschossenen deutschen Gebirgsjägern, die 230 Meter tiefe Miniera bei Bassovizza am Monte Castellaro mit Tausenden von getöteten Italienern, Deutschen und Slowenen, deren Skelette man in 190 Meter Tiefe fand, die 120 Meter tiefe Grotte mit der Katasternummer 8 bei Opičina, in der man 22 Deutsche mit Kopfschüssen, die in dem Dolinenwäldchen bei Opičina erschossen wurden, fand.

Bis zum 23. April 1948 wurden 217 Zivilisten und 247 Soldaten geborgen.[181] Noch im selben Monat wurde Umberto di Georgi seines Postens enthoben und zur Gefängnisverwaltung versetzt. Man wollte nämlich keine erneuten Spannungen zwischen den alliierten Streitkräften in Triest und Tito aufkommen lassen, denn noch stand die Abstimmung in den beiden A- und B-Zonen bevor. Befehlshaber der Tito-Verbände in der B-Zone war kein geringerer als der kommunistische General Veceslav Holjevac, ein ehemaliger Partisan, der später wegen seiner zweifelhaften „Verdienste" zum „Bürgermeister" von Zagreb ernannt wurde.[182]

Der anglojugoslawische Konflikt schwelte dennoch weiter. Am 16. Mai 1945 meldete die „Agentur Reuter" aus London hierzu: „Aus Klagenfurt wird gemeldet, dass alle Bemühungen um eine Entspannung der Lage gescheitert sind. Im Gegenteil, die Dinge spitzen sich schnell in gefährlicher Weise zu. Während die britische Flagge über dem Rathaus wehte und britische Beamte die Verwaltung übernahmen, errichteten Titos Truppen ohne jede Fühlungnahme mit den britischen Behörden in Klagenfurt eine eigene Verwaltung. Sie ließen wissen, dass Kärnten mit sofortiger Wirkung als jugoslawischer Boden zu betrachten sei. Eine unbeschreibliche Konfusion entstand, da unmittelbar neben diesen Plakaten die britischen Aufrufe hingen. Besonders behindert waren die Engländer, weil inzwischen Titos Truppen alle Zeitungsbetriebe und Druckereien beschlagnahmt hatten und die einzige unter britischer Verwaltung stehende Zeitung gewaltsam gezwungen wurde, ihren Betrieb einzustellen."

Noch am selben Tage, es war ein Mittwoch, nahm „United Press" zu den Spannungen zwischen amerikanischen Verbänden und Titos Truppen Stellung: „Heute haben die Jugoslawen für die Provinz Triest einen eigenen Präfekten, Guglielmo Calhpara, ernannt und die Hauptstraße in ‚Corso Tito' umgetauft. Gleichzeitig begannen sie, die Rekrutierung der diensttauglichen Männer im Alter von fünfzehn bis fünfzig Jahren für die jugoslawische Armee. Auch in Görz herrscht Spannung. Die Stadt ist unter jugoslawischer Herrschaft, doch steht dort auch ein amerikanisches Regiment. Die Jugoslawen haben mehrere amerikanische Soldaten verhaftet, denen die Verletzung des Ausgehverbotes vorgeworfen wird. Gestern Nacht begannen Tito-Truppen dann plötzlich mit der Errichtung von Straßensperren rund um die Stadt. Der energische Protest des amerikanischen Obersten hatte schließlich den Rückzug der jugoslawischen Soldaten von diesen Straßensperren zur Folge. Als die Amerikaner in einem Theater eine Filmvorführung vorbereiteten, requirierten die Jugoslawen das Lokal in letzter Minute und veranstalteten für ihre Truppen einen Tanzabend."

Nachdem sich die jugoslawischen Verbände, die seit Mitte Mai auch Teile Südkärntens besetzt hielten, aufgrund der Forderung der westalliierten Militärbehörden aus Österreich am 25. Mai 1945 zurückziehen mussten, forderte Tito unter Berufung auf die ‚Atlantikcharta' die Angliederung von Slowenisch-Kärnten an seinen Staatsverband. Im Abkommen zwischen Jugoslawien, den USA und Großbritannien über die zeitweilige Militärverwaltung vom 9. Juni 1945 in Venezia Giulia wurde den jugoslawischen Truppen stattdessen die Räumung von Triest, Pola und dem Isonzotal auferlegt. Aber nicht allzu lange, denn im Pariser Friedensvertrag vom 10. Februar 1947 musste Italien der Freien Volksrepublik Jugoslawien nicht weniger als 8.851 Quadratkilometer abtreten – und zwar die Insel Lastovo (Lagosta), die Stadt Zadar (Zara), die restlichen Inseln des Kvarner, darunter Cres (Cherso), den Hafen Fiume (Rijeka), den größten Teil der Halbinsel Istrien mit dem Kriegshafen Pola (Pula), den Triester Karst sowie das obere und das mittlere Isonzotal, ausgenommen Görz, das bereits nach dem Ersten Weltkrieg zu einem Zankapfel zwischen den Italienern und den Südslawen geworden war.[183]

In der Nachkriegszeit gab es um Triest zwei Zonen: Die Zone A (Triest und Umgebung), die von den Angloamerikanern besetzt wurde, und die Zone B (Nordwest-Istrien), die die Jugoslawen besetzt hielten. Triest sollte gemäß den Pariser Friedensverträgen ursprünglich ein unabhängiger und entmilitarisierter Freistaat bleiben, dessen Unverletzbarkeit von den Vereinten Nationen garantiert wurde. Bis zu einer endgültigen Lösung setzte man einen angelsächsischen Gouverneur ein, der vom Sicherheitsrat nach Rücksprache mit Italien und Jugoslawien bestimmt wurde.

Als man jedoch erkannte, dass das 743 Quadratmeter große und 372.000 Einwohner zählende Freie Territorium Triest auf die Dauer keinen Bestand haben würde, wurde später, am 5. Oktober 1954, die etwas verkleinerte Zone A sowie die Hafenstadt durch das in London vereinbarte de facto-Abkommen über Triest an Italien zurückgegeben.[184] Die etwas größere südliche Zone B fiel mit ihren 495 Quadratkilometern und 75.000 Einwohnern endgültig an Jugoslawien, während die Stadt selbst zum Freihafen erklärt wurde. Die alliierten Truppen zogen nun ab, doch die Spannungen blieben weiterhin bestehen. Denn „in einer Zeit, in der die Italiener die nationalen und wirtschaftlichen Rechte der Südtiroler möglichst einzuschränken suchten, klagten sie über die Unterdrückung des Italienertums in Triest und Umgebung. Sie forderten für ihre Landsleute die weitesten nationalen Rechte, obwohl es in Triest jedenfalls schon lange eine slowenische Minderheit gab."[185]

Vielleicht lag gerade in der Vorbildfunktion Sloweniens der Grund, warum Italien solange auf den Fortbestand des Vielvölkerstaates Jugoslawien beharrte. Um abschließend nochmals auf die Triestfrage zurückzukommen: Sie wurde erst am 1. Oktober 1975 durch ein jugoslawisch-italienisches Abkommen bereinigt, nach dem die Demarkationslinie zwischen der ehemaligen A- und B-Zone als Staatsgrenze definiert wurde. Diese Grenzziehung machte jedoch das jahrhundertealte österreichische Görz zu einer geteilten Stadt. Der nordöstliche Teil, Nova Gorica, gehört heute zu Slowenien. Im italienischen Görz, insbesondere auf dem hügeligen Westrand der Stadt, lebt nach wie vor eine slowenische Minderheit.

Generalleutnant Johann Mickl errang mit seiner 392. Infanteriedivision auf dem kroatischen Kriegsschauplatz beachtliche Erfolge. Er verstarb am 10. April 1945 in einem Lazarett in Kroatien.

13. Die Endkämpfe um Istrien und Fiume

Nachdem Generalleutnant Mickl mit seiner 392. (kroatischen) Infanteriedivision auf den kroatischen Kriegsschauplatz verlegt worden war, erzielte er insbesondere im Gebiet des Velebit und an der Adriatischen Küste vor der Insel Pag einige beachtliche Erfolge. Mehr noch: Er deckte nun mit seiner Division den Rückzug der Heeresgruppe E nach Norden gegen die jugoslawischen Verbände. Diese waren am 20. März 1945 zu ihrer letzten Offensive „zur Befreiung des Landes" angetreten. Die jugoslawische (dalmatinische) 4. Armee, die durch britische Panzer, Artillerie und weiteres Gerät beträchtlich verstärkt und auf den modernsten Stand der Kriegstechnik gebracht worden war, hatte Befehl, die Lika zu befreien und dann einen vernichtenden Stoß in Richtung Fiume zu führen. Daher wandte sich die gegnerische Hauptmacht in den letzten Märztagen gegen die ihr im Wege stehende deutsch-kroatische 392. Infanteriedivision. Diese hatte den Auftrag, überlegenem Feinddruck derart nachzugeben, dass die gegen Karlovac führenden Straßen gedeckt blieben, auch auf Kosten der Küstenverteidigung. Die jugoslawischen Verbände führten in der Hauptsache vier Angriffe: von Bihač nach Westen, über Udbina nach Nordwesten, auf Gospič von Südosten, auf Karlobag von Land und See her.[186]

Wie sich die 392. (kroatische) Infanteriedivision dabei aus der Affäre gezogen hat, das schildert uns ihr Chronist Franz Schraml:[187]

„Die 392. Division stand zu diesem Zeitpunkt immer noch im Küstenschutz auf der ganzen Strecke von Crkvenica bis Karlobag, von hier aus bog die vorderste Linie rechtwinklig über Gospič in Richtung auf Bihač zu ab. Der Divisionsgefechtsstand lag in Brinje. Der feindliche Angriff der ersten Tage traf hauptsächlich die im Raume von Lapač (südlich Bihač) stehenden Teile der 373. Division, der Bereich der 392. Division wurde erst ab Anfang April getroffen. Die Hauptstoßrichtungen verliefen: von Bihač her nach Westen, über Udbina nach Nordwesten, auf Gospič von Südosten und auf Karlobag von Land und See her. Als Auftakt, vielleicht auch als Ablenkungsmanöver gedacht, war am Karfreitag (30. März) eine erneute Landung der Jugoslawen und Engländer, mit Unterstützung von Zerstörern und nach vorausgegangenen Luftangriffen, auf der Insel Pag erfolgt. Tapfer hatte sich das dort liegende Küstenjägerbataillon. verteidigt, war aber schließlich der Übermacht erlegen.

Am Ostersonntag, den 1. April setzte dann der allgemeine Ansturm des Gegners mit weit überlegenen Kräften gegen die Front der beiden Regimenter der Division im Raum von Gospič und nordöstlich davon ein.

Am 2. April wird das I. Bataillon/Grenadierregiment 846 von Ramljane auf Lešće zurückgeworfen, die Artillerie verliert dabei sechs Geschütze. Obwohl das II. Bataillon/Grenadierregiment 864 zur Unterstützung heraneilt, geht am Vormittag des 3. Aprils auch Lešće verloren. An diesem Tage fällt auch Gospič und geht dabei teilweise in Flammen auf. Zusammen mit den zurückweichenden Truppen ergießt sich ein Strom von Flüchtlingen gegen das Velebitgebirge. Beim Überschreiten der Lika im feindlichen Feuer fallen beim Infanterieregiment 847 unter anderen der Regimentsadjutant Oberleutnant Heinecker (ertrunken), Leutnant Forsch und noch ein Offizier.

In Licky Osjek werden Teile des III. Bataillons/Grenadierregiment 846 (drei Kompanien) eingeschlossen und kämpfen bis zur letzten Patrone. Es fielen dabei: Hauptmann Kutzner, Oberleutnant Platzer, Leutnant Buhr, die Unteroffiziere und ein Großteil der kroatischen Mannschaften. Die Überlebenden geraten in Gefangenschaft.

Am 4. April trifft der Ansturm insbesondere das III. Bataillon/Grenadierregiment 847 (Oberleutnant Eyring) bei Perusič. Es kann nicht standhalten und zieht sich ungeordnet nordwestwärts in das Velebitgebirge zurück. Mit ihm geht ein großer Teil der ustaschafreundlichen Bevölkerung. Erst in Krasno (südwestlich Otočac) sammelt das Bataillon wieder und erreicht, nur mehr achtzig Mann stark, den Vratnikpass oberhalb Senj.

Nördlich davon hatten am 4. April das I. und das II. Bataillon/Grenadierregiment 846 Otočac aufgeben müssen und waren beiderseits der Stadt ebenfalls nach dem Vratnikpass zurückgegangen. Ein Gegenstoß, den Major Bransch mit seiner Aufklärungsabteilung und vier italienischen Beutepanzern unternimmt, um den Feind aus Otočac wieder hinauszuwerfen, misslingt. Die Angriffskraft der eigenen Truppe war nur mehr sehr gering.

Ein neuer Befehl des Divisionskommandeurs ordnet das Halten des Vratnikpasses unter allen Umständen an. Dem Kommandeur des Infanterieregiments 847 werden dazu sämtliche in der Gegend liegenden Truppen unterstellt, aber es sind im Ganzen von beiden Regimentern nur etwas mehr als zweihundert Mann.

Auch an der Küste hatten die Jugoslawen angegriffen und Jablanac genommen, das ein Bataillon des Infanterieregiments Brandenburg bis zuletzt verteidigte. Bei diesem Kampf ging auch die ganze 1. Kompanie/Pionierbataillon 392 verloren, ebenso wie kurz danach der Stab des Pionierbataillons aus Sv. Juraj nicht mehr herauskam. Die Front weicht hier unter steten Kämpfen bis dicht vor Senj zurück."

Reste der 392. (deutsch-kroatischen) Infanteriedivision, die im Rückzug von Senj auf Susak von Partisanen scharf bedrängt wurden, waren wegen der ständigen Überforderung einem Bewegungsgefecht nicht mehr gewachsen und begannen sich aufzulösen. In dieser angespannten Lage fuhr Generalleutnant Mickl am 9. April 1945 nochmals zum Vratnikpass. In vorderster Linie wurde der ungewöhnlich aktive Divisionskommandeur[188] durch einen Kopfschuss schwer verwundet und vorerst zum

Truppenverbandsplatz nach Senj transportiert. Kurz darauf geriet sein Kraftfahrzeug auf der Fahrt in das Lazarett von Fiume in einen Partisanenhinterhalt. Alle Insassen – bis auf den Kommandeur und seinen Fahrer – fanden dabei den Tod. Doch Mickl starb tags darauf durch zwei am Vortag erlittene Lungenschüsse. Jetzt brach die Kampfkraft seiner Division, die noch für kurze Zeit von Oberst Reindl, dem Kommandeur des Artillerieregiments 392 geführt wurde, endgültig zusammen.

„Ein bataillonsstarker Teil war mit der 372. Division gewichen", erinnerte sich Löhrs Generalstabschef Schmidt-Richberg. „Die anderen Teile sammelten sich an der Küstenstraße, auf der sie kämpfend nach Novi zurückgingen. Hier schickte ihnen das LXXXXVII. Armeekorps auf Ersuchen der Heeresgruppe E ein Regiment aus Fiume entgegen. Die Vereinigung erfolgte südlich Crkvenica."[189] In den letzten Apriltagen brachte ein kroatischer Oberst die rund dreitausend verbliebenen kroatischen Soldaten zu einem italienischen Kommandostab. Ihr weiteres Schicksal ist unbekannt.[190]

Die Auflösungserscheinungen griffen auch auf Teile der 237. Infanteriedivision, insbesondere aber auf das Grenadierregiment 1047, das der 392. (kroatischen) Infanteriedivision entgegeneilte, über. Das Grenadierregiment 1046 konnte dagegen seine Stellungen bei Lokre kurz einrichten und schlug sich nach besten Kräften. Die Infanteriedivision des Generalleutnants von Graevenitz hatte während des Endkampfes um Istrien eine Stellung auf dem Westufer der Recina bis zur Mündung in Fiume mit Front nach Osten bezogen. Links von ihr schloss sich die 188. Gebirgsdivision an. Die Division bezog Front nach Norden. Die Partisanen drangen sowohl an der Küstenstraße als auch über den Karst nördlich von Fiume, von Novi her, scharf nach.

Die 188. Gebirgsdivision lag bei Villa del Nevoso in Bereitstellung. Mit ihr wollte Kübler über den Flugplatz Grobnik vorstoßen, um dann nach Süden gegen die Küste einzudrehen. Da die „Steinbockdivision" aber über keine größeren Aufklärungsmittel verfügte und vom nördlichen Nachbarn nur unzureichende Nachrichten eintrafen, waren die operativen Bewegungen für den Kommandierenden General nur unter erschwerten Bedingungen durchzuführen, zumal das Serbische Freiwilligenkorps, das aus dem Raum Planina – Postumia über Kocevje in Richtung Delnice zur Teilnahme an dieser Operation angesetzt wurde, mangels Ausbildung, Kampfmitteln und Kampfeswillen nur mehr verspätet eintraf, wenig Boden gewann und keine Fühlung mit dem LXXXXVII. Armeekorps mehr aufnahm. Die Folgen waren schwerwiegend. Der Gegner konnte nun ungehindert die nördliche Flanke des Armeekorps durch das Kaprunkatal zwischen Monte Nevoso und Clana umgehen.

In jenen krisenhaften Tagen wurde Kübler dem Oberbefehlshaber Südost direkt unterstellt mit dem Auftrag, Fiume, die bedeutendste jugoslawische Hafenstadt mit ihren großen Schiffswerften, unbedingt zu halten. Löhr konnte sich diesbezüglich hundertprozentig auf ihn verlassen. Einen, seiner Meinung nach durch die militärische Lage überholten Befehl opferte er jetzt einer knallharten Durchhaltetaktik. Nur so ist es zu erklären, dass Kübler viel zu lange an seiner offensiven Aufgabe in Istrien festhielt. Damit erwarb er sich zweifellos das Wohlwollen seines Oberbefehlshabers, nicht jedoch das seiner Regimentskommandeure, die die Lage in der Operationszone „Adriatisches Küstenland" viel kritischer beurteilten und daher bestrebt waren, sich eine Hintertür in Richtung Norden, zur nahen Reichsgrenze, offenzuhalten.

So standen sich die Lagebeurteilungen der oberen und untersten Führung fortan vielfach diametral entgegen. Nachdem auch die deutsche Kriegsmarine nach Triest zurückgenommen worden war, hielt der Oberbefehlshaber Südost mehr denn je an seinem Auftrag fest, Fiume bis zur endgültigen Räumung des Kriegshafens Pola zu halten. „Für die Überlegungen des Oberkommandos war jedoch dieser an sich bindende Auftrag nicht maßgeblich", äußerte sich Generalmajor Schmidt-Richberg zum Durchhaltebefehl. „Das Prinzip der Obersten Führung, das in den Befehlen für die Verteidigung fester Plätze jahrelang nach dem Willen Hitlers mit seltener Starrheit verfolgt worden war, hatte sich schon längst ad absurdum geführt. Soweit es den Südosten anging, hatte eine wirkliche Führung von oben her seit der Ungarnoffensive auch aufgehört. Irgendwelche Befehle über Verhalten im Katastrophenfall auf militärischem und politischem Gebiet hat die Heeresgruppe E nie erhalten. Bestimmend hinsichtlich des Kampfauftrages an das LXXXXVII. Armeekorps war allein, dass die vorzeitige Aufgabe von Fiume dem Gegner den Weg in den Rücken der Heeresgruppe öffnen musste."[191]

Am 20. April 1945, an Hitlers letztem Geburtstag, war die Insel Cherson von einer Partisanenbrigade, die wegen fehlender Streitkräfte der Kriegsmarine anschließend auch auf die Halbinsel Istrien übersetzen konnte, besetzt worden. Damit zeichnete sich die Gefahr eines gegnerischen Angriffskeils von Istrien gegen Fiume ab. Daher plante der Oberbefehlshaber Südost, Pola nur mit schwachen Kräften, die später eventuell über die Adria zurückgeführt werden sollten, zu halten.

Bei der 237. Infanteriedivision ging auf ihrem rechten Flügel zwischen dem 18. und 20. April Susak verloren. Die Mitte und der linke Flügel hielten noch etwa bei Jelenje/Studena dem gegnerischen Druck stand. Die Front verlief in etwa von Fiume aus unmittelbar westlich des Flusses Eneo, auf den Höhenzügen entlang, nach Norden über Jelenje nach Studena. Die Nordflanke des LXXXXVII. Armeekorps war zwischen Clana und dem Monte Nevoso vollkommen ungeschützt. Das wurde von den Partisanen bei ihrem Vorgehen natürlich ausgenutzt.

Während der Endkämpfe um Istrien und Fiume war der Oberarzt Dr. Egfried Rösser als Regimentsarzt dem Heeresküstenartillerieregiments 1 in Triest zugeteilt worden. Sein Dienstsitz lag in Fiume, wo er als Kampfgruppenarzt alle dort stationierten deutschen und italienischen Truppen zu versorgen hatte. Unter ihnen befanden sich neben den Einheiten des eigenen Regiments die in der Hafenstadt liegenden

Angehörigen der 188. Gebirgsdivision, Truppenteile der 237. Infanteriedivision sowie sieben italienische Artillerieeinheiten und ein Alpinibataillon. Aus diesem Grund wurde ihm ein eigenes Gebäude zur Einrichtung eines Standortreviers zugewiesen.

„Die an der Küste und im gebirgigen Hinterland postierten Batterien waren praktisch Inseln im Partisanengebiet", schrieb Rösser in seinen Lebenserinnerungen. „Der Major fuhr nie ohne großes Geleit mit Maschinengewehr und so weiter zu den einzelnen Einheiten und wurde trotzdem einmal leicht verwundet. Ich selbst fuhr immer im offenen Lanciacabrio, das mir zur Verfügung stand, durch die Gegend, ohne dass ich irgendwie behelligt wurde. Ich glaube nicht, dass es nur das Rote Kreuz an meiner Armbinde war, das mich schützte."[192]

Der Oberarzt war Zeit seines langen Lebens der felsenfesten Überzeugung, dass es einmal mehr sein stets neben ihm stehender Schutzengel gewesen sein muss, der ihn sicher durch die Gefahren des Krieges begleitet hat. Das muss ihm nicht immer leicht gefallen sein, wie die folgende Episode beweist:

„Es war im März 1945, also wenige Wochen vor dem Ende der Kampfhandlungen in unserem Frontabschnitt in Istrien, da kam unser Nationalsozialistischer Führungsoffizier, in kommunistischen Armeen nannte man das Politischer Kommissar von einem Schulungslehrgang im Schloss Miramare zurück. An sich war der Paul ein ganz guter Kamerad und ich hatte ihm sogar ein nicht benötigtes Zimmer in meinem Revier überlassen. Nun gut, beim Mittagessen überraschte er uns mit Neuigkeiten aus seinem Lehrgang, die zwar geheime Kommandosache seien, die er aber den Offizieren des Stabes doch erzählen wolle. Natürlich unter strengster Geheimhaltung!

So entwickelte er uns die Pläne, wie Europa nach dem Endsieg der Deutschen (!!!) aufgeteilt würde. Das waren so abstruse und unglaubliche Ideen, dass ich mich nicht zurückhalten konnte mit meiner Meinung. Ich neigte mich zu ihm und in ruhigem Ton machte ich ihn darauf aufmerksam, dass ich zwar Arzt, aber vielleicht doch nicht genügend psychologisch ausgebildet sei, um verstehen zu können, ob die Führungsoffiziere so naiv seien, das zu glauben, was man ihnen auf den Lehrgängen erzähle, oder ob sie so dumm seien, dass sie annähmen, wir würden ihre Erzählungen glauben. Das war zu viel! Der Kommandeur sprang auf, alle Farbe war aus seinem Gesicht gewichen und in größter Erregung stieß er hervor: ‚Das muss ich melden, das ist Defätismus! (Defätismus war das mit Todesstrafe bedrohte Delikt der Schwarzseherei!) Das war der letzte Tropfen, der das Fass zum Überlaufen brachte!' Natürlich hatte ich auch vorher schon manchmal, wie das meine Art war, recht bedenkliche Ansichten verlauten lassen. Man muss wissen, dass der Kommandeur im Zivilleben SA-Standartenführer war und das Goldene Parteiabzeichen trug!

Es herrschte lange Stille. Keiner führte mehr einen Bissen zum Mund. Alle waren tief betreten. Und jeder wusste sofort, was bei einer solchen Meldung passieren würde, auch so kurz vor dem Kriegsende. Aber da gab mir mein Schutzengel die richtigen Worte ein! Ich sagte: ‚Herr Major, ich weiß, was mir blüht, wenn Sie das melden. Aber ich sterbe lieber in acht Tagen vor einem gut zielenden Erschießungskommando deutscher Soldaten, als wenn mich nach drei oder vier Wochen die Partisanen totschlagen!'

Auch dann noch betretenes Schweigen! Und ich wagte, weiter zu sprechen. ‚Wenn ich morgen nach Ihrer Meldung weg sein sollte, hat das Regiment keinen Arzt mehr! Ersatz für mich gibt es nicht mehr! Ich habe das dann nicht zu verantworten, wenn die Verwundeten danach ohne ärztliche Versorgung sind.' Ich wusste, dass der Herr Major eine panische Angst hatte, im Notfall nicht mich, den einzig noch erreichbaren Arzt, in seiner Nähe zu haben. Das wussten auch meine Kameraden und sie bestürmten den Kommandeur, von einer Meldung abzusehen. Der Doktor habe das nicht so gemeint, er sei doch so notwendig und gerade jetzt so unersetzlich. Der Major nahm wieder Platz, – und nach einer Weile fing einer nach dem anderen an, weiter zu speisen!

Der Kommandeur hat die Meldung nicht gemacht, die zweifellos zu meiner Verurteilung wegen Defätismus geführt hätte. Aber meine Angst war, dass irgendetwas davon nach außen dringen könnte. Dann wäre der Kommandeur selbst nämlich in der Tinte gesessen, weil er ein solch unglaubliches Vergehen nicht gemeldet hatte!"[193]

Plötzlich kamen die gegnerischen Schüsse immer näher. Dr. Rösser war inzwischen aus den Zellen des Klosters Trsat oberhalb von Susak in den Kampf- beziehungsweise Sanitätsbunker im Klostergarten umgezogen. Das brachte zwangsläufig eine nähere Verbindung zwischen dem Truppenarzt und dem Abteilungsstab, da beide Bunker durch einen kurzen Gang miteinander verbunden waren. Major Lehnert, so hieß der Kommandeur, war noch immer der Meinung, dass die Partisanen wie die Hasen laufen würden, wenn sie in die Reichweite der deutschen Geschütze kämen. Das Gegenteil war jedoch der Fall, wie der Oberarzt Dr. Rösser zu berichten weiß:

„Führers Geburtstag! Während ich im Sanitätsbunker im Klostergarten von Trsat immer intensiver mit der Versorgung der stets mehr werdenden Verwundeten zu tun hatte, bemerkte mein tüchtiger Sanitätsunteroffizier Hans Linke immer mehr Soldaten, die schon versorgt waren oder die sich, der Sinnlosigkeit weiteren Widerstandes bewusst, zu mir in den Sanitätsbunker retteten, die plötzlich mit Händen voller Geldscheine, mit Schokolade und allerlei anderen Köstlichkeiten, ja sogar mit geöffneten Sektflaschen in der Hand aus dem Kampfbunker herüberkamen. Der Zahlmeister hatte alle seine Kisten geöffnet und den Inhalt preisgegeben. Für Linke und mich fiel höchstens ein Stückchen Schokolade ab, schnell zwischen Wundversorgung und Verbänden zwischen die Lippen gesteckt

Wir merkten nicht, wie die Zeit verging. Der Zustrom von Verwundeten blieb plötzlich aus. Aber Linke und ich hatten unvermindert zu tun. Da kam ein Melder vom Kampfbunker und berichtete von einem Funkspruch der Armee, dass wir zwar umzingelt wären, dass wir aber kämpfen sollten, tapfer bis zum letzten Atemzug und bis zur letzten Patrone. Man wolle aber aus dem Raum Laibach(!) ein Magenbataillon(!) und eine Polizeieinheit zu unserem Entsatz zuführen. Jeder wusste, dass unser letztes Stündchen geschlagen hatte. Auch alle Offiziere, bis auf den ostpreußischen Hauptmann und den Zahlmeister waren plötzlich nicht mehr sichtbar. Der Hauptmann erschoss sich im Kampfbunker, nachdem ich es abgelehnt hatte, den Sanitätsbunker mit Waffen zu verteidigen und er auch bei den anderen Soldaten nicht nur keine Unterstützung, sondern offene Feindseligkeit feststellen musste.

Im ersten Morgengrauen erscholl vom Eingang der Ruf: ‚Mit erhobenen Händen herauskommen!' Mit Hans Linke betete ich noch laut ein Vaterunser und ging die versetzt angeordneten Stiegen hinauf. Unwillkürlich zuckte ich zurück, als ich eines Offiziers und eines anderen Soldaten, des Dolmetschers, ansichtig wurde. Aber der Offizier ließ seinen Begleiter sagen, sie seien anständige Soldaten, auch wenn sie den roten Stern an der Mütze hätten: Hatten uns unsere Schutzengel wirklich in die Hände anständiger Sieger geführt? Es sah so aus.

Aber nach meiner Meldung, wie viele Verwundete und andere Soldaten sich in meinem Bunker befänden, musste ich schon meinen Waffenrock, alle meine Wertsachen, das goldene Medaillon mit dem Bild meiner Frau als Erinnerungsstücke abgeben, durfte dann aber zunächst zu meinen Verwundeten zurück. Aber schon nach etwa einer halben Stunde kamen Partisanen in den Bunker und stießen uns unter Flüchen mit ihren Gewehrkolben aus dem Bunker hinaus. Auch meine Bitte, bei den Verwundeten bleiben zu dürfen, weil sie noch immer ärztlicher Hilfe bedürften, wurde unter Drohungen abgelehnt.

Von da an begann unser Marsch in die Gefangenschaft. Ich war fast nackt ausgezogen. Und wenn der Befehl kam ‚Offiziere an die Wand', ging ich hin, obwohl mich wegen meiner fehlenden Kleidung niemand als Offizier erkannt und mich auch niemand, das war ich sicher, verraten hätte, in der Gewissheit, dass das Erschossenwerden besser sei als alles andere, was auf uns zukommen würde. Aber immer kam irgendein Vorgesetzter, einmal eine Kommissarin im letzten Moment, um die Soldaten in ihre Schranken zu weisen.

Schon da war ich mir sicher, dass mein Schutzengel doch immer noch bei mir sein würde."[194]

Das II. Bataillon des Gebirgsjägerregiments 902 musste am 19. April ab S. Sergio eine Marschleistung von bis zu fünfzig Kilometern über Cosina – Erpelle – Matteria – Castelnuovo vollbringen. In der Nacht zum 20. erreichte es Sappiane, während das dem Regiment unterstellte I. Bataillon/Gebirgsjägerregiment 901 mit der Bahn am 20. April in Sappiane eintraf. Nun wurden weitere Erkundungen über die Lage, das Gelände und die Unterkunftsräume auf der Strecke Sappiane – Kastav und Sappiane –

Lippa – Scalniza durchgeführt, und zwar mit der Absicht, das I. Bataillon/Gebirgsjägerregiment 901 in die nördlichen und das II. Bataillon/Gebirgsjägerregiment 902 in die südlichen Unterkunftsräume zu verlegen. Das Gebirgsjägerregiment 903 des Obersten Brandl sollte südlich von Clana, das Gebirgsjägerregiment 904 des Obersten Christl nördlich des Timavotales in das Gebirge an die Straße Passo del Norte – Ermersburg gegen den Monte Trestenico angesetzt werden. Währenddessen waren die Kroaten der 392. Infanteriedivision in Auflösung begriffen.

Immer mehr lastete nun die Verantwortung auf den geschundenen Schultern der deutschen Gebirgsjäger. So hatte das Gebirgsjägerregiment 904 den Auftrag erhalten, einerseits seine zurückgelassenen Nachschubgüter sowie die laufende Versorgung sicherzustellen und andererseits im Norden Abwehrmaßnahmen zu ergreifen, um die Rückzugbasis der Heeresgruppe Südost zu schützen.

Bis zum 21. April 1945 wurde das Gebirgsjägerregiment 904 im Raum Villa del Nevoso zusammengezogen: das Bataillon Huber aus seinem bisherigen Einsatzgebiet um Castelnuovo und das Bataillon Kellner aus seinem bisherigen Stellungsraum um Postumia. Die Ortschaft, in der auch der Stab der 188. Gebirgsdivision seinen Gefechtsstand errichtete, wurde feindfrei vorgefunden. Am 23. April 1945 wurde von der Regimentsgruppe Christl, Terziane, sieben Kilometer südostwärts von Villa del Nevoso, mit geringer Kampftätigkeit gegen Spähtrupps der Partisanen besetzt und tags darauf Zabice genommen. Am Spätnachmittag wurde gegen 17.00 Uhr der Vormarsch auf der Passstraße zum Passo del Morte angetreten, um diese Höhenstufe und das gebirgige Gelände nordwestlich des Monte Trestenico vor dem Gegner in die eigene Hand zu bekommen. Das hatte seinen guten Grund, denn aus dem Nord- und Südosten wurde ein Vorrücken des Feindes gemeldet.

Unterdessen erhielt das Gebirgsjägerregiment 902 am 21. April von der Division den Befehl, in die große Lücke ostwärts von Clana vorzustoßen. Rechts lag das Gebirgsjägerregiment 903 mit seinem linken Flügel am Nordhang des Monte Boglin und links das Gebirgsjägerregiment 904 mit seinem rechten Flügel auf der Karststufe bei Passo del Morte. Da Oberstleutnant Dr. Schulze dieses Gelände von seinem seinerzeitigen Einsatz während des Unternehmens „Habicht" (22. bis 26. September 1944) bereits bekannt war, setzte er seine Einheiten wie folgt ein:

Rechts das I. Bataillon/Gebirgsjägerregiment 901 (Oberst Berger) über Lippa, Iscra und Clana auf den Höhenkamm beiderseits von P 696, einen Kilometer ostwärts von Clana, links das II. Bataillon/Gebirgsjägerregiment 902 über Craccina Nova, Sussa, Iscra, P 685 und K 12 (La Segheria) auf denselben Höhenrücken bei P 666 – Monte Sucova – K 15 sowie im Anschluss an das I. Bataillon/Gebirgsjägerregiment 901. Der Radfahrzug wurde dem rechten Gebirgsjägerbataillon zugeteilt, und zwar mit dem Auftrag, den niederen Höhenzug bei P 696, einen Kilometer nordwestlich von Clana, von Süden her nach Norden zu durchkämmen und gleichzeitig dem Bataillon als Einweiser in das Gelände zu dienen. Der Gefechtsstand des Gebirgsjägerregiments 902 wurde nach Iscra vorgeschoben.[195]

In der Nacht zum 22. April 1945 liefen die Bewegungen an. Der Aufstieg von Iscra (705 Meter) auf der Bergstraße zum Monte Liscig (865 Meter) war steil und zog sich in die Länge, da die wenigen bespannten Fahrzeuge nicht nachkamen. Nach Erreichen der Höhe zog das II. Bataillon/Gebirgsjägerregiment 902 im blätterlosen Buchenwald nördlich am Monte Plessar vorbei nach La Segheria und gewann kampflos den Höhenkamm. Dabei fand es den Anschluss an den linken Flügel des I. Bataillons/Gebirgsjägerregiments 901. Die 7. Kompanie besetzte noch den vorgeschobenen Waldrücken des Monte Sucova (760 Meter). Der linke Flügel des Bataillons lag etwa beim Straßenkreuz 785. Das Vorfeld der Hauptkampflinie war wegen des niedrigen Gehölzes recht unübersichtlich. Äußerst geschickt mussten die Maschinengewehr- und Schützengruppen sich dort einnisten, wo freies und günstiges Schussfeld vorhanden war. Die Unübersichtlichkeit dieses schwierigen Karstgeländes bedeutete gerade für die jungen, im Kampf noch unerfahrenen Rekruten, die jetzt zum ersten Male zum Einsatz kamen, eine schwere physische und psychische Belastung. Bis zum Abend war die Hauptkampflinie dennoch verteidigungsbereit. Man hatte aber noch keine Feindberührung. Die zugeteilte Gebirgskanonenbatterie des Gebirgsartillerieregiments 1088 bezog eine Feuerstellung bei Lase mit einer Beobachtungsstelle westlich oberhalb von Clana auf einer Bergnase, von der aus das Gelände vor der Hauptkampflinie bis etwa Draga und Cima Verescine einigermaßen einzusehen war. Die schweren Waffen des Regiments, die schweren Granatwerfer und zwei Pak, fanden eine Feuerstellung im Talgrund hinter der Hauptkampflinie.

Der Regimentsgefechtsstand wurde am 23. April 1945 auf und beiderseits der Straße nach Clana-West verlegt. Die 2-cm-Flak wurden auf einer Kuppe und in Mulden nordwestlich von Clana zur Fliegerabwehr in Stellung gebracht. Recht unangenehm war die Entfernung zum Gebirgsjägerregiment 904, eine Lücke von vier Kilometern, die der Feind für sich ausnutzen konnte. Da vorläufig keine Kräfte für diesen Flankenschutz zur Verfügung standen, half sich das Gebirgsjägerregiment 902 vorerst selbst nach besten Kräften.

Erst ein bis drei Tage später sollte diese Frontlücke durch ein Restbataillon der 392. (kroatischen) Infanteriedivision unter Major Dudda, der mit circa 45 Mann vom übriggebliebenen deutschen Stammpersonal eintraf, notdürftig geschlossen werden. So musste abermals der unermüdliche Radfahrzug Rößle mit einer Gruppe beweglich sichern. Zwei 7,5-cm-Pak, die von dem I. Bataillon/Gebirgsjägerregiment 901 mitgebracht worden waren, wurden zur Panzerabwehr mit einem Geschütz im Geländeeinschnitt auf der Straße nördlich des Monte Plessar und mit einem weiteren Geschütz am Südostausgang von Iscra bei den leerstehenden Steinbaracken eingesetzt. Am Abend des 23. Aprils konnte dem Divisionsstab der 188. Gebirgsjägerdivision

IMMER WIEDER VERSUCHEN DIE BOLSCHEWISTISCHEN ELEMENTE UNS MIT LIST UND GEWALT IN IHRE NETZE - IN DIE OF - ZU ZIEHEN

Wir aber haben Sie erkannt!

Die OF treibt uns in die Arme des bolschewistischen Russlands. Kaum haben wir nach langer Unterdrückung aufgeatmet, sollen wir unseren Nacken schon wieder unter die bolschewistische Gewaltherrschaft beugen.

Darum nennen wir die OF

UF - VERNICHTUNGSFRONT

Die OF unterstützt die bolschewistischen Banditen, die mit ihren verbrecherischen Taten so unendliches Leid über unsere slovenische Erde gebracht haben, deren Hände rot sind vom unschuldigen slov. Blut.

Darum nennen wir die OF

UF - VERNICHTUNGSFRONT

Die OF fordert auf zum Beschiessen der Züge und Autobusse, und immer fallen dabei unschuldige slovenische, Männer, Frauen und Kinder den mörderischen Kugeln zum Opfer. Was kümmert das die OF?

Darum nennen wir die OF

UF - VERNICHTUNGSFRONT

Die OF will unseren Glauben vernichten. Nach der bolschewistischen Parole: Schluss mit der Religion, macht die Pfaffen unschädlich, steckt die Kirchen in Brand, will sie in unserer Heimat des Teufels Werk betreiben.

Darum nennen wir die OF

UF - VERNICHTUNGSFRONT

Die OF vernichtete unser Volksvermögen und schwächt unsere nationalen Kräfte, um unser slovenisches, nationales Bewusstsein zu töten, damit wir uns leichter dem internationalen Bolschewismus beugen.

Darum nennen wir die OF

UF - VERNICHTUNGSFRONT

I/2

Slowenische Nationalisten sahen in den Partisanenkämpfen der Befreiungsfront die Türöffner für den Bolschewismus.

Diese Karikatur slowenischer Nationalisten zeigt den sowjetischen Diktator Josef Stalin dabei, wie er das Akronym der Befreiungsfront in Händen hält. Sie soll nicht nur den Einfluss des Sowjetkommunismus auf die Befreiungsfront symbolisieren, sondern auch die Galgengefahr, die der slowenischen Bevölkerung durch die UF (OF) droht.

gemeldet werden, dass das zusammengesetzte Gebirgsjägerregiment 902 seinen Verteidigungsabschnitt bezogen hatte.

Am 24. April 1945 verlief die Nacht im Allgemeinen ruhig. Hier und da flackerte vereinzeltes, nervöses Geplänkel auf. Schwächere feindliche Aufklärungsspähtrupps konnten abgewiesen werden. Das war vorläufig auch schon alles, was zu vermelden war. „Plötzlich sehen wir hinter einem Felsen auf circa dreihundert Meter ab und zu einen Kopf auftauchen und wieder verschwinden", so Dr. Schulze. „Dies wiederholte sich alle drei bis vier Minuten. Wir beobachteten mit Feldstechern, konnten aber den Schützen nicht genau ausmachen. War es ein Jäger oder ein Partisan? Langsam pirschten wir uns mit schussbereiter Pistole heran, stolperten über einen toten Partisanen, worin ich dann in meinem Glauben an einen Feindbeobachter bestärkt wurde. Auf fünfzig Meter herangekommen, warteten wir das Verschwinden des Kopfes wieder ab – wir waren noch nicht entdeckt – dann mit einem Sprung über Stock und Stein heran an das Versteck, um den Mann zu schnappen ... Und wer war's? Ein deutscher, von der bei Lase stehenden Gebirgskanonenbatterie, auf die Höhenkante heraufgeschobener Sicherungsposten! Der war nun nicht weniger überrascht und beeindruckt, plötzlich von rückwärts überfallen worden zu sein. Ich empfahl ihm, auch das Gelände in seinem Rücken zu beobachten und beglückwünschte ihn, dass wir keine Partisanen gewesen seien."[196]

Am 25. April 1945 hatte sich die 7. Kompanie Hetzenauer auf dem Monte Sucova mit einem nur notdürftig nach rückwärts zur Hauptkampflinie gesicherten Schlauch, durch den der Munitions- und Verpflegungsnachschub erfolgte, eingeigelt. Dieser Berg ist mit seinen 760 Metern Höhe ein von der Erosion gezeichneter, baumloser, karstiger Felskegel mit steil abfallenden Hängen und einer Ausdehnung von rund 600 Metern. Er war mit ausgezeichneten Beobachtungsstellen gut zu verteidigen. Als jedoch Regenwetter mit Nebelschwaden aus den Tälern und dem Niederholz einsetzte, wurde das Gelände so unübersichtlich, dass man das Val Malacca nicht mehr ausmachen konnte. Nicht umsonst rechnete man daher mit unangenehmen Überraschungen.

Wie sah um diese Zeit die sogenannte „Große Lage" aus? General Kübler war am 23. April 1945 klar geworden, dass seinem LXXXXVII. Armeekorps eine Nordumfassung durch neu herangeführte Feindkräfte von Osten her und über Villa del Nevoso drohte, da es dem SS-Obergruppenführer und General der Polizei Erwin Rösener als Höherem SS- und Polizeiführer im Oberabschnitt Alpenland und in der Provinz Laibach nicht gelungen war, durch den Ansatz des Serbischen Freiwilligenkorps aus dem Raum Delnice heraus diese Bedrohung auszuschalten. Am 25. April wurde sowohl Rösener als auch SS-Gruppenführer und Generalleutnant der Polizei Odilo Globocnik, letzterer Höherer SS- und Polizeiführer der Operationszone „Adriatisches Küstenland" (mit Ausnahme der Provinz Laibach) mit ihren ostwärts des Isonzo stehenden Kräften dem Oberbefehlshaber Südost unterstellt. Globocnik verlegte daraufhin von Triest nach Udine, wohin er seine Cetniks[197] in Marsch setzte. Von dort aus führte er als Unterstellter des Höchsten SS- und Polizeiführers in Italien seine Kräfte westlich des Isonzo und als Unterstellter des Oberbefehlshabers Südost die Polizeikräfte ostwärts des Isonzo, im Raum von Görz und Istrien.

Rösener, der in Laibach saß, unterstanden in der Krain fünf Polizeiregimenter, das etwa regimentsstarke Serbische Freiwilligenkorps, dessen Kampfkraft wegen seiner anglophilen Haltung jedoch nicht mehr allzu hoch eingeschätzt wurde und mit dessen Übertritt zum Gegner daher zu rechnen war, sowie die 14. Waffengrenadierdivision der SS, die zur 2. Panzerarmee abgegeben wurde. Rösener wurde zwischenzeitlich sogar Befehlshaber des rückwärtigen Gebietes der Heeresgruppe E, mit dem Hauptauftrag, die Straßen- und Bahnverbindungen in Kroatien und Slowenien für die Absetzbewegung der Südostarmee des Generalobersten Löhr freizuhalten. Anfang Mai 1945 wurden ihm noch alle Teile des russischen Schützenkorps zur Sicherung der aus der Krain ins Isonzotal führenden Straßen zugeführt. Bevor alle Verbindungen abbrachen, quittierte er am 7. Mai den Empfang des Kapitulationsbefehls.

General Kübler meldete Generaloberst Löhr, dass seine Stellung nördlich von Fiume von beiden Seiten, also im Norden von Feindkräften am Monte Nevoso und im Süden durch das Übersetzen der Partisanen von Cherson nach Istrien mit Stoßrichtung Fiume, in der Tiefe seiner Flanken gefährdet sei und fragte an, ob er danach noch an seinen ursprünglichen Auftrag, nämlich Fiume zu halten, gebunden sei. Der Oberbefehlshaber Südost wies ihn darauf hin, dass eine vorzeitige Aufgabe der umkämpften Hafenstadt eine immense Gefahr für die in Kroatien stehenden Verbände bedeuten würde und befahl Kübler, den Raum von Fiume zu halten und sich dort mit seinen Truppen notfalls einzuigeln. Damit waren die Würfel für das LXXXXVII. Armeekorps und somit auch für die 188. Gebirgsdivision und die anderen Truppenteile gefallen.

Das Gebiet nördlich von Fiume wurde nunmehr dem inzwischen in Laibach eingetroffenen Generalkommando des XXXLV Armeekorps des Generals der Flieger Felmy unterstellt. Diesem sollte noch die 7. SS-Freiwilligengebirgsdivision „Prinz Eugen“, die sich auf ihrem Marsch nach Laibach noch bei Nova Gradiska befand, zugeführt werden. Das XXXIV. Armeekorps sollte dann, so die operativen Vorstellungen Löhrs, durch einen zusammengefassten Vorstoß und eine Entlastungsaktion des Höheren SS- und Polizeiführers Rösener aus der Krain das LXXXXVII. Armeekorps freikämpfen. Aufgrund dieser Zusagen nahm es Kübler in Kauf, dass er und seine Truppen eingekreist wurden, anstatt den Hiobsbotschaften seiner Frontkommandeure Glauben zu schenken und rechtzeitig den befreienden Schritt nach Norden zu wagen.

Das Generalkommando des LXXXXVII. Armeekorps gelangte von Castelnuovo nach Castua, der Stab der 188. Gebirgsdivision nach Rusici, jener der 237. Infanteriedivision nach San Mattia und jener der Reste der deutsch-kroatischen 392. Infanteriedivision in Anlehnung an die „Steinbockdivision". Die Front verlief nun von Ost über Nord nach West: Von der Mündung der Recina (Eneo) zwischen Susak und Fiume über Studena – Clana – Ermersburg nach Zabice – Elsane und von dort über Elsane – Bergut grande – nordwestlich Mattuglie – Monte Maggiore bis zur Küste bei Fiume, wobei das Zurückklappen der 188. Gebirgsdivision unter Feinddruck vor sich ging.

Hierbei konnte unter anderem bei Lippa durch das Gebirgsjägerregiment 904 von sieben angreifenden Panzern noch vier abgeschossen werden. Im Innern dieser Igelstellung befanden sich keine kampffähigen Kräfte mehr, dafür umso mehr kampfunerfahrene Männer der Marine, der Organisation Todt, die gesamten Trosse sowie die Reste der 392. deutsch-kroatischen Infanteriedivision unter ihrem Führer Oberst Reindl.

Die Kampfgruppe Pola, die von Kübler heranbefohlen worden war, wurde durch ortsansässige Partisanen und von den von Cherso herübergekommenen Feindkräften dauernd in Kampfhandlungen verwickelt. Daher kam sie mit ihren marsch- und kampfungewohnten Marineeinheiten und der Organisation Todt nur sehr langsam vorwärts. Schließlich musste sie über Mune grande und Puppe ausweichen und verlor dabei allmählich Dreiviertel ihres schweren Kriegsgeräts. Die 7. SS-Freiwilligengebirgsdivision „Prinz Eugen" wurde im Raum Daruvar in Richtung Laibach abgedreht, sodass ihr der Einsatz in Fiume erspart geblieben ist.

Am 29. April 1945 erreichten die Panzerkräfte Feldmarschall Alexanders Venedig. Diese Stoßrichtung verdeutlichte dem Oberbefehlshaber Südost, dass eine rechtzeitige Hilfe für Küblers LXXXXVII. Armeekorps aus Verbänden der Heeresgruppe E nicht mehr heranzuschaffen war. Daher erhielt Kübler noch am 1. Mai den Befehl, mit seinen Truppen nach Norden auszubrechen.

Es ist in diesem Zusammenhang interessant zu erfahren, dass Löhrs Heeresgruppe nicht weniger als vier reguläre jugoslawische Armeen, die nicht nur an Zahl weit überlegen waren, sondern die auch durch britische Bewaffnung und Munitionsausstattung bestens ausgerüstet und durch Panzer und Luftunterstützung erheblich an Kampfkraft gewonnen hatten, gegenüberstanden. Durch diese starke Übermacht kamen die Jugoslawen noch in den letzten Stunden des Zweiten Weltkrieges zu einem Erfolg über das eingekesselte LXXXXVII. Armeekorps im Großraum von Fiume und Villa del Nevoso. Und das kam so:

Am 24./25. April 1945 wurde als linker, allerdings etwas weiter abgesetzter Nachbar des Gebirgsjägerregiments 902 das Gebirgsjägerregiment 904 von Terciane aus über Zabice-Villa Podigraie angesetzt, und zwar mit dem Auftrag, sich aus der Linie Passo del Morte-Ermersburg in den Besitz des Monte Trestenico zu bringen. Doch dabei waren die jungen Rekruten trotz ihres guten Willens bei ihrer mangelhaften

Ausbildung und Schulung in dem besonders ungangbaren Karstgelände mit seinen tückischen Dolinen und dem verschlungenen Unterholz völlig überfordert. Dazu kam noch der starke Feinddruck, der alle Planungen zunichte machte.

Das Bataillon Huber hatte sich an der Straße Passo del Morte – Ermersburg mit folgendem Auftrag bereitzustellen: Angriff auf die Höhen 1.052, 1.026, 1.100 und 1.800. Dann sollte es nach Süden einschwenken, Anschluss an das Regiment Schulze suchen und mit diesem gemeinsam nach Süden gegen Fiume angreifen.

Das Bataillon Kellner sollte den Angriff des Bataillons Huber vom Monte St. Nudo aus gegen Norden und Nordosten abschirmen, um dann als Reserve hinter dem Bataillon des Majors Huber zu folgen. Dieser schlug, da Kellner keinen Feind vor sich hatte, vor, nur mit schwachen Teilen die Flankendeckung zu übernehmen, um mit der Masse einen Angriff gegen die feindliche rechte Flanke zu führen. Damit wäre der Angriff des Bataillons Huber entlastet worden, da der Gegner nicht ständig von einer Höhe zur anderen hätte sehen können. Das Angriffsziel wäre nach Schulzes Meinung dann zweifellos erreicht worden. So aber brachte der falsch eingesetzte Angriff dem Bataillon Huber Verluste, die nicht mehr wettzumachen waren. Nicht zuletzt auch deshalb, weil die Division den verfehlten Angriff zu spät abbrechen ließ.[198]

Beim rechten Nachbarn des Gebirgsjägerregiments 902, beim Gebirgsjägerregiment 903 hatten sich die Partisanen allmählich den Osthang des Monte Boglin bis circa zweihundert Meter an die Hauptkampflinie hinaufgearbeitet, belegten die Kuppe und die Hauptkampflinie ständig mit Granatwerfer- und Artilleriefeuer und versuchten dann wiederholt, die Kuppe zu erstürmen, wurden aber immer wieder von den Deutschen zurückgeworfen. Teilweise versuchten die Partisanen, auch beiderseits des von der Cima Verescine in der Mulde zwischen dem Monte Boglin und Sucova entlangführenden Weges gegen P 581 einzudringen. Damit gingen sie sowohl gegen den linken Flügel des Gebirgsjägerregiments Brandl als auch gegen den rechten Flügel des Gebirgsjägerregiments Schulze vor. Im zusammengefassten deutschen schweren Granatwerfer- und Artilleriefeuer schlugen die Angriffe des Gegners jedoch fehl, nicht zuletzt auch, weil sich die jungen Rekruten tapfer ihrer Haut erwehrten. An eine Übergabe dachte niemand.

Dennoch bestand nach wie vor die Gefahr einer Trennung der beiden Gebirgsjägerregimenter 902 und 903 an ihrer schwachen Nahtstelle, wenn nicht bald ausreichende Hilfe kam. Besonders gegen die 7. Kompanie/Gebirgsjägerregiment 902, die auf dem Monte Sucova lag, richteten sich die feindlichen Angriffe, wobei schweres Granatwerferfeuer auf ihren Stellungen lag, sodass sich die Männer dem stundenlangen recht unangenehmen Splitterhagel des Karstgesteins zu entziehen versuchten. Ein großer Teil rutschte hinter den Hang und so verpuffte das Feindfeuer wirkungslos. In den nächsten Tagen jedoch wurde die Kompanie Hetzenauer bis auf einen dünnen Verbindungsschlauch eingeschlossen. Dennoch funktionierte die Fernmeldeverbindung weiterhin klaglos. Und das war psychologisch auch ungemein wichtig, damit diese Bergstellung nicht in die Hände der Partisanen fiel.

Am 27. April 1945 setzte Regenwetter ein. Die Männer schützten sich in ihren flachen Schützen- und Maschinengewehrmulden mit ihren Zeltbahnen gegen die nasskalte Witterung. Trotz dieser Widrigkeiten hielt die Front. Die Fronttruppe richtete sich zur Verteidigung ein. Für den notwendigen Munitions- und Verpflegungsnachschub wurde Sorge getragen.

Der 28. April 1945 brachte etwas besseres Wetter und dem Gebirgsjägerregiment 902 hohen Besuch. Am frühen Vormittag erschienen die Generäle Kübler und von Hößlin auf dem Regimentsgefechtsstand in Clana. Die Lagebesprechung fand zuerst im Garten statt, musste aber bereits nach wenigen Minuten ins Haus verlegt werden, da mehrere Artilleriegeschosse in unmittelbarer Nähe einschlugen. Schulze schilderte die Verhältnisse in seinem Gefechtsabschnitt. Insbesondere trug er seine Bedenken über die Nahtstelle zwischen den Schwesterregimentern 902 und 903 sowie über seine offene linke Flanke gegen das Malaccatal vor.

Es war dann Major Dudda, der Kommandeur eines kleinen zusammengeschmolzenen Bataillons der 392. (kroatischen) Infanteriedivision, der nach Einweisung durch Oberstleutnant Dr. Schulze mit seinen wenigen Soldaten – circa fünfzig Mann deutsches Rahmenpersonal – die Lücke bis zum Passo del Morte entlang der dorthin führenden Straße besetzen sollte. Das war zwar nicht allzu viel, aber immerhin besser als nichts. Gleichzeitig erhielt das Gebirgsjägerregiment 902 Befehl zum Angriff aus der Gegend Monte Sucova über den P 798 in Richtung Draga zur Entlastung des Gebirgsjägerregiments 903. Als artilleristische Unterstützung wurden den Gebirgsjägern schwere Kaliber 10,5 und 15 Zentimeter der Marineeinheiten bei Fiume zugesagt. Aber das war leicht gesagt, denn die Entfernung betrug nicht weniger als 15 Kilometer. Letztlich musste man auf diese Feuerunterstützung verzichten.

Nach der Abfahrt der Generäle Kübler und von Hößlin fuhr Oberstleutnant Dr. Schulze mit Major Dudda zu seinem linken Regimentsflügel bei P 785, wies ihn in seinen neuen Abschnitt ein und beauftragte ihn beim kommenden Angriff die linke Flanke und den Rücken des Gebirgsjägerregiments 902 von der Straße P 785 – K 15 – K 16 – P 625 aus zu decken, während Schulze einen Angriff vor seiner Hauptkampflinie von Norden nach Süden auf Draga führen wollte. Diesem Stoß sollten sich durch ein entsprechendes Einschwenken aus der Hauptkampflinie Teile des II. Bataillons des Gebirgsjägerregiments 902 anschließen. Anschließend fuhr der Regimentskommandeur zu Hauptmann Koser vom II. Bataillon/Gebirgsjägerregiment 902 auf den Höhenweg, um mit diesem die Angriffsführung zu besprechen. Dabei vermerkte er nur alle fünfzig bis einhundert Meter Maschinengewehrnester oder Schützengruppen bei durchwegs unübersichtlichen Schussverhältnissen. Hier wurde dem erfahrenen Truppenführer bewusst, wie schwach die Hauptkampflinie besetzt und wie leicht es in diesem unwegsamen Gelände den Partisanen möglich war, in die Hauptkampflinie der Deutschen einzusickern.

„Meine Bewunderung für die jungen Leute, in solch schwierigem Gelände, unerfahren und kampfungewohnt, aber doch willig und unerhört auf ihre Führer vertrauend, stieg immer mehr. Wäre doch schon ein solcher Kampf für eine ausgebildete vollerfahrene Truppe in diesen Kusseln und Niederwaldgebüsch außerordentlich schwierig gewesen!", schrieb Schulze in sein Kriegstagebuch. „Das hätte man alten Russlandkämpfern zumuten können, erfahrenen Einzelkämpfern, unseren alten Obergefreiten und Gruppenführern vom Jahre 1942 und 1943. Waren unsere Rekruten doch erst fünf bis sechs Wochen ausgebildet, abgesehen von der inneren Festigkeit dieser siebzehnjährigen Steirer und Kärntner im allerletzten Kriegsjahr und bei schlechter, nicht ausreichender Verpflegung. Nur Hochachtung vor diesen Jungen!"[199]

Der 29. April 1945 war ein diesiger, regnerischer und nebliger Tag. Die Sicht betrug höchstens fünfzig Meter. Major Dudda hatte seine fünfzig Männer gerade entlang der bezeichneten Straße eingesetzt, als leichtes Infanteriefeuer aus der Gegend P 625 herüberdrang. Die 6. Kompanie Hügler begann mit ihrem Angriff nach Süden, ostwärts am Monte Sucova vorbei, und erreichte etwa die Höhe 798. Dem rechten Flügel der Sechsten schlossen sich jeweils Teile aus der Hauptkampflinie durch Einschwenken nach Süden an. Die 7. Kompanie Hetzenauer verblieb mit den Beobachtungsstellen der Artillerie und schweren Granatwerfer in ihrer Bergfestung Sucova als Schwenk- und Eckpfeiler. Das eigene schwache Feuer konnte wegen Munitionsmangels, wegen schlechter Sicht und der Gefahr von Kurzschüssen und Volltreffern in die eigenen Linien nur schwer geleitet werden. Auch die gegnerischen Stellungen waren kaum zu erkennen.

Nach Erreichen von P 798 schlug den Deutschen stärkeres Infanterie- und Artilleriefeuer aus ostwärtiger Richtung, wo man eine Beobachtungsstelle auf dem Monte Verescine vermutete, entgegen. Der Angriff blieb liegen. Gegenangriffe setzten ein und wurden abgewehrt. Von einer Beobachtungsstelle aus konnte Schulze gegen 12.00 Uhr schweres gegnerisches Granatwerfer- und Artilleriefeuer auf den Monte Boglin beobachten. Ziemlich starke Feindkräfte, so wurde vermutet, mussten gegen das Gebirgsjägerregiment 903 vorgehen. Da der eigene schwache Angriff keinen durchschlagenden Erfolg erzielen würde, baten die Führer der 6. und 8. Kompanie um die Einstellung des Angriffs. Ihrer Meinung nach hätte weiteres Kämpfen nur zu noch größeren Ausfällen geführt, ohne die Gesamtlage wesentlich beeinflussen oder gar wenden zu können. Daher befahl Schulze am frühen Nachmittag die Einheiten in ihre Ausgangsstellungen zurück. Die Verluste konnten so in Grenzen gehalten werden.[200]

Am Abend des 29. Aprils 1945 suchte Oberstleutnant Schulze Oberst Brandl auf dessen Gefechtsstand in einem Bunker am Westhang des Monte Boglin auf. Dieser

Bunker stammte noch aus der Zeit der italienischen Befestigungsanlagen gegen Jugoslawien. Er war einhundert Meter tief im Bergrücken ausbetoniert worden und jedem schweren Beschuss gewachsen. Brandl, auch nicht mehr der Jüngste, zeigte sich stark beeindruckt von den täglichen schweren Abwehrkämpfen auf der Kuppe des Monte Boglin und dem starken Artillerie- und dem schweren Granatwerferfeuer, das auf seine Hauptkampflinie niederging. Er schilderte Schulze unter anderem die wiederholten Handgranatenabwehrkämpfe seiner jungen Rekruten, denen er allen Respekt zollte.

Am 30. April 1945 hielt die Front unverändert. Schwächere Feindangriffe konnten abgewehrt werden. Im Laufe des Vormittags meldete sich ein Polizeihauptmeister, namens Neumayer, mit drei bis vier Polizeikompanien beim Gebirgsjägerregiment 902 zwecks Unterstellung. Eine willkommene Hilfe, wie man sich vorstellen kann. Zwei Kompanien wurden zur dichteren Abriegelung der Lücke zwischen dem Gebirgsjägerregiment 902 und 903, am Feldweg nach Cima Verescine, eingesetzt, eine weitere Kompanie als sogenannte Gegenstoßreserve in die ehemalige italienische Kaserne am Südostausgang von Clana verlegt.

Am 1. Mai 1945 erhielt Kübler bekanntlich den Befehl zum Ausbruch seines LXXXXVII. Armeekorps nach Norden. Am frühen Morgen desselben Tages erhielt das Gebirgsjägerregiment 902 den Befehl zur Rückverlegung seines Frontabschnitts und zwar, links beginnend, mit Front nach Norden auf die Linie Monte Agnadir – südlich von Fabice, mit Front nach Nordosten auf die Linie Monte Liscig – Monte Plessar, mit Front nach Osten auf die Linie P 680 – S. Rocco, daran anschließend das Gebirgsjägerregiment 903. Am Spätnachmittag und Abend setzten sich die Einheiten dann unbemerkt vom Gegner in die neue rückwärtige Stellung ab.

Trotz dieses taktischen Erfolges waren Auflösungserscheinungen bei den Deutschen nicht mehr zu übersehen. So hatte Neumayer mit seinen Polizisten ohne Befehl die Front unbemerkt verlassen. Aber auch der am Ostausgang von Iscra und beim Monte Liscig eingesetzte Pakzug der 3. Kompanie/Gebirgsjägerregiment 901 war plötzlich nicht mehr da. Die Geschütze waren gesprengt und ohne Verschlüsse, der Zugführer soll mit seinen Mannschaften nach Augenzeugenberichten auf seinen Lastkraftwagen nach Westen geflohen sein.[201]

Nur menschlich, denn ein Blick auf die Karte genügte, um zu erkennen, dass die Einkesselung des LXXXXVII. Armeekorps nicht nur erst begonnen hatte, sondern bereits nahezu vollzogen war. „Da sich der Gegner nun aus der Enge von Fiume ungehindert entfalten konnte, wurde das Korps durch feindliche Panzer und anwachsende Feindkräfte aus allen Himmelsrichtungen angefallen und gleichzeitig unter Hinweis auf das Beispiel in Italien mit Übergabeforderungen überschüttet."[202] Hierzu hatte der Feind auch allen Grund: „Die Kraft des LXXXXVII. Korps war physisch und moralisch erschöpft", erfahren wir vom Chef des Generalstabs der Heeresgruppe E. „Der

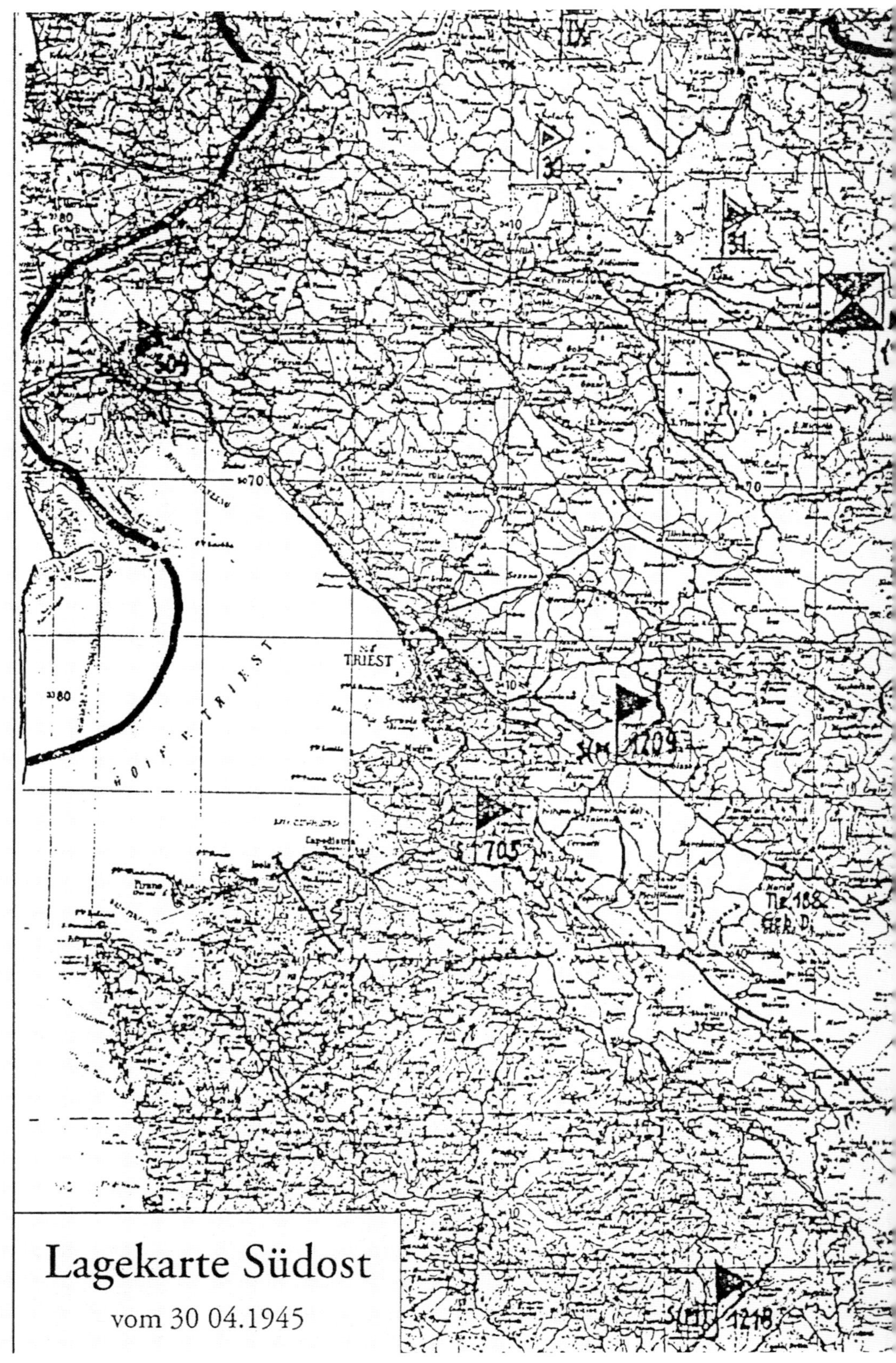

Die Lagekarte Südost vom 30. April 1945 für die Operationszone „Adriatisches Küstenland".

Lage Karte Südost
30.4.45
Adriat. Küstenland
18
41
20
1
13
43
125
19
29
237
35

Nachricht vom Tode Hitlers am 1. Mai, die eine natürliche Unsicherheit schuf, war noch das sich ab 2. Mai verdichtende Gerücht der Kapitulation des Oberbefehlshabers Südwest gefolgt. Munition und Verpflegung waren aufgebraucht. Ein Durchbruch nach Laibach aus eigener Kraft war nicht mehr zu erhoffen."[203]

In der Nacht vom 30. April auf den 1. Mai 1945 hatte das Gebirgsjägerregiment 904 den Befehl zum Loslösen vom Gegner erhalten. Daraufhin verschob Oberst Christl sein Regiment ab 24.00 Uhr wegen des steil abfallenden Geländes vom Passo del Morte auf der Straße gegen Zabice ins Tal, um das Höhengelände bei Iscra-Lippa zu gewinnen. Dort stellte er sich mit dem Bataillon Huber rechts und mit dem Bataillon Kellner links gegen einen Gegner, der inzwischen von Norden und Nordwesten Villa del Nevoso besetzt und mit gepanzerten Kräften Castelnuovo erreicht hatte, zum Angriff bereit. Während der nächtlichen Verschiebung erfolgte ein heftiger Feuerüberfall der Partisanen ins Tal südlich von Zabice. Dadurch wurden fast beide Bataillone gänzlich zersprengt. Doch gelang es ihnen am Morgen des 1. Mai wieder, sich südlich von Fabrice zu sammeln.

Nach dem Ordnen der Verbände erfolgte noch am 1. Mai, es war ein verregneter Tag, der Weitermarsch in den Bereitstellungsraum im Höhengelände von Iscra – Lippa. Hier wurde Munition und Verpflegung ausgegeben. Und das hatte seinen guten Grund, denn der Angriffsbefehl an die 188. Gebirgsdivision beziehungsweise an das Gebirgsjägerregiment 904 lautete:

„Starker Feind mit Panzerkräften im Vorgehen aus nordwestlicher Richtung hat Villa del Nevoso und Castelnuovo erreicht und von Westen her das Korps eingeschlossen. LXXXXVII. Armeekorps, 188. Gebirgsdivision und Gebirgsjägerregiment 904 brechen nach Norden Richtung Fontana aus dem Kessel. Angriffsstreifen für das Gebirgsjägerregiment 904:
Rechts (Huber): 500 Meter südwestlich von Iscra, Susa, Ostraum von Zemon di Sopra, Ostrand Zemon di Sotto, Höhenkuppe Ostrand von Villa del Nevoso.
Links (Kellner): Bahnlinie Fiume – Sappiane, Westrand Sappiane, Westrand Passiaco, Westrand Berdo, Westrand Carie, Ostrand Pregara.
Trennungslinie: Für beide Bataillone Westrand Ruppa, Westrand Elsane, Ostrand Bucovizza, Westrand Sarecce, Westrand Smeria.
Angriffsbeginn: 2. Mai, 05.00 Uhr."[204]

So geschah es dann auch. Pünktlich wurde am 2. Mai 1945 gegen Villa del Nevoso angetreten. Zwar wurde das Gelände bis Zemon di Sopra feindfrei vorgefunden, doch hatte das Gebirgsjägerregiment 904 schwere feindliche Panzer erfolgreich abzuwehren.

Am 3. Mai 1945 erfolgte die Fortsetzung des Angriffs nach dem Eintreffen neuer Feindmeldungen. Und diese besagten, dass der Gegner Villa del Nevoso erreicht hatte und von dort Zemon di Sotto angriff. Nun lautete der neue Kampfauftrag: Die Gebirgsjägerbataillone Huber und Kellner haben Villa del Nevoso zu nehmen.

Zwar wurde Zemon di Sotto um 16.00 Uhr ohne größere Feindberührung erreicht, aber unterdessen griffen alliierte Jagdbomber die Nachschubstraße Fiume – Villa del Nevoso an und zerschlugen die gesamten Trossfahrzeuge. Ein gravierender Munitions- und Verpflegungsmangel trat ein. Major Huber erteilte seinem Stabszahlmeister Lindner daraufhin den Auftrag, für das Gebirgsjägerregiment 904 aus seinen Beständen in Castelnuovo Munition und Verpflegung heranzuführen. Doch scheiterte dieser Versuch wegen eines feindlichen Panzerangriffs aus Richtung Materia. Die Fahrzeuge wurden zerschlagen, die Sicherungsmannschaften fielen oder wurden verwundet. Unter den Toten fand man auch Lindner. Nochmals unternahm ein Offizier den Versuch, Nachschub heranzuführen. Das gelang zwar teilweise, aber ein Großteil der Munition und Verpflegung wurde von den Partisanen erbeutet. Daher blieb das Regiment im Großen und Ganzen ohne Munition und Verpflegung.[205]

Am 4. Mai 1945 kam es bei der 188. Gebirgsdivision zu einer weiteren Krise. Teile der 392. deutsch-kroatischen Infanteriedivision, die als linker Flankenschutz des II. Bataillons/Gebirgsjägerregiment 904 den Angriff zu begleiten hatten, konnten dem Feinddruck nicht mehr standhalten, sodass das Bataillon Kellner vorübergehend zu Hilfe eilen musste. Währenddessen stellte das Gebirgsjägerbataillon Huber sich in der Ortschaft Zemon di Sotto zum Angriff auf Villa del Nevoso bereit. Hierbei erhielt es starken Feindbeschuss mit schweren Waffen von den Höhen südostwärts der Stadt. Zwölf Tote und dreißig Verwundete waren zu beklagen. Um 17.30 Uhr gelang es schließlich doch noch, den Südrand der Stadt ohne stärkeren Feindwiderstand zu nehmen. Aber das Bataillon Huber lag dort die ganze Zeit über unter dauerndem Beschuss, der sich von den Höhen herab auf die Gebirgsjäger entlud. Um 19.00 Uhr war der Nordrand der Stadt genommen. Dort erhielt das Bataillon den weiteren Befehl, bis Sembie – Fontana durchzustoßen. Es kam jedoch anders, denn die Aktion geriet infolge von Angriffen der Partisanen aus Richtung Nordosten ins Stocken. Das Bataillon Kellner hatte an diesem Tage zusammen mit den Restteilen der 392. Legionsdivision den Gegner, der sich auch von Südwesten her verstärkte und angriff, erfolgreich abgewehrt. Zum Regiment zurückgekehrt, wurden die Gebirgsjäger erneut gegen starken Gegner aus Richtung Pregara angesetzt.

Am 5. Mai 1945 war das Gebirgsjägerbataillon Huber während des Tages in seinen Stellungen am Nordrand von Villa del Nevoso verblieben. Doch bereits am Abend stand es einem starken Angriff von den Höhen nordwestlich von Villa del Nevoso gegenüber. Dem Gegner gelang es, in die Stellung der Gebirgsjäger einzubrechen. Zwar wurde dieser Einbruch noch am selben Abend durch einen beherzten Gegenangriff des Bataillons Huber bereinigt, doch um welchen Preis: acht Tote, zwanzig Verwundete und 35 Versprengte! Nur langsam gewann das Bataillon Kellner Gelände in Richtung Sembie, als es zum umfassenden Angriff angesetzt wurde – und zwar nördlich ausholend über Berze, Smeria, Postegna, Sembie und Fontana. Aber auch dieser Angriff stockte. Hierfür waren nach Schulze zwei Gründe ausschlaggebend:

1. Musste der Timovafluss unter stärkster Feindeinwirkung überschritten werden. Das Gelände war fast deckungslos, die Flussufer tief eingeschnitten, keine Übersetzmittel vorhanden und die behelfsmäßig hergestellten Flöße und Stege schon nach kurzer Zeit unbrauchbar. Den schwersten Verlust erlitt das Bataillon durch den Tod seines Kommandeurs. Um 16.00 Uhr fiel Major Kellner durch Kopfschuss.
2. Bei diesem Versuch des Flussübergangs traf das Bataillon ein starker Feindangriff, und zwar nicht nur aus Richtung Nordwesten, sondern auch aus Richtung Südwest, also sowohl von vorne als auch von der nach hinten offenen Flanke. Das Bataillon hatte außerordentlich schwer zu kämpfen und es grenzte schier an das Unmögliche, wie die jungen Steirer und Kärntner, bereits in den vorherigen Kämpfen ihrer alten bewährten Unteroffiziere, Gefreiten und Unterführer beraubt, dieser Belastungsprobe standgehalten haben.[206]

Erst gegen Abend ließen die schweren Feindangriffe gegen die Gebirgsjägerbataillone Huber und Kellner nach. In dieser kritischen und entscheidenden Phase des Kampfgeschehens waren die Deutschen vom Glück verlassen. Sie mussten, was die Führung anbetraf, aufgrund bedauerlicher Verluste ständig improvisieren. Major Huber hatte das Gebirgsjägerregiment 904 von Oberst Christl übernommen, der nunmehr für Generalleutnant von Hößlin die 188. Gebirgsdivision führte, da dieser anstelle des verwundeten Generals der Gebirgstruppe Kübler das LXXXXVII. Armeekorps übernehmen musste. Hubers Vorschlag lautete: Durchstoß gegen Fontana zusammen mit dem Gebirgsjägerregiment 902 zur Entlastung des Bataillons Kellner, das nunmehr von Oberleutnant Nosek geführt wurde, um die nahe Reichsgrenze zu erreichen. Dieses Ansinnen wurde mit der Begründung abgelehnt, dass die Truppe hierfür zu schwach sei. Nun fragte Huber seine Männer direkt, ob sie körperlich und seelisch noch imstande wären, über Fontana hinaus in Richtung Kärnten vorzustoßen. Die Antwort kam spontan und fiel ganz eindeutig aus:

„Jawohl, Herr Major, wir wollen schnellstens die Reichsgrenze erreichen, um den Klauen der jugoslawischen Gefangenschaft zu entrinnen."[207]

Nachdem auch Löhrs Heeresgruppe, der die Gebirgsjäger als Nachhut den Rückzug decken sollten, mit ihrer Masse zu diesem Zeitpunkt bereits die Reichsgrenze erreicht hatte, wäre es der 188. Gebirgsdivision sicherlich gelungen, diesen taktischen Auftrag mit Erfolg durchzustehen. Aber die Erlaubnis zum Durchbruch wurde nicht erteilt. Die einmalige Chance, die sich der „Steinbockdivision" in allerletzter Minute geboten hatte, war unwiderruflich vertan. Später, in der jugoslawischen Kriegsgefangenschaft, gab der damalige jugoslawische Brigadeführer Jankovic Major Huber unumwunden zu, dass es seinen Gebirgsjägern in der Tat gelungen wäre, durchzubrechen, weil die gegnerischen Kräfte für die Zerschlagung der 188. Gebirgsdivision zu schwach gewesen seien und es einen ganzen Tag gedauert hätte, bis weitere Verstärkungen aus der Gegend um Fiume nach Villa del Nevoso herangeführt hätten werden können. Mehr noch: Während dieses einen Tages hätte das gesamte LXXXXVII. Armeekorps die Möglichkeit gehabt, nach Norden und Nordosten aus dem Kessel auszubrechen. Erst durch die zögernde Haltung der Deutschen sei es den Jugoslawen gelungen, ihre Kräfte zu konzentrieren und die restlose Einkesselung zu vollziehen.[208]

So nahm das Schicksal für die Deutschen in der Operationszone „Adriatisches Küstenland" seinen Lauf. Lesen wir an dieser Stelle in den Wehrmachtsberichten vom 4. bis 6. Mai nach, um uns über die „Große Lage" zu informieren:

4. Mai 1945: „In Fiume drang der Feind an einigen Stellen in die Stadt ein. An der Südspitze von Istrien und um Pola wird gekämpft. An der Front zwischen Mur und Donau sind [...] erneut heftige Kämpfe im Gange."[209]

5. Mai 1945: „In Istrien wird um unsere Stützpunkte Triest, Abbazia und Fiume heftig gekämpft."[210]

6. Mai 1945: „In Italien ist nach gegenseitigem Einvernehmen des deutschen und des angloamerikanischen Oberbefehlshabers Waffenruhe eingetreten. Die Kämpfe um einige Stützpunkte in Istrien halten noch an. Unsere Absetzbewegungen in Kroatien verlaufen unter Nachdrängen starker Tito-Kräfte planmäßig."[211]

Schicksalshaft lastete der 6. Mai 1945 über den Kampftruppen. Durch das Zögern des LXXXXVII. Armeekorps als auch der 188. Gebirgsdivision zum Durchbruch nach Norden und Nordwesten konnte der Gegner sich verstärken und die Einkesselung der deutschen Truppen ohne besondere Schwierigkeiten beschleunigen und vollenden. Die „Steinbockdivision" verhielt sich in ihrer Befehlsgebung ratlos. Das blieb sogar den Unterführern und den Frontsoldaten nicht verborgen. Nun setzte Major Huber alles auf eine Karte. Er bat um Selbstständigkeit zum Durchbruch zur Reichsgrenze, was ihm jedoch abgelehnt wurde. So blieb die Truppe liegen und hatte schwerste Kämpfe gegen eine zehnfache Übermacht eines erbarmungslosen Gegners zu bestehen. Ein verzweifelter, weil einseitiger Kampf, den die Landser angesichts der ohnehin bevorstehenden Niederlage aufgrund eines aberwitzigen Befehls noch auszutragen hatten.

Die Funkverbindung von den Regimentern und Bataillonen zur Divisionsführung waren gestört, sodass keine Befehle mehr durchkamen. Melder wurden zum Divisionsstab gesandt. Vergebens, denn der Gefechtsstand der 188. Gebirgsdivision war ohne Benachrichtigung ihrer Fronttruppenteile nach Villa del Nevoso verlegt worden.

Eine zusammengewürfelte Kompanie von 86 Mann hatte dessen Schutz zu übernehmen. Alle diese Vorgänge, nämlich der starke Feinddruck aus Norden von Fontana her, von Westen aus Richtung Erpelle – Matteria, aus Südwesten aus Richtung Porte Grande – Mune Grande – Monte Tussar, der Rückzug des Gebirgsjägerregiments 904 vom Passo del Morte, die Bereitstellung des Gebirgsjägerregiments 904 im Höhengelände Iscra – Lippa, der Angriff des Gebirgsjägerregiments 904 und von Teilen der 392. kroatischen Infanteriedivision gegen Villa del Nevoso – Berze, die Wegnahme von Villa del Nevoso und der Versuch eines Durchstoßes in Richtung Fontana, die Ansammlung der gesamten Trosse auf den nach Villa del Nevoso führenden Straßen und deren Zerschlagung durch gegnerische Fliegerangriffe sowie die Übernahme des LXXXXVII. Armeekorps durch Generalleutnant von Hößlin, alle diese Ereignisse waren dem Kommandeur des Gebirgsjägerregiments 902 bis zum 5. Mai 1945 unbekannt geblieben. So konnte Oberstleutnant Dr. Schulze sich auch nicht erklären, wohin das Gebirgsjägerregiment 904 gekommen und wo es geblieben war. Er hatte seinen Blick weiter nach Norden, auf seine offene Flanke, und nach Osten, zurück zu seinem ehemaligen Frontverlauf, gerichtet. In Unkenntnis der Gesamtlage des LXXXXVII. Armeekorps und der 188. Gebirgsdivision war es für ihn sehr schwer, weitere Maßnahmen für sein Regiment zu treffen. Und diese sahen zu Beginn des Monats Mai folgendermaßen aus:

Am 2. Mai 1945, etwa um 04.00 Uhr, war beim Gebirgsjägerregiment 902 plötzlich starker Gefechtslärm aus Richtung Fabice zu hören. Aber da war es für das II. Bataillon bereits zu spät. Es war ohne jegliche Sicherungen, vollkommen übermüdet, in seinem Stellungsraum in den dort vorgefundenen Häusern untergezogen und hatte sich schlafen gelegt. So kam, was kommen musste: die Gebirgsjäger wurden von den Partisanen, die in der linken Flanke des Regiments standen und das Hinterland und die Straße nach Elsane bedrohten, überfallen. Noch bei halber Dunkelheit fuhr Schulze sofort über Iscra, Sussa und Graccina Nova nach Ruppa, um wenigstens noch Teile des auseinandergelaufenen Gebirgsjägerbataillons aufzufangen und wieder einzusetzen. Erst in der Senke zwischen dem Monte Viscard und dem Monte S. Catarina, oberhalb von Ruppa, bemerkte er einige Leute im Gelände. Dort fand er auf der Straße den Oberleutnant Radlinger von der 8. Kompanie in einem Loch sitzend und untätig die Lage abwartend. Von ihm erfuhr der Regimentskommandeur, dass das II. Gebirgsjägerbataillon überfallen, zerschlagen und dann getürmt sei, und dass sich der Bataillonskommandeur Koser in Ruppa befände.[212]

Schulze beeilte sich, das Gebiet zu erreichen, aber als er dort ankam, bemerkte er sogleich ein heilloses Durcheinander. In einem Bauernhaus fand er auch seinen Bataillonskommandeur Koser. Nach einem entsprechenden Donnerwetter nahm er ihn mit zu Radlinger und setzte dort alle noch erreichbaren Teile des II. Gebirgsjägerbataillons zum Vorstoß über den Monte Viscard an, und zwar mit dem Auftrag, die

Ein Partisanenposter, das zum letzten Schlag gegen die nationalsozialistischen Truppen aufruft.

Höhen nördlich der Straße Sussa – Craccina Nova unverzüglich wiederzugewinnen und zu halten.

Vom Radfahrzug Rößle war zwischenzeitlich der Anschluss zum Gebirgsjägerregiment 904 festgestellt worden. Das bedeutete, dass wenigstens der Südflügel des Gebirgsjägerregiments 902 gesichert war. Der Gefechtsstand des Regiments lag mit seinem gesamten Papierkram in den ehemaligen Baracken der Organisation Todt. Auf Vorschlag des Regimentsadjutanten Maus, sich von diesen schweren Akten zu trennen und diese samt den Ausbildungsvorschriften, den Geheimen Kommandosachen, Karten und dergleichen zu vernichten, um sie nicht in Feindeshand fallen zu lassen, wurde nahezu alles Schriftgut in eine Baracke getragen, mit Benzin übergossen und samt Unterkunftsgebäude in Brand gesteckt.[213] Dermaßen entlastet, transportierten die freigewordenen Fahrzeuge fortan ausschließlich Munition und Verpflegung für die Fronttruppe.

Die Nacht zum 3. Mai 1945 war regnerisch. Wenn es ging, hielt man sich daher im Zelt auf. Doch an Ruhe war beim Stab des Gebirgsjägerregiments 902 nicht zu denken. Ununterbrochen kamen Meldungen herein oder wurden Befehle erlassen. Da traf ein Funkspruch von der 237. Infanteriedivision ein, dass die Kampfgruppe Schulze dieser Division unterstellt sei. Sie erhielt den Auftrag, am kommenden Tage die Enge ostwärts von Fabice mit einem Stoß nach Norden ins obere Timavotal zu öffnen und die dortige Rückzugsstraße für die 237. Infanteriedivision offenzuhalten. Aber das war leichter befohlen als auszuführen, denn dem Regiment Schulze war bis dato weder der Gefechtsstand der 237. Infanteriedivision noch der der 188. Gebirgsdivision bekannt. Vielmehr war Schulze über das plötzliche Auftauchen der Infanteristen mehr als überrascht und vermutete deren Rückmarsch aus Richtung des von den Gebirgsjägern aufgegebenen Clana. Ein eilends losgeschickter Spähtrupp erreichte zwar die Kapelle westlich von Clana, er konnte dort aber niemanden feststellen.

Am 3. Mai 1945 wurde das I. Bataillon des Gebirgsjägerregiments 901 mit seinen südlichen Teilen südostwärts von Iscra herausgezogen, um mit Feuerunterstützung vom Monte Liscig herab die Enge bei Fabice anzugreifen. Der Angriff wurde jedoch von starken Feindkräften auf den Nordwesthängen des Monte Liscig und Monte Agadir abgefangen und blieb daher ergebnislos vor Fabice liegen. Der eigene Druck und das Feuer vom Monte Liscig wirkten sich nicht durchschlagend aus. Vielmehr war die Straße in der Senke mit eigenen Truppen und Gefechtsfahrzeugen hoffnungslos verstopft, während auf den beiderseitigen Hängen der Gegner saß und bei der geringsten Bewegung der Deutschen mit Maschinengewehren schoss. Kein Wunder, dass die Enge nicht geöffnet werden konnte.

Als Schulze um 10.00 Uhr bei K 3 eintraf, lag eine Meldung vor, dass der Angriff nicht mehr voranzutreiben sei. Bei einer unter Feindfeuer vorgenommenen persönlichen Erkundung kam der Regimentskommandeur zur Überzeugung, dass dies mit bloß ein- bis zweihundert Männern, die ihm noch zur Verfügung standen, nicht mehr zu schaffen sei und eine ausholende Umgehung über den Monte Liscig viel zu zeitraubend gewesen wäre, zumal ihm unbekannt war, wie stark die eigenen Kräfte dort wohl seien und ob noch ein wirklicher Angriffswille bei Führern und Unterführern vorhanden sei.

Zu diesem Zeitpunkt traf Hauptmann Scherf vom Divisionsgefechtsstand der „Steinbockdivision“ ein. Er überbrachte nochmals den Befehl, dass die Enge bei Fabice unter allen Umständen für die 237. Infanteriedivision freizukämpfen sei. Dass das unter den gegebenen Umständen jedoch nicht mehr möglich war, davon konnte sich der Hauptmann selbst überzeugen. Nun schickte Schulze diesen mit der Meldung an die Division zurück, dass er mit den restlichen Teilen des Gebirgsjägerregiments 902 um 14.00 Uhr nach Elsane abrücken werde. Die 237. Infanteriedivision möge sich selbst die Enge öffnen, da sonst ein chaotisches Durcheinander der verschiedenen Einheiten mit geringem Kampfwert und einer Anhäufung gefechtsunfähiger Stäbe unausweichlich sei. Wenn bis 14.00 Uhr keine gegenteiligen Befehle einträfen, rückten die Bataillone des Gebirgsjägerregiments 902 wie vorgesehen ab.

Wie vorausgesehen: Das Durcheinander eskalierte. Nachmittags kamen von Ruppa her etwa zweitausend marschkranke, marschunfähige und frierende Marinesoldaten ohne jegliche Bewaffnung daher. Ihre vordersten Teile waren bereits im Abmarsch nach Elsane. Ordnung zu schaffen, war ein Ding der Unmöglichkeit. Erst gegen Abend konnten sich die Fahrzeuge und Einheiten des Gebirgsjägerregiments 902, es waren ja nur noch schwache Kompanien mit je vierzig bis fünfzig Mann, in die Marschkolonne oder an ihr entlang nach Elsane einfädeln oder diese überholen. Mit entsprechenden Wartepausen ging es stockend vorwärts.

In der Nacht zum 4. Mai 1945 traf Schulze mit seinem Pkw gegen 02.00 Uhr auf dem Gefechtsstand der 188. Gebirgsdivision in Elsane ein. Dort trug er Generalleutnant von Hößlin seinen Entschluss nochmals persönlich vor und bat dann um eine weitere Verwendung.

Erst jetzt erfuhr er etwas mehr von der ausweglosen Lage, in der sich die Deutschen in der Operationszone „Adriatisches Küstenland“ befanden. Denn bereits vor Tagen hatten die Partisanen, mit stärkeren Panzerkräften der 4. Panzerarmee des Generals Trapsin aus der Gegend Monte Nevoso verstoßend, die deutsche Nordflanke umgangen und Villa del Nevoso sowie das ganze Höhengelände nördlich des Timavotales in Besitz genommen. Damit stand der Gegner tief im Rücken des LXXXXVII. Armeekorps. Auch westlich von Fiume/Kastav war die Adriaküste südlich von Abbazzia – Laurana und der ostwärtige Tschitschenboden mit dem Monte Maggiore und dem Monte Accuto den aus Cherso übergesetzten Partisanen in die Hand gefallen. Ferner lagen von Hößlin Meldungen vor, dass die Straße Piedemonte – Vodizze – Mattuglie schon vom Gegner gesperrt würde und nur mehr mit Panzerunterstützung durchbrochen werden könnte. Damit war das LXXXXVII. Armeekorps so gut wie eingeschlossen.

Wie beurteilte man nun die Lage im Operationsbereich „Adriatisches Küstenland“? An der Westfront hielten schwache, zusammengewürfelte deutsche Kräfte nur mit viel Mühe den Verteidigungsbogen des LXXXXVII. Armeekorps in der Linie Abbazzia – Straße nach Mune – Castelnuovo. An der Ostfront konnte die Linie Fiume – Clana – Iscra noch mit Teilen der 237. Infanteriedivision, der 392. deutsch-kroatischen Infanteriedivision und der 188. Gebirgsdivision gehalten werden. Die Nordfront war dagegen bis in den Rücken des Gebirgsjägerregiments 904, das dem Druck am Passo del Morte und bei Ermersburg weichen musste, offen. Daraufhin war das Regiment befehlsgemäß in das Timavotal und über dessen südliche Höhen nach Westen ausgewichen und hatte ab 1. Mai 1945 durch einen Angriff nach Westen Zemon do Dotto erkämpft. Villa del Nevoso war zu diesem Zeitpunkt bekanntlich noch immer vom Feind besetzt.

Teile der 188. Gebirgsdivision und andere Einheiten kämpften vorübergehend am 1. Mai 1945 an den Hängen des beherrschenden Monte Acuto (1.163 Meter) und standen an jenem ersten Maiabend mit ihren vordersten Teilen vom Gebirgsjägerregiment 904 teils in Bisterca, teils am Nordrand von Villa del Nevoso. Alle Höhenränder um die Stadt waren aber vom Feind besetzt. Das Artilleriefeuer schlug in die dicht aufgeschlossenen und zahlreichen Fahrzeuge, deren Kolonnen die Talstraße gegenseitig blockierten und nach Villa del Nevoso drängten. Am 3. Mai, erfuhr Schulze von Generalleutnant von Hößlin, wolle Kübler mit seinem LXXXXVII. Armeekorps den Angriff fortführen lassen, wobei die Gruppe Christl den Timavo westlich von Villa del Nevoso und Topolce überschreiten und von Westen her Sembje zu nehmen hatte. Die steilen Ufer des Flusses Timavo waren aber ohne entsprechendes Brückengerät nicht zu überschreiten, ganz abgesehen von der ausgezeichneten Beobachtung des Feindes mit seinem gut geleiteten Artilleriefeuer von den jenseitigen Höhen. So misslang der Angriff. Nun wurde die 237. Infanteriedivision angewiesen, den Timavo bei Zabice zu überschreiten und über das karstige Hochplateau Villa del Nevoso von Osten her anzugreifen. Die Division bezog zwar am 2. Mai eine Nachhutstellung bei Lippa – Iscra – Fabice, aber die Wegnahme der Höhen nördlich von Zabice gelang ihr nicht.

Dieses Wissen um die größere Lage hatte Generalleutnant von Hößlin dann bewogen, sich mit dem eigenmächtigen Absetzen des Gebirgsjägerregiments 902 aus der Enge von Fabice abzufinden. Vielleicht war er insgeheim sogar froh darüber, auf diese Art und Weise noch über eine einigermaßen kampfkräftige, wenn auch schwache Truppe zu verfügen. So erhielt das Gebirgsjägerregiment 902 den Auftrag, nach Norden auf Zemon di Sopra und anschließend auf das Höhengelände nördlich des Timavo vorzustoßen. Aufgrund dieses Auftrages erteilte Oberstleutnant Dr. Schulze am 4. Mai 1945 folgenden Befehl: „Die restlichen Teile des II. Bataillons/Gebirgsjägerregiment 902 haben Zemon di Sopra über den Monte Colombo zu erreichen und die restlichen Teile des I. Bataillons/Gebirgsjägerregiment 901 haben Zemon di Sopra über den Monte Grande zu gewinnen. Die Pionierkompanie/Gebirgsjägerregiment 902 und eine Halbbatterie sowie der Haubitzenzug/Gebirgsartillerieregiment 1088 gehen unter der Führung des Regimentskommandeurs über den Monte Trebes und den Monte Lelamais vor, um von dort aus mit Artillerie- und schwerem Granatwerferfeuer Teilen der 237. Infanteriedivision die Öffnung des Timavotales bei Zabice zu ermöglichen."[214]

Nach dem Munitions- und Verpflegungsempfang begannen die beiden Gebirgsjägerbataillone in den frühen Morgenstunden in langer Kolonne in Elsane den Vormarsch gegen Zemon di Sopra: voraus die Pionierkompanie, anschließend die Halbbatterie und der Haubitzenzug. Um 10.00 Uhr erstiegen die vordersten Gruppen den Monte Lelamais. Von dort aus konnten die Frontsoldaten sehr gut die Kampfhandlungen des Gebirgsjägerregiments 903 gegen Zabice beobachten. Bald schlug das gut liegende deutsche Artilleriefeuer in die dort eingesetzten Partisanenverbände, die schon nach kurzer Zeit scharenweise nordwärts auf der nach Passo del Morte hinaufführenden Straße zurückfluteten und Zabice räumten. Diese unerwartete Feuerunterstützung nutzte sowohl das Gebirgsjägerregiment 903 als auch die 237. Infanteriedivision zum weiteren Vorgehen aus.

„Ich hatte keinen Zweifel mehr", so Dr. Schulze, „auf diese Weise die Enge Fabice – Zabice und damit das obere Timavotal besser geöffnet zu haben als durch einen schweren, eventuell stärkere Verluste bringenden frontalen Angriff mit Durchboxen in der Talenge. Aufgrund dieser Feststellungen ließ ich die Pionierkompanie nicht mehr ins Tal hinunterstoßen und ließ sie mit der Artillerie auf Zemon di Sopra abdrehen. Mit meinem Gefechtsstab schlängelte ich mich selbst über Kuppen und Mulden und kleinere Senkungen durchs Gelände nach Zemon di Sopra, das wir 16.00 Uhr fast gleichzeitig mit meinen beiden anderen Restbataillonen erreichten. Ortsverteidigung wurde angeordnet, der Haubitzenzug bei der Kapelle fünfhundert Meter westlich Zemon di Sopra in Stellung gebracht, mit Schussrichtung Nord und dem Auftrag der Überwachung des Timavotales und der Höhen jenseits. Halbbatterie rückte nach Zemon di Sotto ab. Ich sah sie nie mehr wieder.

In einem Bauernhaus zog ich unter und überlegte mir den Angriff für den kommenden Tag. Kurz danach kam ein Melder mit der Aufforderung, mich bei einem Obersten oder Kapitän zur See am Nordrand des Ortes zu melden.

Na, was will denn der Mann von mir???!!!

Dort traf ich einen ganzen Marinestab an, ziemlich desperat und erschöpft von den Bergmärschen, unwissend, was jetzt zu machen sei. Zunächst forderte er von mir in brüskem Tone das Freimachen der Ortschaft für seine Marine, die waffenlos, in aufgelösten Haufen herumstehend, Unterbringung forderten. Ich hätte für deren Schutz zu sorgen!

Ja, was denn sonst noch? Ich klärte ihn etwas hart auf, schilderte die Lage, dass er ferner auf mich angewiesen sei und wenn ich nicht wolle, dann könne er zusehen, wie er weiterkomme.

Seine Leute taten mir leid und so gab ich die halbe Ortschaft frei, mit dem ausdrücklichen Hinweis, dass ich mich als örtlicher Kampfführer betrachte und mir in Anbetracht seiner kampfunwilligen, waffenlosen Leute, die fast meuternd aufgetreten waren, das Recht vorbehalte, im Falle einer Gefahr über sie zu verfügen und zwar schärfstens, eventuell mit Waffengewalt."[215]

Der Marineoffizier war über das feste Auftreten des Gebirgsjägeroffiziers dermaßen beeindruckt, dass er sich mit seinen rund 1.100 Mann den Weisungen Schulzes vorbehaltlos anschloss. Nachdem die ihm unterstellten Einheiten versammelt waren, gab er den Einheitsführern den Angriffsbefehl für den nächsten Morgen:

„*Auftrag*: 05.00 Uhr antreten, Timavo überschreiten, Höhen jenseits in Besitz nehmen – und zwar:

- Rechts: II. Bataillon/Gebirgsjägerregiment 902 die Höhe 923,
- Mitte: I. Bataillon/Gebirgsjägerregiment 901 die Cima di Nuda,
- Links: Pionierkompanie den Waldeinschnitt ostwärts vom Monte Acaccio.
- Zug Rößle sichert auf der Straße und halben Hängen linke Flanke des Regiments und geht entsprechend Richtung Villa del Nevoso vor.
- Haubitzenzug 1088 bleibt in Stellung und unterstützt je nach Leuchtzeichenanforderung den Aufstieg auf jenseitige Höhen, beobachtet scharf das Timavotal und schaltet etwa dort auftretende Panzer aus, wird eventuell zur linken Stoßgruppe nachgezogen.

Verbindungen: Leuchtzeichen mit vereinbarter Bedeutung; andere Nachrichtenmittel stehen nicht mehr zur Verfügung.

Auftrag für alle: Das Höhengelände ist auf jeden Fall in Besitz zu nehmen, denn es bedeutet für uns den Marsch und Durchbruch in die Freiheit. – Wir sind ja eingeschlossen!

Der *Marine* wird vorgeschlagen, nach Überschreiten der Timavotalstraße durch die Gebirgsjägereinheiten, sich über Zemon di Sotto nach Bistrica abzusetzen, da sie mit dem Karstgebirge nicht vertraut sind und außerdem keine Waffen besitzen.

Regimentsgefechtsstand: Bei Stoßkolonne Mitte."[216]

Generalleutnant von Hößlin bei einer Geländebesprechung vor einem Partisaneneinsatz auf der Halbinsel Istrien.

General der Gebirgstruppe Kübler im August 1944 mit dem kroatischen Kriegsminister in Kirowograd.

Die Beiden werden von zahlreichen Angehörigen der deutschen Kriegsmarine begleitet.

Verleihung des Eisernen Kreuzes II. Klasse an den Kapitänleutnant Holzherr. Die Männer der Kriegsmarine wurden in der Operationszone „Adriatisches Küstenland“ teilweise den Gebirgsverbänden zugeteilt, dann notdürftig ausgerüstet in Stellungen des Landesinnern von Istrien verlegt.

Hinweisschild auf ein Partisanengebiet in Istrien.

Von den Partisanen gesprengter Triebwagen auf der Halbinsel Istrien.

Der Hauptplatz von Villa del Nevoso, das im Mittelpunkt der schweren Schlusskämpfe auf Istrien stand.

Partisaneneinsatz auf Istrien.

Angehörige des Bataillons „Heine“ auf dem Marsch durch Istrien 1944.

Impressionen aus dem Landesinnern von Istrien.

„Halt!“ – Partisanengebiet. Dieses Schild warnt Wehrmachtsangehörige vor der Gefahr durch Partisanen.

Eine 10,5-cm-Gebirgshaubitze 40 in Feuerstellung.

Eine Skoda 7,5-cm-Gebirgskanone M 15 und eine Gruppe deutscher Gebirgsartilleristen.

Bucht bei Fiume (frühere italienische Bezeichnung) für das heutige Rijeka.

Generalleutnant von Hößlin während einer Geländeerkundung oberhalb des Kriegshafens von Pula (Pola).

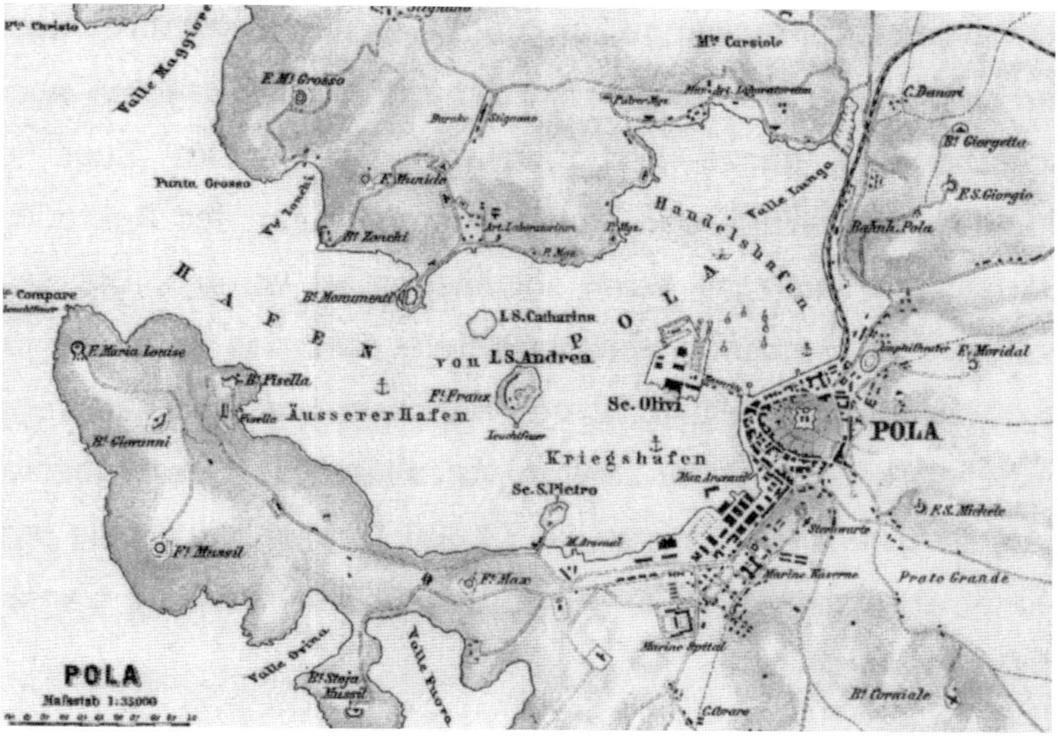

Der Handels- und Kriegshafen von Pula (Pola)
an der Südspitze der Halbinsel Istrien.

Ein Ausblick auf die Werft
von Pula (Pola).

Deutsche Offiziere im Mai 1944
oberhalb von Pula (Pola).

Ein Wasserflugzeug nach dem Start vom Wasserflughafen Pula (Pola)
im Sommer 1944.

*Ein Wasserflugzeug
im Hafen von Pula (Pola).*

*Die Mannschaft verlässt das gelandete
Wasserflugzeug.*

General Hößlin erteilt Anweisungen im Gelände.

Der Divisionskommandeur hält Ausschau nach dem Gegner auf Istrien.

Generalleutnant Hans von Hößlin mit Offizieren des Gebirgsartillerieregiments 1088 im Mai 1944 auf Istrien.

Angehörige der Deutschen Wehrmacht – nur in Unterwäsche und ohne Schuhe bekleidet – beim „Sühne- und Todesmarsch" in die erbarmungslose jugoslawische Kriegsgefangenschaft.

Das Foto zeigt das Kriegsgefangenenlager Osoppo.

Kriegsgefangener Kurt Kolar im Lager Karlovac.

Kriegsgefangener Kurt Hanson Ende Januar 1949.

Kriegsgefangener Josef Stadler.

Emil Weis war einer der jüngsten deutschen Kriegsgefangenen in Jugoslawien.

In der großen Kaserne in Bistrica (Villa del Nevoso) lagen rund 4.000 verwundete und gefangen genommene deutsche Soldaten.

Deutsche Kriegsgefangene im März 1946 in Smed-Palanka.

Vor dem Eingang zur Altstadt von Porec steht ein Kriegerdenkmal für den Partisanenanführer Joakim Rakovac.

Ein weiteres Kriegerdenkmal in Istrien zur Ehrung der Partisanen.

Ein Kriegerdenkmal im istrischen Städtchen Buje zum Gedenken an die Partisanen, die im Kampf gegen Narzideutschland gefallen sind.

14. Der Kampfeinsatz des Gebirgsjägerregiments 904

An dieser Stelle ist es gewiss angebracht, das bisherige Kampfgeschehen auf Istrien im Großraum Fiume und Villa del Nevoso auch bei den jeweiligen Regimentern, die dort schwerpunktmäßig eingesetzt waren, genauer zu verfolgen.

Sehen wir uns also zunächst beim Gebirgsjägerregiment 904 des Obersten Hermann Christl näher um, das in der Feldpostübersicht fälschlicherweise als Gebirgsjägerregiment 1139 bezeichnet wird. Es erhielt seine endgültige Bezeichnung im März 1945 durch die Umbenennung des Reservegebirgsjägerregiments 139. Dieses wurde am 16. Oktober 1943 in Klagenfurt – Wehrkreis XVIII – aus dem Gebirgsjägerersatz- und Ausbildungsregiment 139 gebildet. Aber auch dieser Verband hatte schon eine Vorgeschichte, nämlich das Gebirgsjägerersatzregiment 139, das am 24. Februar 1940 in Klagenfurt aus der Taufe gehoben wurde. Am 10. April 1943 wurde es zum Gebirgsjägerersatz- und Ausbildungsregiment 139 umgegliedert und am 16. Oktober desselben Jahres geteilt, und zwar in ein Ersatz- und ein Reserveregiment. Das Ersatzregiment blieb in Klagenfurt.[217] Was mit dem umgegliederten Gebirgsjägerregiment 904 geschah, darüber liegen uns folgende Aufzeichnungen vor:[218]

19. April 1945: Neben den bereits bestehenden Bataillonen I./Gebirgsjägerregiment 904 unter Major Huber im Raume Castelnuovo, II./Gebirgsjägerregiment 904 (Major Kellner) im Raume Postumia und dem Jagd- und Wachzug des III. Bataillons/Gebirgsjägerregiment 904 (Hauptmann Heine) wurde ein neues IV. Bataillon/Gebirgsjägerregiment 904 (Hauptmann Riel) aufgestellt. Dieses Bataillon wurde nunmehr vom Regiment getrennt und verblieb im Raume Casarie – Salogna, westlich von Postumia. Es hatte den Auftrag, die zurückgelassenen Nachschubgüter des Regiments zu sichern und den Nachschub sicherzustellen. Der Kampfauftrag des Gebirgsjägerregiments 904 lautete: Nördliche Abschirmung des Regiments und damit Sicherstellung der Rückzugsbasis der Südostarmee.
21. April 1945: An diesem Tage wurde das Gebirgsjägerregiment 904 im Raume Villa del Nevoso zusammengezogen – und zwar das II. Bataillon/Gebirgsjägerregiment 904 aus seinem bisherigen Raum bei Postumia und das I. Bataillon/Gebirgsjägerregiment 904 aus seinem bisherigen Raum bei Castelnuovo.
22. April 1945: Villa del Nevoso wird erreicht und feindfrei vorgefunden.
23. April 1945: Terziane, südostwärts von Villa del Nevoso gelegen, wird erreicht. Geringe Kampftätigkeit mit Spähtrupps der Partisanen.
24. April 1945: Zabice wird ohne Feindberührung erreicht. Am Spätnachmittag, gegen 17.00 Uhr, wird zum Passo del Morte marschiert, da gegnerische Angriffe aus Nord- und Südost gemeldet wurden.

Blut klagt an

Die Bevölkerung I d r i a s trauert um ihre gemordeten Männer und Burschen. Und die Blicke und das Mitgefühl des ganzen Küstenlandes wenden sich nach Idria!

20 GEMORDETE MÄNNER UND BURSCHEN KLAGEN AN!

Freiwillig folgten sie dem Aufruf Titos und gingen in den Wald. Sie werden nie zurückkehren!

Warum wurden sie bei Zadlog von den Banden Titos umgebracht?

Warum wurden andere Männer und Burschen, 60 an der Zahl, die mit den jetzt Ermordeten in den Wald gegangen sind, in den Kerker von Čepovan geworfen?

Sie alle waren den Banditen Titos nicht vertrauenswürdig genug und haben in ihrer Einfalt an einen nationalen Befreiungskampf geglaubt.

Sie wussten nicht, dass die Banden Titos nur für die Bolschewisierung der slovenischen Heimat kämpfen, dass man als «Freiheitskämpfer» Titos vor keinem Verbrechen zurückschrecken darf, dass man die eigenen Landsleute morden, die eigenen Dörfer plündern und brennen muss.

Man muss viele Verbrechen auf dem Kerbholz haben, wenn man in den Augen der Banditen vertrauenswürdig sein will!

Ein Wort aber gegen die Bolschewisierung der sloveni schen Heimat — der Genickschuss ist Dir sicher!

20 GEMORDETE MÄNNER UND BURSCHEN IDRIAS KLAGEN AN!

Aus ihren Gräbern aber klingt eine Mahnung:

LEBENSMÜDE! FOLGT DEM AUFRUF TITOS — GEHT IN DEN WALD — ABER VORHER NEHMT ABSCHIED VOM LEBEN!

I/2

Ein Plakat wirbt für den Partisanenkampf unter der Führung Titos, der nach Kriegsende eine der prägenden Figuren des europäischen Kommunismus wurde und Jugoslawien von 1945 bis 1980 diktatorisch regierte.

24./25. April 1945: Nachdem die Partisanen die Bereitstellung des I. Bataillon/Gebirgsjägerregiments 904 angriffen, erhielt das Bataillon Huber folgenden Auftrag: Angriff auf die Höhen 1.026 – 1.052 – 1.100 – 1.800, dann Schwenk nach Süden, Anschluss an das Gebirgsjägerregiment 902 suchen und gemeinsam mit diesem im konzentrischen Angriff auf Fiume vorgehen.

„Taktisch nicht schlecht, aber kampftechnisch unmöglich", bemerkte Major Huber dazu, „da die im Angriffsstreifen gelegenen Höhen jede überhöhend war und daher der Feind jede meiner Bewegungen kontrollieren konnte. Praktisch war ich gelähmt. Wenn die Division auf die Karte gesehen hätte, dann hätte sie die Unmöglichkeit des Angriffs erkennen müssen. Erfolg: Mangels schwerer Waffen blieb mein Angriff stecken, Feind verstärkte sich, meine Unbeweglichkeit erkennend, und nutzte meine Schwäche taktisch richtig aus. Trotz schwerster Angriffe der Partisanen konnte ich wenigstens die Passstraße (Passo del Morte) halten. [...] Die Verluste hätten gespart werden können, wenn die Division auf meinen Vorschlag eingegangen wäre, nämlich unter Umgehung der Höhen direkt mit Regiment Dr. Schulze Fiume anzugreifen und dann umgekehrt nach Norden in den Rücken des Feindes stoßen und dann nach Westen gegen Villa del Nevoso einschwenken. Meine Vorschläge haben sich auch bestätigt, als ich in Gefangenschaft mit einem jugoslawischen Offizier Unterhaltung pflegte. Er konnte sich keinen Grund denken, warum wir unseren Angriff so führten. Die Partisanen hatten sich aus ihren Überlegungen heraus auch auf meinen Vorschlag eingestellt und mussten erst umdisponieren, was für sie dann ein Leichtes war, uns erstens zu schwächen und zweitens in meinem Angriffsstreifen ein weiches Loch fanden, um durchstoßen zu können."[219]

Der Auftrag für das Bataillon Kellner lautete: Abschirmung auf dem Monte Studio, um den Angriff des Bataillons Huber gegen die Nord- und Nordostflanke zu schützen. Dann hat es als Reserve dem Bataillon Huber zu folgen. „Auch hier taktisch falsch", bemerkte Major Huber später. „Kellner hatte keinen Feind vor sich. Mein Vorschlag war: Schwache Flankendeckung hätte genügt, mit der Masse einen Flankenangriff gegen den Feind vor mir zu führen, dann hätte ich meinen Angriff durchführen können, weil der Feind nicht dauernd von einer Höhe zur anderen in meine Suppenschüssel schauen hätte können und seine Kräfte hätte zersplittern müssen. Zweifellos wäre dann das Divisionsziel erreicht worden. Den falsch angesetzten Angriff erkannte auch die Division, leider zu spät und zog die Konsequenz erst, als wir [Bataillon Huber] schon empfindlich geschwächt waren."[220]

30. April/1. Mai 1945: Der neue Kampfauftrag für das Gebirgsjägerregiment 904 lautete: Um 24.00 Uhr Loslösen vom Feind und Verschiebung gegen Südwesten durch das Tal und gegen die Höhen Iscra – Lippe. Dort Bereitstellung zum Angriff – und

zwar das I. Bataillon/Gebirgsjägerregiment 904 rechts und das II. Bataillon/Gebirgsjägerregiment 904 links. Angriffsziel war zunächst Villa del Nevoso, das inzwischen als feindbesetzt gemeldet wurde. Während der Verschiebung erfolgte ein nächtlicher Feuerüberfall der Partisanen im Tal südlich von Zabice, wobei die beiden Bataillone zersprengt wurden. Gegen Morgen Sammeln südlich von Fabice. Weitermarsch in den Raum von Lippe. Wiederum schwere Verluste bei einem Feuerüberfall: Menschen, Maultiere, Waffen und Gerät.

1. Mai 1945: Ankunft im Raum Lippe. Ordnen der Verbände. Ergänzung von Munition und Verpflegung. Besprechung der Lage und des Angriffsbefehls. Während des ganzen Tages Panzerangriffe aus Ruppa und Sappiane. Wieder einige Verwundete. Oberleutnant Kreibich, der Chef der 5. Kompanie, gefallen.

2./3. Mai 1945: Um 05.00 Uhr Start des Angriffs bei Lippa gegen Villa del Nevoso. Der Vormarsch bis Zemon de Sotto war feindfrei, nachdem das Regiment schwere Panzerangriffe erfolgreich abgewehrt hatte.

3. Mai 1945: Fortsetzung des Angriffs nach einem Panzerangriff mit dem Kampfauftrag: Neu gemeldeter Feind in Villa del Nevoso greift die Ortschaft an. Beide Gebirgsjägerbataillone nehmen noch vor dem Gegner Villa del Nevoso. Um 16.00 Uhr wurde daraufhin Zemon de Sotto ohne größere Feindberührung erreicht. Gegnerische Flieger griffen den Nachschubtross auf der Straße Fiume – Villa del Nevoso an und zerschlugen dabei mehrere Fahrzeuge. Es mangelte nun an Munition und Verpflegung.

4. Mai 1945: Das II.Bataillon/Gebirgsjägerregiment 904 eilte der 392. deutsch-kroatischen Infanteriedivision zu Hilfe, die als linker Flankenschutz mit ihren bescheidenen Resten völlig überfordert war und nicht mehr standhalten konnte. Bereitstellung des I. Bataillons/Gebirgsjägerregiments 904 zum Angriff auf Villa del Nevoso. Starker Feindbeschuss von schweren Waffen des Gegners aus der Höhe südostwärts von Villa del Nevoso. Um 17.30 Uhr wurde der Südrand der Ortschaft im Angriff erreicht, und zwar ohne starken gegnerischen Widerstand, jedoch unter fortgesetztem Feindbeschuss von den vorgenannten Höhen. Um 19.00 Uhr wurde der Nordrand von Villa del Nevoso erreicht. Das II. Bataillon/Gebirgsjägerregiment 904, das zunächst mit Teilen der 392. (kroatischen) Infanteriedivision den von Südwesten verstärkenden Gegner erfolgreich abwehrte, kam nach seiner Rückkehr zum Regiment gegen starken Feinddruck aus Pregara zum Einsatz.

5. Mai 1945: Das I. Bataillon/Gebirgsjägerregiment 904 stand am Abend einem sehr starken feindlichen Angriff aus Nordosten Villa del Nevoso gegenüber. Ein neuer Angriffsbefehl des Regiments lautete daher: I. Bataillon/Gebirgsjägerregiment 904 gegen Fontane, II. Bataillon/Gebirgsjägerregiment 904 links ausholend über Perza – Smeria – Postegnose – Sembie – Fontane. Doch der Angriff des II. Bataillons kam ins Stocken. Als ein starker Gegenangriff aus Richtung Nordost und Südwest an-

lief, ging man zur Verteidigung über. Der Bataillonskommandeur Kellner fiel durch Kopfschuss. Das I. Bataillon erreichte nur sehr mühsam einen Geländegewinn in der Angriffsrichtung. Gegen Abend ließen die gegnerischen Angriffe nach.
6. Mai 1945: Durch das Zögern der 188. Gebirgsdivision beim Durchstoß nach Nordwesten konnte sich der Feind um das zehnfache verstärken und die Einkesselung des LXXXXVII. Armeekorps ohne besondere Schwierigkeiten beschleunigen. Die Division war – nach Ansicht des Majors Huber, der nach dem Weggang des Obersten Christl als Führer der 188. Gebirgsdivision vorübergehend die Führung des Gebirgsjägerregiments 904 übernommen hatte –, in ihrer Befehlsgebung ratlos. Nachdem es mit Riesenschritten dem Kriegsende zuging, bat Huber die Division um Selbstständigkeit zum Durchbruch an die Reichsgrenze. Aber wiederum wurde sein Vorschlag abgelehnt. Um 23.00 Uhr erreichte ihn dann doch noch ein Offizier der 188. Gebirgsdivision, der ihm folgenden Befehl überreichte: „Zusammenfassung aller Kräfte des I. Bataillons/Gebirgsjägerregiments 904. Anschluss an das Gebirgsjägerregiment 902“, das bereits entsprechende Weisung erhalten hatte. Die Stärke des Bataillons Huber betrug zu diesem Zeitpunkt: sechs Offiziere und einhundertfünfzig Unteroffiziere und Mannschaften. Um 23.45 Uhr erfolgte der Aufbruch des I. Bataillons/Gebirgsjägerregiments 904 in anstrengendem Nacht- und Gänsemarsch durch unwegsame Wälder und dichtes Gestrüpp. Die übrigen Teile des Gebirgsjägerregiments 904 übernahm wieder Oberst Christl. Er teilte sie dem II. Bataillon/Gebirgsjägerregiment 904 zu, das nun von Oberleutnant Nemeth geführt wurde.
7. Mai 1945: Um 04.00 Uhr wurde mit einer Kampfkraft von 156 Mann, sieben Maschinengewehren, einigen leichten Granatwerfern, aber ohne schwere Waffen das Gebirgsjägerregiment 902 erreicht. „Die Leute [sind] todmüde und nicht zuletzt hungrig“, erfahren wir abschließend von Major Huber. „Nebenbei bemerkt war dies einer meiner schwierigsten Kriegstage, nachdem mir die Division nicht sagen konnte, wo, wie weit und wann ich Dr. Schulze treffen kann. Sie gab mir nur die allgemeine nordöstliche Richtung an.“[221]

I./Res.Geb.Jäg.Rgt.139
Ia

O.U.,den 20.3.1944

Betr.: Gefechtsbericht des I./RGJR.139 über das Unternehmen gegen die Partisanen am 18.3.44 in Rakitna.

Dem

Res.Geb.Jäg.Rgt.139

1.) Vom Feind war gemeldet, dass er seit 16.3.44 mit stärkeren Kräften von Rakitna über Bresovica - Kamnik - Podpec vordrang und die Bahnlinie, insbesondere die Eisenbahnbrücke über die Laibach gefährdete. Ferner waren in Rakitna 3 Geschütze (6,5cm Pak) gemeldet. Gleichzeitig wurden schwächere Kräfte in Jesero und Prevalije festgestellt. In Gegend 1 km südl. Borovcnica wurde eine zweite Feindtruppe beobachtet. Stärke dieser Feindgruppen ingesamt 300-400 Mann und der in Rakitna etwa 300 Mann, also insgesamt rund 700 - 800 Mann.

2.) Das Btl. hatte den Auftrag, den Feind in Podpec anzugreifen und bis Rakitna durchzustossen, um die bedrängten slovenischen Bahnschützkompanien zu entlasten.

Stärke: a) 6 Offz., 1 Arzt, 31 Uffz., 291 Mannsch.
2 Jägerkpn. verstärkt und 1 Jagdzug.
b) 4 Offz. und 220 Mann (1 Kp.) Domobrance.

Bewaffnung:
1. Kp.: 6 leMG., 3 Gew.Gr.Ger.
2. Kp.: 8 leMG., 3 Gew.Gr.Ger.
3. Kp.: 4 leMG., 1 Gew.Gr.Ger.
4. Kp.: 4 sMG.,
5. Kp.: 4 mGr.W.

Führer: Hptm. Huber.

3.) Durchführung des Auftrages:
0,15 Uhr Abfahrt mit Eisenbahn von Laibach. 02.00 Uhr Notranje Gorice erreicht.

Die Kpn. stellten sich in dieser Ortschaft verteilt zum Abmarsch bereit, während ich mit Adj. und meinen Kpn.-Fhrn. sofort mit Hptm. v.Kamptz und den sloven. Offz. in der dortigen Schule verabredungsgemäss Verbindung aufnahm. An neuen Feindmeldungen konnte ich erfahren, dass die Partisanen die[x] Strassenbrücke bei Podpec stark bedrängten. 2 leMG. waren bereits 500 m nördl. dieser Brücke über die Laibach gelangt und bedrohten die Brückenbesatzung im Rücken. Mit Granatwerfer schoss er aus Gegend Jezero gegen die Brücke.

Um 03.00 Uhr gab ich den Einsatzbefehl: "Das Btl. gewinnt zunächst entfaltet, die Kpn. hintereinander, den Westrand Podpec und stellt sich zum Angriff gegen diese Ortschaft bereit. Angriffsbeginn mit Anbruch der Dämmerung um 05,30 Uhr. Das Btl. greift zu dieser Zeit mit 2 Jägerkpn. unter Feuerunterstützung von schweren Waffen Podpec an, stösst sofort zwischen Josefskirche und Annaberg über Preserje - Dol.-Brezovica nach Rakitna durch und nimmt die Ortschaft, während die Kp. Domobrance, die in Gegend Borovnica bereitstand, sofort im Eilmarsch die Südwest- und Südosthöhen um

x die Besatzung an der

Der Gefechtsbericht des I. Bataillons/Reservegebirgsjägerregiment 139 über das Unternehmen gegen die Partisanen am 18. März 1944 in Rakitna, einer zu Bresowitz gehörenden Gemeinde – Teil 1.

70

Rakitna zu gewinnen hatte, um ein Entweichen der Partisanen nach Süden zu verhindern. Der Jagdzug hatte im Laufe des Angriffs die linke Flankensicherung zu übernehmen."

Um 03,45 Uhr war die Bereitstellung beendet. Die Aufklärung ergab, dass sich der Feind zurückzieht, worauf ich den Angriffsbeginn sofort auf 04.00 Uhr vorverlegte. Um 04,10 Uhr nahm die 1. Kp.xxxxx die Brücke über die Laibach und erstürmte Podpeo. Feindl. Nachhuten leisteten schwachen Widerstand. Die Stützpunktbesatzung übernahm die Ortssicherung und schirmte gegen Jezero ab. Gegen 05,30 Uhr erneuter Widerstand in der Ortschaft Preserje durch 2 MG. Nach kurzem Feuergefecht durch beide Kpn. war der Widerstand gebrochen und die Verfolgung ging dem Tal entlang nach Süden weiter. 2 Banditen wurden erschossen und 2 leMG. erbeutet. Um 06.00 Uhr erreichte das Btl. in der scharfen Verfolgung Brezovica, wo der Feind erneut Widerstand leistete. 2. Kp. drang nach Brechung des Widerstandes in die Ortschaft ein. 8 Banditen, darunter 1 Kommissar, wurden dabei erschossen, 2 Pferde und 1 Wagen sowie einige Gewehre erbeutet. Der Jagdzug als linke Flankendeckung konnte die nach Osten entweichenden Banditen gleichzeitig stellen und erledigen. Die Verfolgung wurde von der 2.Kp. energisch weiterbetrieben.

Gegen 09,30 Uhr Rakitna erreicht. Die Auffangkp. der Domobrance konnte durch die Angriffsvorverlegung nicht rechtzeitig zur Stelle sein, weshalb es den Partisanen gelang, mit der Masse aus Rakitna gegen Osten zu entkommen. Dies musste von der Führung in Kauf genommen werden, um wenigstens noch die Nachhuten stellen und vernichten zu können. In Rakitna leistete der Feind mit Nachhuten neuerdings Widerstand, der durch Zangenangriff gebrochen und die Ortschaft genommen wurde. Ein Zug der 1. Kp. stiess von Rakitna noch scharf gegen Osten nach und konnte noch ein hängengebliebenes Fahrzeug mit Rucksäcken erbeuten, während die Masse bereits 5 km Vorsprung hatte und nicht mehr eingeholt werden konnte. Die Auffangkp. hatte auf dem Wege von Borovnica nach Rakitna in Gegend 1 km südlich Rakitna Feindberührung, nachdem sie etwa 200 Mann feindl. Nachhuten vor sich gegen Rakitna hergetrieben. Von den Domobrance wurden 10 Banditen erschossen und 1 Mann gefangen genommen.

Nachdem eine weitere Verfolgung aussichtslos war, wurde das Gefecht um 10,15 abgebrochen und der Rückmarsch zur Bahnstation Preserje angetreten.

Nach Aussagen der Bewohner von Rakitna sind die Partisanen um 08.00 herum von dort geflüchtet, Die angegebene Feindstärke wurde von den Einwohnern bestätigt.

Das Btl. erreichte gegen 14,30 Uhr den Bahnhof und fuhr mit einem bestellten Zug um 16,30 Uhr nach Laibach zurück, wo es infolge einer Betriebsstörung durch die Bahn erst gegen 20,00 Uhr die Kaserne erreichen konnte.

4.) Verluste: Eigene 3 Verwundete.
Feind insgesamt 32 Tote gezählt, / darunter ein Kommissar. ausserdem
9 starke Blutspuren festgestellt,
14 Gefangene (wurden sofort der Polizei übergeben).

Der Gefechtsbericht des I. Bataillons/Reservegebirgsjägerregiment 139 über das Unternehmen gegen die Partisanen am 18. März 1944 in Rakitna, einer zu Bresowitz gehörenden Gemeinde – Teil 2.

71

5.) **Beute:** 3 leMG.,
1 sMG.
9 Gewehre (zerschlagen)
7 " (der Polizei übergeben)
1 MaPi.
rund 5.000 Schuss Munition f.Gew. und MG.
1 Kiste Granatwerfer-Munition
Pakmunition (alle Munitionen der Polizei für Domobrance übergeben).
2.000 kg Sprengstoff vernichtet
4 Pferde, davon 1 Pferd erschossen) Pferde u.Muli in-
3 Muli, davon 1 Muli erschossen) folge Transport-
2 Bespannfahrzeuge) schwierigkeit der
2 Kochkisten) Dom.-Kp.übergeben
30 gepackte Rucksäcke) in Notranje-Gorice.
Kochkessel)

6.) Erfahrungen:

Infolge partisanengesinnter Bevölkerung wird jedes Unternehmen vorzeitig verraten, worauf die Partisanen meistens den Rückzug frühzeitig antreten können. Trotz aller Schnelligkeit unserer Truppen kann die Masse des Feindes nie erreicht werden, weil es an entsprechenden Mot.-Fahrzeugen fehlt. Da die Partisanen ihre Flucht meist über schlechte Wege wählen, wäre ein Kettenfahrzeug mit mindestens für 2 - 3 Gruppen Laderaum sehr notwendig, um sofort den Rückmarsch des Feindes abstoppen zu können. Granatwerfer oder kleines Geschütz müsste dabeisein, da die Partisanen gegen Granatfeuer sehr empfindlich sind. Der Einsatz von grösseren Verbänden eignet sich weniger. Am besten eignet sich eine mit schweren Waffen verstärkte Kp. Die Partisanenkpn. sind nicht mit der Stärke einer deutschen Kp. zu vergleichen, sie bestehen meist aus einer Stärke bis zu 50 Mann. Bei einem Btl. darf man rund 300 Mann rechnen.

Sehr günstig wirkt sich das rasche Durchstossen aus, weil die Feindgruppen zersplittert werden und meist führerlos im Gelände herumirren; jedoch Vorsicht in Flanke und Rücken ist dabei besonders geboten. Granatwerfer-Munition muss auch auf die Jägerkpn. zum Mittragen verteilt werden. Die kleinere Gefahr, dass der Werfer auf die Munition von den Jägerkpn. etwas warten muss, kann leichter in Kauf genommen werden, als wenn der Nachschub durch Muli oder sonstige Beförderungsmöglichkeit infolge Überfall überhaupt ausfällt.

[Stempel: 188. Res. Geb. Div. – 21. MRZ. 1944 – Abg. an … – Nr. 1 … Ia …]

[Stempel: Res.-Geb.-Jäg.-Rgt. 139 – Eingelangt 20. März 1944 – Az. … Anl. … Abt. …]

Rgt.St.U., den 20.3.1944

U./ 188. Res.Geb.Div.

vorgelegt.

Das erbeutete Schriftenmaterial wird beigeschlossen.

Der Gefechtsbericht des I. Bataillons/Reservegebirgsjägerregiment 139 über das Unternehmen gegen die Partisanen am 18. März 1944 in Rakitna, einer zu Bresowitz gehörenden Gemeinde – Teil 3.

15. Die Kampfhandlungen des Gebirgsjägerregiments 903

Wenden wir nun den Blick dem Gebirgsjägerregiment 903 unter Oberst Josef Brandl zu. Es wird in der Feldpostübersicht fälschlicherweise als Gebirgsjägerregiment 1138 bezeichnet. Seine endgültige Bezeichnung erhielt es im März 1945 durch die Umbenennung des Reservegebirgsjägerregiments 138. Aber auch dieses Regiment besaß schon eine Vorgeschichte, nämlich als Gebirgsjägerersatzregiment 138, das am 24. Februar 1940 in Graz – Wehrkreis XVIII – durch Umbenennung des am 26. August 1939 dort errichteten Gebirgsjägerersatzregiments 3 aus der Taufe gehoben wurde. Am 10. April 1943 wurde es zum Gebirgsjägerersatz- und Ausbildungsregiment 138 umgegliedert.[222]

Über den Einsatz des Gebirgsjägerregiments 903 in der Operationszone „Adriatisches Küstenland" informiert uns der Bericht des Regimentskommandeurs. Seine Darstellung besitzt besonderen Wert, da er es sich als altgedienter Offizier erlauben konnte, seine ungeschönte Meinung über diese oder jene Lage unumwunden auszusprechen, ohne dafür disziplinarisch belangt zu werden, und ihm viele Stärken und Schwächen seiner späteren Vorgesetzten aus der gemeinsamen Zeit bei der Reichswehr bestens bekannt waren. Aus diesem Grunde wurde er aber auch nicht so gefördert und ausgezeichnet, wie er es nach Dienstalter und Leistung verdient hätte. Trotzdem blieben ihm dann achtzehn Jahre Zwangsarbeit in der Gefangenschaft, die später durch den Freikauf Adenauers verkürzt wurden, nicht erspart. Weil die Lage zuletzt, wie Brandl bekannte, „da unten derart verworren und unübersehbar war",[223] stehen einige seiner Aussagen und Aufzeichnungen in einem teilweise krassen Gegensatz zu den Niederschriften seines langjährigen Kameraden Dr. Carl Schulze.

Auch hat er Löhrs ehemaligen Generalstabschef Schmidt-Richberg auf einige Unstimmigkeiten in dessen Buch „Der Endkampf auf dem Balkan" aufmerksam gemacht – und zwar vornehmlich über den Schlusskampf des LXXXXVII. Armeekorps im Raum Fiume.

In den ersten Oktobertagen 1944 hatte sich Brandl beim Kommandeur der 5. Jägerdivision zu melden. Dort teilte ihm Generalleutnant Friedrich Sixt mit, dass er sein Jägerregiment 56 abzugeben habe, weil er für eine Schulverwendung vorgesehen sei. Kaum hatte er seine Sachen in Klagenfurt ausgepackt, als er aus Salzburg einen Anruf vom Stellvertretenden Generalkommando des XVIII. Armeekorps erhielt. Es wurde ihm befohlen, sich sofort zu einer Zwischenverwendung in Sesana bei Triest zu melden.

Als Brandl dort am 14. Oktober eintraf, tat alles recht geheimnisvoll, bis er plötzlich Generalleutnant von Hößlin gegenüberstand. Dieser vereinnahmte ihn mit den Worten: „Endlich habe ich Sie!" Und das hatte einen guten Grund, denn der Kommandeur der 188. Gebirgsdivision hatte sein Opfer bereits Ende 1942 als Regimentskommandeur in Marburg fest eingeplant.

Nun landete Oberst Brandl am 15. Oktober 1944 in Fiume, um das Reservegebirgsjägerregiment 138 zu übernehmen. Der Übergebende war Oberst Stadler, ein Schwager des Generals der Gebirgstruppe Julius Ringel, der, wie er ehrlichen Herzens bekannte, „heilfroh war, wegzukommen", da er nach seinen Worten „schon längst in Innsbruck einen Posten übernehmen sollte."[224] Das Regiment war mit dem I. Bataillon im Raum Fiume-West – Kastav, mit dem II. Bataillon im Raum Susak – Kostrenahalbinsel und mit den Regimentskompanien in Fiume untergebracht.

Ferner sollte Brandl als Kampfkommandant das Jägerbataillon 499, das in und um Mattuglie lag, übernehmen. Im Raum Fiume war noch eine Abteilung der Heeresküstenartillerie disloziert – und zwar mit dem Stab und einer Batterie um Mattuglie, einer Batterie in Icici und einer dritten auf der Kostrenahalbinsel. Außerdem lagen im Raum von Fiume eine italienische Infanteriekompanie, zwei italienische Heeresartilleriebatterien sowie in Susak ein kroatisches Ustaschabataillon und der Stab eines im Aufbau befindlichen Regiments. Von den Marineeinheiten wäre zu berichten, dass eines Abends ein kroatisches Schnellboot durch die Hafensperre hindurch entflohen war. Von der Stellung eines Kampfkommandanten wurde Brandl erst am 1. April 1945 entbunden, nachdem Generalleutnant Hans von Graevenitz den Befehl im Großraum Fiume übernommen hatte.

Im Februar 1945 kam es zu ersten Differenzen zwischen dem Generalleutnant von Hößlin und Oberst Brandl. Und das kam so: Eines Tages war Generalfeldmarschall Kesselring in Begleitung des Befehlshabers der Operationszone „Adriatisches Küstenland" und des Kommandeurs der 188. Gebirgsdivision über den Monte Maggiore kommend, zu einer Besprechung auf der Anhöhe bei Kastav eingetroffen. Der Oberbefehlshaber Südwest ließ den Regimentskommandeur vortragen, welche Aufgaben er habe und wie er sie zu lösen gedenke. Frei heraus erklärte Brandl, dass es unmöglich sei, jeden einzelnen Stützpunkt von Volosca über Mattuglie – Fiume – Susak bis Porto Re bis zum letzten Mann zu halten, weil einfach nicht so viele Männer zur Verfügung stünden, denn eine Verpflegungsstärke von 25.000 Mann schließe auch alle Bautrupps und dergleichen ein und verwische damit den realen Stand zur Verfügung stehender Kämpfer. Von Hößlin, der hinter Kesselring stand, signalisierte Brandl sogleich seine Missbilligung über dessen Klartext, was diesen nicht davon abgehalten hat, seinen Kopf selber aus der Schlinge zu ziehen.

Als rund vier Wochen später der General der Panzertruppen Traugott Herr auf derselben Höhe erschien und den Kommandeur des Reservegebirgsjägerregiments 138 nach der Lage fragte, erhielt er von Brandl die gleiche Antwort wie der Generalfeldmarschall. Hierauf äußerte sich der Panzergeneral dahingehend, dass eine neue Befehlsgebung erfolgen werde. Und diese kam in der Tat mit der Unterstellung des

Raumes Triest – Istrien – Fiume unter dem Oberbefehl Südost. Aber damit waren nach Brandls Meinung neue Belastungen vorprogrammiert, weil die „neuen Oberen", wie er sich ausdrückte, die Verhältnisse an Ort und Stelle ja erst noch kennen lernen müssten, denn die Meldungen der 188. Gebirgsdivision nach oben waren vielfach beschönigend dargestellt und mussten so zu Fehleinschätzungen führen. Infolge des Unterstellungsverhältnisses wurde die 237. Infanteriedivision von Istrien in den Raum Fiume verlegt, aus dem das Reservegebirgsjägerregiment 138 nun herausgezogen wurde. Sein I. Bataillon und Regimentsteile wurden in den Südteil von Istrien verlegt, sein II. Bataillon in den Nordteil.

Am Ostermontag, es war der 2. April 1945, kam es zu einem weiteren Zerwürfnis zwischen dem Divisions- und dem Regimentskommandeur, als Generalleutnant von Hößlin das Gebirgsjägerregiment 903 besuchte. Während des gemeinsamen Mittagessens kam die Sprache auch auf die Gesamtlage, und dass die Russen bereits über Wien nach Westen strebten. Dabei sagte der Ia: „Na! Zuletzt wird dann in Tirol vielleicht noch so ein Reduit bleiben!" Der General war über diese Äußerung dermaßen erbost, dass er von Brandl die Ablösung des Majors Karl Zednicek und dessen Einteilung als Platzkommandant von Pisino verlangte. Gesagt, getan. Dass der Regimentskommandeur seinen bewährten Ia jedoch mit einem Tagesbefehl verabschiedete, fand die Missbilligung des Divisionskommandeurs, dem Brandls offene Art wieder einmal missfiel.

Was das weitere Soldatenschicksal des ehemaligen Absolventen der k. u. k. Militärakademie in Wiener Neustadt betrifft, so erfahren wir hierüber von seinem Gefechtsschreiber Otto Lenz Folgendes:

„Voll Zuversicht zogen wir im Morgengrauen des 6. Mai über die Höhen und Major Zednicek war dabei nur mehr mit einer Maschinenpistole sowie einer Aktentasche, in der sich ein wenig Büropapier sowie zwei Dienstsiegel befanden, versehen. Kurz nach Erreichen des Sattels bekamen wir schweres Granatwerferfeuer und gleich die ersten Granaten setzten als Volltreffer die Regimentsfernsprechvermittlung und die in der Nähe stehenden Funkgeräte außer Betrieb. Wir auf verhältnismäßig engen Raum Liegenden waren nun gezwungen, uns entlang der Höhenbewaldung zu verteilen und wurden nach einem Seitenangriff der Partisanen in zwei Gruppen getrennt. Dies etwa um 11.30 Uhr des 6. Mai 1945. Bis dahin konnte ich Major Zednicek noch immer in unversehrtem Zustand beobachten. Während ich mit einer Gruppe über die Höhen links von Zabice gedrängt wurde, musste der übrige Teil rechts in das nach Villa del Nevoso führende Seitental abweichen. Diese Gruppe konnten wir noch länger beobachten, weil wir uns auf einer Kuppe 1,5 Kilometer nördlich zu einem neuen Abwehrriegel abermals festsetzten. Die übrige Gruppe war nun gezwungen, entlang der Buschreihe eines kleinen Baches sich weiterzuarbeiten und vereinigte sich unmittelbar später mit ausbrechenden Teilen des I. und II. Bataillons aus Zabice. Fortwährender Feindbeschuss lichtete die ohnehin schon engen Reihen der schon angeschlagenen Gebirgseinheiten. Außerdem mussten drei Mulden durchquert werden, bei deren letzte Major Zednicek letztmals gesehen worden sein soll. Dann fehlte jede Spur. Aussagen von noch weiter zurückliegenden Nachhuten und von Partisanen nach soll dort ein Major tot liegen geblieben sein. Als sich dann am 7. Mai und wenige Tage später die Einheiten in Villa del Nevoso, Fontana und Postegna sammelten, war von Major Zednicek keine Spur mehr zu finden. [...] Von einer Gefangennahme konnte im dortigen Abschnitt keine Rede sein, da sowohl Verwundete als auch unversehrt in die Hände der Freiheitskämpfer Gefallene durch den berüchtigten Genickschuss endigten."[225]

Doch zurück zum Gebirgsjägerregiment 903. Es wurde wieder in den alten Einsatzraum zurückverlegt. Kurz darauf erschien General Kübler, ihm auf den Fersen Generalleutnant von Hößlin, um sich an Ort und Stelle zu informieren. Der Kommandierende General wollte einen Angriff ins Rijekatal wagen und dann, so wurde vermutet, auf Fiume eindrehen. Als Kübler Brandl um seine Meinung fragte, wies dieser wiederum darauf hin, dass es sich bei den ihm zur Verfügung stehenden Kräften vorwiegend um Kinder ohne Kampferfahrung handle, die man nicht vor der Kapitulation mit Waffen, die die meisten noch nie gesehen hätten, ins Gefecht schicken könne. Dennoch kam es eines Morgens zu einem Angriff, der solange vorankam, solange Nebel herrschte. Als dieser sich auflöste, schlug den jungen Gebirgsjägern ein starkes Abwehrfeuer entgegen, sodass jeder froh war, als man die rettenden alten Stellungen wieder erreicht hatte.

„Während der harten Kämpfe auf dem Monte Boglin hat Oberst Brandl bei mir in der vordersten Linie der Hauptkampflinie gelegen", gab der Privatdozent Dr. Bargon später zu Protokoll. „Auf dem Rückzug auf der Straße von Iscra nach Sussa wurde die Serpentinenstraße mit Artillerie, Granatwerfern und Bordwaffen von Aufklärungsflugzeugen beschossen. Der Verkehr auf der Straße stockte. Wir lagen in Deckung im Straßengraben. Da kam Oberst Brandl, um nach dem Rechten zu sehen. Durch sein Vorbild und sein mutiges Auftreten angefeuert, krochen wir aus dem Straßengraben, räumten die beschädigten Fahrzeuge aus dem Wege und machten die Fahrbahn wieder passierbar. Auf einer nordwestlichen Anhöhe bei Zabice war Oberst Brandl mitten unter uns von Feinden bereits eingeschlossenen Soldaten der 4. und 5. Kompanie."[226]

General der Gebirgstruppe Ludwig Kübler, der dafür bekannt war, nur allzu schnell den Stab über jemandem zu brechen, den er nicht leiden konnte, versuchte sowohl an Ort und Stelle als auch nach der Kapitulation, Brandl „eins auszuwischen", wie sich dieser ausdrückte. So stellte er zum einen die Frage, warum der Angriff nicht vorwärts gekommen sei, zum anderen stellte er in verletzender Form fest: „Hm – da war ja nichts los!" – „Ein Nachtarock mit Beigeschmack!", wie Brandl verbittert in seinen Aufzeichnungen festgehalten hat.[227] Mehr noch: „Kübler konnte sich einfach nicht damit abfinden, dass wir keine 1. oder 3. oder 5. Gebirgsdivision darstellten! Womit denn auch? Man male sich mal aus, wenn Kübler Erfolg gehabt hätte, mit unserem Angriff den Kessel des Grobnicker Felds zu erreichen, was uns dann ‚erfreut' hätte?! Wäre auf der Gegenseite ein überlegter und überlegener Anführer gewesen, dann hätte er uns eine geradezu ideale Falle stellen können, um im Grobnicker Feld ‚Parademarsch' klopfen zu können zu Ehren der Sieger!"[228]

Was sich tatsächlich ereignet hatte und warum es zu dieser oder jener Krise gekommen ist, darüber informieren uns die Tagebucheintragungen von Senator h. c. Werner Hold. Er hat die Kampfhandlungen der 5. Kompanie des Gebirgsjägerregiments 903 festgehalten:

„20. April 1945: Rückverlegung mit der 5. Kompanie in den Raum Studena – Monte Boglin. Einweisung des Granatwerferzuges unter Führung von Feldwebel Hotter mit einem schweren 12-cm-Werfer und vier mittelschweren 8-cm-Werfern östlich der Straßenkreuzung 670 am westlichen Fuße des Monte Boglin.
21. April 1945: Am Mittag erster Einsatz der Granatwerfer. In der Dämmerung erneuter Einsatz der Werfer. Die Stellung wurde während des Feuergefechts von gegnerischen Tieffliegern gesichtet und beschossen. Aus diesem Grunde erfolgte ein sofortiger Stellungswechsel in Richtung Osten im Tal in der Nähe der Straße zwischen dem Monte Boglin und Monte Sucova.
22./23. April 1945: Mehrfache Feuergefechte. Stellungswechsel mit geringer Ortsverschiebung nach südöstlicher Richtung.
24. April 1945: Einige Male wurde Sperrfeuer abgefeuert. Nachts kam der Munitionsnachschub an. Ein Drittel der Munition war jedoch für die deutschen Werfer nicht zu verwenden, da es sich hierbei um Munition für italienische Granatwerfer handelte. Die nicht zu verwendende Munition wurde unverzüglich zum Tross zurückgebracht und neue abgeholt.
25. April 1945: An verschiedenen Stellen berannte der Gegner die Hauptkampflinie auf dem Monte Boglin massiv. Die Mannschaft des Granatwerferzuges wurde auf ein Drittel reduziert. Die abgezogenen Soldaten wurden mit Oberjäger Göppel zur Hauptkampflinie beordert, wo sie mittags sofort Stellung bezogen. Am Spätnachmittag erschien Oberst Brandl in der Stellung, um sich von der Lage an Ort und Stelle zu überzeugen. Während dieser Kommandeurkontrolle berennen starke Partisaneneinheiten unsere auf dem Höhenkamm gelegene Stellung. Brandl ermutigt uns, den Feind bis auf eine Entfernung von fünfzig Metern herankommen zu lassen. Mit unserem Regimentskommandeur in der vordersten Schützenlinie verschwinden alle Angst und Nervosität. Der Feind stürmt im starken Verband den östlichen Abhang

URTEILT SELBST!

Was geschieht in unseren Wäldern?

Auf Befehl Titos wurde jeder slowenischen Bandenbrigade im Gebiet ostwärts des Isonzo eine Kompanie italienischer Banditen zugeteilt. Was suchen die Brigata Triestina d'assalto, die Brigata Mameli und die Brigata Mazzini in unseren Wäldern? Kommt der alte Fuchs im neuen Pelz?

Radio Tunis meldet am 9. August 1944 um 23 Uhr in französischer Sprache:

Die slowenische OF hat mit den Italienern ein Abkommen geschlossen, wonach Triest und das Küstenland nach dem Kriege an das kommunistische Italien fallen sollen. Ist das die nationale Befreiung, die uns die OF verspricht?

Unser Glaube ist in Gefahr!

So sagen die bolschewistischen Banditen und die OF, und haben eine Glaubenskommission gegründet, die die Aufgabe hat, die Glaubensfreiheit im Küstenland zu sichern, um im neuen kommendes kommunistischen Staat der Kirche den gebührenden Platz zu sichern.

Rom

Die Bolschewisten haben in Rom einen Gottlosenverband gegründet. Dieser fordert: Schluss mit der Religion! Macht die Pfaffen unschädlich! Steckt die Kirchen in Brand! Vernichtet die Heiligenbilder! Den Worten folgen die Taten!

Bolschewistische Banditen brachten eine Höllenmaschine in den Vatikan. Durch eine furchtbare Explosion wurde ein Teil des Vatikans zerstört.

Der Bischof von Parenzo.

wurde vor 4 Wochen durch eine von den Banditen gestellte Autofalle verletzt. Am 21. September wurde der Bischof erneut von den Banditen am Canal di Leme durch Maschinengewehre beschossen. Sollen die vielen verbrannten Kirchen und ermordeten Priester Feinde der Glaubensfreiheit gewesen sein?

I/2

„URTEILT SELBST!" – Ein die Partisanen um Tito verunglimpfendes Flugblatt.

hinauf. Erst als Oberst Brandl mit seiner Pistole Feuer frei gibt, setzt unser heftiges Maschinengewehr-, Maschinenpistolen- und Gewehrfeuer ein. Der Feind flüchtet überstürzend den Osthang hinunter. Viele Tote und Verwundete bleiben auf dem Hang zurück.

27. April 1945: Nachdem der Morgennebel abgezogen ist und die Kampftätigkeit nachgelassen hat, wurden die Soldaten des Granatwerferzuges mit Oberjäger Göppel abgezogen und übernahmen wieder die Granatwerfer. Am Nachmittag wurde der Zug geteilt. Eine Gruppe mit dem schweren Granatwerfer und einem 8-cm-Werfer wurde unter Führung von Göppel zum Bataillonsgefechtsstand im Jägerhaus (südöstlich der Straßengabel Clana – Studena und der Straße zwischen Monte Boglin und Monte Sucova) abkommandiert. Dort erfolgte die Einweisung durch Hauptmann Walter Gödde fünfhundert Meter nordöstlich des Gefechtsstandes. Anschließend erfolgte eine erste Beschießung der zwischen dem Monte Boglin und dem Monte Sucova einströmenden Partisaneneinheiten.

28. April 1945: Vor Tagesanbruch fiel so heftiger Regen, dass die Stellungen der Granatwerfer und Schützenlöcher voll Wasser liefen. Im Morgengrauen wurden die Granatwerfer daher auf steinigem Untergrund in Stellung gebracht und mit einem Steinwall umgeben. Im Unterholz einer Waldlichtung wurden die Zelte aufgeschlagen.

29. April 1945: Stellungswechsel der Werfergruppe. Der gesamte Werferzug sammelte sich. Schwere Werfer und Infanteriegeschütze wurden an der Straße nach Clana, rund 1,5 Kilometer südöstlich von Clana, in Stellung gebracht. Feldwebel Hotter blieb mit den leichtverwundeten Soldaten und Rekruten des Jahrgangs 1928 des Granatwerferzuges als Bedienung des schweren Werfers zurück. Der übrige Zug stieg mit drei mittelschweren 8-cm-Werfern in die südöstliche Hanglage hinauf und ging dort in Stellung, während der Oberjäger Göppel einen Beobachtungsposten bezog.

1. Mai 1945: Am Vormittag mehrmals heftige Feuertätigkeit in Richtung Osten. Am Spätnachmittag Feuerpause, keine Kampftätigkeit. Ein Verpflegungsholer, der vom Kompanietross kam, berichtete vom ‚Heldentod' des Führers. Die Soldaten entfernten sich daraufhin aus der Granatwerferstellung, weil sie der Meinung waren, der Krieg sei nunmehr aus. Feldwebel Hotter nahm aber schon eine Stunde später die zurückgehenden Soldaten in der Nähe des Kompaniegefechtsstandes in Empfang und brachte sie wieder in die alten Stellungen zurück. In der Nacht wurden die Stellungen geräumt. Dann ging es auf der Straße Clana – Iscra nordwärts.

2. Mai 1945: Im Morgengrauen wurde nordwestlich von Clana eine neue Stellung mit vier 8-cm-Granatwerfern bezogen. Der schwere Werfer wurde in Clana gesprengt, weil keine Munition mehr vorhanden war. Gegen Mittag verließen die vier Werfer auf einem Panjewagen die Stellung in Richtung Iscra. Auf dem Wege dorthin wurden sie von einem unbekannten Leutnant angehalten und in eine Waldschneise eingewiesen, aus der sich stärkere feindliche Gruppen auf die Straße zubewegten. Mit uns

wurden noch circa fünfzehn bis zwanzig Soldaten verschiedener Einheiten, die die Straße Clana – Iscra benutzten, angehalten und ebenfalls eingewiesen. Obergefreiter Gerstenberg und einer meiner Schulkameraden blieben bei den Granatwerfern im Panjewagen auf der Straße zurück. Wir verschwanden in der Waldschneise und pirschten uns am Waldrand entlang den flach ansteigenden Hang aufwärts. Auf einer breiten, mit Buschwerk bewachsenen Wiese kamen in aufgelockerter Formation über hundert Partisanen talwärts. Auf Anweisung von Oberjäger Göppel, im Zivilberuf Förster, tarnten wir uns. Gut getarnt, beschossen wir den starken Partisanenverband, der stellenweise nur fünfzig bis hundert Meter von unserem Versteck entfernt war, an seiner ungeschützten Flanke. Gerstenberg hatte bemerkt, dass sich die ebenfalls mit uns angehaltenen und eingewiesenen fremden Soldaten wieder aus dem Staub gemacht hatten. Er sah die Partisanen in Scharen den Abhang herunterkommen und konnte sich ausrechnen, dass wir drei Soldaten mit Gebirgsstutzen und unser Oberjäger mit der Maschinenpistole kaum in der Lage waren, den Feindeinbruch auf die Straße zu verhindern. So brachte er mit unserem verbliebenen jungen Kameraden einen 8-cm-Granatwerfer in Stellung und feuerte was das Rohr hergab in die Reihen der Partisanen. Wir waren erstaunt über diese unvorhergesehene Unterstützung. Nach einem circa zwanzig Minuten andauernden Feuergefecht, das sehr verlustreich für die Partisanen verlief, zog sich der feindliche Verband zurück und wir konnten den Marsch zu unserem Kompaniegefechtsstand südöstlich von Iscra fortsetzen.

3. Mai 1945: Nachdem man am Abend zuvor bei Iscra in Stellung gegangen war, kam es im Morgengrauen zu einer geringen Kampftätigkeit, die sich tagsüber verstärkte. Die Werfer wurden nun auf Muli verladen, ebenso die Munition, soweit hierfür noch Tragtiere zur Verfügung standen. Die restliche Munition wurde – pro Mann und Kiste – mit drei Granaten als Mannschaftstransport mitgenommen. Da die Straße nach Sussa – Zabice unter einem starken feindlichen Beschuss lag, nahmen die Gebirgsjäger den Weg über die bewaldeten Höhenzüge. Unterwegs stießen sie auf ein zusammengeschossenes Bauernhaus, vor dem mehrere Soldaten mit durchschnittener Kehle lagen. Ein Mann stammte von der 5. Kompanie. Er war tags zuvor von der Truppe geflüchtet. Auf diese Weise erhielten alle, die sich im Innern mit einer Flucht befassten, ein anschauliches Beispiel, was mit ihnen geschieht, wenn sie dem inneren Schweinehund nachgeben. Wiederholt wurde in Stellung gegangen, um die vom nachdrängenden Feind stark bedrängten Jäger mit Granatwerferfeuer zu unterstützen. Da sämtliche Munition bei Einbruch der Dunkelheit verbraucht war, erteilte Hauptmann Gödde den Befehl, die Granatwerfer zu sprengen. Ohne schwere Waffen musste nun der beschwerliche Marsch in Richtung Zabice fortgesetzt werden.

4./5. Mai 1945: In Zeltplanen eingewickelt, wurde auf einem bewaldeten Höhenzug südlich von Zabice übernachtet. In der sehr nebligen Nacht war die Feindtätigkeit relativ gering.

6. Mai 1945: Am frühen Nachmittag hielten Oberst Brandl und Hauptmann Gödde in einer Mulde eine Lagebesprechung ab. In der Mulde sind mehrere versprengte Gruppen verschiedener Einheiten, wie Polizei, Gebirgspioniere, Teile der 4. Kompanie/Gebirgsjägerregiment 903 und 5. Kompanie/Gebirgsjägerregiment 903 sowie viele Verwundete versammelt. Von der benachbarten Höhe kann man auf einer Talstraße Partisanen mit Nachschub und sogar Panzer sehen. Wir scheinen eingeschlossen zu sein. Nach längerer Ratlosigkeit tritt ein Leutnant aus den Reihen der völlig niedergeschlagenen Soldaten hervor und ruft meine Pioniere. Es formieren sich zwanzig bis dreißig Mann und mit Hurra stürmen die Pioniere mit ihrem Leutnant an der Spitze aus der Mulde heraus auf die von Partisanen besetzte nördliche Höhe. Ein Polizeiangehöriger verliert die Nerven, meint die Stürmenden seien einbrechende Partisanen und wirft eine Handgranate in die Reihen der Stürmenden. Zwei oder drei Pioniere sind verwundet. Die Pioniere stürmen weiter, überrennen die feindliche Anhöhe. Wir anderen stürmen nach. Die Verwundeten flehen uns an, wir sollen sie nicht zurücklassen. Verwundete auf Tragen, auf Muli und Pferde ziehen hinter uns her. Ein Soldat mit hoch amputiertem Bein sitzt auf einem Muli und reitet hinter uns her. In der Dunkelheit führt unser Weg durch ein ausgetrocknetes Bachbett. Gegen Mitternacht erreichen wir Zemon di Sopra. In dem Ort befinden sich Polizeieinheiten.
7. Mai 1945: Man hatte Anschluss an einen Zug der Polizei. Bei Eintritt der Dämmerung setzte heftiges Maschinengewehrfeuer von Südosten her ein. Als am Ortsrand Panzergeräusche erkennbar wurden, setzte sich die Polizei ohne Benachrichtigung ab. Damit war die südliche Flanke ungedeckt. Da überbrachte ein Melder den Befehl, in kleineren Gruppen die Timavo (Reke) zu überqueren, um sich dann auf dem südöstlichen Höhenzug von Villa del Nevoso zu versammeln. Als wir auf dem östlichen Ufer an Land gehen, werden wir unter heftiges Maschinengewehrfeuer aus dem uns gegenüber am westlichen Ufer in einem Gebüsch liegenden schweren Maschinengewehr genommen. Maschinengewehrgarben peitschen um uns herum. Endlich erreiche ich den sicheren östlichen Straßengraben. Auf der Straße bietet sich mir ein grauenhaftes Bild. Die Straße ist verstopft mit zerschossenen Trossfahrzeugen. Die Leichen von Soldaten, Pferden und Ochsen liegen auf der Straße. Verwundete Soldaten zwischen Wagen und Leichen. Dazwischen plündernde Soldaten, die trotz heftigen Maschinengewehrfeuers nach Nahrungsmitteln und Alkohol in den Trossfahrzeugen suchen. Nach fast zweistündigem Herumirren auf der südöstlichen Höhe von Villa del Nevoso treffe ich plötzlich auf Hauptmann Gödde."[229]

Als Melder blieb Hold fortan bei seinem Kompaniechef Walter Gödde bis beide zu ihrer bereits in Gefangenschaft befindlichen Truppe stießen. Zuvor hatte Major Neuschitzer als Kommandeur des II. Gebirgsjägerbataillons aufgrund seiner Feindbeobachtung den Vorschlag unterbreitet, die 188. Gebirgsdivision sofort in Marsch zu setzen, um in vier Tagesmärschen die ehemalige Reichsgrenze zu erreichen. Doch der Kommandierende General lehnte ab. Damit verspielte der General der Gebirgstruppe Ludwig Kübler nach Ansicht der leidgeprüften Fronttruppe die letzte Chance, die deutschen und verbündeten Soldaten in der Operationszone „Adriatisches Küstenland" vor der drohenden Gefangenschaft zu retten.

„Ich reihte mich in eine Marschkolonne ein, von der es hieß, dass es nach Klagenfurt ginge", schildert uns Siegfried Pirker von der 8. Kompanie des Gebirgsjägerregiments 903 das Kriegsende. „Da sah mich ein Kamerad an und sagte: ‚Junge, wie schaust Du denn aus? Du bist ja verwundet. In solch einem Zustand erreichst Du die Heimat nie! Du musst sofort zurück. Im Ort ist ein Heereshauptverbandsplatz. Du brauchst dringend eine Tetanusspritze!' So ging ich zurück und kam in ein Lazarett. Auf dem Weg dorthin traf ich den Rest meiner Kompanie. Es waren nur mehr wenige und die waren sehr erstaunt, dass ich noch am Leben war, denn jeder Kamerad, der schwerer verwundet worden war (Kopf-, Bauch- oder Fußschuss mit Knochenverletzung) hatte keine Chance, den nachrückenden Banden zu entkommen. Sie wurden auf grausame Weise ermordet."[230]

Nach dem Reichsarbeitsdienst und einer Flakausbildung wurde Siegfried Krätzel zur 6. Kompanie des Gebirgsjägerersatzregiments 138 versetzt. Es war am 7. Mai 1945. „In der Früh lief schon die Parole, dass ab 10.00 Uhr Waffenstillstand und der Krieg aus sei", schrieb er in seinen Kriegserinnerungen. „Kein Schuss fiel mehr und keine Detonation war zu hören. Die Ruhe war direkt unheimlich. Trotz vieler Schmerzen humpelte ich hinaus ins Freie. Die Sonne schien angenehm warm, und da stand tatsächlich oberhalb einer Böschung ein Partisan. [...] Über der Schulter hing lässig ‚unser' Gebirgsstutzen (33/40). Er beobachtete interessiert das rege Treiben im Hauptverbandsplatz und war nach einer Weile wieder verschwunden. [...] Am Abend [...] veranstalteten die Partisanen ein Feuerwerk mit Leuchtraketen, Leuchtspurmunition und sonstigen Krawallsachen. Für sie war es der Sieg, für uns das Kriegsende mit der Hoffnung auf baldige Heimkehr. Dass es aber fast vier Jahre dauern wird, bis dies in Erfüllung gehen wird, hätte bestimmt niemand gedacht."[231]

16. Das Kampfgeschehen beim Gebirgsjägerregiment 901

Wenden wir uns nun dem Gebirgsjägerregiment 901 zu. In der Feldpostübersicht unrichtigerweise als Gebirgsjägerregiment 1136 ausgewiesen, erhielt es seine endgültige Bezeichnung im März 1945 durch die Umbenennung des Reservegebirgsjägerregiments 136. Zu dessen Vorläufer zählte das Gebirgsjägerersatzregiment 136, das am 24. Februar 1940 in Innsbruck – Wehrkreis XVIII – durch Umbenennung des Gebirgsjägerersatzregiments 2 entstand und am 10. April 1943 zum Gebirgsjägerersatz- und Ausbildungsregiment 136 umgegliedert wurde. Am 16. Oktober 1943 erfolgte dann infolge der Verlegung nach Norditalien die Bezeichnung Reservegebirgsjägerregiment 136.[232]

Die nun folgenden auszugsweisen Aufzeichnungen, deren Verfasser – zuletzt Major der Reserve – trotz vielfältiger Bemühungen nicht identifiziert werden konnte,[233] haben zwei Vorzüge, die ihren auszugsweisen Abdruck rechtfertigen. Zum einen handelt es sich um eine Niederschrift, die nach den jeweiligen Kampfhandlungen und Geschehnissen angefertigt wurde und durch alle „Filzungen" der Siegermächte gerettet werden konnte. Zum anderen beleuchten sie sehr anschaulich die Ereignisse beim Regiment während der letzten Kriegstage im Raum Triest – Istrien und die innere Bewältigung der verfahrenen Situation durch die Fronttruppen.

Zunächst die Vorgeschichte. Während der Endkämpfe um die Hafenstadt wurde Oberst Berger Kampfkommandant von Triest. Damit unterstand ihm nicht nur sein Gebirgsjägerregiment 901, dessen Stab in Opičina lag, sondern auch die Gruppe „Triest". Diese hatte eine Landung der Angloamerikaner an der Adria und das Vordringen von Partisanenverbänden in Richtung Triest zu verhindern, eine Doppelaufgabe, die kaum zu erfüllen war:[234] Da sämtliche Akten und Unterlagen des Kampfabschnittes Triest-Süd von den abgezogenen Einheiten teils vernichtet, teils mitgenommen worden waren, unternahm Oberst Berger sogleich mit den ihn in höchster Eile von der 188. Gebirgsdivision übergebenen Plänen und Skizzen am 21. April 1945 eine Besichtigungsfahrt in den Abschnitt Triest-Süd. Mit von der Partie war unser unbekannter Chronist. In besonders unangenehmer Erinnerung blieb ihm Hauptmann Schwartz, der sich in der Casa Rossa in Belpoggio einquartiert hatte. „Beim Eintreffen des Obersten Berger fanden wir ihn betrunken im Pyjama, bestrebt, ein bei ihm befindliches Frauenzimmer zu verstecken. Er benahm sich seinem jetzigen Kommandeur gegenüber taktlos und überheblich, sodass dieser auf seine Gegenwart verzichtete und allein beziehungsweise in meiner Begleitung den Abschnitt abfuhr."

In letzter Minute wurden einige 10,5-cm-Kanonen in Panzertürmen – das waren aus Panzern ausgebaute Geschütze – zugewiesen. Zwei von ihnen sollten an der Straßengabel Triest – Piedimonte beziehungsweise Triest – Petrigna – Erpelle und zwei in der Gegend der Schießstätte in Opičina in Stellung gebracht, beziehungsweise eingebaut werden. Schwer zu schaffen machte Berger die offene linke Flanke zwischen der Umgebung von Bassovizza und dem Tschitschenboden.

24. April 1945: An diesem Tage erreichten den Regimentskommandeur und Kampfkommandanten von Triest die ersten Meldungen über den Einsatz der 188. Gebirgsdivision nördlich von Fiume sowie Nachrichten über schwere Kämpfe der Deutschen mit den Briten und Amerikanern an der Polinie. „Es wurde uns immer klarer, dass wir in einer Falle saßen. Es war bloß die Frage, in welche Gefangenschaft wir fallen würden. Noch wäre es Zeit gewesen, uns schleunigst an den Alpenkamm zurückzuziehen. Was konnten wir schon durch Halten der Stadt Triest allgemein nützen? Doch Befehl ist Befehl!"

25. April 1945: Aus dem Raum nördlich von Fiume jagte eine Hiobsbotschaft die andere. Teilweise mussten eroberte Stellungen wieder aufgegeben werden. Neuerliche Gegenangriffe waren für die Deutschen sehr verlustreich.

26. April 1945: Gegen Mittag wurde Oberst Berger der Durchbruch von hundert feindlichen Panzern aus den Wäldern nördlich des Krainer Monte Nevoso beiderseits der von Muna kommenden Straße gemeldet. Am Nachmittag hieß es bereits, dass feindliche Panzer in Villa del Nevoso stünden, während einige von ihnen gegen San Pietro abgezweigt seien.

27. April 1945: Am Morgen elektrisierte die Meldung „Feindpanzer vor Divaccia" die Kampfgruppe, denn damit war der von der 188. Gebirgsdivision aufgebaute Sperrriegel im Osten durchbrochen und die nördlich von Fiume kämpfenden deutschen Verbände praktisch abgeschnitten. Gleichzeitig traf die Meldung ein, dass die vorläufig im Raum Triest verbliebenen Einheiten der Gebirgsjägerregimenter 901 und 902 unter der Führung von Oberst Berger in Richtung Fiume in Marsch zu setzen seien. Es war ein Befehl, der zu diesem Zeitpunkt bereits die sinnlose Opferung einer noch halbwegs intakten Truppe bedeutete. Berger scheiterte mit seinem Versuch, persönlich zur 188. Gebirgsdivision nach Castelnuovo zu gelangen. Sie war eingeschlossen. Währenddessen landeten auf den Inseln des Quarnero und an der Ostküste Istriens starke gegnerische Kräfte.

28. April 1945: Am Vormittag meldete sich der Oberleutnant zur See Krüger beim Kampfkommandanten für den Abschnitt Triest-Süd. Er brachte rund einhundert Marinesoldaten der Transportflotillen mit, die nun, wie einst in Narvik, Schulter an Schulter mit den Gebirgsjägern Verteidigungsaufgaben übernahmen. Kleinere Angriffe der Partisanen bei San Sergio und von dem von ihnen besetzten Monte Sermino wurden zunächst zurückgewiesen. San Sergio meldete dann jedoch ein Durchsickern von Partisanen nach Bagnoli.

29. April 1945: „An diesem Tage fing ich etwa achthundert aus Pola kommende Leute auf, die alle keine Waffen mehr besaßen, vollkommen demoralisiert waren und

einschließlich ihrer Offiziere ihre Rangabzeichen entfernt hatten", erfahren wir von unserem Chronisten. „Sie konnten mit vorhandenen italienischen Waffen ausgerüstet werden. [...] Einsatzfähig waren diese Leute, wenigstens vorläufig, nicht. Es war ein vollkommen verlotterter Haufen. Allen mir unterstellten Leuten versuchte ich klar zu machen, dass ich alles tun wolle, um sinnlose Opfer zu vermeiden. Nach Erfüllung unserer Pflicht wollte ich sie in die Heimat führen, machte aber die Bedingung, dass sie Disziplin bewahren, mir vertrauen und zu mir halten. Von Pola herauf kam eine noch intakte Marineflakeinheit unter Führung eines Marinestabsarztes. Dieser Zuwachs war hochwillkommen. [...] Zum anderen hatte ich unter meinen Leuten niemand, der den ärztlichen Dienst hätte leisten können. [...] Inzwischen kam Meldung, dass Villa Decani von Partisaneneinheiten besetzt sei und diese langsam über Colombara Richtung Albaro di Sopra vorfühlten. Zu der dort sperrenden Marineeinheit schickte ich einen Melder, der meinen Befehl bezüglich größter Aufmerksamkeit und unbedingt zu leistenden Widerstand überbrachte. Auch die an diesem Tage erfolgte endgültige Besetzung des Monte Sermino erwies sich durch die von dort wirkenden Granatwerfer als äußerst lästig. [...] Zur Wegnahme des Monte Sermino verfügte ich nicht über die dazu notwendigen verlässlichen Kräfte. Gebirgsjäger hatte ich zu wenige und die fremden Truppenteile wurden zusehends schlechter. Lediglich die Marineeinheiten waren einsatzbereit, doch im Erdkampf vollkommen ungeschult und auch die Offiziere diesbezüglich unerfahren. Die Marineleute nähten sich [...] sofort voll Stolz unser Edelweiß auf ihre Mützen."[235]

30. April 1945: Die Nacht war im Großen und Ganzen ruhig verlaufen – ausgenommen von kleineren Schießereien, die mehr oder weniger aus einer übertriebenen Nervosität verursacht worden waren. „In den Vormittagsstunden schob sich der Gegner überall näher an unsere feldwachenähnlichen Stellungen heran", erfahren wir dann weiter. „Am Nachmittag wurde der Druck auf die Marine bei Albaro di Sopra stärker. [...] Gegen 15.00 Uhr wurde gemeldet, dass Capodistria in Feindeshand sei. Auch aus Urbanci meldeten unsere Jäger, dass das gesamte Risanotal von den Partisanen besetzt wäre, die auch schon Rosariol genommen hätten. Die Milizleute meldeten, dass der Karstabbruch am Tschitschenboden bei San Sergio – San Servolo vom Feind besetzt, die Tschitschenboden-Panzerkanonen gesprengt und aus der Richtung Petrigna Panzer gehört worden wären. Auch durch das Risanotal seien Panzer gegen Villa Decani – Albaro Vescovà gefahren. [...] Die Batterie schoss auch gleich darauf heftig in die anbefohlenen Zielgegenden. [...] Dort hörten die zuvor festgestellten Feindbewegungen auch auf." Und weiter heißt es dann:

„Der Sattel von San Sergio schien mir zu sehr Überraschungsangriffen ausgesetzt. Er wurde durch den Tschitschenboden einerseits stark überhöht, auf der Straße von Moline Averau herauf musste mit Panzern gerechnet werden und aus Richtung Rosariol war ebenfalls mit Angriffen zu rechnen, die sich [...] zu verderblicher Zange

SIE HABEN IHRE SCHULDIGKEIT GETAN....

SIE MÜSSEN GEHEN!

DREI JAHRE lang haben die Banden im sowjetischen Raum hinter den deutschen Linien für die bolschewistischen Interessen gekämpft.

DREI JAHRE lang haben sie mit ihren Familien wie die Tiere im Walde gehaust, haben ein menschenunwürdiges Dasein geführt.

DREI JAHRE lang haben sie die ungeheuren Verluste hinnehmen müssen, die ihnen die deutschen Truppen geschlagen haben.

DREI JAHRE lang wurden sie von ihrem Herrn — «Väterchen» Stalin — der Welt als Freiheitshelden präsentiert.

Durch das Vorrücken der sowjetischen Front bis in diese Gebiete hat der Bandenkampf dort ein Ende gefunden.

Wie behandelt «Väterchen» Stalin nun seine Freiheitshelden?

Werden sie gefeiert? Werden sie belohnt?

Ist es nicht verständlich, wenn diese «Freiheitshelden» nach ihren dreijährigen Entbehrungen wieder einmal wie Menschen leben, wieder einmal in ihre Städte und Dörfer möchten, wieder den Wunsch haben mit ihren Familien ein Dach über dem Kopf zu haben?

ABER «VÄTERCHEN» STALIN RECHNET ANDERS!

Dieses Flugblatt weist darauf hin, dass die kommunistischen jugoslawischen Partisanen für ihren Einsatz gegen Nazideutschland keine ausreichende Versorgung mit Nahrungsmitteln und Unterkünften durch Stalin erfahren – Teil 1.

Drei Jahe lang haben die Banden gesehen, wie die russische Bevölkerung unter der deutschen Besetzung gelebt hat. Jeder hatte wieder sein Eigentum, jeder Bauer wieder seinen Acker. Was die bolschewistische Freiheit ihnen genommen hatte, von den Deutschen erhielten sie wieder ihre alten Rechte zurück.

Kein Vergiessen unschuldigen Blutes, keine Bedrohung durch die GPU.

DIESES WISSEN BEDEUTET EINE GEFAHR FÜR DEN BOLSCHEWISMUS !

Würden die ehemaligen Banditen nicht Vergleiche ziehen? Wie diese Vergleiche aber ausfallen, das weiss «Väterchen» Stalin.

Diese ehemaligen Banditen würden ja ein Geschwür am eigenen bolschewistischen Fleisch werden !

UND DARUM BEFIEHLT «VÄTERCHEN» STALIN:

Die Bandenmitglieder dürfen mit ihren Familien nicht in die Städte und Dörfer ihrer Heimat zurückkehren! Sie werden in das Innere Russlands verschickt — nach Sibirien.... zur «militärischen Ausbildung!» Dort können sie ja kein Unheil anrichten unter der bolschewistischen Knute.

So wurden aus dem Bezirk Lemberg 3.500 ehemalige Bandenmitglieder deportiert. Im Bezirk Kowel waren es mehr als 2.000, und 3.200 waren es im Bezirk Kiew. Das sind aber nur einige bekannte Zahlen. Und ihre Familien? Sie werden ihnen v i e l l e i c h t in die gleichen Gebiete nachgeschickt.

SIE WAREN «FREIHEITSKÄMPFER!»

Jetzt aber sind sie selbst befreit worden... von ihrem Hab und Gut, von ihrer Familie, von ihrer Heimat, und wem dies alles nicht passte — auch vom Leben!

Bolschewistischer Lohn und Dank !

SLOWENEN, KÄMPFT AUCH IHR FÜR DIE BOLSCHEWISTISCHE FREIHEIT ?

I/2

Dieses Flugblatt weist darauf hin, dass die kommunistischen jugoslawischen Partisanen für ihren Einsatz gegen Nazideutschland keine ausreichende Versorgung mit Nahrungsmitteln und Unterkünften durch Stalin erfahren – Teil 2.

vereinen konnten. Es war schade um Leutnant Schmid und seine einhundert Jäger, die auf San Sergio auch nicht mehr nützen konnten. Der Posten war viel zu weit exponiert, da durch die [...] Lücke links gegen Bassovizza bereits namhafte Partisanenkräfte einsickerten und dadurch die Gefahr des Abgeschnittenwerdens eminent wurde. Außerdem war der gänzliche Mangel an Nachrichtenmitteln und die lange Zeit, die ein Radmelder vom Gefechtsstand nach San Sergio (fast zwei Stunden) brauchte, bestimmend. Es schien mir nicht länger zu verantworten, diesen, nun vorgeschobenen Posten, der seine Bedeutung durch die Umgehungen bereits eingebüßt hatte, länger zu halten. [...] Gegen 19.30 Uhr meldete [...] Leutnant Schmid, wonach er noch keine Veranlassung habe seinen anbefohlenen Platz auf dem Sattel von San Sergio zu räumen. Er könne vorläufig dem Feinddruck standhalten und wolle erst am folgenden Tag 06.00 Uhr früh sich gemäß meinem Befehl absetzen." Zu spät, denn der gesamte Stützpunkt wurde unter anderem von einem sogenannten Mongolenbataillon überfallen. „Unsere Leute wurden teils niedergemacht, teils gefangen genommen. Sämtliche Gefangene, darunter auch Leutnant Schmid, mussten sich nebeneinander entlang der Straße aufstellen, worauf alle, ohne Ausnahme, durch Maschinenpistolenschützen umgelegt wurden."[236]

Jetzt wurde befohlen, dass der von Trebesse zurückbeorderte und nunmehr bei Urbanci eingesetzte Gebirgsjägerzug auf die Höhe von Badica zurückzugehen und Verbindung mit der Marine bei Albaro di Sopra herzustellen habe. Gleichzeitig wurden am Ostrand von Bellpoggio zwei Vierlingsflak der Marine in Stellung gebracht, um das Ospotal und den gegen Urbanci sich hinaufziehenden Rücken zu sperren. Pioniere der Eingreifreserve verstärkten im Ospotal die Abwehr.

1. Mai 1945: An diesem Morgen entwickelte sich bei Plavia – Monte d'Oro eine wilde Schießerei, weil vereinzelte Partisanengruppen das deutsche Verpflegungslager zu plündern versuchten. Und das hatte einen handfesten Grund, denn dort lagerten Bestände für ein ganzes Regiment für 26 Tage. In Muggia wurde die militärische Lage derart unsicher, dass Schiffe, die bisher Sicherungsaufgaben übernommen hatten, den Befehl erhielten, auszulaufen und den Nothafen von Lazaretto anzusteuern. Man setzte sich mehr und mehr ab. Wie das im Einzelnen geschah, darüber berichtet unser Chronist: „Ich befahl die Räumung des Bergrandes von Elleri und den Rückzug auf die Linie Muggia Veccia – San Michele – Sta Brigida – Valle d'Oltra. Selbst wollte ich mit einer Gruppe meiner Jägerpioniere den Rückzug decken. Aus Albaro aufsteigenden Gegner beschossen wir – auch ich hatte eine italienische Maschinenpistole ergattert – heftigst und setzten uns erst gegen 18.00 Uhr ab, nachdem auch wir vom Sermino aus unter Granatwerferfeuer genommen worden waren und der Gegner in immer dichteren Massen aus Albaro anstieg. Auch die Vierlingsflak von Ancarano feuerte noch, zog sich aber gleichzeitig mit mir auf die befohlene Linie zurück. Nachdem ich allen erreichbaren Leuten befohlen hatte, um Punkt 12.00 Uhr Mitternacht auf

den 2. Mai in Lazaretto zu sein, begannen sich dieselben langsam abzusetzen und einzeln den Rendezvousplatz zu erreichen. […] Nun trachtete auch ich mit meinen Leuten den Hafen von Lazaretto zu erreichen. Beim Abstieg dahin sahen wir wie eine normal beleuchtete Anzahl von schwimmenden Einheiten, darunter das Lazarettschiff ‚Freiburg', in See stachen. Letzteres war in vollem Lichterglanze, […] Um etwa 23.00 Uhr traf ich in Lazaretto ein, wo eine ungeordnete Menschenmenge (lauter Einzelgänger mit Ausnahme einer Anzahl Gebirgsjäger) meiner wartete. Schätzungsweise zwanzig Schiffe hatten den Hafen von Triest Richtung Venedig verlassen. Begreiflich wollten auch die hier harrenden Menschen baldmöglichst das Weite suchen. Doch es fehlte noch die Mannschaft der Batterie Lenz von der Punta grossa. Einem dahin entsandten Melder, der sofortiges Absetzen und Einschiffung in Lazaretto befahl, entgegnete Leutnant Lenz, er habe Befehl, den Platz bis zum letzten Mann zu halten und er befolge diesen Befehl."[237]

2. Mai 1945: Die Nacht war ruhig verlaufen. Am Morgen liefen Schiffe in den Hafen der Punta grossa ein. In Richtung Muggia – Vecchia fühlten schon die ersten Partisaneneinheiten vor und brachten sogar Granatwerfer in Stellung. Aus Capodistria drang feindliches Panzergeräusch. Von den rund 1.200 Angehörigen auf Punta grossa waren nur mehr sechzig Gebirgsjäger, einige Marinesoldaten und die Männer der Marinebatterie Lenz bewaffnet und einsatzfähig. Um circa 14.00 Uhr fing man den Funkspruch „Panzer in Miramare!" auf und eine halbe Stunde später:

„14.30 Uhr, von Flieder an Alle: Panzer vor und in Miramare, Flieder."

Und dann: „15.20 Uhr, von Flieder an Cedas, Rosso, Grossa: Stadt Triest nicht mehr beschießen. Widerstand nur noch bei Angriffen auf eigene Stellung. Grossa und Rocco Zerstörungsmaßnahmen durchführen."

Nun erklärte sich auch Leutnant Lenz bereit, sich mit seinen Männern einzuschiffen. Gegen 16.00 Uhr gingen sie mit den Kameraden des Gebirgsjägerregiments 901 an Bord, während eine Batterie noch Feuerschutz gab. Um 17.00 Uhr stach man unter einem Feuerhagel der Partisanen, die ihre sicher geglaubte Beute doch noch entkommen sahen, in See. Was sich dann ereignete, schildert unser Augenzeuge:

„Etwa zweihundert Meter von der Küste hielten wir, nahmen mit drei Vierlingsflak den Gegner unter Feuer, nun unsererseits den Mannschaften der Batterie Feuerschutz gebend. Eine schwere Detonation folgte der anderen. Die Geschütze und Befestigungen wurden nachhaltigst gesprengt, bis auf ein Geschütz, das so lange feuerte, als noch überhaupt Bedienungsmannschaft vorhanden war. Die Batterieleute – Deutsche und Italiener (Letzteren hatten wir freigestellt, nach Triest zurückzugehen oder sich mit uns abzusetzen) – verließen die Stellungen und liefen über den etwa zwanzig Meter hohen Steilabfall der Punta grossa herunter, sprangen ins Wasser, um unsere Schiffe schwimmend zu erreichen. Die letzten der Leute hatten den Verschluss des einen, nicht gesprengten Geschützes mitgenommen und versenkten ihn ins Meer. Mit diesen letzten Leuten verließ auch Leutnant Lenz die Stellung. […] Alle erreichten ohne Ausnahme, obwohl die Partisanen heftig nachfeuerten, irgendeines der kreuzenden Schiffe, die ebenfalls unter Maschinengewehrfeuer lagen. […] Um circa 20.00 Uhr drehten wir ab und suchten die offene See auf."[238]

Währenddessen setzten sich andere Einheiten des Gebirgsjägerregiments 901 auf dem Landweg ab, wie zum Beispiel die Pionierkompanie des Gebirgsjägerregiments 901, die Mitte April 1945 im Hinterland von Monfalcone in die Ortschaft Lago de Doberdo verlegt worden war. Am 1. Mai zog sie ab und marschierte unbehelligt in Richtung Redipuglia, wo sich ein riesiger Soldatenfriedhof aus dem Ersten Weltkrieg befindet. Um 18.00 Uhr mussten sie die Brücke über den Isonzo erreicht haben, die schon zur Sprengung vorbereitet war. Tags darauf erlebten sie bei Udine den letzten Kriegstag mit Fliegerangriffen. Am 3. Mai 1945 zerriss die Gruppe in Pontebba, wo man die Gebirgspioniere nochmals auffangen wollte. Ein Teil gelangte über Tarvis am 6. Mai in Oberdrauburg in britische Kriegsgefangenschaft.[239]

3. Mai 1945: Inzwischen schipperten die an Bord gegangenen Gebirgsjäger durch die Adria in Richtung Miramare und Grado. „Mit der Wasserschutzpolizei waren wir auf vier größere und zwei kleinere Einheiten angewachsen", heißt es im Bericht über die letzten Tage des Gebirgsjägerregiments 901 in Triest. „Wir mussten mitten durch die Minensperre gefahren sein. Es war ein Wunder, dass nichts passiert war. […] Im Hafen von Grado wollte ich landen, da nahm irgendein Gegner uns bereits unter Feuer, sodass wir abdrehten und auf die Tagliamentomündung zufuhren. Den Strand von Lignano sahen wir übersät von Schiffen, die man auf Strand gesetzt hatte. Es waren die meisten der gestern von Triest ausgefahrenen Schiffe. Auch eine größere Menschenansammlung deutete darauf hin, dass die Flüchtlinge von irgendwelchen Gegnern – wahrscheinlich Briten – gefangen genommen waren. Schon versuchten wir wieder das offene Meer zu gewinnen, als an der Kimm zuerst Rauchwolken, dann Mastspitzen, dann ganze Schiffe auftauchten, die uns in die Mitte nahmen. Der Union Jack ging hoch und man erklärte uns für kriegsgefangen. Unsere Reichskriegsflaggen vernichteten wir noch, dann rief man uns englisch zu, den Hafen Ancona anzulaufen. Wir antworteten, dass unser Sprit höchstens noch bis Venedig reiche, worauf man uns eine Stahltrosse zuwarf und jedes Schiff von uns in Schlepp nahm."[240]

Als die Schiffe mit den gefangen genommenen Deutschen am späten Abend des 3. Mai 1945 bei spiegelglatter See in den Hafen von Ancona einliefen, versank die Sonne nach einem strahlenden Frühlingstag hinter einem Höhenzug des Apennin. Die Odysee des Gebirgsjägerregiments 901 war damit zu Ende.

Die Gruppe „Triest" unter Oberst Berger hatte alles getan, damit Titos Partisanenverbände sich nicht vor den Angloamerikanern in der altehrwürdigen Hafenstadt auf Dauer einnisten konnten.

17. Die Schlusskämpfe des Gebirgsjägerregiments 902

Bevor wir die letzten Tage des Gebirgsjägerregiments 902 unter Oberstleutnant der Reserve Dr. Carl Schulze im Raum Fiume – Villa del Nevoso weiterverfolgen, sehen wir uns auch hier kurz die Entstehungsgeschichte dieses Regiments an. Wie die anderen so erhielt auch dieses Gebirgsjägerregiment mit der in der Feldpostübersicht ausgewiesenen hohen „Hausnummer" 1137 seine endgültige Bezeichnung im März 1945 – und zwar durch die Umbenennung des Reservegebirgsjägerregiments 137, das am 16. Oktober 1943 in Salzburg – Wehrkreis XVIII – aus dem Gebirgsjägerersatz- und Ausbildungsregiment 137 gebildet wurde. Sein Vorgänger war wiederum das Gebirgsjägerersatzregiment 137, das am 25. Februar 1941 in Salzburg aufgestellt wurde. Am 10. April 1943 wurde es zum Gebirgsjägerersatz- und Ausbildungsregiment 137 umgegliedert und am 18. Oktober 1943 in ein Ersatz- und ein Reserveregiment geteilt. Das Ersatzregiment blieb in Salzburg.[241]

Bei Tagesanbruch des 5. Mais 1945 begann der Rückzug des Regiments. Die Soldaten kletterten müde und ausgebrannt einen Steilhang zum Timavo hinab. Dann durchwateten sie den etwa einen Meter tiefen Fluss mit ihren Tragtieren. Währenddessen pendelten auf der Straße, von Osten kommend, vier bis fünf gegnerische Panzer. Ohne diese durch unüberlegtes Feuer auf sich aufmerksam zu machen, überquerten die Gebirgsjäger ohne Verlust die Straße. Näherte sich ein Panzer, ging alles in Deckung. Fuhr er weg, sprangen wieder einige Gruppen, ihre Muli am Halfter nach sich ziehend, rasch über die Straße, verkrochen sich im Buschgelände und schoben sich nun gegen die Angriffshöhen vor. So ging es weiter bis alles auf der anderen Straßenseite angelangt war. „Ein wahrer Karl-May-Krieg!", schrieb Schulze später deutlich beschönigend.

Jetzt begann der Aufstieg auf die jenseitigen Höhenzüge. Als die Hälfte der Steilhänge erklommen war – die linke Kolonne hatte schon um 08.00 Uhr ihr Angriffsziel erreicht und schoss die vereinbarten weißen Leuchtkugeln – folgte der Regimentskommandeur mit seinem Stab nach. Das von der Pionierkompanie abgeschossene Leuchtzeichen sollte das letzte Lebenszeichen der Männer um Leutnant Torriser gewesen sein. Mehr Glück hatte dagegen der Radfahrzug Rößle, denn er konnte mit seinen Männern nachfolgen. Nun durchwatete man ebenfalls den Fluss, schlängelte sich zur Straße durch und überschritt sie wegen der feindlichen Panzer mit größter Vorsicht. Die stählernen Kolosse bildeten jedoch bald keine Bedrohung mehr, da sie nach Osten abdrehten. Rößle übernahm jetzt die linke Sicherung nördlich der Straße, von wo er sich nach Westen wandte. Zunächst sollte er Verbovo nehmen, dann auf Jaseno di Bisterca vorgehen, um später wieder zum Gebirgsjägerregiment 902 zu stoßen, ein Auftrag, der vom Radfahrzug geschickt durchgeführt wurde. Der Regimentskommandeur folgte mit seinem Stab der mittleren Kolonne. Gegen 10.00 Uhr erreichte er den Höhenkamm unterhalb der Cima di Nuda. Bei der rechten Kolonne konnte man aus dem aufkommenden Gefechtslärm schließen, dass sie ihr Angriffsziel nur zum Teil erreicht hatte. Da Schulze beabsichtigte, im weiteren Verlauf seines Vormarsches nach Westen zu schwenken, bekam die mittlere Gruppe den Befehl, die Cima di Nuda ganz zu nehmen, die nach Nordosten auf Rifugio d'Annunzio führende Straße durch gezieltes Feuer zu sperren, und ferner den Flankenschutz nach Osten zu übernehmen.

Da erschien um 11.00 Uhr ganz unvorhergesehen General der Gebirgstruppe Ludwig Kübler auf der Höhenstufe auf Schulzes Gefechtsstand, hocherfreut über den Vorstoß und das Gelingen des Angriffs des Gebirgsjägerregiments 902. „Nach Darstellung meiner Lage fiel er plötzlich vor mir auf die Knie und bat mich händeringend, fast weinend, um Fortführung des beabsichtigten Angriffs auf das Höhengelände nördlich Villa del Nevoso, da davon das Schicksal des gesamten eingeschlossenen Korps mit seinen 22.000 Mann abhängen würde", schrieb Schulze. „So hilfesuchend und bittend habe ich Kübler, unsern alten ‚Latschennurmi', noch nie gesehen. Er musste mit seinen Nerven vollkommen fertig gewesen sein!"[242]

Und da dies Dr. Schulze als Mediziner sogleich erkannte, sagte er zu seinem Befehlshaber in fast väterlichem Ton: „Stehen sie doch auf! Wir kennen uns seit Jahrzehnten, ich bin gewohnt, von ihnen Befehle und keine Bitten zu erhalten. Der Angriff wird in ihrem Sinne fortgeführt. Sie mögen aber dann mit ihren Leuten ohne Fahrzeuge, nur mit Pferden und Tragtieren mit viel Munition und Verpflegung zu mir auf die Höhen heraufkommen. Dann schlagen wir uns durch!"[243]

Kübler dankte Schulze händeschüttelnd, machte ihn noch ganz besonders auf die von nordöstlich von Rifugio d'Annunzio heranführende Straße aufmerksam, da seiner Meinung nach wohl aus dieser Richtung weitere gegnerische Kräfte zu erwarten seien. Er, Schulze, möchte auf dem Wege dorthin vorsichtig sein. Dann verabschiedete sich der Kommandierende General mit seinem langjährigen Burschen, dem Oberjäger Hans Dauner, der ihm während des ganzen Krieges treu zur Seite stand, und schlug den Weg nach Villa del Nevoso ein. Irgendwo im Karst müssen sie dann mit Partisanen zusammengestoßen sein. Kübler wurde verwundet und litt fortan besonders an der schweren Verletzung seines rechten Auges, zumal ihm die Partisanen, denen er kein Unbekannter war, keine ärztliche Versorgung zuteil werden ließen.

Auf dem Höhenkamm oberhalb des Regimentsstabes pfiff plötzlich gegnerisches Maschinengewehrfeuer auf das von rechts mit seinen Muli heraufmarschierende II. Bataillon/Gebirgsjägerregiments 902. Einige Männer fielen oder wurden verwundet. Das Vorgehen des I. Bataillons/Gebirgsjägerregiment 901, das de facto nur mehr aus einer verstärkten Kompanie bestand, brachte die Cima di Nuda in deutschen Besitz. Die Zeit bis zum endgültigen Eintreffen des ebenfalls auf bis eine Kompanie zusammengeschmolzenen II. Bataillons/Gebirgsjägerregiment 902 verbrachte der Regimentskommandeur mit einer Geländeerkundung beiderseits der Straße Cima di Nuda – Villa del Nevoso.

„Mit fünf Meldern", so Schulze, „pirsche ich mich durch schütteren Wald bis zum Nordhang des M. Acazio, erreichte eine Waldschneise, bei deren Überspringen wir von der feindbesetzten Kuppe (etwa eine Maschinengewehrgruppe) beschossen wurden. Ich klärte bis zur Straße auf, trat den Rückweg an, diesen mir genau merkend und teilweise markierend, da ich mich entschlossen hatte, mich mit meinem ganzen Haufen während der Nacht einfach hindurchzustehlen, möglichst ohne Feindberührung, und bei Morgendämmerung oberhalb von Villa del Nevoso zu stehen. 17.00 Uhr zurück, besprach ich mit den wenigen Einheitsführern den geplanten Nachtmarsch. I. Bataillon/Gebirgsjägerregiment 901 beziehungsweise 2. Kompanie/Gebirgsjägerregiment 901 wurde mit der Nachhut auf der Cima di Nuda beauftragt, mit zeitlichem Abruf von mir."[244]

Nach Einbruch der Dämmerung begann der Abmarsch der Einheiten, der lautlos durchgeführt werden musste. Dr. Schulze ging, da er sich aufgrund seines Erkundungsergebnisses am besten auskannte, voran. Ihm folgte eine Maschinenpistolengruppe, dann der Regimentsstab, dann die Kompanien mit ihren schweren Maschinengewehren sowie die Tragtiere. Die Verwundeten wurden auf Tragbahren transportiert oder von Kameraden unterstützt. So pirschten die Gebirgsjäger wie die Indianer lautlos durch den nächtlichen Wald. Sogar die Tragtiere wieherten nicht, als hätten sie eine Ahnung, was von ihnen bei diesem nervenaufreibenden Marsch abhing. Eine Stunde lang verlief alles nach Plan, doch dann ereignete sich etwas Außergewöhnliches. Schulze berichtet darüber:

„Vor mir – auf nicht erkennbare Entfernung, vielleicht auf fünfzig Meter, vielleicht auch mehr, ein in der Dunkelheit schwach glimmendes Feuer. [...] Ich glaubte Gestalten zu erkennen, wartete jeden Moment auf entgegenschlagendes Maschinengewehrfeuer.

Was tun???

Nächtlicher eigener Feuerüberfall auf das glimmende Feuer mit seinen Gestalten???

Dadurch Alarmauslösung??!!

Dadurch Verrat meiner Absicht??

Wie würde sich das auf die nachfolgende Kolonne auswirken??

Würde dadurch eventuell eine Panikstimmung aufkommen??

Ich entschloss mich zur Umkehr und einen anderen Weg zu suchen. Es glückte und nur wenige hundert Meter von der Feuerstelle fand sich eine andere Schneise, die teilweise durch dichtes Unterholz, teilweise durch kleinere Dolineneinbrüche führte. Zum Teil mussten schwächere Bäume wegen der Tragtiere lautlos umgebogen oder abgeknickt werden. Es fiel kein Schuss, wurde nicht gesprochen, wieherten keine

An alle, die auf Hilfe warten!

HILFE! HILFE! HILFE!

So tönte Tag für Tag und Nacht für Nacht der Notschrei der Aufständischen aus Warschau durch den Äther

HILFE! HILFE! HILFE!

so funkten sie nach Moskau

HILFE! HILFE! HILFE!

so funkten sie nach England und Amerika.

HILFE! HILFE! HILFE!

so funkten sie ununterbrochen....

Verzweifelte Menschen warten auf die Einlösung der Hilfsversprechen und starren in den Himmel....

BIS ZUM BITTEREN ENDE....

Sollte sich der Himmel nicht verfinstern und die Luft nicht erdröhnen bei der Ankunft all der tausend zu Hilfe eilenden anglo-amerikanischen Flugzeuge?

Sollte nicht die ganze Stadt erzittern beim Anrollen tausender sowjetischer Panzer?

So hatte man es ihnen doch versprochen, immer wieder versprochen, besonders dann, wenn Kälte, Hunger, Not und Elend sie fast zur Verzweiflung brachten. Diese Hilfe war doch ihr einziger Trost und ihre letzte Hoffnung.

Nur im Vertrauen auf diese Versprechungen haben sie dem Befehl ihrer sowjetischen und anglo-amerikanischen Agenten Folge geleistet und den blutigen Aufstand begonnen.

Dieses Flugblatt thematisiert die leeren Versprechungen, die die alliierten Streitkräfte den Warschauer Aufständischen gemacht haben, um den Widerstand gegen den Nationalsozialismus zu organisieren. Doch anstatt Waffen, Nahrung und Medikamente zu liefern, wurden die Widerständler mit weiteren Durchhalteparolen abgespeist – Teil 1.

Die Hilfe musste ja kommen, und sie kam :

5, 10, 15, 20, 25..... 28..... immer noch 28 Flugzeuge, so sehr sie auch ausspähten, es wurden nicht mehr !

28 ENGLISCHE FLUGZEUGE !

Was aber brachten ihnen diese Flugzeuge ?

Waffen, Munition, Nahrung, Medikamente und Verbandstoffe ?

Nein, sie brachten das, was sie im Augenblick am wenigsten brauchen konnten : Flugblätter mit leeren Versprechungen und der Aufforderung weiter durchzuhalten.

DAS WAR DIE ENGLISCHE HILFE !

Und auch die sowjetischen Panzer kamen nicht. Väterchen Stalin dachte anders : Geht die Hauptstadt Warschau in Rauch und Asche auf, so verlieren die Polen mit ihrem nationalen Zentrum auch ihren nationalen Rückhalt. Dann sind sie umso eher reif für den Bolschewismus. Wohl dürfen Polen für Russland bluten, aber doch nicht umgekehrt.

Belogen und betrogen, von ihren Verbündeten schändlich im Stich gelassen, ergaben sich die letzten 11.000 Aufständischen den Deutschen und gingen in die Gefangenschaft.

Versprechungen sind in England immer sehr billig gewesen, weil sie nie gehalten wurden.

Das wissen die Inder, die Araber und alle Völker, die für England bluten durften, schon lange.

Die Polen haben es jetzt erfahren.

Die leichtgläubigen Dummköpfe im Adriatischen Küstenland würden es auch erfahren.

Willst auch Du zu denen gehören, die nur durch Schaden klug werden, oder kannst Du die Lehren ziehen aus der Warschauer Tragödie ?

DANN TUE ES BALD!

I/2

Dieses Flugblatt thematisiert die leeren Versprechungen, die die alliierten Streitkräfte den Warschauer Aufständischen gemacht haben, um den Widerstand gegen den Nationalsozialismus zu organisieren. Doch anstatt Waffen, Nahrung und Medikamente zu liefern, wurden die Widerständler mit weiteren Durchhalteparolen abgespeist – Teil 2.

Muli! Gegen 23.00 Uhr fanden wir irgendwo die Straße, an deren linken Seite sich die Kolonne dann entlangschob – ohne Feindberührung. An einer Wegkreuzung wurde Halt gemacht. Ich kroch unter eine Zeltbahn und versuchte mich mit einer Taschenlampe auf der Karte zu orientieren. Während dieser Stunde Aufenthalt konnte die Kolonne gut aufschließen, die sich wegen des mühevollen Weges doch auseinandergezogen hatte.

Bald hörte der Wald auf, die Straße kam auf eine Lichtung. Ich zog etwa einen Kilometer weiter bis zu einer Steinmauer, wo ich die Einheiten im Gelände verteilte. Auch der Feind auf dem M. Acazio war ruhig geblieben und hatte scheinbar nichts bemerkt. Gottlob war auch die 2. Kompanie/Gebirgsjägerregiment 901 befehlsgemäß bald nachgefolgt und aufgeschlossen. So hatte ich meinen Haufen beisammen und nach Hellwerden konnte ich im Tale Villa del Nevoso ausmachen. Die Einheiten wurden noch mehr auseinandergezogen und bekamen Sicherungsaufträge und Verhaltensregeln.

Ob das glimmende Feuer vielleicht doch nur ein phosphoreszierender Baumstumpf gewesen war???

Und ich hatte mich täuschen lassen?!

Waren meine Nerven auch schon aufgebraucht und hatte ich Gespenster gesehen??

Wer will dies nachträglich entscheiden oder richtigstellen??

Auf jeden Fall war ich froh, den Nachtmarsch – ohne mich verirrt zu haben – hinter mich gebracht und weiterhin einsatzfähige Einheiten zu haben.“[245]

Am 6. Mai 1945 sollte der Durchbruch nach Norden fortgesetzt werden. Eine Stunde nach Sonnenaufgang erfolgte daher die Erkundung des Geländes nach allen Seiten. Die Einheiten lagen gut getarnt und zerstreut in kleinen Mulden und vereinzelten Waldparzellen. Der Hauptangriff der 188. Gebirgsdivision war gegen Sembie gerichtet, wo der Gegner allerdings die beherrschenden Höhen stark besetzt hatte. Leichtes Feuer war aus dem Nevosotalgrund und aus westlicher Richtung zu vernehmen. Es kam wahrscheinlich von der Kampfgruppe Christl, die immer noch versuchte, den Timavo zu überwinden, sie konnte sich aber letztlich nicht durchsetzen. Um 09.00 Uhr entschloss sich Schulze, da überhaupt kein Befehl eintraf, zur „Steinbockdivision“ nach Villa del Nevoso hinabzusteigen, um die Lage an Ort und Stelle zu erkundigen. Dort erfuhr er dann, dass der Durchbruch noch am 6. Mai 1945 nach Norden fortgesetzt werden sollte, und zwar durch einen Vorstoß der 188. Gebirgsdivision auf Sembie, wo die Höhen stark vom Feind besetzt seien. Ein nach Osten gegen Fontana ausholender, von kampfungewohnter Marine angesetzter Angriff habe nicht durchgeschlagen. Auch die Kampfgruppe Christl käme von Sarece her nicht recht voran. Ferner erfuhr Schulze, dass die 237. Infanteriedivision nicht auf den Höhen ostwärts der Stadt stand, sondern eine Nachhutstellung beiderseits von Zemon mit Front nach Osten hielt. Im Ort selbst standen dicht gedrängt die gesamten Trosse des LXXXXVII. Armeekorps mit kampfunwilligen Männern, die sich von ihren übervollen Fahrzeugen mit dem darauf verstauten Privatgepäck nicht trennen wollten oder sich in den Häusern verkrochen hatten. Zeitweise lag Artilleriefeuer auf dem Ort. Allenthalben liefen Meldungen bei der Division ein, in denen sie von den Partisanen aufgefordert wurde, sich zu ergeben.

Auf den Straßen herrschte ein unvorstellbares Chaos. „Das ist die Auflösung!“, dachte sich Schulze, der den Eindruck gewonnen hatte, dass man beim LXXXXVII. Armeekorps, das nach Küblers Verwundung von Generalleutnant Hans von Hößlin geführt wurde, vollkommen ratlos war, was nun zu tun sei. So äußerte er die Absicht, während der kommenden Nacht und am 7. Mai mit seinem Regiment doch noch einen Durchbruch nach Norden zu erzwingen. Hierzu bat er um weitere kampfwillige Männer, um seine zum Durchbruch entschlossene Kampfgruppe entsprechend schlagkräftig zu machen. In der Tat wurden dem Kommandeur des Gebirgsjägerregiments 902 entsprechende Zusagen gemacht und hierfür auch Teile des Gebirgsjägerregiments 904, die von ihrem Verband getrennt worden waren, unterstellt. Mit etwa 20 bis 35 entschlossenen und kampfwilligen Männern verschiedener Einheiten kehrte er dann zu seinem Gefechtsstand zurück.

Für 17.00 Uhr war eine Lagebesprechung mit allen erreichbaren Einheits- und Unterführern angesetzt. Hierbei wurde der Aus- beziehungsweise Durchbruchsversuch für die Nacht vom 6. zum 7. Mai 1945 festgelegt. Nachdem sich der Radfahrzug Rößle nach Villa del Nevoso durchgeschlagen und auf einer Höhe rund fünfhundert Meter westlich des Regimentsgefechtsstandes in Stellung gegangen war, befahl ihm Schulze, die Sicherung und den Schutz der linken Flanke des Gebirgsjägerregiments 902 zu übernehmen.

Am 6. Mai, um 20.00 Uhr, begannen die Verschiebung und die Bereitstellung der Kampfgruppe Schulze für den nächtlichen Durchbruch auf einem zum Monte Tussiaco führenden Feldweg. Die 2. Kompanie des Gebirgsjägerregiments 901 hatte sich lautlos an den Monte Tussiaco heranzuarbeiten und ihn Punkt 24.00 Uhr mittels Gewehrfeuer zu erstürmen. Es handelte sich hierbei meist um Männer, die im letzten Moment zusammengekratzt worden waren. Die meisten von ihnen kamen von den Trossen der Gebirgsjägerregimenter oder waren Versprengte. Während der Verschiebung flammte plötzlich an der linken Flanke der Kampfgruppe ein kurzes, aber heftiges Infanteriefeuer auf. Der Radfahrzug Rößle war auf Partisanen gestoßen. In wilder Flucht stürmten sie von dannen. Dagegen gelang es der Kompanie Hoffmann nicht, den Monte Tussiaco zu erstürmen. Schlimmer noch: Sie war wie vom Erdboden verschwunden.

Unter diesen ungünstigen Vorzeichen brach der 7. Mai 1945 an. Um 03.00 Uhr lag noch immer keine Meldung vom Monte Tussiaco vor. Nun ließ Schulze seine Kampfgruppe antreten und wählte eine Marschrichtung westlich des Berges vorbei, in der stillen Hoffnung, dass sich dort die Verschollenen aufhielten. Die Enttäuschung stand dem Kampfgruppenführer ins Gesicht geschrieben, denn die 2. Kompanie des Gebirgsjägerregiments 901 war und blieb für immer weg! Jetzt galt es keine Zeit mehr zu verlieren. Die Kampfgruppe versuchte den Durchbruch. An ihrer rechten Flanke lauerte der unheimlich wirkende Monte Tussiaco. In der Morgendämmerung, gegen 04.00 Uhr, sah Schulze auf einmal eine lange Kolonne, die sich schemenhaft gegen das heraufziehende Morgenrot abhob. Es war Major Huber mit dem Bataillon vom Gebirgsjägerregiment 904, das Anschluss an seine Kampfgruppe suchte. Man einigte sich über einen gemeinsamen Angriff gegen die Höhe 557+659, die sich einen Kilometer ostwärts von Sembie erstreckte. Das Endziel war der Durchstoß nach Norden bis zur Reichsgrenze. Um 04.30 Uhr trat man gemeinsam zum letzten Angriff an, der zunächst der bewaldeten Höhe 557 galt. Darüber liegt uns ein Bericht Schulzes vor, der aufgrund seiner heroisierenden Darstellungsweise jedoch mit Vorsicht zu genießen ist:

„Nach einem höllischen Feuerzauber der schweren Waffen, soweit bei der Einheit Schulze noch welche vorhanden waren, wurde angetreten. Ich mit meinem Stabe, Funktrupp und einigen Tragtieren scharf hinterher, um nicht abzuhängen. Ich sah noch die hintersten Teile der in Schützenrudeln aufgelösten Kompanien sich den zuerst baumlos ansteigenden Hang hinauf arbeiten, als uns plötzlich schlagartig Infanterie- und Maschinengewehrfeuer entgegenschlug. Und nun legten unsere jungen Kärntner und Steirer einen Angriff hin, wie er schöner und schwungvoller auf keinem Übungsplatz hätte jemals geführt werden können. Es war ein ausgesprochener Schulangriff! Mit einem Elan, unter ständigem Hurrageschrei, liefen und hetzten die Männer den Hang hinauf, schossen, brüllten und nach fünf Minuten war der Zauber vorbei.

Der Feind floh in hellen Scharen und Haufen, Waffen und Maschinengewehre zurücklassend, um die sich kein Mensch kümmerte. Es war eine Freude, diesen ungestümen Freiheitsdrang miterleben zu können. So etwas von Schneid und Tapferkeit und ungestümen Vorgehen und Drauflosstürzen habe ich in meinem militärischen Leben nie erlebt. Die Truppe war derart begeistert, dass sie einfach weiterstürmte und durchstieß.

Die Höhe war unser!

Plötzlich: Ruhe und Stille!

Kein Schuss mehr, ich sah auch keine Männer mehr!

Ich sofort hinterher bis zum Waldrand, dort zahlreiche tote Partisanen. Huber getroffen und gemeinsam mit ihm zum jenseitigen Waldrand, der baumlos in eine große wellenförmige Ebene überging. Was sahen wir? Ein offenes, freies Hügelgelände, auf circa drei- bis vierhundert Meter unsere vorstürmenden Leute, ein bis zwei brennende

Feindpanzer. Gegenseitig beglückwünschten wir unseren vollzogenen Durchbruch! Stab und Funktrupp war nachgefolgt. Es musste ein kurzer Stopp eingelegt werden zur Abgabe der Funkmeldung:

'Durchbruch vollendet! Einheiten in flüssigem Vorgehen nach Fontana, alles nachfolgen!'

Da kam ein Melder:

'Von rechts vorgehende Partis gegen den Waldrand.'

War dies der Feind vom Mt. Tussiaco?

Ich hinauf, eine Maschinengewehrbedienung mit und auf hundert Meter die zwei Feindgruppen zusammengeschossen, zwei Partis entkamen. Dann zur anderen Waldecke, dort fünf bis sechs Leute getroffen, die mir sechs bis sieben aus Sembie vorfahrende Panzer zeigten. Kurz vor dem Walde machten sie halt, die Besatzung stieg aus und stand entschlusslos neben ihren Panzern. Mit zwei bis drei Panzerfäusten wurden drei Panzer in Brand geschossen, die Leute mit Maschinengewehren bekämpft, die restlichen Panzer fuhren zurück. Ich wieder zur Funkstelle, dort erhalte ich einen mir fassungslosen Funkspruch:

'Kampf einstellen, ab 06.05 Uhr Waffenruhe!'

'10.00 Uhr Kapitulationsverhandlungen in Abbazzia.'"[246]

Beisetzung gefallener Kameraden auf einem Soldatenfriedhof.

18. Die Kämpfe der Karstjäger

Der Kampf im karstigen Gebiet mit seinen bizarren Felsformationen, den weitverzweigten Höhlensystemen und den großräumigen Dolinen erforderte eine ganz spezielle Truppe und Ausbildung, die von den Karstjägern im Salzkammergut sowie in der Fränkischen Schweiz und auf der Fränkischen Alb betrieben wurde. Zunächst wurde 1942 im oberfränkischen Pottenstein das SS-Karstwehrbataillon als eine Untergliederung der Waffen-SS zusammengezogen. Sein Kommandeur wurde der SS-Standartenführer Dr. Hans Brand.

Seit 1911 war er Lehrer an einer Höheren Schule in München und promovierte im Spezialgebiet der Bergbaugeologie. Die geheimnisvollen Höhlen der Fränkischen Schweiz übten seit seiner frühesten Jugend eine magische Anziehungskraft auf ihn aus. Folgerichtig wurde er ein besonders guter Kenner der Karstlandschaft und ihrer Gefahren. Durch seine umfassenden Karst- und Höhlenforschungen wurde Brand bald im In- und Ausland bekannt. Sein Hauptaugenmerk galt der Teufelshöhle bei Pottenstein. In jahrzehntelanger Arbeit konnte er diese Höhle von zunächst achtzig Meter auf rund 1.500 Meter für die Öffentlichkeit erschließen.

Neben einer speziellen Karstausbildung in der Fränkischen Schweiz wurde besonderer Wert auf die alpine Ausbildung in den Salzburger Alpen mit Schwerpunkt im verkarsteten Tennengebirge mit seinen weitverzweigten Höhlensystemen gelegt. Hierfür errichtete man ein Hochgebirgskarstlager in Werfenweng. Von dort aus leiteten erfahrene Bergführer Sonderlehrgänge für Kletterer, die unzählige, äußerst schwierige Klettertouren im Tennengebirge durchführten. Darüber hinaus wurden Höhlenexkursionen in der gigantischen Eisriesenwelt unternommen sowie Spezialausbildungen für Sanitäter und Krankenträger absolviert.[247]

Ihren ersten Einsatz bestritten die Karstjäger bei der Entwaffnung der Italiener am 8./9. September 1943 mit heftigen und verlustreichen Gefechten. Anschließend wurden sie sofort bei der Bekämpfung von Partisanen eingesetzt. Denn auf Istrien und im Friaul gerieten die Deutschen mehr und mehr mit den Partisanen in grausame und auf beiden Seiten hart geführte Gefechte. Im Juni 1944 hatte zum Beispiel eine Gruppe junger Rekruten unter der Führung des SS-Unterscharführers Albert Horeth den Auftrag erhalten, die Gegend nördlich von Cividale im Friaul aufzuklären. Das wurde ihnen jedoch zum Verhängnis. Als sie zwei Tage vermisst wurden und eine Kompanie nach ihnen suchte, wurden sie nackt und bestialisch verstümmelt in einem Dorf entdeckt. Ihre Köpfe hatte man abgeschlagen und auf Bajonetten wie Siegestrophäen aufgesteckt. Andererseits ermittelte später die Würzburger Staatsanwaltschaft gegen unbekannte SS-Täter, die slowenische Partisanen nicht weniger bestialisch ermordet haben sollen. Neben den Tito-Partisanen nahm auch die italienische Bandenkampfführung in einem erschreckenden Ausmaße zu. Den Grundstock dieser Partisanenbewegung bildeten in die Berge und den Karst desertierte italienische Soldaten sowie aus den Lagern entflohene Kriegsgefangene. Je länger der Krieg dauerte, desto organisierter und wirkungsvoller wurde die Kampfführung der Widerstandsbewegung.

In der Operationszone „Adriatisches Küstenland" stand das LXXXXVII. Armeekorps unter General Ludwig Kübler im Kampfeinsatz. Ihm unterstanden bekanntlich in wechselnder Zeitfolge anfangs die 188. Reservegebirgsdivision, die nur unzulänglich bewaffnete und mit wenig Artillerie ausgestattete 257. Infanteriedivision, die deutsch-kroatische 392. Infanteriedivision, die aus den Resten der zerschlagenen 332. und 333. Infanteriedivision neu aufgestellte 278. Infanteriedivision, die aus rund 8.000 turkvölkischen Freiwilligen und Kriegsgefangenen gebildete 162. (turkmenische) Infanteriedivision und die 237. Infanteriedivision sowie später das italienische Alpiniregiment „Tagliamento" und das SS-Karstwehrbataillon beziehungsweise die 24. Waffengebirgsdivision der SS „Karstjäger".

Am 10. Oktober überfielen Partisanen eine Kolonne des SS-Karstwehrbataillons bei der Ortschaft Predel aus dem Hinterhalt. Drei Karstjäger wurden dabei getötet, acht verwundet. Tags darauf wurde das Dorf Strmc als Vergeltung niedergebrannt und sechzehn Männer erschossen. Bis zum 19. Oktober hatten die Karstjäger durch permanente Bandenkämpfe bei Flitsch achtzehn Tote und 45 Verwundete zu beklagen. Eine erbeutete italienische Gebirgsbatterie mit zwei 7,5-cm-Kanonen steigerte nach Meinung des Bataillonskommandeurs die Gefechtskraft seiner Truppe.

Zwischen dem 26. und 28. Oktober 1943 erfolgte ein Partisaneneinsatz um Saga, zwischen dem 31. Oktober und 9. November im Raum von Karfreit. Fünf Tage später kämpften Gruppen des SS-Karstwehrbataillons in Biave Bucova. Mitte November beteiligten sich Karstjäger am Unternehmen „Traufe", das am 20. November endete. Sechs Tage später wurde das SS-Karstwehrbataillon zur Partisanenbekämpfung direkt dem „Höchsten SS- und Polizeiführer Italien" unterstellt. Dem SS-Obergruppenführer und General der Waffen-SS Karl Wolff, der in Italien über eine Art Privatarmee von militärischen und paramilitärischen Einheiten, verfügte, unterstand auch die Außenstelle Udine des Befehlshabers der Sicherheitspolizei und des SD.[248]

Das Kriegsjahr 1944 begann für das SS-Karstwehrbataillon mit dem Unternehmen „Ratte". Am 15. Februar wurden nach Zeugenaussagen die Orte Komen und Rihemberg niedergebrannt und die Bevölkerung in Arbeitslagern interniert. Der Bataillonskommandeur Dr. Brand setzte sich vehement dafür ein, national gesinnte slowenische SS-Einheiten aufzustellen, die dann in Pottenstein eine vierwöchige Ausbildung erhalten und anschließend als Verstärkung des SS-Karstwehrbataillons mithelfen sollten, die auf rund 20.000 Mann geschätzten kommunistischen Partisaneneinheiten im Raum Görz zu vernichten. Aufgrund negativer Erfahrungen mit slawischen Volksgruppen, unter denen es zahlreiche Spione und Sympathisanten der Alliierten gab, verwarf die SS-Führung dieses Ansinnen. Im März 1944 kam es zu einer Anzahl von rasch aufeinanderfolgenden Unternehmen, die als „Zypresse", „Märzveilchen", „Maulwurf" und „Hellblau" bezeichnet wurden. Zahlreiche Partisanen fielen, wurden gefangen genommen oder erhängt. Nun folgte das zwölftägige Unternehmen „Osterglocke" im März/April 1944, das Unternehmen „Liane" vom 22. bis 24. Mai sowie das Unternehmen „Annemarie", das vom 7. Mai bis 16. Juli 1944 andauerte. Schließlich wurde das SS-Karstwehrbataillon im Rahmen der 188. Gebirgsdivision während des großangelegten Unternehmens „Dachstein" eingesetzt.[249]

Ende 1944/Anfang 1945 erfolgte der Partisaneneinsatz der Karstjäger in Italien im Raum von Tarvisio und dem oberen Isonzotal sowie im Ostteil der stark verkarsteten Julischen Alpen. Ihr letzter Einsatz lag im Waldgebiet um Ternova am Isonzo. Dann verlagerten sie den Schwerpunkt ihrer Kampfhandlungen von den Julischen Alpen und dem Friaul in den von Lagunen geprägten Küstenabschnitt des Golfs von Venedig und dem von Triest, da man hier ein Landungsunternehmen der Angloamerikaner befürchtete. Aus dem Raum Tolmezzo marschierten Einheiten in die Gegend von Triest sowie in Richtung der Laguna di Marano. Da die Alliierten über die uneingeschränkte Lufthoheit verfügten, wurden die Truppenverschiebungen hauptsächlich in den Nachtstuten durchgeführt.

Doch dann hieß es plötzlich: „Vorwärts Kameraden, wir müssen zurück!"

Was war geschehen? Was hatte sich in der Operationszone „Adriatisches Küstenland" ereignet?

Trotz aller verzweifelter Angriffs- und Abwehrkämpfe wurden die deutschen Fronten auf dem Balkan von der Roten Armee und Titos Partisanenverbänden sowie in Oberitalien von den unaufhörlich vorwärtsstrebenden Alliierten zusammengeschoben. Daher waren die Karstjäger mit einem Male zwischen beide Fronten geraten. Wenn sie verhindern wollten, dass sie in der undurchsichtigen Lagunenlandschaft der oberen Adria von der rettenden „Alpenfestung" abgeschnitten werden, dann mussten sie sich schleunigst wieder in die Berge zurückziehen. Daher marschierten sie nun wieder nordwärts über Udine durch das ausufernde Tagliamento- und das enge Kanaltal Richtung Pontebba.

Nachdem starke Partisanenverbände die Rückzugsstraße der deutschen Verbände und Zivildienststellen aus dem Raum Triest – Görz – Udine durch das Tal des Tagliamento in Richtung „Alpenfestung" zwischen Osoppo und Gemona gesperrt hatten, gelang es Einheiten der 24. Waffengebirgsdivision der SS „Karstjäger" dieses Nadelöhr wieder freizukämpfen und einen britischen Vorstoß auf Villach abzuwehren. Ende April 1945 sicherten Karstjäger in aufreibenden Gefechten mit nachrückenden Briten und Neuseeländern die südliche Flanke der „Alpenfestung" im Tagliamentotal. Eine Ersatzkompanie aus Pottenstein, die später in der Umbertokaserne von Cividale im Friaul stationiert wurde, konnte im Schulterschluss mit einer Panzerkompanie während der Kampfhandlungen einige britische Panzer mit ihren Panzerfäusten vernichten.

Um ihre Stützpunkte wirkungsvoll verteidigen zu können, wurden Einheiten der 24. Waffengebirgsdivision der SS „Karstjäger" beziehungsweise der übrig gebliebenen SS-Brigade „Karstjäger" der Kampfgruppe des SS-Brigadeführers und Generalmajors der Waffen-SS Heinz Harmel unterstellt. In enger Tuchfühlung mit Teilen des SS-Gebirgsjägerausbildungs- und Ersatzbataillons 7 konnten die Stellungen dann bis zum 6./7. Mai 1945 verteidigt werden: Wenig später zogen sich etwas mehr als zwanzig Karstjäger über das Naßfeldjoch nach Kärnten zurück. Das I. Bataillon löste sich am 9. Mai im Gailtal auf. Das II. Bataillon stand an der österreichischen Grenze westlich von Villach im letzten Kampfeinsatz, um den Rückzug deutscher Verbände aus der Operationszone „Adriatisches Küstenland" an der Felsenmauer der Karawanken zu sichern. Am 9. Mai 1945 löste es sich dann ebenfalls lautlos auf. Währenddessen gerieten Einheiten der Karstjäger nach ihrer Kapitulation am Isonzo mehrheitlich in britische Kriegsgefangenschaft.

Kurze Rast während einer Erkundungsfahrt durch das Tal des Tagliamento.

19. Die Kapitulation auf dem jugoslawischen Kriegsschauplatz

Am 29. April 1945 erließ Generaloberst Alexander Löhr folgenden Tagesbefehl:

„Der Krieg hat seinen Höhepunkt erreicht. Im heroischen Kampf um Berlin unter dem Befehl unseres Führers erringt sich das deutsche Volk das Anrecht auf seine Zukunft. Hier wird sichergestellt, dass unsere 2.000 Jahre alte Kultur am Leben bleibt, wenn auch der aus Asien hervorbrechende Sturm große Teile unserer deutschen Heimat überrollt hat.

Durch das Beispiel unseres Führers zum letzten und äußersten Widerstand angespornt, gilt es für uns im kroatischen Raum, mit ungebrochenem Kampfgeist zu verhindern, dass Bolschewisten, die bolschewistischen Tito-Banden und die verräterischen Bulgaren unsere Heimat gefährden.

Wer jetzt nicht das Letzte im Kampfe gibt, wer jetzt schwach wird, gibt sich selbst und die Seinen auf – ein elendes, menschenunwürdiges Dasein als Zwangsarbeiter erwartet ihn. […]

Darum, Soldaten meiner Heeresgruppe, rufe ich Euch in einer für unser Volk entscheidenden Stunde die Parole für den weiteren Kampf zu: Vertrauen gegen Vertrauen, Treue um Treue.

Löhr."

Nur einige Tage später stand Löhrs weitgehend intakte Heeresgruppe E nach schweren Rückzugsgefechten mit Titos Partisanenverbänden und Einheiten der bulgarischen Armee im Raum Agram nur mehr 72 Marschstunden vor der deutschen Reichsgrenze. Am 5. Mai 1945 sollte die Zvonimirstellung überschritten werden. Anschließend, so war geplant, hatte die Absetzbewegung folgendermaßen zu verlaufen:

1. XV. Gebirgsarmeekorps über Agram, Steinbrück und Laibach nach Klagenfurt;
2. XXI. Gebirgsarmeekorps nördlich von Agram vorbei nach Cilli und Völkermarkt;
3. XV. Kosakenkavalleriekorps über Varašdin nach Marburg und von dort an die Grenze nordwestlich von Marburg.

Die freigewordenen Generalkommandos waren bereits vorausgeschickt worden: das LXXXXI. Armeekorps nach Laibach, das XXXIV. Armeekorps nach Villach und das LVIII. Armeekorps nach Ostkärnten.

Nachdem die Truppen die Zvonimirstellung erreicht hatten, bezog Löhr mit Teilen seines Führungsstabes einen Gefechtsstand westlich von Cilli, in Heilenstein. Der übrige Stab des Oberbefehlshabers Südost verlegte am 6. Mai 1945 auf den endgültigen Gefechtsstand nördlich von Klagenfurt.[250]

Aber anstatt weiter vorzumarschieren, traten die Verbände der Heeresgruppe E nun auf der Stelle, denn „mit der Annäherung an die Voralpen mündete die Gesamtbewegung in wenige, recht empfindliche Gebirgsstraßen ein. Diese waren noch durch Räumungstransporte und Marschbewegungen im Zuge der Verlegung der gesamten Nachschubbasis nach Steiermark – Kärnten belegt. Der Abmarsch der kämpfenden Truppen auf diesen Straßen bedurfte eingehender Einweisungen und Regelung, um Kreuzungen und Stauungen zu vermeiden, sowie planmäßiger Abschirmung nach allen Seiten gegen den nachdringenden Feind“, schreibt Löhrs Generalstabschef Schmid-Richberg.[251]

Wie zuvor auf dem italienischen, so begann nun auch auf dem jugoslawischen Kriegsschauplatz der Wettlauf der Deutschen mit der Zeit. Mit Genehmigung der deutschen Reichsregierung unter Großadmiral Dönitz, um die Generaloberst Löhr nachgesucht und die er am 5. Mai 1945 erhalten hatte, ließ der Oberbefehlshaber über den Kommandierenden General des XXXIV. Armeekorps, General Felmy, Sonderverhandlungen mit Feldmarschall Alexander führen, um die Briten zur schnellen Besetzung Triests, Kärntens und der Steiermark zu veranlassen. General Felmy war für diese Mission besonders geeignet, denn er hatte bereits in Athen im Oktober 1944 dank solcher Verhandlungen viel zur Rettung der griechischen Hauptstadt beigetragen. Nun sollte Österreich vor dem Bolschewismus gerettet werden und vor allem die voraussichtlichen Aufnahmeräume der deutschen Südostkräfte dem Zugriff der Roten Armee entzogen werden. Felmys Mission erzielte diesmal jedoch nur einen bedingten Erfolg.[252]

Dennoch breitete sich bei den Deutschen Optimismus aus, denn es ging das Gerücht um, dass die Angloamerikaner sich demnächst sowohl gegen die Rote Armee als auch gegen Titos Partisanenverbände wenden würden. Nicht umsonst brachte die Abteilung „Fremde Heere Ost“ bereits am 15. April 1945 folgende Agentenmeldung als Beilage zu ihrem Tagesbericht über die „Wesentlichen Merkmale des Feindbildes“. Darin hieß es:

„Englisch bewaffnete und teilweise englisch geführte Banden betreiben bei den in Slowenien zur Bandenbekämpfung eingesetzten deutschen Freiwilligenverbänden Flüsterpropaganda mit der Aufforderung zum Überlaufen. Begründung: ‚England werde in nächster Zeit selbst gegen die Sowjetunion kämpfen und zwar mit größerer Erfolgsaussicht als das Reich. England stelle eigene landeseigene Verbände hierfür auf.‘ Diese Propaganda wird nur mündlich betrieben.“[253]

In der Tat gab es zwischen den Westalliierten und Tito immer mehr Reibungsflächen, je näher des Kriegsende kam, aber ob sie bis zum Bruch gehen würden oder gar einen Frontwechsel auslösen könnten, war angesichts der amerikanischen „Händeweg-von-den-europäischen-Angelegenheiten-Parole“ mehr als zweifelhaft.[254] Diese Problematik hatte Winston Churchill mit den Worten umrissen:

„Mit dem Rückzug der deutschen Truppen in Italien drangen Titos Streitkräfte schnell in die Nordostecke des italienischen Territoriums vor. Lag ihnen doch daran, die von ihnen beanspruchten Gebiete und insbesondere Triest vor der Ankunft der angloamerikanischen Truppen in ihre Hand zu bringen. Aber sowohl wir, als auch die Amerikaner waren nicht weniger entschlossen, uns nicht nur Triest mit seinem ausgezeichneten Hafen als Nachschubbasis für unsere künftigen Besatzungszonen in Österreich zu sichern, sondern auch gewaltsame Grenzveränderungen vor dem Abschluss eines Friedensvertrages zu verhindern. Da wir uns in der Sache einig waren, wurde Feldmarschall Alexander […] ermächtigt, die nötigen Maßnahmen zur Sicherung unserer Position zu ergreifen.“[255]

Am 5. Mai 1945 telegrafierte Alexander an Churchill: „Tito […] befindet sich in einer viel stärkeren militärischen Position, als er zur Zeit meines Belgrader Besuches vorausgesehen hat, und wünscht, davon zu profitieren. Damals hoffte er, in Triest einzuziehen, wenn ich abgezogen wäre. Jetzt möchte er sich dort zum Herren machen und mich lediglich als Untermieter dulden. Wir dürfen nicht übersehen, dass er nach unserem Zusammentreffen in Moskau gewesen ist. Meines Erachtens wird er sich an unsere ursprünglichen Abmachungen halten, sofern ihm zugesichert wird, dass er Triest seinem neuen Jugoslawien einverleiben darf, sowie ich dieses nicht mehr als Stützpunkt für meine Streitkräfte in Jugoslawien brauche.“

Der britische Premierminister antwortete daraufhin seinem Feldmarschall am 6. Mai 1945: „Ihre ganze Korrespondenz mit Tito findet meinen Beifall, und es freut mich sehr, dass Sie noch rechtzeitig in Görz, Monfalcone und Triest eingetroffen sind, um Ihren Fuß in den Türspalt zu stellen. Tito, mit Russland als Rückendeckung, wird zwar heftig gegen diese Tür anrennen, ich glaube aber nicht, dass er es wagen wird, Sie in den von Ihnen eingenommenen Positionen anzugreifen. Sollten Sie jedoch ein befriedigendes Übereinkommen mit ihm nicht erzielen, müssen die Regierungen diesen Streitfall auf sich nehmen. Es kann aber keine Rede davon sein, dass Sie mit ihm über die Einverleibung Istriens oder sonst eines Teiles Vorkriegsitaliens in sein ‚neues Jugoslawien‘ vereinbaren. Das Schicksal jener Gegenden wird an den Friedensverhandlungen entschieden, was Sie ihm unzweideutig zu verstehen geben müssen.“[256]

Tags zuvor, am 5. Mai 1945, meldete die Agentur Reuter über den Kapitulationsversuch der deutschen Südostarmee:

„Der Oberkommandierende der deutschen Balkanarmee, General Löhr, gab gestern Abend um 21.30 Uhr über den Sender Zagreb eine Erklärung ab, nach der die deutschen Truppen mit ihren kroatischen Verbündeten bis zum letzten Blutstropfen gegen den Bolschewismus kämpfen werden. Dagegen wollen sie sich gegenüber den britisch-amerikanischen Armeen ergeben. Dies gelte für alle in Kroatien und Slowenien noch stehenden Truppen der deutschen Wehrmacht sowie für die kroatisch-slowenische Heimwehr. Somit ergibt sich für Kroatien und Slowenien eine ähnliche verworrene Situation wie in Triest, wo sich Deutsche und Tschetniks nicht den Truppen Marschall Titos ergeben wollten, aber vor den Neuseeländern kapitulierten."

Nach seinem Eintreffen in Heilenstein wurde Generaloberst Alexander Löhr von Generalfeldmarschall Albert Kesselring zu einer Besprechung nach Graz gebeten. Dort erfuhr der Oberbefehlshaber Südost vom Oberbefehlshaber aller im Süden stehenden Heeresteile am 6. Mai 1945, dass Deutschland am 9. Mai 1945 kapitulieren werde und jeder Waffengebrauch ab 00.00 Uhr einzustellen sei. Der General der Artillerie Maximilian de Angelis, Oberbefehlshaber der 2. Panzerarmee, wurde dem Oberbefehlshaber Südost unterstellt. Obwohl man in Löhrs Stab die wahre Lage, in welche die Deutschen auf dem Balkan nun unversehens geraten waren, nüchtern analysierte, weil schon am Mittwoch, dem 2. Mai 1945, Nachrichten über eine Kapitulation der in Oberitalien stehenden Heeresgruppe C eingelaufen waren, war man über die vernichtende Wirkung, die der Kapitulationsentscheid des Oberkommandos der Wehrmacht auf die Führung und Truppe in der Operationszone „Adriatisches Küstenland" ausübte, einig. Generalmajor Schmidt-Richberg schilderte die verzweifelte Lage folgendermaßen:

„Die Mehrzahl der kämpfenden Truppen konnten selbst bei größten Anstrengungen die Reichsgrenzen nicht vor Wirksamwerden des Kapitulationstermins überschreiten. Ein Befehl an die Truppen, sich auch über diesen Termin hinaus kämpfend auf die Reichsgrenze durchzuschlagen, war von Seiten des Oberbefehlshabers Südost nicht zu verantworten, obwohl die Heeresgruppe sich hätte unschwer durchschlagen können. Aber ein derartiger Befehl hätte die Truppe außerhalb jeden Rechts gestellt. Es blieb nur übrig, den Verbänden auf schnellstem Weg den Kapitulationstermin weiterzugeben, damit sie die befristete Zeit ausnutzen konnten. Hiermit hörte die Führung seitens der Heeresgruppe faktisch auf."[257]

Einen Tag später, am 7. Mai 1945, traf Gauleiter Dr. Friedrich Rainer mit Kesselring und Löhr in der steirischen Landeshauptstadt zusammen. Dort erfuhr der Oberste Kommissar in der Operationszone „Adriatisches Küstenland", dass die Wehrmacht am 8. Mai 1945, um 24.00 Uhr, kapitulieren werde. Noch am Abend desselben Tages fuhr er nach Klagenfurt zurück und hielt aus dem Befehlsbunker am Kreuzberg im Rundfunk seine letzte Rede, in der er seinen Rücktritt als Gauleiter von Kärnten erklärte:

„Kärntner und Kärntnerinnen!
Die Besetzung Kärntens durch feindliche Streitkräfte hat begonnen, die politische Tätigkeit der Partei findet damit ihr Ende. Ich verfüge die Einstellung der Tätigkeit in den Gebieten, die vom Feind erreicht sind. Ich selbst werde als Nationalsozialist von

den Feinden als Sprecher für Kärntens Interessen nicht anerkannt und nicht gehört. Ich mache daher als Reichsstatthalter Platz, um jenen Kräften, die der Auffassung unserer Feinde besser entsprechen, Gelegenheit zur Bildung einer neuen politischen Plattform zu geben. Zu diesem Zweck übertrage ich die Regierungsgeschäfte dem Gauhauptmann und kommissarischen Regierungspräsidenten Meinrad Natmeßnig.

In dieser Stunde rufe ich die Bevölkerung auf, Ruhe, Ordnung und Einigkeit zu bewahren. Erspart dem Lande weitere Opfer und Zerstörungen. Beachtet, Klagenfurter und Villacher, dass innere Unruhen mit dem Charakter einer offenen Stadt nicht zu vereinbaren sind und nach den Erfahrungen in Griechenland die Gefahr von Bombenangriffen herbeiführen.

Benehmt euch, Volksgenossen und Volksgenossinnen, würdig gegenüber der Besatzungsmacht. Bewahrt die nationale Ehre, Nationalsozialisten und Nationalsozialistinnen!

Ich danke euch für eure Treue zum Führer. Seine Idee lebt in uns. Tretet jetzt alle geschlossen und mit euren Kräften ein für das freie ungeteilte Kärnten!"

Gleich nach dieser Rede empfing Rainer Natmeßnig und übergab ihm die Vollzugsgewalt. Danach flüchtete er aus Pörtschach in die Berge zwischen Spittal an der Drau und dem Weißensee, wo er auf der Flucht verraten und am 31. Mai 1945 von den Briten festgenommen wurde.[258]

Dass sich auch der Oberbefehlshaber Südost schon seit einiger Zeit auf die umwälzenden militärpolitischen Ereignisse eingestellt hatte, mag man daraus ersehen, dass er bereits am 1. Mai 1945 General der Gebirgstruppe Ludwig Kübler befohlen hatte, sich mit seinem LXXXXVII. Armeekorps nach Norden durchzuschlagen. Die feindliche Übermacht war jedoch stärker und stellte sich dem zögernden Befehlshaber der Operationszone „Adriatisches Küstenland" in den Weg. Nachdem Löhrs Entsatzversuch aus dem Gebiet südlich von Laibach nach geringen Anfangserfolgen liegenblieb, war Küblers Armeekorps im Raum Fiume – Villa del Nevoso endgültig eingekreist.

Noch am 5. Mai 1945 hatte der Oberbefehlshaber Südost daher den Kapitulationsverhandlungen des LXXXXVII. Armeekorps zugestimmt, sodass General Kübler den Obersten Reindl am 6. Mai 1945 mit der Führung von Kapitulationsverhandlungen beauftragen konnte. Er erklärte sich bereit, die Waffen niederzulegen, falls die Jugoslawen einem ehrenvollen Geleit über die Reichsgrenze zustimmten. Dies wurde vom Gegner auch zugesagt.

So genehmigte Kübler in der darauffolgenden Nacht den Kapitulationsvertrag, der am 7. Mai 1945 von Generalleutnant von Hößlin und dem Chef des Generalsstabes der jugoslawischen 4. Armee unterzeichnet wurde:[259]

Abschrift A

Korpshauptquartier, den 6. Mai 1945

Generalkommando LXXXXVII. Armeekorps
Kdt. General

Ich beauftrage den Oberst Reindl als meinen bevollmächtigten Vertreter zur Führung von Verhandlungen. – Unter der Voraussetzung ehrenvollen Geleits über die deutsche Reichsgrenze bin ich bereit, die Waffen niederzulegen. – Ich vertraue auf das mir von Ihnen gegebene Soldatenwort.

gez. Kübler, General der Gebirgstruppe

Abschrift B

Wegen Einstellung der Feindseligkeiten und des weiteren Blutvergießens auf der einen und der anderen Seite kam es zwischen der Fiumer Gruppe unter Kommando des Herrn General Kübler und der Einheit des IV. Sturmkorps der jugoslawischen Armee, der 8. Stoßdivision zu Verhandlungen mit folgenden Beschlüssen:

1. Mit dem Augenblick der Unterzeichnung dieses Übereinkommens hören verbindlich alle Feindseligkeiten von einer und der anderen Seite auf.
2. Die ganze Gruppe unter Kommando des Generals der Gebirgstruppe Kübler hat bedingungslos die gesamten Waffen und das Material in gebrauchsfähigem, derzeitigem Zustand zu übergeben.
3. Die Übergabe der Waffen und des Materials hat unverzüglich zu erfolgen und sind Waffen und Material dem Stabe der 8. Stoßdivision zur Verfügung zu stellen.
4. Mannschaften, Offiziere und Unteroffiziere haben nach Einheiten die Waffen abzugeben und werden bis zur weiteren Veranlassung dem Kommando der 8. Stoßdivision unterstellt. Bis Ende des Jahres hat die Gruppe, welche sich ergab, aus unserem Lande in ihr Land gebracht zu werden und wird unsererseits so lange versorgt, bis diese Gruppe seitens einer anderen Einheit in anderem Lande aufgefangen wird. Schwerverwundete werden in unseren Krankenhäusern zurückgehalten und verbleiben in unserem Lande, bis die Möglichkeit des Transportes in ihr Land gegeben ist.
5. Auf Wunsch der sich ergebenden Truppe wird diese in dem Raum Klagenfurt in ihr Land gebracht werden.
6. Diesen Beschluss unterzeichnen für den Stab des IV. Sturmkorps der jugoslawischen Armee Oberst Bjelajać Stanko, Oberstleutnant Sukrija Bijedić. Er gilt für alle Einheiten der jugoslawischen Armee.
7. Für den Stab der sich ergebenden deutschen Gruppe zeichnet für den General der Gebirgstruppe Kübler Oberst Reindl.

Abschrift C

General der Gebirgstruppe LXXXXVII. Armeekorps Bistritza, 7. Mai 1945

An den Generalstab der 4. jugoslawischen Armee

In Ergänzung der am 7. Mai 1945 vereinbarten Waffenstillstandsbedingungen wurden heute mit dem Chef des Generalstabs der 4. Armee, Herrn Generalmajor Jākčić, folgende Vereinbarungen getroffen:

1. Sämtliche Fahrzeuge, Kraftfahrzeuge und das gesamte Gerät werden vor dem Einrücken in die Versammlungsräume im Fabrikgelände nordwestlich Bistritza abgestellt. Auf die ursprünglich vorgesehene zeitliche Begrenzung wird kein Wert gelegt. Der Abgabetermin wird um die unbedingt notwendige Zeit hinausgeschoben.
2. Jeder Mann behält sein persönliches Gepäck und Verpflegung, soviel er tragen kann. Dies gilt grundsätzlich auch für Offiziere, für deren Gepäckbeförderung für den Weitermarsch jedoch Fahrzeuge in Aussicht gestellt werden. Privatgepäck zurzeit bei den Trossen noch nicht eingetroffener Soldaten wird unter deutscher Bewachung gestapelt und wird durch das jugoslawische Heer nachgeführt.
3. Dem Korps verbleiben fünf Pkw und vier Kräder bis zum Ausscheiden aus dem Befehlsbereich der jugoslawischen Armee, und zwar zwei Pkw und ein Krad für den Korpsstab, je ein Pkw und ein Krad für die Division. Für die Kraftfahrzeuge werden besondere Ausweise ausgestellt.
4. Funkgeräte sind sofort abzugeben. Radiogeräte sind gestattet.
5. Sanitätsmaterial verbleibt bei der Truppe, Fehlendes wird geliefert.
6. Verpflegung für das Korps wird von dem jugoslawischen Heer geliefert und zugeführt.
7. Abmarsch aus dem Versammlungsraum wird in Bälde erfolgen, jedenfalls so, dass das Marschziel (Klagenfurt) bis 31. Mai 1945 erreicht ist. Eine Verlegung des Korps aus dem derzeitigen Versammlungsraum in das Grobniker Feld oder einen anderen Raum vor Antritt des Marsches in die Heimat kommt nicht in Frage.
8. Trennung von Offizieren, Unteroffizieren und Mannschaften während der Versammlung und auf dem Marsch erfolgt nicht. Die Truppenteile bleiben in sich geschlossen.
9. Der jugoslawischen Armee ist Stellenbesetzungsliste bis zu den Bataillonsstäben sowie Stärkemeldungen der Truppenteile vorzulegen.
10. Kroatische und italienische Faschisten, einschließlich Legionäre sowie beim Korps befindliche Zivilisten sind auszuliefern. Ihnen wird die gleiche Behandlung zugestanden wie der deutschen Truppe, jedoch mit der Maßgabe, dass sie nicht nach Deutschland mitgeführt, sondern nach ihrer Heimat entlassen werden.

11. Herausgabe der vor dem Waffenstillstand gemachten deutschen Gefangenen wird abgelehnt.
12. Beim Abmarsch sind nur gehfähige Verwundete mitzunehmen. Fahrzeugstellung für transportfähige Verwundete wird noch geprüft. Die nicht mit den Truppen abrückenden Verwundeten bleiben in hiesigen Spitälern unter deutschem Sanitätspersonal und werden nach ihrer Genesung unverzüglich in ihre Heimat in Marsch gesetzt.
13. Für alle noch aufkommenden Fragen ist der Chef des IV. Korps vom Kommandeur der 4. Armee mit der Entscheidung beauftragt. Ein jugoslawischer Verbindungsoffizier tritt zur Regelung von Einzelfragen zum Korps.
14. General von Hößlin erklärt auf den Vorwurf, dass die Truppe einen Teil der Waffen zurückbehalten habe, dass er sich verantwortlich dafür einsetzen werde, dass diese und sämtliche anderen Vereinbarungen mit peinlicher Genauigkeit erfüllt werden.

Das Korps bittet um schriftliche Bestätigung der Richtigkeit vorstehender Vereinbarungen auf beiliegendem Umschlag.

Generalkommando LXXXXVII. Armeekorps z. b. V.
Der Kommandierende General:
i. V.: von Hößlin, Generalleutnant.

Nun ließ Löhr den Kapitulationstermin auf schnellstem Wege allgemein bekanntgeben, damit noch möglichst viele Truppen, die sich auf slowenischem Gebiet befanden, die Reichsgrenze noch vor dem 9. Mai 1945 überschreiten konnten. Über die Verhandlungen des Oberbefehlshabers Südost äußerte sich sein Generalstabschef wie folgt:

„Generaloberst Löhr stellte sich den Tito-Stäben zu näheren Vereinbarungen über die Kapitulation zur Verfügung, um für die in diese Gefangenschaft geratenden Soldaten sich persönlich einsetzen zu können. Für notwendige Verhandlungen mit der sowjetischen Seite wurde der Oberbefehlshaber des Panzerarmeeoberkommandos 2, General de Angelis, und mit der angloamerikanischen (de facto jedoch britischen) Seite der Befehlshaber des XXXIV. Armeekorps, General Felmy, beauftragt. Der Generalstabschef der Heeresgruppe E, Generalmajor Schmidt-Richberg, nahm außerdem noch persönlich Verbindung mit den Engländern auf, um wenigstens die auf deutsches Gebiet übertretenden Truppen vor einer Auslieferung an die Tito-Verbände zu bewahren. Seine Intervention glückte freilich – trotz britischen Entgegenkommens – nur teilweise, weil die britische Politik sich bereits anderweitig festgelegt hatte. So gerieten etwa 150.000 deutsche Soldaten und Offiziere in jugoslawische Gefan-

K a p i t u l a t i o n s - U r k u n d e n
des LXXXXVII. A.K.

Abschrift A.

Gen.Kdo. LXXXXVII.A.K. K.H.Qu.,den 6.5.1945.
Kommand.General.

Jch beauftrage den Oberst Reindl als meinen bevollmächtigten Vertreter zur Führung von Verhandlungen.- Unter der Vorraussetzung ehrenvollen Geleits über die deutsche Reichsgrenze bin ich bereit, die Waffen niederzulegen.- Jch vertraue auf das mir von Jhnen gegebene Soldatenwort.

gez. K ü b l e r
Gen. d. Geb.Truppen.

Abschrift B.

Wegen Einstellung der Feindseligkeiten und des weiteren Blutvergießens auf der einen und der anderen Seite kam es zwischen der Fiumer Gruppe unter Kommando des Herrn Generals Kübler und der Einheit des IV. Sturmkorps der jugoslavischen Armee, der 8. Stoßdivision, zu Verhandlungen mit folgenden Beschlüssen:
1. Mit dem Augenblick der Unterzeichnung dieses Übereinkommens hören verbindlich alle Feindseligkeiten von einer und der anderen Seite auf.
2. Die ganze Gruppe unter Kommando des Generals der Gebirgstruppen Kübler hat bedingungslos die gesamten Waffen und das Material in gebrauchsfähigem, derzeitigen Zustand zu übergeben.
3. Die Übergabe der Waffen und des Materials hat unverzüglich zu erfolgen und sind Waffen und Material dem Stabe der 8. Stoßdivision zur Verfügung zu stellen.
4. Mannschaften, Offiziere und Unteroffiziere haben nach Einheiten die Waffen abzugeben und werden bis zur weiteren Veranlssung dem Kommando der 8. Stoßdivision unterstellt. Bis Ende des Jahres hat die Gruppe, welche sich ergab, aus unserem Lande in ihr Land gebracht zu werden und wirdunsererseits so lange ver~~pflegt~~sorgt, bis diese Gruppe seitens einer anderen Einheit in anderem Lande aufgefangen wird. Schwerverwundete werden in unseren Krankenhäusern zurückgehalten und verbleiben in unserem Lande, bis die Möglichkeit des Transportes in ihr Land gegeben ist.
5. Auf Wunsch der sich ergebenden Truppe wird diese in dem Raum Klagenfurt in ihr Land gebracht werden.
6. Diesen Beschluß unterzeichnen für den Stab des IV.Sturmkorps der jugoslav. Armee Oberst Bjelajač Stanko, Obeestleutnant Sukrija Bijedič. Er gilt für alle Einheiten der jugoslavischen Armee.
7. Für den Stab der sich ergebenden deutschen Gruppe zeichnet für den General der Geb.Truppen Kübler Oberst Reindl.

Die Kapitulationsurkunden des LXXXXVII. Armeekorps im Original – Teil 1.

61

IIa

Gen.Kdo.LXXXXVII.A.K.z.b.V.
Ia

K.H.Qu., den 7.5.45.

188.Geb.Div.
237.J.D.
392.J.D.

1.) Seit 6.5.45, 12.oo Uhr, ist an der Westfront mit Anglo-Amerikanern Waffenruhe eingetreten.

2.) Der Kommandierende General, General der Gebirgstruppe Kübler, hat in der Nacht vom 6. zum 7.5.45 wegen völliger Einschliessung und Mangel an Versorgungsgut einen Vertrag über Einstellung der Feindseligkeiten unter Zusicherung ehrenvollen Abzuges ohne Waffen in die Heimat abgeschlossen.

3.) Die Feindseligkeiten sind sofort einzustellen, jede Bewegung hat aufzuhören.

4.) Die Truppen verbleiben, wo sie sind, die Waffen sind erst auf besonderen Befehl des Gen.Kdo. nach Regelung der Einzelheiten niederzulegen.

5.) Die örtlichen Truppen- und Einheitsführer haben Aufforderungen von Einzelpersönlichkeiten ~~zur Abgabe der Waffen abzulehnen und sie~~ an ihre vorgesetzten Dienststellen zu verweisen.

Kübler

General der Gebirgstruppe

Die Kapitulationsurkunden des LXXXXVII. Armeekorps im Original – Teil 2.

Abschrift B.

Gen.d.Geb.Tr.
LXXXXVII A.K.

Bistrica, 7.5.1945
(Villa del Nevoso)

An den Generalstab der 4. jugoslavischen Armee.

Wegen Einstellung der Feindseligkeiten und des weiteren Blutvergiessens auf der einen und der anderen Seite kam es zwischen der Fiumer Gruppe unter Kommando des Herrn Generals Kübler und der Einheit des IV. Sturmkorps der jugoslavischen Armee, der 8. Stoss-Division, zu Verhandlungen mit folgenden Beschlüssen :

1. Mit dem Augenblick der Unterzeichnung dieses Überein=kommens hören verbindlich alle Feindseligkeiten von einer und der anderen Seite auf.

2. Die ganze Gruppe unter Kommando des Gen.d. Geb.Truppen Kübler hat bedingungslos die gesamten Waffen und das Material in gebrauchsfähigem , derzeitigen Zustand zu übergeben.

3. Die Übergabe der Waffen und des Materials hat unver=züglich zu erfolgen und sind Waffen und Gerät dem Stabe der 8. Stoss-Division zur Verfügung zu stellen.

4. Mannschaften, Offiziere und Unteroffiziere haben nach Einheiten die Waffen abzugeben und werden bis zur weiteren Veran=lassung dem Kommando der 8. Stoss-Division unterstellt. Bis Ende des Jahres hat die Gruppe, welche sich ergab,aus unserem Lande in ihr Land gebracht zu werden und wird unsererseits so lange versorgt bis diese Gruppe seitens einer anderen Einheit in anderem Lande aufgefangen wird. Schwerverwundete werden in unseren Krankenhäusern zurückgehalten und verbleiben in unserem Lande, bis die Möglich=keit des Transportes in ihr Land gegeben ist.

5. Auf Wunsch der sich ergebenden Truppe wird diese in den Raum Klagenfurt in ihr Land gebracht werden.

6. Diesen Beschluss unterzeichnen für den Stab d.IV. Sturmkorps der jugoslavischen Armee Oberst Bjelajac, Oberstleut=nant Sukrija Bijedic. Er gilt für alle Einheiten der jugoslavischen Armee.

7. Für den Stab der sich ergebenden deutschen Truppen zeichnet für den Gen.d.Geb.Tr. Kübler. Oberst Reindl.

Die Kapitulationsurkunden des LXXXXVII. Armeekorps im Original – Teil 3.

genschaft, obwohl die Jugoslawen die Deutschen auf dem Kampffeld nicht hatten schlagen können."[260]

Jetzt sahen die meisten nur mehr den Tod vor sich, nachdem der deutsche Rückzug am 8. Mai 1945 an der Drau zum Stehen gekommen war, da auch die bulgarischen Truppen einen Durchbruch nach Norden zu verhindern versuchten. Damit stand fest: „Auf dem Balkan mussten die 300.000 Mann der Heeresgruppe Löhr", auf die Raymond Cartier sie bezifferte, „sich den Partisanen Titos ergeben, die an ihnen grausam Rache übten."[261]

Trotz der eindeutigen Abmachungen zwischen den Deutschen und den Jugoslawen war es also für die Heeresgruppe E und die Angehörigen des LXXXXVII. Armeekorps in der Operationszone „Adriatisches Küstenland" doch ganz anders gekommen. Wie die Fronttruppe diesen Umschwung und das Kriegsende in Istrien erlebte, das erfahren wir nun von Dr. Schulze:

„Zufällig kam Huber zu mir und im Walde stehend, besprachen wir den zuletzt erhaltenen Waffenruhebefehl. Zwei bis drei Leute standen um uns. Da schlug plötzlich neben uns eine feindliche Wurfgranate ein und detonierte: Ein Mann tot, einer verwundet, Huber und ich blieben unverletzt. Nur ein zehn Zentimeter langer Splitter war durch mein Kartenbrett, das ich unter dem Arm trug, geschlagen. Welch ein Glück! So hätte ich fünf Minuten nach Schluss noch den Heldentod sterben können. Das war Gottes Fügung!

Wir hatten uns kaum von unserem Schrecken erholt, als vom vorderen Waldrand wieder ein Melder eintraf, der berichtete, dass von der Feindseite her sechs bis acht Parlamentäre mit weißer Flagge sich näherten mit dem Zuruf, sie wollten den Kommandanten sprechen. Ich ging ihnen mit Maus, Oberjäger Flaschberger und einigen Leuten entgegen. Wir näherten uns auf circa dreißig Meter. Unsere Begleitmannschaften blieben zurück. Zwischen den beiden Fronten schritt mir ein Partisanenmajor entgegen. Wir grüßten und als äußeres Zeichen für gegenseitigen Nichtgebrauch der Waffen, boten wir uns eine Zigarette an."

Nun kam es zu folgendem Dialog:

Partisan: „Sind Sie der Kommandant?"

Schulze: „Ja! Sie wünschen?"

Partisan: „Wir haben Befehl zur Waffenruhe erhalten. Legen Sie die Waffe ab!"

Schulze: „Ich bin nicht gewohnt, vom Feinde Befehle anzunehmen!"

Partisan: „Ein Waffenstillstand wurde bereits von Ihrem Korps unterzeichnet, aufgrund dessen Sie und Ihre Truppen die Waffen abzulegen haben."

Schulze: „Ich habe momentan keine Verbindung zum Korps, ich muss vorher das Korps befragen. Mein Pkw ist gerade zur Meldungserstattung weg. Können Sie mir einen Pkw zur Verfügung stellen, damit ich zu meinem Korps fahren kann?"

Partisan: „Bitte kommen Sie mit, mein Pkw steht Ihnen zur Verfügung, er steht weiter hinten!"

Was dann geschah, schildert unser Chronist so:

„Ich teilte Major Huber und Regimentsadjutant Maus meine Absicht, mit einem Begleiter über Sembie zu den Partisanen und dann weiter zum Korps nach Villa del Nevoso zu fahren, mit. Ich wolle möglichst bald zurückkommen. Bis dorthin geschieht nichts ohne meinen Befehl, die Einheiten bleiben unter Führung von Major Huber in ihren erreichten Stellungen. Daraufhin ging ich mit Flaschberger zusammen mit dem Partisanenmajor zu seinem Pkw – ein erbeuteter deutscher Kübel – und fuhr mit einem Partisanenfahrer und einem Dolmetscher nach Sembie und weiter nach Fontana, wo der Stab des IV. Partisanenkorps lag. Dort enthielt ich einen anderen PKW. Zurück nach Sembie, dann auf Zick-Zack-Straße zuerst durch die Partisanenschützenstellungen durch, wobei der Partisanendolmetscher seinen Leuten bedeutete, uns passieren zu lassen. Dann hinein ins Niemandsland und kurze Zeit später in die vordersten ersten deutschen Stellungen, wo sich das Gleiche – nur umgekehrt – wiederholte.

Der Wagen führte den Partisanenwimpel mit Hammer und Sichel. Ich stand aufrecht hinter der Windschutzscheibe und rief den Deutschen zu, nicht zu schießen und die Straße frei zu machen. Allmählich gerieten wir so nach Villa del Nevoso, wo Hunderte und Aberhunderte von Landsern herumstanden, ohne Waffen, gestikulierend, neben und auf den Fahrzeugen, die total die Straßen versperrten. Erstaunt sahen sie uns an, wie wir uns durchquälten. Ich fragte mich zum Korps durch, fand dieses bald in der Mühle und meldete mich bei General von Hößlin."[262]

Dort hatte sich der gesamte Stab des LXXXXVII. Armeekorps einschließlich Ia, IIa, Ic und mehrerer Ordonanzoffiziere in einem Zimmer versammelt. Aber auch Oberst Christl, der zeitweilige Führer der 188. Gebirgsdivision, war ebenso anwesend wie Major Kuhn, Hauptmann Berger, Hauptmann Scherp und Leutnant Laban. Man staunte nicht schlecht, als Dr. Schulze den Raum betrat. Zwischen dem General und seinem Regimentskommandeur entwickelte sich dann folgendes Gespräch:

Hößlin: „Ja, Schulze, wo kommen Sie auf einmal her? Ich vermutete Sie bei Ihren Einheiten beim Durchbruch nach Fontana! Haben Sie den Funkspruch über die Waffenruhe ab 06.05 Uhr nicht erhalten?"

Schulze: „Herr General, der Funkspruch mit der Waffenruhe ab 06.05 Uhr war für mich einfach unverständlich. Ich funkte zurück und erbat das vereinbarte Stichwort. Meine Einheiten haben in einem schwungvollen Angriff ein Loch geöffnet, sind mir nach vorne durchgebrannt und befinden sich jetzt wahrscheinlich auf dem Wege zur Reichsgrenze. Es wurden noch drei Panzer abgeschossen. Zur Meldungserstattung

„Vereint" – Ein Mobilmachungsposter gegen die alliierte Besetzung Jugoslawiens.

musste ich einen kurzen Stopp einlegen, was die Partisanen ausnützten, dieses sofort wieder zu schließen. Es erschienen Parlamentäre mit der Aufforderung zur Waffenniederlegung, die ich aber ablehnte."

Hößlin: „Warum sind Sie und General Kübler nicht zu mir gekommen?"

Schulze: „Da ich keine Verbindung zur Division beziehungsweise zum Korps hatte, machte ich es wie früher bei unseren Gebirgsübungen und gemeinsamen Manövern: War der Saustall zu groß geworden und kannte man sich als Führer nicht mehr aus, zog man die weiße Schiedsrichterarmbinde an, ging zum Feinde hinüber, setzte irgendetwas außer Gefecht und begab sich zum Schiedsrichterstab. So habe ich es auch diesmal gemacht, erbat vom Partisanenmajor seinen Kübel, den er mir auch zur Verfügung stellte. Ich fuhr zur jugoslawischen Division nach Sembie, die mich zum Stab der IV. Partisanenarmee, General Trapsin, weiterleitete, wo ich abermals meine Bitte vortrug, einen anderen Wagen erhielt, durch die Partisanenreihen, durchs Niemandsland gebracht wurde, und jetzt bin ich hier, um mich über die entstandene Lage zu informieren."

Hößlin (kopfschüttelnd): „Ich glaube, Schulze, mit Ihnen kann man noch zehn Jahre Krieg führen. Sie sind nicht unterzukriegen ..." Jetzt setzte der General von Hößlin seinen Regimentskommandeur nicht nur über den abgeschlossenen Waffenstillstandsvertrag in Kenntnis, sondern er ließ ihn auch noch die Kapitulationsurkunde, die er in seinen zittrigen Händen hielt, lesen.

„Tja, Herr General", entfuhr es da Schulze, „da kann man jetzt nichts mehr machen. Der Krieg ist aus." Und prophetisch fügte er hinzu: „Hoffentlich wird der Vertrag auch von den Partisanen eingehalten?"

Dann ließ der General den alten Haudegen von einem seiner anwesenden Offiziere über die Sammelräume der jeweiligen Einheiten informieren, aber auch darüber, dass die Waffen in gebrauchsfähigem Zustand abzuliefern seien und die Männer anschließend unter der Führung ihrer Einheitsführer in die bekanntzugebenden Sammelräume zu marschieren hätten. Über das weitere Geschehen berichtet Schulze:

„Für den Abtransport meiner Verwundeten erbat ich fünf Sankas, die ich mir, wenn vorhanden, aus dem in Villa del Nevoso befindlichen Hauptverbandsplatz ausborgen sollte. Ich verabschiedete mich, fuhr mit dem Partisanenkübel zum Hauptverbandsplatz und organisierte fünf Sankas, die mir zu folgen hatten. Unterdessen war es 13.00 Uhr geworden. Mit meiner Kolonne fuhr ich den gleichen Weg zurück nach Sembie und von dort zu meinen letzten Stellungen, wo ich um 16.00 Uhr eintraf.

Während meiner Abwesenheit wurde Major Huber des Öfteren von einem jugoslawischen Offizier bedrängt, die Waffen abzulegen und in Gefangenschaft zu gehen. Doch hielt Huber an seinem Auftrag fest, bis zu meiner Rückkehr nichts ohne meinen Befehl zu unternehmen. Doch war bereits mit dem Zusammenziehen der letzten Männer begonnen worden. Es herrschte eitel Freude über meine Rückkehr, denn wie mir Maus später versicherte, waren alle Offiziere und Mannschaften bei meiner Abfahrt fest überzeugt, mich das letzte Mal gesehen zu haben. Sie meinten, ich sei in den Tod gefahren.

Das Einladen der Schwerverwundeten war rasch geschehen. Sie wurden nach Villa del Nevoso gefahren. Jetzt begann in Zweierreihen der Abmarsch nach Sembie, rechts und links in fünfzig Metern Abstand eskortiert durch waffentragende Partisanen. Dort trafen wir gegen 18.00 Uhr ein. Auf dem Hinweg überlegte ich, was ich meinen Männern sagen wolle und ob ich die Waffen wirklich in gebrauchsfähigem Zustand abliefern solle. Leise ließ ich durchsagen, dass die Waffen auf Befehl zerstört werden sollten.

Auf einem freien Platz am Ortsrand von Sembie ließ ich die Einheiten – es waren vielleicht noch im Ganzen 400 Mann – ein offenes Viereck bilden, Gewehr bei Fuß, neugierig umstanden von etwa 1.500 bis 2.000 Partisanen, die sich aber doch in einer respektvollen Entfernung von 150 Metern aufhielten."

Eine knisternde Atmosphäre lag über dem dramatischen Geschehen. Die Nerven der Deutschen und Jugoslawen waren zum Zerreißen gespannt, als Schulze zu sprechen begann:

„Männer und Kameraden der 188. Gebirgsdivision!
Wegen des heute Vormittag abgeschlossenen Waffenstillstandes ist für uns der Krieg zu Ende. Unsere Gruppe hat kapituliert, um weiteres Blutvergießen zu vermeiden.

Ihr habt Euch in den letzten Tagen tapfer geschlagen, habt in einem schwungvollen Angriff heute früh nochmals in fast aussichtsloser Lage das Loch geöffnet, um kämpfend die Heimat zu erreichen. Ich musste einen Stopp einlegen, um unsere Division und das Korps zu verständigen, um sich dem Durchbruch anschließen zu können. Sie blieben aus!

Ich danke Euch für Euren Mut, für Eure Tapferkeit und kameradschaftliches Zusammenhalten. Ich danke Euch für Euer Durchhalten! Und für Eure Disziplin. Wenn es uns nicht gelungen ist, unser erstrebtes Endziel zu erreichen – unsere Heimat, Eure Frauen, Eltern und Kinder – Unsere und Eure Schuld waren es nicht. Ein Höherer hat es so gewollt! Ihr tretet makellos den Weg in die Gefangenschaft an, denn laut Abkommen von heute früh sollen wir bis zum 31. Mai nach Österreich überführt werden. Die Verpflegung wird von der Partisanenarmee übernommen.

Die Zeit in der Gefangenschaft wird hart werden, es kommen bestimmt harte Tage! Haltet zusammen und verlasst Euch gegenseitig nicht. Denkt daran, dass Ihr Österreicher, dass Ihr Deutsche seid und bleibt. Vergesst Euch selbst nicht und haltet Euren Kopf hoch, auch wenn es Euch noch so schwer fallen wird, dann betet zu Eurem Herrgott, der Euch bisher so gut beschützt hat.

Und nun gedenken wir noch unserer Toten und Vermissten, unserer Kameraden, die nicht das große Glück haben durften, lebend aus diesem Kampf herausgekommen zu sein wie wir, die wir sie zurücklassen müssen in einem fremden Land, unter fremder Erde. Wir gedenken Ihrer durch dreifache Abschiedssalve:

Stillgestanden! Mit scharfen Patronen laden!
Hoch legt an!
Feuer!
Hoch legt an!
Feuer!
Setzt ab!
Durchladen!
Hoch legt an!
Feuer!
Setzt ab!
Waffen ablegen!!!“[263]

Aber die Waffen wurden nicht so behutsam wie die Braut des Soldaten niedergelegt, sondern sie wurden wütend hingeworfen, hingeschleudert, hingeschmettert. Die Gewehrkolben wurden solange auf den Boden geschlagen, bis sie zersplitterten. Die Schlagbolzen wurden entfernt, die Verschlüsse aus den Geschützen und Granatwerfern genommen und unbrauchbar gemacht. Das mitgeführte Funkgerät wurde dermaßen unsanft auf den Boden geworfen, dass die feine Apparatur zerstört wurde. Was dann geschah, schildert uns Schulze so:[264]

„Nunmehr schritt ich die kleine Front ab. Die Tränen standen mir und den Leuten in den Augen, wir schämten uns ihrer nicht! Allen Führern und vielen Leuten reichte ich noch die Hand. Sprechen konnte keiner mehr von uns. [...]

Die einzelnen Kompanien, Batterien und so weiter machten rechts um zum letzten Vorbeimarsch, zum Marsch in die Gefangenschaft. Jeder Führer meldete noch die Stärke durch Heraustreten beim Abmarsch in die Sammelräume. Auch die Tragtiere – abgesattelt – folgten leer hinten nach. Dies hatte ich noch angeordnet, da ja die Tiere weder zum Material noch zu den Waffen rechneten und in mir Zweifel aufgekommen waren hinsichtlich der vertragsgemäß zugesagten Verpflegung durch die Partisanen.

Der Vorbeimarsch dauerte keine zehn Minuten. Ich grüßte zum letzten Male die Leute und stand dann allein auf weiter Flur, mutterseelenallein und schaute traurigen Auges den Männern nach. [...]

In weitem Abstand ging ich meinen abziehenden Männern nach. [...]

Allein auf der Straße. Ich war darauf gefasst, je weiter ich wegkam, von einem unbeherrschten Partisanen in seinem Siegesrausch noch eine tödliche Kugel zu bekommen. Ich hatte mit meinem Leben abgeschlossen [...] Ich glaube, dass dieser letzte Akt eines deutschen Führers und das Verhalten der Männer bei den um uns gruppierten Partisanen und Dorfbewohnern von Sembie wohl den tiefsten Eindruck von einer disziplinierten Truppe erwecken musste, der sie auch noch nach der Waffenabgabe der deutschen Truppen in Erstaunen und Hochachtung versetzte."[265]

Aber nicht jeder sah oder schilderte den letzten Akt der deutschen Tragödie in der Operationszone „Adriatisches Küstenland" so heroisch wie Schulze. Voller Bitterkeit bemerkte zum Beispiel Gottfried Gebenetter:

„Als Waffenlose wurden wir wie Vieh im Raume Marburg zusammengetrieben und es gab am ersten Tag schon Hunderte von Toten. Sie haben mit unseren Waffen und Munition im Siegestaumel wahllos in uns hineingeschossen. Dies alles wäre nicht passiert, wenn unsere Generalität nicht versagt hätte. Am 7. Mai bestand die Südostarmee aus siebzig Prozent gut ausgerüsteter Soldaten. Uns gegenüber standen höchstens 40.000 Banditen (Waldläufer). Nur ein Befehl von oben und kein einziger Bandit hätte sich aus den Wäldern herausgetraut. Nicht wir Soldaten haben den Krieg verloren, sondern die befehlsgewohnten Offiziere.

Ich kam mit vielen Tausenden nach Marburg. Eine Woche bekamen wir überhaupt nichts zu essen. Dann bekamen wir einen großen Hund, den wir abschlachten konnten. Wir hatten ihn nur mit Wasser ohne Salz gekocht und vor Hunger gegessen. In dieser Zeit hörten wir alle Nächte rund um Marburg die Maschinengewehre hämmern. Zuerst dachten wir, sie veranstalten noch immer Siegesfeiern. Aber schon nach der ersten Nacht wurden wir eines Besseren belehrt.

Am Panzergraben rund um Marburg wurden sie jede Nacht zu Tausenden aufgestellt und mit den Maschinengewehren hineingemäht. Noch bei Nacht mussten Gefangene sie notdürftig zuschaufeln. Bei Tag hat man uns hinausgetrieben und wir mussten eine Schicht von zwanzig Zentimetern darüber schaufeln. Und so ging es die ganzen acht Nächte, die ich in Marburg war, weiter. Seit damals weiß ich, dass der Panzergraben um Marburg ein einziges Massengrab ist. Ermordete Deutsche, Österreicher, Polen, Ungarn, Tschechen, Kroaten und Serben, alles Soldaten, die die deutsche Uniform trugen. Wieviel Zivilisten dort begraben wurden, wird niemand mehr erfahren. Auch von Kärnten wurden Hunderte verschleppt, die nie mehr zurückkamen, wahrscheinlich wurden sie auch dort verscharrt."[266]

Aber auch das verdient, um der historischen Wahrheit willen, festgehalten zu werden: „Ich will dem Carl Schulze nichts von seinen Taten und Erfolgen wegnehmen", schrieb Oberst Josef Brandl nach Kriegsende und Gefangenschaft in Titos Folterlagern an seinen Kameraden Oberstleutnant Ludwig Denizot, „deshalb bin ich bisher immer so schweigsam – oder vorsichtig? – gewesen! Aber ich habe schon einmal in einem Beitrag an Dich angedeutet, dass ich – im Rahmen der 237. Infanteriedivision, weil dort unterstellt – so ungefähr ‚in Teufels Küche' gekommen wäre, weil Carl beim Loslösen, um den 1. Mai herum, einen Befehl nach Gutdünken nicht ausgeführt, abgeändert und so weiter hat ohne mich oder die 237. Division zu verständigen. Diese ‚Änderung' hat ihm dann in der Folge ermöglicht, zu Hößlin zu fahren [...] und dann zuletzt die Parade seines Regiments vor 1.500 Partisanen mit Ehrensalve halten zu können, während es mir, an die 237. Infanteriedivision angekettet, nur mit Mühe gelungen ist, der Einkesselung zu entkommen und erst nach der Kapitulation in die Gefangenschaft zu kommen, nach einem Nachtmarsch von zwei Mann noch mit Maschinenpistolen bewaffnet! Dies natürlich ohne Ehrensalve!"[267]

Denkmal der Partisanen im slowenischen Kranjska Gora.

20. Die „Sühne- und Todesmärsche" in die jugoslawische Kriegsgefangenschaft

Am 12. Mai 1945 erklärten die Jugoslawen den Kapitulationsvertrag vom 7. Mai 1945 unter Hinweis auf kleinere ungeklärte Zwischenfälle für hinfällig. Vielen Soldaten war seinerzeit völlig unverständlich, dass die beiden Generäle Kübler und Hößlin so naiv gewesen waren, dem Wort eines Partisanenführers zu vertrauen, man würde sie unbehelligt heimwärts ziehen lassen.

An jenem Tag, als Tito die Maske endgültig fallenließ, kabelte der britische Premierminister Churchill an den US-Präsidenten Truman: „Ich bin über die europäische Lage zutiefst beunruhigt. [...] Was soll mit Russland geschehen? [...] Ein Eiserner Vorhang ist vor seiner Front herabgelassen worden, was dahinter vor sich geht, wissen wir nicht. [...] Zweifelsohne werden sie das ganze Gebiet hinter der Linie Lübeck – Triest – Korfu bald ganz beherrschen. [...] Inzwischen wird die Aufmerksamkeit unserer Völker davon voll beansprucht, Deutschland, das zertrümmert und gedemütigt ist, irgendwelche Härten aufzuerlegen, sodass es sehr bald für die Russen offenstehen wird. [...] Wenn die Russen wollen, können sie bis an die Nordsee und den Atlantik vordringen. [...] Alles in allem scheint mir eine Regelung hinsichtlich Russlands alle anderen Probleme in den Schatten zu stellen."[268]

Diese Aussage hatte ihre Richtigkeit, doch vergaß Winston Churchill zu erwähnen, dass er an dieser Nachkriegsordnung maßgeblich beteiligt war. Denn „als die Kriegsführung noch allein in seinen Händen lag, hatte er erklärt, sein Ziel sei ein ‚Sieg um jeden Preis'. Dass er unter dieser Devise handelte", war schon bald für den britischen Generalmajor und Historiker James Frederik Charles Fuller unbegreiflich.[269]

Nun waren die Würfel gefallen. Das Spiel war damit sowohl für den größten Teil der Heeresgruppe E als auch für die Angehörigen der Operationszone „Adriatisches Küstenland" verloren. War es nicht wiederholt der in Rumänien geborene Generaloberst Alexander Löhr gewesen, der sich sehr pessimistisch über die Schwierigkeiten geäußert hatte, als seine Armee, aus westlicher und östlicher Richtung von den Alliierten gleichermaßen zusammengeschoben, bei dieser Zangenbewegung vom Reichsgebiet abgeschnitten zu werden drohte? Jener Löhr, der 1933 Kommandant der österreichischen Luftstreitkräfte wurde und später zum Oberbefehlshaber der Luftflotte 4 (Wien) ernannt worden war[270], und der jetzt mit seinen Soldaten die bedrohten Grenzgebiete Kärntens und der Steiermark vor dem Kommunismus und einem Großslowenien von Triest bis in den weichen Unterleib der ehemaligen k. u. k. Monarchie zu bewahren versucht hatte. Er war monatelang bestrebt gewesen, „die rund 400.000 Mann der Heeresgruppe E gegen die österreichische Grenze zurückzuführen."[271] Vergebens! Jetzt nahm das Schicksal des Oberbefehlshabers Südost und seiner

Männer einen dramatischen Verlauf. Noch standen die Offiziere, Unteroffiziere und Mannschaften des LXXXXVII. Armeekorps während der ersten Nachkriegstage völlig unter dem Eindruck des zurückliegenden turbulenten Kampfgeschehens, da begann für die Masse von ihnen der Elendsmarsch in die jugoslawische Kriegsgefangenschaft.

Ein „Sühne- und Todesmarsch" ohnegleichen, mit unsäglichen Leiden und Entbehrungen, auf dem Zehntausende (es darf wohl mit über 20.000 gerechnet werden) vor Erschöpfung umkamen oder erschossen und erschlagen wurden, was eine gröbste Verletzung der Genfer Konvention darstellte. Sie „ging in dem Bemühen, die Lage der Kriegsgefangenen zu verbessern und ihre rechtliche Stellung zu sichern, [...] zwar weit über die Haager Landkriegsordnung hinaus [...] Der Zweite Weltkrieg zeigte [jedoch], dass die sorgsame rechtliche Detaillierung keine größere Rechtssicherheit für die Kriegsgefangenen verbürgte, als die generelle Bestimmung. [...] Die Realisierung des Grundsatzes der Genfer Konvention, dass es Pflicht jeder Macht sei, im äußersten Falle eines Krieges dessen unvermeidliche Härte abzuschwächen und das Los der Kriegsgefangenen zu mildern, wurde durch den Charakter des totalen Krieges eingeschränkt und im Letzten unmöglich gemacht."[272]

Folgen wir, als Beispiel für andere Einheiten, der Passion der Angehörigen des Gebirgsjägerregiments 903 des Obersten Josef Brandl. Der Privatdozent Prof. Dr. med. Gerlach Bargon hat diesen Leidensweg der Kriegsgefangenen anhand von Tagebucheintragungen chronologisch zusammengestellt:[273]

„8. Mai 1945: Sammeln des Regiments bei Iasena di Bisterza.
9. Mai 1945: Zuteilung einzelner Sammelwiesen für die einzelnen Kompanien. Die Kompanieführer behalten die Kommandogewalt und sorgen für soldatische Disziplin. Sämtliche Verpflegung muss abgegeben werden. Sie wird von Oberjäger Hirtner in Empfang genommen, danach gleichmäßig auf alle Angehörigen der Kompanie verteilt. Auf diese Weise wird eine Verpflegung sämtlicher Kompanieangehöriger sichergestellt. Jugoslawische Offiziere kommen und erkundigen sich nach der Lage der Truppe. Verpflegung wird für die nächsten Tage in Aussicht gestellt.
13. Mai 1945: Bisher noch immer keine Verpflegung von den Partisanen eingetroffen. Eigene Vorräte gehen zu Ende. Mittags kommen mehrere jugoslawische Offiziere und holen die deutschen Offiziere der Kompanien ab. Die Befehlsgewalt in den Kompanien geht auf die ältesten Unteroffiziere, meist Hauptfeldwebel, über. Abmarsch in Richtung Rupa. Bei Rupa wird Rast gemacht und die Nacht verbracht. Viele Soldaten wurden bereits ihrer Uniformen, Schuhe und anderen Habseligkeiten beraubt. Uhren, Füllfederhalter und Taschenmesser müssen abgegeben werden.
14. Mai 1945: Marsch über Rupa, Mattuglie, Fiume und Susak bis in die Bucht von Martinščica. Die Verpflegung ist seit zwei Tagen aufgezehrt. Keine Verpflegung von Seiten der Partisanen. Die Bevölkerung an der Marschstraße wirft Brot und Mais-

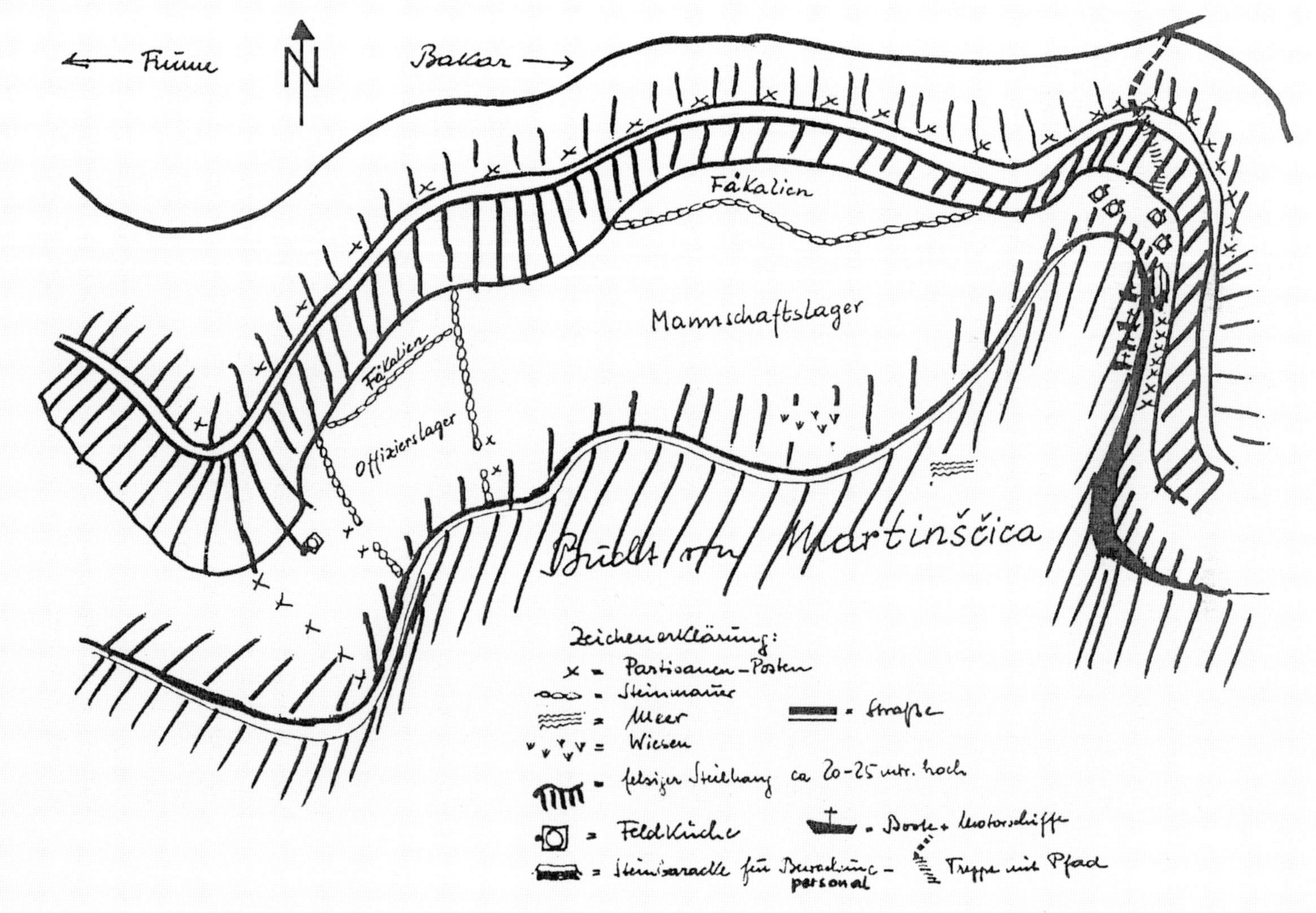

Eine Übersichtszeichnung der Bucht von Martinščica.

kuchen in die Soldaten. Durch die starke Hitze herrscht großer Durst. Wasserholen ist verboten und wird mit Schlägen, Fußtritten und sogar mit Säbelhieben bestraft. Vereinzelt wurden Kameraden beim Wasserholen erschossen oder angeschossen. Spät am Nachmittag treffen wir auf dem scharf bewachten Lagerplatz in der Bucht von Martinšćica ein. Dieses Terrain ist viel zu klein für diese große Zahl von Kriegsgefangenen. Es werden schätzungsweise 15.000 bis 20.000 Mann sein. Wir lagern zu Gruppen auf dem sehr steinigen, wenig mit schütterem Gras bewachsenen Boden. Es bleiben nur sehr schmale Pfade zwischen den einzelnen Gruppen. Bei Einbruch der Dunkelheit ziehen auch an der Meeresseite der Bucht Postenketten auf.
15. Mai 1945: Wir werden nach Nationalitäten getrennt. Es bilden sich Gruppen von Polen, Jugoslawen, Tschechen, Ungarn, Russen, Rumänen, Italienern, Österreichern und Deutschen. Die Deutschen und Österreicher müssen am Offizierslager Steinmauern errichten. Außerdem wird eine kleine Steinmauer als Abtrennung zur Felswand gezogen, hinter der die Fäkalien abgesetzt werden. Die noch vorhandenen Zeltplanen werden als Sonnenschutz aufgestellt. Einige noch im Lager befindliche Decken müssen ebenfalls als Sonnenschirm dienen. Zu vier bis fünf Soldaten liegen wir unter einem solchen Sonnendach, weil nur noch jeder vierte bis fünfte Soldat über eine Decke oder eine Zeltplane verfügt. Am Abend wird das erste Essen ausgegeben. Es reicht aber nur für die Jugoslawen, Russen, Polen, Tschechen und einen Teil der Ungarn. Die Italiener, Österreicher und Deutschen erhalten keine Verpflegung.
16. Mai 1945: Wieder erhalten nur die Jugoslawen, Russen, Polen, Tschechen, Ungarn und dieses Mal auch die Italiener eine Bohnensuppe. Für die Österreicher und Deutschen reicht die Verpflegung wieder nicht.
17. Mai 1945: Heute gibt es überhaupt keine Verpflegung. Es geht das Gerücht herum, der Kommandant habe die Verpflegung verschoben und es müsse erst neue Verpflegung herangeschafft werden. Die ersten Durchfallerkrankungen sind bekannt geworden. Mit dem Trinkwasser klappt die Versorgung auch nicht. Wir graben am Strand tiefe Löcher in den Boden und gewinnen so kaum noch salziges Wasser, das als Trinkwasser dient.
18. Mai 1945: In der Nacht sollen einige Deutsche und Österreicher aus dem Lager herausgeholt und dann erschossen worden sein. In unserem Zug fehlt noch keiner. In der Nacht wurden aber zahlreiche Schüsse gehört. Noch immer keine Verpflegung. Ich wurde heute als Wasserholer eingeteilt. Auf dem Weg zum Wasserholen müssen wir durch das Offizierslager. Dort treffe ich Hauptmann Gödde und bespreche mit ihm die Lage. Er macht mir Mut und erzählt, dass wir in der Bucht auf den Schiffstransport nach Deutschland warten müssen. Die Engländer seien nicht zeitig eingetroffen. Voller Zuversicht verlasse ich das Offizierslager. Am Abend gibt es die erste Bohnensuppe für uns Deutsche. Es war nur ein Kochgeschirrdeckel voll, fast nur Wasser mit etwas Mehl und drei bis vier Esslöffeln Bohnen angereichert. Kein Brot.

Die Zahl der Durchfallerkrankungen hat erschreckend zugenommen. Einige Kameraden sind bereits daran verstorben.
19. Mai 1945: Die Zahl der Durchfallkranken hat sich so vermehrt, dass sie auf Anordnung eines Arztes aus dem Offizierslager von den Gesunden getrennt werden. Heute wieder keine Verpflegung für Österreicher und Deutsche. Ich glaube, man will uns hier verhungern lassen. Ein Gerücht geht durch das Lager, die Durchfallerkrankung sei die bakterielle Ruhr, eine schwere Infektionskrankheit. Am Nachmittag wird von den Partisanen die Nachricht verbreitet, der Arzt habe nur Panik verbreiten wollen. Es sei keine Ruhr. Zur Strafe für die Panikmache wird der Arzt erschossen.
20. Mai 1945: Auch ich habe schleimigen Durchfall. Der Durst ist furchtbar. Immer wieder laufe ich zu dem Wasserloch und hole mir Wasser. Es ist furchtbar heiß auf dieser Halbinsel und kein Wind weht. Essen gab es endlich heute wieder für uns. Es war aber wieder so wenig wie vorgestern. Kein Brot. In der Nacht werden die Toten auf einige Boote verladen und ins Meer hinausgefahren. Einige Kameraden unseres Zuges mussten die Toten zum Meer bringen. Sie wurden scharf von Partisanen bewacht. Josef, der auch bei dem Kommando war, erzählte mir, die Partisanen hätten auch Schwerkranke, also noch lebende Soldaten, in die Boote gepackt und dann ins Meer geworfen.
21. Mai 1945: Die Durchfallerkrankung hat bei mir erheblich zugenommen. Ich habe erheblich an Gewicht verloren und fühle mich sehr schlapp. Ich gehe zum Meer, um mich zu kühlen und den Durst am Wasserloch zu stillen. Als ich zu meinem Zeltplatz komme, höre ich, wie Werner Hold zu meinem Kameraden Josef sagt: ‚Der Bargon macht es bestimmt auch nicht mehr lange. Der wird die Heimat wohl auch nicht wiedersehen.' Ich bin verzweifelt über das soeben belauschte Gespräch. Ich habe furchtbare Angst und weine. Als Hold mich schließlich fragt, warum ich denn weine, da sage ich ihm, dass ich Angst hätte, nicht mehr nach Hause zu kommen, weil mein Durchfall immer stärker würde. Hold besorgt für mich bei der Feldküche Holzkohle, die muss ich essen. In der letzten Nacht sind wieder viele Kameraden gestorben. Die ganze Nacht fuhren die Boote die Toten, sicher auch manche noch lebende Kranke ins Meer hinaus. Mein Durchfall scheint sich zu bessern. Hold hat mich wieder mit Holzkohle versorgt. Zu essen gab es heute wieder eine Wassersuppe. Das Gerücht geht durch das Lager, der Koch und der Verpflegungspartisan seien strafversetzt worden, weil sie die Verpflegung verschoben hätten.
22. Mai 1945: Heute gibt es schon zu Mittag eine Bohnensuppe. Am frühen Nachmittag brechen wir auf und verlassen nach Nationalitäten geordnet das Lager. Die Marschkolonne ist mehrere Kilometer lang. Mein Durchfall ist wesentlich besser geworden. Hold hat noch Holzkohle als Marschverpflegung für mich mitgenommen, als wir an den Feldküchen vorbeikamen. Der Marsch führt uns über Bakar. Östlich von Bakar rasten wir während der Nacht in einer Schlucht im Karstgebirge.

23. Mai 1945: Unser Marsch geht weiter über Kraljevica, Fuzine, Mrkopalj und Vrbovsko. Verpflegung gibt es nicht. Die Bevölkerung teilt Brot und Maisbrot an uns aus. Aber was ist das für so viele Soldaten? Beim Wasserholen gibt es immer wieder Zusammenstöße mit den Posten. Viele Wasserholer sind erschossen worden.
24. Mai 1945: Der Marsch geht weiter über die Hauptstraße in Richtung Karlovac. Auch auf diesem Wege werfen die Bewohner der Gegend Brot, Maiskuchen und Kirschen in unsere Marschkolonne. Dafür erhalten sie dann Schläge von den Wachposten. Eine alte Frau wurde von einem jungen Partisan mit der Peitsche geschlagen. Hold hat inzwischen unsere Verpflegungsbesorgung übernommen. Er läuft in die Häuser und bettelt. Bisher hatte er immer Glück. Die Bewacher haben ihn noch nicht erwischt.
25. Mai 1945: Der Marsch in Richtung Karlovac wird fortgesetzt. Mein Durchfall ist völlig abgeklungen, ich bin aber immer etwas schwach. Hold organisiert wieder tüchtig. Er brachte mir sogar Milch und ein noch nicht gar gekochtes Huhn mit, das er einer Frau aus dem Topf geholt hatte, während die Frau Brot holen wollte.
26. Mai 1945: Am Nachmittag machen wir Rast an einem Waldrand südlich von Vinica. Hier soll angeblich Verpflegung ausgegeben werden. Wir suchen uns Holz und kochen unser Huhn gar. Außerdem kochen wir Brennnessel. Hold sagt, die hätten viele Vitamine und das sei gesund. Am Abend noch immer keine Verpflegung.
27. Mai 1945: Noch immer keine Verpflegung. Wir kochen wieder Brennnessel und füllen unsere Feldflaschen mit Kräutertee, den wir uns kochen. Die Holzkohle unseres Feuers nehmen wir für alle Fälle mit.
28. Mai 1945: Am Morgen Abmarsch in Richtung Karlovac. Dort soll es Verpflegung geben. Am Nachmittag machen wir auf einer Wiese am Ufer der Dobra Rast. Bis nach Karlovac sind es nur noch acht bis zehn Kilometer.
2. Juni 1945: Endlich verlassen wir den Lagerplatz am Ufer der Dobra und marschieren nach Karlovac. Bisher gab es noch keine Verpflegung. Wir sind noch immer auf die barmherzigen Gaben der Bevölkerung angewiesen. Am Nachmittag ist Karlovac erreicht. Wir marschieren auf ein freies Gelände und werden in drei große Gruppen aufgeteilt. Eine Gruppe soll nach Zagreb, die zweite nach Sisak und die dritte Gruppe nach Taranj, drei Kilometer südlich von Karlovac, marschieren. Hold und ich, wir gehören zu der Gruppe, die nach Taranj marschiert. Am Abend erreichen wir ein Lager mit Stacheldraht und festen Häusern. Das Lager liegt an der Einmündung der Mreznica in die Korana. Dort erhalten wir endlich das erste Brot aus der jugoslawischen Armeeverpflegung. Es ist Maisbrot. Es schmeckt wie der beste Kuchen. Außerdem gibt es warme Bohnensuppe.“[274]

Aber damit war der Leidensweg der Deutschen, die bei Antritt ihrer bis zu achthundert Kilometer langen und über Wochen dauernden Hungermärsche von den Parti-

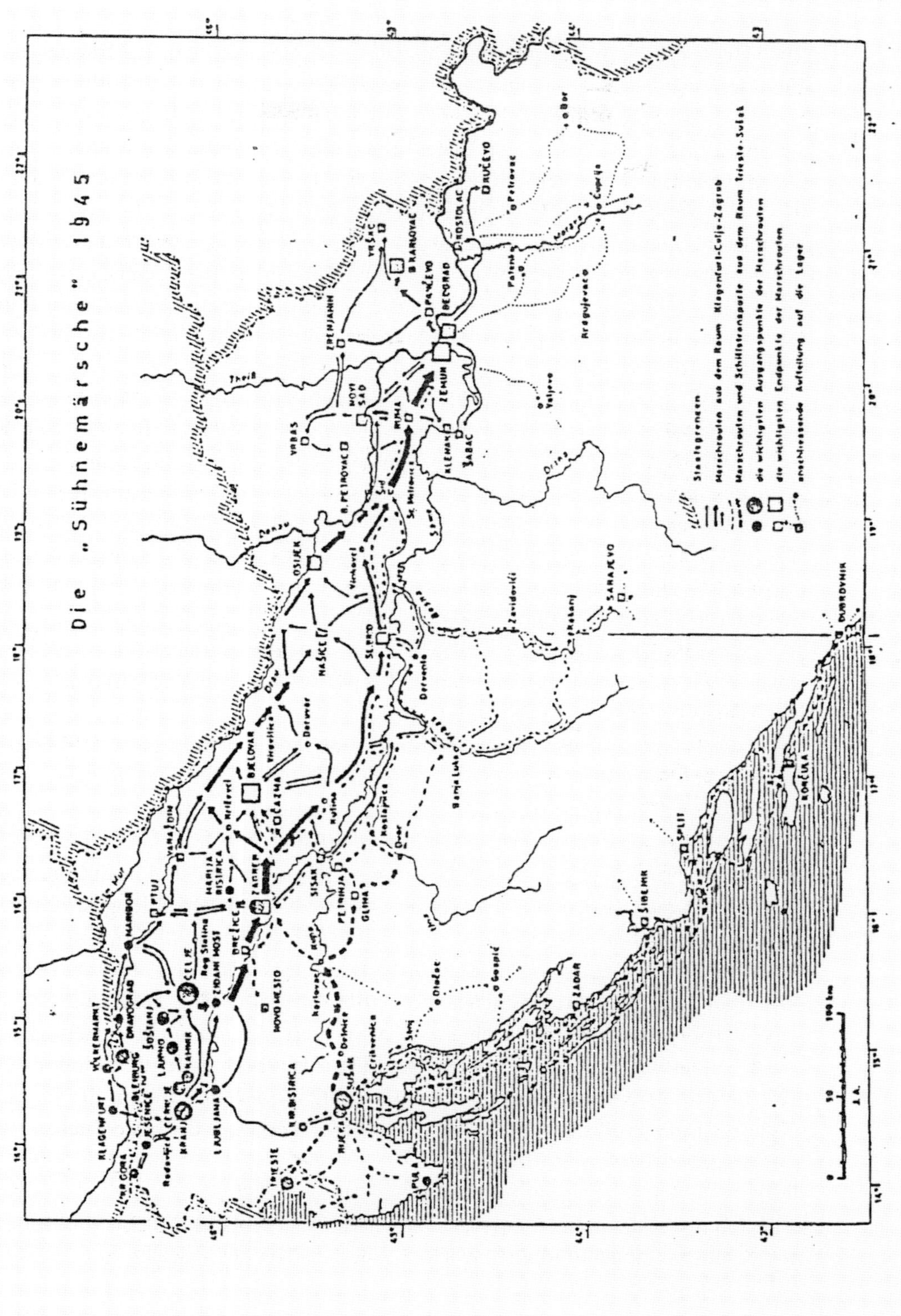

Nach der Kapitulation des LXXXXVII. Armeekorps wurden tausende Wehrmachtsangehörige auf die menschenverachtenden „Sühne- und Todesmärsche" geschickt oder fielen der titoischen Partisanenjustiz zum Opfer.

sanen restlos ausgeplündert wurden und dann zum Teil nur mehr barfuß, in Unterhosen und zerschlissenen Hemden gehüllt, weiterzumarschieren hatten, keineswegs beendet. Denn von hier aus zogen sie in die verschiedenen jugoslawischen Arbeits- und Todeslager, von denen unter anderem die sogenannten „Knochenmühlen" von Zrenjanin, Mitrovica oder Vrsac (Werschetz), in dem rund eintausend deutsche Offiziere in stacheldrahtumzäunten Baracken zusammengetrieben wurden, eine traurige Berühmtheit erlangten.[275]

Sogar vor den Zivilisten und der Geistlichkeit schreckten Titos Partisanen nicht zurück. So verschleppten sie auch den selbstlosen Abt vom Stift Neuburg, den Grafen Adalbert von Neipperg, aus dem österreichischen Grenzgebiet und trieben ihn wie Freiwild auf dem „Hungermarsch" durch halb Jugoslawien, bevor sie ihn am 23. Dezember 1948 nach vorausgegangener Folter in der Kleinstadt Werschetz umbrachten. Als Hausschweine die Leiche des Märtyrers in der Nähe der östlichen Grenzstadt ausgruben, stellte man voller Abscheu fest, dass die Meuchelmörder dem todesmutigen Gottesmann, der stets ein leuchtendes Beispiel christlicher Nächstenliebe war, die Kehle durchschnitten hatten. Einzig und allein dem Totengräber von Werschetz ist es zu verdanken, dass die Leiche des Abtes nicht wieder spurlos verscharrt wurde. Er versteckte sie nun in einer Familiengruft.[276]

Nicht weniger gefürchtet als die Sühnemärsche und Todeslager war die Antifa, die ursprünglich die Interessen der deutschen Gefangenen gegenüber den jugoslawischen Behörden vertreten sollte, „aber ihr Gründer, der KPD-Reichstagsabgeordnete und Mitarbeiter der ‚Roten Fahne' Karl Bloch steuerte die Gruppen systematisch ins kommunistische Fahrwasser und machte sie den jugoslawischen Arbeitsforderungen dienstbar."[277] Zusammen mit dem Hamburger Kommunisten Adolf Ische gründete er in Belgrad den „Antifaschistischen Zentralausschuss für die deutschen Kriegsgefangenen in Jugoslawien". Aber schon bald nannte sich der Zentralausschuss den Jugoslawen gegenüber nur noch „Aufklärungsabteilung". Als solche begann die Phase der „Umschulung" und „Umerziehung" auf der Grundlage der Verbreitung von historischen Unwahrheiten, indem man zum Beispiel das Unrecht der Sieger entweder ganz gezielt herunterspielte oder gar todschwieg und das der Nationalsozialisten immer und immer wieder überdramatisierte und einer sozialistisch-kommunistischen Indoktrination aussetzte. Schlimmer noch:

„Am grausamsten tobte sich der Sadismus der Antifa bei den Vernehmungen im Zusammenhang mit den ‚Kriegsverbrecherprozessen' im Lager Werschetz aus. [...] Vom Zentralausschuss wurden Spitzel in die Lager, besonders in solche, in denen Offiziere einsaßen, geschickt, um die Gesinnung der Gefangenen auszukundschaften und das Ergebnis den Jugoslawen mitzuteilen."[278] Wegen der Verbrechen an Mitgefangenen wurden später einige Spitzenfunktionäre und „Kameradenschinder" vor deutsche Gerichte gestellt und zu hohen Zuchthausstrafen verurteilt. Andere schlüpften wiederum durch die Maschen des Gesetzes oder wurden als „Wendehälse“ für besondere Verdienste um die Traditionspflege ausgezeichnet.[279]

Wie viele deutsche und österreichische Soldaten in die jugoslawische Gefangenschaft geraten sind, wird sich angesichts der Ermordeten und an unbekannter Stelle verscharrten Toten nie mehr exakt feststellen lassen. Das Deutsche Friedensbüro in Stuttgart errechnete nach den zuletzt angegebenen Verpflegungsstärken 200.000 bis 240.000 Mann. Die Belgrader Zeitung Borba veröffentlichte am 8./9. Februar 1949 folgende Zahlen:[280]

„Die jugoslawische Armee nahm bei der Befreiung des Landes vom Okkupator und seinen Helfern 1945 221.287 feindliche Soldaten, Unteroffiziere, Offiziere und Generäle gefangen.

Deutsche 84.453, Italiener 57.150, Österreicher 27.398, Russen (Wlassowleute) 26.611, Polen 9.425, Ungarn 4.461, Franzosen 3.868, Tschechoslowaken 3.840, Rumänen 3.139, Belgier 387, Holländer 294, Luxemburger 90, Dänen 49, Engländer 35, Schweizer 29, Amerikaner 26, Norweger 9, Spanier 7, Brasilianer 2, Kanadier 2.

Vom Mai 1945 bis zum Januar des Jahres 1949 wurden insgesamt repatriiert: Deutsche 74.354, Italiener 56.733, Russen (Wlassowleute) 26.611, Österreicher 26.126, Polen 9.425, Ungarn 4.461, Franzosen 3.868, Tschechoslowaken 3.849, Rumänen 3.139, Belgier 378, Holländer 294, Luxemburger 90, Dänen 49, Engländer 35, Schweizer 29, Amerikaner 26, Norweger 9, Spanier 7, Schweden 3, Brasilianer 2, Kanadier 2. Insgesamt 209.499. Arbeitsverträge mit einzelnen Staatsunternehmen und so weiter in der FVRJ abgeschlossen: Deutsche 3.968, Österreicher 257.“[281]

Wieviele deutsche und österreichische Soldaten sind nun wirklich auf den menschenunwürdigen, Hunderte von Kilometern langen Sühnemärschen, die von den Betroffenen zu Recht als „Hunger-, „Propaganda- und Todesmärsche“ bezeichnet wurden, sowie in den jugoslawischen „Knochenmühlen“ und „Todeslagern“ umgekommen und ermordet worden? Eine ganz genaue Zahl anzugeben, dürfte schwer fallen. Aus der „Kriegsgefangenendokumentation“ erfahren wir, dass allein von 1944 bis 1945 etwa 80.000 Gefangene ums Leben gekommen sind. 80.000 wehrlos getötete Kriegsgefangene – ein beispielloses Verbrechen!

Was war, fragten sich nahezu alle, die in den Strudel des totalen Untergangs der Südostarmee gezogen wurden, nun der Sinn und die Berechtigung der Schlusskämpfe um Triest, Istrien und Fiume?

Die Antwort darauf wird, je nach dem Gesichtspunkt und dem Schicksal der Hinterfragenden, differenziert ausfallen. Eine allgemein verbindliche Antwort kann es nicht geben. Von Löhrs Generalstabschef erhalten wir eine hochgradig politische Antwort: „Wenn irgendwo der Kampf bis zuletzt in diesem Zweiten Weltkrieg einen Sinn gehabt hat, dann im Bereich der Heeresgruppe Südost. Wäre es den jugoslawisch-kommunistischen Kräften gelungen, auch nur mit den Anfängen ihrer Armeen auf südösterreichisches Gebiet vorzudringen, so wären auch wesentliche Teile Steiermark und Kärntens verlorengegangen. Die Westmächte hätten sich unter diesen Umständen den schon nach dem Ersten Weltkrieg erhobenen Forderungen auf Abtretung dieser gemischt besiedelten Gebiete an Jugoslawien, die von den Russen schärfstens unterstützt wurden, nicht mit Erfolg widersetzen können. So musste die slawisch-kommunistische Expansion in diesem Südostteil Europas vor den Grenzen Österreichs und vor Triest haltmachen."[282]

Das Opfer, das die Deutsche Wehrmacht und die Waffen-SS dafür aufgebracht hat, war gewaltig: Über 50.000 Deutsche und Österreicher verloren nach 1945 in jugoslawischer Kriegsgefangenschaft ihr Leben. Insgesamt sind etwa 3.000 Offiziere in Jugoslawien gefangen genommen worden, 1.000 kehrten zurück, 1.000 verstarben und die restlichen 1.000 wurden nach Schauprozessen hingerichtet. „Eingeleitet wurde die makabre Prozessfarce am 14. Oktober 1946 unter dem Militärankläger Major Jovo Scepanovic mit der Anklage gegen 32 ehemalige Angehörige der Waffen-SS, des Heeres und der Organisation Todt. [...] 21 Männer wurden erschossen, elf zu Freiheitsentzug mit Zwangsarbeit zwischen fünf und zwanzig Jahren verurteilt."[283]

Nicht viel anders erging es den Angeklagten des zweiten bis sechsten Prozesses in Belgrad. Am bekanntesten wurde der vierte, der sogenannte Löhr-Prozess, in dem die höchsten Offiziere auf dem jugoslawischen Kriegsschauplatz vor Gericht gestellt wurden – und zwar der Oberbefehlshaber der Heeresgruppe E und Südost, Generaloberst Alexander Löhr, „eine der untadeligsten Führergestalten des Zweiten Weltkrieges"[284], dem sogar die im Nürnberger Kriegsverbrecherprozess legitimierten Maßnahmen gegen die Partisanen zur Last gelegt wurden, Generalleutnant Josef Kübler, Kommandeur der 118. Jägerdivision und vorletzter Kommandeur der 1. Gebirgsdivision, der von den Amerikanern an die Jugoslawen ausgeliefert worden war, Generalleutnant Hans Fortner, Kommandeur der 718. Infanteriedivision, Generalleutnant Fritz Neidholdt, Kommandeur der 369. (kroatischen) Infanteriedivision, SS-Brigadeführer und Generalmajor der Waffen-SS August Schmidhuber, erster Kommandeur der 21. Waffengebirgsdivision der SS „Skanderbeg" und letzter Kommandeur der 7. SS-Freiwilligengebirgsdivision „Prinz Eugen", Generalmajor Adalbert Lontschar, Kommandant von Belgrad, zuletzt Feldkommandantur 599, sowie Oberst Günther Tribukait. Alle Angeklagten wurden zum Tode verurteilt. Löhr wurde erschossen, die anderen erhängt.

Der sechste Prozess richtete sich gegen neun Deutsche. Der Inspekteur der SS-Gebirgstruppen und ehemalige Kommandeur der 7. SS-Freiwilligengebirgsdivision „Prinz Eugen", SS-Brigadeführer und Generalmajor der Waffen-SS Karl Reichsritter von Oberkampf, der letzte Kommandeur der 373. (kroatischen) Infanteriedivision,

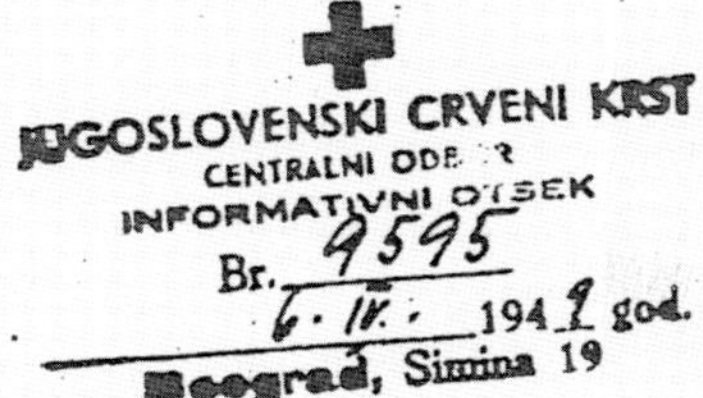

Belgr. 28.3.49.

Frau
Lina Schulze
Voehringen/Iller
Ulmerstr. 13
Bayern

In Beantwortung Ihrer Anfrage vom 8.II.49 teilen wir Ihnen mit, dass sich Dr. Karl Schulze, geb. 2.4.1897 beim Militaergericht in Ljubljana befindet und dass ihm seine Familie dorthin schreiben kann.

Gleichzeitig verstaendigen wir Sie, dass der Genannte vom Militaergericht in Ljubljana zur Todesstrafe durch Erschiessen verurteilt wurde, welche aber der Obergerichtshof zurueckzog und saemtliche Unterlagen dem Militaergericht zuruecksandte.

Chef der Inf.Abt.

Beograd, den 28.III.49

JUGOSLOVENSKI CRVENI KRST
CENTRALNI ODBOR
INFORMATIVNI OTSEK
Br. 9595/8 MF
19. IX. 1949 god.
Beograd, Simina 19

Belgr. 19.9.49.

Frau
Karolina Schulze,
Voehringen
Ulmerstr.13.

In Beantwortung Ihrer Anfrage vom 22.8.49.teilen wir Ihnen mit,dass die Todesstrafe des verurteilten Dr.SCHULZE Karl, geb.2.4.97.vom Obergerichtshof vernichtet und die Anklage dem Militaergericht zur erneutenVerhandlung zurueck erstattet wurde.

Chef der Inf.Abt:

Zwischen 175.000 und 200.000 Wehrmachtssoldaten kamen in jugoslawische Kriegsgefangenschaft. In diesem Schreiben wird zunächst mitgeteilt, dass Dr. Schulze zur Todesstrafe durch Erschießen verurteilt wurde, später (siehe nächste Seite) wird diese Aussage revidiert.

JUGOSLOVENSKI CRVENI KRST

CROIX-ROUGE YOUGOSLAVE — YUGOSLAV RED CROSS

TELEGRAM: YUGOCROSS-BEOGRAD
TELEFONI: 27-504, 29-970, 26-083

BEOGRAD — SIMINA ULICA BROJ 19
F. N. R. JUGOSLAVIJA

CENTRALNI ODBOR
COMITE CENTRAL
CENTRAL COMMITTEE
9595/48

Frau
Lina Schulze
Voehringen/Iller
Ulmerstr. 13

In Beantwortung Ihrer Anfrage vom 18.9.49 teilen wir Ihnen mit, dass die Todesstrafe des verurteilten Dr. Karl Schulze, geb. 2.4.97 vom Obergerichtshof vernichtet und die Anklage dem Militaergericht zur erneuten Verhandlung zurueckerstattet wurde.

Chef der Inf.Abt.

Generalmajor Hans Gravenstein und der Kommandeur der 104. Jägerdivision und Kommandierende General des XXI. Gebirgsarmeekorps, Generalleutnant Hartwig von Ludwiger, wurden mit vier weiteren Offizieren zum Tode verurteilt. Die beiden übrigen erhielten zwanzig Jahre Freiheitsentzug mit Zwangsarbeit.

Mit dem Tod durch Erschießen beziehungsweise durch den Strang endete der zehnte Prozess gegen vierzehn Personen, der am 10. Juli 1947 vor der Militärstrafkammer in Laibach begonnen hatte. Unter den Getöteten befand sich auch der Befehlshaber der Operationszone „Adriatisches Küstenland" und Kommandierende General des LXXXXVII. Armeekorps, General der Gebirgstruppe Ludwig Kübler, der unter anderem wegen seiner in Jugoslawien begangenen Kriegsverbrechen und seinen drakonischen Maßnahmen während des Ostfeldzuges hingerichtet wurde, der Kommandeur der 188. Gebirgsdivision, Generalleutnant Hans von Hößlin, sowie der Oberste Kommissar in der Operationszone „Adriatisches Küstenland", der Kärntner

Gauleiter Dr. Friedrich Rainer, der trotz eines Ehrenwortes von den Engländern an Jugoslawien ausgeliefert wurde.[285]

Gegen fünf von sechs Angeklagten wurde vor dem Belgrader Militärgericht, das am 22. Oktober 1947 den elften Prozess durchführte, das Todesurteil gefällt – und zwar unter anderem gegen den General der Flieger Heinrich Danckelmann, Militärbefehlshaber in Serbien, und den SS-Gruppenführer und Generalleutnant der Waffen-SS Dr. Hermann Behrens. Neben diesen Schauprozessen gab es zahlreiche nichtöffentliche Einzelverfahren, über die nur durch Heimkehrerberichte etwas durchdrang, da die jugoslawische Presse eine Veröffentlichung scheute.[286]

Zu den zum Tode verurteilten deutschen Generälen zählten ferner: General der Flieger Martin Fiebig, Befehlshaber Luftwaffenkommando Südost, Generalleutnant Adolf Fischer, Kommandeur einer Kampfgruppe, Generalleutnant Eugen Wurster, Höherer Nachrichtenführer in Jugoslawien, Generalmajor Hubert Strohmaier, zunächst unter anderem Kommandeur des Gebirgsartillerieregiments 112 der 188. Reservegebirgsdivision, dann SS-Artilleriekommandeur 111, Generalmajor Theodor Fischer, Feldkommandant 610, SS-Obergruppenführer und General der Waffen-SS Erwin Rösener, Höherer SS- und Polizeiführer im Oberabschnitt Alpenland und in der Provinz Laibach, sowie Generalmajor der Polizei Andreas May und Generalmajor der Waffen-SS Jürgen Wagner.

Andere Generäle – wie zum Beispiel der SS-Obergruppenführer und General der Waffen-SS Karl-Gustav Sauberzweig, Kommandierender General des IX. Waffengebirgskorps der SS – begingen aus Verzweiflung Selbstmord, weil ihnen die serbisch-kommunistische Rachejustiz nicht unbekannt war. Das Schicksal der deutschen Generalität teilten nicht weniger als 38 kroatische Generäle, an ihrer Spitze Feldmarschall Slavko Kvaternik, und 2 ungarische Generäle. Ferner teilten dieses tragische Los auch der Kommandeur des Gebirgsjägerregiments 904, Oberst Hermann Christl, der im Juni 1947 in Laibach erschossen wurde, und viele weitere höhere Stabsoffiziere und Frontkommandeure der Operationszone „Adriatisches Küstenland". In vielen Fällen wurden sie auch nur deshalb ein Opfer von Titos Rachejustiz, weil sie die Befehle ihres Kommandierenden Generals allzu bedingungslos ausgeführt hatten.

Anmerkungen

[1] Vgl. hierzu: Frankfurter Illustrierte, Nr. 4 vom 27.1.1952 sowie National-Zeitung: Titos Katyn in den Felsenhöhlen des Karst. Nr. 13, Ostern 1964.

[2] Stern: Vergessen ist gefährlicher. Sternreporter stiegen in die Höhlen des Todes bei Triest. Tausendfacher Mord an deutschen Kriegsgefangenen und italienischen Zivilisten. Nr. 29 ff. vom 18.7.1954 ff.

[3] Münchner Merkur: Tausende von Skeletten entdeckt. Vom 9.10.1952.

[4] Weishäupl war mir mit seinen alles andere als nur nostalgisch befrachteten Anschauungen über Ereignisse des Zweiten Weltkrieges jahrelang ein überaus wichtiger Zeitzeuge, insbesondere deshalb, „weil Sie", wie er mir schrieb, „zeitgeschichtliche Fakten festhalten, die zu einem Zeitpunkt verlorengehen werden, wenn die ehemaligen Kriegsteilnehmer, auch insoweit als sie der Gebirgsjägertruppe angehört haben, gestorben sein werden."

[5] Nur ein Teil des Nachlasses von Oberstleutnant der Reserve a. D. Dr. Carl Schulze wurde im Jahre 1974 dem Bundesarchiv/Militärarchiv in Freiburg im Breisgau mit der Zugangsnummer 224/74 übereignet. Der andere Teil des Nachlasses – Schriftgut, Tagebuchaufzeichnungen, Kartenwerke, Flugblätter und vor allem ein reichhaltiges, eingehend identifiziertes Bildgut gelangten in das umfangreiche „Militär- und Gebirgstruppen-Archiv Kaltenegger".

[6] Chalupas Jahresarbeit an der Führungsakademie der Bundeswehr beinhaltete im Jahre 1962 „Die Bedeutung Maltas im Zweiten Weltkrieg und die Einschätzung des Besitzes der Insel durch die kriegsführenden Parteien".

[7] Keilig: Das deutsche Heer 1939–1945. Bd. 3, S. 173/33.

[8] Tessin: Verbände und Truppen der deutschen Wehrmacht und Waffen-SS im Zweiten Weltkrieg 1939–1945. Bd. 7, S. 240.

[9] Zwischenzeitlich führte zunächst Generalmajor Maximilian Jais und dann Generalleutnant Ernst Schlemmer die 188. Feldausbildungsdivision.

[10] Quarz: Kriegstagebuch, a. a. O.

[11] Keilig: Das deutsche Heer 1939–1945. Bd. 3, S. 173/33 f.

[12] Tessin: Verbände und Truppen der deutschen Wehrmacht und Waffen-SS im Zweiten Weltkrieg 1939–1945. Bd. 7, S. 240.

[13] Kriegstagebuch des Oberkommandos der Wehrmacht. Bd. III/2, S. 1456 ff.

[14] Schraml: Kriegsschauplatz Kroatien, S. 229 f.

[15] 1947 stellte sich Kobe bei den Generalsprozessen vor dem Nürnberger Militärtribunal der deutschen Verteidigung freiwillig als Zeuge zur Verfügung und konnte so zwei führende Vorgesetzte, unter ihnen den Generalobersten Hollidt, in entscheidenden Anklagepunkten entlasten. In seinem Buch „Der innere Befehl", das

er unter dem Pseudonym Kalmuth veröffentlichte, schildert er seine Erlebnisse von 1938 bis 1945.

[16] Schraml: Kriegsschauplatz Kroatien, S. 276 f.

[17] Ebenda, S. 231.

[18] Tessin: Verbände und Truppen der deutschen Wehrmacht und Waffen-SS im Zweiten Weltkrieg 1939–1945. Bd. 4, S. 220.

[19] Neubacher: Sonderauftrag Südost, S. 129.

[20] Schreiber: Die italienischen Militärinternierten im deutschen Machtbereich 1943 bis 1945, S. 102.

[21] Rommel Papers vom 10.9.1943, S. 445.

[22] Deutsche Geschichte seit dem Ersten Weltkrieg. Bd. II, S. 157.

[23] Bullock: Hitler, S. 701.

[24] Kriegstagebuch des Oberkommandos der Wehrmacht. Der Krieg in Italien und im Heimatkriegsgebiet, S. 65.

[25] Sogar „die feindliche Luftwaffe griff im rollenden Einsatz in den Endkampf ein", lautete am 24. Oktober 1943 eine Eintragung im „Kriegstagebuch des Oberkommandos der Wehrmacht", Bd. III/2, S. 1199.

[26] Stuhlpfarrer: Die Operationszonen „Alpenvorland" und „Adriatisches Küstenland" 1943–1945. S. 143 ff.

[27] Um bei der historischen Wahrheit zu bleiben: Mussolinis Befreier war nicht der SS-Obersturmbannführer Otto Skorzeny sondern das Fallschirmjägerlehrbataillon unter Major Harald Mors. Der Chef der in Lastenseglern eingesetzten 1. Kompanie war Oberleutnant von Berlepsch. Skorzeny besaß keine Kommandogewalt mehr und nahm an dem Befreiungsunternehmen auf seine ausdrückliche Bitte bei Generaloberst Student, dem Oberbefehlshaber der Fallschirmtruppen, nur „als Gast" teil.

[28] Schulze: Kriegstagebuch. Bd. VI/1, a. a. O.

[29] Kesselring: Soldat bis zum letzten Tag, S. 311.

[30] Schulze: Kriegstagebuch. Bd. VI/1, a. a. O.

[31] Kaltenegger: Kampf der Gebirgsjäger um die Westalpen und den Semmering, S. 41 ff.

[32] Kriegstagebuch der 188. Gebirgsdivision. RH 28–188/8.

[33] Schulze: Kriegstagebuch. Bd. VI/2, a. a. O.

[34] Kaltenegger: Die Geschichte der deutschen Gebirgstruppe 1915 bis heute, S. 70 ff.

[35] Kaltenegger: Kampf der Gebirgsjäger um die Westalpen und den Semmering, S. 154 ff.

[36] Hitlers Weisungen für die Kriegsführung 1939–1945, S. 268 f.

[37] Rohr: Tagebuch eines Gebirgsjägers im Zweiten Weltkrieg, S. 296 ff.

[38] Schulze: Kriegstagebuch. Bd. VI/1, a. a. O.

[39] Ebenda, a. a. O.
[40] Ebenda, a. a. O.
[41] Schulze: Kriegstagebuch. Bd. VI/2, a. a. O.
[42] Ebenda, a. a. O.
[43] Ebenda, a. a. O.
[44] Bilanz des Zweiten Weltkrieges, S. 113.
[45] Kesselring: Soldat bis zum letzten Tag, S. 323 ff.
[46] Zentner: Illustrierte Geschichte des Widerstandes in Deutschland und Europa, S. 369.
[47] Kesselring: Soldat bis zum letzten Tag, a. a. O.
[48] Piekalkiewicz: Krieg auf dem Balkan. Vorwort.
[49] Kuby: Verrat auf Deutsch, S. 482 ff.
[50] Stuhlpfarrer: Die Operationszonen „Alpenvorland" und „Adriatisches Küstenland" 1943–1945, S. 95.
[51] Ebenda, S. 95.
[52] Ebenda, S. 95.
[53] Ebenda, S. 95.
[54] Kesselring: Soldat bis zum letzten Tag, S. 318.
[55] Pust: Titostern über Kärnten, S. 11.
[56] Österreich-Ungarns letzter Krieg 1914–1918. Bd. 3. Teil 2, S. 352 f.
[57] Ebenda, S. 354 f.
[58] Moltke: Geschichte des deutsch-französischen Krieges, S. 300.
[59] Schulze: Kriegstagebuch. Bd. VI/2, a. a. O.
[60] Ebenda, a. a. O.
[61] Dargestellt nach Schulze: Kriegstagebuch. Bd. VI/2.
[62] Nach dem Tod seiner Ehefrau Luise Kempinger-Gödde übereignete ihr Ehemann Walter Gödde den restlichen Nachlass von Oberstleutnant der Reserve Carl Schulze an den Autor.
[63] Schulze: Kriegstagebuch. Bd. VI/3, a. a. O.
[64] Hoppe: Die 278. Infanterie-Division in Italien 1944/45, S. 13.
[65] Ebenda, S. 14.
[66] Ebenda, S. 14.
[67] Dort wurde die 278. Infanteriedivision während der Sommerschlachten an der adriatischen Küste eingesetzt – und zwar unter anderem während der Stellungskämpfe zwischen Guardiagrele und Ortona (18.5.–7.6.1944), bei der Absetzbewegung an der adriatischen Küste (8.6.–20.6.1944) und in der Schlacht bei Ancona (20.6.–19.7.1944).
[68] Schulze: Kriegstagebuch. Bd. VI/3, a. a. O.
[69] Seidler: Die Organisation Todt, S. 85.

[70] Ebenda, S. 87.
[71] Schulze: Kriegstagebuch. Bd. VI/3, a. a. O.
[72] Ebenda, a. a. O.
[73] Ebenda, a. a. O.
[74] Ebenda, a. a. O.
[75] Ebenda, a. a. O.
[76] Ebenda, a. a. O., Anlage.
[77] Ebenda, a. a. O., Anlage.
[78] Ebenda, a. a. O.
[79] Ebenda, a. a. O.
[80] Ebenda, a. a. O.
[81] Ebenda, a. a. O.
[82] Schulze: Nachlass aus dem Zweiten Weltkrieg.
[83] Kesselring: Gedanken zum Zweiten Weltkrieg, S. 101.
[84] Schulze: Kriegstagebuch. Bd. VI/3, a. a. O.
[85] Ebenda, a. a. O.
[86] Schiffmacher: Der Feind kam von hinten oder wie man sich täuschen kann.
[87] Kriegstagebuch der 188. Gebirgsdivision. RH 28–188/6.
[88] Ebenda, a. a. O.
[89] Ebenda, a. a. O.
[90] Ebenda, a. a. O.
[91] Ebenda, a. a. O.
[92] Ebenda, a. a. O.
[93] Schulze: Kriegstagebuch. Bd. VI/3, a. a. O.
[94] Ebenda, a. a. O.
[95] Ebenda, a. a. O.
[96] Vergleiche auch Kriegstagebuch der 188. Gebirgsdivision. RH 28–188/6.
[97] Schulze: Kriegstagebuch. Bd. VI/3, a. a. O.
[98] Ebenda, a. a. O.
[99] Vgl. Ellenbeck: Der Offizier als Führer im Kampf gegen die feindliche Propaganda.
[100] Kaltenegger: Kampf der Gebirgsjäger um die Westalpen und den Semmering, S. 88 ff.
[101] Schulze: Kriegstagebuch. Bd. VI/3, a. a. O.
[102] Ebenda, a. a. O.
[103] Bernklau: Das XXXXIX. Gebirgs-Armeekorps unter dem General Kübler.
[104] Kriegstagebuch des Oberkommandos der Wehrmacht. Bd. VI/1, S. 563.
[105] Schulze: Kriegstagebuch. Bd. VI/2, a. a. O.
[106] Westphal: Erinnerungen, S. 258.
[107] Brockdorff: Geheimkommandos des Zweiten Weltkrieges, S. 146.

[108] Kriegstagebuch des Oberkommandos der Wehrmacht. Bd. VI/1, S. 563.
[109] Hnilicka: Das Ende auf dem Balkan 1944/45, S. 137.
[110] Schmidt-Richberg: Der Endkampf auf dem Balkan, S. 117.
[111] Stuhlpfarrer: Die Operationszonen „Alpenvorland“ und „Adriatisches Küstenland“ 1943–1945, S. 81.
[112] Schulze: Kriegstagebuch. Bd. VI/3, a. a. O.
[113] Kriegstagebuch des Oberkommandos der Wehrmacht. Bd. VI/1, S. 539 ff.
[114] Schulze: Kriegstagebuch. Bd. VI/3, a. a. O.
[115] Ebenda, a. a. O.
[116] Ebenda, a. a. O.
[117] Ebenda, a. a. O.
[118] Ebenda, a. a. O.
[119] Ebenda, a. a. O.
[120] Kaltenegger: Die deutsche Gebirgstruppe 1935–1945, S. 436 ff.
[121] Kaltenegger: Die Stammdivision der deutschen Gebirgstruppe, S. 330 ff.
[122] Hnilicka: Das Ende auf dem Balkan 1944/45, S. 137.
[123] Schmidt-Richberg: Der Endkampf auf dem Balkan, S. 131 f.
[124] Schulze: Kriegstagebuch. Bd. VI/3, a. a. O.
[125] Ebenda, a. a. O.
[126] Ebenda, a. a. O.
[127] Ebenda, a. a. O.
[128] Ebenda, a. a. O.
[129] Ebenda, a. a. O.
[130] Ebenda, a. a. O.
[131] Piekalkiewicz: Krieg auf dem Balkan. S. 297.
[132] Westphal: Erinnerungen, S. 257 f.
[133] Wilmot: Der Kampf um Europa, S. 485.
[134] Churchill: Der Zweite Weltkrieg, S. 932 f.
[135] Clark: Calculated Risk, S. 348 ff.
[136] Tessin: Verbände und Truppen der deutschen Wehrmacht und Waffen-SS im Zweiten Weltkrieg 1939–1945. Bd. 7, S. 241.
[137] Schulze: Kriegstagebuch. Bd. VI/3, a. a. O.
[138] Ebenda, a. a. O.
[139] Ebenda, a. a. O.
[140] Schmidt-Richberg: Das Ende auf dem Balkan 1944/45, S. 88.
[141] Das Serbische Freiwilligenkorps war 1941 unter dem kommissarischen serbischen Regimentschef Nedić mit deutscher Billigung zur aktiven Bekämpfung der kommunistischen Partisanen unter Tito aufgestellt und mit dem Abzug der deutschen Verbände aus Serbien nach Slowenien verlegt worden.

[142] Schulze: Kriegstagebuch. Bd. VI/4, a. a. O.
[143] Ebenda, a. a. O.
[144] Ebenda, a. a. O.
[145] Vgl. Lang: Der Adjutant, a. a. O.
[146] Der Zweite Weltkrieg. Bilder – Daten – Dokumente, S. 493.
[147] Deutsche Adria-Zeitung. Jg. 2. Nr. 38, S. 1.
[148] Kriegstagebuch des Oberkommandos der Wehrmacht. Bd. VI/2, S. 1266.
[149] Nach dem Kriege Mitglied des militärischen Expertenausschusses für die Aufstellung eines deutschen Kontingents im Rahmen einer internationalen Streitmacht zur Verteidigung Westeuropas.
[150] Nach dem Kriege ebenfalls Mitglied des militärischen Expertenausschusses und von 1957 bis 1960 als Generalleutnant erster Inspekteur des Heeres der Bundeswehr.
[151] Von 1966 bis 1968 als Generalleutnant Inspekteur des Heeres der Bundeswehr.
[152] Kriegstagebuch des Oberkommandos der Wehrmacht. Bd. IV/2, S. 1273.
[153] Ebenda, S. 1274.
[154] Weltkrieg. 1939–1945, S. 105.
[155] Rauchensteiner: Der Krieg in Österreich 1945, S. 359.
[156] Ebenda, S. 359.
[157] Lang: Der Adjutant, S. 275 f.
[158] Liddell Hart: Geschichte des Zweiten Weltkrieges, S. 669.
[159] Hillgruber/Hümmelchen: Chronik des Zweiten Weltkrieges, S. 156.
[160] Vgl. hierzu u. a. Ströhm: Kroatiens einsamer Kampf gegen den Angriff Serbiens. In: Europäische Sicherheit. 1991. H. 12, S. 675 ff. – Derartige Zahlenangaben sind allerdings mit kritischer Distanz zu betrachten, denn in den verschiedenen Quellen sind sie oft divergierend.
[161] Hillgruber /Hümmelchen: Chronik des Zweiten Weltkrieges. S. 156.
[162] Deželić: An Widerständen wächst ein Volk, a. a. O.
[163] Verbrechen an Deutschen, S. 69f.
[164] Ebenda, S. 71.
[165] Kolar: Kriegsgefangen in Jugoslawien. In: Carinthia I. 1990, S. 782 f.
[166] Ebenda, S. 784 ff.
[167] Born: Für die Richtigkeit: Kurt Waldheim, S. 167.
[168] Die Kampagne, S. 19.
[169] Born: Für die Richtigkeit: Kurt Waldheim, S. 170 f.
[170] Ebenda, S. 171.
[171] Nicht weniger glimpflich endete der Zweite Weltkrieg für den Oberleutnant Richard von Weizsäcker. Vgl. hierzu die Kontroverse um das Buch von Karl Salm: Fahnenflucht als politische Weltanschauung? Eine zeitgeschichtlich-politische Studie zum Fall Richard Freiherr von Weizsäcker. Tübingen, Zürich, Paris 1989.

[172] Heidelmeyer: Das Selbstbestimmungsrecht der Völker, S. 135
[173] Ebenda, S. 135.
[174] Ebenda, S. 136.
[175] Ebenda, S. 136.
[176] Kupsa: Die letzten Tage des I./Geb.Jäg.Rgt. 137(902) 1945 in Triest, S. 1 ff.
[177] Diejenigen Deutschen, die in neuseeländische Kriegsgefangenschaft gerieten, wurden zunächst auf eine riesige Wiese bei Ferrara gebracht und ein paar Tage später in das Fußballstadion nach Forli. Schlimmer waren all jene dran, die in Triest in die Hände der Partisanen fielen. „Betrunkene Partinsanenweiber wollten gleich alle umlegen. Angehörige der 1. oder 7. dalmatinischen Partisaneneinheit verhinderten das Massaker." (Kupsa: Die letzten Tage des I./Geb.Jäg.Rgt. 137[902] 1945 in Tries, S. 10).
[178] Deutsche Geschichte seit dem Ersten Weltkrieg. Bd. 2, S. 353.
[179] Schulze: Kriegstagebuch. Bd. VI/4, a. a. O.
[180] Ebenda, a. a. O.
[181] 61 Zivilisten und 63 Soldaten wurden identifiziert und im Massengrab auf dem Soldatenfriedhof in Opičina, der 1959 aufgelöst wurde, beigesetzt. Die restlichen Gebeine der dort bestatteten sind im Sammelfriedhof von Verona beigesetzt worden.
[182] Nach Berichten und Dokumenten war Holjevac neben Dusan Kveder, der später für seine „Verdienste" bis 1957 jugoslawischer Botschafter in Rom war, unter anderem ein Mitverantwortlicher für die Gräueltaten der kommunistischen Tito-Partisanen in Triest und Umgebung.
[183] Vgl. Vertrags-Ploetz. Teil II. Bd. 4 A, S. 292 f.
[184] Ebenda, S. 467 ff.
[185] Kramer: Geschichte Italiens. Bd. 2, S. 117.
[186] Schmidt-Richberg: Der Endkampf auf dem Balkan, S. 109.
[187] Schraml: Kriegsschauplatz Kroatien, S. 274 f.
[188] Schmidt-Richberg: Der Endkampf auf dem Balkan, S. 109.
[189] Ebenda, S. 109.
[190] Richter/Kobe: Bei den Gewehren, S. 147.
[191] Hnilicka: Das Ende auf dem Balkan 1944/45, S. 138.
[192] Rösser: Schutzengel!, S. 45.
[193] Ebenda, S. 46 ff.
[194] Ebenda, S. 49 ff.
[195] Schulze: Kriegstagebuch. Bd. VI/4, a. a. O.
[196] Ebenda, a. a. O.
[197] Der Kommandeur der Cetnikverbände in Montenegro und im Sandschak, Djurisic, hatte sich dem kroatischen Staatsführer Poglavnik gegenüber bereit erklärt,

sich mit seinen im Raum westlich von Doboj eingesickerten montenegrinischen Cetniks zu unterwerfen, worauf diese angewiesen wurden, sich südlich der Save nach Jastrebarsko zu bewegen. Der Oberbefehlshaber Südost wurde von dieser Entscheidung verständigt. Diese Cetniks sollten für den Arbeitseinsatz herangezogen werden.

[198] Schulze: Kriegstagebuch. Bd. VI/4, a. a. O.

[199] Ebenda, a. a. O.

[200] Ebenda, a. a. O.

[201] Ebenda, a. a. O.

[202] Hnilicka: Das Ende auf dem Balkan 1944/45, S. 139.

[203] Schmidt-Richberg: Der Endkampf auf dem Balkan, S. 137.

[204] Schulze: Kriegstagebuch. Bd. VI/4, a. a. O.

[205] Ebenda, a. a. O.

[206] Ebenda, a. a. O.

[207] Ebenda, a. a. O.

[208] Ebenda, a. a. O.

[209] Kriegstagebuch des Oberkommandos der Wehrmacht. Bd. VI/2, S. 1277.

[210] Ebenda, S. 1278.

[211] Ebenda, S. 1279.

[212] Schulze: Kriegstagebuch. Bd. VI/4, a. a. O.

[213] Ebenda, a. a. O.

[214] Ebenda, a. a. O.

[215] Ebenda, a. a. O.

[216] Ebenda, a. a. O.

[217] Tessin: Verbände und Truppen der deutschen Wehrmacht und Waffen-SS im Zweiten Weltkrieg 1939–1945. Bd. 7, S. 35.

[218] Huber: Letzte Aufzeichnungen unserer Regimentsgeschichte Geb.Jäg.Rgt. 139, zuletzt 904, S. 1 ff.

[219] Ebenda, S. 1.

[220] Ebenda, S. 1.

[221] Ebenda, S.2 ff.

[222] Tessin: Verbände und Truppen der deutschen Wehrmacht und Waffen-SS im Zweiten Weltkrieg 1939–1945. Bd. 7, S. 31

[223] Brandl: Aufzeichnungen über die Operationszone „Adriatisches Küstenland", S. 1.

[224] Ebenda, S. 1.

[225] Lenz, Otto: Schreiben vom 22.8.1948, S. 1 f.

[226] Bargon-Brief vom 29.2.1968 an Schulze.

[227] Brandl: Aufzeichnungen über die Operationszone „Adriatisches Küstenland", S. 8.

[228] Brandl-Brief vom 22.5.1975 an Denizot.

[229] Hold: Bericht über persönlichen Einsatz im Rahmen der 5. Kompanie I. Batl./Regiment 903, S. 1–5.
[230] Bericht von Siegfried Pirker über den Einsatz der 8. Kompanie des Gebirgsjägerregiments 903.
[231] Krätzel: Kriegserinnerungen. S. 37 f.
[232] Tessin: Verbände und Truppen der deutschen Wehrmacht und Waffen-SS im Zweiten Weltkrieg 1939–1945. Bd. 7, S. 23.
[233] Die letzten Tage des „III. Reiches" in Triest, S. 12.
[234] Ebenda, S. 1 ff.
[235] Ebenda, S. 3 ff.
[236] Ebenda, S. 8 ff.
[237] Ebenda, S. 12 ff.
[238] Ebenda, S. 17 ff.
[239] Weis: Niederschrift zur 188. Gebirgsdivision, S. 2.
[240] Die letzten Tage des „III. Reiches" in Triest, S. 21.
[241] Tessin: Verbände und Truppen der deutschen Wehrmacht und Waffen-SS im Zweiten Weltkrieg 1939–1945. Bd. 7, S. 27.
[242] Schulze: Kriegstagebuch. Bd. VI/4, a. a. O.
[243] Ebenda, a. a. O.
[244] Ebenda, a. a. O.
[245] Ebenda, a. a. O.
[246] Ebenda, a. a. O.
[247] Kaltenegger: Totenkopf & Edelweiß, S. 344 ff.
[248] Ebenda, S. 348 f.
[249] Vgl. das 6. Kapitel über die Unternehmen „Prien", „Zugspitz-Höllental" und „Dachstein".
[250] Hnilicka: Das Ende auf dem Balkan 1944/45, S. 141.
[251] Schmidt-Richberg: Der Endkampf auf dem Balkan, S. 151.
[252] Hnilicka: Das Ende auf dem Balkan 1944/45, S. 141.
[253] Ebenda, S. 141 f.
[254] Ebenda, S. 142.
[255] Ebenda, S. 142.
[256] Ebenda, S. 143.
[257] Ebenda, S. 144.
[258] Höffkes: Hitlers politische Generale, S. 261 f.
[259] Schmidt-Richberg: Der Endkampf auf dem Balkan, S. 161 ff.
[260] Hnilicka: Das Ende auf dem Balkan 1944/45, S. 144.
[261] Cartier: Der Zweite Weltkrieg. Bd. 3, S. 1206.
[262] Schulze: Kriegstagebuch. Bd. VI/4, a. a. O.

[263] Ebenda, a. a. O.

[264] Hierzu bemerkte Oberst Brandl in seinen Aufzeichnungen über die Operationszone „Adriatisches Küstenland“ auf Seite 8 sehr kritisch: „Mich plagt auch immer noch die Tatsache, dass Schulze mit seinen Leuten nicht, dem Befehl entsprechend, dort gewesen war, wo General Graevenitz ihn hatte annehmen müssen, als er begonnen hatte, sich mit uns befehlsgemäß – in Art eines rollenden Igels oder wie man es nennen mag – zu lösen. [...] Das Ende hätte ja natürlich nicht verhindert werden können, wenn Schulze am Ort gewesen wäre! Bevor nicht diese Frage geklärt ist, kann ich nicht den Abschluss Schulzes mit ‚Ehrensalut‘ anerkennen! Hier liegt mir eben auch ‚das Hemd näher als der Rock‘! Wieviele Kameraden mehr sind gefallen, weil – ohne Unterrichtung der verantwortlichen Führer – zum Nachteil der Gesamtheit selbstständig oder selbstgefällig gehandelt worden war?!?!“

[265] Schulze: Kriegstagebuch. Bd. VI/4, a. a. O.

[266] Gebenetter: Erinnerungs-Protokoll, S 1 f.

[267] Unterstellungsverhältnisse der 188. Gebirgsdivision und 237. Infanteriedivision, S. 5.

[268] Fuller: Die entartete Kunst, Krieg zu führen, S. 332.

[269] Ebenda, S. 333.

[270] Schmidt-Richberg: Der Endkampf auf dem Balkan, S. 156.

[271] Rauchensteiner: Der Krieg in Österreich 1945, S. 384 f.

[272] Böhme: Die deutschen Kriegsgefangenen in Jugoslawien 1941–1949. Bd. 1/1, S. IX.

[273] Bargon: Marsch der 188. Geb. Division in die jugoslawische Kriegsgefangenschaft und Aufteilung in einzelne Arbeitskommandos in Karlovac/Kroatien, S. 1 ff.

[274] Für die meisten begann erst jetzt die Odyssee durch die verschiedenen jugoslawischen Sammel- und Arbeitslager, die vielerorts zu Todeslagern wurden. Viele waren bereits zuvor auf den Sühne- und Hungermärschen ums Leben gekommen. Vgl. hierzu auch das Manuskript: „Hungermarsch“ Kriegsgefangenen-Marschweg Jugoslawien.

[275] Verbrechen an Deutschen, S. 73 ff.

[276] Vgl. hierzu die Schrift: Abt Adalbert von Neipperg.

[277] Verbrechen der Sieger, S. 97.

[278] Ebenda, S. 104 f.

[279] Unter ihnen befand sich auch Peter Paul Hörmann, der Mitte August 1947 zum Arbeitseinsatz in das Kupferbergwerk Bor kam und dort 1. Vorsitzender der Antifa wurde. Aufgrund seiner Verdienste um die Antifa wurde er im Mai 1948 regulär, d. h. ohne Vernehmung in seine Heimat Hintersee im Berchtesgadener Land entlassen und später für besondere Verdienste mit dem Goldenen Ehrenzeichen der Gebirgstruppe ausgezeichnet. Nach Bekanntwerden dieses Vorganges gab unter

anderem Oberst Brandl sein goldenes Abzeichen zurück, erklärte seinen Austritt aus dem Kameradenkreis und verlangte die Streichung seines Namens aus den dortigen Unterlagen (Brandl-Brief vom 23.4.1980 an Denizot).

280 Für die Geschichte der deutschen Internierten in Jugoslawien ist die zweibändige Dokumentation „Die deutschen Kriegsgefangenen in Jugoslawien 1941–1953" von K. W. Böhme von grundsätzlicher Bedeutung.

281 Verbrechen der Sieger, S. 77.

282 Schmidt-Richberg: Der Endkampf auf dem Balkan, S. 158 f.

283 Verbrechen der Sieger, S. 119.

284 Weltkrieg. 1939–1945, S. 107.

285 Vgl. hierzu Höffkes: Hitlers politische Generale, S. 261 ff.

286 Verbrechen der Sieger, S. 123.

188. GEB. DIV.

Urkunde

Die Kameradschaft der
ehemaligen 188. Gebirgsdivision
Steinbockdivision
verleiht dem Kameraden
Dipl. Bibliothekar
Roland Kaltenegger
für besondere Verdienste im Kameradenkreis
das Goldene Ehrenzeichen
der Kameradschaft.

Spielfeld / Steiermark, den 15.05.1998

Obmann

Urkunde zur Verleihung des goldenen Ehrenzeichen der Kamaradschaft der ehemaligen 188. Gebirgsdivision an Roland Kaltenegger.

Bibliografie

Die Kriegstagebücher der in diesem Buch vorkommenden Wehrmachtsverbände und -einheiten befinden sich im Bundesarchiv/Militärarchiv Freiburg im Breisgau. So umfasst beispielsweise der Bestand RH 28–188/1–12 die Kriegstagebücher der 188. Gebirgsdivision, vormals Division Nr. 188, 188. Reservedivision und 188. Reservegebirgsdivision. Hinweise auf Aktensplitter und Kriegstagebücher der Divisionseinheiten befinden sich darüber hinaus noch bei den Sammelbeständen RH 37ff. Die Kriegstagebücher der 237. und 278. Infanteriedivision umfassen die Bestände RH 26–237/1 ff. beziehungsweise RH 26–278/1 ff. Das Kriegstagebuch des Kommandanten der Seeverteidigung Nordadria (1944) trägt die Signatur M 730 PG/46549; das KTG Kommandierender Admiral Adria (1944) hat die Signaturen RM 7/46525–46531; die Luftlagemeldungen die Signatur RM 7/301 und die Lageberichte Mittelmeer-Adria die Signatur RM 7/308. Besonders wertvoll waren neben den Kriegstagebüchern des LXXXXVII. Armeekorps die Archivalien von Dr. Carl Schulze. Der Aktenbestand N520/1–53 beinhaltet Schulzes Einsatz in der Operationszone „Adriatisches Küstenland", der Bestand N520/54–62 die Zeit in der jugoslawischen Kriegsgefangenschaft.

Außer den oben angeführten Archivalien, zahlreichen unveröffentlichten Manuskripten über die Kampfhandlungen um Triest, Istrien und Fiume und der Auswertung diverser schriftlicher und mündlicher Auskünfte, soweit sie die in der Operationszone eingesetzten Verbände und Einheiten betreffen, wurde unter anderem noch folgende Literatur herangezogen:

1. Nachschlagewerke, Handbücher, Bibliografien

- Bibliographie zur Geschichte der Felddivisionen der Deutschen Wehrmacht und Waffen-SS 1939–1945. Bearb. von Othmar Tuider u. a. Bd. 1–2. Wien 1976–1984.
- Bibliographie zur Zeitgeschichte. Beilage der Vierteljahreshefte für Zeitgeschichte. Zusammengestellt von Thilo Vogelsang. Jg. 1ff. Stuttgart 1953 ff.
- Handbuch zur deutschen Militärgeschichte 1648–1939. Begründet von Hans Meier-Welcker. Hrsg. vom Militärgeschichtlichen Forschungsamt durch Friedrich Forstmeier, Wolfgang Groote u. a. Bd. 1–6. München 1979–1981.
- Held, Walter: Verbände und Truppen der deutschen Wehrmacht und Waffen-SS im Zweiten Weltkrieg. Eine Bibliographie der deutschsprachigen Nachkriegsliteratur. Bd. 1–2. Osnabrück 1978–1982.

- Höffkes, Karl: Hitlers politische Generale. Die Gauleiter des Dritten Reiches. Ein biographisches Nachschlagewerk. Tübingen 1986. (= Veröffentlichungen des Instituts für deutsche Nachkriegsgeschichte. Bd. 12.)
- Konferenzen und Verträge. Vertrags-Ploetz. Ein Handbuch geschichtlich bedeutsamer Zusammenkünfte und Vereinbarungen. Teil II, Bd. 4 A: Neueste Zeit 1914–1959. 2. erw. u. veränderte Aufl. Bearb. von Helmuth K. G. Rönnefarth u. Heinrich Euler. Würzburg 1959.
- Vertrags-Ploetz [siehe: Konferenzen und Verträge.]
- Wistrich, Robert: Wer war wer im Dritten Reich. Ein biographisches Lexikon. Anhänger, Mitläufer, Gegner aus Politik, Wirtschaft, Militär, Kunst und Wissenschaft. Überarb. u. erw. von Hermann Weiß. 17.–20. Tsd. Frankfurt a. Main 1989.

2. Monografien und Sammelwerke

- Absolon, Rudolf: Die Wehrmacht im Dritten Reich. Bd. 1–4. Boppard a. Rhein 1969–1979. (= Schriften des Bundesarchivs. Bd. 16/1–16/1V.)
- Assmann, Kurt: Deutsche Schicksalsjahre. Historische Bilder aus dem Zweiten Weltkrieg und seiner Vorgeschichte. 2. Aufl. Wiesbaden 1951.
- Baum, Walter und Weichold, Eberhard: Der Krieg der „Achsenmächte“ im Mittelmeer-Raum. Die „Strategie“ der Diktatoren. Göttingen, Zürich, Frankfurt/M. 1973. (= Studien und Dokumente zur Geschichte des Zweiten Weltkrieges. Bd. 14.)
- Die Berichte des Oberkommandos der Wehrmacht. 1939–1945. Bd. 1–5. München 1982ff.
- Bilanz des Zweiten Weltkrieges. Erkenntnisse und Verpflichtungen für die Zukunft. Oldenburg, Hamburg 1953.
- Birn, Ruth Bettina: Die Höheren SS- und Polizeiführer. Himmlers Vertreter im Reich und in den besetzten Gebieten. Düsseldorf 1986.
- Böhme, Kurt W.: Die deutschen Kriegsgefangenen in Jugoslawien. 1941–1953. Bd. 1–2. München 1962–1964. (= Wissenschaftliche Kommission für deutsche Kriegsgefangenengeschichte. Bd. 1/1 u. 1/2.)
- Born, Hanspeter: Für die Richtigkeit: Kurt Waldheim. Mannheim 1987.
- Brockdorff, Werner: Geheimkommandos des Zweiten Weltkrieges. Geschichte und Einsätze der Brandenburger [...] Entville a. Rhein 1983.
- Buchbender, Ortwin und Schuh, Horst: Die Waffe, die auf die Seele zielt. Psychologische Kriegsführung 1939–1945. Stuttgart 1983.
- Bullock, Alan: Hitler. Eine Studie über Tyrannei. Vollständig überarbeitete Neuausgabe. 76.–87. Tsd. Düsseldorf 1969.

- Carell, Paul und Böddeker, Günter: Die Gefangenen. Leben und Überleben deutscher Soldaten hinter Stacheldraht. 6. Aufl. Frankfurt/M., Berlin, Wien 1981.
- Cartier, Raymond: Der Zweite Weltkrieg. München, Zürich 1977, 1982.
- Churchill, Winston S.: Der Zweite Weltkrieg. Mit einem Epilog über die Nachkriegsjahre. Bern, Stuttgart 1954.
- Clark, Mark W.: Calculated Risk. London 1951.
- Clark, Mark W.: Mein Weg von Algier nach Wien. Wien 1954.
- Dahms, Hellmuth Günther: Die Geschichte des Zweiten Weltkriegs. München, Berlin 1983.
- Dedijer, Vladimir: Jasenovac – das jugoslawische Auschwitz und der Vatikan. Hrsg. und mit einem Vorwort versehen von Gottfried Niemietz. 3. Aufl. Freiburg i. Br. 1991. (= Unerwünschte Bücher zum Faschismus. Nr. 1.)
- Dedijer, Vladimir: Tito. Mein Leben. Mein Werk. Mein Vermächtnis. 1892–1980. Erste vollständige autorisierte Ausgabe. Percha am Starnberger See 1980.
- Deutsche Geschichte seit dem Ersten Weltkrieg. Bd. 1–3. Stuttgart 1971–1973. (= Veröffentlichung des Instituts für Zeitgeschichte.)
- Das Deutsche Reich und der Zweite Weltkrieg. Hrsg. vom Militärgeschichtlichen Forschungsamt. Bd. 1ff. Stuttgart 1979ff.
- Deutsches Rotes Kreuz. Suchdienst. Divisionsschicksale. Bd. 1–2. München 1958–1960.
- Dezelic, Berislav Gjuro: An Widerständen wächst ein Volk. Der Freiheitskampf des kroatischen Volkes von 1918 bis 1963. Krefeld, Uerdingen o. J.
- Djilas, Milovan: Der Krieg der Partisanen. Memoiren 1941–1945. Wien, München, Zürich, Innsbruck 1977.
- Djilas, Milovan: Tito. Eine kritische Biographie. Wien u. a. 1980.
- Dokumentation der Vertreibung der Deutschen aus Ost-Mitteleuropa. In Verbindung mit [...] bearb. von Theodor Schieder. Hrsg. vom Bundesministerium für Vertriebene, Flüchtlinge und Kriegsgeschädigte. Bd. 1–5. München 1984.
- Domarus, Max: Hitler. Reden und Proklamationen. 1932–1945. Bd. 1–2. Wiesbaden 1973.
- Das Dritte Reich. Seine Geschichte in Texten, Bildern und Dokumenten. Hrsg. von Heinz Huber und Artur Müller unter Mitwirkung von Waldemar Besson. Bd. 1–3. München, Wien, Basel 1969.
- Dulles, Allen und Gaevernitz, Gero von: Unternehmen „Sunrise“. Die geheime Geschichte des Kriegsendes in Italien. Düsseldorf, Wien 1967.
- Elste, Alfred: Kärntens braune Elite. Klagenfurt, Ljubljana, Wien 1997.
- Ernsthausen, Adolf von: Die Wölfe der Lika. Mit Legionären, Ustaschi, Domobranen und Tschetniks gegen Titos Partisanen. Erlebnisse in Kroatien. Neckargemünd 1959.

- Fabian, Ferdinand: „Er hat gestanden". Erinnerungen an Jugoslawien 1945–1951. Aus den Aufzeichnungen des Autors zusammengestellt von Hans Schermer. München, Berlin 1991.
- Feurstein, Valentin: Irrwege der Pflicht. 1938–1945. München, Wels 1963.
- Folttmann, Josef/Möller-Witten, Hanns: Opfergang der Generale. Die Verluste der Generale und Admirale und der im gleichen Dienstrang stehenden sonstigen Offiziere und Beamte im Zweiten Weltkrieg. Berlin 1952.
- Fricke, Gert: Kroatien 1941–1944. Der „Unabhängige Staat" in der Sicht des Deutschen Bevollmächtigten Generals in Agram, Glaise v. Horstenau. Freiburg i. Br. 1972. (= Einzelschriften zur militärischen Geschichte des Zweiten Weltkrieges. Bd. 8.)
- Fuller, James Frederik Charles: Die entartete Kunst, Krieg zu führen. 1789–1961. Köln 1964.
- Fuller, James Frederik Charles: Der Zweite Weltkrieg 1939–1945. Eine Darstellung seiner Strategie und Taktik. Wien, Stuttgart 1950.
- Die geheimen Tagesberichte der Deutschen Wehrmachtführung im Zweiten Weltkrieg 1939–1945. Hrsg. von Kurt Mehner. Bd. 1ff. Osnabrück 1982ff.
- Görlitz, Walter: Der Zweite Weltkrieg 1939–1945. Frankfurt a. M. 1957.
- Haupt, Werner: Kriegsschauplatz Italien. 1943–1945. Stuttgart 1977.
- Hausser, Paul: Waffen-SS im Einsatz. 7. Aufl. Pr. Oldendorf 1953.
- Hehn, Paul N.: The German Struggle Against Yugoslav Guerrillas in World War II. German Counter-Insurgency in Yugoslavia 1941–1943. New York 1979. (= East European Monographs. No. 57.)
- Heidelmeyer, Wolfgang: Das Selbstbestimmungsrecht der Völker. Zur Geschichte und Bedeutung eines internationalen Prinzips in Praxis und Lehre von den Anfängen bis zu den Menschenrechtspaketen der Vereinten Nationen. Paderborn 1973. (= Sammlung Schöningh zur Geschichte und Gegenwart.)
- Heil Beil! Flugblattpropaganda im Zweiten Weltkrieg. Dokumentation und Analyse. Hrsg. von Ortwin Buchbender und Horst Schuh. Stuttgart 1974.
- Hermann, Carl Hans: Deutsche Militärgeschichte. Eine Einführung. Hrsg. im Auftrag des Arbeitskreises für Wehrforschung. 2., durchgesehene Aufl. Frankfurt a. M. 1968.
- Hillgruber, Andreas: Hitlers Strategie, Politik und Kriegführung 1940–1941. 2., erw. Aufl. Frankfurt/M. 1982.
- Hillgruber, Andreas/Hümmelchen, Gerhard: Chronik des Zweiten Weltkrieges: Kalendarium militärischer und politische Ereignisse 1939–1945. Hrsg. vom Arbeitskreis für Wehrforschung. Frankfurt a. M. 1966.
- Hitlers Weisungen für die Kriegführung 1939–1945. Dokumente des Oberkommandos der Wehrmacht. Hrsg. von Walther Hubatsch. Frankfurt a. M. 1962.

- Hnilicka, Karl: Das Ende auf dem Balkan 1944/45. Die militärische Räumung Jugoslawiens durch die Deutsche Wehrmacht. Göttingen 1970. (= Studien und Dokumente zur Geschichte des Zweiten Weltkrieges. Bd. 13.)
- Hoppe, Harry: Die 278. Infanteriedivision in Italien 1944/45. Bad Nauheim 1953.
- Irving, David: Hitler und seine Feldherren. Frankfurt/M., Berlin 1975.
- Jacobsen, Hans Adolf: 1939–1945. Der Zweite Weltkrieg in Chronik und Dokumenten. Darmstadt 1961.
- Janko, Sepp: Weg und Ende der deutschen Volksgruppe in Jugoslawien. 2. Aufl. Graz, Stuttgart 1983.
- Jugoslawien. In Zusammenarbeit mit zahlreichen Fachgelehrten. Hrsg. von Werner Markert. Köln, Graz 1954. (= Osteuropa-Handbuch.)
- Kaltenegger, Roland: Deutsche Gebirgsjäger im Zweiten Weltkrieg. Stuttgart 1977. (3. Aufl. 1998). Neuausgabe 2011 im Flechsig Verlag.
- Kaltenegger, Roland: Deutsche Gebirgstruppen im Ersten Weltkrieg. Von den Dolomiten nach Verdun. Von den Karpaten zum Isonzo. Würzburg 2014.
- Kaltenegger, Roland: Die deutsche Gebirgstruppe 1935–1945. München 1989. (2. Neuausgabe 1999).
- Kaltenegger, Roland: Gebirgsartillerie auf allen Kriegsschauplätzen. Der Kampf der deutschen und österreichischen Gebirgsartillerieregimenter im Zweiten Weltkrieg. München 1998.
- Kaltenegger, Roland: Gebirgsjäger 1939–1945. Die große Bildchronik. Stuttgart 2002. Neuausgabe 2020 im Flechsig Verlag.
- Kaltenegger, Roland: Die Gebirgstruppe der Waffen-SS 1941–1945. Wölfersheim-Berstadt 1994. (Nachauflage 1997).
- Kaltenegger, Roland: Die Geschichte der deutschen Gebirgstruppe 1915 bis heute. Vom Deutschen Alpenkorps des Ersten Weltkrieges zur 1. Gebirgsdivision der Bundeswehr. Stuttgart 1980.
- Kaltenegger, Roland: Kampf der Gebirgsjäger um die Westalpen und den Semmering. Die Kriegschroniken der 8. und 9. Gebirgsdivision („Kampfgruppe Semmering"). Graz, Stuttgart 1987.
- Kaltenegger, Roland: Ludwig Kübler. General der Gebirgstruppe. Stuttgart 1998. Neuausgabe 2011 im Flechsig Verlag.
- Kaltenegger, Roland: Operation Alpenfestung. Mythos und Wirklichkeit. München 2000.
- Kaltenegger, Roland: Operation „Alpenfestung". Das letzte Geheimnis des „Dritten Reiches". Eine völlig überarbeitete und stark erweiterte Neuauflage München 2005. Neuausgabe 2015 im Verlagshaus Würzburg.
- Kaltenegger, Roland: Operationszone „Adriatisches Küstenland". Der Kampf um Triest, Istrien und Fiume 1944/45. Graz, Stuttgart 1993. (Italienische Ausgabe 1996).

- Kaltenegger, Roland: Die Stammdivision der deutschen Gebirgstruppe. Weg und Kampf der 1. Gebirgsdivision 1935–1945. Graz, Stuttgart 1981.
- Kaltenegger, Roland: Titos Kriegsgefangene. Folterlager, Hungermärsche und Schauprozesse. Graz, Stuttgart 2001.
- Kaltenegger, Roland: Totenkopf & Edelweiß. General Artur Phleps und die südosteuropäischen Gebirgsverbände der Waffen-SS im Partisanenkampf auf dem Balkan 1942–1945. Graz 2008.
- Die Kampagne. Kurt Waldheim – Opfer oder Täter? Hintergründe und Szenen eines Falles von Medienjustiz. Hrsg. von Andreas Kohl, Theodor Faulhaber u. a. München, Berlin 1987.
- Keilig, Wolf: Das deutsche Heer 1939–1945. Gliederung, Einsatz, Stellenbesetzung. Bd. 1–3. Bad Nauheim 1956.
- Keilig, Wolf: Die Generale des Heeres. Truppenoffiziere, Sanitätsoffiziere im Generalsrang. Waffenoffiziere im Generalsrang […] Friedberg (Dornbirn) 1983.
- Kesselring, Albert: Gedanken zum Zweiten Weltkrieg. Bonn 1955.
- Kesselring, Albert: Soldat bis zum letzten Tag. Bonn 1953.
- Kramer, Hans: Geschichte Italiens. Bd. 1–2. Stuttgart, Berlin, Köln, Mainz 1968.
- Der Krieg in Italien und im Heimatkriegsgebiet vom 1. Januar bis 31. März 1944. Zusammengestellt und erläutert von Donald S. Detwiler. Nachtrag zum Kriegstagebuch des Oberkommandos der Wehrmacht (Wehrmachtführungsstab). München 1979.
- Kriegstagebuch des Oberkommandos der Wehrmacht (Wehrmachtführungsstab) 1940–1945. Geführt von Helmuth Greiner und Percy Ernst Schramm. Im Auftrage des Arbeitskreises für Wehrforschung. Hrsg. von Percy Ernst Schramm. Bd. 1–4. Frankfurt a. M. 1963–1969.
- Kuby, Erich: Das Ende des Schreckens. Januar bis Mai 1945. Hamburg 1984.
- Kuby: Verrat auf Deutsch. Wie das Dritte Reich Italien ruinierte. Hamburg 1982.
- Kühnrich, Heinz: Der Partisanenkrieg in Europa 1939–1945. Ost-Berlin 1968.
- Kumm, Otto: Vorwärts „Prinz Eugen“. Kriegsgeschichte der 7. SS-Geb.Division. Osnabrück o. J.
- Kurt Waldheims Kriegsjahre. Eine Dokumentation. Wien 1987.
- Lang, Jochen von: Der Adjutant. Karl Wolff: Der Mann zwischen Hitler und Himmler. Unter Mitarbeit von Claus Sibyll. München, Berlin 1985.
- Liddell Hart, Basil Henry: Deutsche Generale des Zweiten Weltkrieges. Aussagen, Aufzeichnungen und Gespräche. München 1965.
- Liddell Hart, Basil Henry: Geschichte des Zweiten Weltkrieges. Wiesbaden 1970.
- Manz: Bewaffnete Alpenheimat. Ein Buch vom Ersatzheer im Alpenraum. Im Auftrage des Stellvertretenden Generalkommandos XVIII. A. K. hrsg. u. zusammengestellt. Innsbruck o. J.

- Michaelis, Rolf: Chronik der 24. Waffen-Gebirgs(Karstjäger)-Division der SS. Erlangen 1992.
- Mueller-Hillebrand, Burkhart: Das Heer 1933–1945. Entwicklung des organisatorischen Aufbaues. Bd. 1–3. Frankfurt/M. 1954–1969.
- Murawski, Erich: Der deutsche Wehrmachtsbericht 1939–1945. Boppard/Rhein 1962.
- Neidhardt, Hanns: Mit Tanne und Eichenlaub. Kriegschronik der 100. Jäger-Division, vormals 100. leichte Infanteriedivision. Graz, Stuttgart 1981.
- Neubacher, Hermann: Sonderauftrag Südost. 1940–1945. Bericht eines fliegenden Diplomaten. 3. Aufl. Seeheim (Bergstraße) 1966.
- Neulen, Hans Werner: An deutscher Seite. Internationale Freiwillige von Wehrmacht und Waffen-SS. München 1985.
- Das Oberkommando der Wehrmacht gibt bekannt... Der deutsche Wehrmachtbericht. Vollständige Ausgabe der 1939–1945 durch Presse und Rundfunk veröffentlichten Texte [...] Bd. 1–3. Osnabrück 1982.
- Österreich-Ungarns letzter Krieg 1914–1918. Hrsg. vom österreichischen Bundesministerium für Heereswesen (Landesverteidigung) und vom Kriegsarchiv. 7 Bde., 7 Karten-Bde. und Register-Bd. Wien 1931–1938.
- Paar, Peter: Drüben war Österreich. Erlebnisbericht von Krieg und Gefangenschaft in Jugoslawien 1944–1948. Gnas 2000.
- Parin, Paul: Es ist Krieg und wir gehen hin. Bei den jugoslawischen Partisanen. Berlin 1991.
- Der Partisan. Theorie, Strategie, Gestalt. Hrsg. Herfried Münkler. Opladen 1990.
- Partisanen und Volkskrieg. Zur Revolutionierung des Krieges im 20. Jahrhundert. Hrsg. von Gerhard Schulz. Göttingen 1985.
- Piekalkiewicz, Janusz: Krieg auf dem Balkan. 1940–1945. München 1984.
- Pietsch, Erwin: Alexander Löhr. Bd. 1–3. Salzburg 2004–2009.
- Plehwe, Friedrich-Karl von: Als die Achse zerbrach. Das Ende des deutsch-italienischen Bündnisses im Zweiten Weitkrieg. München 1980.
- Ploetz, Karl: Auszug aus der Geschichte. 25. Aufl. Bd. 1–2. Würzburg 1956.
- Pust, Ingomar: Titostern über Kärnten 1942–1945. Totgeschwiegene Tragödien. Hrsg. und verlegt vom Kärntner Abwehrkämpferbund. Klagenfurt 1984.
- Rauchensteiner, Manfried: Der Krieg in Österreich 1945. 2., neu bearb. und erw. Aufl. Wien 1984. (= Schriften des Heeresgeschichtlichen Museums in Wien. Bd. 5.)
- Reggimento Alpini „Tagliamento". Documenti. Hrsg. Associazione Reduci Rgt. Alpini „Tagliamento". Spilimbergo o. J.
- Reinicke, Georg: Generalleutnant Georg Reinicke. Würzburg 2018.
- Richter, Heinz/Kobe, Gerd: Bei den Gewehren. General Johann Mickl. Ein Soldatenschicksal. Bad Radketsburg 1983.

- Rösser, Egfried: Schutzengel! Geschichten eines langen Lebens. Roth 2007.
- Das Schicksal der Deutschen in Jugoslawien. München 1984. (= Dokumentation der Vertreibung der Deutschen aus Ost-Mitteleuropa. Bd. 5.)
- Schmidt-Richberg, Erich: Der Endkampf auf dem Balkan. Die Operationen der Heeresgruppe E von Griechenland bis zu den Alpen. Heidelberg 1955. (= Die Wehrmacht im Kampf. Bd. 5.)
- Schraml, Franz: Kriegsschauplatz Kroatien. Die deutsch-kroatischen Legions-Divisionen – 369., 373., 392. Infanteriedivision (kroat.) – Ausbildungs- und Ersatzformationen. Neckargemünd 1962.
- Schreiber, Gerhard: Die italienischen Militärinternierten im deutschen Machtbereich 1943 bis 1945. Verraten, verachtet, vergessen. München 1990 (= Beiträge zur Militärgeschichte. Bd. 28).
- Schröder, Josef: Italiens Kriegsaustritt 1943. Die deutschen Gegenmaßnahmen im italienischen Raum: Fall „Alarich" und „Achse". Göttingen, Zürich, Frankfurt 1969. (= Studien und Dokumente zur Geschichte des Zweiten Weltkrieges. Bd. 10.)
- Schultz-Naumann, Joachim: Die letzten dreißig Tage. Das Kriegstagebuch des OKW April bis Mai 1945. Einführung von Walther Hubatsch. München 1980.
- Seidler, Franz W.: Die Organisation Todt. Bauen für Staat und Wehrmacht 1938–1945. Hrsg. mit Unterstützung des Arbeitskreises für Wehrforschung. Koblenz 1987.
- Steiner, Felix: Die Armee der Geächteten. 4. Aufl. Preuß. Oldendorf 1971.
- Steiner, Felix: Die Freiwilligen der Waffen-SS. Idee und Opfergang. 5. Aufl. Preuß. Oldendorf 1973.
- Stuhlpfarrer, Karl: Die Operationszonen „Alpenvorland" und „Adriatisches Küstenland" 1943–1945. Wien 1969. (= Publikationen des österreichischen Instituts für Zeitgeschichte und des Institutes für Zeitgeschichte der Universität Wien. Bd. 7.)
- Tessin, Georg: Verbände und Truppen der deutschen Wehrmacht und Waffen-SS im Zweiten Weltkrieg 1939–1945. Bd. 1–13. Frankfurt/M., Osnabrück 1966–1977.
- Tippelskirch, Kurt von: Geschichte des Zweiten Weltkriegs. Bonn 1969.
- Verbrechen an Deutschen. Die Opfer im Osten. 2. Aufl. Hrsg. von Wilfried Ahrens. Huglfing/Obb. 1979.
- Verbrechen der Sieger. Das Schicksal der deutschen Kriegsgefangenen in Osteuropa. Auswahl und Bearbeitung von Wilhelm Anders. Leoni am Starnberger See 1975.
- Waibel, Max: 1945. Kapitulation in Norditalien. Originalbericht des Vermittlers. Hrsg. von Eduard Preiswerk, Alfons Burckhardt u. a. Basel, Frankfurt a. M. 1981.
- Weltkrieg 1939–1945. Ehrenbuch der Deutschen Wehrmacht. Stuttgart 1954.
- Westphal, Siegfried: Erinnerungen. Mainz 1975.

- Wiener, Friedrich: Partisanenkampf am Balkan. Die Rolle des Partisanenkampfes in der jugoslawischen Landesverteidigung. 2. Aufl. Wien 1987. (= Truppendienst-Taschenbücher. Bd. 26).
- Wilmot, Chester: Der Kampf um Europa. Frankfurt a. M., Berlin 1954.
- Wüscht, Johann: Jugoslawien und das Dritte Reich. Eine dokumentierte Geschichte der deutsch-jugoslawischen Beziehungen von 1939 bis 1945. Stuttgart 1969.
- Zayas, Alfred M. de: Die Wehrmacht-Untersuchungsstelle. Deutsche Ermittlungen über alliierte Völkerrechtsverletzungen im Zweiten Weltkrieg. Unter Mitarbeit von Walter Rabus. 3. ergänzte und durch Bilder erweiterte Aufl. München 1980.
- Zentner, Kurt: Illustrierte Geschichte des Widerstandes in Deuschland und Europa. 1933–1945. München 1966.
- Der Zweite Weltkrieg. Bilder, Daten, Dokumente. Gütersloh 1968.
- Der Zweite Weltkrieg in Bildern und Dokumenten. Hrsg. von Hans-Adolf Jacobsen und Hans Dollinger. Bd. 1–3. München 1977.

3. Periodika

- Allgemeine Schweizerische Militärzeitschrift. 1959 ff.
- Alte Kameraden. 1952 ff.
- Deutsche Adria-Zeitung. 1944 f.
- Die Deutsche Wehrmacht. 1939 ff.
- Deutscher Soldatenkalender. 1953 ff.
- Deutsches Soldatenjahrbuch. 1963 ff.
- Europäische Wehrkunde/Europäische Sicherheit. 1976 ff.
- Frankfurter Allgemeine Zeitung. 1979 ff.
- Frankfurter Illustrierte. 1952 ff.
- Front und Heimat. 1940 ff.
- Die Gebirgstruppe. 1952 ff.
- Heeres-Verordnungsblatt. 1933 ff.
- Historische Zeitschrift. 1969 ff.
- Der Kamerad. 1963 ff.
- Die Kameradschaft. 1953 ff.
- Kampftruppen/Kampfunterstützungstruppen. 1978 ff.
- Militärgeschichtliche Mitteilungen. 1967 ff.
- Münchner Merkur. 1952 ff.
- Nachrichten des Oberkommandos der Wehrmacht. 1944 f.
- Neue Zürcher Zeitung. 1943 ff.

- Österreichische Militärische Zeitschrift. 1962 ff.
- Österreichischer Kameradschaftsbund. 1992 ff.
- Der Spiegel. 1987 ff.
- Stern. 1954 ff.
- Truppendienst. 1983 ff.
- Vierteljahreshefte für Zeitgeschichte. 1969 ff.
- Wacht im Südosten. 1944 f.
- Wehrkunde. 1953 ff.
- Die Wehrmacht. 1944.
- Wehrwissenschaftliche Rundschau. 1950 ff.

4. Militär- und Gebirgstruppenarchiv Kaltenegger

- Adelbrecht, Walter: Die Deutsche Wehrmacht. [i. Ms.]
- Abt Adalbert von Neipperg. Abtei Neuburg. (= Wort in der Zeit. Nr. 120.)
- Bargon, Gerlach: Marsch der 188. Geb. Division in die jugoslawische Kriegsgefangenschaft und Aufteilung in einzelne Arbeitskommandos in Karlovac/Kroatien. [i. Ms.]
- Bernklau, Wolfgang: General der Gebirgstruppe Ludwig Kübler. [i. Ms.]
- Bernklau, Wolfgang: Das XXXXIX. Gebirgsarmeekorps unter dem General Ludwig Kübler. [i. Ms.]
- Brandl, Josef: Aufzeichnungen über die Operationszone „Adriatisches Küstenland“. [i. Ms.]
- Brandl, Josef: Darstellung des Lebens, Leidens und Sterbens der 188. Gebirgsdivision. [i. Ms.]
- Brandl, Josef: Unterstellungsverhältnisse 188. Gebirgsdivision und 237. Infanteriedivision. [i. Ms.]
- Briefwechsel zwischen Gerlach Bargon und Carl Schulze, Paul Bauer und Carl Schulze, Paul Bauer und Ludwig Denizot, Josef Brandl und Ludwig Denizot, Josef Brandl und Jupp Kuhn, Hermann Christl und Carl Schulze, Toni Huber und Carl Schulze, General Rudolf Konrad und Carl Schulze, Josef Remold und Ludwig Denizot, Josef Walder und Ludwig Denizot und anderen.
- Daleiden, Gerhard: Erlebnisse im II. Weltkrieg. Teil II. Dezember 1944 bis August 1945. [i. Ms.]
- Daurer, Hans: Aktenvermerke über General Kübler. [i. Ms.]
- Denizot, Ludwig: Die 188. Gebirgsdivision. Nach Aufzeichnungen von Obslt. a. D. Dr. Carl Schulze, ehemals Kommandeur des Gebirgsjägerregiments 902 und anderer Kameraden. [i. Ms.]

- Dittmann, Fritz: Schicksalsgemeinschaft der Heimkehrer. Aus den Offiziers-Gefangenen-Schweige- u. Zwangsarbeiterlagern in Jugoslawien. Ansprache am 12.10.1985 in Bad Dürrheim. [i. Ms.]
- Dragos, Franz-Ferry: Die Kampfeinsätze auf der Insel Krk Februar/März 1945. [i. Ms.]
- Ellenbeck: Der Offizier als Führer im Kampf gegen die feindliche Propaganda. Oberkommando der Wehrmacht. Januar 1943.
- Frey, Max: Der Kampf bei Zagvozd und meine Gefangennahme. [i. Ms.]
- Gebenetter, Gottfried: Erinnerungs-Protokoll. [i. Ms.]
- Gödde, Walter: Einsatz in der Operationszone „Adriatisches Küstenland" März bis Mai 1945. [i. Ms.]
- Gödde, Walter: Operationszone Adriatisches Küstenland – Einsatz des SS-Sturmbannführers Wirth Sicherheitsdienst (SD) Triest i. J. 1944. [i. Ms.]
- Hold, Werner: Bericht über persönlichen Einsatz im Rahmen der 5. Kompanie I. Bataillon/Regiment 903. [i. Ms.]
- Huber, Toni: Letzte Aufzeichnungen unserer Regimentsgeschichte Geb. Jag. Rgt. 139, zuletzt 904, der 188. Geb. Division. [i. Ms.]
- „Hungermarsch" Kriegsgefangenen-Marschweg Jugoslawien. [i. Ms.]
- Kaltenegger, Roland: Der Endkampf um Triest und Istrien. Schicksalsweg und Kampf der 188. Gebirgsdivision. In: Die Kameradschaft. 1990, Nr. 3.
- Kaltenegger, Roland: Weg und Kampf der 188. Gebirgsdivision im Rahmen der Operationszone „Adriatisches Küstenland". Vortrag gehalten am 22. April 1989 und 20. April 1991 in Seekirchen am Wallersee/Salzburg. [i. Ms.]
- Kampfkommandant von Triest: Geheime Kommandosache! [Archivalie]
- Kolar, Kurt: Abt Adalbert: Opfer der Liebe. [i. Ms.]
- Kolar, Kurt: Kriegsgefangen in Jugoslawien. Sonderdruck aus: CARINTHIA, Klagenfurt 1990 und 1992, S. 781ff. (= Zeitschrift für geschichtliche Landeskunde von Kärnten.)
- Kolar, Kurt: Kriegsgefangen in Jugoslawien. Mai 1945 – Dezember 1948. Villach 1994.
- Krätzel, Siegfried: Kriegserinnerungen, [i. Ms.]
- Krätzel, Siegfried: Ergänzungen zu Kriegserinnerungen. [i. Ms.]
- Kupsa, Julius: Die letzten Tage des I./Gebirgsjägerregiments 137 (902) 1945 in Triest. [i. Ms.]
- Lenz, Otto: Schreiben vom 22. August 1948.
- Die letzten Tage des „III. Reiches" in Triest! [i. Ms.]
- Paar, Peter: Drüben war Österreich. Erlebnisbericht von der jugoslawischen Kriegsgefangenschaft vom 7.5.1945 bis 3.11.1948. [i. Ms.]
- Paar, Peter: Partisaneneinsatz auf der Insel Krk vom 21.2. bis 24.3.1945. [i. Ms.]

- Piringer, Karl: Die letzten drei Kriegswochen des Gebirgsjägerregiments 902 (Res. Geb. Jäg. Rgt. 137) – 188. Gebirgsdivision – in Istrien. [i. Ms.]
- Piringer, Karl: Zwischen Krieg und Frieden. Die Zeit von Mai 1945 bis Juli 1946 in jugoslawischer Gefangenschaft. [i. Ms.]
- Pirker, Siegfried: Kriegsdienst und Gefangenschaft. [i. Ms.]
- Plitzner, Josef: Bericht über meine letzten drei Monate Kriegseinsatz einschließlich der Kapitulation am 8. Mai 1945 und meiner Flucht, die am 27. Mai 1945 endete. [i. Ms.]
- Plitzner, Josef: Erinnerung zum Buch „General Ludwig Kübler" von Roland Kaltenegger. [i. Ms.]
- Quarz, Karl Heinz: Texte aus dem Kriegstagebuch. [i. Ms.]
- Reggimento Alpini „Tagliamento" (= Kurzfassung der Regimentsgeschichte). [i. Ms.]
- Remd, Hellmuth: Persönliche Aufzeichnungen aus dem Zweiten Weltkrieg. [i. Ms.]
- Rösser, Egfried: Erinnerungen an die Zeit seiner Kriegsgefangenschaft in Jugoslawien 1945–1950. [i. Ms.]
- Rohr, Hans: Tagebuch eines Gebirgsjägers im Zweiten Weltkrieg. Vom 28. August 1939 – 2. Oktober 1945. [i. Ms.]
- Schiffmacher, Josef: Der Feind kam von hinten oder wie man sich täuschen kann. [i. Ms.]
- Schiffmacher, Josef: Der große Marsch. [i. Ms.]
- Schulze, Carl: Nachlass aus dem Zweiten Weltkrieg.
- Schulze, Carl: Persönliches Kriegstagebuch. Bd. VI/1: Belluno 14.1.1944–29.2.1944; Bd. VI/2: Karfreit 1.3.–15.5.1944; Bd. VI/3: Triest 16.5.1944–18.4.1945; Bd. VI/4: Istrien, Fiume 9.4.1945–7.5.1945; Bd. V: Sühnemarsch 7.5.–6.8.1945; Anlagen.
- Weis, Emil: Niederschrift zur 188. Gebirgsdivision. [i. Ms.]
- Weishäupl, Karl: Aussagen über General der Gebirgstruppe Ludwig Kübler. (In: Kaltenegger, Roland: Macht- contra Sozialpolitik. Von der Ära Schmidt zur Ära Kohl. 2. überarb., erw. u. aktualisierte Aufl. Ulm/Donau 1999).

Roland Kaltenegger

Die Schlachten am Isonzo

Österreich-Ungarns letzter Sieg vor dem Untergang der Donaumonarchie Teil 2 1917–1918

352 Seiten, 186 Abbildungen,
Format 17 x 24 cm,
gebunden mit farbigem Überzug.

ISBN 978-3-8035-0097-7

€ 16,95 (D)/€ 17,50 (A)

Bis zum Herbst 1917 waren die Italiener insgesamt elf Mal zum Großangriff am Isonzo angetreten, um einerseits die Hafenstadt Triest und dessen Hinterland, die Halbinsel Istrien, in die Hand zu bekommen, um andererseits durch das Kanaltal nach Österreich-Ungarn bis nach Kärnten mit Stoßrichtung Wien vorzudringen. Aber jeder dieser Großangriffe konnte unter einer letzten gewaltigen Kraftanstrengung von den k. u. k. Truppen abgeschlagen werden, sodass die Verteidiger schließlich ohne ausreichenden Nachschub und Reserven erschöpft und ausgeblutet im Karst und in ihren Hochgebirgsstellungen in den Julischen Alpen ausharrten, als die Italiener zu einer alles entscheidenden Offensive rüsteten. In dieser Stunde der Not kam der deutsche Bundesgenosse zur Hilfe und rückte mit der 14. Armee sowie im Gebirgskrieg in den Dolomiten und Karpaten bewährten Truppen heran, um den Italienern durch eine Gegenoffensive zwischen Flitsch und Tolmein zuvorzukommen. Bereits einen Tag nach Angriffsbeginn waren am 25. Oktober 1917 alle gegnerischen Schlüsselstellungen an der Isonzofront in der Hand der Mittelmächte. Die Italiener zogen sich, in die Flucht geschlagen und kaum noch einen nennenswerten Widerstand leistend, über den Tagliamento bis zur Piave zurück, wo sie mit Unterstützung der Franzosen und Amerikaner eine neue Front aufbauten, da die Mittelmächte nicht energisch genug nachstießen. Die 12. Isonzoschlacht, die als „Wunder von Karfreit“ in die Kriegsgeschichte eingegangen ist, war Österreich-Ungarns letzter Sieg vor dem Untergang der Donaumonarchie, der zunächst durch die gescheiterte Piaveschlacht der k. u. k. Armee ohne deutsche Unterstützung im Kriegsjahr 1918 und die erfolgreiche italienische Gegenoffensive eingeleitet wurde. Darüber berichtet der 2. Teil dieses umfangreichen Werkes über „Die Schlachten am Isonzo“.